SOCIAL RESEARCH METHODS

사회연구방법

| 신민철 |

SPSS STATISTICS & AMOS

창 민 사

아내와 딸에게 이 책을 헌정합니다.

머리말

지난 10여 년 간 졸저 '사회연구방법의 기초'에 대해 다양한 사회과학 분야의 (강의)교수님 및 독자여러분들이 보여주신 성원에 힘입어 본서를 세상에 내놓게 되었습니다. 부디 본서가, 독자들이 과학적 지식 창출방법을 보다 쉽게 이해하고, 이러한 방법을 적용해 생산된 과학적 지식을 개인이나 사회의 발전을 위해 효과적, 효율적으로 사용하는 능력을 배양하는데 작은 기여를 할 수 있기를 희망합니다.

목표독자층: 본서는 과학적 지식의 소비와 생산방법의 기초에 관심 있는 모든 독자를 목표독자층으로 상정하고 있습니다. 사실 대부분의 개인 혹은 조직의사결정자는 자료를 직접 수집, 분석하는 과학적 지식의 생산자라기보다는, 조사연구전문가 혹은 전문 조사연구기관 등에 의뢰해서 수집, 분석된 연구결과를 이용하여 현실문제 해결에 적용하려는 과학적 지식의 소비자 입장일 것으로 판단됩니다. 따라서 본서는, 과학적 지식의 생산에 필요한 논리적, 통계적인 배경이 부족한 독자들이라도 과학적 지식의 소비 즉, 현실문제 해결에 연구방법론을 적절히 이용할 수 있는 능력을 배양하려는 목표를 가지고 있습니다.

물론 과학적 지식의 소비자가 자료를 직접 수집, 분석하고 과학적 지식을 생산할 필요를 느낄 수도 있을 것입니다. 과학적 지식의 창출을 본업으로 하는 학자나 학자/연구자를 희망하는 대학(원)생들의 경우는 물론이고, 현실문제를 해결하려는 의사결정자의 경우도 과학적 지식을 생산하는 mechanism과 과학적 지식의 한계 등을 이해함으로써 과학적 지식의 적절한 이용에 큰 도움을 받을 수 있을 것입니다.

본서의 특징 및 구성: 기존의 유사 저서들과 차별화되는 본 저술만의 구체적인 특징 및 구성은 다음과 같습니다.

첫째, 과학적 지식의 소비와 생산에 대한 독자의 관심과 이해가능성을 높이기 위해, 본서에서는 **과학적 지식 창출의 전 과정을 3대 핵심 과정**(즉, 연구문제의 정의 → 연구문제에 대한 논리적 해답 제시 → 논리적 해답에 대한 경험적 검증 실시)**으로 요약**하고, 3개의 핵심 과정들을 14장으로 구성된 세부 과정과 연결하여, 과학적 지식 창출의 3대 핵심 과정과 각 세부 과정이 어떻게 상호 연결되어 기능하고 있는지를 체계적으로 설명하고 있습니다. 따라서 본서를 구성하는 각 장(chapter)들은 과학적 지식창출 방법을 설명하기 위해 서로 유기적으로 연결된 **수미일관(首尾一貫)된 구조**를 가지고 있습니다.

구체적으로, 연구문제의 정의 과정(제1부)은 과학이란 무엇인지(제1장)에 대한 설명을 시작으로, 과학적 연구란 무엇인지(제2장)에 대해 알아보고 연구문제는 어떻게 정의하는지(제3장 제1절)까지를 다루고 있습니다. 연구문제에 대한 논리적 해답 제시과정(제2부)에서는 연구문제에 대한 논리적인 해답이라고 할 수 있는 가설설정(제3장제2절)에 대해 먼저 기술하고, 연구문제를 해결하기 위한 전체 연구과정을 계획하는 연구설계(제4장)에 대해 알아본 후, 연구 현상을 경험적인 사물로 변환하는 규칙인 측정(제5장)에 대해 설명하고 있습니다. 제2부의 과정에서 제시된 논리적 해답에 대한 경험적 검증과정(제3부)은 자료의 수집(제6장), 자료의 입력(제7장) 및 수집자료의 분석(제8장에서 제14장)방법으로 나누어 자세히 설명하고 있습니다. 마지막으로 연구결과의 일반화와 관련된 개괄적인 설명을 제14장의 참고부분에 배치하고 본서를 마무리하고 있습니다.

둘째, 첫 번째 목표의 달성을 위해서, **연구방법론을 처음 접하는 독자들의 입장을 고려**하여 연구방법론의 핵심적인 개념들만을 충분히 설명하되, 필요시 기존의 조사연구방법론 저서들이 개략적으로 소개하거나 경우에 따라 생략했던 필수적 개념에 대한 자세한 설명을 추가하였습니다. 예를 들면, 연구문제에 대한 논리적인 해답을 제시하는 과정과 관련해서는, 왜 실질가설 형태의 연구가설을 설정/검정하지 않고, 통계가설 형태의 귀무가설을 기각해야 하는지를 논리학적 입장에서 충분히 설명하고, 가설검정의 기초가 되는 기술통계분석과 추리통계분석 간의 관계를 명확히 함으로써, 가설설정 및

〈본서의 체제〉

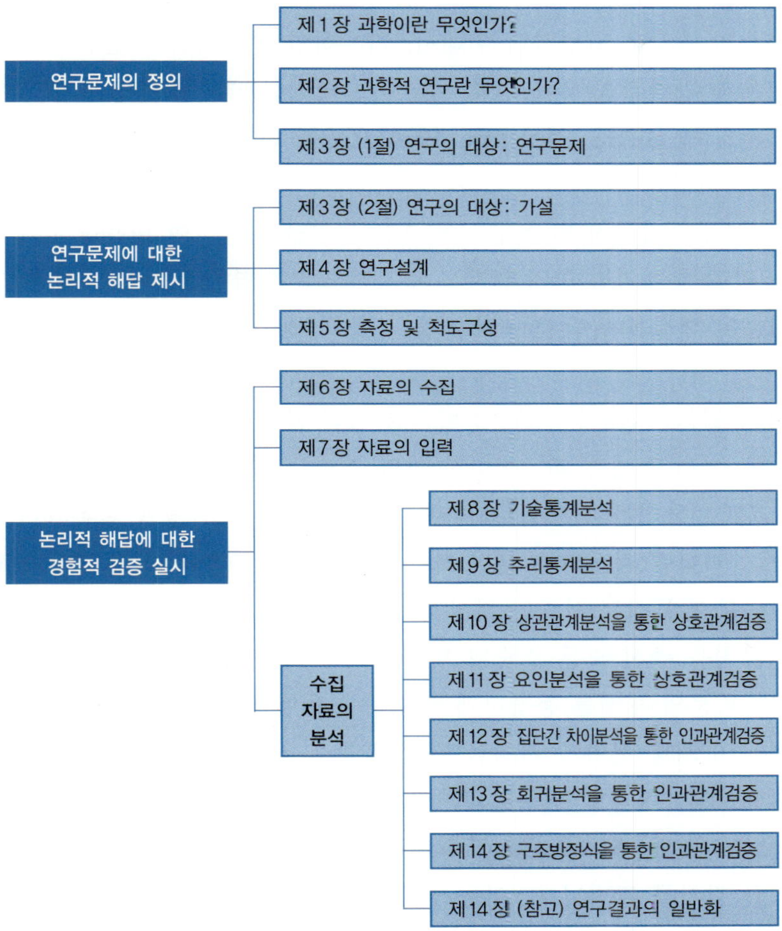

검정이 과학적 지식의 창출 및 연구문제의 해결과 어떻게 실제로 연결되어 있는지를 쉽게 이해할 수 있도록 하였습니다.

셋째, 연구문제에 대한 논리적 해답(즉, 설정된 가설)을 경험적으로 검증하는 과정과 관련해서는, 각종 통계분석기법에 대한 **백화점식 설명을 지양**(止揚)하고, 기술통계와 추리통계이론 간의 관계에 대한 자세한 설명을 기초로 경험적으로 관찰된 현상에 대한 요약설명, 상호관계 및 인과관계분석에 필요한 기본적인 통계기법만을 다루고 있습니다.

넷째, 수학적인 배경이 약하거나 관심이 적거나 연구방법론을 처음 접하는 독자들의 입장을 반영하기 위해서, 기본적인 통계기법의 설명시 분석 결과의 이용과 관련된 내용을 먼저 서술하고 이러한 결과를 창출하기 위한 통계분석 논리 및 **SPSS Statistics와 AMOS를 이용한 분석**절차를 자세하게 설명하였습니다.

마지막으로, 가급적 일상적 언어 혹은 그림을 사용하여 내용을 쉽게 서술하였고, 각종 통계기법 간의 관계도 추가적으로 설명하였습니다. 물론, 필요시 현실문제 해결을 위한 연구의 예를 적절히 제시하였습니다.

감사의 말씀: 본서는, 연구방법론 분야의 많은 선배 학자들의 훌륭한 연구결과를 '논리적 예측'과 '경험적 확인'이라는 과학적 지식의 본질로 일이관지(一以貫之)하려는 시도입니다. 즉, 선배학자들이 만들어 놓은 아름다운 구슬들을 '과학적 지식의 본질'이라는 튼튼한 실로 이어서 착용하기 쉽고 예쁜 장신구를 만들려는 시도인 것이지요. 이러한 맥락에서 필자에게 직, 간접적인 가르침을 주신 모든 스승님 및 선배 학자들께 감사를 드립니다. 특히, 필자에게 학문의 세계를 동경하게 해주신 서울대학교 경제학과의 정운찬 명예교수님, 마케팅 분야에 관심을 갖게 해주신 서울대학교 경영대학의 임종원 명예교수님, 그리고 연구방법론 분야의 스승님이신 미국 Case Western Reserve University Weatherhead School of Management의 Jagdip Singh 교수님께 큰 감사를 드립니다. 아울러 오랜 기간 인내로 기다려주신 창민사의 윤동구 대표께 감사를 표합니다. 또한 자료수집과 정리에 큰 도움을 준 신재욱 박사에게도 감사의 마음을 전합니다. 끝으로 항상 곁에서 내조를 아끼지 않는 아내와 행복바이러스인 딸에게 깊고깊은 고마움을 전합니다.

2018. 2

저 자

차 례

제 1 부 · 연구문제의 정의

제 1 장 과학이란 무엇인가?

제 2 장 과학적 연구란 무엇인가?

제 2 부 · 연구문제에 대한 논리적 해답 제시

제 3 장 연구의 대상: 연구문제와 가설

제 4 장 연구설계

제 3 부 · 논리적 해답에 대한 경험적 검증 실시

제 6 장 자료의 수집

제 8 장 기술통계분석

제 9 장 추리통계분석

제 10 장 상관관계분석을 통한 상호관계검증

제 14 장 구조방정식을 통한 인과관계검증

부 록 통 계 표

제1부

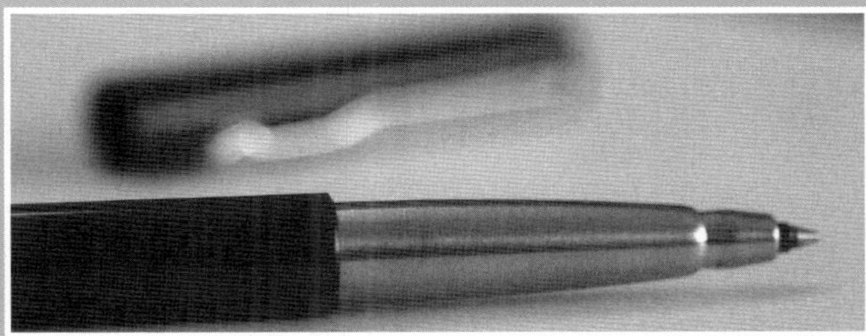

연구문제의 정의

제 1 장 과학이란 무엇인가?

| 도입 사례 |

저명한 시사잡지 Time지 기사에 따르면 미국에서는 인류의 '진화론'과 '창조론'에 대한 관심이 다시 뜨거워졌다고 합니다. 과연 우주 및 생물의 기원과 관련된 두 가지의 상반된 설명 중 어떠한 설명이 옳은 것일까요? 또한 어떠한 설명이 옳다는 결론은 어떻게 도출될 수 있을까요? 재미있는 사실은 창조론 및 진화론을 주장하는 사람들 모두 자기주장에 대해 '과학적' 증거를 제시하고 있다는 점일 것입니다.

생각해 볼 문제

❶ 독자 여러분은 진화론과 창조론 중 무엇이 진실이라고 생각하십니까?
❷ 무엇을 기준으로 이러한 진실을 판단할 수 있을까요?
❸ 과학은 진실판단에 어떠한 역할을 수행할까요?

〈본서의 체제〉

- **연구문제의 정의**
  - 제 1 장 과학이란 무엇인가?
  - 제 2 장 과학적 연구란 무엇인가?
  - 제 3 장 (1절) 연구의 대상: 연구문제
- **연구문제에 대한 논리적 해답 제시**
  - 제 3 장 (2절) 연구의 대상: 가설
  - 제 4 장 연구설계
  - 제 5 장 측정 및 척도구성
- **논리적 해답에 대한 경험적 검증 실시**
  - 제 6 장 자료의 수집
  - 제 7 장 자료의 입력
  - **수집 자료의 분석**
    - 제 8 장 기술통계분석
    - 제 9 장 추리통계분석
    - 제 10 장 상관관계분석을 통한 상호관계검증
    - 제 11 장 요인분석을 통한 상호관계검증
    - 제 12 장 집단간 차이분석을 통한 인과관계검증
    - 제 13 장 회귀분석을 통한 인과관계검증
    - 제 14 장 구조방정식을 통한 인과관계검증
    - 제 14 장 (참고) 연구결과의 일반화

과학에 대한 이해 제1절

1. 과학의 의미

과학이라는 단어는 학문의 세계뿐만 아니라 일상생활에서도 빈번히 사용되고 있는 용어라고 할 수 있겠습니다. 그런데 과학을 뜻하는 science라는 영어 단어는 knowledge를 뜻하는 Latin어 scientia에서 기원한 것으로 알려져 있고, 일반적으로 '지식의 체계(system of knowledge)'로 이해되고 있습니다. 따라서 과학은 우리를 둘러싼 세상을 설명해주는 지식체계라고 할 수 있습니다. 우리는 과학을 통해 각종 자연적 · 사회적 현상(phenomenon)은 물론 현상들간의 관계를 이해하고 설명할 수 있게 되는 것입니다.

2. 과학의 목표

과학의 목표는 지식(knowledge)의 생산, 즉 우리가 우리를 둘러싼 세상(즉, 각종 자연적 · 사회적 현상 그리고 현상들간의 관계)을 이해하고 설명하는 데 있습니다. 이러한 의미에서 과학의 목표는 이론(theory)[1)]이라고 이해할 수 있습니다. 이론이란 현상(혹은 현상간의 관계)에 대한 체계적 설명이고, theory라는 말 역시 원래 '본다' 혹은 '관조한다'는 뜻을 가진 단어 theora에 기원하기 때문입니다(김광웅, 1999).

1) 한편, 좀더 공식적 설명으로는, 이론이란 '경험적인 검증이 가능한, 논리적으로 연결된 일련의 명제(propositions)'라고 정의할 수 있습니다(김광웅, 1999). 이론에 대한 좀더 자세한 논의는 김광웅(1999) 혹은 Kerlinger(1979)를 참조하세요.

1) 현상의 이해

사회과학의 기본적인 목표는 사회현상의 이해입니다. 즉, 특정한 사회현상이 과연 무엇을 의미하는지 정확하고 정밀하게 이해하도록 하는 것입니다. 그런 연후에야 현상들간의 관계에 대한 설명이 가능해 질 것입니다. 예를 들어, 세계 각국에서 매 5년 혹은 10년마다 시행되는 인구조사는, 인구통계(demographic) 현상에 대한 이해를 높여주는 연구활동입니다. 인구조사를 통해, 각 국가의 사회를 구성하는 구성원들의 양적(연령별, 성별 인구수 및 인구구성), 질적 특징(교육수준, 직업 등)을 잘 이해하게 되는 것이지요.

2) 현상의 설명

사회과학의 또 다른 목표는 사회현상간의 관계에 대한 일반화 가능한 설명을 제공하는 것입니다. 즉, '왜' 라는 설명을 추가하는 것입니다. 예를 들어 보지요. 팔다리가 저리면 비가 올 것이다라고 알고 있는 경우, 실제로 비가 오더라도 '왜' 비가 왔는지 설명하기 어렵습니다. 물론 팔다리의 신경통이 비가 오게 된 이유라고 생각할 수는 있겠습니다만, 팔다리의 신경통 증세가 없는 데도 비가 오는 현상을 설명할 수는 없는 것입니다. 이러한 의미에서 '(비과학적) 예측' 과 '(과학적) 설명' 은 전혀 다른 내용이라고 이해할 수 있습니다.

또 다른 예를 들어 보겠습니다. 다른 나라에 비해 우리나라의 기업의 의사결정 속도가 빠른 것으로 보입니다. 특히 근래에는 우리나라에서도 speed 경영에 대한 관심이 증가하고 있습니다. 이러한 맥락에서, 우리나라의 정보산업을 대상으로 연구한 결과 신상품 개발속도가 빠르면 상품의 매출이 증가하는 현상을 발견했다고 가정해보지요. 이러한 발견이 일반화 가능한 설명이 되려면, 우리나라의 정보산업뿐만 아니라 우리나라의 다른 산업의 맥락뿐만 아니라 다른 나라에서도 적용이 되는 일반화된 설명을 제공하는 것이 사회과학이 추구하는 목표라고 할 수 있습니다.

사회현상간의 관계에 대한 일반화 가능한 설명을 할 수 있다면, 결국 하나의 현상을 통제하면 다른 현상의 수준을 예측할 수 있게 됩니다. 즉, 현상을 (과학적으로) 예측할 수 있게 되는 것이지요. '왜'를 알고 난 뒤의 (과학적) 예측과 '왜'를 모르는 상태에서의 (비과학적) 예측은 근본적인 차이가 있는 것입니다.

3. 과학의 특징

1) 검증가능성

그러나 단순한 지식의 축적만으로는 과학(science)과 다른 유형의 지식체계, 예를 들어 신화(mythology)와의 차이를 설명하기 어렵습니다. 과학이 다른 유형의 지식체계와 다른 점은 바로 과학적 지식은 경험적으로 검증 가능한(verifiable) 지식이라는 점입니다. 따라서 도덕(morality) 등과 관련된 경험적으로 검증 가능하지 않은 일부 질문은 과학의 영역 밖에 있다고 할 수 있습니다. 즉, 우리나라에 거주하는 이병욱이라는 사람에게 적용되는 과학적 지식은, 미국에 거주하는 Brian Lee라는 사람에게도 적용이 됩니다. 그러나 우리나라에서 당연한 것으로 받아들여지고 있는 신화(mythology)는 다른 나라에서는 전혀 이해될 수 없을 수도 있습니다. 예를 들어, 단군신화는 우리나라 사람에게는 당연한 지식으로 받아들여질 수 있지만, 일본의 건국신화는 의심의 눈초리로 보기도 합니다. 그러나 이곳에서 '신화는 허구'라고 주장하는 점이 아님을 주의할 필요가 있습니다. 다만 검증 가능하지 않은 지식은 과학적 지식이 아님을 지적하고 있는 것입니다.

지식이 검증 가능하려면, 이러한 지식은 일단 제3자에 명백히 그 내용이 전달되어야 합니다. 따라서 (자연, 사회)과학자들은 그들이 사용하는 용어에 대해 매우 엄격하게 됩니다. 즉, 먼저 과학자들은 자신들이 연구하려는 대상(자연 혹은 사회현상)을 매우 엄격하게 언어로 정의합니다. 각 현상을 명확히 정의하지 않는다면 현상들간의 관계를 명백히 설명하는 것은 기대하기 어려워집니다. 이처럼 연구대상 현상을 명확히 정의하기 위하여 각 학문 분야마다 특수한 용어들을 사용하고 있는데, 이러한 용어들을 개념(concept)이라고 부르고 있습니다.

위에서 과학의 목표는 이론이라고 한 바 있습니다. 따라서 이론이란 개념들을 사용하여 사회현상간의 관계를 설명하는 것입니다.

개념(concept)이란 구체적으로 어떠한 현상(phenomenon)이 지닌 일반적 특징(common properties)을 지칭합니다. 예를 들어, '중량(weight)'이라는 개념은 모든 물질(physical objects)이 지니고 있는 공통 특징을 나타내고 있습니다. 그리고 중량이라는 하나의 개념은 물질의 특징 중 오직 하나만을 기술하여야 과학적 지식의 창출에 도움이 될 수 있습니다. 만일 중량이라는 개념이 무게와 크기라는 두 개의 다른 특징을 기술한다면 현상간(정확히는 현상들이 가지고 있는 특징들간, 이하에서는 현상들간이라고 표현)의 관계를 명확히 설명하려는 과학적 지식의 목표가 달성될 수 없기 때문입니다.

한편, 각 학문 분야에서 사용되는 개념들은 우리가 속한 사회에서 평가하는 유용성(usefulness) 여부에 따라 변화하게 됩니다. 한동안 유용하게 사용되던 개념들도 새로운 개념의 등장에 사라져갈 수도 있겠지요. 이름 없는 어떤 철학자의 말을 인용한다면 '과학의 역사란 개념의 무덤(The history of science is a graveyard of concepts.)'이라고 할 수도 있겠습니다.

2) 측 정

한편 위와 같은 (언어적) 개념은 경험적으로 우리가 알고 있는 '구체적인 사물/사상(tangible objects/events)'과 연결이 가능하여야 합니다. 즉, 현상들간의 관계가 검증 가능하려면 우리들이 직·간접적으로 확인할 수 있는 구체적인 수단으로 현상들이 표현될 수 있어야 한다는 뜻입니다. 역으로 표현한다면 우리들의 경험적인 관찰이 가능한 방법으로 개념이 정의가 되어야만 현상들간의 관계가 설명이 된다고 할 수도 있겠지요.

예를 들어, 단순히 한 "물체의 중량이 무겁다"고 표현하는 것과 어떠한 "물체의 중량이 100kg이다"라고 하는 표현간에는 큰 차이가 있습니다. 즉, 검증 가능성에서 차이가 있는 것이지요. 첫번 표현은 듣는 사람에 따라 달리 이해할 수 있는 가능성을 가지고 있습니다. 예를 들어, 천하장사 같은 사람에게는 100kg은 무겁지 않은 중량일 수 있는 반면, 체중 20kg의 어린아이 입장에서는 상상하기 어렵게 무거운 중량입니다. 그러나 중량이 100kg이라는 표현은 모든 사람들이 구체적으로 그리고 공통적으로 그 중량을 이해할 수 있다고 하는 장점이 있습니다.

이처럼 추상적인 개념을 우리들이 이해하는 구체적인 사물/사상과 연결하는 과정을 측정(measurement)이라고 합니다. 따라서 과학적 지식창출의 핵심은 측정에 있다고 해도 과언이 아닙니다. 이러한 측정의 원리는 본서의 제5장에서 다시 자세히 설명합니다.

3) 과학의 대상

또한 과학은 당위(should)를 연구하는 것이 아니고 현실(be)을 연구합니다. 이념(ideology)이 당위(should)를 다룬다면, 과학은 현실(be)을 다루는 것이지요. 즉, 과학은 이념을 연구대상으로 하지 않습니다. 과학의 이러한 특징은 역으로, 과학은 가치(value)에 대한 논쟁을 해결하는 데는 큰 도움이 되지 못한다는 점을 지적해 주고 있습니다. 따라서 사회과학은 사회현상과 관련된 '무엇'과 '왜'를 알도록 하는 데 도움을 주는 것입니다(Babbie, 2001). 사회과학이 가치와 관련된 논쟁을 해결하지 않는다고 해서 사회과학이 가치관과 전혀 무관한 상태에서 진행된다는 뜻은 아닙니다. 경우에 따라서는 사회현상에 대한 '무엇'과 '왜'에 대한 지식이 가치판단이 개제된 현실문제의 해결에 사용될 수는 있을 것입니다(예: 인간 줄기세포연구[human stem cell research]가 인간복제에 관한 윤리문제를 해결할 수는 없으나, 사회에서 중시되는 난치병치료에 획기적인 도움이 될 수 있을 것입니다).

4. 과학의 이상과 현실

위에서 언급한 과학의 특징은 사실 이상적(ideal)인 과학의 특징에 대한 설명이라고 할 수 있습니다. 본서가 다루고 있는 조사·연구 대상인 사회현상의 경우, 즉 사회과학 분야의 경우 확립된 이론(theory)이 그리 많은 것은 아닙니다. 심지어 경우에 따라서는 이론(theory)과 가설(hypothesis: 가설이란 기존 이론과 논리에 기초해 도출되며, 개념들간의 관계에 대한 구체적이고 검증 가능한 기대라고 이해할 수 있습니다. 가설에 대한 자세한 설명은 아래 제3장을 참조하세요)이 구분없이 사용되기도 할 정도 입니다. 또한 사회과학 분야의 과학적 예측의 경우 상당한 오차를 수반하기도 합니다. 그러나 이러한 단점에도 불구하고 좀더 중요한 사실은, 예측의 오차가 있다고 해서 과학적 지식의 중요성이 감소되는 것은 아니라는 것입니다. 오히려 예측오차의 존재를, 미처 고려하지 못한 다른 설명요인이 무엇인지를 찾아나서는 출발점으로 삼는 자세가 필요한 것입니다. 다만 특히 사화과학 분야에서의 과학적 연구의 과정은 탄탄대로를 시원스럽게 달리는 것과는 사정이 다르다고 함을 인식할 필요는 있습니다.

5. 과정으로서의 과학

한편, 과학을, 지식이라는 '산출물' 입장이 아닌, 지식을 산출해 내는 하나의 '과정(process)' 으로도 이해할 수 있습니다. 즉, 과학에 대한 정적인(static) 견해 이외에 동적인(dynamic) 견해도 존재합니다. 과학의 산출물은

그림 1-1

과학적 과정 (Scientific Process)

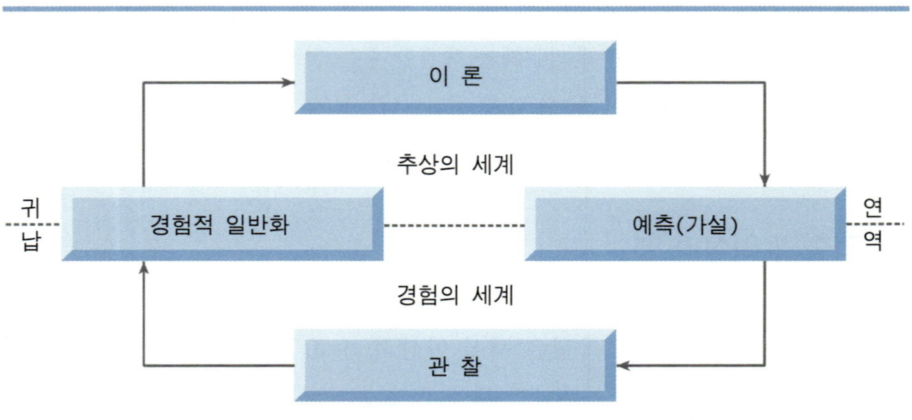

지식이지만 이러한 지식은 끈임 없이 수정되고 다시 산출되고 있기 때문입니다. 또한 위에서도 언급한 바와 같이, 과학의 과정은 경험의 세계와 추상의 세계가 상호 공존하는 체계입니다. 즉, 〈그림 1-1〉에서 점선의 윗부분은 개념(concept)으로 구성된 추상의 세계이고, 아래 부분은 구체적인 경험적 세계라고 이해할 수 있겠습니다.

참고

우연과 과학적 지식

독자 여러분은 혹시 몇 년 전에 개봉된 미국영화 'Serendipity'를 보신 적이 있나요? 이 단어는 Merton(1949)이라는 학자가 'serendipity pattern'이라는 표현을 사용해서 유명해진 용어입니다. 사실 과학에 있어서도 우연 혹은 행운(serendipity)에 의한 과학적 발견의 예도 적지 않답니다.

예를 들어, 자신이 연구의 대상이 되었다는 근로자의 인식 자체가 그 근로자의 성과에 영향을 준다는 유명한 '호손효과(Hawthorne Effect)'도 우연한 기회에 발견이 되었다고 알려져 있습니다. 1927년에서 1932년 사이에 미국 Chicago의 Western Electric사 Hawthorne plant에서 다양한 근로여건의 변화가 근로자의 성과(생산성)에 미치는 영향을 연구하던 차에, 이러한 근로여건의 변화가 생산성에 미치는 영향은 미미한 반면 실험이 지속되는 기간 동안 실험대상 근로자의 생산성이 꾸준히 증가한 것을 발견하게 되었습니다. 나중에야 알게 된 내용이지만, 연구의 대상이 된 6명의 여성근로자는 자신들이 경영층의 관심대상이라는 인식을 가지고 근르여건의 변화와는 무관하게 생산성을 증가시키게 되었던 것이지요. 과학적인 발견도 우연히 이루어질 수 있다는 이야기가 되겠습니다.

제 2 장 과학적 연구란 무엇인가?

| 도입 사례 |

미국 California주 Riverside 지역신문 Press-Enterprise지에 '일반 횡단보도가 더 위험하다'는 기사가 보도된 적이 있었는데, 이 기사의 요지는 다음과 같은 것이었습니다. 즉 조사자료에 의하면 도로상에 명확한 표시가 있는 '일반횡단보도(marked crosswalks)' 상에서의 보행자 사고건수가 명백한 표시가 없는 '간이횡단보도(unmarked crosswalks)' 상에서의 보행자 사고건수보다 6배나 많다는 것이지요. 물론 사고건수 통계자료 자체는 정확한 것이었습니다. 그러면, 이러한 조사결과를 '소비'해야 하는 개인 및 지역사회의 입장을 살펴볼까요? 우선 개인의 경우 길을 건널 때 도로상에 선이 명확히 표시된 일반횡단보도(marked crosswalks)를 이용해야 할까요, 아니면 도로상에 명확한 선이 없는 간이횡단보도(unmarked crosswalks)를 이용해야 할까요? 그리고 지역사회의 교통행정을 맡은 입장에서는 횡단보도를 표시하는 선을 도로상에 그어야 할까요, 아니면 지워야 할까요? 이것도 저것도 아니라면 적절한 의사결정을 위해 별도의 조사가 더 필요한 것일까요?

생각해 볼 문제

❶ 사회현상간의 관계는 어떻게 알아볼 수 있을까요?

❷ 과학적 연구와 비과학적 연구방법의 차이는 무엇일까요?

〈본서의 체제〉

- 연구문제의 정의
  - 제 1 장 과학이란 무엇인가?
  - 제 2 장 과학적 연구란 무엇인가?
  - 제 3 장 (1절) 연구의 대상: 연구문제
- 연구문제에 대한 논리적 해답 제시
  - 제 3 장 (2절) 연구의 대상: 가설
  - 제 4 장 연구설계
  - 제 5 장 측정 및 척도구성
- 논리적 해답에 대한 경험적 검증 실시
  - 제 6 장 자료의 수집
  - 제 7 장 자료의 입력
  - 수집 자료의 분석
    - 제 8 장 기술통계분석
    - 제 9 장 추리통계분석
    - 제 10 장 상관관계분석을 통한 상호관계검증
    - 제 11 장 요인분석을 통한 상호관계검증
    - 제 12 장 집단간 차이분석을 통한 인과관계검증
    - 제 13 장 회귀분석을 통한 인과관계검증
    - 제 14 장 구조방정식을 통한 인과관계검증
    - 제 14 장 (참고) 연구결과의 일반화

지식획득의 방법 제 1 절

과학의 특징과 관련하여 이미 설명한 바와 같이, 사회과학의 목표는 사회현상간의 관계를 잘 설명하는 것입니다. 그러면 이처럼 현상간의 관계는 어떻게 설명되어야 바람직할까요? 즉 어떠한 설명이 현상간의 관계를 있는 그대로 설명하게 될까요? 이러한 의문에 답하기 위하여 우리가 일상생활에서 지식을 어떻게 획득하는지 간단히 살펴보겠습니다.

먼저 하나의 질문을 생각해 보지요. 우리가 알고 있는 내용이 모두 진실일까요 아니면 그 중 일부는 진실이 아닐 수도 있을까요? 우리는 지구가 둥글다고 어떻게 알고 있을까요? 우리가 직접 경험적으로 확인한 결과인가요, 아니면 그렇다고 누구에겐가 듣고 그러한 이야기를 '믿고' 있는 것인가요? 사실 우리들이 알고 있는 것(즉, 지식)의 대부분은 근본적인 의미에서는 '동의'와 '믿음'의 문제라고 할 수 있습니다(Babbie, 2001).

그렇다면, 우리들의 '합의'에만 의존하지 않는, 진실을 있는 그대로 설명하는 지식은 어떻게 발견할 수 있을까요? 어떤 의미에서는 '현상에 대한 어떠한 설명이 진실을 대변할지'에 대한 인간의 호기심이 과학이라는 지식체계와 과학적 연구방법을 발명해냈다고 볼 수 있습니다.

비과학적 지식창출방법과는 달리, 과학은 '합의' 및 '경험'을 모두 중시합니다. 즉, 과학은 논리적(logical)이고도 경험적(empirical)이어야 합니다. 자연현상 혹은 사회현상에 대한 설명은 우선 '말이 되어야' 하고, 경험적 '관찰과 상충되지 않아야' 하는 것이지요. 이처럼 과학은 '합의적 실제'와 '경험적 실제'에 대한 해답을 제공하며, 논리(logic)와 관찰(observation)은 과학의 양대 기둥이라고 할 수 있습니다. 이러한 맥락에서 Peirce는 현상을 설명하는 지식을 얻는 방법을 4가지로 구분하였는데, 그 내용을 좀더 자세히 살펴보면 다음과 같습니다(Buchler, 1955).

과학(적 지식)의 양대 지주는 **논리**(논리적 예측)와 **관찰**(경험적 검증)

1. 비과학적 방법

1) 전통에 의한 방법

우리는 종종 역사가 오래된 '지식'을 전수 받아 그냥 받아들입니다. 예를 들어 '갈매기가 높이 날면 비가 올 징조이다'거나 '세 살 버릇 여든 간다'라고 배울 수 있겠지요. 이러한 지식은 현상을 잘 설명할 수도 있고 그렇지 아니할 수도 있습니다. 그러나 이러한 지식을 우리가 모두 개인적으로 검증해 보려고 노력하지는 않습니다. 이러한 종류의 지식은 '합의'에 의한 지식의 대표적인 예라고 할 수 있겠지요. 한편, 이러한 종류의 지식도 우리에게 무익한 것만은 아닙니다. 전통(傳統)에 의해 전수받은 지식도 자연·사회 현상에 대한 통찰력을 가진 지식이 있을 수 있는데다가, 우리가 자연·사회 현상을 이해하고 설명함에 있어서 아무 토대가 없이 처음부터 출발해야 하는 부담을 덜 수 있게 하는 것이지요.

2) 권위에 의한 방법

한편, 우리는 자연·사회 현상에 대한 지식을 모두 '전통'으로부터 배우지는 않습니다. 경우에 따라서는 권위(權威)를 가진 인물 혹은 기관 등으로부터 지식을 획득하기도 하지요. 예를 들어서, '믿음과 소망과 사랑 중에 그 중에 제일은 사랑이라'는 구절을 읽고, '성경(Bible)'에 있는 구절이므로 역시 사랑이 믿음과 소망보다 중요하다고 받아들였다거나, 비록 아무런 의학적인 지식이 없더라도 사회적으로 존경받는 종교지도자가 "자위(masturbation)는 몸에 해를 끼친다"고 주장하는 바를 자위와 건강간의 관계에 대한 지식으로 받아들일 수도 있을 것입니다. 혹은 노벨상을 수상한 저명한 물리학자가 신(神)이 있다고 해서 신의 존재를 믿게 될 수 있겠고, 대기업의 최고경영자가 기업의 성과(performance)는 인사관리가 좌우한다고 하여 인사관리가 기업성과의 가장 중요한 결정요소로 믿게 될 수도 있습니다. 이때, 종교지도자, 물리학자 혹은 대기업 최고경영자의 서술이 '지식'으로 받아들여진 이유가 '종교지도자,' '저명 물리학자' 혹은 '최고경영자'에 의해 제시되었다는 점 때문이라면, 이러한 종류의 지식은 권위에 의한 지식이라고 분류할 수 있습니다. 물론 권위에 의한 지식이 실제를 항상 왜곡한다는 의미는 아니니 주의할 필요가 있습니다. 그러나, 권위도 전통과 마찬가지로 우리의 '진실' 추구에 방해가 될 수 있다는 점을 인식하는 것이 중요하다고 할 수 있습니다.

3) 직관(선험)에 의한 방법

Peirce가 선험(先驗: a priori method)에 의한 방법이라고 표현한 지식획득 방법을 다른 학자(Cohen이나 Nagel 같은)들은 직관(直觀: intuition)에 의한 방법이라고 지칭하기도 합니다. 선험에 의한 지식은 '이성(理性)'과 일치할 수는 있으나 '경험'과 반드시 일치하지는 않습니다. 예를 들어 "원인 없는 결과는 없다"는 명제는 우리가 의심 없이 받아들이고 있습니다만, 과연 모든 자연 · 사회 현상간에는 인과관계가 존재할까요? 이성적인 차원은 물론이고, 경험적인 차원에서도 우연에 의한 자연 · 사회 현상은 전혀 없다는 결론을 얻을 수 없다면, 경험에 의한 관찰과 일치하지 않는 선험에 의한 지식도 진리를 향한 우리의 노력에 도움이 되지 않을 수 있습니다.

2. 과학적 방법

과학적 지식창출방법은 현상간의 관계를 경험적으로도 확인할 수 있는 특별한 방법을 요구합니다. 즉, 과학적 방법은 전통, 권위, 직관에 의한 지식획득에는 없는 '자기수정(self-correction)'이라는 특징이 있습니다(Kerlinger, 1986). 위에서 간단히 논의한 바와 같이, 과학의 두 기둥은 논리와 관찰(즉, 경험)입니다. 따라서 과학적 방법(method of science)의 특징은 논리적으로 유추한 현상간의 관계에 대한 지식이 경험적으로 관찰된 사실과 일치할 때 비로소 (과학적) 지식으로 인정한다는 것이지요. 결국 사회과학 연구방법론(social research methods)은 사회과학 현상을 설명하는 지식을 찾아내는 과학적 방법론을 지칭하고, 일단의 절차(procedures)와 규칙(rules)으로 구성되어 있습니다. 그렇다면 '과학적 연구'는 어떠한 특징을 가지고 있는지 좀더 자세히 알아보겠습니다.

1) 논리적 추론(logical reasoning)

과학의 두 기둥 중 하나인 논리(logic)란 논리적 추론(logical reasoning)을 지칭하며 논리적 추론의 구체적인 방법으로는 귀납(induction)과 연역(deduction)을 거론하는 것이 일반적입니다.

(1) 연역적 추론

연역적 추론(deductive reasoning)이란 보편적(general)인 것으로부터 특수한(specific) 것을 추론해내는 방법입니다. "전체에 대하여 참인 것은 부분에 대해서도 참이다"라고 하는 입장이지요. 다음과 같은 추론은 대표적인 연역적 추론의 예라고 할 수 있습니다.

> 모든 동물은 죽는다.
> 사자는 동물이다.
> 그러므로 사자는 죽는다.

연역적 추론을 따르는 사회과학자는 '일반적인' 이론적 이해로부터 '특수한' 이론적 기대(theoretical expectation)를 끌어내고(즉, 연역하고), 이로부터 검증가능한 가설을 이끌어 냅니다. 이 가설을 경험적으로 관찰하고 관찰결과에 따라 가설을 채택 혹은 기각하게 되는 것이지요.

(2) 귀납적 추론

현실세계에서의 과학적 발견을 위해서는 연역적 추론만 사용되는 것은 아닙니다. 귀납적 추론(inductive reasoning)이란 연역적 추론과는 달리, 특정한 것의 관찰로부터 보편적인 것을 추론해 내는 방법입니다.

예를 들면, 연구자가 자신이 관찰한 사자가 모두 죽은 것을 기반으로 모든 사자는 죽는다는 잠정적 결론(tentative conclusion)을 내릴 수 있습니다. 즉, 연구자는 자신이 관찰한 사실을 설명하기 위한 이론을 형성해 가는 것이지요.

그런데, 실제로는 가설을 설정하고 과학적 지식을 산출함에 있어서는 연역적 추론과 귀납적 추론이 상호보완적으로 사용되는 것이 일반적입니다. 제1장의 〈그림 1-1〉 과학적 과정의 오른쪽 부분은 연역적 추론과정을 나타내고, 그림의 왼쪽 부분은 귀납적 추론과정을 지칭합니다. 한편 앞에서도 지적한 대로, 그림의 아래 부분은 경험(실제)의 세계를 나타내고 그림의 윗부분은 추상의 세계를 나타내는 것이지요.

논리적 추론의 양대 지주는 **귀납**(induction)과 **연역**(deduction)

2) 경험주의

과학적 연구의 두 번째 특징으로는, 과학적 연구는 경험주의(empiricism)에 의존하고 있다는 것입니다. 경험주의란 지식의 산출을 감각기관을 통한 우리의 경험에 직·간접적으로 의존하는 방식을 지칭합니다. 즉, 일반적인 감각기관 혹은 지적 수준을 가진 사람에 의해 감각될 수 있는 자료/정보만이 과학의 세계에서 인정된다고 하는 입장인 것이지요. 이때 지식의 산출을 위해 간접적으로 감각기관에 의존한다는 의미는 다음과 같습니다. 예를 들어서 물리학에서 이야기하는 중성자(neutron)는 인간이 직접적으로 감각할 수 없습니다. 그러나 사진에 남겨진 중성자의 궤적을 통해 중성자의 존재를 간접적으로 감각할 수 있는 것입니다.

경험주의 입장에 서게 되면, 권위, 전통, 계시, 직관 등에만 기초한 지식(즉, 세상에 관한 설명)은 받아들일 수 없게 됩니다. 그러나 과학자는 경험(empirical)이라는 용어를 넓은 뜻으로 사용하고 있음을 유의해야 합니다. 온도(temperature)라는 현상을 직접적으로 관찰하지는 못하지만 온도계를 통해 간접적으로 관찰할 수는 있습니다. 즉, 경험주의라는 용어는 간접적인 관찰(indirect observation)까지도 포함한다고 할 수 있습니다. 사실 사회현상의 대부분은 간접적인 관찰을 통해서만 이해할 수 있습니다(Frankfort-Nachmias & Nachmias, 2000).

한편, 과학적 지식창출에 사용되는 경험적 증거(empirical evidence)의 중요한 특징 중 하나는 이러한 증거가 과학자와는 무관하게 객관적으로 존재하는 것으로 가정된다는 점입니다. 그러나 실제로 '절대적인 의미'의 객관성을 확보하기란 현실적으로 어렵습니다. 사회심리학자들의 연구에 의하면 우리는 세상을 있는 그대로 보는 것이 아니라 세상을 보는 방법을 배운다고 합니다. 예를 들어, 우리 눈에 감각되는 동일한 유형의 빛(light)도 과거에 학습된 내용(문화, 언어, 신념, 기대 등)에 따라 달리 '해석'된다고 합니다. 예를 들면, 야구경기와 투우장면에 동시에 노출되는 경우 미국인은 야구(baseball)만을, 그리고 멕시코인은 투우(bull fighting)만을 인지하는 경향이 있다고 밝혀진 바도 있습니다(Bagby, 1957).

이처럼 우리가 행하는 '객관적' 관찰(observation)도 어떤 의미에서는 '주관적인' 해석(interpretation)과 연결된 것이고, 이러한 주관적 해석과정은 사실 우리가 의식적으로 통제하지 못하는 부분이기도 합니다.

따라서 현실적으로 과학자들이 사용하는 '객관성'이란 용어의 의미는 '간주관성(間主觀性: inter-subject reliability 혹은 inter-subjective testability)'으로 이해하는 것이 합리적일 것입니다. 즉, 동일한 여건하에서 독립적(independent)인 연구자가 동일한 연구방법으로 동일한 결론에 도달하는 경우 이러한 연구는 객관성이 존재한다고 인정하는 것이지요. 이러한 객관성의 요건 혹은 제약 때문에 과학자들은 자신의 연구내용에 연구방법론을 자세히 설명하고 있습니다. 사용된 연구방법론에 대한 검토를 통하여 연구자의 주관이 개입되었는지 여부 또 개입되었다면 그 정도를 검증할 수 있는 것이지요. 따라서 객관성이란 과학적인 지식의 창출 및 사용에 있어서 과학적 연구(즉, 사회과학 연구방법론)가 필요한 핵심적인 이유라고 하겠습니다.

그러나 모든 연구자들이 과학에 대한 이러한 입장에 동의하고 있는 것은 아닙니다. 예를 들면, 현상학파 혹은 해석학파(phenomenological or interpretive school of thought)라고 하는 학파에서는 자연과학과 사회과학은 연구대상의 내재적인 차이로 인해 근본적으로 다르다고 주장하기도 합니다. 즉, 자연과

참고

과학의 분류체계

위와 같은 맥락에서 Quine이라는 학자는 과학을 분석과학(경험적으로 논박할 수 없는 주장을 다루는 과학)과 경험과학(경험에 의해 논박할 수 있는 주장을 다룸)으로 구분하고, 분석과학은 다시 수학과 방법론으로 구분하며, 방법론은 논리(logic)와 인식론(epistemology)으로 구분하고 있습니다(〈그림 2-1〉 Quine의 과학분류체계 참조). 비록 이와 같은 구분이 이론(異論)의 여지가 있는 것이기는 해도 방법론이 과학에서 차지하는 비중을 잘 설명해 주고 있습니다.

Quine의 과학분류체계에서 다시 확인할 수 있는 점 중의 하나는, 자연 혹은 사회 현상 간의 관계를 '잘' 설명하기 위해서는 논리(연역논리, 귀납논리), 인식론(이 부분은 다소 생소한 부분이지요? 인식론이란 '앎'에 관한 지식 분야입니다만 본서의 범위를 벗어난다고 판단되어 이곳에서는 다루지 않습니다. 관심 있는 독자는 김광웅(1999)을 참조하세요), 그리고 우리들이 초등학교 때부터 실력을 연마한 수학(통계학)의 역할이 기본적으로 필요하다는 점일 것입니다.

그림 2-1 Quine에 의한 과학 분류체계

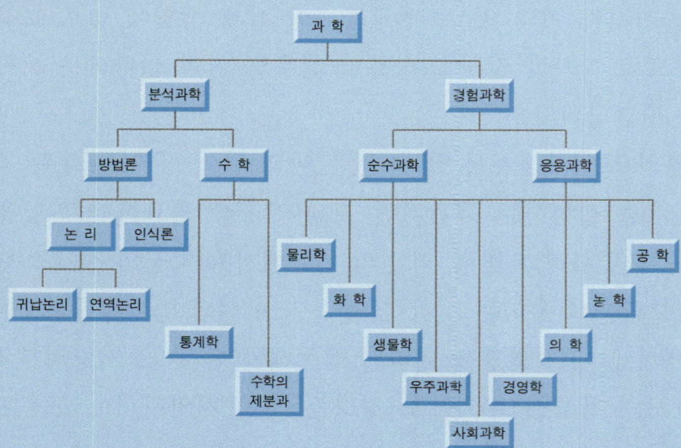

자료: 김광웅(1999)에서 재인용.

학과는 달리 사회과학에서는 엄밀한 의미의 객관성이 확보될 수 없으므로, 사회과학자는 연구자의 입장에서가 아니라 오히려 연구대상자의 입장에서 인간의 행동을 이해해야 한다고 주장하기도 합니다.

제2절 과학적 연구방법론의 필요성

1. 이론과 현실

제1장에서 과학의 기본적인 특징을 공부한 독자들도 과학적 연구방법은 과학적 지식의 발전을 위해 필요한 거창한 그 무엇인 것이고, 과학의 핵심은 이론(theory)이며 이론은 현실(reality) 혹은 실제와 별관계가 없다고 오해하기 쉽습니다. 따라서 적지 않은 수의 독자들이 실생활에도 별도움이 되지 않는 사회과학 연구방법론을 왜 배워야 하는지에 대한 의문을 갖게 되지요. 아마도 이러한 의문은, 이론이란 실제를 설명하는 과학적 지식이라고 하는 점을 직접 경험할 기회가 거의 없고, 연구방법이 실제 생활에 별로 도움이 되지 않고 개인적으로 과학적 지식을 사용할 경우도 거의 없다라는 오해에서 기인하지 않나 판단합니다.

그러나 앞의 도입사례에서 알 수 있는 바와 같이, 우리 모두는 각종 사회현상간의 관계를 설명하는 객관적인 지식이 항상 필요하다고 함을 인식할 수 있습니다. 도입사례의 경우, 개인의 입장에서는 자신의 신체적 안전을 위해 일반횡단보도를 이용하는 것이 더 좋을지 아니면 간이횡단보도를 이용하는 것이 좋을지에 대한 결정을 내리고 행동해야 합니다. 지방정부의 입장에서도 횡단보도의 종류를 무엇으로 정하는 것이 지역사회에 도움이 될지를 결정해야 합니다.

그런데 이러한 의사결정이 가능하려면 횡단보도의 종류와 보행자사고간의 관계는 물론 이러한 현상에 영향을 주는 또 다른 원인현상이 있는지 등도 조사해야 할 것이고, 그 결과 횡단보도의 이용과 관련된 객관적인 지식이 창출되어야 이를 바탕으로 개인 및 지방정부가 합리적인 의사결정을 할 수 있게 됩니다.

과연 횡단보도의 선을 표시하는 것이 더 많은 보행자사고를 일으킨 것일까요? 아니면 다른 원인에 있는 것일까요? 연구방법론의 기초를 이해하고 있는 독자라면 횡단보도가 사고를 일으킨다고 쉽게 결론 내릴 수 없을 것입니다. 기사에서 제시한 자료는 단지 사고건수와 횡단보도선 표시여부간의 상관관계(앞으로 설명할 주제입니다)에 기초한 추론(inference)을 보여주는 자료일 뿐입니다. 상관관계는 인과관계의 전제가 되지만 인과관계를 설명해주지는 못합니다. 결국 보행자사고를 발생시키는 원인이 무엇인지를 밝히는 것이 개인이나 지방정부 의사결정의 전제조건이 되는 것이지요.

이러한 의사결정에 도움을 주기 위해 몇 가지 연구 idea를 내볼 수 있겠는데, 예를 들면, 좀더 그럴듯한 설명은 정식횡단보도는 바쁜 지역에 만들어지고 이러한 지역에는 보행자는 물론 차량도 더 많이 통행한다고 할 수 있지요. 결국 차량 및 보행자의 수가 보행자사고와 좀더 밀접한 관련이 있지 않을까 생각해 볼 수 있을 것입니다.

이처럼 개인 및 각종 조직체는 실생활에서 다양한 의사결정을 실행해야 하고, 이러한 의사결정의 결과 개인 및 조직체가 직·간접적인 영향을 받게 됩니다. 따라서 개인의 의사결정은 물론 각종 공·사 조직을 위한 의사결정도 가능한 한 관심 있는 현상에 관련된 각종 자료를 객관적으로 이해하고 이러한 이해를 기초로 합리적인 의사결정을 내리는 것이 결국 사회구성원의 복지를 증진시키는 길일 것입니다.

2. 사회과학 연구방법론의 중요성

아래의 절에서 설명하는 바와 같이, 연구방법론은 과학적 지식을 창출하는 방법을 체계적으로 설명하고 있습니다. 다라서 사회과학 연구방법론을 공부한다고 함은 각종 사회현상간의 관계에 대한 과학적 지식을 소비하고 생산하는 방법을 배운다는 것입니다.

따라서 사회과학 연구방법론은 개인 및 조직의 각종 의사결정 및 행동에 많은 도움을 줄 수 있는 것입니다. 의사결정을 통해 하나의 대안을 선택한다는 것은, 이러한 대안이 특정한(즉, 의도하는) 결과를 가져다준다(즉 문제를 해결해준다고)고 기대하기 때문일 것입니다. 즉 현상(의사결정/대안)과 현상(의사결정 결과)간에 일정한 관계가 존재한다는 지식을 기반으로 의사결정을 하게 된다면 기대하는 결과를 얻을 확률이 높아지는 것입니다.

과학적 지식이 실생활의 의사결정에 사용되는 예는 무수히 많습니다. 예를 들어, 개인이 사업을 계획하는 경우에도 과학적 지식에 기초한 의사결정의 중요성은 아무리 강조해도 지나침이 없을 것입니다. 즉, 어떠한 요인(현상)이 매출(현상)에 영향을 줄 것인지를 분석하는 것이 사업계획 수립시 가장 중요한 점이겠지요(restaurant을 신규 개업하려는 경우에 상권분석[예: 얼마나 많은 사람이 신규 출점하는 restaurant의 고객집단이 될 수 있는지]과 문화적인 trend 분석[예: 건강중시 식단을 제공하는 것이 좋을 것인지] 등을 통한 위치 및 menu선정은 restaurant의 성공에 필수적일 것입니다).

한편, 특정 기업활동에 투하되는 자원이 상당히 규모가 큰 경우가 일반적입니다. 예를 들어, 현대자동차가 1998년도에 EF Sonata를 시판했을 때 신차개발비용이 5,000억원이 소요된 것으로 알려져 있습니다. 또한 삼성전자 같은 기업은 매년 국내 광고비로만 1,000억원 이상을 지출하고 있습니다. 이렇게 만들어진 신상품 혹은 이러한 상품을 소비자에게 알리고 설득하기 위한 marketing communication활동이 소비자의 욕구를 반영하지 못하는 경우에 상품개발 및 marketing communication에 투하된 자원은 해당 기업은 물론 결국 전체 사회의 부담으로 돌아온다고 할 수 있겠지요. 예를 들어, 개인 소비자의 입장에서도 자신의 욕구를 반영하는 매력적인 신차의 등장은 개인 효용을 높여주겠지만, 반대의 경우는 소비자의 효용에 부정적인 영향을 주겠지요. 따라서 소비자의 욕구를 정확히 파악하고 경쟁기업의 장단점을 명확히 판단하여 신상품을 개발하여야 할 것입니다. 이와 같은 효과적 의사결정이 가능하려면 상품의 특성과 소비자욕구간의 관계에 대해 생산된 지식을 분석하고 해석하는 능력이 필수적일 것입니다.

크고 작은 공공조직경영자의 입장에서도 의사결정의 중요성은 다시 강조할 필요조차 없을 것입니다. 국가조직의 경영자의 의사결정 내용에 따라 국가구성원의 삶의 양과 질이 엄청난 영향을 받게 됩니다. 국가의 예산을 산업, 금융, 주택, 의료, 사회보장 등의 분야에 여하히 배분하는가에 따라, 국가경제의 성장 및 국가구성원의 삶의 질이 큰 영향을 받게 되는 것이지요.

이처럼 비록 객관적 지식을 직접 생산하지 않더라도 생산된 지식을 해석하고 이용하는 능력은 개인이나 조직의 입장에서 매우 중요한 일일 것입니다.

한편, 많은 조직체에서는 다양한 자료 혹은 지식을 생산해내고 있습니다만(예: 각종 조사회사), 일상적인 삶을 영위하는 개인의 입장에서는 조사자료 혹은 지식의 생산과는 전혀 무관하다고 생각하고 살아가기 쉽습니다. 그러나 좀더 자세히 관찰해 보면, 우리의 그러한 인식과는 다르게 개인이 각종 조사자료 혹은 지식을 생산하고 있음을 발견하게 됩니다. 대학에서 공부하는 학생의 경우를 살펴볼까요? 근래에는 대학에서의 강의평가가 일반화되어 가는 추세입니다. 대학생의 경우 강의평가에 참여해서 자신이 수강한 특정 과목에 대한 설문에 답을 제공하는 것이 바로 '특정 강의의 질'에 대한 평가자료를 생산하는 행동인 것을 알 수 있습니다. 측정이 타당성이 있다는 전제하에 이러한 강의평가 자료는 다른 수강생의 수강신청에 큰 도움을 줄 수 있는 것이지요. 또 다른 예를 들어 볼까요. TV방송국의 상품은 각종 program입니다. 이러한 program은 '시청률'에 의한 평가를 받게 되는데, 시청률조사를 주관하는 것은 조사회사(국내의 경우 AC Nielson Media 혹은 TNS Media에서 조사)이지만 시청률자료를 생산하는 것은 당연히 시청자입니다.

결국 개인 혹은 조직은 정치 및 행정현상 이외에도 경제, 경영, 사회, 문화 현상 등에 대한 각종 지식을 일상적으로 소비함과 동시에 일정 부분 자료나 지식의 생산에도 관여하고 있음을 알 수 있습니다.

제3절 과학적 연구의 과정

위에서 확인한 바와 같이, 과학적 연구방법론의 핵심은 (사회)현상에 대한 설명을 '어떻게' 발견할 것인가에 있습니다. 따라서 위에서도 간단히 언급한 바와 같이, 과학적 연구방법론(scientific methodology)이란 과학적 지식발견을 위한 '규칙 및 절차의 체계(system of explicit rules and procedures)' 라고 이해할 수 있을 것입니다(Frankfort-Nachmias & Nachmias, 2000).

이제 여러분이 직접 과학적 연구를 수행한다고 가정을 해 보지요. 어떻게 과학적 연구를 시작할 것이며, 어떻게 진행하고, 어떻게 마무리를 해야 할지에 대해서 생각해 보겠습니다.

과학적 지식을 창출하기 위한 '과학적 연구과정(research process)' 은 〈그림 2-2〉와 같이 3개의 핵심과정으로 단순화할 수 있습니다.

그림 2-2 과학적 연구과정 A

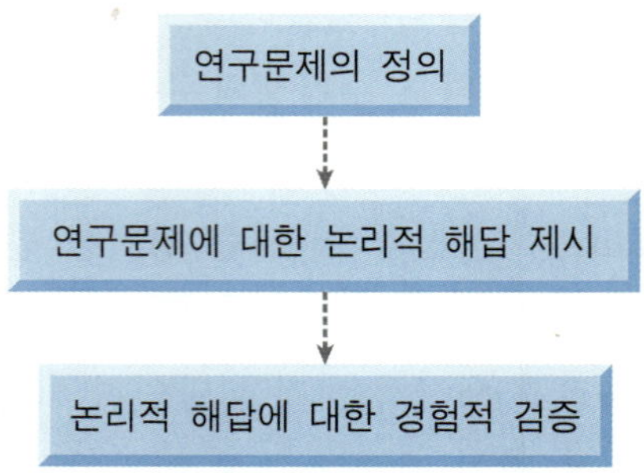

과학적 연구과정의 첫 단계는 연구할 문제를 정의하는 단계입니다. 일단 과학적으로 연구해야 할 문제가 선정되어야 연구가 시작될 수 있는 것이지요. 간단한 예를 들어 본다면, "왜 기업들은 큰 비용을 지불하며 유명인을 이용한 광고를 할까?"라고 하는 특정 사회현상에 대한 의문에서 연구가 시작된다고 할 수 있습니다.

과학적 연구과정의 두 번째 단계는 정의된 연구문제에 대한 논리적이지만 잠정적인 해답을 제시하는 것입니다. 연구과정의 첫 단계에서 "X라는 사회현상(예: 유명인을 이용한 광고)이 효과가 있을까?"라고 하는 의문이 생기고 이러한 의문이 연구할만한 가치가 있다는 판단이 선다면, 연구과정의 두 번째 단계에서는 이러저러한 이유로 "X가 Y에 영향을 미치기 때문 일거야"라고 하는 논리적인 예측을 하게 됩니다. 구체적으로는 "X(예: 유명인을 이용한 광고)는 Y(예: 유명인이 출연한 광고의 판매효과)에 긍정적인 영향을 미칠 것이다"와 같이 해답을 생각하는 것이지요. 이때 연구문제에 대한 해답이 잠정적이라고 하는 의미는 이 단계에서는 아직 X (예: 유명인을 이용한 광고)와 Y (예: 광고의 판매효과) 간의 관계가 경험적으로도 존재하는 지 확인이 되지 않았기 때문입니다.

과학적 연구과정의 마지막 단계는, 두 번째 단계에서 논리적으로 도출한 (연구문제에 대한) 해답을 경험적으로 확인하는 단계입니다. 논리적으로 예측된 사회현상 X와 Y간의 관계가 경험적 관찰을 통해 확인되면 논리적 증거와 경험적 증거가 일치하는 과학적 지식이 창출되게 되는 것입니다. 과학적 연

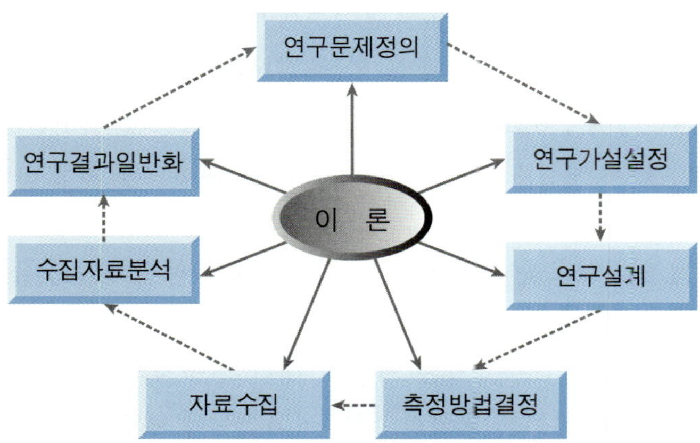

자료: Frankfort-Nachmias & Nachmias(2000)를 변형.

그림 2-3

과학적 연구과정 B

구과정은 과학적 지식을 창출하는 과정이므로 논리와 경험이라고 하는 양대 기둥(즉, 증거)에 기초해야 함을 다시 이해할 수 있을 것입니다.

위의 〈그림 2-3〉은 과학적 연구를 수행하는 데에 기준이 되는 과학적 연구과정' 을 좀더 구체적으로 설명해주고 있습니다. 〈그림 2-2〉와 〈그림 2-3〉의 차이점은 〈그림 2-3〉에서는 〈그림 2-2〉의 마지막 단계를 5개의 세부과정으로 구분하여 설명하고 있다는 점입니다.

1) 연구문제 정의: 무엇을 연구할 것인가?

〈그림 2-2〉와 〈그림 2-3〉에서 볼 수 있듯이, 과학적 연구과정의 첫 번째 단계는 연구문제의 정의(problem definition) 단계입니다. 즉 무엇을 연구할 것인가를 정하는 단계이므로 연구는 연구문제의 정의로부터 시작하는 것입니다.

연구를 통해 알아내려고 하는 연구의 대상(object)인 연구문제는 먼저 어떠한 현상(현상간의 관계)에 대한 개인의 순수한 호기심이나 관심 혹은 흥미(interest)에서 시작된다고 할 수 있겠지요. 예를 들어, 밤하늘에서 관찰할 수 있는 은하수의 아름다운 모습에 반해 은하수의 구조를 밝히려는 연구를 하는 경우에 은하수에 대한 관심이 연구과정을 시작하게 한 것이라고 할 수 있겠지요.

연구가 시작되는 두 번째 계기는 현실문제에 대한 해답을 찾기 위해서 입니다. 무수히 많은 사회현상은 개인 및 조직체의 삶에 크고 작은 영향력을 행사하고 있고, 사회현상들간의 관계를 잘 이해하는가의 여부가 개인의 복지(well being) 및 조직(영리조직, 비영리조직 등)의 경쟁력에 상당한 영향을 준다고 할 수 있습니다. 예를 들어서, 과도한 사교육비 부담이 많은 가구에 큰 부담이 된다는 언론보도를 보고 이러한 사회문제를 해결하는 것을 연구문제화 할 수 있을 것입니다.

연구의 세 번째 계기로는 기존 지식에 대한 연구자의 불만 혹은 의구심 등에서 시작될 수 있습니다. 요약한다면, 사회현상에 대한 순수한 관심 때문이건 혹은 현실문제해결 때문이건, 어떠한 현상을 연구할 필요성을 느끼고 이를 연구문제로 정리하는 것이 연구의 시작이 된다고 할 수 있습니다.

2) 가설설정: 연구문제에 대한 잠정적 해답 제시

과학적 연구과정의 두 번째 단계는, 연구문제를 경험적인 조사가 가능한 형태로(즉, 논리적으로) 다시 정리하는 **가설설정**(hypothesis construction) 단계를 거치게 됩니다. 과학적 지식의 특징이 논리와 관찰에 의해 타당성을 인정받은 지식이므로, 경험적 관찰이 가능한 형태로 연구문제를 논리적으로 정리하는 가설설정은 과학적 연구과정에서 매우 중요한 단계라고 할 수 있습니다.

일단 연구문제가 설정되고 조사연구의 목표가 설정되면, 조사연구의 대상이 되는 현상들간의 '잠정적인' 관계에 대한 다양한 idea(예: A → Y?; B → Y? 등)를 생각해보게 됩니다. 예를 들면, 우리나라에서 아파트 가격(Y)을 결정하는 것은 아파트의 위치(A)일까 아니면 아파트가 위치한 지역의 편의시설(B)일까, 아니면 학군 등의 또 다른 요인(C, D 등등 …)일까, 혹은 이 모든 요인(A, B, C, D)이 복합적으로 작용하는 것일까 등을 생각해 볼 수 있겠습니다. 이러한 연구 idea들은 기존 이론에 기초해서 연구가설(research hypothesis) 형태로 정리되는 것입니다. 즉, 다양한 연구 idea들이, 관련 분야의 기존 이론들의 도움하에, 경험적인 논박이 가능한 가설의 형태로 제시되고 다음 단계의 연구과정으로 이어지게 됩니다. 이러한 맥락에서, 가설이란 결국 연구문제에 대한 잠정적인 해답(tentative answer)이라고 이해할 수 있습니다.

3) 연구설계: 연구문제에 대한 과학적 해답을 얻기 위한 연구계획 수립

일단 연구할 가설이 정해진 다음에는 가설의 진위를 경험적으로 확인하기 위한 여러 가지 조치를 취하게 됩니다. 그 첫 번째가 바로 **연구설계**(research design)로서 〈그림 2-3〉의 과학적 연구과정에서는 3단계에 해당하는 부분입니다. 연구설계란 과학적 연구과정의 주요 부분에 대한 계획이라고 간단히 이해할 수 있습니다. 즉, 연구설계란 연구문제에 대한 답을 구하도록 짜여진 '연구의 계획(plan) 및 구조(structure)'라고 정의할 수 있습니다

(Kerlinger, 1986). 이때 '계획'이란 연구의 전체적 그림(scheme)이라고 할 수 있고, '구조'란 연구대상 현상(즉, 나중에 설명할 용어로 '변수')들간의 관계에 대한 모형(model)이라고 할 수 있습니다. 즉, 연구설계란 (a) 어떠한 대상/현상들을, (b) 어떻게 관찰하고, (c) 관찰결과를 어떻게 분석할지를 계획하는 것입니다. 따라서 과학적 연구과정의 4단계 이하 7단계까지는 연구설계의 구체적인 내용을 구성한다고 할 수 있습니다.

4) 측정방법 선택: 연구현상의 경험적 관찰방법 선택

제1장에서도 간단히 설명한 바와 같이, (자연, 사회)과학자들은 그들이 사용하는 용어에 대해 매우 엄격하게 됩니다. 즉, 먼저 과학자들은 자신들이 연구하려는 문제(자연 혹은 사회현상)를 매우 엄격하게 '언어로' 정의합니다. 각 현상을 명확히 정의하지 않는다면 현상들간의 관계를 명백히 설명하는 것은 기대하기 어려워집니다. 이처럼 연구대상 현상을 명확히 정의하기 위하여 각 학문 분야마다 특수한 용어들을 사용하고 있는데, 이러한 용어들을 개념(concept)이라고 부르고 있습니다.

개념(concept)이란 어떠한 현상(phenomenon)이 지닌 일반적 특징(common properties)을 지칭합니다. 예를 들어, '중량(weight)'이라는 개념은 모든 물질(physical objects)이 지니고 있는 공통 특징을 나타내고 있습니다. 그리고 중량이라는 하나의 개념은 물질의 특징 중 오직 하나만을 기술하여야 과학적 지식의 창출에 도움이 될 수 있습니다. 만일 중량이라는 개념이 무게와 크기라는 두 개의 다른 특징을 기술한다면 현상간(정확히는 현상들이 가지고 있는 특징들간, 이하에서는 현상들간이라고 표현)의 관계를 명확히 설명하려는 과학적 지식의 목표가 달성될 수 없기 때문입니다.

한편 위와 같은 (언어적) 개념은 경험적으로 우리가 알고 있는 '구체적인 사물/사상(tangible objects/events)'과 연결이 가능하여야 합니다. 즉, 현상들간의 관계가 검증가능하려면 우리들이 직·간접적으로 확인할 수 있는 구체적인 수단으로 현상들이 표현될 수 있어야 한다는 뜻입니다. 역으로 표현한다면 경험적인 관찰이 가능한 방법으로 개념이 정의가 되어야만 현상들간의 관계가 설명이 된다고 할 수도 있겠지요.

예를 들어, 단순히 한 "물체의 중량이 무겁다"고 표현하는 것과 어떠한 "물체의 중량이 100kg이다"라고 하는 표현간에는 큰 차이가 있습니다. 즉, 검증가능성에서 차이가 있는 것이지요. 첫번 표현은 듣는 사람에 따라 달리 이해할 수 있는 가능성을 가지고 있습니다. 예를 들어 천하장사 같은 사람에게는 100kg은 무겁지 않은 중량일 수 있는 반면, 체중 20kg의 어린아이 입장에서는 상상하기 어렵게 무거운 중량입니다. 그러나 중량이 100kg이라는 표현은 모든 사람들이 구체적으로 그리고 공통적으로 그 중량을 이해할 수 있다고 하는 장점이 있습니다.

이처럼 추상적인 개념을 구체적인 사물/사상과 연결하는 과정을 측정(measurement)이라고 합니다. 따라서 과학적 지식창출의 핵심은 측정에 있다(Peter, 1981)고 해도 과언이 아닙니다. 한편, 측정의 결과가 숫자(numeral)가 아닌 좀더 구체적인 수준의 언어/개념인 경우도 가능합니다. 모든 현상을 수치로 나타낼 수 없을 수도 있고, 수치로만 현상을 표현하는 경우에는 오히려 그 현상에 대한 깊은 이해가 부족하게 될 수도 있습니다. 예를 들어, 인터넷중독 정도를 설문결과로 설명할 수도 있겠지만, 인터넷중독 사례 하나를 자세히 언어적으로 설명하는 것이 인터넷중독에 대한 우리의 이해를 더 깊게 해줄 수도 있을 것입니다.

즉, 과학적 연구과정의 4단계인 **측정**(measurement)**방법선택** 단계에서는 가설형태로 표현된 연구문제를 해결하기 위해, 연구문제의 대상이 되는 사회현상에 어떻게 부호(symbol) 혹은 숫자(numeral)를 부여할지를 결정하는 것입니다. 아래의 관련 장에서 설명하는 바와 같이, 이 단계는 과학적 지식의 특징인 객관성(objectivity)을 확보하기 위해 매우 중요한 단계라고 할 수 있지요.

표 2-1

측정의 예

측정현상	측정도구	측정값(결과)
온 도	온도계	섭씨 25도
무 게	저울	70kg
매 출	설문지/회계자료	1,234억원
만족도	설문지	매우 만족

5) 자료수집: 연구현상의 관찰

〈그림 2-3〉의 과학적 연구과정의 제5단계는 **자료수집**(data collection) 단계입니다. 즉, 연구대상 현상을 구체적으로 관찰(observation)하는 단계입니다. 연구대상 현상에 대한 실제 관찰을 통해 자료를 수집하게 되는 것이지요. 앞서 설명한 연구설계 단계에서 정해지는, 자료수집과 관련된 주요 내용으로는 우선 연구대상을 전부 조사할지 혹은 그 중 일부를 조사(즉, 표본조사)할지에 대한 선택이 있습니다. 표본조사를 통해 자료를 수집할 경우에는 전체 연구대상에서 표본을 어떻게 선택할지 또 표본의 크기는 어떻게 정할지 등을 결정해야 합니다. 또한 이렇게 선정된 표본의 구성원들을 어떻게 접촉하여 자료를 구할지 등도 결정해야 합니다. 연구대상을 접촉해서 자료를 수집하는 대표적인 방법으로는 설문조사(survey research)가 잘 알려져 있습니다.

물론 자료수집 단계의 결과물인 각종 자료(data)는 수(number)로 표현된 계량적 자료(quantitative data)일 수도 있고, 언어적으로 표현된 질적 자료(qualitative data)일 수도 있습니다.

6) 자료분석: 관찰된 결과의 분석

〈그림 2-3〉의 과학적 연구과정의 제6단계는 5단계에서 수집된 자료를 분석하는 **자료분석**(data analysis) 단계라고 할 수 있습니다. 각종 통계분석기법(statistical methods)은 계량적 자료의 분석에 핵심적인 역할을 수행합니다. 조사연구의 동기(탐색, 설명, 인과관계 분석)에 따라 기술분석(descriptive analysis), 상호관계분석(analysis of association), 인과분석(causal analysis) 기법을 사용해서 계량적 자료를 분석하게 되는 것입니다.

계량적 자료의 분석에 사용되는 통계분석기법은 질적 자료의 분석과는 거의 관계가 없습니다. 그러나 한가지 흥미 있는 점은, 경우에 따라 질적 자료분석의 경우에도 부분적으로 계량적인 분석의 도움을 필요로 한다는 점입니다. 예를 들어, 내용분석(content analysis) 같은 질적 자료분석기법의 경우, 구체적 개념으로 측정된 사회현상의 중요성을 파악하기 위하여 특정 개념이 관찰된 회수 등을 숫자로 파악하기도 합니다. 또한 경영학 분야 등에서 종종 사용되는 사례분석(case study) 기법에서도 수량을 이용한 분석내용이 부분적으로 사용되기도 합니다. 이러한 맥락에서 본다면 질적 자료분석과 양적 자료분석기법간에는 질적 자료와 양적 자료가 동시에 분석되고 해석되는 회색지대(grey area)가 일정부분 자리 잡고 있다고 할 수 있겠습니다.

7) 연구결과 일반화

〈그림 2-3〉의 과학적 연구과정의 마지막 7단계는 **연구결과 일반화**(generalization) 단계입니다. 앞의 1단계에서 6단계를 통해 논리에 입각해 설정된 연구가설이 경험(수집된 자료)과 일치하는지를 판단하게 되고, 이러한 판단 결과 논리와 경험이 일치하는 경우에는, 연구를 통해 확인된 지식이 기존의 이론체계에 추가되게 되는 것입니다.

한편, 하나의 연구를 통한 일반화란 잠정적(tentative)이라는 특징을 가지고 있습니다. 비록, 추리통계이론에 의존해서 부분적인 조사결과를 전체 연구대상으로 일반화할 수 있기는 하지만, 하나의 연구에서 연구의 결과에 영향을 주는 요소들을 완벽하게 통제할 수는 없습니다. 따라서 하나의 연구과정에서의 일반화란 특정 연구문제에 대한 연구의 완성을 의미하는 것이 아니라 또 다른 연구문제의 출발점이라고 이해하는 것이 합리적일 것입니다. 결국 연구과정(research process)은 기본적으로 순환적(cyclical)이라는 특징을 가지고 있습니다. 일반화 가능한 연구도 잠정적이라고 하는 기본적인 특징을 가지고 있기 때문에, 유사한 연구들을 묶어서 특정 현상들간에 존재하는 연구결과를 좀더 넓은 의미에서 일반화하려는 시도(예: 메타분석)도 많은 의미가 있게 됩니다.

8) 과학적 연구과정에서의 이론의 역할

(1) 이론의 역할

앞에서도 간단히 살펴본 바와 같이, 이론이란 '현상간의 관계에 대한 체계적인 설명'으로 이해하는 것이 일반적입니다. 한편 아래의 관련 장에서 다시 설명할 바와 같이, 연구가설도 '현상간의 관계에 대한 추측성 문장(conjectural statement)'으로 정의되는 바, 형태상에 있어서는 이론과 가설간에는 큰 차이가 없는 것으로 보입니다. 그러나 가설은 (기존) 이론 및 논리적 추론에 기초해서 현상간의 관계를 추측하는 문장, 즉 하나의 '주장(argument)'일 뿐이고, 이론이란 논리와 관찰의 일치에 기초한, 현상간의 관계에 대한 '정당화된 주장(justified argument)'이라는 면에서 기본적인 차이가 있다고 할 수 있습니다.

조사연구의 여러 idea들을 연구가설로 변형함에 있어서는 기존 이론의 역할이 거의 절대적이라고 할 수 있습니다. 일반적으로 연구자는 기존 연구결과에 대한 문헌연구(literature review)를 통해서 연구문제(research problem)를 해결하기 위한 구체적인 연구가설을 설정하게 됩니다. 연구하고자 하는 사회현상과 관련된 분야의 기본적인 저서는 물론이고, 관련분야의 학술지에 게재된 논문 및 학위논문 등이 문헌연구의 주된 조사대상이 될 것입니다. 또한 요즈음에는 electronic database가 잘 발달되어 있어서 이러한 매체를 이용하면 관련분야의 기존 이론에 대한 많은 지식을 쉽게 구할 수 있게 되었습니다.

즉, 기존 이론(theory)은 과학적 연구과정 전체에 영향을 줌과 동시에 연구과정으로부터 영향을 받아 기존 이론 자체가 확장되는 입장에 있습니다. 이처럼 순환과정적 특징을 가지고 있는 과학적 연구과정이 반복되면서 이론, 즉 과학적 지식의 폭과 깊이가 확장되는 것입니다. 그러나 현실에서는 이러한 연구과정이 〈그림 2-3〉과 같이 항상 순조롭게 순차적(sequential)으로 진행되는 것만도 아니고, 연구과정이 〈그림 2-3〉의 모든 단계를 모두 거치며 진행되는 것도 아니라는 점도 이해할 필요가 있습니다.

(2) 이론의 발견과 이론의 정당화 과정

과학적 연구과정은 이론을 예측하는 과정과 이론을 정당화하는 과정으로 크게 구분할 수도 있습니다. 위의 〈그림 2-3〉에서 연구문제 정의 및 가설설정 단계는, 사회현상간에는 이러한 관계가 존재할 것이다라고 하는 예측, 즉

(잠재적) 이론의 발견(discovery)과정이라고 할 수 있습니다. 이에 비해 연구설계 이하 일반화까지의 과정은 발견(discovery)과정에서 제시한 주장(argument), 즉 가설을 경험적으로 정당화(justification)하는 과정이라고 할 수 있는 것이지요. 이러한 입장에서 본다면 과학적 이론은 정당화된 주장(justified argument)이라고 할 수 있음을 다시 확인할 수 있습니다.

제 2 부

연구문제에 대한 논리적 해답 제시

제 3 장 연구의 대상: 연구문제와 가설

| 도입 사례 |

CNN 등 외신, 강남 학부모 교육열 소개

'대치동 엄마' 최정우(49) 씨는 딸이 대학에 진학할 때가 되자 과감히 직장을 포기했다. 그는 재산의 4분의 1을 사교육비로 책정하고 딸의 뒷바라지를 위해 '올인' 했다.
AP통신과 CNN방송은 23일 학원가가 밀집한 서울 강남구 대치동에 거주하는 한국의 학부모가 자녀의 대학진학을 위해 모든 것을 희생하는 뜨거운 현장을 소개하면서 "대치동 엄마들이 나날이 확대해가는 한국의 사회적 격차에 관한 논쟁을 부추기고 있다"고 보도했다.
AP는 "대치동은 유치원에서부터 대학 진학에 이르기까지 광풍이 부는 한국 교육현장의 결정판"이라면서 최씨가 딸을 서울대와 연세대, 고려대 등 소위 일류대에 진학시키기 위해 전에 살던 집보다 훨씬 비좁고 비싼 대치동 아파트로 이사했다고 전했다.
AP는 "이 같은 교육열은 일류대 진학이 좋은 직장과 미래를 결정하는 한국의 사회구조 때문"이라며 "사교육 열풍이 통제불능 상태로 치달으면서 막대한 경제적 비용과 함께 사회적 논란을 야기하고 있다"고 지적했다.

생각해 볼 문제

위 내용은 우리나라의 많은 사람들이 공감할 수 있는 교육열 관련 보도입니다. 그렇다면, 우리나라 부모들은 왜 자녀교육에 목을 매는 것일까요? 즉 교육열을 설명하는 변수는 무엇일까요? 참고로 교육학 분야에서는 '교육열' 의 설명에 유용한 이론들로 인적자본론, 지위획득론, 선별이론, 계층경쟁론, 계급통제론, 세계체제이론, 후발이론, 정보전략이론, 직업경쟁이론 등을 연구하고 있습니다. 독자 여러분의 연구가설은 무엇인가요?

〈본서의 체제〉

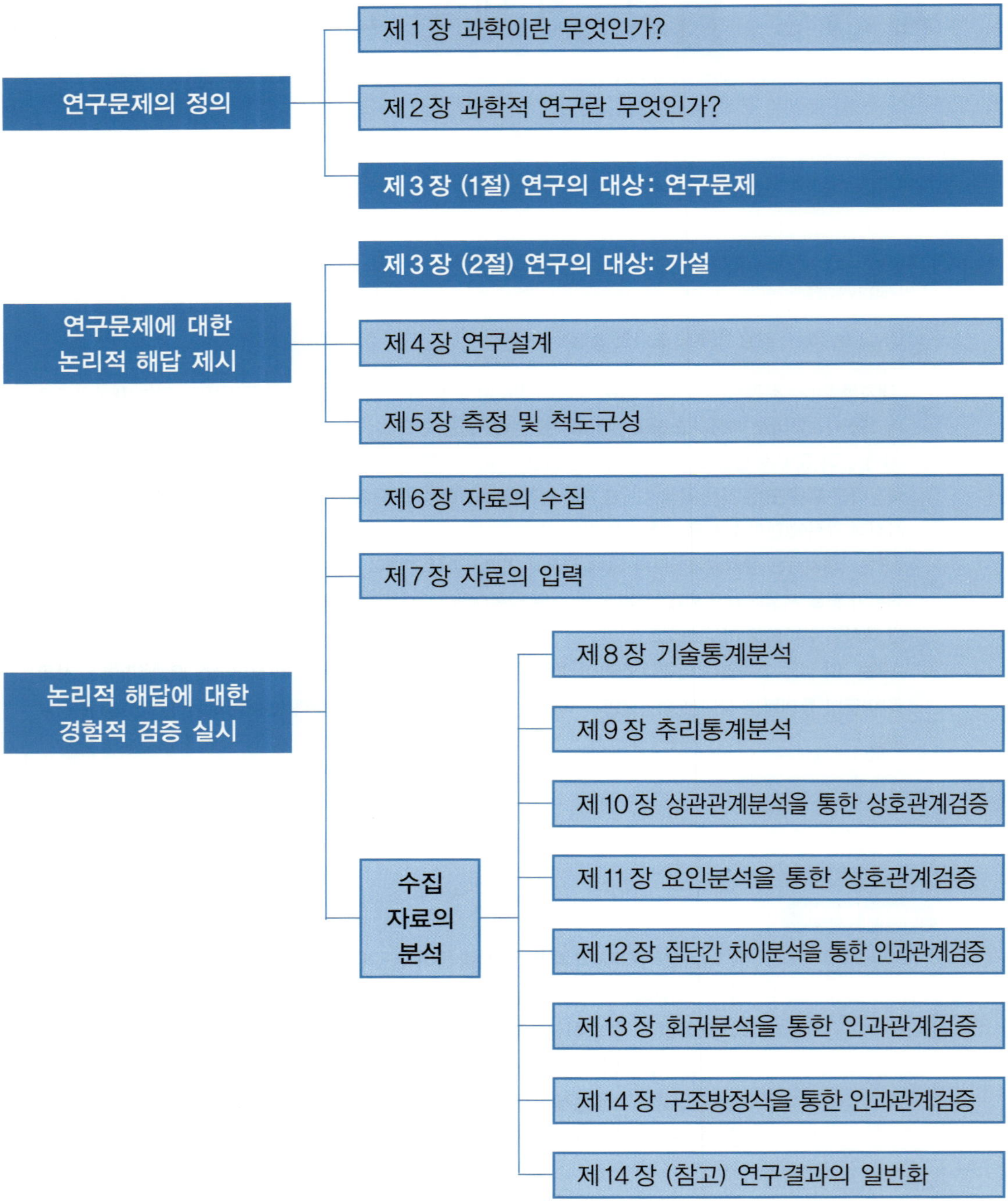
연구문제의 정의
제 1 장 과학이란 무엇인가?
제 2 장 과학적 연구란 무엇인가?
제 3 장 (1절) 연구의 대상: 연구문제
연구문제에 대한 논리적 해답 제시
제 3 장 (2절) 연구의 대상: 가설
제 4 장 연구설계
제 5 장 측정 및 척도구성
논리적 해답에 대한 경험적 검증 실시
제 6 장 자료의 수집
제 7 장 자료의 입력
수집 자료의 분석
제 8 장 기술통계분석
제 9 장 추리통계분석
제 10 장 상관관계분석을 통한 상호관계검증
제 11 장 요인분석을 통한 상호관계검증
제 12 장 집단간 차이분석을 통한 인과관계검증
제 13 장 회귀분석을 통한 인과관계검증
제 14 장 구조방정식을 통한 인과관계검증
제 14 장 (참고) 연구결과의 일반화

연구문제 제 1 절

앞장에서 설명한 바와 같이, 연구(research)가 시작되려면, 연구의 대상(research object)과 연구를 수행할 동기(motivation)가 있어야 되겠지요. 즉, 특정한 대상을 연구할 필요를 느껴야만 연구과정(research process)이 시작된다고 할 수 있습니다. 이중 연구할 대상을 선정하는 것을 **'연구문제**(research problem)**를 정의한다'** 고 합니다. 즉 아래에서 다시 설명하는 바와 같이, 연구문제란 '과학적 탐구를 개시하게 하는 질문(question) 혹은 쟁점(issue)'으로 이해할 수 있습니다. 연구문제란 현실적인 문제(예: 성인병의 증가, 기업의 경영성과 미미, 국가의 국민소득 감소, 횡단보도에서의 사고 증가 등)를 해결하기 위한 목적에서 설정될 수도 있고, 사회현상에 대한 개인적인 흥미나 관심(예: 왜 부동산 가격이 계속 증가하는가?)에 의해서도 연구문제가 제시될 수 있을 것입니다. 물론 기존의 (사회과학)이론이 현실을 잘 설명하지 못하고 있다는 문제의식에서도 연구문제가 설정될 수도 있을 것입니다.

표 3-1

연구문제와 가설

연구문제(예)	가설(예)
왜 자녀교육에 목을 매는 것일까?	교육연수는 연소득에 영향을 줄 것이다.
(과연 학력에 따른 소득의 차이가 있을까?)	(교육연수가 높으면 연소득이 높을 것이다)

1. 연구문제

위에서 간단히 소개한 바와 같이, 연구문제(research problem)란 과학적 탐구를 개시하게 하는 질문(question) 혹은 쟁점(issue)입니다(Frankfort Nachmias & Nachmias, 2000). 먼저 연구문제의 예를 들어 보도록 하지요. 우리나라의 경우 자녀교육에 대한 부모님들의 관심은 차라리 처절할 정도입니다. 이러한 교육에 대한 관심이 개인 및 사회의 학력수준 향상이라는 긍정적인 결과만 가져오는 것이 아니라 과도한 사교육비 부담 등의 부정적인 측면도 야기하는 것으로 추측됩니다. 그렇다면 우리나라에서는 왜 이렇게 교육에 관심이 많은 것일까요? 왜 부모님들이 좀더 고생을 해서라도 자식들 교육에 투자하려고 하는 것일까요? 연구자가 교육문제에 대한 관심이 많거나, 혹은 정부당국에서 교육관련 문제들을 해결하기 위해 이러한 의문들을 생각해 보았다면 이것이 바로 연구문제의 예가 될 수 있습니다(〈표 3-1〉 참조).

아래의 〈표 3-2〉에는 우리들의 일상적인 삶에 영향을 주는 사회현상과 관련된 연구문제의 예를 몇 개 추가적으로 제시하였습니다. 이러한 예를 통하여 연구문제의 특징에 대한 이해를 넓힐 수 있으리라 생각됩니다.

표 3-2

연구문제의 예

- 횡단보도 표시가 오히려 사고를 유발하는가?
- 무엇이 inflation을 야기하는가?
- 무엇이 부동산 가격을 결정하는가?
- 정부의 예산은 왜 증가하는가?
- 어떤 요소가 도시화를 결정하는가?
- 왜 광고를 해야만 하는가? (광고는 매출을 증가시키는가?)
- 유명인의 광고효과가 정말 있는가?
- 교육수준이 소득수준을 결정하는가?

2. 연구문제 선택 기준

1) 연구의 가치

(1) 관련성

한편, 현실적으로 모든 '문제'를 '연구'하게 되는 것은 아닙니다. 많은 연구문제 중에서 실제 연구가 이루어지는 것은 우선 그 문제가 특정 개인(의사결정자, 연구자 등), 조직(학교, 연구소, 기업, 비영리 조직, 국가 등)이 수행하는 의사결정과 장, 단기적으로 관련(relevant)이 있는 것인가의 여부에 달려 있다고 할 수 있습니다. 예를 들어서 위에서 예시한 횡단보도관련 연구문제는 지역사회나 지방자치단체의 입장에서는 관련성이 높은 문제일 수 있으나, 유명인의 광고효과가 진정으로 존재하는지 여부는 기업이나 연예오락산업(entertainment business) 종사자 혹은 광고업 종사자들에게 관련이 높은 문제가 되겠지요. 즉, 연구자의 입장에서 연구문제의 이론적, 실제적 효용이 있다고 판단되는 경우에야 그 문제가 연구될 수 있다고 할 수 있겠지요.

(2) 중요성

또한 제한된 인적, 시간적, 물적 자원 때문에, 개인이나 조직의 입장에서 현실적으로 모든 관련성 있는 연구문제를 연구할 수 있는 것도 아닙니다. 즉, 관련성 있는 여러 연구문제가 경합할 경우에는 나름대로의 기준을 설정해서 각 연구문제의 중요도를 평가하고, 중요한 순서대로 연구문제에 대한 해답을 발견해 나가는 것이 일반적인 상황이라고 할 수 있습니다.

2) 연구의 실행가능성

한편, 정말 중요하고 관련성이 있는 연구문제라고 할지라도 그 연구를 실행하는 데 시간과 비용이 많이 소요되는 연구는 쉽게 진행하기 어렵습니다. 게다가 연구대상이 현실적으로 확보하기 힘든 대상이라던지, 연구가 도덕적, 윤리적으로 문제가 되는 등의 경우에는 연구의 계속적인 진행이 어렵다고 할 수 있습니다. 또한 연구문제를 다룰 수 있는 연구자의 연구방법론 지식수준도 연구문제를 해결하려는 시도에 결정적인 영향을 준다고 할 수 있지요.

3. 연구문제의 원천

위에서는, 비록 어떠한 주제라도 연구대상으로 삼을 수 있겠으나 현실적으로 관련성이 있고 또 중요한 문제만이 후속 단계로 넘어가서 본격적으로 연구된다고 함을 지적했습니다.

1) 기존연구 탐색

연구문제의 도출을 위해서는 이미 수행된 연구자료를 살펴보는 것이 큰 도움이 됩니다. 아래에 제시된 대표적인 연구의 원천(source)은 서적의 형태로 발간되기도 하지만, on line 혹은 electronic database 형태로 사용할 수 있기도 합니다. 따라서 많은 경우에 각종 도서관의 전문 사서들이 연구문제의 선정에 큰 도움이 될 수 있을 것입니다.

(1) 전문학술지

경제, 경영, 정치, 사회, 행정학 등 각 분야마다 과학적인 연구를 발표하는 전문학술지(academic journals)가 있습니다. 이러한 전문학술지에 발표된 논문들을 검토하게 되면 현재 특정 분야의 issue가 무엇인지, 해결된 문제는 무엇이고 앞으로 해결해야 할 문제는 무엇인지 등에 대한 많은 idea를 얻을 수 있습니다. 아래의 〈표 3-3〉는 몇몇 사회과학 분야의 국제적 수준의 전문학술지의 예를 보여주고 있습니다.

표 3-3 전문학술지의 예

분 야	전문학술지
정치학 분야	• American Journal of Political Science • Journal of Politics • World Politics
사회학 분야	• American Journal of Sociology • American Sociological Review • Human Relations
심리학 분야	• American Journal of Psychology • Journal of Personality and Social Psychology • Psychological Review
경제학 분야	• American Economic Review • Econometrica • Review of Economics and Statistics
경영학 분야	• Administrative Science Quarterly • Management Science • Journal of Marketing • Journal of Consumer Research

(2) 학술대회 논문집

각 학문 분야마다 정기적으로 학술논문 발표회의가 열리고 많은 idea를 주고 받고 있습니다. 그리고 이러한 연구결과들은 학술대회 논문집(conference proceedings)의 형태로 정리되기도 합니다. 학술대회 논문집에 실리는 논문들은 전반적으로 전문학술지에 실리는 논문들보다는 깊이 면에서 다소 떨어질 수 있으나, 최신의 연구주제들을 알게 해주는 장점을 가지고 있습니다(아래 〈표 3-4〉 참조).

표 3-4 학술대회 논문집의 예

- American Marketing Association Proceedings
- Advances in Consumer Research
- Society for Marketing Advances Proceedings

(3) 학위논문

한편, 국내외 대학교의 학위논문(thesis)도 연구문제에 대한 훌륭한 원천으로 사용될 수 있습니다. 특히 박사학위 논문의 경우에는 논문과 관련된 분야를 자세하게 정리하고 연구를 진행하기 때문에 새로운 연구문제를 발견하는데 도움을 받을 수 있습니다.

2) 언론보도 자료

신문, 잡지, 방송 등에 자주 등장하는 주제도 시사성(timely) 있는 연구문제로 활용될 가능성이 충분히 있다고 할 수 있습니다. 특히, 경영, 경제, 정치, 사회학 관련 사회현상의 경우에는 언론기관에서 관심을 가지고 있는 분야이기 때문에 지속적인 언론보도(popular press)가 이루어지고 있습니다. 따라서 사회현상간의 관계를 연구하려는 연구자는 언론기관의 보도내용을 정기적으로 살펴볼 필요가 있습니다. 예를 들면, 언론보도에 "Internet 중독의 폐해가 심각하다"고 하는 기사가 있는 것을 발견하고, 이 분야에 대한 연구를 수행할 수 있을 것입니다.

3) 경 험

개인이나 조직은 다양한 사회현상을 경험(experience)하면서 생활하고 있습니다. 이렇게 직, 간접적으로 경험한 사회현상이 개인이나 조직의 의사결정에 관련이 있고, 중요한 경우에는 이러한 현상에 대한 연구가 이루어 질 수도 있을 것입니다. 특히 변화하는 경쟁환경에 잘 적응해야 하는 기업과 같은 조직의 입장에서는, 자사의 지속적 성장에 영향을 주는 다양한 사회현상에 대한 연구를 수행할 필요가 절실하다고 할 수 있습니다.

4. 연구의 목표

연구문제의 설정과 더불어 연구의 동기, 즉 연구의 목표를 명확히 하는 것이 일반적인데, 연구의 목표는 아래 〈표 3-5〉에서 볼 수 있는 바와 같이 다음의 3가지(혹은 단계)로 나누어 볼 수 있습니다. 물론 궁극적으로 모든 연구가 지향하는 바는 현상간의 인과관계를 설명하는 것일 것이지만, '현실적으로' 모든 연구가 인과관계 설명을 목표로 하는 것은 아닙니다.

표 3-5

연구의 목표

- **탐색적 연구(exploratory research)**: 연구현상의 기초적 이해
- **기술적 연구(descriptive research)**: 연구현상의 깊은 설명
- **인과관계 연구(causal research)**: 연구현상간의 원인과 결과 구명

1) 탐색적 연구(exploratory research)

먼저, 어떠한 연구는 연구자가 특정 사회현상과 친숙해지기 위하여 혹은 특정 사회현상을 탐색하기 위하여 진행됩니다. 이러한 경우는 사회현상이 새로운 현상이거나(예: 인터넷 중독, avatar 중독), 혹은 사회현상 자체는 새로운 것이 아니라도 기존의 연구가 전혀 없어서 연구자에게 새로운 현상일 경우에 해당합니다. 예를 들어서, avatar를 on line상에서 구매하기 위해 청소년들이 cyber매춘까지 한다고 언론에 보도되어 사회적으로 문제가 된 경우에, 이러한 현상이 왜 발생하고 어떻게 부작용을 줄일 수 있는지가 연구문제가 되었다고 한다면, 연구자는 먼저 avatar 중독(예: Lee and Shin 2004)이라는 현상이 무엇인지 이해를 하여야 할 것입니다. 즉, avatar란 무엇인지 또 중독이란 무엇인지에 대한 기본적인 이해를 구할 필요가 있는 것이지요.

탐색적 연구의 방법으로는 아래의 관련 장에서 설명하는 바와 같이, 현장연구(field research), 문헌조사, 초점집단면접(focus group interview) 등의 방법이 사용되기도 합니다. 탐색적 연구에는 계량적 자료(quantitative data)는 물론 질적 자료(qualitative data)도 사용되고 있는 것이지요. 한편, 탐색적 연구는 사회현상을 좀더 잘 이해하고, 연구주제면에서 혹은 연구방법론의 측면

에서 아래에서 설명하는 기술적 연구 혹은 인과관계 연구의 가능성(feasibility)을 타진해보는 목적을 수행한다고 할 수 있습니다.

결국 탐색적 연구는 대상이 되는 현상에 대한 많은 idea를 제공해 주고, 기술적 연구 및 인과연구에 기초자료를 제공해 주기 때문에 매우 가치가 높다고 할 수 있겠습니다. 그러나 특히 연구의 대표성(representativeness)면에서 결정적인 단점이 있다고 할 수 있습니다. 탐색적 연구의 결과가 연구 현상을 대표한다는 보장이 없다는 점이지요. 따라서 탐색적 연구가 연구의 최종적 목표라기보다는, 기술적 연구 및 인과관계적 연구에 대한 기초로 탐색적 연구가 사용되는 것이 일반적입니다.

2) 기술적 연구(descriptive research)

어떠한 연구는 사회현상을 기술(記述: describe)하는 목적하에 수행되기도 합니다. 즉, 이러한 연구를 통해 연구자는 자신이 관찰한 내용을 자세히 설명하게 되는 것이지요. 각국에서 정기적으로 실시하는 인구조사(인구 census)는 기술적 연구의 대표적인 예라고 할 수 있습니다. 인구조사를 통하여 전체 국가 수준에서는 물론, 도, 시, 구, 동 혹은 읍, 면 단위의 인구적 특징을 자세하게 알 수 있게 됩니다. 즉, 각 행정단위별 인구구성(성별, 연령별)은 물론 경우에 따라 교육수준, 소득수준(예: 미국 인구 census의 경우), 인종(예: 미국 인구 census의 경우) 등의 자료도 상세히 기술이 되기도 합니다. 인구라고 하는 요소가 많은 다른 사회현상을 설명해 주기도 하기 때문에 이와 같은 기술적 연구는 각종 사회과학에 큰 도움을 주고 있다고 할 수 있습니다. 경영학 분야에서 자주 수행되는 기술적 연구조사의 예를 하나 더 든다면, 상품의 시장조사를 이야기 할 수 있습니다. 어떠한 상품을(예: 상품의 종류, 크기 별로), 누가, 언제, 얼마나 자주 또한 어느 만큼 구입하는지를 자세히 기술하는 것입니다. 이러한 자료는 기업의 신상품의 개발이나 경쟁/유통전략의 수립 등에 유용하게 사용될 수 있을 것입니다.

한편 기술적 연구 또한 계량적인 자료에만 의존하는 것은 아닙니다. 예를 들어, 인류학자들은 특정 문화(예: 인도네시아 발리 섬의 닭싸움[cock fighting])

를 대상으로 한 상세한 관찰기록을 작성하기 위해 노력하고 있는 바, 이처럼 질적(qualitative) 자료를 이용한 기술적 연구 또한 특정 현상에 대한 자세한 이해를 도모하는 데 큰 도움이 됩니다.

3) 인과관계 연구(causal research)

현상을 자세히 기술하는 기술적 연구도 '왜'에 대한 답까지 주지는 못합니다. 이러한 질문에 대한 답을 주는 연구가 바로 인과관계(因果關係) 연구(causal research)입니다. 즉, 인과관계 연구는 사회현상들간에 존재할 수 있는 원인과 결과간의 관계를 설명하는 연구입니다. 궁극적으로는 현상간의 인과관계를 설명하는 것이 모든 연구의 목표가 될 수는 있을 것이지만, 현실적으로 모든 연구(특히 사회현상의 연구)가 인과관계를 밝힐 수 있는 것은 아닙니다. 후술하는 바와 같이 인과관계의 성립에는 엄밀한 조건이 충족되어야 하기 때문입니다.

여하간, 인과관계 연구를 성공적으로 수행한다는 것은, 원인이 되는 현상과 결과가 되는 현상간의 관계를 명백히 설명한다는 의미이고, 따라서 원인 현상을 통제할 수 있다면 결과 현상의 조절이 가능하게 되므로, 결과에 해당하는 현상을 관리(manage)할 수 있게 되는 것입니다. 예를 들면, 경영학 분야의 많은 연구가 매출(sales)이나 이익(income)과 같은 기업의 성과(performance)는 어떠한 요인이 결정하는지에 대한 연구라고 할 수 있습니다. 기업성과의 결정요인이 밝혀진다면 기업성과를 높일 수 있는 구체적 방안이 창출될 수 있는 것이지요.

제2절 가 설

1. 가 설

과학이란 우리를 둘러싼 세계에 대한 검증 가능한 지식의 체계라고 함을 살펴보았고, 연구문제가 지식의 탐색과정을 시작하게 한다고 소개했습니다. 그런데 연구문제는 비교적 자유로운 의문문의 형태를 취하게 되지만(위의 〈표 3-2〉 참조), 이러한 의문문 형태의 연구문제로는 연구문제에 대한 해답을 유도해 내기가 쉽지 않다는 데 '문제'가 있습니다. 따라서 연구문제에 대한 해답을 찾는, 즉 사회현상(예: 교육)과 다른 사회현상(예: 소득)간의 관계에 대한 새로운(그리고 검증 가능한) 설명을 창출해내기 위해서는 이러한 지식의 창출을 위한 추가적인 준비과정이 필요하게 됩니다.

즉, 먼저 연구문제의 대상이 되는 현상간에는 이러저러한 관계가 있을 것이라고 하는 논리적인(그러나 과거에 확인이 되지 않은) 추측성 주장(argument)이 필요하고, 또 이러한 주장이 참인지를 경험적으로 검증하는 과정이 필요한 것이지요. 자주 반복하는 이야기이지만, 과학적 지식의 창출은 논리(논리적 예측)와 관찰(경험적 검증)의 두 기둥에 의지하고 있는 것입니다. 위에서 제시한 예를 다시 사용한다면, 기존 이론 등에 근거하여, 교육연수가 증가하면 소득수준이 높아진다는 '논리적인' 주장을 내어 놓고, 이러한 주장이 과연 '경험적으로도' 참인지를 살펴보는 과정을 거쳐야만, 현상(교육)과 현상(소득)간의 관계에 대한 검증 가능한 설명이 이루어지는 것입니다.

현상과 현상간의 관계에 대한 주장(argument)은 여러 가지 방법으로 이루어질 수 있습니다. 예를 들어 직관, 꿈, 신의 계시, 우연 혹은 의도적 관찰, 기존의 과학적 지식 등을 통해 현상들간의 관계에 대한 주장을 펼칠 수 있습니다. Archimedes는 목욕을 하다가 우연히 부력에 대한 발견을 하게 되었다고 하는데(이때 Eureka라고 외쳤다고 하지요), 객관적 검증과정을 거치지 않은 상태의 부력현상은 하나의 주장에 불과하지만 논리적 설명과 경험적 검증과정을 거쳐서 참으로 판명이 되면 과학적인 지식이 될 수 있는 것입니다. 따라서 이러한 의미에서 과학적 지식이란 '타당성이 입증된 주장(justified argument)' 이라고도 할 수 있습니다.

이처럼 과학적 지식의 발견에 사용되는 '현상과 현상간의 관계에 대한 논리적 주장(argument)' 을 **가설**(hypothesis)이라고 합니다. 즉, 가설이란 연구문제에 대한 잠정적 해답(tentative answer)이라고 할 수 있습니다(Frankfort Nachmias & Nachmias, 2000). 그리고 가설은 기존의 지식(즉, 이론)과 논리적 추론에 기초해서 주장하게 됩니다. 단순한 주관적인 주장이 모두 가설이 될 수 있는 것은 아닌 것이지요. 물론 현상간의 관계가 참인지의 여부를 경험적으로 검증하는 것은 가설검정(hypothesis testing)이라고 합니다. 즉, 논리적이지만 추측성 주장(conjectural statement)인 가설이 경험적으로 참인지를 확인하는 과정을 가설검정이라고 하는 것이지요. 다음 절에서는 가설 및 가설검정에 대해 아래에서 좀더 자세히 살펴보도록 하겠습니다.

2. 가설의 구성요소

(사회)과학자들은 이론, 가설, 개념/구성개념 등으로 구성된 '추상의 세계(abstract world)' 와 직·간접적으로 관찰할 수 있는 '경험의 세계(concrete/empirical world)' 의 두 가지 차원을 오고가면서 연구를 진행합니다(Kerlinger, 1986). 예를 들어서 "소비자의 만족도(consumer satisfaction)는 재구매의도(repurchase intention)를 높인다"는 가설을 연구하는 경우 만족도와 재구매의도라고 하는 두 가지 개념으로 구성된 추상의 세계에서 연구를 진행합니다만, 이 가설을 검증하기 위해서는 경험의 세계에서 만족도와 재구매의도와 관련된 자료를 수집해야 합니다. 이처럼 추상의 세계와 경험의 세계에서 연구를 진행하기 위해서 과학자는 경험적인 관찰이 가능하도록 개념을 정의(define)해야 합니다.

1) 개 념

이론(theory)은 현상간의 관계에 대한 정당화된 주장(justified argument)입니다. 그리고 이러한 주장은 현상을 언어적으로 표현하는 '**개념**(concept)'을 가지고 설명합니다. 이때, 개념이란 '경험적 현상(empirical phenomena)을 대변(represent)하는 추상적 표현(abstractions)'입니다. 결국 이론이란 개념간의 관계에 대한 설명이라고 할 수 있는 것입니다. 무게, 부피, 속도 등은 물리학(physics)이 연구하는 개념입니다. 권력, 문화, 국민소득, 사회계급, 매출, 만족도, 광고효과 등은 사회과학 분야에서 연구대상으로 삼고 있는 개념들의 대표적인 예입니다.

한편, 개념은 구성개념(construct)과 구별하는 것이 일반적입니다. 위에서도 언급한 바와 같이 개념이란 특정 현상을 일반적으로 대변하는 추상적인 표현입니다. 따라서 개념이 포괄하는 범위가 넓기는 하지만 개념간의 관계를 경험적으로 확인하기 위해서는 추가적인 조건이 필요하게 됩니다. 즉, 경험적 관찰이 가능하도록 정의된 개념이 필요하게 되는데, '**구성개념**(construct)'이란 관찰/측정이 가능하도록 정의된 개념이라는 측면에서 일반적인 '개념'과 구별이 됩니다(Kerlinger, 1986). 한편 개념은 일반적으로 또 다른 개념들로 정의하게 되고 개념에 대한 이러한 정의는 개념적 정의(conceptual definition)라고 하는 데 반해서, 구성개념은 측정이 가능하도록 정의된다는 특징 때문에 조작적 정의(operational definition)와 관련이 깊습니다.

2) 변 수

과학자들은 그들이 연구하는 구성개념을 '**변수**(variable)'라고 부르기도 합니다. 사회과학에서 연구되는 주요 변수로는 성별, 교육, 종교, 사회계층, 권력, 소득, 경제성장, 기업성과, 소비자만족 등을 거론할 수 있지요. 간단하게 설명하면 변수란 변화하는 그 무엇입니다. 따라서 변화하지 않는 현상은 변수가 될 수 없습니다. 좀더 공식적으로는, 변수란 '값(values)이 부여되는 대상 혹은 기호(symbol)'입니다. 변수가 갖는 값(values)은 반드시 숫자(numeral)를 의미하는 것은 아니니 주의할 필요가 있습니다. 예를 들어 사회계층은 상, 중 및 하층으로 구분한다면 이때, 상, 중, 하라고 하는 구분은 변수가 갖는 값의 예가 될 것입니다.

그러나 일반적으로 변수의 값(values)은 숫자로 표시할 수 있고 또 대부분 숫자로 표시하고 있습니다. 예를 들어서 성별(gender)을 x라고 표현한다고 가정하면, x라는 변수에는 0 혹은 1이라는 숫자을 부여할 수 있는데, 0이 하나의 성별(예: 여자)이라면 1은 또 다른 성별(즉 남자)을 의미하지요. 즉, 성별은 두 개의 값(values: 남, 여, 혹은 0, 1)을 갖는 변수가 되는 것입니다. 한편, 우리나라에서 '연간 개인소득' 이라는 변수는 0원에서 수백 억 원의 연속적(continuous)인 값(values)을 가질 수 있겠지요. 따라서 변수란 보유한 속성의 정도가 변화하는 특징(즉, values)을 지닌 구성개념인 셈이지요.

한편 변수가 갖는 값을 대부분 수(number)로 표현하는 이유는, 변하는 현상이 수로 표현되는 경우에 통계학(statistics)을 이용해 현상들간의 관계를 객관적으로 분석해낼 수가 있기 때문 입니다. 변수의 이러한 특징에 의거해서 가설설정시 '구성개념' 대신 '변수' 라는 용어를 자주 사용하게 됩니다.

3) 변수의 유형

(1) 잠재변수와 관찰변수

변수를 잠재변수와 관찰변수로 구분하면, 위에서 설명한 구성개념과 변수간의 관계를 좀더 쉽게 이해할 수 있게 됩니다.

먼저, **잠재변수**(latent variable)란 일반적으로 직접 관찰이 불가능한, 그러나 변하는 값(values)을 가지는 구성개념(construct)을 지칭합니다. 예를 들면, 지능(intelligence), 태도(attitude), 만족도(satisfaction), 성적(academic achievement)이라는 구성개념은 직접 관찰은 불가능하지만 우리의 경험상 변하는 값을 지니고 있습니다. 따라서 잠재변수라고 할 수 있겠습니다. 성적을 예로 들어 볼까요? 대학생의 경우 성적은 교양과목과 전공과목의 학점을 모두 고려하여 '평점평균' 으로 요약합니다. 이 경우 각 고양과목과 전공과목의 시험/과제/발표점수(이들을 모두 0점에서 100점 만점으로 평가한다고 가정하지요)는 구체적인 숫자로 표시되고 이것이 바로 경험의 세계에서 측정된

그림 3-1
개념, 구성개념/잠재변수와 관찰변수 간의 관계

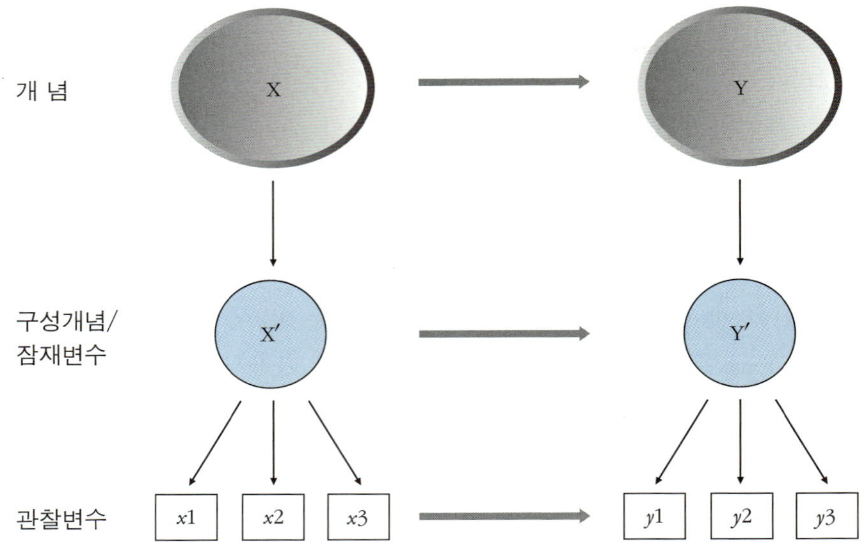

관찰변수(observed variable)라고 합니다. 시험/과제/발표를 수로 평가한 결과를 모두 종합해서 성적이라는 직접 관찰이 불가능한 사회현상을 측정한다고 하는 것이지요. 결국, '관찰된 변수로부터 추론되는 실제(reality)' 인, 관찰할 수 없는 변수를 잠재변수라고 합니다. 따라서 하나의 구성개념이 하나의 잠재변수를 이루고 하나의 잠재변수에는 다수의 관찰변수가 존재하는 것이 일반적입니다. 물론, 하나의 구성개념 혹은 잠재변수가 하나의 설문문항(즉, 관찰변수)으로 측정되는 특수한 경우에는 하나의 관찰변수가 곧 잠재변수가 될 수도 있습니다만, 가능하면 이러한 상황은 피하는 것이 연구결과의 신뢰성 및 타당성 제고에 유리합니다.

(2) 독립변수와 종속변수

변수는 여러 가지 방법으로 분류될 수 있으나, **독립변수**(independent variable)와 **종속변수**(dependent variable)로의 구분이 가장 기초적입니다. 독립변수와 종속변수로의 구분은 수학 분야에서 유래하는데, 독립변수는 원인변수라고 지칭하기도 하고, 종속변수는 결과변수라고 부르기도 합니다. 그리고 독립변수를 영어문자 X로 그리고 종속변수를 영어문자 Y로 표현하는 것이 일반적인 관습입니다.

독립변수는 (추정된) 결과인 종속변수의 (추정된) 원인이라고 할 수 있습니다. 즉 종속변수는 '예측되는(predicted to)' 변수이고 독립변수는 '예측하는(predicted from)' 변수입니다. 즉, 독립변수인 X는 어떠한 값도 (독립적으로) 취할 수 있는데 반해 종속변수 Y는 독립변수 X의 값에 의존하게 되는 것이지요. 또한, 아래 관련 장에서 설명할 실험연구(experimentation)의 경우, 독립변수란 연구자에 의해 조작되는(manipulated) 실험변수를 의미하고 종속변수는 결과변수 혹은 측정변수라고 하기도 합니다. 그런데 실험연구의 입장에서는 변수를 적극적인 조작이 가능한 '능동변수(active variable)'와 적극적인 조작이 불가능한 타고난 속성(예: 성별, 연령 등)을 표현하는 '속성변수(attribute variable)'로 구분하기도 합니다. 그러나 이러한 구분은 100% 엄밀한 것은 아닙니다. 예를 들면, '불안'은 속성변수이지만, 피실험자에 대하여 불안의 수준을 조작할 수도 있습니다.

한편, 하나의 변수가 어떤 연구에서는 독립변수가 되기도 하고 다른 연구에서는 종속변수가 될 수도 있습니다. 심지어 동일 연구에서도 하나의 변수가 독립변수가 되기도 하고 종속변수가 될 수도 있습니다. 즉, 현실세계에서는 독립변수와 종속변수의 여부가 정해져 있는 것이 아닙니다. 예를 들어서 〈그림 3-2〉에서 볼 수 있듯이, McClelland(1961)의 신교(Protestant)와 경제발전간의 관계에 대한 연구에서 경제발전이 종속변수(Y)로 사용되었습니다만, Cutright(1963)의 연구에서는 경제발전이 독립변수(X)로 사용되고 정치발전이 종속변수(Y)로 사용되었습니다.

한편, 독립변수와 종속변수를 제외한 다른 모든 변수를 **외생변수**(extraneous variable)라고 부릅니다. 외생변수는 특히 실험연구(experimentation)에서 중시되는 변수의 유형입니다. 실험연구의 경우 각종 외생변수를 통제하지 못하면 독립변수가 종속변수에 미치는 영향을 제대로 분석해 내기 힘들 수도 있습니다. 예를 들어서 〈그림 3-3〉에서와 같이, 영양제(X)가 아동의 발육(Y)에 미치는 효과를 실험연구를 통해 확인하려고 하는 경우, 실험대상의 무작위

그림 3-2

독립변수, 종속변수

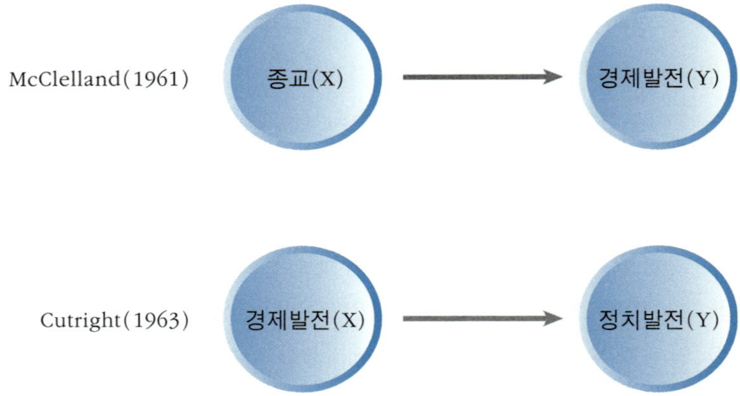

화(randomization: 아래 관련 장에서 다시 설명)가 미흡할 경우 실험대상 아동들의 체질(Z)이 외생변수로서 영양제(독립변수)의 영향을 혼동시킬 수도 있는 것입니다.

매개변수(intervening variable 혹은 mediating variable)란 독립변수와 종속변수 사이의 관계를 중간에서 설명해 주는 변수입니다. 〈그림 3-4〉에서 볼 수 있듯이 직업(X)과 폐질환(Y)간에 상관관계가 존재하지만 직업이 폐질환을 야기한다는 논리적/이론적인 정보가 부족한 경우, 직업(X)이 흡연(Z)에 영향을

그림 3-3

독립, 종속, 외생변수

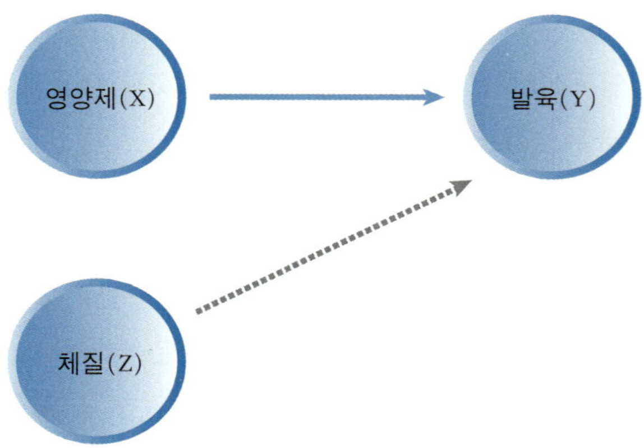

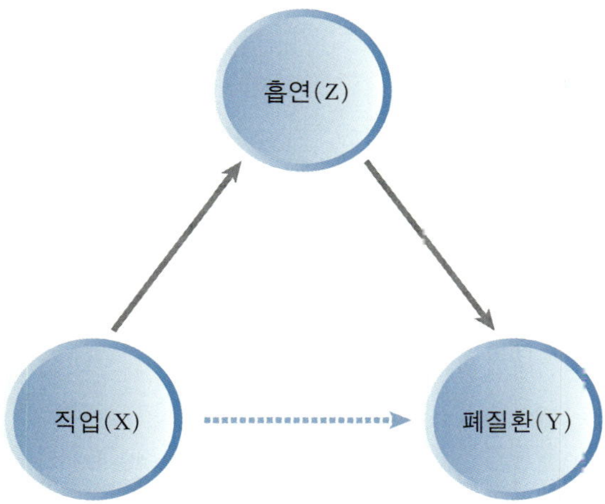

그림 3-4

독립, 종속, 매개 변수

주고 흡연(Z)이 폐질환(Y)에 영향을 준다는 점이 밝혀진다면, 이때 제3의 변수 Z를 매개변수라고 합니다. 물론 이러한 경우 매개변수(Z)가 없는 독립변수(X)와 종속변수(Y)간의 관계는 진정한 관계라고 할 수 없고 이러한 관계를 의사관계(擬似關係: spurious relationship)라고 부릅니다. 의사관계란 외생변수가 독립변수와 종속변수간의 가짜 관계를 만들어내는 경우를 지칭합니다.

한편 **조절변수**(moderating variable)는 독립변수가 종속변수에 미치는 영향을 강화해 주거나 약화해 주는 변수를 의미합니다. 〈그림 3-5〉에서 볼 수 있는 바와 같이, 서비스/상품에 대한 불만족이 클수록 다른 상품이나 서비스를 구매할 가능성(즉, 고객 이탈가능성)이 커지는 것으로 기대할 수 있습니다만, 현실에서 항상 그러한 관계가 성립하는 것은 아닙니다. 하나의 이유로는 다른 상품/서비스 구매시 지불해야 하는 전환비용(즉, 정보탐색비용, 심리비용, 시간비용, 구매관련 위험 등)이 클수록 불만족과 고객이탈간의 관계가 약해지는 것을 발견한다면 전환비용이 불만족과 고객이탈간의 관계를 조절하게 되는 것입니다. 이처럼 독립변수가 종속변수에 미치는 영향이 강해지는/약해지는 조건을 분석해 준다는 의미에서 조절변수를 조건변수(conditional variable)로 부르기도 하고 상호작용변수(interaction variable)로 부르기도 합니다. 조절변수가 매개변수와 다른 점은 조절변수는 독립변수(X)와 종속변수

그림 3-5

독립변수, 종속변수, 조절변수

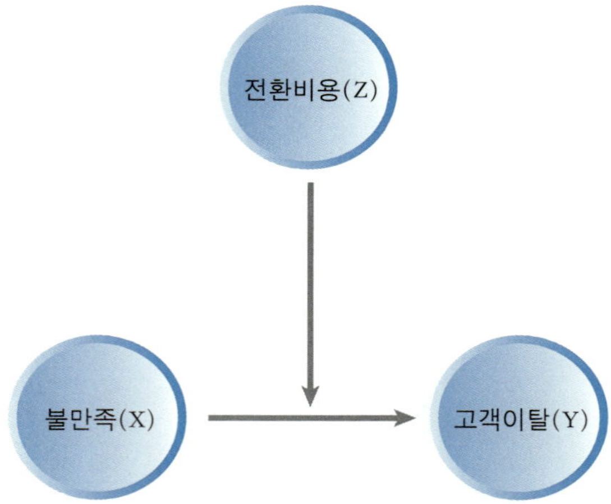

(Y)의 진정한 관계를 조절해 주는데 반해서, 매개변수는 의사관계를 중간에서 진정한 관계로 설명을 해준다는 데에 있습니다.

(3) 이산변수와 연속변수

이산변수(discrete variable)는 취할 수 있는 값(values)이 단절적인 혹은 일정한 수로 한정된 변수를 지칭합니다. 이는 범주형 변수 혹은 유목변수(categorical variable)라고도 불립니다. 뒤에 설명하게 될 바와 같이 명목척도로 측정된 변수가 이산변수의 대표적인 예라고 할 수 있습니다. 즉, 성별(남, 여) 직업(전문직, 비전문직, …, 기타) 등과 같이 어떠한 현상이 집단으로만 구분이 가능한 경우, 이러한 집단이 각각 다른 수로 표현되더라도 이러한 수는 연속된 성질을 갖지 못하게 되는데, 이러한 특징을 가진 변수가 이산변수라고 할 수 있습니다. 예를 들면, 성별이라는 변수의 경우 남자를 1, 여자를 2로 표현할 수 있고 각각의 집단을 표현하고 있습니다만, 1.5라는 수의 의미는 존재하지 않게 됩니다. 즉, 변수가 취할 수 있는 값이 일정한 수로 한정되어 있다는 것이지요.

이에 비해서 **연속변수**(continuous variable)란 체중, 키, 시간 등과 같이 연속적인 값(values)이 의미를 가지는 변수를 지칭합니다. 예를 들어서 체중은

65kg, 65.001kg, 65.1kg이 모두 몸무게의 수준/정도를 표시해 주고 있습니다. 이러한 맥락에서 5장에서 설명할 등간 및 비율척도(즉, metric 자료)로 측정된 변수가 연속변수의 대표적인 예라고 할 수 있습니다.

한편 연속변수인가 이산변수인가의 여부에 따라 사용 가능한 통계분석 방법이 결정됩니다. 특히 이산변수의 경우에는 이산변수를 이용해서 수행할 수 있는 통계분석이 비모수통계분석기법(non parametric statistical analysis: 아래 관련 장에서 설명)에 한정되어 있다고 할 수 있고, 연속변수의 경우는 다양한 통계분석(모수통계기법: parametric statistical analysis)이 가능합니다. 게다가, 기본적으로 연구대상 현상의 특징에 따라 연속변수/이산변수 여부가 결정이 되지만, 연속변수는 이산변수로 변환할 수 있는데 반해서(예: IQ 120, 150, 90, 99를 높은 지능[120, 150]과 낮은 지능[90, 99]의 2단계로 변환 가능), 이산변수 형태로 측정된 자료는 연속변수로 변환할 수 없으므로(애초에 낮은 지능과 높은 지능의 2단계로만 구분/측정한 경우, 이를 원래의 IQ점수화할 수 있는 도리가 없게 됨) 가능하다면 연속변수로 측정하는 것이 자료수집 후 다양한 통계분석에 유리합니다.

제3절 가설검정의 논리적 기초

연구문제에 대한 검증 가능한 답을 얻기 위해 연구문제에 대한 잠정적인 답인 가설을 설정하고, 이 가설이 참/거짓인지 확인(즉, 가설검정)함으로써 최종적으로 연구문제에 대한 답을 얻는 것이 연구과정의 핵심입니다. 이곳에서는 가설검정의 기초에 대해 설명합니다.

1. 검증대상 가설 설정

연구문제는 언어로 표시한 의문문일 뿐이므로 연구문제만 가지고는 연구문제에 대한 해답이 얻어질 수 없습니다. 따라서 연구문제에 대한 잠정적인 답인 가설을 만들어보고, 가설이 참인지 여부를 분석함으로써 잠정적인 답이 연구문제를 해결하는 진실된 답이 되는지 여부를 확인하게 되는 것이지요. 그렇다면 검증대상 가설은 어떻게 설정해야 할까요?

기본적으로 가설은 '만약 ~라면 ~할 것이다(if A, then B)' 라는 형태로 설정됩니다. A를 선행조건이라고 하고, B를 결과조건이라고 하는데, 표면적인 문장보다는 선행조건과 결과조건이 갖추어 졌는지를 보고 가설여부를 판단할 수 있습니다.

아래의 〈표 3-6〉은 〈표 3-1〉에서 제시한 연구문제에 대한 1개의 가설(예: 교육연수가 높으면 연소득이 높을 것이다)을 4개의 관련된 가설유형으로 구분한 표입니다.

표 3-6
연구문제와 가설의 유형

구 분	예
연구문제	학력에 따른 소득의 차이가 있을까? (왜 자녀교육에 목을 매는 것일까?)
가설 (a)	교육연수는 연소득에 영향을 줄 것이다.
가설 (b)	교육연수는 연소득에 영향을 주지 않을 것이다.
가설 (c)	대졸이상자 연평균소득 > 대졸이하자 연평균소득
가설 (d)	대졸이상자 연평균소득 = 대졸이하자 연평균소득

가설 (a)는 연구문제에 대한 잠정적인 해답 중 가장 직접적인 형태입니다. '교육연수가 연소득에 영향을 줄 것' 이라는 주장이 참이라면 결국 '학력에 따른 소득의 차이가 있을까' 에 대한 의문을 풀어주게 되는 것이지요. 그런데 가설 (b)는 가설 (a)를 부정하는 형태의 문장이고, 가설 (c)는 가설 (a)를 통계적인 표현(즉, 수식)으로 나타낸 형태이며, 마지막으로 가설 (d)는 가설 (c)를 부정한 형태임을 알 수 있을 것입니다.

결론을 먼저 밝힌다면, 검정대상이 되는 가설은 가설 (a)가 아닌 가설 (d)입니다. 왜 가설 (a)를 검정대상으로 삼지 않고 가설 (d)를 검정대상으로 삼는지에 대한 이유를 아래에서 설명합니다. 그러나 가설검정을 좀더 깊이 이해하기 위하여, 가설에는 어떠한 유형이 있고 이러한 유형의 의미는 무엇인지 먼저 알아보는 것이 필요합니다.

2. 가설의 유형

1) 연구가설과 영가설

먼저 가설은 '연구가설(혹은 H_1으로 표현합니다)'과 '영가설(혹은 H_0로 표현합니다)'로 구분이 가능합니다. 첫 번째 유형은 '**연구가설**(research hypothesis)' 혹은 '**대립가설**(alternative hypothesis)'로 불리는 가설형태로서, 검증하려고 하는 사회현상간의 관계를 그대로 나타내는 가설형태입니다. 예를 들면 '교육연수는 연소득에 영향을 줄 것이다' 혹은 '광고비 증가는 매출을 증가시킬 것이다'라고 하는 서술형태를 가지고 있지요. 또 다른 하나의 가설유형은 '**영**(零)**가설**' 혹은 '**귀무**(歸無)**가설**(null hypothesis)'이라고 하는 가설형태인데, 이는 연구가설을 부정하는, 즉 검증하려고 하는 현상간의 관계를 부정하는 형태의 가설입니다(〈표 3-7〉 참조). 예를 들면 '교육연수는 연소득에 영향을 주지 않을 것이다' 혹은 '광고비 증가가 매출을 증가시키는 것은 아니다'라고 하는 서술형태를 가진 가설인 것입니다. 그런데 실제로 가설검정에 사용되는 가설형태는 연구가설이 아닌 영가설입니다. 왜 그럴까요?

표 3-7
연구가설과 영가설

연구/대립가설(H_1)	영/귀무가설(H_0)
교육연수는 연소득에 영향을 줄 것이다.	교육연수는 연소득에 영향을 주지 않을 것이다.
광고비 증가는 매출을 증가시킬 것이다.	광고비 증가가 매출을 증가시키는 것은 아니다.

한편, 이처럼 연구가설 대신 영가설을 검정하는 것은 저명한 통계학자인 Fisher 경에 의해 창안된 것으로 알려져 있습니다. 물론 이와 같은 영가설을 이용한 가설검정의 기초에는 저명한 과학철학자인 Popper(1963)의 반증주의(Falsificationism)가 자리잡고 있습니다.

여하간, 연구가설뿐만 아니라 영가설도 필요한 근본적인 이유는 논리적 필요에 의해서 입니다(Frankfort Nachmias & Nachmias, 2000). 즉, 연구가설을 검정하지 않고 영가설을 검정하는 이유는 '**후건**(後件) **긍정의 오류**(fallacy of affirming the consequent)'를 회피하기 위한 논리에 기초하고 있습니다. 연구자는 연구가설이라고 하는 참된 가설을 직접적으로 수용하기(accept)보다는, 영가설이라고 하는 잘못된 가설을 제거, 즉 기각(reject)하는 방식으로 가설의 성립여부를 검정해야 한다는 것이지요. 아래에서 그 이유를 자세히 설명하겠습니다.

먼저, 이론 X에 의해 Y라는 경험적 관찰이 예측된다고 가정하지요(If X, then Y). 이 경우 경험적 관찰에 의해 Y가 참이 아니라고 판명된 경우에는 X도 참이 아니라고 판단할 수 있습니다(Not Y, therefore not X). 그러나, 만일 Y가 참인 경우에는, X도 항상 참이다라고(Y, therefore X) 할 수 있을까요? 이때 Y가 참이니 X도 참이라는 결론을 내리게 되면 바로 '후건 긍정의 오류'를 범하게 되는 것입니다. 경험적으로 관찰된 Y는 X가 아닌 다른 요인의 영향에 의한 것일 수도 있기 때문입니다. 후건 긍정의 오류(fallacy of affirming the consequent)의 구체적인 예를 들어 본다면 〈표 3-8〉과 같습니다.

표 3-8
후건 긍정의 오류

(가) If X, then Y	(나) Y, therefore X
만일 공장이 강을 오염시킨다면, 물고기의 죽음이 증가할 것이다.	물고기의 죽음이 증가했다. 공장이 강을 오염시켰기 때문이다.

먼저 〈표 3-8〉의 주장 (가)를 볼까요? 만일 공장이 강을 오염시킨다면(If X), 물고기의 죽음이 증가할 것이다(then Y). 이는 참인 주장이라고 가정하겠습니다. 그러나 주장 (나)는 어떨까요? 즉, '물고기의 죽음이 증가했다(Y). 이는 공장이 강을 오염시켰기 때문이다(therefore X).' 이는 참이 아닌

주장입니다. 왜냐하면 물고기의 죽음은 공장에 의한 강의 오염뿐만 아니라 주변 농가의 농약과다살포 혹은 배터리를 이용한 무분별한 낚시 등에 의해서도 증가할 수 있기 때문입니다.

결국 현상간에 관계가 있다는 연구가설이 참이라는 증거를 얻고 연구가설을 수용하기보다는, 연구가설의 반대 관계(즉, 현상간의 관계가 없다는)를 표현한 영가설을 '기각'하는 것이 논리적인 오류를 최소화시킬 수 있는 방법이라는 것입니다. 따라서 영가설을 기각하는 것이 가설검정의 목표이고, 영가설이 기각된다면 연구가설이 수용된 것으로 추론하게 되는 것입니다.

단, 연구가설은 항상 현상간의 관계가 있다고 주장해야 하는 것은 아니니 오해하지 않기 바랍니다. 연구목적이 현상간에 관계가 없음을 증명하려는 경우도 당연히 가능합니다. 이러한 경우에는 현상간에 관계가 있음을 주장하는 영가설을 기각하게 되는 것이지요.

2) 실질가설과 통계가설

Kerlinger는 가설을 또다른 기준으로 '실질가설(substantive hypothesis)'과 '통계가설(statistical hypothesis)'로 구분하여 설명합니다. 먼저 실질가설이란 연구하고자 하는 현상간의 관계에 대한 추측성 문장(conjectural statement)이라고 할 수 있습니다. 예를 들면 "광고비를 증가시키면 매출이 증가할 것이다"라고 하는 추측성 문장이지요. 그러나 이처럼 언어개념으로만 표현된 현상간의 관계는 객관적으로 검증 가능하지 않습니다. 따라서 검증 가능성을 고려해서 이러한 언어적 표현을 수(數)적인 표현으로 나타내고 이러한 수적 관계를 검증하게 됩니다. 이처럼 연구 현상간의 관계를 계량적으로 표현하는 가설을 통계가설이라고 지칭하는 것이지요. 아래의 〈표 3-9〉는 실질가설과 통계가설의 차이를 예시하고 있습니다.

표 3-9 실질가설과 통계가설

실질가설	통계가설
교육연수는 연소득에 영향을 줄 것이다.	대졸이상자 연소득평균 > 대졸미만자 연소득평균
가톨릭신자의 자녀수가 개신교신자의 자녀수보다 많을 것이다.	가톨릭신자 자녀수평균 > 개신교신자 자녀수평균

〈표 3-10〉을 살펴보면 결국 연구문제에 대한 가장 직접적이고 궁극적인 대답인 (a)형태의 가설(즉, 실질가설)을 검정하는 것이 아니고, (d)형태의 가설을 검정하게 되는 것입니다. 즉, 연구문제에 대한 잠정적인 해답인 가설을 가설의 4가지 유형 중 영가설이자 통계가설 형태로 검정하게 되는 것입니다.

표 3-10
가설의 유형

	연구/대립가설(H_1)	영/귀무가설(H_0)
실질가설	교육연수는 연소득에 영향을 줄 것이다.(a)	교육연수는 연소득에 영향을 주지 않을 것이다.(b)
통계가설	대졸이상자 연소득평균>대졸미만자 연소득평균(c)	**대졸이상자 연소득평균 = 대졸미만자 연소득평균(d)**

3. 가설의 특징

가설은 연구문제에 대한 잠정적인 해답이라고 할 수 있습니다(Frankfort Nachmias & Nachmias, 2000). 다음은 바람직한 가설이 가져야 할 특징에 대해 설명합니다.

(1) 가설의 명확성

누구나 쉽게 이해할 수 있도록, 가설을 구성하는 모든 변수가 명확히 정의되어야 합니다. 변수의 정의는 개념을 또 다른 개념으로 설명하는 '개념적 정의(conceptual definition)'와 개념을 구체적인 사물과 연결해서 설명하는 '조작적 정의(operational definition)'를 모두 포함합니다. 일반적으로, 연구자가 가설에 포함된 모든 변수를 새로 정의해야 하는 것은 아니고, 관련 분야의 기존 이론 및 연구결과(즉, 저서 및 논문집)에서 대부분의 변수에 대한 정의를 차용해서 사용하면 됩니다. 한편 가설은 논리적으로도 간결해야 합니다.

(2) 가설의 구체성(specific)

가설은 현상간 관계의 방향(direction) 및 현상간의 관계가 성립하는 조건 등에 대한 내용을 구체적으로 특정(specify)해야 합니다. 따라서 현상간의 관계가 이럴 수도 저럴 수도 있다는 문장은 가설이 될 수 없습니다.

(3) 가설은 검증 가능해야 합니다.

가설은 현재 개발되어 사용 가능한 방법론(available methods)을 이용해서 그 진위의 검정이 가능하여야 합니다. 가설을 설정하는 목표는 이러한 가설이 참인지를 경험적으로 알아 보려는 데에 있으므로 검증이 가능하지 않은 가설은 의미를 상실하게 됩니다.

(4) 당연한 관계는 가설이 될 수 없습니다.

예를 들면 "사람은 모두 죽는다"와 같은 항상 참인 문장이나, "사람은 먹지 않고 살 수 있다."와 같이 항상 거짓인 문장은 가설이 될 수 없습니다. 즉, 참일 수도 있고 거짓일 수도 있는 문장만이 가설의 후보가 될 수 있습니다.

(5) 가설은 동어반복(tautological)을 피해야 합니다.

예를 들어서 "그는 젊지 않으면 늙을 것이다"라는 문장은 동일한 개념간의 관계를 설명하고 있기에 가설이 될 수 없습니다. 즉, 가설은 두 개의 서로 다르지만 관련이 있다고 기대되는 개념간의 관계를 표시해야 합니다.

제 4 장 연구설계

| 도입 사례 |

E-mart 등의 할인점이나 GS25와 같은 편의점, 슈퍼마켓 등의 유통기관에서는 상품이 어떠한 위치에 진열되는가에 따라 매출이 영향을 받는다고 알려져 있습니다. 즉, 상품의 제조업자 및 유통업자 입장에서는 특정 상품이 진열되는 선반(display shelf)의 위치가 동 상품의 매출에 미치는 영향이 존재하는지, 존재한다면 그 영향의 크기는 어떠한지에 대한 관심이 클 수밖에 없습니다. 과연 특정 상품이 진열되는 선반의 위치가 매출에 미치는 영향을 알아내기 위해서 어떠한 연구의 청사진(blue print)이 필요할까요?

생각해 볼 문제

❶ 연구설계는 왜 필요할까요?
❷ 바람직한 연구설계의 조건은 무엇일까요?
❸ 연구설계를 구성하고 있는 요소(element)는 무엇일까요?

〈본서의 체제〉

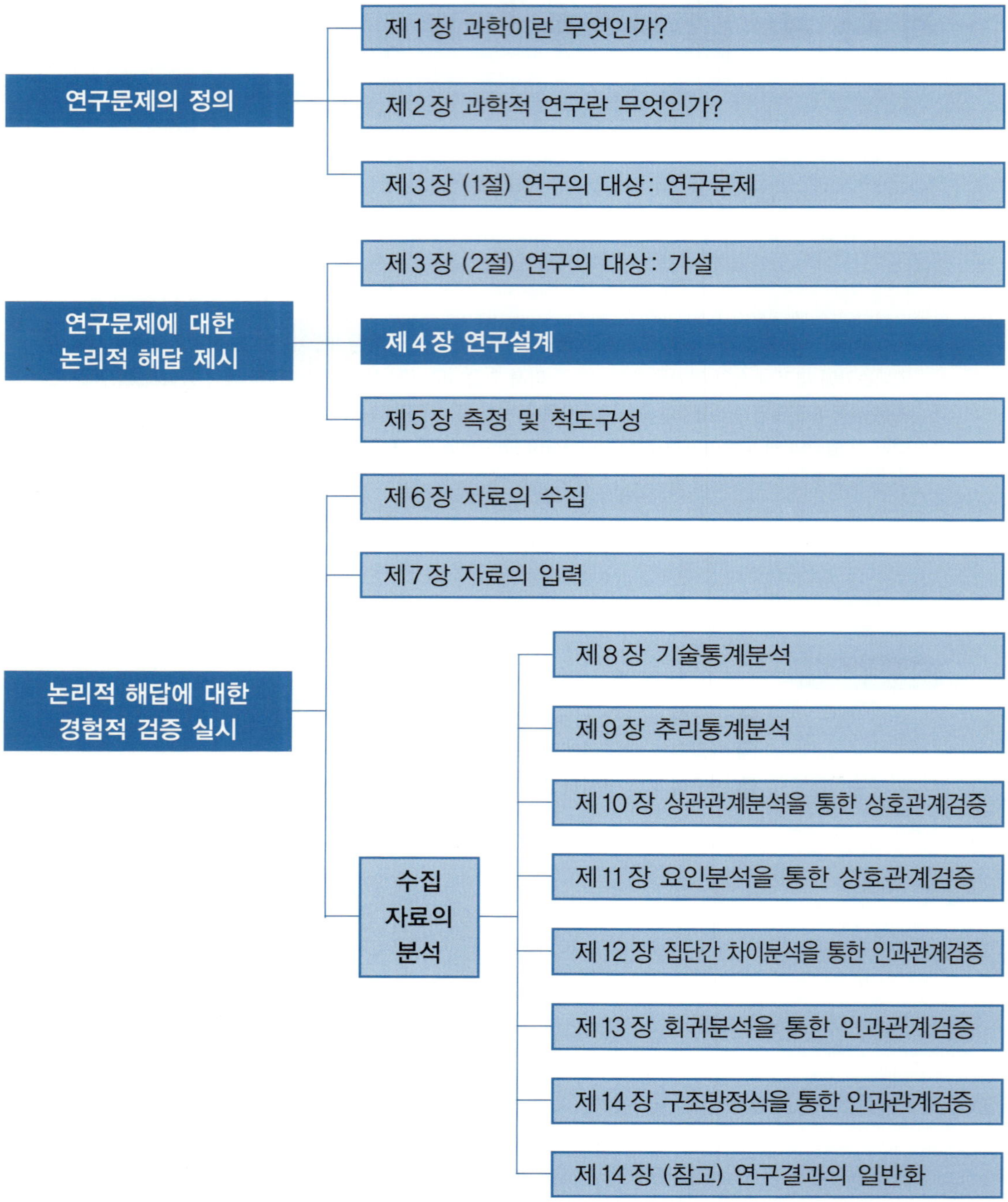
연구문제의 정의
제 1 장 과학이란 무엇인가?
제 2 장 과학적 연구란 무엇인가?
제 3 장 (1절) 연구의 대상: 연구문제
연구문제에 대한 논리적 해답 제시
제 3 장 (2절) 연구의 대상: 가설
제 4 장 연구설계
제 5 장 측정 및 척도구성
논리적 해답에 대한 경험적 검증 실시
제 6 장 자료의 수집
제 7 장 자료의 입력
수집 자료의 분석
제 8 장 기술통계분석
제 9 장 추리통계분석
제 10 장 상관관계분석을 통한 상호관계검증
제 11 장 요인분석을 통한 상호관계검증
제 12 장 집단간 차이분석을 통한 인과관계검증
제 13 장 회귀분석을 통한 인과관계검증
제 14 장 구조방정식을 통한 인과관계검증
제 14 장 (참고) 연구결과의 일반화

연구설계의 기초 제 1 절

위에서 간단히 설명한 바와 같이, **연구설계**(research design)란 연구문제에 대한 답을 구하도록 짜여진 '연구의 계획(plan) 및 구조(structure)' 라고 정의할 수 있습니다(Kerlinger, 1986). 즉, 이때 계획이란 연구의 전체적 그림(scheme)이라고 할 수 있고, 구조란 연구대상 현상(즉, 변수)들간의 관계에 대한 모형(model)이라고 할 수 있습니다. 즉, 연구설계란 (a) 어떠한 현상들을, (b) 어떻게 관찰하고, (c) 관찰결과를 어떻게 분석할지를 계획하는 것입니다.

1. 연구설계의 목적

연구문제에 대한 답을 제공하기 위함입니다. 연구설계의 목표는 연구자로 하여금 연구문제에 대한 타당성(valid) 있는 해답을 효율적으로 얻을 수 있게 하는 데에 있습니다. 연구문제에 대해서는 가설의 형태로 잠정적인 답이 제시되고(즉, 가설이 설정되고), 경험적 관찰에 의거해서 이 가설의 진위여부를 검정하게 됩니다. 위에서도 언급한 바와 같이, 연구설계란 어떠한 현상들을 어떻게 관찰하고 관찰결과를 어떻게 분석할지를 계획 · 제안하는 것이지만, 연구설계가 조사과정의 모든 시시콜콜한 내용까지 미리 정하는 것은 아닙니다.

2. 연구설계기준(design criteria)

1) 연구문제에 대한 답을 주는 설계인가?

이 기준은 연구설계가 연구대상 가설을 적절히 검정하는 설계인가와 동일한 질문이라고 할 수 있습니다. 좋은 연구설계란 결국 연구하려는 현상간의 관계를 잘 밝혀주는 설계라고 할 수 있습니다.

2) 외생(독립)변수를 통제할 수 있는가?

연구대상 독립변수와 종속변수를 제외한 각종 외생독립변수(extraneous independent variables)를 (최대한도로) 통제할 수 있는 연구설계가 바람직한 연구설계라고 할 수 있습니다. 외생변수를 통제하지 못하면 연구대상 현상이 존재하는지 명확한 결론을 내리기 어려워집니다. 그러나 각종 외생변수를 완전히 통제한다는 것은 현실적(realistic)이기보다는 이상적(ideal)인 목표라고 할 수 있습니다. 연구자가 미리 예측하지 못하는 외생변수가 존재할 가능성이 항상 존재하기 때문입니다. 따라서 외생변수 통제란 외생변수의 통제를 위해 가능한 한 최대로 노력해야 한다는 의미로 이해하는 것이 좋습니다.

3) 연구결과의 일반화가 가능한가?

독립변수와 종속변수간의 관계가 특정 시점에서 특정 대상으로 한 경우는 물론이고 다른 환경(시간, 공간적으로 확장)에서도 적용될 수 있도록 하는 연구설계가 바람직한 연구설계라고 할 수 있습니다. 즉, Campbell & Stanley(1963)가 설명한 바와 같이, 독립변수와 종속변수간의 타당한 관계를 의미하는 내적타당성(internal validity)과, 현실상황 혹은 다양한 환경에서의 독립변수와 종속변수간 타당한 관계를 설명하는 외적타당성(external validity) 모두 높은 설계가 바람직한 연구설계라고 할 수 있습니다. 결국, 바람직한 연구설계란 다양한 측면에서 타당성 있는(valid) 연구설계라고도 할 수 있겠습니다. 한편 타당성에 대한 좀더 자세한 설명은 본서 제5장을 참조하기 바랍니다.

3. 연구설계의 선택

앞에서 설명한 바와 같이, 바람직한 연구설계, 즉 타당성 있는 연구설계란, 연구문제에 대한 답을 효과적, 효율적으로 제시해 주는 설계라고 할 수 있습니다. 따라서 먼저, 바람직한 연구설계란 **독립, 종속 변수간의 관계**(즉, 가설)**를 연구하기 위한 틀을 제공**해주어야 하고, **가설을 검증하기 위한 경험적 관찰방법, 관찰된 결과의 분석방향을 제시**해주어야 합니다.

아래에서 설명하는 연구설계의 유형을 이해하게 되면, 연구자가 자신의 연구목적과 각종 제약요인 등을 고려해서 자신이 수행하는 조사연구의 타당성을 최고로 높일 수 있는 연구설계를 선택하는 데 도움을 받을 수 있을 것입니다.

참고

관찰된 결과의 분석(즉, 통계학)적 입장에서 연구설계의 목적을 설경한다면, 연구설계는 '분산(variance)'을 통제하려는 목적을 지니고 있습니다. 다만, 이러한 설명은 분산(variance)에 대한 이해가 필요한 대목이기 때문에 추후에 본서의 관련 장에서 분산에 대한 설명을 숙지하고 다시 읽어보시기를 권장합니다.

여하간, 위에서 언급한 바와 같이 연구설계란 어떠한 현상들을 어떻게 관찰하고 관찰결과를 어떻게 분석할지를 계획하는 것입니다. 즉, 연구설계란 연구대상 자료의 수집분석 관련 지시사항이라고도 할 수 있고, 구체적으로는 연구대상 현상/변수관련 분산(즉, 체계적 분산 : systematic variance)은 극대화하되, 연구대상 변수를 제외한 변수인 외생변수분산과 오차분산(error variance)은 극소화하도록 연구과정을 구성하는 것입니다.

연구대상 현상의 분산을 극대화한다는 의미는, 추후에 인과관계분석부분에서 설명하는 바와같이, 오직 변하는 현상들간의 관계만 분석할 수 있으므로 연구대상 변수의 '변화폭'을 확보할 수 있는 연구설계가 필요함을 표현해주고 있습니다. 한편 동시에, 연구대상 현상은 변하지 않거나 그 변화폭이 미미한데 반하, 연구대상이 아닌 현상들의 변화폭이 두드러진다면 연구대상 현상들간의 관계를 밝히기가 어렵기 떠문에 여타 현상의 변화폭을 극소화하려는 시도도 동시에 이루어져야 하는 것입니다.

제 2 절 연구설계의 종류

1. 독립변수의 조작가능성에 따른 분류: 실험설계와 비실험설계

연구설계기준 중 가장 중요한 구분은 실험적 접근법(experimental approach)과 비실험적 접근법(non-experimental approach)입니다.

실험(experiment)이란 연구자가 독립변수(즉, 원인이 되는 현상)를 조작(manipulate)·통제(control)하면서 종속변수(즉, 결과가 되는 현상)를 관찰하는 연구방법입니다. 따라서 **실험설계**(experimental design)란 연구자가 독립변수를 통제·조작하는 연구설계라고 정의할 수 있습니다. 한편, 비실험접근법(non-experimental approach)은 독립변수의 특성상 연구자가 독립변수를 통제하지 못하는 경우에 사용하는 연구방법입니다. 따라서, **비실험설계**(non-experimental design)란 연구자가 독립변수를 통제하지 못하는 연구설계라고 할 수 있지요.

비록 독립변수의 조작 여부 이외에도 실험접근과 비실험접근법간에는 적지 않은 차이가 존재합니다만, 양 접근법의 유사성 또한 상당히 많으며 양 접근법의 궁극적 목표가 '현상들간의 관계설명'이라는 점에서는 동일한 접근법이라고 할 수 있습니다. 전술한 바와 같이 과학은 현상간의 관계, 특히 인과관계를 설명해주는 지식의 체계입니다. 따라서 과학에서 추구하는 이상적(ideal)인 연구접근법은 실험설계접근법일 것입니다. 그러나 경우에 따라서는 비설험설계를 통해서도 과학적 목표가 달성될 수 있습니다.

한편, 일상생활에서 이루어지는 비과학적 탐구에 있어서도 실험(experiment)을 가끔 이용하고 있음을 자각할 필요가 있습니다. 예를 들어, 음식을 만들 때도 소금이나 조미료의 양을 조절(즉, 독립변수의 조작)하면서 음식의 맛(즉, 종속변수)에 영향을 주기 위해 노력하는 것도(엄격하지는 않지만) 실험적 방법을 적용한 예라고 할 수 있겠습니다. 실험설계를 이용한 연구는 항상 어려울 것이다라는 선입견을 가질 필요가 없겠습니다.

2. 연구장소에 따른 분류: 현장연구와 비현장연구

현장연구란 외생변수의 영향을 통제하기 힘든 실제 현장에 직접 나아가서 연구를 실시하는 경우를 지칭합니다. 이에 비해 **비현장연구**는 실제 현장에 직접 나가지 않고 연구를 실행하는 경우를 지칭하고 있습니다.

위에서 제시한 2개의 기준을 동시에 적용해 보면, 즉 실험(experimental approach) 여부와 현장연구(laboratory research) 여부에 따라 연구설계를 구분할 수 있게 되고, 〈표 4-1〉에서 볼 수 있는 바와 같이 실험실실험(laboratory experiment), 현장실험(field experiment), 설문조사(survey research) 및 현장조사(field study)의 4종으로 구분할 수 있게 됩니다.

표 4-1
연구설계종류

독립변수 조작여부 / 현장여부	실험설계 (Yes)	비실험설계 (No)
현장연구 (Yes)	현장실험	현장조사
비현장연구 (No)	실험실실험	설문조사

(1) 실험실실험(laboratory experiment)

실험실실험(laboratory experiment)이란 연구대상 변수의 거의 완벽한 통제가 가능한 실험실환경에서 수행하는 실험을 지칭합니다. 실험실실험은 자연과학 분야에서만 수행하는 연구방법(예: 의약 분야에서는 신약의 약효를 조사할 때)이라고 알고 있기 쉽습니다만, 사실 사회과학 분야에서도 이러한 방법을 사용하여 사회과학현상간의 관계를 구명(究明)하고 있습니다. 예를 들면, 광고효과연구의 경우에 실험실 내에서 특정한 광고자극(예: 유명인)에 대한 연구대상자들의 주의(attention)정도를 특수한 도구(예: 동공의 확장 정도를 측정하는 pupilometer)를 사용해서 조사할 수 있습니다.

실험실실험의 장점으로는 외생독립변수의 제거 및 종속변수 측정면에서 거의 완벽한 통제(control)가 가능하다는 점, 연구대상자의 무작위화(randomization)가 가능하다는 점, 그리고 정확한 측정이 가능하다는 점 등을 거론할 수 있습니다. 요약한다면 높은 내적타당성(internal validity)을 확보할 수 있는 장점을 지닌 연구설계라고 할 수 있습니다.

이러한 장점에 비해서, 인위적으로 조작되는 독립변수의 크기가 제한될 수 있다는 점(따라서 역으로 통계분석의 엄밀성(rigor)이 요구되는 이유이기도 하지요), 실험환경의 인위성(artifitiality)으로 인해 현실과는 다른 환경하에서 독립변수와 종속변수간의 관계가 관찰되기 때문에 외적타당성(external validity)이 낮아지는 단점을 가지고 있습니다.

(2) 현장실험(field experiment)

현장실험(field experiment)이란 현실적인 환경에서 독립변수를 조작하는 연구방법을 지칭합니다. 그러나 실험실실험과 현장실험간의 차이가 그리 명확한 것은 아니고, 독립변수 통제의 정도(degree)상의 차이가 존재한다고 이해하면 될 것입니다. 이러한 연구설계는 특히 사회학, 사회심리학 및 교육학 관련 연구에서 주로 사용됩니다. 최소한 이론적으로는 이러한 분야의 현상들의 연구에 있어서 독립변수의 조작(통제)이 용이한 편이기 때문이지요. 예를 들어, 외적보상(extrinsic rewards)이 학생들의 학습동기에 미치는 효과를 실제 학교현장에서 연구하는 경우가 현장실험에 해당한다고 할 수 있습니다. 그러나 독립변수의 '완전한' 통제가 가능하지 않다는 점이 본 연구설계의 단점이자 장점으로 작용하고 있음도 지적해야 할 것입니다.

구체적으로 첫째 장점으로는, 현장실험에서의 변수간의 관계가 실험실실험에서의 변수간의 관계보다 강력하게 검출된다는 점입니다. 즉, 연구환경이 현실적일수록 연구결과(즉, 변수간의 관계)도 강력해지는 경향이 있습니다. 즉, 앞에서 언급한 외적타당성(external validity)면에서 유리한 상황이겠지요.

둘째 장점은 현장실험을 통해 상당히 복잡한 변수들간의 연구가 가능하다는 점입니다. 특히 현장실험은 이론의 검증은 물론 실질적인 문제의 해결을 위한 도구로도 매우 유용합니다. 심리, 교육 분야는 물론 경영학 분야(특히 마케팅 분야)에서도 자주 사용되는 설계입니다. 이에 비해 실험실실험은 주로 이론의 초기 검증에 많이 사용된다고 할 수 있습니다.

한편 주된 단점으로는 현장실험에서는 독립변수의 조작이 완전하지 않은 점과 조사대상자의 randomization이 가능하지 않다는 점 등을 지적할 수 있습니다.

(3) 설문조사

아마도 사회과학 분야에서 가장 많이 사용되는 연구설계 방법은 **설문조사**(survey research)라고 할 수 있을 것입니다. 실제로 독자 여러분들 중 상당수가 설문조사에 응답을 해보았거나 설문조사 관련 보조활동을 한 경험이 있을 것입니다.

설문조사의 유형은 주로 설문응답자 접촉의 방법에 따라 면접설문, 우편설문, 전화설문, 전자설문 등으로 구분됩니다. 먼저 면접설문(personal interview)은 조사원(interviewer)이 피설문자(interviewee)를 직접 대면한 상태에서 설문을 시행하는 방법입니다. 가장 바람직한 설문방법으로 알려져 있습니다만, 설문의 시행에 적지 않은 인원과 비용, 그리고 시간이 소요된다는 단점도 가지고 있습니다.

둘째, **우편설문**(mail survey)은 연구자가 설문지를 피설문자에게 우송하고 피설문자가 설문에 응답을 한 후 연구자에게 설문지를 우송하는 방법입니다. 상대적으로 적은 비용이 소요되는 장점이 있으나, 응답률이 낮은 단점이 있습니다. 응답률이 낮은 경우, 응답하지 않은 피설문자와 응답한 피설문자간에 연구대상 현상에 차이가 존재하는지를 확인해야만 우편설문을 통한 연구결과의 일반화가 가능할 것입니다.

셋째, **전화설문**(telephone survey)은 전화를 통해 조사원이 피설문자에 설문을 시행하는 방법입니다. 이 방법은 비용이 상대적으로 저렴하고 신속한 조사가 가능한 반면, 설문의 길이가 제한적이고, 전화보급률이 낮은 상황에서는 쉽게 사용할 수 없는 방법이기도 합니다.

넷째, **e-mail이나 web page를 이용한 전자설문**은 인터넷의 발전과 더불어 개발된 설문방법으로서 단시간 내에 많은 응답을 매우 적은 비용으로 얻을 수 있는 설문방법이나, 설문응답자가 전체 연구대상을 대표하는지 또 응답자가 중복해서 응답했는지 여부 등을 통제하지 못한다고 하는 최대의 단점을 가지고 있는 방법이기도 합니다.

요약한다면, 설문조사의 전반적인 장점으로는, 우선 많은 연구대상자로부터 많은 변수와 관련된 정보를 얻을 수 있다는 점과, 수집된 정보의 대표성과 정확성이 상당히 높다는 점입니다. 특히 추후에 설명하게 될 응답자 표본의 추출(sampling)이 제대로 수행되는 경우에 말이지요. 그러나 전반적인 설문조사의 단점으로는, 연구대상 현상을 깊게 설명하기 힘들다고 하는 점이 있습니다. 즉, 조사가능한 현상의 범위가 넓은 대신 조사가능한 현상의 깊이가 얕다고 할 수 있습니다.

(4) 현장조사(field study)

현장조사(field study) 혹은 **현장연구**(field research)란 현장에서 사회과학현상들간의 관계를 조사하는 비실험적 연구방법입니다. 지역사회, 병원, 공장, 공공기관 등의 현실적 환경 내에서 진행되는 비실험적 연구는 모두 현장조사라고 할 수 있습니다. 인류학 등에서 자주 사용하는 방법이기도 하지요. 그런데 Katz와 같은 학자는 현장조사를 탐색적조사와 가설검정조사로 구분하기도 합니다. 탐색적조사의 예로는 현상간의 관계분석, 즉 가설검정을 가능하게 하는 기초연구, 즉 후술하는 요인분석을 이용한 현상의 측정도구에 관한 연구들을 거론할 수 있습니다. 지능, 성격, 성취 등과 같은 현상을 측정하는 도구에 관한 연구가 좋은 예가 되겠습니다.

현장조사의 장점으로는 우선 현실성이 있다는 점을 거론할 수 있습니다. 4종의 연구설계 중 가장 현실성이 있는 설계라고 할 수 있습니다. 그 이유는 현실에 가장 가까운 상황에서의 연구가 가능하기 때문이지요. 둘째, 현상간 관계의 크기, 즉 효과의 크기가 실험실 환경보다 상당히 크다는 점입니다. 예를 들어서 실험실에서 존재하는 '사회적 규범(social norm)'의 크기와 실제 사회에서 존재하는 사회적 규범의 크기를 비교해본다면 현장조사의 이와 같은 장점이 자명해집니다. 한편, 현장조사의 또 다른 장점으로는 특정 현상들간의 관계를 연구하는 과정에서 다른 관계에 대한 여러 가지 다른 관계를 발견할 수 있는 잠재력이 풍부하다는 점입니다.

그러나 현장조사의 강력한 단점은 비실험적(non-experimental)이라는 특징에서 유래합니다. 우선 독립변수를 통제할 수 없습니다. 따라서 현상간의 관계를 명확히 하는 데에 상당한 어려움이 있습니다. 또한 결과변수에 영향을 주는 수많은 (독립)변수가 존재할 수 있습니다. 이처럼 외생변수의 통제가 이루어지지 않은 상황에서는 현상간의 관계를 명확히 설명하기 힘들게 됩니다. 둘째 단점은 현장관련 변수를 정확히 측정하지 못하는 경우도 다수 있다는 점입니다. 현실상황이 너무나 복잡하고 다양하기 때문입니다.

3. 연구시점에 따른 분류: 횡단연구와 종단연구

1) 횡단연구

횡단연구(cross-sectional research)란 한 시점에서 연구대상을 관찰하는 연구설계입니다. 탐색적연구와 기술적연구의 경우 대부분 횡단연구적 접근을 사용하고 있습니다. 많은 응답자를 대상으로 다양한 변수를 조사하는 경우에 주로 사용되는 방법입니다. 횡단연구는 상대적으로 적은 시간과 비용으로 많은 변수에 대한 정보를 얻을 수 있다는 장점이 있으나, 변수간의 인과관계 추론에 상당한 제약이 있다는 단점도 있습니다. 횡단연구에는 대개 설문조사가 사용됩니다만, 횡단연구가 곧 설문조사와 동일한 것은 아닙니다. 즉, 종단연구에서도 설문조사가 사용될 수 있음을 주의해야 합니다.

2) 종단연구

한편, **종단연구설계**(longitudinal research design)란 동일한 현상을 긴 기간 동안 관찰하는 연구설계입니다. 현장조사의 경우 종단적 연구형태를 가지게 되는 경우가 많습니다. 예를 들면, 'UFO 숭배집단이 외계인과의 상봉예측이 실패로 드러났을 때 어떻게 행동을 했는가(즉, 숭배집단이 해체되었는지 아니면 자신들의 믿음에 더 집착하게 되었는지)' 를 연구할 때 종단연구설계를 사용한 바 있습니다(Festinger, Reicker and Schachter, 1956). 일반적으로 종단연구는 크게 3종으로 구분되며 그 내용은 아래와 같습니다.

(1) 추세연구

추세연구(trend study)는 시간에 따른 집단의 변화를 조사하는 종단연구의 한 유형입니다. 간단한 예를 들면 수십 년에 걸친 우리나라 인구조사 자료를 보면서 우리나라의 인구구조의 변화를 분석하는 것입니다. 즉 2000년도의 50대와 2010년도의 50대의 가치관의 변화추세를 분석하는 것이 추세연구의 예가 되겠습니다. 추세연구에서의 특정 집단은 동일한 특성(예: 50대)을 지니지만 동일한 사람(예: 2000년의 50세 김한국 씨→2010년도의 60세 김한국 씨)인 것은 아닙니다.

(2) 코호트연구

코호트연구(cohort study)는 특정한 집단(예: 2000년도의 50대 한국인), 즉 코호트가 시간이 경과함(예: 2010년의 60대 한국인)에 따라 어떻게 변화하는지를 조사하는 종단연구방법입니다. 이 경우도 코호트에 속하는 구체적인 사람들은 다를 수 있으나, 2000년도 기준으로 50대가 시간이 경과함에 따라 어떠한 변화를 보이는지를 연구하는 것이지요.

(3) 패널연구

패널연구(panel study)는 코호트연구와 유사하지만 동일한 사람을 대상으로 시간의 경과에 따른 변화를 분석한다는 점에서 구별이 되는 종단적 연구방법입니다. 예를 들어, 대선 혹은 지방선거시에 동일한 응답자로 구성된 집단에 주기적으로 선호후보 등에 대한 조사를 수행하는 경우에는 유권자의 전반적인 선호도 추세(이러한 자료는 추세분석에서 얻을 수 있는 결과와 유사하겠지요)는 물론 투표 의도의 일관성과 변화유형을 정밀하게 알 수도 있겠지요. 경영학 분야에서도 소비자 패널, 소매업 패널 등을 이용하여 소비 및 상품판매 유형, 양 등의 변화를 분석하고 있습니다(예: AC Nielson의 Consumer Panel).

아래의 〈표 4-2〉는 위에서 설명한 3종의 종단연구방법을 비교하고 있습니다. 세 가지의 종단연구방법이 서로 유사하나 적지 않은 차이점도 가지고 있음을 알 수 있을 것입니다.

표 4-2 종단연구방법의 비교

추세연구	코호트연구	패널연구
〈2000년〉 〈2010년〉	〈2000년〉 〈2010년〉	〈2000년〉 〈2010년〉
41 - 50 ↔ 41 - 50	41 - 50 　 41 - 50	41 - 50 * 　 41 - 50
	↘	↘
51 - 60 ↔ 51 - 60	51 - 60 　 51 - 60	51 - 60 * 　 51 - 60 *
	↘	↘
61 - 70 ↔ 61 - 70	61 - 70 　 61 - 70	61 - 70 * 　 61 - 70 *
	↘	↘
71 - 80 ↔ 71 - 80	71 - 80 　 71 - 80	71 - 80 　 71 - 80 *

단, ↔ 은 종단적 비교, * 는 동일한 사람을 의미함.

3) 횡단연구와 종단연구간의 관계

종단연구가 인과관계적인 분석이 가능하다는 점 등을 포함해서 횡단연구 대비 많은 장점을 가지고 있으나 여러 가지 이유(예: 시간 및 금전적 비용)로 인해 종단연구가 불가능한 경우가 많습니다. 그런데 다행히 횡단적 자료만을 가지고 종단연구와 근접한 결론을 얻을 수 있는 길도 열려 있습니다. 따라서 사회과학 연구에 있어서는 횡단연구가 많이 사용되는 편입니다.

횡단적 자료만을 가지고 종단연구와 근접한 결론을 얻을 수 있는 하나의 방법으로는, 횡단연구에서 사용된 변수들간의 시간순서(temporal order)가 논리적, 경험적으로 선후관계가 명확한 경우 종단연구에서는 가능한 논리적인 추론을 할 수 있습니다. 예를 들면, 대학생을 대상으로 한 횡단연구에서 사립고등학교 출신이 공립고등학교 출신보다 성적이 좋다고 하는 점이 발견된다면 '고등학교 유형'이 '대학성적'에 영향을 주었다고 잠정적인 결론을 내릴 수 있을 것입니다. 한편 설문조사에서 많이 시행되는 방법 중의 하나로,

'응답자로 하여금 과거를 회상하게 하는 것' 도 횡단연구를 종단연구화하려는 방법의 하나입니다. 물론 응답자들이 기억하지 못하거나 거짓말을 할 가능성이 있기 때문에 연구의 진행에 매우 조심을 해야 하지요.

4. 연구의 목적에 따른 분류

한편 제3장에서도 살펴본 바와 같이, 연구의 목표에 따라서도 연구설계를 분류할 수 있습니다(〈표 4-3〉 참조). 일단 연구의 목표가 '탐색' 인 경우(exploratory research)와 '결론' 인 경우(conclusive research)로 분류가 가능하고, 결론적 연구의 경우는 연구현상을 자세히 설명하는 기술적 연구(descriptive research)와 연구현상간의 인과관계를 설명하려는 인과관계 연구(causal research)로 구분할 수 있습니다.

표 4-3
연구의 목표에 따른 분류

탐색적 연구(exploratory research)	결론적 연구(conclusive research)
	• 기술적 연구(descriptive research) • 인과관계 연구(causal research)

1) 탐색적 연구(exploratory research)

3장에서도 설명한 바와 같이, 어떠한 연구는 연구자가 특정 사회현상과 친숙해지기 위하여 혹은 특정 사회현상을 탐색하기 위하여 진행됩니다. 탐색적 연구의 방법으로는 현장연구(field research), 문헌조사, 초점집단면접(focus group interview: FGI), 사례분석(case study) 등의 방법이 사용되기도 합니다. 즉, 탐색적 연구에는 계량적 자료(quantitative data)는 물론 질적 자료(qualitative data)도 사용되고 있는 것이지요.

한편, **초점집단면접**이란 하나의 진행자(moderator)가 소수(긴밀한 의사소통이 가능하도록 8-12명 내외의 인원)의 응답자들(즉, focus group)을 한 장소에 모아놓고, 탐색하려는 주제에 관해 자유로운 대화나 토론을 유도하여 탐색하려는 주제에 대한 기초적 이해 혹은 연구자가 미처 예상하지 못했던 깊은 이해를 도모하는 탐색적 연구의 한 방법입니다. 한편 대규모 설문조사를 시행하기 전에 초점집단면접을 통해 설문문항에 대한 수정작업 등을 실시하기도 합니다.

예를 들어서, 왜소증의 치료에 사용되는 성장호르몬(growth hormone)이 화학적 합성의 방법으로 생산할 수 있는 길이 열리자, 미국의 국립보건원(National Institute of Health) 주관으로 합성 성장호르몬을 사용한 왜소증 치료에 대한 환자/구매자, 의사, 보험사 등의 의사결정구조에 대한 연구가 진행된 바 있습니다(Singh, et al., 1998). 필자도 이 연구의 전 과정에 참여할 기회가 있었는데 왜소증 환자의 부모(즉, 잠재구매자)들로 구성된 초점집단을 대상으로 면접을 실시하여 왜소증 환자가 성장호르몬 치료를 구매하는 데 영향을 주는 요인들에 대한 기초적 이해를 도출할 수 있었습니다. 합성된 성장호르몬은 완벽한 신제품이었기에 관련된 연구가 거의 없었던 상황이었고 따라서 연구주제에 대한 기본적인 이해를 위해 초점집단면접을 실시하였던 것입니다(Singh et al., 1998).

한편, 초점집단면접의 경우 참가자들의 문화적인 영향이 크게 나타나는 것으로도 알려져 있습니다. 예를 들어, 개인의 의견발표를 당연시하는 문화의 응답자로 구성된 FGI와, 다른 사람과 융화하려는 경향이 강한 문화의 응답자로 구성된 FGI는 탐색되는 정보의 양이 다른 것으로 보고되고 있습니다.

사례분석 혹은 **사례연구**(case study)는 경영학, 법학, 의학 등의 분야에서 많이 사용하는 탐색적 연구방법입니다. 특히, Harvard Business School이 사례연구의 발전에 선도적인 역할을 했다고 할 수 있습니다(김광웅, 1999). 사례연구는 어떠한 현상이 가지고 있는 특성을 집중적으로 묘사함으로써 궁극적으로 문제해결에 도움을 주는 연구방법입니다. 현상을 집중적으로 분석하기 때문에 현상의 일부만을 기술(describe)하게 되고 따라서 사회과학에서 추구하는 일반적인 인과관계의 설명이라고 하는 목적을 달성하는 것과는 거리가 있다고 할 수 있습니다. 그러나 정밀한 사례연구의 경우 탐색적이기보다는 아래에서 소개하는 기술적 연구로서의 특성을 더 많이 가지고 있는 연구방법이라고도 이해할 수 있습니다.

결국 탐색적 연구는 대상이 되는 현상에 대한 많은 idea를 제공해 주고, 기술적 연구 및 인과연구에 기초 자료를 제공해 주기 때문에 매우 가치가 높다고 할 수 있겠습니다.

2) 기술적 연구(descriptive research)

어떠한 연구는 사회현상을 기술(記述: describe)하는 목적하에 수행되기도 합니다. 즉, 이러한 연구를 통해 연구자는 자신이 관찰한 내용을 자세히 설명하게 되는 것이지요. 한편 이러한 기술적 분석에 주로 사용되는 연구방법으로는 설문조사(survey), 각종 기존 연구자료를 이용하는 2차 자료분석(secondary data analysis), 인력이나 도구를 사용한 관찰(observation)방법 등을 거론할 수 있습니다.

예를 들면, 휴대전화 서비스 가입자들을 대상으로 휴대전화 광고효과를 조사하는 경우에, 응답자의 광고회상(recall), 재인(recognition) 수준은 물론 응답자의 인구통계적인 정보(연령, 성별, 직업, 소득 등)를 설문을 통해서 알아볼 수 있습니다. 또한, 상권분석을 위해 통행인구수 및 통행자동차의 수 등을 인력을 이용해서 관찰할 수 있을 것이고, banner광고의 효과를 분석하기 위하여 click-through ratio 등을 컴퓨터자료를 통해서 확인할 수도 있을 것입니다. 한편, 경영학자들도 경영자의 의미와 역할을 상세하게 연구하기 위해 특정 기업의 경영층 및 일반 직원들을 대상으로 한 상세한 관찰기록을 작성하기도 하는 바(Dalton, 1959), 이처럼 질적(qualitative) 자료를 이용한 기술적 연구 또한 특정 현상에 대한 자세한 이해를 도모하는 데 큰 도움이 됩니다.

따라서 탐색적 연구에서와 마찬가지로 기술적 연구에도 계량적 자료(quantitative data)는 물론 질적 자료(qualitative data)가 사용되고 있습니다.

3) 인과관계 연구(causal research)

현상을 자세히 기술하는 기술적 연구도 '왜'에 대한 답까지 주지는 못합니다. 이러한 질문에 대한 답을 주는 연구가 바로 인과관계(因果關係) 연구(causal research)입니다. 즉, 인과관계 연구는 사회현상들간에 존재할 수 있는 원인과 결과간의 관계를 설명하는 연구입니다. 인과관계를 밝힐 수 있는 연구방법으로는 실험(experimentation)법이 있습니다. 실험방법에서는 독립변수의 수준을 연구자가 조절(manipulate)할 수 있고, 기타 외생변수를 연구자가 통제할 수 있으므로, 사회현상간에 존재할 수 있는 인과관계에 대한 설명이 가능해집니다. 실험법은 자연과학 분야는 물론이고 사회과학 분야에서도 종종 사용되는 방법입니다. 특히 경영학의 소비자행동 연구 분야에 있어서 실험법은 자주 이용되는 연구방법이라고 할 수 있습니다.

물론 실험방법이 아닌 다른 연구방법도 일정한 조건하에 인과관계에 대한 추론을 가능하게 할 수도 있습니다만, 실험법이 인과관계추론에 대한 가장 강력한 증거를 제시해 주는 연구방법이라고 함을 지적하고자 합니다.

4) 탐색, 기술, 인과관계 연구간의 관련성

위에서 간단히 언급한 바와 같이, 탐색적 연구와 결론적 연구는 상호 배타적(mutually exclusive)이라기보다는 상호 보완적(complimentary)입니다. 따라서 하나의 연구에서 오직 하나(예: 탐색 혹은 결론적 연구)의 연구목적만을 추구해야 할 근본적인 이유가 있는 것은 아닙니다.

예를 들어서, 연구문제가 명확히 정의되지 않은 상황에서의 연구를 진행하는 경우에는, 몇 개의 관련된 연구문제(즉, 연구현상)에 대한 탐색적인 연구를 수행하고, 연구문제를 명확히 정의한 다음에 결론적 연구를 진행할 수 있을 것입니다(〈표 4-4의 (a)〉참조).

그러나 연구문제가 충분히 잘 정의되어 있고 유사한 연구가 이미 상당 수준으로 존재하는 등의 경우에는, 탐색적인 연구 없이 직접 결론적인 연구만을 수행할 수도 있을 것입니다(〈표 4-4〉의 (b) 참조).

한편, 잘 정의된 연구문제를 해결하기 위한 연구를 진행하다가 설명이 쉽지 않은 새로운 현상에 대한 연구필요성을 발견하게 된다면, 이러한 새로운 현상을 설명하기 위한 탐색적인 연구가 새로이 시작될 수도 있습니다(〈표 4-4〉의 (c) 참조).

표 4-4

탐색적, 결론적 연구설계간의 관련성

(a) 탐색적 연구 → 결론적 연구
(b) 결론적 연구
(c) 결론적 연구 → 탐색적 연구

결국 위에서 설명한 바와 같이, 탐색적 연구와 결론적 연구(즉, 기술적, 인과관계연구)는 상호 보완적이라고 이해할 수 있습니다.

5. 연구자의 개입 여부에 따른 분류

한편, 사회현상을 의도적으로 관찰(observation)할 때 연구자의 개입 여부에 따라 개입적 연구와 비개입적 연구로 구별할 수도 있습니다.

1) 개입적 연구

개입적 연구(obtrusive research)는 연구자가 현상의 관찰에 개입하는 경우입니다. 연구자가 현상의 관찰에 개입하는 경우에도, 연구자가 일부 현상을 통제할 수 있는가의 여부에 따라 위에서 설명한 바 있는 실험연구(experimental research)와 비실험연구(non-experimental research)로 다시 구분할 수 있습니다. 물론 비실험연구에는 설문조사(survey research), 현장연구(field research) 등이 있음을 설명한 바 있습니다. 한편 현장연구 중 질적현장연구(qualitative field research)는 사례연구(case study), 민속지학(ethnography), 민간방법론(ethnomethodology), 현장기반이론(grounded theory) 등으로 분류되는데, 각각의 방법에 대한 자세한 설명은 Babbie(2001) 등을 참조하도록 합니다.

2) 비개입적 연구

비개입적 연구(unobtrusive research)는 연구자가 현상의 관찰에 개입하지 않는 경우입니다. 즉, 자료수집과정에서 사회현상에 영향을 미치지 않는 상태에서 이루어지는 연구입니다. 이미 관찰된 결과를 통해 현상을 연구하는 것이지요. 이러한 연구는 소위 2차 자료(secondary data)를 이용한 연구라고 할 수 있습니다. 물론 분석하는 2차 자료의 유형에 따라 질적 조사(qualitative research)는 물론 계량적 조사(quantitative research) 모두 가능하다고 할 수 있습니다.

(1) 내용분석

내용분석(content analysis)은 사람들의 의사소통내용 기록에 대한 분석입니다. 예를 들어서 '누가, 무엇을, 누구에게, 무슨 이유로, 어떤 방법으로 말하는가' 와 같은 질문에 대한 해답을 제공하는 연구방법입니다. 구체적인 자료원(data source)으로는 서적, 신문, 잡지, 연설문, web site 등의 모든 문건이 포함됩니다. 예를 들면 'Megatrends, 2000(Naisbitt과 Aburdene 1990)' 는 내용분석을 사용해서 미국사회의 주요 조류 혹은 추세(trend)를 분석하고 있습니다. 즉, 매달 수천 가지의 지역신문의 내용을 정기적으로 분석하여 각 지역사회의 흐름을 분석하고 이를 이용해 미국의 전체 조류를 분석해내고 있습니다.

내용분석에서 사용되는 일반적인 분석단위는 단어, 구절 등의 의사소통 단위입니다. 재미있게도 질적인 자료를 대상으로 하는 내용분석 연구시에 계량적 연구기법(예: sampling)이 사용되기도 합니다. 내용분석의 장점으로는 시간과 비용 측면의 경제성과 더불어 분석과정의 안정성을 지적할 수 있습니다. 현장연구나 설문조사 혹은 실험연구의 경우 조사과정에서 오류가 발견되면 대개 전체 연구계획을 변경하여야 함에 비해, 내용연구에서는 연구계획을 부분적으로 수정해도 무방합니다. 연구대상이 연구자의 영향을 전혀 받지 않기 때문입니다. 그러나 내용분석은 기록된 내용에 대한 분석만 가능하다는 점에서 기본적인 단점이 있다고 할 수 있습니다.

(2) 기존통계자료분석

기존통계자료분석은 자료 자체를 다시 통계분석하는 것이 아니고, 다른 연구자가 이미 '분석해 놓은' 통계자료를 이용하여 자신이 새로 수행하는 연구의 보조자료로 이용하는 데 주로 사용되는 방법입니다. 물론 기본통계자료 분석이 주된 역할을 수행하는 연구도 가능합니다. 이러한 대표적인 예는 Durkeim(1897)의 'Suicide' 라는 고전적인 연구입니다. Durkeim은 유럽의 자살관련 통계자료를 검토함으로써 자살과 사회적 조건(anomie: 사회적 무규범 상태) 사이에는 일정한 관계가 존재함을 알아냈습니다. Durkeim의 연구는 정부기관 등에서 정기적으로 작성하고 있는 통계자료를 가지고 위대한 연구가 진행될 수 있음을 입증한 중요한 예입니다.

우리나라에서 통계자료를 총괄하는 기관은 통계청(www.nso.go.kr)입니다만 다른 정부기관(재경부, 건교부, 보건복지부 등), 공공기관(한국은행, 금융감독원 등) 및 민간연구기관(여러 대학연구소, 삼성경제연구소 등)에서 발표하는 각종 on-line 및 off-line 통계자료를 연구에 이용할 수 있습니다.

미국의 통계자료 역시 미국의 각종 정부기관(예: Bureau of the Census, Department of Labor, Department of Transportation 등) 및 민간기관(예: 금융기관, Gallop과 같은 여론 조사회사 등) 등에서 발표하고 있으므로 이러한 자료를 이용한 연구가 가능합니다.

물론 전세계를 대상으로 하는 통계자료는 UN을 통하면 되지요. 특히 UN에서 매년 발간하는 Demographic Yearbook에는 여러 국가의 연도별 중요 통계가 수록되어 있습니다.

(3) 역사/비교분석

역사/비교분석(historical/comparative research)은 대개 질적인 자료를 사용해서 연구를 진행하지만, 질적인 자료 및 양적인 자료(예: time-series data) 모두 다 이용할 수 있는 비개입적인 연구입니다. 역사/비교분석은 다룰 수 있는 자료의 범위가 방대하기 때문에 일률적으로 설명하기 어려운 방법이기도 합니다. 여하간, 역사/비교분석을 수행하는 연구자는 자신이 연구하는 문제와 관련이 있다고 생각하는 많은 역사적 자료로부터 공통된 유형(즉, 사회현상을 설명하는 개념)을 발견할 수 있어야 합니다. 예를 들면, Weber(1925)의 경우 수많은 관료제(bureaucracy)에 대한 관찰을 근거로 관료제의 본질적 특징을 배타적 관할영역, 위계적 권위구조, 서면화된 문서 등으로 요약할 수 있었습니다. 또한 Marx의 자본론(1867)도 기본적으로 역사적 분석을 사용한 연구라고 할 수 있겠습니다. 그러나 기록된 역사가 진실된 역사와 반드시 일치하는가라는 좀더 근본적인 문제를 생각해보면, 역사/비교분석도 단점으로부터 자유롭지 못함을 알 수 있게 됩니다.

제3절 자료수집대상 선정

1. 자료수집대상

사회현상을 연구하기 위해서는 자료수집대상 사회현상을 관찰해야 합니다. 그런데 사회현상이란 사회와 동떨어져서 독립적으로 존재하는 것이 아니라, 사회적 실체(social entity)와 사회적 실체가 만들어내는 인공물(artifacts 혹은 social artifacts)과의 관련하에 존재하는 특징을 지니고 있습니다. 따라서 연구를 위해 사회현상 자체를 직접 관찰하는 것이 아니고, 이러한 사회현상을 관찰할 수 있는 대상이 필요하게 됩니다. 즉, 사회현상이란 개인(예: 소비자), 조직(예: 기업)과 같은 사회적 실체 및 개인이나 조직이 만들어 내는 사회적 산출물(social artifacts: 사물, idea 등)이 가진 특성을 모두 포함하기 때문에, 연구를 위해 **'관찰해야 하는 대상'**은 사회현상 자체가 아니라, 개인소비자나 기업체직원 같은 **개인**, 기업(매출, 이익 등) 등과 같은 **조직**, 상품 등과 같은 **사회적 산출물**이 될 것입니다.

1) 개 인

위에서 자료수집대상이란 사회현상을 관찰할 수 있는 실제 대상을 의미한다고 지적한 바 있습니다. 개인이란 사회과학 연구에서 가장 전형적인 분석단위(unit of analysis)라고 할 수 있습니다. 많은 경우에 연구자들은 개인이 가진 속성(attribute)을 종합하고 설명함으로써 그 개인이 속한 사회집단 혹은 현상에 대한 설명을 시도하게 되는 것이지요. 한편, 사회과학 연구를 위해 자주 선택되는 개인의 예로는 청소년, 대학생, 소비자, 유권자 등을 예로 들 수 있습니다.

2) 집 단

사회과학 연구에 있어서 각종 사회집단도 연구의 대상이 될 수 있습니다. 예를 들어서, '인터넷 중독현상'을 연구할 때 분석단위는 인터넷 중독현상을 보유한 개인들로 구성된 집단일 수 있겠지요. 사회과학 연구에서 자주 사용되는 집단의 예로는 부부, 가족(family), 가구(household), 준거집단(reference group) 등이라고 할 수 있습니다.

3) 조 직

한편, 기업과 같은 영리조직(for-profit organization)은 물론 병원, 정부, 교육기관, 종교기관 등과 같은 비영리조직(not-for-profit organization)도 사회과학 연구의 대상이 될 수 있습니다. 특히, 재화의 생산을 전담하는 기업과 관련된 사회현상은 사회구성원들에 미치는 영향이 상당히 크기 때문에 기업을 대상으로 하는 많은 연구가 진행되고 있습니다.

4) 사회적 산출물

사회적 산출물(social artifacts)이란 각종 사회적 실체가 만들어낸 생산물, idea 혹은 행동 등을 지칭합니다. 구체적인 예로는 자동차 등을 포함하는 유형·무형의 각종 상품(product), 결혼, 이혼, 선거, 생활양식, 문화 등 실로 무한정한 내용을 포괄하고 있습니다.

위에서 살펴본 바와 같이, 사회과학의 자료수집대상, 즉 분석대상은 거의 무한정하다고 하는 특징을 가지고 있습니다. 따라서 바람직한 연구설계란 자료수집대상, 즉 분석단위를 명확히 하는 것이라고 할 수 있습니다. 예를 들면, 자료수집대상이 '이혼' 인지 '이혼당사자' 인지, '기업' 인지 '기업구성원(경영인, 종업원)' 인지를 분명히 해야 합니다. 그렇지 않으면 연구하려는 사회현상과 관련은 되나 바로 그 현상이 아닌 것을 대상으로 연구하게 되는 결과가 나타나게 됩니다. 즉, 타당성이 낮은 연구결과가 보고될 가능성이 커지게 되는 것이지요.

2. 전체조사 대 부분조사

자료수집대상, 즉 분석단위가 개인이건, 조직이건 혹은 사회적 산출물이건간에 자료수집대상을 모두 관찰(조사)할 것인지 아니면 일부만 관찰할 것인지에 대한 근본적인 결정을 내려줘야 합니다. 가능하다면 전체 자료수집대상을 모두 관찰하는 것이 관찰결과를 가장 정확히 알 수 있는 방법일 것입니다만, 전체 관찰이 사실상 어렵거나 피해야 하는 경우도 있습니다. 이런 경우에는 자료수집대상을 부분적으로 관찰하는 것이 더 합리적인 방안이 되는 것이지요.

1) 전수조사

먼저 자료수집대상 전체를 관찰하는 방법은 **전수조사**(全數調査: census)라고 합니다. 관심 있는 현상간의 관계를 알기 위해서는, 가능하다면 이러한 현상을 관찰할 수 있는 '모든 대상' 을 조사하는 것이 이상적(理想的: ideal)일 것입니다. 즉, 전수조사가 이상적이지요. 각국에서 5년 혹은 10년 간격으로 실시하고 있는 인구조사의 경우가 전수조사의 대표적인 예이지요. 모든 자료수집대상을 다 조사한다는 것은 조사시간, 비용 그리고 물리적 가능성 면에서 현실적으로 실행할 수 없는 것이 일반적입니다. 즉, 대부분의 사회현상의 경우 이러한 현상을 관찰할 수 있는 대상의 수는 매우 큰 것이 일반적이고, 따라서 전수조사의 경우는 수반되는 시간적 · 금전적 비용이 천문학적으로 크기 때문에 현실적으로는 잘 사용되지 않는 방법이라고 할 수 있습니다. 예를 들어서 "소비자만족도(consumer satisfaction)가 상품의 재구매의도(re-purchase intention)에 미치는 영향"을 조사한다고 하지요. 이때, 과거, 현재, 미래에 걸쳐서, 모든 종류 상품에 대해 지구상의 전체 소비자가 느끼는 만족도와 재구매의도를 조사하는 것이 만족도와 재구매의도간의 인과관계를 확실히 밝힐 수 있는 방법이겠지만, 이러한 현상이 발생하는 모든 대상을 다 조사한다는 것은 물리적으로도 가능하지 않습니다. 시간과 공간을 초월하는 '인과관계'를 밝힌다고 함은 그야말로 '이상(理想)'인 것이지요.

또한 모든 대상을 조사하는 도중에 이미 조사한 현상이 소멸할 수도 있습니다. 혹은 전수조사와 관련된 조사인원이 너무 많아 조사자료의 수집시에 비표본오차(non-sampling error)가 많이 발생할 가능성도 있습니다. 한편 연구과정에서 조사대상의 파괴(destruction of object)가 수반된 경우(예: 자동차의 안전성 검증을 위한 충돌 test)에는 전수조사를 한다는 것은 생산된 상품을 전부 파괴해야 한다는 의미가 되므로 전수조사는 당연히 불가능한 선택이 될 것입니다.

물론 앞의 설명이 항상 전수조사가 불가능하거나 피해야 한다는 것을 의미하는 것은 아닙니다. 조사대상 현상이 무엇인가와 누구를 대상으로 조사하느냐 등에 따라 전수조사가 물리적으로 가능하거나 바람직할 수도 있습니다. 예를 들어서 해당자가 극소수인 희귀한 질병을 연구하는 경우는 모든 대상자를 연구할 필요도 있을 것이고 관련된 비용도 그리 크지 않을 수 있습니다.

2) 표본조사

그러나 다행히, 현상간의 관계를 알기 위해 이러한 전수조사가 반드시 필요한 것은 아닙니다. 즉, 통계학의 도움으로, 자료수집대상의 일부만을 관찰하고 이 결과로 전체 자료수집대상(즉, 현상간의 관계)을 설명할 수 있는 길이 열려 있습니다. 이때 관심 있는 현상을 관찰할 수 있는 자료수집대상 전체를 모집단(母集團: population)이라고 하고, 이 전체 집단의 일부를 표본(標本: sample)이라고 합니다. 즉, 모집단을 대상으로 조사하는 것을 전수조사라고 하고,

표본(sample)을 대상으로 조사하는 것을 **표본조사**(標本調査: sampling research)라고 지칭합니다. 결국 표본조사(sampling research)란 전체 자료수집대상 중 일부만을 관찰하는 방법인 것이지요. 위에서 예로든 소비자만족도와 재구매의도간의 관계를 표본조사하는 경우, "특정 시간(2005년도 10월)에 특정 장소(대한민국)에서 1,000명의 소비자를 대상으로 특정 상품(SK 011 휴대전화서비스)에 대한 만족도와 재구매(가입)의도를 조사"하는 것이 하나의 예가 될 것입니다. 이 경우 시간과 공간적으로 제한이 있는 조사를 하게 되는 것이지만 아래의 관련 장에서 설명할 통계학 이론의 도움으로 전체 소비자를 대상으로 조사한 결과와 (거의) 유사한 결과를 도출해 낼 수 있게 되는 것입니다.

따라서 일반적으로 전수조사보다는 표본조사가 압도적으로 많이 사용되고 있는데, 그 기본적인 이유는 연구의 효과 대비 비용이 현저히 작다고 하는 데에 있습니다.

연구의 효과측면에서 본다면, 전체 자료수집대상 중 일부를 '어떻게 선택, 즉 추출(sampling)' 하는가에 따라서 일부만을 대상으로 조사한 결과가 전체를 대상으로 조사한 결과를 거의 동일하게 설명할 수 있게 됩니다(즉, 표본조사의 대표성[representativeness]이 확보될 수 있습니다). 즉, 표본크기(sample size), 표본추출방법(sampling procedure) 등을 논리적, 현실적으로 잘 관리하면 표본이 모집단을 대표(표본이 전체 자료수집대상을 대표하는지 또 대표한다면 얼마나 정확히 대표하는지 등)할 수 있게 된다고 할 수 있습니다. 연구의 비용측면에서도 전수조사와는 비교가 아니될 정도의 적은 비용으로 조사의 실행이 가능한 것이 일반적입니다.

3. 표본추출

1) 표본추출의 논리

표본추출 혹은 **표집**(sampling)이란 전체(즉, 모집단) 조사대상에서 일부를 선정하는 것을 의미합니다. 사회현상의 설명을 위한 표본추출은 정치여론

조사와 병행해서 발달해 왔다고 할 수 있습니다(Babbie, 2001). 추출된 표본에 기초해서 예측한 선거결과는 선거일에 모집단(물론 대개 투표권자 전체가 투표하는 것은 아닙니다)을 대상으로 한 실제 투표에 의해 쉽게 확인될 수 있었지요.

아래의 〈표 4-5〉는 미국의 유명 언론기관 혹은 조사기관에서 실시한 1996년도 미국의 대통령선거의 예측 및 실제 득표결과입니다. 각 조사기관에 따라 예상득표율이 조금씩 다른 것을 발견할 수 있습니다. 그런데 Reuter가 주관한 예측결과는 실제 결과와 거의 동일함을 알 수 있습니다. 대체로 각 기관의 예측치가 2%point 이내의 오차로 실제 결과를 예측해주고 있음을 알 수 있습니다. 그런데 더 놀라운 점은 9천만 명에 달하는 미국 유권자들의 행위를 이렇게 정확하게 예측해내는 데 필요한 조사대상 인원이 조사기관당 약 2,000명 정도였다는 점입니다. 즉, 전체 조사대상의 극히 일부분만(즉, 0.002%)을 대상으로 조사한 결과가 전체를 대상으로 조사한 결과와 거의 일치하고 있다는 것입니다. 이는 표본추출을 통한 조사, 즉 표본조사(sampling research)의 효과를 웅변적으로 보여주고 있다고 생각됩니다.

위의 예처럼 일부를 조사한 결과가 전체를 대표하기 위해서, 즉 표본을 대상으로 조사한 결과가 모집단으로 일반화하기 위해서는 "모집단의 모든 구성원이 표본에 속할 가능성이 동일한 경우에 그 표본은 모집단을 대표할

표 4-5

1996년도 미국 대통령선거 득표율(%)*

	후 보			
예측기관	Clinton	Dole	Perot	기타
CBS/NYT	54	35	9	2
Reuter	49	41	8	2
ABC	52	39	7	2
NBC	51	38	9	2
Gallup/CNN	51	38	9	2
실제득표율	49	41	9	2

*자료 : Robert Worcester, "Reporting the Polls : You Can Do Better," Public Perspective, December-January, 1997, p.54 및 Babbie(2001)에서 재인용.

것"이란 논리를 충실히 따라야 합니다. 만일 모집단의 모든 구성원이 모든 면에서 동일하다면 단 하나의 구성원만 추출해도 전체 모집단을 대표할 수 있을 것입니다. 그러나 실제상황에서는 모집단을 구성하는 구성원은 매우 이질적입니다. 따라서 모집단의 모든 구성원이 표본에 속할 가능성이 동일한 상태에서 표본구성원을 선택하는 것이 표본의 대표성을 담보해 줄 수 있는 방법입니다.

2) 표본추출 절차

(1) 모집단(population) 결정

사회과학 현상을 관찰할 수 있는 조사대상으로는 사람(예: 소비자만족도 조사), 조직(예: 조직성과[매출, 이익 등] 조사), 물건(예: 자동차안전성검사), 심지어 자연(예: 날씨가 매출에 미치는 영향조사) 모두가 해당된다고 할 수 있습니다. 이러한 대상을 **요소**(element)라고 부릅니다. 즉, 요소란 정보가 수집되는 단위(이러한 의미에서 표본조사단위[sampling unit]와 동일한 개념)이며 분석의 기초(이러한 의미에서 분석단위[unit of analysis]와 동일 개념)가 되는 단위입니다. 한편, **모집단**(population)이란 연구현상을 관찰할 수 있는 모든 대상의 집합체(set)입니다. 즉, 요소의 집합체(aggregation)라고 할 수 있지요. 예를 들어, 우리나라 대통령선거에서 특정 후보에 대한 지지도를 조사하는 경우에 모집단은 대한민국의 유권자 전체이며 요소는 유권자 개개인이 될 것입니다.

(2) 표본프레임 선정

실제로 표본을 추출하기 위해서는 표본추출 대상자(소비자/기업/상품…)의 '구체적' 명단이 필요합니다. 즉, 모집단을 구성하는 모든 요소(element)의 명단이 필요한 것이지요. 이처럼 모집단을 구성하는 요소의 목록(list)을 **표본프레임**(sampling frame)이라고 합니다. 예를 들어, 대통령선거에서 특정 후보에 대한 지지도를 조사하는 경우에 '전체 유권자 명단'에서 표본을 추출해야 한다는 이야기입니다. 우리나라나 일본의 경으 주민등록이 법제화되어 있기 때문에 전체 유권자 명단을 구성할 수는 있습니다. 그러나 공공기관이 아닌 사설조사기관의 경우 유권자의 공식적 명단을 확보할 수 없는 경우가 일반적이겠지요. 게다가 미국과 같은 경우는 우리나라나 일본과 같은 주민등록제도가 없기 때문에(주민등록제도는 개인의 privacy 보호와 상충되는 면이 있습니다) 미국의 공공기관에서도 전체 유권자 명단(유권자로 등록한 사람의 명단은 있으나 등록하지 않은 사람의 명단은 구할 수 없음) 파악이 현실적으로 어렵습니다. 따라서 이러한 경우 구체적인 유권자 명단을 어떻게 확보할 수 있을까요? 하나의 방법은 (유선)전화번호부를 유권자 명단으로 사용하는 것입니다. 유선전화는 대개 성인을 대상으로 설치를 하게 되고 한 가구당 하나의 전화번호를 가지고 있는 것이 일반적이라는 이유에서 입니다. 그러나 전화보급률이 낮은 경우 등 상황에 따라서는 전화번호부가 의미 있는 표본조사명단으로 기능하지 못할 수도 있습니다.

(3) 표본추출방법 결정

아래에서 설명할 확률표본추출 및 비확률표본추출방법 중 연구목적에 적합한 구체적인 표본추출방법을 정하는 단계입니다. 경우에 따라서는 편의표본추출 등으로 시험적 설문조사(pilot study)를 실시하고 층화표본추출을 이용해서 본조사(main study)를 실시하는 등, 확률표본추출과 비확률표본추출을 결합해서 사용하기도 하는 것이 조사의 현실입니다.

(4) 표본크기(sample size) 결정

전체 조사대상, 즉 모집단의 수가 100명인 경우를 가정해봅니다. 이 경우 100명을 다 조사하면 전수조사가 될 것이고 이때의 조사결과가 가장 정확하겠지요. 만일 99명을 추출하는 표본조사를 하면 어떨까요? 이 경우 거의 전수조사 결과와 유사한 결과가 도출되겠지요? 역으로 100명 중 1명을 추출해서 조사하는 극단적으로 작은 크기의 표본조사의 경우는 어떨까요? 분석결과의 정확성에 대한 자신이 별로 많지 않겠지요? 물론 이론적으로는, 이 1명이 완벽하게 모집단을 대표하는 경우에는 표본의 크기가 1명이라도 무방합니다. 그러나 표본에 포함된 대상이 모집단을 대표하는지 사전적(事前的)으로 알 수 있는 방법은 거의 없다고 할 수 있습니다. 따라서 일반론으로 표본의 수가 클수록 정확한(즉, 오차가 적은) 결과가 도출되겠지요. 그러나 큰 표본을 추출하기 위해서는 각종 비용이 많이 소요되는 데다가, 표본추출을 '잘(표본추출방법에서 자세히 설명하는 바와 같이)' 하게 되면 적은 표본으로도 상당히 정확히 모집단의 특징을 예측할 수 있습니다. 따라서 실제로 표본조사대상의 크기는 조사의 목표 및 비용 등에 따라 결정하게 됩니다. 일반적으로 오차가 적은 조사를 희망할수록 표본의 크기가 커진다고 할 수 있겠고, 여기에 통계적 검정력(statistical power), 조사대상 현상(즉, 변수)의 수라든지, 수집된 자료를 분석할 통계분석기법의 특징 등도 필요한 표본의 크기에 추가적으로 영향을 주게 됩니다(Kraemer & Thiemann, 1987). 그러나 대체로 사회과학 현상을 조사하는 경우에는 200에서 300명 정도의 크기를 가진 표본을 최소한의 크기로 생각하는 것이 안전합니다.

(5) 표본추출(sampling procedure)

표본추출방법 부분에서 설명한 대로 실제 표본을 추출함으로써 표본추출의 모든 과정이 종료되고 자료의 수집단계로 진행하게 됩니다.

3) 표본추출 방법

표본을 추출하는 방법은 확률표본추출(probability sampling)과 비확률표본추출(non-probability sampling) 2가지로 대별할 수 있습니다. **확률표본추출**이란 모집단(population)에 속한 모든 구성요소(element)가 표본(sample)에 추출될 확률이 동일한 조건에서 표본을 추출하는 것이고, **비확률표본추출**이란 구성요소가 표본에 추출될 확률이 동일하지 않은 조건에서 표본을 추출하는 것을 지칭합니다.

확률표본추출 방법과 비확률표본추출 방법은 각각 장단점을 가지고 있습니다. 우선 확률표본추출 방법은 매우 정확한(일반화 가능한) 결과를 제공하는 반면, 표본추출 관련 비용과 시간이 상대적으로 크다고 할 수 있습니다.

그림 4-1

표본추출방법

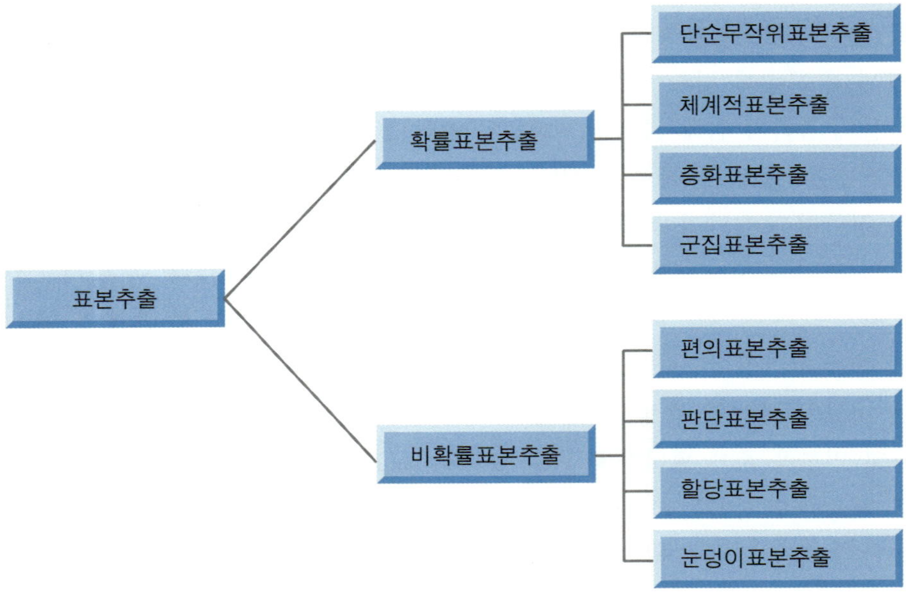

한편, 비확률표본추출은 상대적으로 비용과 시간이 적게 소요되는 대신 조사결과의 일반화가 어려운 단점이 있다고 할 수 있지요.

위의 〈그림 4-1〉에서 알 수 있는 바와 같이, 확률표본추출 방법은 단순무작위표본추출(simple random sampling), 체계적표본추출(systematic sampling), 층화표본추출(stratified sampling), 군집표본추출(cluster sampling) 등으로 구분할 수 있고, 비확률표본추출 방법은 편의표본추출(convenience sampling), 판단표본추출(judgment sampling), 할당표본추출(quota sampling) 및 눈덩이표본추출(snowball sampling) 등으로 구분합니다.

(1) 확률표본추출

모집단(population)에 속한 모든 구성요소(element)가 표본(sample)에 추출될 확률이 동일한 조건에서 표본을 추출하는 확률표본추출(probability sampling)의 정신을 가장 순수하게 구현하고 있는 표본추출방법이 **단순무작위표본추출**(simple random sampling)입니다. 이 방법에서는 모집단을 구성하는 모든 구성요소(element: 즉, 응답자)에 고유의 번호를 부여하고 난수표(random number table)를 이용해서 무작위 숫자, 즉 난수(亂數: random number)를 선택하고 이 숫자에 대응하는 응답자를 표본으로 선택하는 것입니다. 물론 이러한 작업은 컴퓨터를 통하여 처리할 수 있게 할 수도 있습니다(모집단의 요소를 컴퓨터가 읽고, 컴퓨터에서 난수를 생성해서 단순무작위표본을 구성할 수 있음). 그러나 단순무작위표본추출이 가장 논리적인 표본추출방법임에도 불구하고, 실제로는 그리 자주 사용되는 방법은 아닙니다. 그 이유로는, 먼저 모집단의 모든 구성원에 수를 부여하는 것이 현실적으로 어렵다는 점을 지적할 수 있습니다. 즉, 대부분의 사회현상 연구의 경우 모집단의 완벽한 명단을 구하는 것은 현실적으로 어렵습니다. 두 번째 이유로는 놀랍게도 다른 확률표본추출방법에 비해 표본오차가 상대적으로 더 클 수 있다는 점입니다. 역으로 말한다면 예측의 정확성이 상대적으로 떨어질 수 있다는 점이지요. 아래에서는 난수표를 사용해서 무작위추출을 하는 구체적인 절차를 보여주고 있습니다.

난수표 이용의 절차 *

사회현상의 연구에서는 난수표(random number table)에서 일련의 무작위 숫자들을 추출하게 됩니다. 물론 수집된 자료가 SPSS와 같은 전용통계 프로그램을 사용해서 data file에 입력된 경우에는 그 프로그램에서 난수(random number)를 직접 추출하여 사용하기도 합니다. 여하간 난수를 추출하는 기본적인 방법은 다음과 같습니다.

먼저 총 980명의 모집단 중 100명으로 구성된 단순무작위표본을 추출하고자 한다고 가정하지요.

1) 우선 모집단의 모든 요소(element), 즉 구성원들에게 1에서 980까지의 일련번호를 부여합니다. 이제 980명의 구성원 중 100명을 '무작위(random)로' 추출하면 되는 것이지요. 이 작업은 100개의 무작위 숫자들, 즉 난수를 추출하는 것과 동일한 이야기가 됩니다. 즉, 1에서 980까지의 번호를 배당받은 모집단 구성원 중에서, 추출된 100개의 무작위 숫자와 같은 번호를 가지고 있는 구성원이 표본을 구성하게 되는 것입니다.

2) 이제 다음 단계는 추출할 무작위 숫자들의 자리수를 결정하는 것입니다. 위의 예에서, 모집단은 980명으로 구성되어 있기 때문에 그들 모두에게 추출기회를 부여하기 위해서는 세 자리의 자리수가 필요합니다(만약 모집단이 10,000명이면 다섯 자리의 숫자들을 추출할 필요가 있겠지요). 따라서 1부터 990의 범위에서 100개의 무작위 숫자를 추출하고자 합니다.

3) 이제 부록의 난수표를 펼쳐보세요. 난수표에는 다섯 자리의 숫자들로 구성된 여러 열과 행이 여러 쪽에 걸쳐 있습니다. 난수표는 00001부터 99999까지 범위에 있는 일련의 무작위 숫자들을 제시하고 있지요. 이제 우리는 다음의 세 가지 질문들에 대답을 해야만 합니다. 이 각각의 질문들에는 여러 가지 해답이 가능합니다만, 중요한 것은 계획을 세우고 그것에 따라 실행하는 것입니다.

(1) 다섯 자리 숫자들에서 어떻게 세 자리수의 번호를 만들 것인가?

다섯 자리 숫자에서 세 자리의 번호를 산출하기 위해, 난수표에서 다섯 자리의 숫자들을 추출하여 각 숫자에서 왼쪽, 중간, 오른쪽의 세 자리 중 어떠한 선택을 하여도 무방합니다. 중요한 것은 이러한 기준을 엄격하게 지키는 것이지요. 일단 왼쪽 3자리만을 사용하기로 결정하지요. 만약 첫 쪽에 있는 첫 번째 숫자, 10480을 추출한다면, 3자리로 구성된 난수는 104가 되는 것이지요. 만약 오른쪽 세 자리를 사용하기로 정한다면 우리의 난수는 480이 되고, 중간의 세 자리를 사용하기로 한다면 우리의 난수는 048이 될 것입니다. 편의상, 왼쪽의 세 자리를 사용하기로 결정하지요.

(2) 100개의 번호들을 추출하기 위해 어떤 방식으로 표에서 이동할 것인가?

100개의 무작위 숫자를 추출하기 위해 처음 선택된 난수에서 아래로 내려갈 수도 위로 올라갈 수도, 오른쪽으로 갈 수도 왼쪽으로 갈 수도, 또는 대각선으로 갈 수도 있습니다. 중요한 것은 한번 정한 원칙을 엄격하게 지키는 것이지요. 편의상, 선택된 난수에서 아래 행(row)으로 움직이기로 하지요. 만일 난수표 행의 맨 밑에 도달하면, 다음 행의 맨 위로 가면 됩니다.

(3) 어디에서 번호추출을 시작할 것인가?

눈을 감고 연필로 찍어서 연필 끝이 닿은 곳에서 시작할 수도 있고, 눈을 감고 난수표 안에서의 난수의 행(row)과 열(column)의 번호를 마음속으로 정할 수도 있습니다(예: 두 번째 행의 다섯 번째 열에 위치한 난수). 이렇게 정한 번호에서 시작하면 됩니다.

(4) 이제 두 번째 행의 다섯 번째 열에 있는 숫자부터 추출을 시작하기로 결정했다고 가정하지요. 부록 난수표의 첫 쪽을 보면, 우리가 선택한 난수가 39975임을 알 수 있습니다. 먼저 첫 번째 무작위 번호로 399를 선택하고, 99개의 난수를 더 추출하면

되는 것입니다. 이제 아래 열로 움직이면서, 우리는 069, 729, 919, 143, 368, 695, 409, 939 등을 선택할 수 있지요. 두 번째 행의 맨 아래 열에서 번호 104를 선택하고 세 번째 행의 맨 위로 가서 015, 255 등을 계속 선택하면 됩니다.

(5) 생각보다 상당히 쉽지요? 다섯 번째 행에 도달하면, 816, 309, 763, 078, 061, 277, 988 등을 계속해서 선택해 나갈 것입니다. 그런데 모집단이 980명인데 998번을 어떻게 처리해야 하나요? 해결책은 간단합니다. 그 숫자를 무시하고, 즉 선택의 범위밖에 있는 번호는 그 번호를 건너뛰고, 다음의 숫자를 선택하면 됩니다. 즉 188, 174 등을 추출하게 됩니다. 동일한 번호가 두 번 이상 나올 때에도 같은 방법을 적용합니다. 예를 들어, 399가 다시 나오면 두 번째 399는 무시하고 다음 숫자를 선택하게 되는 것입니다.

(6) 이렇게 100개의 무작위 숫자를 추출할 때까지 그 절차를 지킵니다. 그 후 모집단의 목록으로 되돌아와서, 여러분의 표본을 개인 번호 399, 개인 번호 69, 개인 번호 729 등을 가진 100명의 응답자들로 구성하면 되는 것입니다.

위에서 설명한 바와 같이, 가장 순수한 논리를 가진 단순무작위표본추출 방법은 실제로 그리 많이 사용되지 않습니다. **체계적표본추출**(systematic sampling)은 목록에 등록된 매 k번째 요소가 체계적으로 선택되어 표본에 선택되는 방법입니다. 예를 들어서 1,000개의 요소로 구성된 모집단에서 100개의 요소로 구성된 표본을 체계적표본추출로 뽑는다고 하지요. 이때 처음 1번째 요소는 무작위로 추출을 하게 되고 그 다음 요소부터는 매 10번째 요소를 선택하게 됩니다. 이 경우 표본추출 간격(sampling interval)은 10이고, 모집단 내의 요소들이 추출되는 비율인 표본추출비율(sampling ratio)은 1/10(=100/1,000)입니다. 그러나 요소들간에 소위 '주기성(periodicity)'이 존재하게 되면 체계적표본추출이 모집단을 대표하지 못하게 됩니다. 예를 들면, 2차 세계대전 중 군인들을 대상으로 한 연구에서, 연구자들은 군인명부에서 매 10번째 병사를 체계적으로 추출하였는데, 그 명부는 계급순으로 정리가 되어 있었고, 매 10번째 선택된 군인은 모두 하사관으로 드러났습니다. 결국 전체 군인에 대한 연구라기보다는 하사관에 대한 연구가 되어버린 것입니다(Babbie, 2001). 따라서 체계적표본추출시 목록을 구성하는 요소들의 특성을 잘 살펴보아야 합니다.

위에서 설명한 두 가지 확률표본추출방법은 모두 어느 정도의 대표성을 보장하고 예측의 오차(표본오차: 관련 장에서 자세히 설명합니다)를 추정할 수 있습니다. **층화표본추출**(stratified sampling)은 표본오차를 더욱 더 감소시켜서 표본의 대표성을 제고할 수 있는 표본추출방법입니다. 관련 장에서 다시 설명하겠지만, 기본적으로 표본이 모집단을 대표하지 못하는 정도라고 할 수 있는 표본오차(sampling error)는 표본추출의 두 요인에 의해 영향을 받습니다. 첫째, 표본크기가 클수록 표본오차가 줄어들고, 둘째, 동질적인 모집단은 이질적인 모집단보다 작은 표본오차를 가진 표본을 생산합니다. 층화표본추출은 두 번째 요인에 기초하고 있는 표본추출법입니다. 즉, 전체 모집단에서 직접 표본을 추출하는 대신에, 전체 모집단을 각자 동질적인 하위집단(하위집단간에는 이질적인)으로 일단 구분하고 각 하위집단에서 적절한 수의 요소(element)를 추출하는 방법입니다. 따라서 층화(stratification: 동질적인 하위집단으로의 구분)를 결정하는 변수의 선택에 주의해야 합니다. 예를 들어, 성별은 많은 사회현상과 관계되고 층화에 이용하기가 쉽기 때문에 자주 사용됩니다. 한편, 거주지역은 사회계층과 관련된 연구에서 표본의 대표성을 높이고 있습니다. 층화한 표본은 각 하위집단 내에서 단순무작위표본추출 혹은 체계적표본추출방법을 이용해서 표본을 추출하게 됩니다.

앞에서 설명한 3종류의 확률표본추출방법들은 모집단을 구성하는 요소(element)의 목록이 존재하는 경우에 사용할 수 있는 방법들입니다. 그러나 많은 경우에 이러한 상황은 현실이기보다는 이상이라고 할 수 있습니다. 즉, 표본프레임이 없는 모집단에 대한 표본추출이 필요한 경우도 있게 됩니다. 이러한 경우 먼저 각 요소(element)들의 집단인 군집(cluster)을 파악/추출한 다음, 각 군집 내에서 요소를 추출하는 방법을 사용할 수 있는데, 이러한 방법을 **군집표본추출**(cluster sampling)이라고 합니다.

예를 들어서 대한민국 기독교 신도에 대한 조사를 실시하는 경우, 모집단은 개념적으로 쉽게 정의되지만, 모집단을 구성하는 모든 요소(즉, 기독교인) 목록은 없습니다. 그러나 거의 대부분의 기독교인은 각 교회에 소속되어 있고 이때 교회의 목록은 존재하거나 없다면 만들 수 있습니다. 즉 교회목록에서 몇 개의 교회(즉, 군집)를 추출하고 각 교회(즉, 군집)에서 고인들의 목록을 작성하고 이 목록으로부터 표본을 추출해야 할 것입니다. 실질적으로 군집표본추출은 모집단의 표본프레임이 없이도 표본추출을 할 수 있게 하지만, 전체적인 표본의 대표성은 상대적으로 떨어지게 됩니다. 한편, 군집표본추출시 표본오차를 줄일 수 있는 일반적인 규칙으로는, 비용이 허락하는 한, 각 군집 내에서 추출되는 요소들의 수는 줄이고, 추출할 군집의 수를 늘리는 것입니다.

(2) 비확률표본추출

사회과학 연구는 종종 확률표본추출이 불가능한 상황에서 수행되기도 합니다. 예를 들어, 우리나라에서도 사회적인 issue가 되고 있는 노숙자들을 대상으로 연구를 진행할 경우, 전체 노숙자 명단은 존재하지 않습니다. 이처럼 모집단이 확정되지 않은 상황에서는 확률표본추출은 실질적으로 불가능한 대안입니다. 그러나 이러한 경우에도 의미 있는 표본추출이 가능한데 이처럼 확률표본추출에 대비되는 표본추출방법이 **비확률표본추출**(non-probability sampling)입니다.

먼저, 연구자가 이용가능한 대상자들을 표본으로 선정하는 비확률표본추출기법으로 **편의표본추출**(convenience sampling)이 있습니다. 종종 대학에서 강의를 듣는 학생들을 대상으로 각종 연구를 진행하는 경우가 있습니다. 편의표본추출은 시행이 쉽고 비용이 적게 든다는 등의 장점이 있어서 예상보다 자주 사용되고 있습니다. 이러한 연구의 분석결과는 전체 대학생을 대상으로 한 결과로 일반화되기 어렵다고 함이 명백합니다. 따라서 편의표본추출은 대개 특정 표본에 한정된 연구나 탐색적인 연구에 사용되는 것이 바람직한 표본추출방법이라고 평가할 수 있습니다. 다음에서는 편의표본추출의 예를 보여줍니다.

두 번째 비확률표본추출기법으로는 **판단표본추출**(judgment sampling) 혹은 **유의표본추출**(purposive sampling)이 있습니다. 이것은 모집단에 대한 지식과 연구목적에 기초해서 표본을 추출하는 비확률표본추출기법입니다. 즉, 모집단의 특성에 대한 고려 없이 표본을 추출하는 편의표본추출과는 달리, 모집

편의표본추출의 예

스타벅스의 경우 미국 내에서 스타벅스 커피로 확보한 brand를 다른 상품으로 확장하기 위해 편의표본(즉, 스타벅스 커피점에 오는 스타벅스 고객들)을 이용한 설문조사를 벌인 바 있고, 이러한 결과를 바탕으로 스타벅스 아이스크림이라는 신상품을 성공적으로 도입한 바 있습니다. 특정 표본에 한정된 편의표본추출도 경우에 따라서는 의사결정에 적절한 도움을 줄 수 있는 것입니다.

단의 특성에 대한 사전 지식은 있지만 모집단에 실질적으로 접근하기 힘들거나, 모집단으로부터 확률표본추출(probability sampling)이 힘들 경우, 연구자가 알고 있는 모집단의 특징을 가진 소규모 집단을 대상으로 표본을 구성하는 방법입니다. 다음은 판단표본추출을 이용한 연구의 예입니다.

세 번째 비확률표본추출기법으로는 **할당표본추출**(quota sampling)이 있습니

판단표본추출을 적용한 연구의 예

예를 들어서, 병원에서의 서비스실패를 실제로 경험한 환자들을 대상으로, 서비스실패(service failure)와 서비스회복(service recovery)간의 관계를 연구하는 경우에 서비스실패를 경험한 환자라도 이들이 병원에 대한 불평행동을 취하지 않으면, 병원측에서 서비스회복을 위해 노력할 가능성은 거의 없습니다. 그렇다면 양자간의 관계를 분석할 수 없게 되지요. 그렇다고 현재 이후에 내원하는 모든 환자들을 대상으로 확률표본을 추출해서 내원시 서비스실패를 경험했는지 경험했다면 불평행동을 했는지를 물을 수도 없습니다. 그 이유는, 연구자가 인위적으로 불평행동을 권장하는 결과가 될 수도 있고, 적절한 수준의 표본의 크기를 확보하기 위해서는 금전적 · 시간적 비용이 상당히 소요되며, 과거에 서비스실패를 경험한 환자라도 병원에 불평행동을 하지 않은 환자들은 연구의 대상이 되지 못하는 등의 문제가 있게 됩니다. 요약한다면 모집단의 개념적 정의는 명확하지만 실제 모집단의 모든 요소를 확보하기 힘든 경우라고 할 수 있겠지요. 이러한 상황에서 최근 한 연구(강상권, 2006)에서는, 특정 병원에서 보유하고 있던 불평행동 환자 list를 표본으로 삼아서 연구를 진행한 바가 있습니다.

표 4-6

할당표본추출의 예

		소 득		
		상(20%)	중(60%)	하(20%)
지 역	서울(25%)	50	150	50
	지방(75%)	150	450	150
계		200	600	200

다. 이 방법은 모집단의 특성이 적절히 반영되도록 모집단 내의 각 집단의 특성에 비례해서 표본을 추출하는 방법으로 사회과학(특히 마케팅) 연구에서 자주 사용되는 방법 중의 하나라고 할 수 있습니다. 특히 할당에 이용하는 기준은 연구에서 가장 중요한 변수를 기준으로 할당하게 됩니다. 예를 들어서(〈표 4-6〉 참조) 소득수준이 투표행위와 밀접한 관련이 있다고 믿는 경우, 전체 표본크기가 1,000명으로 결정되었다면, 소득수준(우리나라 상, 중, 하위 소득집단이 인구의 20%, 60%, 20%라고 가정)과 지역인구별 구성비(우리나라 서울, 지방의 인구구성비가 25%, 75%라고 가정) 대로 1,000명에 대한 할당을 실시하고 설문조사를 진행할 수 있을 것입니다.

미국의 세계적인 여론조사전문기관인 Gallup의 경우 할당표본추출을 이용하여 1936, 1940, 1944년도의 미국의 대통령선거 결과를 정확히 예측한 바 있습니다만, 1948년의 선거예측은 빗나갔는데, 이러한 오차의 가장 큰 이유로는 모집단의 변화에 대한 정보를 할당표본추출에 반영하지 못한 점이 지적되고 있습니다. 즉, 미국의 경우 10년 단위로 인구census를 실시하는데 1940년에 실시한 인구조사결과가 1948년도에 와서는 상당한 변화를 겪었다고 함을 고려하지 못하고, 기계적으로 표본할당을 실시함으로써 예측에 실패하게 된 것입니다(Babbie, 2001).

네 번째, **눈덩이표본추출**(snowball sampling)은 우연표본추출(accidental sampling)의 한 예로 구분되기도 하는데, 특정 고집단의 구성원들을 찾아내기 어려운 경우에 사용하는 표본추출방법입니다. 예를 들어, 불법체류자에 대한 연구를 진행하는 경우에, 불법체류자로 구성된 모집단을 정의하는 것은 어렵지 않으나 실제로 불법체류자와 접촉하여 자료를 수집하는 것은 매우 어려운 일입니다. 이러한 경우에는 일단 연구자가 접촉할 수 있는 불법체류자에 대한 자료를 수집한 다음 이 응답자에게 자신이 접촉할 수 있는 또 다른 불법체류자를 추천할 것을 의뢰하고 이러한 과정을 적절한 표본규모에 이를 때까지 지속하는 표본추출방법입니다. 마치 눈(snow)을 굴리거나 뭉쳐서 눈덩이(snowball)를 만드는 것과 같은 표본추출방법이지요. 모집단의 대표성면에서는 많은 문제가 있기 때문에 탐색적 연구에서 주로 사용되는 방법입니다.

제 5 장 측정과 척도구성

| 도입 사례 |

(A) 2012년 국내광고비 1,000억원 이상 지출기업은 20여개가 됩니다. 이 중 1위인 삼성전자는 2조 7,727억원을 지출했습니다. 여러분이 광고관리자라고 가정하지요. 광고인지도가 높아지면 광고의 설득효과가 높아지는지 알아보라는 최고경영층의 지시가 있다고 상정하겠습니다. 광고인지도와 광고의 설득효과간의 관계를 알아내기 위해 추상적인 개념인 광고인지도나 광고의 설득효과를 어떻게 경험적으로 나타낼 수 있을까요?

(B) 우리 모두가 잘 알고 있는 바와 같이, 우리나라와 같은 민주주의 국가의 대통령 선거는 유권자의 지지를 가장 많이 받는 후보 한 사람을 선출하는 것으로 요약될 수 있습니다. 그렇다면 '유권자의 지지'란 어떻게 구체화할 수 있을까요?

(C) 우리는 보통 몇 가지 기준을 가지고 배우자 후보를 평가하는 경향이 있습니다. 대표적인 기준은 아마 외모, 능력, 건강, 사람됨 등이 되겠지요. 그렇다면 우리는 어떻게 배우자감을 구체적으로 판단하게 될까요?

생각해 볼 문제

❶ 사회현상을 측정할 수 있는 도구는 어떻게 만들 수 있을까요?

❷ 측정은 통계학과 어떠한 관계가 있을까요?

〈본서의 체제〉

- **연구문제의 정의**
  - 제 1 장 과학이란 무엇인가?
  - 제 2 장 과학적 연구란 무엇인가?
  - 제 3 장 (1절) 연구의 대상: 연구문제
- **연구문제에 대한 논리적 해답 제시**
  - 제 3 장 (2절) 연구의 대상: 가설
  - 제 4 장 연구설계
  - **제 5 장 측정 및 척도구성**
- **논리적 해답에 대한 경험적 검증 실시**
  - 제 6 장 자료의 수집
  - 제 7 장 자료의 입력
  - 수집 자료의 분석
    - 제 8 장 기술통계분석
    - 제 9 장 추리통계분석
    - 제 10 장 상관관계분석을 통한 상호관계검증
    - 제 11 장 요인분석을 통한 상호관계검증
    - 제 12 장 집단간 차이분석을 통한 인과관계검증
    - 제 13 장 회귀분석을 통한 인과관계검증
    - 제 14 장 구조방정식을 통한 인과관계검증
    - 제 14 장 (참고) 연구결과의 일반화

사회현상 측정의 의미 제 1 절

1. 측정이란 무엇인가?

도입사례 (C)에서 소개한 것처럼 우리는 보통 몇 가지 기준을 가지고 배우자를 평가하는 경향이 있습니다. 대표적인 기준은 아마도 외모, 능력, 건강, 사람됨 등이 되겠지요. 사실 우리는 이러한 후보자들을 평가할 때 단순한 직접관찰에만 의존하는 것은 아닐 것 입니다. 보통 제3자를 통해서 후보자에 대한 그들의 평가(즉, 간접관찰 결과)도 전달받게 되지요. 예를 들어, 후보자 A는 키는 185cm에, 장동건처럼 잘생기고, 연봉이 1억원이며, 일류대학인 한국대학교와 대학원을 졸업했다는 등의 직 · 간접 관찰의 결과로 이 청년의 외모, 능력, 사람됨 등을 판단하려 합니다. 물론 이러한 직 · 간접 정보만으로 어떠한 배우자 후보가 평생 동안 성공적으로 결혼생활을 영위할 상대인지 판단하기란 정말 쉽지 않은 일이지요. 여하간, 이러한 대상(이 경우는 배우자 후보)이 가지는 속성을 평가하는 과정에는 이러한 속성(능력, 외모, 인간성)에 수(number)나 부호(symbol)를 부여하는(예: 능력을 연봉이라는 수로 측정하는) 일이 상당히 빈번히 이루어지고 있음을 알 수 있습니다. 일상생활에서도 "나의 남편은 100점짜리 남편이야"라는 표현도 간간히 들을 수 있습니다. 이 또한 특정 현상의 속성/특징에 수를 부여한 예라고 할 수 있지요. 이처럼, 우리는 우리의 삶에 있어서 어떠한 현상의 속성에 수나 부호를 부여해서 구체적 · 경험적으로 특정 현상의 수준을 파악하고 이에 근거한 의사결정을 하고 있습니다.

위의 예에서와 같이, "현상이 지니고 있는 추상적(abstract)인 특징(예: 배우자 후보의 능력의 정도)을 일정한 규칙에 따라 우리가 경험할 수 있는 구체적(concrete)인 사물(예: 연봉 1억원)과 연결하는 과정"을 **측정**(measurement)이라고 합니다. 즉, 측정이란 "특정한 규칙에 따라 현상에 숫자(數字)를 부여하는 것(the assignment of numerals to objects according to rules)"으로 정의할 수 있습니다(Stevens, 1951). 이때 **숫자**(numeral)란 아라비아 숫자(Arabic numerals), 로마숫자(Roman numerals) 등의 예에서 알 수 있듯이 '1, 2, 3…' 혹은 'I, II, III…' 등의 형태를 가지는 부호(sign)입니다. 이에 비해 **수**(number)란 양적인 의미(quantitative meaning)가 부여된 숫자를 의미합니다(Kerlinger, 1986).

사회과학의 경우로 한정해서 좀더 단순하게 설명한다면, 측정이란 추상적인 개념으로 파악한 사회현상의 속성을 구체적인, 즉 우리가 경험할 수 있는 숫자(numeral)로 나타내는 것이라고 할 수 있습니다. 물론 사회현상의 연구에 다른 기호보다 양적인 의미(quantitative meaning)를 보유한 기호인 수(number)를 자주 사용하는 이유는 수들(numbers)간의 관계는 통계학을 이용하여 엄밀하게 분석할 수 있기 때문입니다.

한편, 구체적인 세계(concrete world)는 직접적으로 경험할 수도 있지만 간접적으로 경험할 수도 있습니다. 예를 들어서 온도라고 하는 자연현상은 직접적인 측정이 불가능합니다. 그러나 간접적인 측정은 가능하지요. 온도라는 자연현상을 수은의 팽창/수축 정도로 조작적으로 정의(operational definition)하고, 결국 팽창/수축하는 수은이 가리키는 온도계의 눈금을 읽어서 온도라고 하는 현상이 어떤 정도 존재하는지 간접적으로 확인(즉, 측정)하게 되는 것입니다. 이처럼 직접적인 측정이 항상 가능할 것 같은 자연과학 분야에서도 간접적인 측정을 통해 현상간의 관계를 추론하는 경우가 상당히 많습니다.

2. 측정의 수준

위에서 설명한 바와 같이, 추상적인 개념으로 파악한 사회현상을 구체적으로 표현하는 수단인 숫자(numeral)는 연구자가 양적인 의미를 부여하면 수(number)로 변하게 됩니다. 그런데 비록 외견상 동일한 수적 기호(1, 2, 3 … 혹은 I, II, III …)라도, 연구자가 현상의 속성을 반영하기 위해 부여하는 양적인 의미(quantitative meaning), 즉 각 기호가 보유하는 정보의 내용에 따라 4 종류의 기본적인 **측정의 수준**(4 levels of measurement)으로 구분할 수 있습니다(Nunnally, 1978). 즉, 측정의 수준이란 다양한 사회현상의 속성을 재는 기본적인 자, 즉 근원척도(primary scale)의 종류를 의미합니다. 따라서, 측정의 수준과 **근원척도의 유형**(types of primary scale)은 동일한 개념이라고 이해할 수 있습니다. 아래에서는 근원척도(primary scale)의 유형에 대해 설명합니다.

1) 명목척도

현상의 속성에 부여된 수(number)가 그 현상의 속성이 어떠한 유형으로 구분되는지만을 알려주는 경우, 이러한 정보만을 가진 자를 **명목척도**(nominal scale)라고 합니다. 물론 이러한 척도로 현상에 수를 부여하는 경우 명목측정(nominal measurement)라고 할 수 있습니다. 명목척도의 특징을 가진 자로 잰 수가 제공하는 정보는, 유형(category)을 구분하는 용도로만 사용되고 있는 경우이지요. 예를 들어서 설문조사시 일반적으로 포함되는 '응답자의 성별' 같은 자료는 각각의 성별에 부여하는 수(일반적으로 1 혹은 2를 사용하지만 다른 수를 사용해서 남녀집단을 구분해도 무방함)가 오직 응답자가 어떠한 집단(남성 혹은 여성)에 속하고 있는가만을 보여주는 것입니다. 따라서 자료분석시 남자집단을 1로 표현하건 2로 표현하건 무방합니다. 남자집단이 1로 표현된 경우 2로 표현된 여자집단보다 성별이라고 하는 현상이 더 많이 존재한다고 할 수 있을까요? Nonsense이지요? 즉, 이와 같은 수는 더하기, 빼기, 곱하기, 나누기(즉, 사칙연산)를 할 수 없고, 이러한 특징을 가진 수, 즉 명목척도의 기능은, 각 응답자가 어떠한 집단(1 혹은 0집단)에 속하는지를 알려주면 그 소임을 다하는 것입니다. 개인(예: 학번)이나 집단(예: 1학년 3반)을 단순히 구분하는 특징을 가진 수는 명목척도라고 할 수 있습니다.

그러나 사회현상을 명목척도로 측정하는 경우에는 가감승제의 사칙연산이 의미가 없으므로 이렇게 수집된 자료에 적용가능한 통계분석기법이 제한되어 있습니다. 나중에 다시 설명을 하겠지만, 명목척도 (및 아래에서 설명할 서열척도)의 성질을 가진 수의 자세한 특징에 대해서는 통계학에서도 별로 밝혀낸 바가 없습니다. 따라서 이러한 수에 대한 분석은 '비모수통계분석(non-parametric statistics)'으로 별도로 구분하여 다루게 되는데, 모수통계분석(parametric statistics: 다루는 수의 특징이 비교적 잘 밝혀져 있습니다)이 비모수 통계분석의 기초로 활용되고 있는 점이 흥미롭습니다.

다음 〈표 5-1〉의 자료는 국산 중형차 소유주 100명의 응답내용을 성별로 정리한 가상의 예입니다. 즉, 〈표 5-1〉은 응답자 100명을 대상으로(단, 소유 중형차는 Sonata 아니면 SM5라고 가정하고), 각 응답자가 보유한 차종과 성별에 수를 부여한 예입니다. 이때, 성별은 남 혹은 여로 구분(categorize)하여, 남자는 1로 여자는 2로 수를 부여하고, 차종의 경우 Sonata는 1 그리고 SM5는 2라는 수를 부여하기로 정하였다고 가정합니다. 〈표 5-1〉에서 확인할 수 있듯이, 이러한 수(즉, 명목척도)가 가진 특징은 오로지 응답자가 소속된 유목 혹은 유형(category)만을 알려주고 있음을 쉽게 알 수 있습니다.

표 5-1
명목척도의 예

변수 / 응답자	성 별	소유자동차
응답자 1	남 (=1)	Sonata (=1)
응답자 2	여 (=2)	SM5 (=2)
⋮	⋮	⋮
응답자 99	남 (=1)	SM5 (=2)
응답자 100	여 (=2)	Sonata (=1)

2) 서열척도

둘째, **서열척도**(ordinal scale)는 사용되는 수가 유목(category)의 구분은 물론 조사현상의 순위정보까지 알려주고 있는 자입니다. 이 경우의 수는 순서에 관한 정보까지는 가지고 있으나 수의 크기에 관한 정보는 가지고 있지 않기 때문에, 서열척도로 측정된 수들(numbers)간의 크기비교는 의미가 없습니다. 예를 들어서 1위가 2위보다 선호된다는 것을 알지만 1위가 2위보다 얼마만큼 선호되는지에 대한 정보는 없습니다. 물론 서열척도의 특징을 가지는 수의 경우 1, 2, 3 순서로 순위를 표현할 수도 있지만 역으로 3, 2, 1 순서로 순위를 표현해도 무방합니다. 다만, 이 경우 자료수집시 순의기준을 미리 제시할 필요는 있겠지요. 예를 들어 A, B, C 3개의 화장품 중 선호하는 순서대로 늘어놓고 1위는 1, 2위는 2, 3위는 3의 값을 부여할 수도 있고 1위는 3, 2위는 2, 3위는 1의 수를 부여할 수도 있는 것입니다(〈표 5-2〉 참조).

표 5-2

서열척도의 예

변 수 / 응답자	화장품 A	화장품 B	화장품 C
응답자 1	1(위)	2(위)	3(위)
응답자 2	1	3	2
⋮	⋮	⋮	⋮
응답자 99	2	1	3
응답자 100	1	2	3

3) 등간척도

셋째, **등간척도**(interval scale)는 사용되는 수가 집단, 순위 및 동등 간격이라고 하는 3종류의 정보를 가지고 있는 자, 즉 척도입니다. 등간척도의 일반적인 예로는 상품의 선호도, 온도계, IQ 점수, 심리검사점수 등이 있는데, 온도계가 등간척도의 특징을 가졌다는 점에 대한 이론(異論)은 적은 편이지만, 아래의 측정과 통계학간의 관계에서 다시 살펴보는 바와 같이, 선호도 측정에 등간척도를 적용하는 등의 부분에 있어서는 이론(異論)이 일부 존재하는 편입니다.

온도계의 예를 들어볼까요? 먼저 온도를 측정하는 온도계의 경우 "3−2=4−3"이라고 하는 등식이 성립합니다. 즉, 온도계의 경우 3도에서 2도를 뺀 차이는 4도에서 3도를 뺀 차이와 동일하다고 하는 것이지요. 그러나 소비자만족도 5점에서 4점을 차감한 차이가 만족도 4점에서 3점을 차감한 차이와 100% 동일한지에 대해서는 확신하기 힘들겠지요. 사실 IQ 160과 150의 차이 10이 90과 80의 차이 10과 100% 동일한 차이일까요? 이 또한 결론이 쉽지 않은 부분입니다. 그러나 동일간격인지 여부에 대한 100% 확인이 부족하더라도 차이의 존재 여부에 대해서는 이론(異論)이 적다면, 설문조사 등을 통한 자료수집시에 수의 '동일간격(equal interval)'이라고 하는 특징을 확보하기 위해 많은 노력을 하고, 이렇게 수집된 자료는 등간척도로 간주하는 것이 일반적입니다.

아래의 〈표 5-3〉은 특정 상품에 대한 응답자들의 선호도, 만족도 및 재구매의도를 5점 등간척도(즉, 1, 2, 3, 4, 5점)로 측정한 가상의 예입니다. 이때 만족도가 5라는 의미는 만족도 4보다 1만큼 만족도가 더 높은 수준이다(따라서 만족도의 서열은 5>4라고 할 수 있지요)라고 함을 알 수 있습니다.

표 5-3
등간척도의 예

변 수 / 응답자	선호도	만족도	재구매의도
응답자 1	5	5	5
응답자 2	5	4	5
⋮	⋮	⋮	⋮
응답자 99	4	4	3
응답자 100	2	2	1

4) 비율척도

넷째, **비율척도**(ratio scale)란 사용되는 수(number)에 집단, 순서, 동일간격의 3종의 정보에다가 절대적인 0(absolute zero)이라고 하는 정보까지 포함한 가장 정보량이 많은 유형의 자, 즉 척도입니다. 즉, 0이 절대적인 의미를 가지는 유형의 자입니다.

먼저 등간척도의 대표적인 예인 온도계를 다시 예로 들어보겠습니다. 온도를 온도계로 측정하는 경우 '섭씨(Celsius) 0도'는 온도라는 현상이 존재하지 않는 상태는 아닙니다. 다만 얼음이 어는 온도를 지칭하고 있습니다. 화씨(Farenheit)로는 32도가 결빙온도이지요. 즉, 섭씨라고 하는 자(즉, 척도)의 0이 화씨라고 하는 자의 32와 동일하다는 이야기지요. 이는 섭씨의 0이 절대적인 0이 아니라는 점을 잘 보여주고 있습니다. 즉 등간척도로 측정한 현상에서는 상대적인 기준점(예를 들어 결빙온도 0도)이 있을 수 있지만 절대적인 기준점(온도가 존재하지 않는다는 의미의 0도)은 있을 수 없습니다.

그러나 무게, 길이, 소득, 매출액, 이자율, 시험점수 등에는 절대 0이라고 하는 현상이 존재하게 되지요. 예를 들어서 이자율이 0이라는 것은 이자율이 상대적으로 낮다는 것뿐만 아니라 이자율이 없다는 뜻이지요. 따라서 이자율 같은 수는 비율척도의 전형적인 예가 된다고 할 수 있습니다.

아래의 〈표 5-4〉는 100명의 응답자(학생)의 국어, 영어, 수학 점수를 0~100점 비율척도로 측정한 가상의 예입니다. 이때, 100번째 응답자의 영어 점수가 0점이라는 의미는 영어실력이 0이라는, 즉 존재하지 않는다는 의미입니다.

표 5-4
비율척도의 예

응답자 \ 변수	국 어	영 어	수 학
응답자 1	100	100	100
응답자 2	95	94	85
⋮	⋮	⋮	⋮
응답자 99	34	64	53
응답자 100	12	0	1

3. 측정과 통계학간의 관계

1) 측정과 통계분석

적지 않은 수의 독자들이 측정(measurement)과 통계학(statistics)을 구분하지 않고 있는 것으로 보입니다. 그러나 측정이 통계학과 밀접한 관련은 있지만, 측정과 통계학은 별개의 학문 분야라고 할 수 있습니다. 즉, 측정이란 통계분석의 대상이 되는 '수를 공급하는 역할'을 하고, 통계학은 측정에 의해

'공급된 수들간의 관계를 분석' 한다고 볼 수 있을 것입니다(Pedhauser and Schmelkin, 1991). 연구자는 하나 이상의 현상(변수)의 속성에 수를 부여하고(즉, 측정을 하고), 이렇게 얻어진 수를 분석하여 현상을 설명하거나, 현상들 간의 관계에 대한 가설을 검정하게 됩니다. 따라서 측정과정에 오류가 있게 되면, 이러한 결과로 얻어진 수를 분석하고 해석하는 통계분석에는 필연적으로 오류가 수반될 수 밖에 없습니다. 결국 아무리 통계기법이 복잡하고 화려하다고 해도, 측정과정에 오류가 있는 의미 없는 수를 통계분석을 통해서 의미 있는 수로 변환할 수 있는 방법은 없는 것입니다.

2) 사회현상의 연구와 근원척도 유형

다양한 사회현상을 연구하기 위해서는 위해서 설명한 4종류의 근원척도(primary scale)를 모두 사용해서 현상을 측정하고 그 결과를 통계분석하게 되는 것이 일반적입니다. 예를 들어서 직장인을 대상으로 직위, 근무부서, 근무연수, 직무만족(job satisfaction), 연봉, 이직의사(turnover intention) 등간의 관계를 연구한다고 한다면, 직위(사장, 부장, 과장 등) 및 근무부서(마케팅, 재무 등) 현상은 명목척도로 측정해야 할 것이고, 직무만족, 이직의사는 등간척도로 측정하며, 근무연수와 연봉은 비율측도로 측정하게 될 것입니다(〈표 5-5〉 참조).

표 5-5

사회현상의 측정(예)

사회현상(변수)	근원척도의 유형
직 위	명목척도 혹은 서열척도
근무부서	명목척도
직무만족	등간척도
이직의사	등간척도
연 봉	비율척도
근무연수	비율척도

3) 근원척도의 유형과 통계분석기법

위에서 살펴본 바와 같이, 4종의 기본적인 자, 즉 근원척도(primary scale)가 가진 정보의 종류와 양이 다르기 때문에, 각 척도를 적용해서 수집된 자료를 가지고 분석할 수 있는 통계기법이 달라집니다. 당연히 수집자료를 분석한 결과를 해석할 때에도 큰 영향을 받게 됩니다. 측정의 수준(척도의 종류)과 통계분석기법에 대한 논의는 Stevens(1951)부터 시작되었다고 할 수 있는데, 가장 논란이 심한 분야는 서열척도와 등간척도의 구분이라고 할 수 있습니다. 논란의 핵심은 대부분의 등간척도가 서열척도로서의 특징과 등간척도로서의 특징을 동시에 가지고 있다는 점입니다. 예를 들어서 어떠한 대상에 대한 총체적인 평가로 정의되는 '태도'나, 심지어 '지능지수(IQ)' 같은 경우는 일반적으로 등간척도로 간주되고 있습니다. 그러나 '매우 좋아한다(5점)'와 '좋아한다(4점)'의 차이(5−4=1)가 매우 싫어한다(1점)'와 '싫어한다(2점)의 차이(2−1=1)가 엄밀하게 동일한지에 대해서는 모든 학자가 동의하는 것은 아닙니다. 다만 비록 '동일한 차이(equal difference)' 여부는 명확하게 동의할 수 없을지라도 '차이(difference)'가 존재한다는 점에 대한 이론(異論)은 거의 없다고 할 수 있고, 자료에 존재하는 차이(difference)라고 하는 정보도 활용하는 것이 측정의 실용적(pragmatic) 기능을 확보할 수 있다는 입장에서 태도, 지능지수 등과 같은 현상을 등간척도로 측정하는 것이 일반적으로 받아들여지고 있습니다(Nunnally, 1978; Pedhauser and Schmelkin, 1991).

이와 같은 이해를 바탕으로 근원척도의 유형과 통계분석기법의 관계에 대해 요약한다면, 아래의 〈표 5-6〉과 같이 정리할 수 있을 것입니다. 먼저, 명목척도가 가진 정보의 종류는 측정된 현상의 속성이 동일한지 여부를 구분하는 것입니다. 즉, 같은 수(number)는 같은 유목(category)에 속한다는 의미(예: 1은 남자)이고 수가 다르면 다른 유목에 속한다고 함을 의미(예: 1은 남자, 2는 여자)하는 것이지요. 이때의 수(1, 2)는 A 혹은 B와 같은 명칭(label)에 불과한 것입니다. 따라서 가감승제의 사칙연산이 이루어질 수 없겠지요. 한편 명목척도(혹은 서열척도)의 의미를 부여한 수는 비모수통계기법(non-

표 5-6
근원척도별 특성비교

척 도	제공정보	예	대푯값	가능한 통계분석기법
명목척도	유목의 구분	주민등록번호 성 별 직 업	최빈값	빈도분석 교차분석 비모수통계
서열척도	유목의 구분 순 위	선호순위 등수(학급, 경기) 사회계층	중앙값	서열상관분석 비모수통계
등간척도	유목의 구분 순 위 간격 비교	선호도 태도, IQ 온도계	평 균	모수통계
비율척도	유목의 구분 순 위 간격 비교 절대크기 비교	매출액 이 익 나 이 몸무게	평 균	모수통계

parametric statistical analysis: 아래의 관련 장에서 자세히 설명합니다)을 적용하여 분석해야만 합니다.

둘째, 서열척도가 가진 정보의 종류는 유목의 구분에다 순위정보도 추가적으로 가지고 있습니다. 예를 들어서 학급에서 1등과 2등은 각각 속하는 집단 혹은 유목(1등과 2등)이 다르고, 1등은 2등보다 위라고 함을 보여주고 있습니다. 그러나 서열척도로 측정된 자료도 일부 비모수통계기법만을 적용하여 분석할 수 있습니다.

셋째, 등간척도가 가진 정보의 종류는 명목척도 및 서열척도의 정보에 상대적 크기의 비교를 가능하게 하는 정보까지 추가적으로 포함하고 있습니다. 즉, 온도가 섭씨 1도라고 함은 0도와 다른 유목에 속하고, 1도가 0도보다 더 위이고(덥고), 1도가 0도보다 1도만큼 크다고 하는 정보를 가지고 있습니다. 그러나 섭씨 0도라는 온도는 온도라는 현상이 없는 상태를 의미하지는 않습니다. 등간척도가 동일간격의 차이(equal difference)를 가정하고 있기 때문에 사칙연산이 가능하고, 이에 따라 다양한 모수통계기법(parametric statistical analysis: 아래의 관련 장에서 다시 설명합니다)의 적용이 가능하게 됩니다.

넷째, 비율척도가 가진 정보의 종류는 명목, 서열, 등간 척도가 가진 정보에 '절대적인' 의미의 크기비교도 가능하다고 하는 특징을 가지고 있습니다. 예를 들면, 이자율 4%란, 0% 이자율과는 다른 유목이고, 4%가 0%보다 위이고, 4%만큼 더 크며, 0% 이자율은 이자율이라는 현상이 존재하지 않음을 의미합니다. 비율척도의 의미를 부여한 수는 완벽한 가감승제의 사칙연산이 가능합니다. 다양한 모수통계기법을 사용하여 비율척도로 수집된 자료를 분석할 수 있게 됩니다.

위에서 확인할 수 있는 바와 같이, 일반적으로 척도가 제공하고 있는 정보량이 많을수록 연구자가 분석할 수 있는 정보도 많아집니다. 따라서 사회현상간에 존재할 수도 있는 다양한 관계를 분석하기 위해서는, 가능한 한 많은 정보량을 가진 유형의 척도(즉, 가능하면 등간척도나 비율척도)로 현상을 측정하여야만 원하는 수준의 다양한 통계분석과 해석이 가능하게 됩니다.

또한, 일반적으로 많은 정보량을 가진 척도를 적은 정보량의 **척도로 변환**(scale transformation)할 수는 있지만, 반대 방향의 척도변환은 가능하지 않습니다. 예를 들어서 영어점수를 0점에서 100점까지의 비율척도로 측정한 경우, 이러한 측정결과를 두 개의 집단으로(예: 점수가 0점에서 50점 사이의 하위집단과 점수가 51점에서 100점 사이의 상위집단) 구분할 수도 있지요. 즉, 비율척도를 명목척도화할 수 있겠지요. 그러나 반대 방향으로의 변환(예: 명목척도의 비율척도로의 변환)은 가능하지 않습니다. 즉 특정 숫자가 가지는 정보를 생략할 수는 있어도, 측정하지 않은 정보를 억지로 만들어낼 수는 없는 것입니다. 이러한 의미에서도 가능한 한 정보량이 많은 척도로 사회현상을 측정하는 것이 바람직하다고 할 수 있습니다.

제 2 절 척도구성

제1절에서 추상적인 개념으로 파악한 현상들간의 관계를 설명하기 위해서는 추상적인 개념(즉, 현상)을 우리들이 구체적, 경험적으로 이해할 수 있는 수(number)로 변환해야 함을 지적했습니다. 그리고 수를 부여하는 대상인 현상의 속성이 갖는 고유의 특성에 따라 동일한 수가 갖는 계량적인 의미(quantitative meaning)가 달라지게 되므로, 현상 고유의 특성을 반영하는 자, 즉 척도(scale)를 사용해야 한다고 함을 설명하였습니다. 예를 들면, 길이를 재는 자(ruler)를 가지고 무게를 측정할 수는 없겠지요. 즉, 척도란 바로 **측정도구**(measurement instrument)라고도 할 수 있습니다. 그런데 위에서 설명한 근원척도(primary scale) 이외에도 학자에 따라 다양한 특징을 보유한 다양한 명칭의 척도(예: Likert scale, Guttman scale 등)를 개발하여 사용하고 있기도 합니다. 따라서 혼동의 가능성을 줄이기 위해, 이러한 개별적인 척도(scale)와 근원척도(primary scale: 그러나 학자에 따라서는 근원척도라는 용어 대신 기본척도라는 표현을 쓰기도 하고, 심지어 별도용어 구분 없이 근원척도도 단순히 척도라는 표현을 사용하는 경우도 있습니다)는 구분되어 사용되어야 합니다.

1. 척도구성 개요

그렇다면 조사연구대상 사회현상을 측정할 수 있는 특정한 자(척도: scale)를 어떻게 만들어 낼 수 있을까요? **척도구성** 혹은 **척도화**(scaling)란 개별적 척도(scale)를 만들어 내는 과정 혹은 방법을 의미합니다. 즉, 척도구성의 목표는 측정대상 현상의 고유한 속성을 잴 수 있는 눈금을 가진 자, 즉 측정대상 현상에 맞는 척도를 만들어내는 것입니다. 척도구성(scaling)의 결과물이 척도(scale)가 되는 것입니다. 예를 들면 길이를 측정하기 위해서는 자(ruler)를 사용하고 중량을 측정하기 위해서는 저울(scale)을 사용하고 있는데, 이처럼 측정대상 현상의 고유한 속성을 반영하는 자나 저울을 만들어내는 과정이나 방법을 척도구성이라고 하는 것이지요.

엄밀한 척도구성(scaling)에 영향을 주는 세 가지 기본 요소가 있습니다. 첫째, 응답을 얻어내기 위해 응답자에 가하는 **자극**(stimulus)**요소**, 둘째, 이러한 자극에 대한 반응인 **응답**(response)**요소** , 그리고 셋째 측정대상자, 즉 **응답자요소**가 그것입니다(Nunnally, 1978). 그러나 이 세 가지를 모두 고려하는 척도구성은 매우 복잡하기 때문에 대개 한두 가지 요소만을 그려한 척도를 구성하는 것이 일반적입니다(물론 이때 고려하지 않는 요소에 대해서는 특정한 가정[assumption]을 하고 척도를 구성하게 됩니다). 구체적인 척도구성법을 설명하기 전에 먼저 척도구성시 고려해야 하는 세 가지 기본 요소에 대해 간단히 알아봅니다.

첫째, 자극(stimulus)요소란 응답을 얻기 위해 응답자에 가하는 질문 등과 관련된 특성을 의미합니다. 각 자극(즉 질문)에 대해 응답자가 절대적 응답(absolute response)을 하게 하는지 아니면 상대적 혹은 비고응답(comparative response)을 하게 하는지에 따라 척도구성방법을 구분할 수 있습니다. 이러한 입장에서 척도구성방법을 구분한다면 **척도구성방법**(scaling technique)은 크게 **비교척도구성**(comparative scaling)과 **비비교척도구성**(non-comparative scaling)으로 구분이 가능하게 됩니다. 비교척도(comparative scale)란 자극대상(stimulus object)을 직접 비교해서 응답을 구하는 척도이고, 비비교척도(non-comparative scale)란 자극대상간의 직접 비교가 필요 없는 응답을 구하는 척도라고 할 수 있습니다.

표 5-7 비교척도와 비비교척도

비교척도구성	비비교척도구성
쌍대비교법(paired comparison)	연속평정법(continuous rating)
순위법(rank-order)	항목평정법(itemized rating)
고정총합(constant sum)	

자극요소와 관련된 두 번째 특성으로는 응답자로 하여금 어떠한 유형의 근원척도(primary scale)로 응답하게 질문을 구성하는가 여부가 있습니다. 물론 조사현상의 본질적인 속성에 따라 근원척도가 결정되는 것이 원칙이겠으나, 질문(즉, 자극)을 어떻게 구성하는가에 따라 질문에 대한 응답이 다르게 되고 따라서 얻게 되는 자료가 속하는 근원척도의 종류가 달라지기도 합니다. 이에 대해서는 아래의 척도구성방법 section에서 좀더 자세히 설명합니다.

자극요소와 관련된 세 번째 특성으로는 특정 현상을 측정하기 위해 하나 이상의 자극(즉 질문)이 필요한가의 여부입니다. 이러한 특성을 기준으로 척도구성방법을 구분한다면 **단일항목척도법**(single-item scale)과 **다항목척도법**(multi-item scale)으로 구분이 가능합니다. 일반적으로 단일항목척도법보다는 다항목척도법이 선호됩니다. 그 이유는 하나의 항목으로는 측정하려는 현상의 특정한 부분만을 측정할 수 있는 경우가 대부분입니다. 예를 들어서 공간지각력을 측정하는 하나의 문항만으로 응답자의 지능(IQ)을 평가할 수 없는 것이지요. 또, 단일항목척도는 후에 설명할 개념으로 100% 신뢰성을 가정하고 있습니다. 즉 항상 현상을 일관되게 측정한다는 가정이지요. 그러나 현실에서는 이러한 가정은 성립하지 않습니다. 예를 들면, 오늘 공간지각력 문항을 쉽게 푼 학생이 몸이 아프다거나 하는 등의 이유로 다른 날에는 동일한 항목에 대한 답을 쉽게 구하지 못할 수도 있게 됩니다. 즉. 단일항목척도는 존재할 수 있는 측정상의 오류(낮은 신뢰성 문제)를 파악하지 못하는 단점을 가지게 됩니다. 다항목척도는 이러한 단일항목척도의 단점을 극복할 수 있게 합니다.

둘째, 응답자의 응답(response)요소와 관련해서도 몇 가지 구분이 필요합니다. 먼저 판단응답(judgments)과 감정응답(sentiments)간의 구분입니다. **판단응답**이란 정확한 반응(correct response)이 가능한 경우의 응답을 지칭합니다. 예를 들어 "2+2는?" 혹은 "100kg과 50kg 중 어느 것이 무거운가?"와 같은 질문에 대한 응답은 판단응답이라고 할 수 있습니다. 이에 비해 개인적 선호도, 관심, 태도, 가치관 등과 관련된 응답은 **감정응답**으로 분류할 수 있습니다. 판단응답과는 달리 이러한 감정응답의 정확성을 판단할 절대적 근거는 없다고 할 수 있습니다. 대부분의 감정응답은 비교척도와 관련이 깊습니다. 한편, 판단응답의 경우에도 비교척도에 더 잘 반응할 수도 있습니다(예: "옥수수 A는 20cm보다 더 큰가?"와 같은 절대적 응답을 요구하는 척도유형보다는 "옥수수 A와 B중 어느 쪽이 더 큰가?"와 같은 비교척도 유형에 응답자들이 더 잘 반응할 수 있는 것이지요). 여하간, 응답이 판단응답인지 감정응답인지 여부도 척도구성시에 고려해야 합니다.

셋째, 응답자의 특성이란, 응답자가 동일한 질문에 특정한 방식으로 응답할 가능성(probability)을 의미합니다(Nunnally, 1978). 이때 특정한 방식이란 동일 질문에 대해 동의/반대하거나 혹은 정답을 맞추거나/틀릴 가능성을 의미합니다. 이러한 특성은 특히 응답자의 각종 능력 등을 측정할 때 유용하게 사용될 수 있는 특성이라고 할 수 있습니다. 한편 이러한 가능성은 그림 혹은 수식으로도 표현할 수 있는데 이를 문항특성곡선(item characteristic curve)이라고 부릅니다. 문항특성곡선과 관련된 내용은 상당히 복잡한 설명을 필요로 하기 때문에 이곳에서는 더 이상의 설명은 생략합니다만, 이러한 이론을 응용하여 응답자 능력을 측정하기 위한 개인별 맞춤시험(customized test)을 만들어 낼 수 있습니다. 예를 들면 모든 응시자가 100개의 문항으로 구성된 영어시험을 보는 것과, 각 응시자가 첫째, 둘째 등의 문항에 정답을 맞추었는지 여부를 기준으로 더 어려운 혹은 더 쉬운 문제들만을 풀게 되고, 결과적으로 100개보다 훨씬 적은 수의 문항에 대한 대답만을 하는 경우(컴퓨터를 이용한 시험방식에서 실용화할 수 있습니다)를 비교해 봅시다. 전자의 경우보다 후자의 경우에 적은 시간과 비용으로 동일한 시험결과를 얻어 낼 수 있는 장점이 있다고 할 수 있습니다.

이처럼 응답자의 특성도 고려한 척도구성은 매우 복잡하기 때문에 많은 경우 응답자의 특성에 대한 가정(예: 모든 응답자는 특정 문항에 대해 유사한 응답을 보이는 평균적인 개인[modal individual]으로 가정하거나, 논외로 함)을 세우고, 나머지 요소만을 고려한 척도구성을 실행하는 것이 일반적인 관행이라고 할 수 있습니다.

이와 같은 맥락에서, 위에서 언급한 척도구성의 3요소를 모두 반영하는 **척도구성모형**(scaling model)에 대한 종합적인 설명은 기초적인 방법론의 범위를 벗어납니다(이에 대해 관심 있는 독자들은 Nunnally[1978] 등을 참조하기 바랍니다). 따라서 아래에서는 4개의 근원척도(primary scale)를 기준으로 일반적으로 사용되고 있는 개별적인 척도구성방법들에 대한 간단한 설명을 추가하기로 합니다.

2. 척도구성방법

1) 명목척도 구성방법

측정하려는 사회현상의 고유속성이 속하는 동일집단 여부(예: 성별, 직업 등)인 경우, 즉 명목척도의 특징을 가진 응답자료는 대개 판단응답으로 구분될 수 있습니다. 판단응답을 구하기 위한 질문에 대한 응답시 응답자가 혼동할 가능성은 매우 적기 때문에 명목척도를 구성하기 위한 별도의 척도구성법이 별도로 개발되어 사용되고 있지는 않습니다. 따라서 개방형 질문(open-ended question) 혹은 폐쇄형 질문(closed-ended question)을 이용하여 응답을 유도할 수 있습니다. 단 폐쇄형 질문을 사용할 때에는 모든 응답가능성을 제시했는지를 확인해야 합니다.

표 5-8 명목척도구성 예

개방형 질문	폐쇄형 질문
귀하의 직업은 무엇인지 써주세요. (　　　　　　　　)	귀하의 직업은 다음 중 무엇인지 선택해주세요. 학생(　), 직장인(　), 전문직(　), 주부(　), 기타(　)

2) 서열척도 구성방법

(1) 쌍대비교법

쌍대비교법(paired comparison)은 2개의 자극(stimuli)을 동시에 비교하여 순서에 대한 응답(response)을 구하는 척도구성법입니다. 만일 n개의 자극(예: n개의 샴푸)이 존재한다면 n개의 자극을 둘씩 비교하는 것이고 이때에는

n(n-1)/2만큼의 비교를 수행하게 되겠지요. 이는 축구에서 tournament방식으로 우열을 가리는 방법과 유사하다고 할 수 있습니다. 아래의 〈표 5-9〉에서는 A, B, C, D 4종의 샴푸간의 가상의 비교자료를 보여주고 있습니다. 같은 상표간의 비교는 무의미하므로 표에서는 '—'로 표시하였고, 다른 상표간의 비교시 열(column)에 있는 상표가 행(row)에 있는 상표보다 우수한 경우에는 1로 반대의 경우에는 0으로 표시하였습니다. 예를 들면 상표 B가 상표 A보다 선호된다고 하는 점을 알 수 있습니다. 이러한 쌍대비교법은 신상품 개발시 blind test를 시행할 때 주로 사용되는 척도구성법이라고 할 수 있습니다. 예를 들어서 Coca cola사에서 New Coke를 도입하려고 할 때, 기존의 Coke과 New Coke를 직접 비교하는 방법으로 신제품의 맛에 대한 소비자들의 평가를 구한 적이 있었습니다.

A, B, C, D 4개의 자극대상간의 쌍대비교에 의한 순위는 〈표 5-10〉에서 보는 바와 같이, B>A>D>C의 순서결과를 얻게 되었습니다. 즉, B가 1위, A가 2위, D가 3위, C가 4위라는 서열척도의 특성을 가진 자료를 갖게 된 것이지요. 한편, 〈표 5-10〉은 〈표 5-9〉에서 1이 가장 많은 상표를 표의 제일 위행(row)으로, 두 번째 많은 상표를 그 다음 행으로 등등을 반복하여 재배열

표 5-9 쌍대비교법: 원자료

상 표	A	B	C	D
A	—	0	1	1
B	1	—	1	1
C	0	0	—	0
D	0	0	1	—

표 5-10 쌍대비교법: 재배열 자료

상 표	B	A	D	C
B	—	1	1	1
A	0	—	1	1
D	0	0	—	1
C	0	0	0	—

한 결과입니다.

쌍대비교법은 이처럼 자극대상간의 순위를 명확하게 알려주는 장점이 있지만, 비교하는 대상이 많은 경우 비교한 결과간의 모순(intransitivity)이 존재할 수 있다는 단점이 있습니다. 예를 들면 쌍대비교 결과 상표 A>B, B>C, C>D, D>A와 같은 순환적인 선호관계(circular triad)가 발견된다면 측정결과의 의미가 훼손된다고 할 수 있습니다. 따라서 자극대상, 즉 비교대상의 수는 5개 이하가 적당하다고 알려져 있습니다.

(2) 순위법

순위법(ranking/rank order)이란 응답자로 하여금 제시된 자극(순위평가 대상)에 대한 순서를 기입하도록 하는 척도구성법입니다. 순위법은 비교대상의 서열을 1, 2, 3 등으로 구분하는 것이기 때문에 응답자들이 일상생활에서 자주 경험해본 방법이므로 쉽게 이해하고 응답을 할 수 있다는 장점이 있습니다. 상표간 선호나 상품을 구성하는 특정한 속성의 순위를 측정하는 데 많이 사용되고 있는 척도구성방법입니다. 한편 쌍대비교법보다 빠른 시간 내에 응답을 할 수 있기도 하지만, 쌍대비교법에서처럼 비교대상이 증가하게 되면 비교대상간의 순위를 명확히 결정하는 일이 쉽지 않게 됩니다. 특히 자극대상이 5개 이상이 되면 이러한 가능성이 높아진다고 알려져 있습니다.

표 5-11 **순위법의 예**

다음에 제시된 샴푸상표를 귀하가 좋아하는 선호순서대로 순위를 기입해 주세요.

상 표	순 위
미장생	( )위
도 브	( )위
팬 틴	( )위
스킨푸드	( )위

한편 자극대상의 수가 많은(예: 15개 정도 이상) 경우에 사용가능한 **항목순위법**(ordered category sorting)같은 서열척도 구성방법도 있으나, 자극간의 순위에 대한 정확한 평가가 불가능하다는 단점이 있어 이곳에서는 자세히 설

명하지 않습니다.

3) 등간척도 구성방법

(1) 평정법/등급법

평정법 혹은 **등급법**(rating scale)이란 응답자로 하여금 현상이 보유한 속성의 정도를 글(verbal rating), 그림(graphic rating), 숫자(numeric rating)를 이용하여 평가하도록 하는 방법입니다. 한편, 평정법은 연속평정법(continuous rating)과 항목평정법(itemized rating)으로 구분하기도 하는데, 이때 연속평정법은 그림을 사용한 평정법(graphic rating)과 동일한 내용입니다(Malhotra, 2002).

즉, **연속평정법**이란 현상이 가진 속성의 정도를 제시된 응답범주(response category)와 상관없이 정밀한 평가치를 구하는 것이 의미가 있는 경우에 사용할 수 있는 척도구성법입니다. 예를 들면, 아래 〈그림 5-1〉에서 특정한 상품에 대한 만족 정도를 0점에서 100점의 간격으로 측정하려는 경우, 응답자는 10단위로 응답할 수도 있고 아래의 예에서처럼 89에 X표를 할 수도 있게 됩니다. 이처럼 이 방법은 응답값이 매우 자세하게 구분되는 장점이 있는 반면 응답자들이 응답값을 자세하게 구분할 능력이 없는 경우에는 오히려 혼돈을 줄 수 있는 방법이라고 할 수 있습니다. 예를 들어서 어떠한 소비자가 자기가 구입한 상품에 대해 89만큼 혹은 23만큼 만족한다고 응답할 수 있을까요? 그러나 미국의 MSInteractive사(www.perceptionanalyzer.com)의 경우 The Perception Analyzer라고 하는 컴퓨터 기반도구를 사용해서 TV광고에 대한 선호도를 연속평정법으로 실시간으로 평가하는 시스템을 성공적으로 운영하고 있기도 합니다.

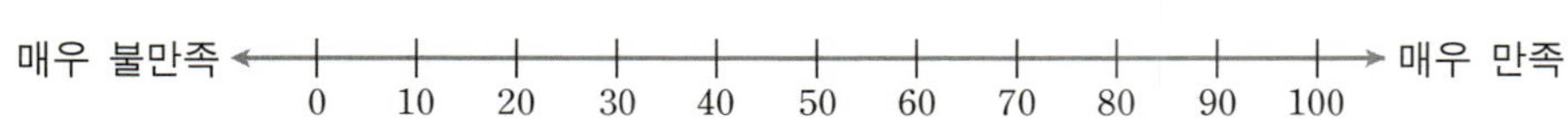

그림 5-1 연속평정법의 예

한편 **항목평정법**이란 몇 개의 응답값(예: 1, 2, 3, 4, 5)을 제시하고 이 응답값 중 하나만 선택하도록 하는 척도구성법입니다. 항목평정법은 전반적으로 구성, 실행, 이해가능성면에서 장점을 가지고 있는데, Likert척도, 어의차이척도(semantic differential scale), 그리고 Stapel 척도로 구분이 가능합니다.

먼저 **Likert척도**(Likert scale)란 응답자들에게 서술형(statement)으로 작성된 질문항목에 대한 동의 혹은 반대의 정도를 표시하도록 하는 척도구성법으로 척도개발자인 Likert의 이름을 그대로 사용하고 있는 척도입니다. 가장 널리 사용되고 있는 척도의 하나라고 할 수 있지요. 〈표 5-12〉에서 볼 수 있는 바와 같이, 관련된 여러 서술, 즉 질문들을 사용하여 사회현상의 다양한 측면을 측정할 수 있는 유용한 척도입니다. 보통 1~5 혹은 1~7까지의 응답범위(response category)를 제시하는 것이 일반적입니다.

표 5-12

Likert척도의 예

구분	매우 반대	반대	보통	찬성	매우 찬성
1. 현대백화점은 고급상품을 판매한다.	1	2	3	4	5
2. 현대백화점은 서비스가 형편없다.	1	2	3	4	5
3. 나는 현대백화점에서의 쇼핑을 즐긴다.	1	2	3	4	5

어의차이척도(semantic differential scale)란 척도의 양 끝에 속성의 정도를 표현하는 상반된 수식어(bipolar adjective)를 제시하고 조사대상의 속성 보유정도에 대한 응답자의 평가를 측정하는 척도구성법입니다(〈표 5-13〉 참조). 이 척도법은 상표(brand)나 점포(store)에 대한 이미지평가 혹은 상품개념(product concept) 분석 등에 자주 사용되는 방법입니다. 응답자가 이해하기 쉽고 응답하기 쉬우나, 이 척도법의 주된 단점으로는 상반된 수식어를 찾기 힘든 경우에는 사용하기 어려운 척도라고 하는 점입니다. 보통 −3에서 3까지의 7단계의 응답범주(response category)를 제시하는 것이 일반적입니다.

앙드레김 의상은

고급스럽다	3	2	1	0	−1	−2	−3	저급스럽다
현대적이다	3	2	1	0	−1	−2	−3	구식이다
가볍다	3	2	1	0	−1	−2	−3	무겁다

표 5-13

어의차이척도의 예

Stapel척도(Stapel scale) 역시 척도개발자인 Stapel의 이름을 딴 척도로 양극단의 상반된 수식어 대신 한 쪽의 수식어(unipolar adjective)만을 평가기준으로 제시하는 방법입니다. 어의차이척도의 변형으로 볼 수 있는 이 방법은 상반된 수식어를 발견하지 못하는 경우에도 간편하게 사용할 수 있다는 장점이 있으나, 실제 적용시 혼동스럽다는 지적이 있기도 합니다. Stapel척도는 수직적인 형태로 문항을 제시하고, 보통 중간의 응답범위(0점)가 없이 −5에서 5까지의 응답범주(response category)를 제시하는 것이 일반적입니다(〈표 5-14〉 참조).

신세계백화점은

5	5	5
4	4	4
3	3	3
2	2	2
1	1	1
고급이다	서비스가 부족하다	상품이 다양하다
−1	−1	−1
−2	−2	−2
−3	−3	−3
−4	−4	−4
−5	−5	−5

표 5-14

Stapel척도의 예

평정척도가 가장 자주 사용되는 척도법이기 때문에, 평정척도 구성시 주의점을 간단히 언급할 필요가 있습니다. 첫째, 응답범주(response category)의 수와 관련된 결정입니다. 최적의 응답범주는 존재하지 않으며 관행적으로 5~10개의 응답범주를 사용하는 것이 일반적입니다. 그런데 응답범주의 수가 많아질수록 통계분석에 필요한 변수의 변화폭(variability)이 증가하게 됩니다.

둘째, 일반적으로 응답범주를 구성할 때, 긍정적 범주(favorable categories)와 부정적 범주(unfavorable categories)가 균형이 이루어지는 것이 필요합니다. 그러나 기존의 경험상 대부분의 소비자가 특정 상품에 대해 만족하고 있는 상황에서는, 즉 만족현상의 특성이 한 쪽으로 치우친(skewed) 경우에는, 이와 같은 현상의 변화폭을 확보하기 위해 범주의 수가 불균형적인 척도를 구성할 수도 있습니다.

셋째, 응답범주에 '해당사항 없음'과 같은 범주(category)를 포함하는 것이 다양한 응답을 포함할 수 있기 때문에 권장되고 있습니다.

(2) 기타 등간척도 구성법

비율분할법(fractionation method)이란 응답자에게 한 속성의 보유 정도를 기준으로 다른 속성의 보유 정도를 판단하도록 하는 척도법입니다. 응답자들이 자극에 대해 명확한 판단을 할 수 있는 경우에 사용할 수 있는 방법입니다(〈표 5-15〉 참조).

표 5-15 비율분할법의 예

자동차 선택시 고려하는 요인 중 자동차 가격의 중요성을 100점이라고 한다면 다음의 요인은 몇 점에 해당할까요?

가 격	100점
디자인	(　　)점
성 능	(　　)점

고정총합척도법(constant sum method)이란 응답자에게 일정한 합계점수를 주고 이 점수를 평가대상에 할당하여 각 대상을 평가하도록 하는 척도법입

니다(〈표 5-16〉 참조). 이 방법의 경우 비율척도(측정 대상 현상의 속성에 절대 0이 존재하는 경우), 등간척도, 심지어는 서열척도에도 사용가능하다고 평가(Malhotra, 2002)되고 있음도 지적하고자 합니다.

표 5-16

고정총합척도법의 예

자동차 선택시 고려하는 요인 중 자동차 가격의 중요성을 100점을 할당해서 표현해주세요.

가 격	( )점
디자인	( )점
성 능	( )점
합 계	100점

한편, **Likert합산척도법**(Likert summated scale), Likert합산척도법보다 등간척도적인 요소를 더욱 가미한 **Thurstone등간척도법**(Thurstone equal-appeal interval scale), 그리고 누적척도(cumulative scale)라고도 불리는 **Guttman척도**(Guttman scale) 등의 다항목척도를 이용한 등간척도 구성방법이 개발되어 사용되고 있으나 이들에 대한 자세한 설명은 본서의 범위를 초과하므로 생략하도록 합니다.

4) 비율척도 구성방법

비율척도는 일반적으로 직접 관찰이 가능한 자연(키, 몸무게 등) 혹은 사회현상(인구, 연령 등)으로, 소위 측정이론(measurement theory)에서 **본질측정**(fundamental measurement: 사물의 속성을 표현하는 본질적인 법칙에 따라 수를 부여하는 것)의 경우에 해당하는 척도입니다. 비율척도로 측정하는 기업과 관련된 사회현상으로는 매출, 이익, 종업원수, 이자율, 소득 등과 같은 예를 들 수 있습니다. 이러한 질문에 대한 응답도 위에서 설명한 판단응답(judgments)의 특징을 가지고 있기 때문에 명목척도 구성의 예와 유사한 논리를 적용해서 척도를 구성할 수 있습니다.

표 5-17 비율척도구성 예

• 귀하의 연봉은 얼마입니까?	(	)원
• 귀사의 2017년도 매출은 얼마입니까?	(	)원

위에서 설명한 척도구성방법들을 이용해서, 연구목적에 부합하고 조사하고자 하는 현상을 측정할 수 있는 구체적인 도구(즉 척도)를 구성하게 됩니다. 즉, 조사대상 현상을 측정하는 문항을 결정하고, 측정척도를 구성하게 되는 것이지요. 이러한 도구(즉, 척도)를 이용하여 현상에 대한 측정이 이루어진 후에는 이러한 측정도구가 과연 믿을만한 도구인지를 확인하게 됩니다. 믿을만한 도구로 측정을 하여야만, 이렇게 생산된 수들(numbers)간의 관계분석(즉 통계분석)이 의미가 있게 되는 것이지요. 따라서 다음 절에서는 측정도구의 신뢰성과 타당성에 대해 설명합니다.

제3절 측정의 신뢰성과 타당성

측정이란 현상의 특성에 숫자(numeral)를 부여하는 과정이라고 이미 정의한 바 있습니다. 즉, 측정을 통해서 추상적인 개념으로 파악하고 있는 사회현상이 구체적이고 경험적인 수(number)로 표현이 되는 것입니다. 일단 현상이 수(number)로 측정되면 수들간의 관계를 통계학을 이용하여 분석하고, 이러한 분석의 결과를 이용하여 현상들간의 관계를 역으로 추론(infer)하게 됩니다. 따라서 먼저 현상을 정확히 측정(measurement)하는 것이 과학의 핵심(sine qua non of science)이라고 할 수 있습니다(Peter, 1981). 그러면 정확한 측정의 조건은 무엇일까요? 일반적으로 측정도구(예: IQ조사, 심리조사, 소비자조사 등의 각종 설문지)가 신뢰성이 있고 타당성이 있다면 그러한 측정도구를 사용한 측정은 정확하다고 추론하게 됩니다. 아래에서는 측정의 신뢰성과 타당성에 대해 알아보도록 합니다.

1. 측정(도구)의 신뢰성

1) 신뢰성이란 무엇인가?

측정의 **신뢰성**(reliability)이란 측정도구, 즉 척도의 일관성(consistency of measurement)을 지칭합니다. 이와 같은 측정이론에서의 신뢰성의 정의는 일상생활에서 우리가 사용하는 신뢰성이라는 단어와는 다소 상이한 의미를 가지고 있다고 할 수 있습니다. 예를 들면, 일상생활에서 신뢰할 수 있는 사람이란 언행이 믿을 만한 사람으로 해석되겠지만, 측정에서의 신뢰성이란 단지 언행에 일관성이 있는지 여부만을 의미하기 때문입니다.

좀더 구체적인 예를 들어 보겠습니다. 저자의 진실된 몸무게가 항상 변동이 없이 70kg라고 가정하지요. 또, 최근 100일 동안 매일 아침운동을 하고 샤워 후에 체중계 A와 체중계 B 2개로 몸무게를 각각 측정했다고 가정하겠습니다. 체중계 A를 사용해서 100번 측정한 돔무게가 항상 90kg이고, 체중계 B의 경우는 50kg에서 90kg 사이에서 측정치의 변동이 심했다고 가정해 봅시다(〈표 5-18〉 참조). 이러한 경우 체중계 A와 B는 모두 진실한 무게인 70kg을 측정해주지 못하고 있습니다. 그러나 체중계 A의 경우는 '항상' 90kg이라는 수를 표시해 주었습니다. 즉 체중계 A의 경우 비록 진실된 측정치(즉, 70kg)를 말해주지는 않았지만, '일관성' 있게 90kg을 표시해 주었습니다. 반면, 체중계 B의 경우는 몸무게 측정시마다 50kg에서 90kg 사이에서 변동이 심했습니다. 즉, 진실된 측정치를 말해주지 않음은 물론이고, 측정의 일관성도 없는 체중계라고 할 수 있지요.

일상의 세계에서는 체중계 A와 B 모두 신뢰성이 없다고 할 수 있습니다. 일상적인 의미에서 체중계 A도 신뢰성이 없다고 느끼게 되는 이유는 진실된 몸무게인 70kg을 말해주고 있지 못하기 때문입니다. 그러나, 측정의 세계에서는 체중계 A는 신뢰성이 높고, 체중계 B는 신뢰성이 낮은 측정도구라고 해석하게 됩니다. 측정의 세계에서 신뢰성이란 측정도구의 일관성만을 지칭하기 때문이지요.

그렇다면 저자의 진실된 체중을 모른 채로 몸무게 측정을 한다고 다시 가

표 5-18
신뢰성의 의미

측정일자	체중계 A	체중계 B
Day 1	90kg	50kg
Day 2	90kg	65kg
Day 3	90kg	80kg
⋮	⋮	⋮
Day 98	90kg	90kg
Day 99	90kg	82kg
Day 100	90kg	75kg

정해볼까요? 이러한 경우에는 체중계 B보다는 체중계 A가 일관성 때문에 믿을만 하겠지요. 일반적으로 현상을 처음 측정할 때, 현상의 진실된 측정치(true value)는 알려지지 않은 경우가 대부분 입니다. 즉, 저자의 진실된 몸무게를 모른 상태에서 체중을 측정했다면 일관성이 있는 체중계 A가 일관성이 없는 체중계 B보다 더 신뢰가 가겠지요. 이러한 경우에(현상의 진실된 측정치를 모를 경우에)는 측정의 세계에서의 신뢰성과 현실세계에서의 신뢰성이 크게 다르지 않은 것처럼 보입니다.

그러면 진실된 몸무게라고 하는 70kg의 몸무게는 어떻게 측정된 것일까요? 당연히 이미 정확성이 검증된 체중계로 측정을 한 결과이겠지요? 그런데 측정의 정확성은 신뢰성과 타당성 증거에 기초한다고 했지요? 그런데 어떤 현상의 진실된 측정값을 모르는 상황에서는 일단 측정의 일관성이 확보된 후에야 일관된 측정치가 관연 진실된 측정치인지를 알아볼 수 있겠지요. 즉, 진실된 몸무게를 구하기 위해서 거쳐야 할 전제조건은 체중계가 일관성이 있어야 한다는 것입니다. 일관성 없는(즉, 신뢰성 없는) 측정도구는 타당성 관련 증거를 제시해줄 준비가 되지 않은 것이라고 할 수 있습니다.

2) 측정오류와 신뢰성

측정도구의 신뢰성이란 **측정오류**(measurement error) 개념과 밀접한 관련이 있습니다. 즉, 측정도구(척도)가 불완전하거나(예: 〈표 5-18〉의 체중계 A와

B의 경우 참조), 측정환경이 변화하거나(예: 동일 척도, 즉 체중계로 지구에서 체중을 측정하는 경우와 달에서 측정하는 경우의 차이) 하는 등의 경우에는 현상에 대한 측정(예: 체중)에 있어서 오류가 발생하게 됩니다. 즉 측정도구가 현상의 진실된 측정값을 나타내주지 못하게 됩니다. 예를 들면 어떤 학생의 IQ검사 결과 130이 나왔다면 이것이 진실된 IQ를 의미할 수도 있으나, 진실된 IQ에 측정 당시의 몸 condition이 좋지 않아 평소 지능을 다 반영하지 못했을 가능성도 있습니다.

3) 측정도구의 신뢰성 판단방법

측정도구의 일관성, 즉 신뢰성 정도는 기본적으로 아래 장에서 자세히 설명할 분산(variance) 혹은 상관계수(correlation ccefficient)로 판단을 하게 됩니다. 신뢰성을 판단하는 구체적인 도구로는 다음과 같은 대안들이 사용되고 있습니다.

(1) 반복측정 신뢰성

위에서 예로 사용한 100회 체중측정의 경우가 **반복측정 신뢰성**(test-retest reliability)을 사용한 신뢰성 측정의 예가 되겠습니다. 즉, 동일 측정도구를 가지고 현상의 측정을 2회 반복해서 반복된 측정값들간의 상관관계(아래의 관련 장에서 설명)를 분석함으로써 측정도구의 일관성이 높은지를 판단하는 것입니다. 그러나 이 방법의 문제점으로는 반복측정시 상당한 시간과 비용이 중복 소요된다는 점과, 동일 현상을 동일 대상으로부터 측정하는 경우(예: 한국고등학교 1학년 1반 학생을 대상으로 IQ test를 반복 시행하는 것) 연구대상들이 측정에 대한 학습(예: 특정 IQ문항을 외워서 답을 하는 경우)을 하게 되어서 측정결과에 영향(실제 지능이 높아지지 않았는 데도 두 번째 IQ검사 점수가 상승)을 줄 수 있다는 점 등을 지적할 수 있습니다. 따라서 test-retest 방법을 적용할 경우에는 측정간의 시간적 간격을 합리적으로 유지하여야 합니다. 즉, 측정간의 간격(interval)이 너무 짧거나(1일 간격으로 IQ test를 반복 시행하는 경우에는, 위에서도 지적한 바와 같이, IQ test 문항 자체에 익숙해짐으로 인해 IQ점수가 상승하는 학습효과 등이 발생할 수 있겠지요) 너무 길지 않도록(이 경우 성숙효과 등이 있을 수 있습니다: 예를 들어 1학년 1반 학생들을 대상으로 1년 간격으로 IQ test를 시행하는 경우에는 이 기간 중 측정대상 학생들의 전반적인 지적능력의 성숙이 가능하게 되므로 IQ 측정도구 자체의 일관성에 대한 정보가 상당히 희석되게 되는 것이지요) 세심한 주의가 필요하게 됩니다. 따라서 측정-재측정의 간격은 2~3주 정도로 하는 것이 일반적입니다.

(2) 동시측정 신뢰성

이는 두 개의 유사하지만 상이한 측정도구(예: 설문지 A type과 설문지 B type)를 사용하여 동일 대상에 대한 측정을 실시한 후 측정된 결과(즉 수집자료)간의 상관관계를 가지고 신뢰성의 정도를 판단하는 방법입니다. **동시측정 신뢰성**(alternative-form reliability) 판단방법은 위에서 설명한 반복측정 신뢰성(test-retest reliability)의 약점(예: 동일한 설문을 두 번 시행하는 데에 기인하는 시험효과)을 회피할 수 있다는 장점이 있으나, 유사하지만 상이한 내용을 가진 측정도구를 개발하는 데 상당한 시간과 비용이 소요되기 때문에 쉽게 실시할 수 없다는 단점이 있습니다.

(3) 반분신뢰성

시간이나 비용 등의 이유로 동일 대상에 대한 측정을 반복하기 어렵거나 유사한 측정도구로 동시에 측정을 하기 어려운 경우, 하나의 측정도구(설문지)를 이용해서 한번만 측정을 시행하되, 측정에 사용된 도구(예: 20개의 설문문항)를 짝수/홀수 혹은 random하게 두 집단으로 나누어 두 집단(각 10개 설문문항)간의 상관계수를 계산해보고 신뢰성의 수준을 판단하는 방법을 **반분신뢰성**(split half reliability)이라고 합니다. 그러나 전체 문항을 어떻게 반분하는가에 따라 상이한 상관계수가 생산되고 이에 따라 신뢰성 판단이 다소 변화할 수 있습니다. 여하간 동일 현상을 측정하는 도구(설문문항 들)를 대상으로 이를 반분해야 그 후의 비교가 의미가 있을 것입니다. 설문지를 통해 측정하려는 현상은 다양할 수 있으므로 동일 설문지에 있는 모든 문항을 두 집단으로 나누어 상관관계를 분석하는 것이 아님을 유의할 필요가 있습니다.

(4) 내적일관성 신뢰성

특정한 측정도구가 하나의 현상을 측정하는 경우에 측정도구를 구성하는 각 문항들은 유사한 값(과 방향)을 가져야 하겠지요. 화씨 온도계나 섭씨 온도계나 온도가 높은 상황은 높은 결과를 보여주어야 이 온도계들이 신뢰성이 있다고 할 수 있는 것입니다. 특히 동일 현상을 측정하기 위해서 여러 가지 관련된 문항을 사용할 경우 반분신뢰성을 측정할 수 있다고 했습니다만, 반분하는 방법에 따라 상이한 상관관계가 도출된다고 했습니다. 이러한 단점을 극복해주는 신뢰성 측정도구가 내적일관성 신뢰성입니다. 즉 **내적일관성 신뢰성**(internal consistency reliability)이란 가능한 모든 반분신뢰도를 구하고 이를 평균한 개념이라고 할 수 있고 개발자의 이름을 따서 Cronbach's alpha 라고 부르기도 합니다. 이는 측정도구를 구성하는 문항들이 서로 일관성 있게 동일 현상을 측정하는지를 말해주는 도구라고 할 수 있고 근래에 가장 많이 사용되는 신뢰성 측정방법이라고 할 수 있을 것입니다((식 5-1) 참조).

$$\alpha=\left(\frac{k}{k-1}\right)\left(1-\frac{\sum_{i=1}^{k}\sigma_i^2}{\sigma_t^2}\right) \quad \text{(식 5-1)}$$

혹은 $\dfrac{k\bar{r}}{1+\bar{r}(k-1)}$

단 k =측정문항의 수

σ_i^2=문항의 분산

σ_t^2=전체문항의 분산

$\bar{r}$ =문항간 평균상관계수

4) 신뢰성 제고방안

측정도구의 신뢰성을 제고하기 위해서는 연구대상 개념에 대한 명확한 정의가 선행되어야 하고, 이러한 정의에 근거해서 측정도구를 구성하는 문항들의 모호한 문구를 제거해야 합니다. 응답자가 이해하기 힘든 문항은 이에 대한 응답이 부정확하게 될 가능성이 커지게 됩니다. 잘 모르는 질문에 대해 거짓 대답을 할 수도 있고 확신이 없는 가운데 응답을 할 수도 있기 때문입니다. 이러한 요인의 작용으로 응답값이 불필요하게 커지거나(inflate) 혹은 작아질(deflate) 수 있고 이에 따라 신뢰성이 저하되게 됩니다.

둘째, 다항목척도와 관련해서 설명한 바와 같이, 동일 현상을 설명하는 측정도구를 구성하는 측정항목, 즉 설문문항을 늘림으로써 측정도구의 신뢰성을 제고할 수 있습니다. 하나의 설문이 가질 수 있는 오차의 가능성을 다른 설문문항들이 완화(cancel out)해주기 때문입니다. 이처럼 다항목척도의 사용은 다양한 장점을 가지고 있다고 할 수 있습니다.

한편, 응답을 대인면접(personal interview) 형식으로 구하는 등의 경우에는 연구자, 즉 interviewer의 영향력이 응답값에 나타날 수도 있습니다. 이러한 가능성에도 대비해야 할 것입니다.

가장 안전하게 신뢰성을 높일 수 있는 방법은 이미 신뢰성이 확인된 측정도구를 사용하는 것입니다. 사실 많은 조사연구에 있어서 기존에 신뢰성이 확인된 측정도구를 사용하고 있습니다.

2. 측정도구의 타당성

1) 타당성 개념

측정의 타당성이란 '측정도구가 측정하려는 현상을 측정해주는 정도(the extent to which a measure measures what it intends to measure)'를 지칭합니다. 아래의 〈표 5-19〉를 볼까요. 체중계 A의 경우 100회 체중 측정결과가 모두 90kg이었다면, 체중계 A는 신뢰성 있는 체중계라고 할 수 있음을 우리는 이미 알고 있습니다. 그런데 체중계 B의 경우 100회 체중 측정결과가 모두 70kg이었다면, 이러한 체중계는 신뢰성도 있고 타당성도 있는(즉, 진실된 체중을 나타내는) 체중계인 것이지요. 그러나 진실된 측정치를 모르는 상황하에서는 어떠한 측정도구가 100% 타당성이 있는 도구인지 '증명'하기는 쉽

표 5-19
타당성의 의미

측정일자	체중계 A	체중계 B
Day 1	90kg	70kg
Day 2	90kg	70kg
Day 3	90kg	70kg
⋮	⋮	⋮
Day 98	90kg	70kg
Day 99	90kg	70kg
Day 100	90kg	70kg

지 않습니다. 따라서 현상의 진실된 값을 '추론(infer)' 하기 위하여 다양한 도구(즉, 타당성의 유형)들을 고안하여 측정의 타당성을 판단하고 있습니다.

2) 타당성의 유형

먼저, 〈표 5-20〉에서 볼 수 있는 바와 같이, **표면타당성**(face validity) 혹은 **내용타당성**(content validity)이란 사회현상을 대변하는 개념(X 혹은 Y)을 조작적으로 정의(operational definition)한 구성개념(X′와 Y′)이 해당 사회현상이 포괄하는 모든 측면을 골고루 반영하고 있는지에 대한 질적(qualitative)인 판단입니다. 즉, 연구대상 개념의 개념적, 조작적 정의 및 측정도구(문항)가 일반적으로 받아들여지고 있는 해당 개념의 사전적 정의, 기존의 관련 연구에서의 정의 등과 일관성이 있는지 그리고 설문문항들이 개념에 대한 대표성(representativeness)이 있는지를 질적으로 판단하게 됩니다.

일단 표면타당성을 질적으로 판단한 이후에는 계량적인 자료(quantitative data)를 수집 · 분석하고 이 분석결과를 가지고 몇 가지 중요한 타당성 증거를 계량적으로 판단하게 되는데, 이때 가장 핵심적인 타당성 증거가 **구성개념타당성**(construct validity)인바 이는 집중타당성 및 판별타당성의 2부분으로 구성되어 있습니다.

집중타당성(convergent validity)이란 현상 X′(예: 소비자만족도)를 측정하는 측정문항들이 X′를 측정하는지를 판단케 해주는 타당성 증거입니다. 이에

표 5-20

타당성의 유형**

측정도구의 기능 / 정당화 기반	이론의 수립	이론의 사용
과학적 정당화	〈x(y)와 X′(Y′)간의 관계*〉 - 신뢰성 - 구성개념타당성 • 집중타당성 • 판별타당성 - 내적타당성 〈X′(Y′)간의 관계*〉 - 규칙(nomological) 타당성	- 외적 타당성
윤리적 정당화	〈x(y)와 X′(Y′)간의 관계*〉 - 표면/내용타당성 〈X′(Y′)와 X(Y)간의 관계*〉 - 가치체계 • 구성개념의 정의 • 이론 • 이념	- 이론 적용의 결과 • 의도적 결과 • 비의도적 결과

*단, X(Y), X′(Y′), x(y)는 각각 개념 X, Y, 구성개념 X′, Y′, 그리고 관찰변수 x, y를 지칭함.

**Shin(1993)을 원용

반해서 **판별타당성**(discriminant validity)이란 현상 X′(예: 소비자만족도)를 측정하는 문항들이 현상 Y′(예: 재구매의도)를 측정하지 않는지와 관련된 타당성 증거입니다. 즉, 구성개념타당성이란 측정도구가 측정하려는 현상만을 측정하는지를 판단하게 해주는 타당성의 유형이라고 할 수 있습니다.

예측타당성(predictive validity)은 **경험타당성**(empirical validity), **통계타당성**(statistical validity) 혹은 **기준관련타당성**(criterion-related validity)으로도 불리고 있는 타당성의 유형으로, 독립변수가 종속변수를 잘 예측(predict)하는가의 정도와 관련이 있는 타당성 증거입니다. 이때 잘 예측한다는 뜻은 인과관계적인 의미의 설명(explain)일 필요는 없습니다. 예를 들어서 말굽던지기를 잘 하는 학생들이 대학진학 후 학점이 높다고 하는 점이 발견된다면 이때 현재의 말굽던지기능력은 미래의 대학학습능력(즉, 학점)에 대한 예측타당성이 높은 측정도구라고 할 수 있습니다(Nunnally, 1978). 즉, 독립변수가 종속변수와의 상관관계가 높다면, 비록 왜 높은지는 설명이 되지 않더라도, 이 독립변수는 예측타당성이 높은 측정도구라고 할 수 있는 것이지요. 그러나 연구자가 과학적 설명(explanation)에 관심이 없을 수는 없습니다. 따라서 예측타당성도 높고 다른 유형의 타당성도 높은 측정도구가 바람직한 측정도구라고 할 수 있겠습니다.

내적타당성(internal validity)은 구성개념을 측정하는 도구(즉 설문문항)들간에 존재하는 인과관계가 경험적으로 검증이 되는 경우 얻게 되는 타당성 증거입니다(cook and Campbell, 1979). 이는 독립변수와 종속변수간에 존재하는 관계를 잘 설명(explain)할 수 있는가의 여부와 관련되므로, 실험연구에만 해당되는 타당성 개념이 아니라고 할 수 있습니다.

한편, **외적타당성**(external validity)은 구성개념과 구성개념간의 관계의 일반화 가능성과도 관련된 타당성 유형이라고 할 수 있습니다. 즉, 외적타당성은 독립변수(개념)와 종속변수(개념)간에 존재하는 것으로 관측된 관계가 여타 상황에서도 존재하는지와 관련되어 있습니다(Churchill, 1987). 즉, 특정한 구성개념간의 관계가 다양한 시기(time frames), 장소(places), 표본(samples)에서 성립하는 것으로 검증된다면 이러한 관계는 외적타당성이 매우 높다고 결론지을 수 있는 것이며, 이러한 연구결과의 현실적용 가능성이 매우 높아지게 되는 것이지요.

한편, 구성개념 X′와 측정변수 x 그리고 구성개념 Y′와 측정변수 y간에 구성개념타당성이 존재하고, 측정변수 x와 y간에 경험적인 논박이 가능한 연구가설이 설정될 수 있는 경우에, 구성개념 X′와 Y′간의 관계에는 **규칙타당성**(nomological validity)이 있다고 판단하게 됩니다.

위에서 간단히 설명한 바와 같이, 측정도구의 타당성을 판단하는 도구는 다양합니다. 이러한 다양성은 하나의 타당성 유형이 수행하는 기능은 제한적이라고 하는 점을 시사하고 있습니다. 즉, 측정도구의 타당성 확인은 한두 개의 타당성관련 증거제시로 확립될 수 있는 성질의 것이 아닌 것이지요. 〈표 5-20〉의 왼쪽 열(column)에서 보는 바와 같이, 이론의 수립 및 사용은 측정관계(즉, 설문문항과 구성개념 간의 관계) 및 구조관계(구성개념과 구성개념간의 관계) 등과 관련된 각종 과학적(즉, scientific justification) 및 윤리적(ethical justification) 정당화에 기초하고 있습니다. 따라서 측정도구와 구성개념 혹은 구성개념간의 관계의 타당성 확인은 타당성이 존재하느냐 아니냐(valid or not)의 문제가 아닌, 타당성 정도(matter of degree)의 문제라고 할 수 있는 것입니다. 가능한 한 다양한 타당성 증거에 의해 뒷받침되는 연구가 좀더 과학적인 연구라고 할 수 있는 것입니다(Shin, 1993).

3) 타당성 측정방법

타당성의 정도를 계량적으로 판단하는 데 사용되는 도구는 비교적 근래에 개발되었다고 할 수 있는데, 이러한 도구들도 타당성의 모든 측면을 완벽하게 다루고 있지 못합니다. 위에서도 지적한 바와 같이 타당성이란 과학적 판단의 대상일 뿐만 아니라, 윤리적 판단의 대상이기도 하기 때문입니다.

(1) 다속성 다측정법

다속성 다측정법(multi-trait multi-method: MTMM)은 1959년에 Fiske와 Campbell이 개발한 타당성 증거 확인방법으로서 구성개념타당성(집중타당성 및 판별타당성) 증거를 분석해주고 있습니다. 이 방법의 요점은 다음과 같은 과정을 거쳐서 construct validity를 판단한다는 것입니다. 먼저, 복수의 구성개념(construct)을 복수의 방법(즉, 측정도구)으로 측정합니다. 예를 들어 A, B라는 구성개념을 x1, x2, x3라는 각기 다른 방법으로 측정을 한다고 하지요. 이때 동일한 구성개념에 대해 다른 방법으로 측정한 측정치들간의 상관관계가 높다면 집중타당성의 증거가 존재하는 것이고, 동시에 다른 구성개념들을 측정한 측정치들간에 낮은 상관관계가 존재한다면 이는 판별타당성의 증거로 볼 수 있다고 하는 것입니다. 이러한 방법은 구성개념타당성의 판단을 계량화해서 보여준 최초의 시도라고 할 수 있고, 이로써 구성개념타당성의 정도를 어느 정도 판단할 수 있는 기회를 제공해 주었습니다.

(2) 기타 방법

먼저 요인분석(아래의 관련 장에서 설명합니다), 특히 확인적 요인분석(confirmatory factor analysis)을 통해서도 타당성(특히 구성개념타당성) 증거를 확인할 수 있습니다.

한편 구성개념과 측정변수(즉 설문문항)간의 관계는 물론 구성개념과 구성개념간의 관계도 동시에 측정을 해주는 강력한 통계분석기법인 구조방정식(structural equation modeling)을 통해서도 타당성 증거를 확인할 수 있습니다. 이 방법을 이용하여 통계분석을 수행하게 되면 집중타당성, 판별타당성 및 규칙타당성 등의 증거를 동시에 종합적으로 얻을 수 있게 되어 현존하는 타당성 확인방법 중 가장 강력한 분석력을 가지고 있는 기법이라고 할 수 있습니다.

(3) 타당성 제고방법

연구문제의 설정, 연구문제에 대한 잠정적인 해답제시(즉, 가설설정), 자료의 수집과 가설검정 등의 전 단계에 걸쳐서 각 타당성 유형마다 관리해야 할 다양한 내용을 가지고 있습니다. 그러나 이러한 전 과정에 공통적인 내용으로는 연구대상 개념(즉, 변수들)의 명확한 정의, 이러한 정의를 측정하는 도구(즉, 척도)의 선택, 자료의 수집과 분석에서 실수 및 오류의 가능성을 최소화시키는 노력이 필요하다고 할 수 있습니다. 이를 위해서는 연구자는 자신이 연구하는 분야 및 연구방법론에 대한 깊은 지식을 바탕으로 현상들간의 관계연구에 나서야 할 것입니다.

3. 신뢰성과 타당성간의 관계

신뢰성이 높아진다고 해서 타당성이 높아지는 것은 아닙니다. 그러나 반대의 관계는 성립하게 됩니다. 〈표 5-18〉과 〈표 5-19〉에서 알 수 있는 바와 같이, 일관성이 있게 90kg을 가리키는 체중계는 진실된 몸무게 70kg과는 상당한 거리가 있습니다. 즉, 신뢰성은 있으나 타당성이 부족한 경우입니다. 그러나 일관성 있게 70kg(진실된 값으로 가정)을 가리키는 저울은 신뢰성도 있고 타당성도 있는 저울이라고 할 수 있습니다. 이러한 관계는 분산개념을 이용하여 더 간결하게 설명될 수 있으나, 이곳에서는 생략하도록 합니다.

제 3 부

논리적 해답에 대한 경험적 검증 실시

제 6 장 자료의 수집

| 도입 사례 |

기록에 의하면 자료의 수집은 상당히 오래 전부터 이루어졌습니다. 다음의 예를 잘 감상해 봅시다.

(A) 세종대왕은 한글창제뿐만 아니라, 우리나라에서 최초로 여론조사를 실시한 것으로도 기록되고 있습니다.

세종이 공법(세종 때 도입한 새로운 세법)을 실시하라고 발표하자 찬반논쟁이 치열하게 일어났다. 그러자 세종은 "찬성하는 사람도 반대하는 사람도 다 백성을 위해서라고 하는데, 그럼 직접 백성들에게 물어 보라"며 여론조사를 지시하였다. 관리에서부터 일반 농민에 이르기까지 무려 17만명이 참가한 여론조사는 찬성 9만 8,657명, 반대 7만 4,149명으로 판가름이 났다. 그러자 세종은 백성들을 위해 이 제도를 실시하겠노라고 선언하였다.

- 살아있는 한국사 교과서 1, 183쪽 -

(B) 성경(The Holy Bible)에도 다음과 같은 자료조사와 관련된 구절이 있습니다.

아훼께서 모세와 아론의 아들인 엘르아잘 사제에게 이르셨다 "이스라엘 백성 온 회중 가운데 스무 살이 넘어 군대에 나갈 수 있는 남자의 수효를 가문별로 세어라." 모세와 엘르아잘 사제는 예리고 가까이 요르단강 가 모압 광야에서 그들의 수를 세었다.

- 민수기 26장 1~3절 -

(C) 한 독일의 정치사회학자가 고용주의 착취 정도를 파악하기 위해 약 25,000부 정도의 설문지를 근로자들에게 우송한바 있었는데 다음은 동설문지의 일부 내용입니다.

"귀하의 고용주가 귀하 임금의 일부를 사취하기 위해 속임수를 쓰나요?"

- Karl Marx (1880) -

생각해 볼 문제

❶ 사회현상을 측정하기 위해 수집되는 자료에는 어떠한 유형이 있을까요?

❷ 자료의 수집방법에는 무엇이 있을까요?

〈본서의 체제〉

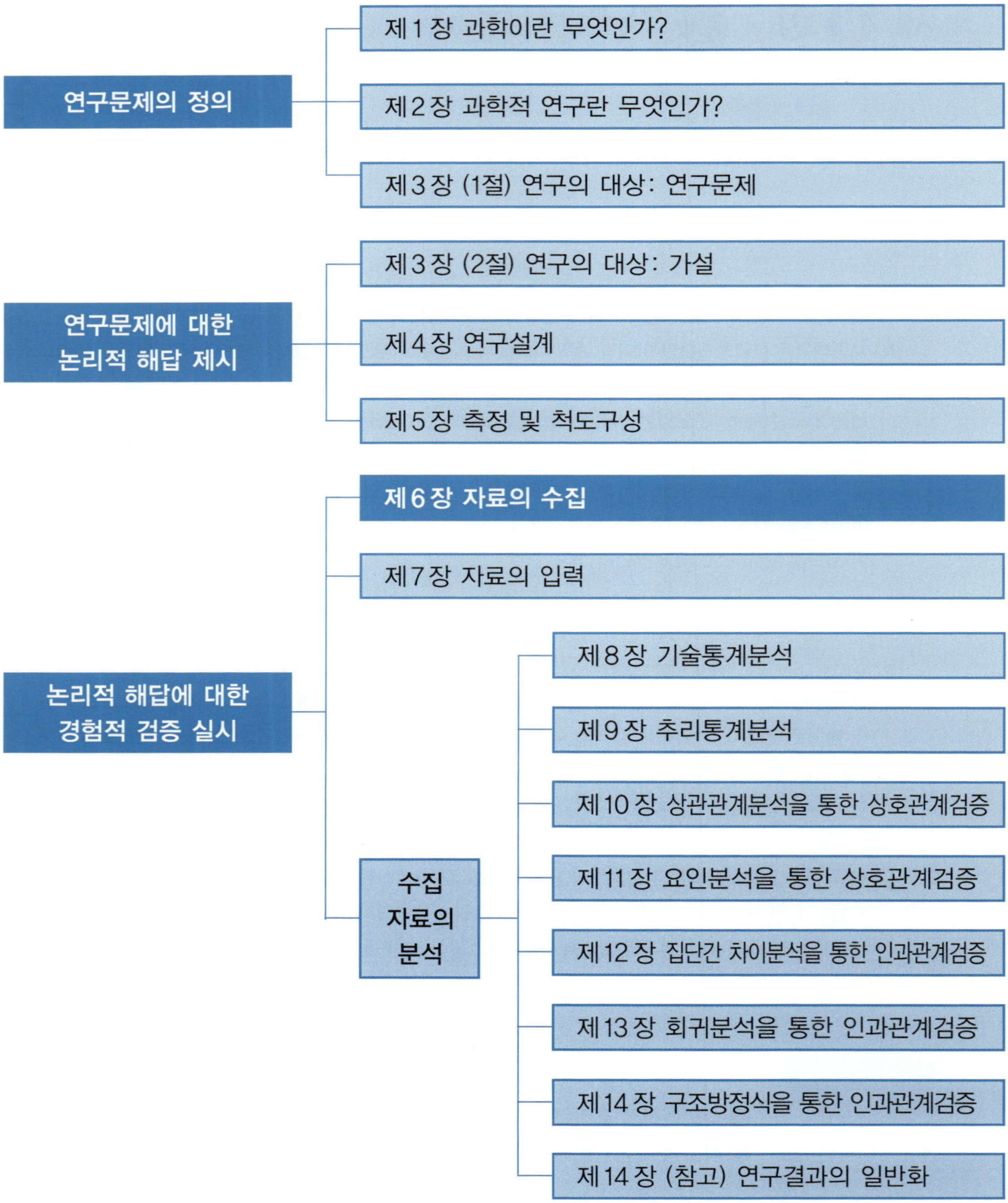
연구문제의 정의
제 1 장 과학이란 무엇인가?
제 2 장 과학적 연구란 무엇인가?
제 3 장 (1절) 연구의 대상: 연구문제
연구문제에 대한 논리적 해답 제시
제 3 장 (2절) 연구의 대상: 가설
제 4 장 연구설계
제 5 장 측정 및 척도구성
논리적 해답에 대한 경험적 검증 실시
제 6 장 자료의 수집
제 7 장 자료의 입력
수집 자료의 분석
제 8 장 기술통계분석
제 9 장 추리통계분석
제 10 장 상관관계분석을 통한 상호관계검증
제 11 장 요인분석을 통한 상호관계검증
제 12 장 집단간 차이분석을 통한 인과관계검증
제 13 장 회귀분석을 통한 인과관계검증
제 14 장 구조방정식을 통한 인과관계검증
제 14 장 (참고) 연구결과의 일반화

제1부에서 설명한 바와 같이, 연구자는 해결해야 할 조사연구문제(research problem)를 정의하고, 연구문제에 대한 잠정적인(tentative) 그러나 논리적인(logical) 해답인 가설을 설정(hypothesis formulation)하고, 이 가설이 참인지를 확인하기 위해 가설을 검정(hypothesis testing)하는 과정을 거치게 됩니다. 가설을 검정하기 위해서는, 연구자는 조사연구대상 현상의 속성을 어떠한 유형의 근원척도(primary scale)로 나타낼 것인지 또 구체적으로 어떠한 척도를 사용할 것인지를 계획해야 합니다. 이 과정이 바로 제5장에서 설명한 측정과정이지요.

연구대상 현상에 대한 측정원칙과 도구(즉, 척도)를 정한 다음에는, 이러한 척도를 사용하는 설문지 등을 개발해서 자료를 수집해야 합니다. 즉, 조사대상 현상을 경험적으로 관찰하고, 미리 계획한 척도를 사용해서 이 추상적인 현상의 속성을 구체적이고 경험적인 수(number)로 나타내야 합니다. 이렇게 자료가 수집된 후에야, 현상들간의 관계(즉, 현상을 측정한 결과인 수집된 자료들간의 관계)를 분석하게 됩니다. 이처럼 연구자가 현상을 경험적으로 관찰하는 과정이 바로 자료수집(data collection) 과정이라고 할 수 있습니다.

도입사례 (A)의 경우 세종대왕이 새로운 세법인 '공법'을 도입하기 위하여 공법에 대한 백성들의 찬반 여론을 조사했다는 기록을 소개한 내용입니다. 성경에 나와 있는 기록인 도입사례 (B)의 경우에는 인구조사와 유사한 자료수집의 예라고 할 수 있겠지요. 도입사례 (C)의 경우 거대한 이념(ideology)을 제시했던 Marx도 설문조사를 수행했다고 하는 재미있는 기록을 보여주고 있습니다. 이러한 도입사례들에서 볼 수 있는 바와 같이, 각종 의사결정(즉, 문제 해결)에 도움을 주기 위해 오래 전부터 다양한 방법을 이용하여 자료를 수집해 왔음을 알 수 있습니다.

제 1 절 자료의 유형

1. 1차 자료와 2차 자료

1) 1차 자료와 2차 자료의 구분

자료는 구분기준에 따라 상이한 분류가 가능합니다. 우선 자료가 기존에 수집된 자료인지 여부에 따라 1차 자료와 2차 자료로 구분합니다. 먼저 새로 정의된 연구문제가 아닌, 다른 목적의 연구를 위해 기존에 이미 수집된 모든 자료는 **2차 자료**(secondary data)라고 하고, 새로 정의된 연구문제 해결을 위해 새로 수집하는 자료는 **1차 자료**(primary data)라고 지칭합니다(〈표 6-1〉 참조).

이미 존재하는 2차 자료를 이용하여 탐색적인 연구를 수행하고, 연구문제를 명확히 정의(및 가설설정)한 후 필요시 1차 자료 수집을 통한 가설검정을 하는 것이 일반적인 연구과정입니다만, 1차 자료의 수집에는 시간과 비용이 상당히 소요되기 때문에 1차 자료를 수집하기 전에 관심을 두고 있는 현상과 관련된 기존의 자료가 존재하는지(즉, 2차 자료가 존재하는지) 여부를 확인하는 것이 바람직합니다.

표 6-1
1차 자료와 2차 자료

	1차 자료	2차 자료
수집목적	현 조사문제 해결	여타 조사문제 해결
수집과정	많은 노력 필요	빠르고 쉬움
수집비용	높 음	낮 음
수집시간	많은 시간 소요	짧은 시간 소요

그러나 2차 자료는 기본적으로 연구자가 새로 설정하는 연구문제와 관련이 적을 가능성이 큽니다. 혹시 유사한 연구문제에 대한 자료라고 해도, 자료의 정확성(accuracy), 적시성(timeliness), 측정도구 등의 측면에서 새로 수행하려고 하는 연구와 많이 다를 수 있습니다.

따라서 2차 자료 수집에 사용된 연구설계방법, 수집목적, 정확성, 적시성 등을 꼼꼼히 따진 후에 사용해야 할 것입니다.

한편, 실제로 연구하려는 현상을 설명하는 2차 자료가 어디엔가 존재하더라도, 이 자료에 대한 연구자의 접근(access)이 불가능한 경우에는 1차 자료를 직접 수집해야 할 수도 있습니다. 즉, A라는 기업에서 유명인의 광고가 매출에 미치는 영향을 과학적으로 조사한 연구결과가 있다고 해도(즉, 2차 자료가 있다고 해도), 이 결과를 경쟁업체들에 공개할 가능성은 거의 없다고 할 수 있겠지요. 이러한 경우에 조사의 필요성을 느끼는 경쟁업체에서는 자신들이 스스로 1차 자료를 수집해서 유명인의 광고효과를 조사해야 할 것입니다.

2) 2차 자료의 유형

한편 2차 자료는 연구자가 소속된 조직(학교, 기업, 연구소 등) 내에 존재하는지 여부에 따라 **내부자료**(internal data)와 **외부자료**(external data)로 구분할 수 있습니다. 특히 기업의 경우에 기존 고객관련 각종 정보(고객명단, 주소, 인구통계적 자료, 기존 구매자료 등)를 데이터베이스화하고 이를 자사상품의 마케팅에 적극적으로 이용하고 있습니다. 즉 내부자료를 구축하고 이를 database marketing에 사용하고 있는 것입니다.

표 6-2
2차 자료의 유형

내부자료	외부자료
—	공표자료 computer database 상업용 자료

외부자료는 공표자료, computer database와 전문서비스기업 자료로 다시

구분할 수 있습니다. 먼저, **공표자료**(published data)로는 누구나 자유롭게 이용할 수 있는 자료로 정부자료와 비정부자료로 또 구분할 수 있습니다. 정부자료로는 통계청, 재경부, 산자부, 건교부, 한국은행(엄밀한 의미로 행정부에 속하지는 않습니다만), 금융감독원 등의 정부기관에서 수집, 공표하는 각종 자료가 있습니다. 이러한 자료의 종류는 생각보다 다양하고 풍부합니다. 따라서 많은 조사연구에 있어서 상당히 유용하게 사용될 수 있습니다. 비정부자료로는 각종 경제연구소, 금융기관 등 비정부기관 혹은 조직에서 수집하고 공표하는 자료가 있습니다.

둘째, 최근 전자정보기술의 발달 등으로 데이터베이스의 종류가 늘어나고 있습니다. 이러한 데이터베이스는 쉽고 빠르게 자료를 검색하고 사용할 수 있다는 장점을 가지고 있습니다. 이처럼 컴퓨터화된 데이터베이스로는 on-line database와 off-line database로 구분할 수 있습니다. 이와 같은 computer database를 통해 검색할 수 있는 2차 자료로는 각종 directory(기업연감 등), 통계자료(인구조사 자료 등), 조사연구자료(논문 등) 등 매우 다양하고 풍부한 자료가 존재하고 있습니다.

셋째, 조사전문기업에서 주로 기업고객들을 대상으로 소비자, 유통기관 및 산업관련 각종 자료를 수집해서 제공하는 2차 자료를 **상업용자료**(syndicated data)라고 합니다. 이러한 자료는 소비자, 유통기관 등을 대상으로 정기적인 설문조사나 panel조사를 수행하고 이러한 자료를 기업에 제공하게 됩니다. 예를 들면 A. C. Nielson과 같은 국제적인 마케팅조사 전문기업에서는 우리나라의 소비자 대상 panel조사를 수행하고 이 조사자료를 관심 있는 기업에 판매하고 있기도 합니다.

2. 질적 자료와 계량적 자료

한편, 현상을 계량적인 의미(quantitative meaning)를 가지는 부호(symbol), 즉 수(number)로 측정한(나타낸) 자료를 **계량적 자료**(quantitative data)라고 하고, 비계량적인 부호(즉 언어)로 측정한 자료를 **질적 자료**(qualitative data)라고 합니다. 계량적인 자료를 수집하기 위해서는 조사연구에서 가장 널리 사용되는 설문조사(survey research)와 같은 연구설계가 사용되는 것이 일반적이고, 사례연구(case study), 참여관찰(participant observation) 등의 연구방법에서는 주로 질적인 자료를 수집하게 됩니다. 물론 사례연구 등의 연구방법에서도 계량적인 자료를 부분적으로 사용할 수 있으므로 특정 연구설계만이 계량적 자료를 수집한다고는 할 수 없습니다.

표 6-3
계량적 자료와 질적 자료

	계량적 자료	질적 자료
목 적	현상간의 관계의 계량화 현상간 관계의 일반화	현상에 대한 깊은 이해
표 본	대표성 있는 큰 표본	대표성 없는 작은 표본
자료수집	구조화된 자료수집	구조화되지 않은 수집
자료분석	통계분석	비통계분석

계량적 자료와 질적 자료간에는 자료의 목적, 자료를 수집하는 대상인 표본, 자료수집방법 및 자료분석적인 측면에서 핵심적인 차이가 있다고 할 수 있습니다. 〈표 6-3〉에서 볼 수 있듯이, 먼저 계량적 자료는 현상간의 관계를 수를 이용해 파악하고 이러한 관계가 일반적으로 성립될 수 있는지에 관심이 있는 반면에, 질적 자료는 주로 현상에 대한 기초적 혹은 깊은 이해를 목표로 하고 있습니다. 이러한 상이한 목적을 달성하기 위해, 계량적 자료는 조사대상 전체(즉, 모집단)를 대표하는 표본을 대상으로 자료를 수집하게 되지만 질적인 자료의 경우에는 표본의 대표성에는 큰 관심을 두지 않습니다. 자료의 수집면에 있어서도 계량적인 자료는 자료의 수집의 틀이 정해져 있는 구조화된 자료수집도구를 사용(예: 설문지)함에 비해서, 질적 자료수집을 위해서는 응답자가 자유롭게 응답할 수 있는 자료수집도구를 사용하게 됩니다. 수집된 자료가 계량적인 의미가 있는 자료인 계량적 자료의 경우는 당연히 통계분석이 가능하고 질적 자료에 대한 통계분석은 일반적으로 가능하지 않습니다.

제2절 자료수집방법

계량적 자료이건 질적 자료이건 (1차) 자료를 수집하는 방법은, 조사하려고 하는 사회현상의 속성을 보유하고 있는 조사대상에 대한 의사소통이 수반되는 **의사소통법**(communication method)과, 의사소통이 수반되지 않는 **관찰법**(observation method) 두 가지로 구분할 수 있습니다. 한편, 일반적으로 관찰법만을 사용한 조사연구는 매우 드문 현상이라고 할 수 있으며, 의사소통법을 통한 자료수집과 병행될 때 관찰법에 의한 자료수집이 큰 힘을 발휘한다고 할 수 있습니다(Malhotra, 2002).

〈표 6-4〉는 의사소통법과 관찰법의 구체적인 유형을, 수집하는 자료의 유형(즉, 계량적 자료와 질적 자료)의 차원과 비교해서 설명하는 표입니다. 이 표에서 볼 수 있듯이, 관찰법은 대개 계량적인 자료를 수집하는 데 사용되고 있다고 할 수 있습니다. 상권분석을 위한 교통량조사 및 유동인구조사 등이 흔한 예라고 할 수 있겠습니다. 다만 참여관찰법(participant observation) 같은 질적 자료수집방법도 넓은 의미로는 관찰법을 통한 자료수집에 속한다고 할 수 있습니다.

표 6-4 의사소통법과 관찰법 비교

	의사소통법	관찰법
계량적 자료	설문조사	인적/기계적 관찰
질적 자료	심층면접법 표적집단면접법 투사법	참여관찰

한편 관찰법은 의사소통법, 특히 설문조사 더비 뚜렷한 장단점을 지니고 있습니다. 첫째, 관찰법은 응답자(엄밀한 의미로는 응답자라고 하기보다는 자료수집의 대상자라고 해야 할 것입니다)가 자료수집에 참여하겠다는 결정을 하지 않아도 자료수집이 가능합니다. 즉 관찰법은 응답자의 참여를 필요로 하지 않습니다. 따라서 의사소통법을 이용한 자료수집에서 발생할 수도 있는 **무응답오류**(non-response error)가 최소화될 수 있습니다. 즉, 의사소통법의 경우에 조사대상자가 응답을 거부할 수도 있고 응답에 참여할 수도 있는데, 만일 응답에 참여하지 않는 응답자(즉, 응답을 거부한 집단)와 참여한 응답자(즉, 응답을 한 집단)간에 측정대상 현상에 있어서 본질적인 차이가 있을 가능성이 존재하는 경우 무응답에 따른 오류가능성이 존재한다고 합니다. 물론 일부 기계적 관찰방법의 경우에는 응답자의 참여가 어느 정도 필요한 경우도 있겠습니다만 대부분의 관찰법에 있어서는 조사대상자의 조사참여 결정 여부가 필요 없게 됩니다. 한편, 특히 면접설문 혹은 대인면접(personal interview)을 통한 설문조사의 경우에는 면접원(interviewer)에 기인하는 오류가 존재할 가능성이 있습니다. 응답자가 면접원에 영향을 받아 솔직하지 않은 응답을 할 수도 있는 것입니다. 그러나 관찰법에서는 이러한 종류의 가능성이 최소화된다고 할 수 있습니다.

그러나 관찰법은 관찰 불가능한 현상에 대한 측정은 할 수 없습니다. 예를 들어서 조사대상자가 어떠한 상품을 구매하는지에 대한 관찰은 가능하지만 조사대상자가 그 상품에 대해 보유한 태도, 가치관 등은 관찰법으로 알아낼 수 없습니다. 한편 인적 관찰(personal observation)의 경우에 관찰자는 자신이 보고 싶은 현상만을 관찰하게 될 가능성에서 자유롭지 못하다는 단점도 있습니다.

표 6-5 관찰법의 장단점

장 점	단 점
무응답 오류 최소화	관찰불가 현상 설명 불가
면접원 오류 최소화	관찰자 오류가능성

결론적으로 관찰법은 자주 발생하나 단기간만 지속되는 사회현상이나, 응답자들이 정직하게 응답을 해주지 않을 가능성이 높은 사회현상 등을 측정하는 데 매우 유리합니다. 역으로 자주 발생하지 않는 사회현상을 관찰법으로 측정하기에는 관련된 비용이 상당히 많이 소요될 수 있어서 현실적인 방법이 되지 못할 수 있습니다.

1. 의사소통법

위에서 간단히 설명한 바와 같이, 의사소통법(communication method)은 직접 응답자에게 의사소통을 통하여(즉, 질문을 하여) 자료를 얻는 방법으로, 의사소통을 하는 방법이 얼마나 구조화(the degree of structure)되어 있는가, 또 공개적(disguised)인가 등의 하위 기준에 따라 몇 가지 방법으로 추가적인 구분이 가능하게 됩니다.

표 6-6

의사소통법의 구분

	구조적	비구조적
공개적	설문조사	심층면접법 표적집단면접법
비공개적	—	투사법

〈표 6-6〉에서 볼 수 있는 바와 같이, 설문조사의 경우는 모든 응답자에게 동일한 질문을 할 수 있도록 자료수집방법이 표준화(즉, 구조화)되어 있으면서도, 응답자들이 자료수집 사실을 알고 있는 상황(대부분의 경우)에서 자료가 수집된다고 할 수 있습니다. 이에 반해서 심층면접법이나 표적집단면접법의 경우는 응답자들이 조사대상 현상에 대해 알고는 있으나(즉, 공개적 자료수집), 자료수집수단은 표준화가 덜 된 상황에서 자료를 수집하게 된다고 할 수 있습니다. 한편, 투사법(projective technique)이란 구조화도 되어 있지 않고, 응답자들이 조사대상 현상이 무엇인지에 대한 인식이 없는 상태에서 자료를 수집하는 방법이라고 할 수 있습니다.

1) 설문조사법

제4장의 연구설계와 관련하여 이미 소개한 바와 같이, **설문조사법**(survey)은 다수의 응답자들을 대상으로 표준화된 설문지를 이용하여 모든 응답자들에게 동일한 방법으로 질문을 하는 구조적인 자료수집방법입니다. 설문조사는 사회현상의 연구에 있어서 가장 널리 사용되는 자료수집방법이지요. 설문조사는 공개적(undisguised), 비공개적(disguised)인 방법 모두 가능하지만 대부분의 설문조사는 공개적인 방법으로 이루어집니다. 즉, 조사대상자가 연구의 목적에 대해 알고 있는 상태에서 조사가 이루어집니다.

이처럼 설문조사가 사회현상의 연구에 널리 쓰이는 이유로는 직접 관찰이 불가능한 사회현상에 대한 자료수집이 가능하고, 큰 규모의 표본을 이용한 조사가 가능하며, 자료수집이 상대적으로 용이하고, 다양한 통계분석이 가능하며, 이에 따라 연구결과의 일반화 가능성(generalizability)이 높다는 점 등의 장점을 가지고 있습니다. 이에 반해서, 설문지 개발에 적지 않은 시간, 노력, 비용이 필요하고, 특정 사회현상에 대한 깊이 있는 질문이 어렵다는 등의 일반적인 단점도 가지고 있습니다.

한편 설문조사의 유형은 주로 설문응답자 접촉의 방법에 따라 면접설문, 우편설문, 전화설문, 전자설문 등으로 구분됩니다.

(1) 면접설문법

먼저 **대인면접법** 혹은 **면접설문법**(personal interview)은 적절한 자료수집관련 훈련을 받은 설문자(interviewer), 즉 면접원이 피설문자(interviewee), 즉 응답자를 직접 대면한 상태에서 설문을 시행하고 자료를 수집하는 방법입니다. 면접원은 먼저 조사대상 현상 혹은 문제에 대해 설명을 하고, 면접과정을 통해 설문주제 및 문항에 대한 설명을 제공하면서 응답자가 질문에 반응하게 하는 방식으로 자료를 수집하게 됩니다. 설문에 대한 응답은 응답자가 할 수도 있고 면접자가 대신 기록할 수도 있을 것입니다.

면접설문에는 가정에서 하는 가정내 면접법, 시장이나 거리를 지나가는 응답자를 상대로 하는 거리면접법, 컴퓨터를 이용한 CAPI면접법 등의 하위

유형이 있습니다.

먼저, **가정내 면접법**(personal in-home interview)의 경우에는 응답대상자를 선택(즉, 표본관리)하기가 용이하고, 복잡한 질문에 대한 응답이 가능하며 상대적으로 높은 응답률이 가능한 장점이 있는 반면, 면접원에 따라 동일 문항에 대한 응답자의 반응이 상이할 수 있고, 응답자들이 사회적으로 바람직한(socially desirable) 대답을 할 가능성이 증가하고, 조사비용이 매우 높다는 등의 단점을 가지고 있습니다.

둘째, **거리면접법**(mall intercept personal interview)의 경우는 기본적으로 가정내 면접의 장단점과 유사한 특징을 가졌습니다. 그러나 가정을 방문해서 면접을 하는 것이 여러 가지 측면에서 쉽지 않기 때문에 가정 밖에서 면접을 실시하는 방법입니다. 이 방법은 특히 미국적인 시장환경인 mall에서 소비자들을 대상으로 마케팅조사를 실시하면서 발달된 면접방법입니다만, 다른 사회현상의 연구에도 쉽게 응용될 수 있습니다.

셋째, 컴퓨터 화면에 나타나는 질문에 응답하는 **컴퓨터 대인면접법**(computer-assisted personal interview: CAPI)의 경우 컴퓨터(즉, 노트북 컴퓨터 등)의 보급이 대중화되면서 최근에 사용이 늘어나고 있는데, 이는 노트북 컴퓨터 등을 보유한 면접자가 응답자의 가정/직장을 직접 방문하거나, 컴퓨터가 있는 곳으로 응답자를 오게 하여 면접을 진행하는 방법입니다.

면접설문법은 응답자들이 질문내용을 이해하지 못하는 경우에 면접원의 자세한 설명이 가능하기 때문에 우편설문법이나 전화설문법보다 상세하고 다양한 내용을 질문할 수 있어 양질의 정보를 얻어낼 수 있으므로 바람직한 설문방법으로 알려져 있습니다만, 시간과 비용이 많이 소요되며, 면접과정에서 면접원이 응답자의 응답에 영향을 미칠 수도 있다는 단점이 있다고 할 수 있습니다.

(2) 우편설문법

우편설문법(mail survey 혹은 mail interview)은 연구자가 설문지를 우편을 이용하여 응답자에게 우송하고 응답자가 편리한 시간이나 장소에서 설문에 응답을 한 후, 반송용 봉투를 이용하여 연구자에게 설문지를 우송하는 자료수집방법입니다. 이 방법은 설문지의 인쇄, 발송 및 반송을 위한 우편료 정도의 비용 외에는 다른 큰 비용이 들지 않기 때문에 자료수집을 위한 비용이 상대적으로 저렴하다는 점, 면접설문법이나 아래에서 설명할 전화설문방법으로 질문하기 어려운 내용도 조사할 수 있는 등의 장점을 가지고 있습니다. 그러나 이 설문방법의 경우 면접설문법이나 전화설문법에 비해 상대적으로 응답률이 낮은 단점이 있습니다. 특히 응답자가 설문내용을 이해하지 못할 경우 현장에서 보충설명이 불가능하기 때문에 응답률이 낮아질 가능성이 높습니다. 또한 응답률이 낮은 경우, 실제로 응답한 피설문자들의 응답이 응답하지 않은 피설문자들에게서 얻을 수 있었을 응답과 유사할지에 대한 판단이 필요하게 됩니다. 이러한 경우 일반적으로 응답자집단과 미응답집단간에는 인구통계적 특성면에서 차이가 없다는 점을 확인하고 무응답오류(non-response error)의 영향을 평가해야만, 우편설문법을 통한 연구결과의 일반화가 가능할 것입니다. 한편 우편설문법은 면접설문법이나 전화설문법에 비해 상대적으로 자료수집기간이 길어진다는 단점도 가지고 있습니다. 그러므로 계획된 표본수만큼 설문지를 회수하기 위해서는 예상응답률과 회수기간 등을 고려하여 많은 수의 설문지를 미리 발송해야 할 것입니다.

(3) 전화설문법

전화설문법(telephone survey 혹은 telephone interview)은 면접원이 응답자를 직접 만나는 대신에 전화를 통해 응답자에 설문을 시행하고 자료를 수집하는 방법입니다. 이 방법은 전화번호부라고 하는 표본 프레임을 이용하여 비교적 쉽게 표본을 추출할 수 있고 상대적으로 저렴한 비용으로 신속한 조사를 실시할 수 있다는 장점이 있습니다. 그러나, 질문내용이 어려울 때 면접설문법처럼 면접원이 옆에서 쉽게 도와줄 수 없고, 면접시간이 길어지면 응답자들로부터 협조를 얻어내기가 어렵기 때문에 설문의 길이가 제한적이며(따라서 조사할 수 있는 양이 제한되어 있으며), 전화보급률이 낮은 상황에서는 쉽게 사용할 수 없는 방법이기도 합니다. 따라서 전화설문을 통해서는 양질의 많은 정보를 얻기는 힘들다고 할 수 있습니다.

한편, 컴퓨터 사용의 확대 등으로 **컴퓨터를 이용한 전화면접법**(computer

assisted telephone interview: CATI)도 사용될 수 있습니다. 미국의 경우에는 전화설문의 90% 이상이 CATI방식으로 이루어지고 있습니다(Malhotra, 2002). 이것은 자료의 수집을 담당하는 면접원이 컴퓨터를 사용하여 자동으로(적절한 컴퓨터 프로그램을 이용하여 컴퓨터 내에 미리 입력된 전화번호 중에서 무작위로 일부 전화번호를 선택해서 전화를 걸 수도 있습니다) 미리 전화번호가 입력된 응답자에게 전화를 걸어서 면접원이 컴퓨터 화면에 뜨는 질문을 하고 응답자의 응답을 직접 컴퓨터에 입력하는 자료수집방법입니다. 이 방법은 자료의 수집과 입력을 동시에 할 수 있는 매우 효율적인 방법이라고 할 수 있습니다. 예를 들면, 미국의 Pizza Hut은 이러한 방법을 통해 유용한 마케팅정보를 수집하고 있는 것으로 알려져 있습니다.

(4) 전자설문법

전자설문법(electronic survey)은 인터넷 설문(Internet survey)으로도 불리는데, 인터넷의 발전과 더불어 개발된 설문방법으로서 인터넷상에서 설문조사를 실시하여 단시간 내에 많은 응답을 매우 적은 비용으로 얻을 수 있는 자료수집방법입니다. 전자설문법이라고 해서 on-line business를 수행하는 기업만이 사용하는 설문방법은 아닙니다. 설문조사법의 한 유형이므로 off-line기업에서도 적절하게 사용할 수 있는 방법이지요. 전자설문법은 구체적으로 e-mail을 사용하는 방법, home page를 활용하는 방법, on-line 전문조사기업에 의뢰하는 방법 등으로 다시 구분할 수 있습니다. 구체적으로 자사 home page나 on-line 전문조사기업을 이용하는 방법 중 가장 대표적인 자료수집방법이 **컴퓨터를 이용한 자기면접법**(computer assisted self interview: CASI)인 바, 이 방법에서는 인터넷상의 질문에 대해서 응답자가 스스로 읽고 이에 대한 응답을 입력하는 것입니다.

전자설문법은 앞에서 살펴본 면접설문법, 전화설문법, 우편설문법 등과는 달리 인터넷이라는 수단을 사용하기 때문에 인터넷을 이용하는 응답자에 대한 접근이 용이하고, 자료의 수집과 자료입력 등의 과정이 통합되기 때문에 상대적으로 시간, 비용을 절약할 수 있다는 등의 장점이 있습니다. 또한 응답자의 응답유형에 따라 질문의 난이도나 구조를 변형시키는 등의 상호작용적인 설문을 만들 수도 있고 실시간 분석과 연속적인 조사가 가능하다고 하는 장점도 함께 가지고 있습니다. 그러나, 확보된 e-mail list상의 응답자나 자사 혹은 전문조사기업의 site에 접속한 응답자 외에는 조사를 할 수 없기 때문에, 응답을 한 표본집단이 조사연구대상 모집단을 대표하는지, 또 응답자가 중복해서 응답했는지 여부 등을 통제하지 못한다고 하는 최대의 단점을 가지고 있는 방법이기도 합니다.

2) 심층면접법

심층면접법(depth interview: DI)은 숙련된 면접자가 한 사람의 응답자를 대상(one-on-one basis)으로 연구주제와 관련된 응답자의 동기, 신념, 태도, 감정 등을 알아내는, 정형화되어 있지 않고(unstructured) 공개적(undisguised)인 의사소통방법입니다. 이 방법의 핵심은 응답자로 하여금 자신의 감정, 신념, 태도 등을 자세히, 자유롭게 표현하도록 유도하는 것입니다. 이 자료수집방법은 보통 30분에서 한 시간 이상의 시간이 소요되며, 질문의 순서와 내용을 면접자가 조정할 수 있어 좀더 자유롭게 심도 깊은 질문을 할 수 있다는 장점이 있습니다. 하지만 비용과 시간이 많이 소요되고, 조사원의 면접능력과 분석능력에 따라 응답내용이 영향을 받는다는 등의 단점이 있습니다. 〈표 6-7〉은 가상의 심층면접 사례입니다. 표에서 볼 수 있듯이, 홈쇼핑은 단순한 유통경로가 아닌, 일상의 스트레스를 탈피하는 수단인 것으로 조사되어 있습니다. 이처럼 이 방법은 설문조사 등으로 알아내기 힘든 내재적인 현상에 대한 설명이 가능한 자료수집방법이라고 할 수 있습니다.

표 6-7
심층면접의 예*

면접원	홈쇼핑에 대해 어떤 느낌을 가지고 있나요?
응답자	이따금 일과 후 차 한잔하면서 편하게 Cable TV에서 홈쇼핑채널을 보며 쉬고 싶어요. 재미 있더라구요.
면접원	왜 재미가 있다고 느끼시나요?
응답자	직장에서는 항상 논리적으로만 생각하고 행동해야 하잖아요. 홈쇼핑채널을 보면서는 아무 생각 없이 즐길 수 있지요. 스트레스가 없잖아요.
면접원	스트레스가 없는 것이 왜 중요한가요?
응답자	직장에서는 상사나 동료로부터 항상 스트레스에 시달리지요. 내 집에서는 스트레스를 내가 통제하거나 심지어 없앨 수도 있잖아요?

*Malhotra(2002)에서 원용.

심층면접은 아래에서 설명하는 초점집단면접법에서보다 더 깊은 응답을 얻을 수 있는 방법입니다. 심층면접은 일대일로 진행되는데다가, 초점집단면접에서는 비록 소규모라고 해도 다른 사람의 존재 때문에 일정한 수준의 사회적 규범(social norm)이 존재하고 이에 따르는 응답을 할 가능성이 있기 때문입니다. 그러나 심층면접은 숙련된 조사원(심리학자)이 필요하기 때문에 면접의 실시에 많은 비용과 시간이 소요될 수 있습니다.

3) 초점집단면접법

한편, **초점집단면접법**(focus group interview: FGI)이란 한명의 진행자(moderator)가 소수(긴밀한 의사소통이 가능하도록 8~12명 내외의 인원)의 응답자들(즉, focus group)을 한 장소에 모아놓고, 탐색하려는 주제에 관해 자유로운 대화나 토론을 유도하여 탐색하려는 주제에 대한 기초적 이해 혹은 연구자가 미처 예상하지 못했던 깊은 이해를 도모하는 자료수집방법입니다. 표준화된 질문도구를 사용하지 않기 때문에 비구조적(unstructured)이고 토의주제를 참가자들에 알리기 때문에 공개적(undisguised)인 자료수집방법입니다.

한편, 종종 대규모 설문조사를 시행하기 전에 초점집단면접을 통해 설문문항을 수정하고 확정하기도 합니다. 초점집단면접시에는 대개 녹음기 등을 이용하여 면접내용을 기록(녹음, 녹화)하고 이를 글로 옮기어(transcribe) 자료화하는 방법을 이용합니다. 한편, 면접에서 얻을 수 있는 자료의 질을 제고하기 위하여 특정한 응답자가 다른 응답자의 응답을 방해하는지 혹은 과장된 의견을 제시하는지 등에 대한 판단을 위해 면접장소의 옆방에 일방거울(one-way mirror)을 설치하고 면접과정의 관찰이 이루어지게 됩니다.

응답자들은 토론과정에서 다른 응답자들의 생각에 자극을 받아 새로운 생각을 떠올릴 수도 있고 응답자들이 자유로운 분위기에서 솔직한 의견을 표시할 수 있다는 등의 장점이 있기 때문에, 연구자는 조사목적과 관련된 정보뿐만 아니라 생각지 않았던 유용한 정보도 추가적으로 얻을 수 있게 됩니다. 단, 진행자가 응답자들의 내면 깊숙이 있는 생각들을 계속해서 유도해야 하기 때문에 진행자는 조사대상 사회현상(즉, 주제)에 대한 깊은 이해는 물론 의사소통능력과 관련 경험도 풍부해야 합니다. 그러나, 진형자의 역할이 중요한 만큼 진행자에 의한 조사결과의 오류가 발생할 가능성도 많다고 할 수 있습니다. 또한 초점면접집단을 구성하는 표본 역시 모집단을 대표하기 어렵기 때문에 초점집단면접을 통해 수집한 자료에 기초한 조사결과의 일반화는 기대하기 어렵다고 할 수 있습니다. 또한 이 방법에 의한 자료수집은 비록 그 내용이 연구자가 예상치 못한 깊은 내용을 포함한다 해도 이로부터 연구의 결론을 직접 유도해서는 안됩니다. 즉, 초점집단면접법은 결론적인 연구(conclusive research)가 아니라는 것입니다.

4) 투사법

심층면접법이나 초점집단면접법의 경우는 면접의 목적이 응답자들에 알려져 있거나 명백한 데 반해서, **투사법**(projective technique)은 면접내용이 표준화되어 있지 않고(unstructured), 면접의 목적이 공개되지 않은(disguised) 형식의 의사소통방법이라고 할 수 있습니다. 투사법 역시 응답자의 동기, 태도, 신념, 감정 등을 응답자가 밖으로 '투사' 하도록 유도하는 방법인데, 질적인 자료의 수집에 적합한 자료수집방법입니다. 한편, 투사법의 구체적인 유형으로는 단어연상법, 문장완성법, 내용구성법, 표현법 등이 있습니다.

(1) 단어연상법

단어연상법(association technique)이란 조사자가 연구대상 현상과 관련된 단어들을 나열하면 응답자들은 이 단어들을 보고 가장 먼저 연상되는 단어를 표현하도록 하는 자료수집방법입니다. 이때 조사자는 응답에서 나타난 특정 단어의 빈도수, 머뭇거린(통상 3초 정도를 기준으로 합니다) 횟수, 무응답 횟수 등으로 응답자의 선호도 혹은 태도(예: 연상된 단어들은 우호적, 중립, 비우호적 연상 등으로 구분 가능합니다) 등을 파악할 수 있으며 제시된 특정 단어에 대해 응답자가 느끼는 관여(involvement)의 정도를 알 수 있습니다. 예를 들면, Gillette사의 경우 여성용 면도기의 상표명을 Sensor for Women로 정할 때 단어연상법을 사용했는데, 여러 가지 상표명(brand name) 대안에 대한 응답자의 우호적인 연상이 가장 빈번한 상표명을 선택하게 되었던 것입니다. 여성용 면도기에 대한 솔직한 의견은 설문조사 등으로 얻기가 적절치 않다고 판단한 것입니다.

(2) 문장완성법

문장완성법(completion technique)이란 단어연상법을 확장한 방법으로, 조사자가 미완성 상태의 문장을 제시하면 응답자가 이 문장을 완성함으로써 자료를 수집하는 방법입니다. 단어가 아닌 문장형태로 응답을 받기 때문에 응답자로부터 더욱 자세한 감정, 신념 등을 알아낼 수 있는 장점이 있습니다. 예를 들면, 〈표 6-8〉에서와 같이 빈 문장을 완성하도록 함으로써 조사주제에 대한 응답자들의 반응을 구하는 것입니다. 실제로 유명 의류기업인 Tommy Hilfiger에서는 이 방법을 사용해서, 남성들은 좀더 덜 전통적이고 덜 정장스러운 shirts를 선호한다는 것을 알아냈고, 추가적인 설문조사를 통해서 성공적인 경쟁전략을 수립한 바가 있습니다(Malhotra, 2002).

표 6-8 문장완성법의 예

Tommy Hilfiger shirts 입는 사람들은 ( )다.
Polo, Eddie Bauer에 비해서 Tommy Hilfiger shirts는 ( )다.
Tommy Hilfiger shirts를 생각하면, 나는 ( )다.

(3) 내용구성법

내용구성법(construction technique)은 그림이나 만화에 대한 응답을 자유롭게 구성하도록 함으로써 자료를 수집하는 방법입니다. 이 방법은 단어나 문장을 주고 응답을 구하는 투사법보다 상대적으로 좀더 비구조화(unstructured)되어 있는 투사법이라고 할 수 있습니다. 즉, 자극에 대해 좀더 비정형화된, 자유로운 응답을 구할 수 있는 것이지요. 먼저, **그림응답법**(picture response technique)이란 응답자에게 어떤 그림을 보여주고 이 그림에 대한 응답자의 이야기, 대화, 설명 등을 유도하여, 조사대상 주제에 대한 응답자들의 해석을 알아보는 방법입니다. 최고급 자동차인 Porsche에서는 기존/잠재 고객집단에 Porsche 소유주의 사진들을 보여주고 이에 대한 응답자들의 응답을 구하고, Porsche의 구매요인을 5개의 유형으로 분류(예를 들면, 예상과는 다르게 대다수의 Porsche소유자들은 남들의 눈을 의식하고 구매를 하는 것이 아니라고 하는 점이 발견되었습니다)했고 이를 기초로 성공적인 광고전략을 수행할 수 있었습니다(Malhotra, 2002).

한편, **만화응답법**(cartoon test)이란 어떤 상황을 나타내는 만화들을 보여주고 만화 속의 인물들의 대화를 빈칸으로 두어서 응답자가 기입하게 한다거나, 또는 그 인물의 행동 등을 설명하게 함으로써 자료를 수집하는 방법입니다. 이때 응답자의 반응은 그 상황에 대한 자신의 감정, 태도 등을 반영하여 나타나게 됩니다. 만화가 그림보다 조사 · 분석에 더 편리하기 때문에 그림표사법보다 더 자주 사용되는 방법이라고 할 수 있습니다.

(4) 표현법

표현법(expressive technique)이란, 응답자에게 어떠한 단어나 그림을 제시하고 응답자 자신이 아닌 다른 사람이 그 상황에 처했을 경우 가지게 될 감정이나 태도 등을 말하게 하거나, 응답자가 그러한 상황에서의 다른 사람의 행동이나 역할을 수행하도록 함으로써 자료를 수집하는 방법입니다. 이때, 전자의 방법을 **역할행동법**(role playing)이라고 부르고, 후자의 방법을 **제3자기법**(third-person technique)이라고 합니다.

2. 관찰을 통한 자료수집방법

관찰법(observation method)이란, 자료수집대상에 대한 의사소통 없이 자료수집대상을 관찰하고 기록하여 자료를 수집하는 방법입니다. 위에서도 간단히 설명한 바와 같이, 관찰법은 자주 발생하나 짧은 기간 동안만 지속되는 사회현상이나, 응답자들이 정직하게 응답을 해주지 않을 가능성이 높은 사회현상 혹은 조사현상의 측정이 매우 정확해야 하는 경우에 적합한 자료수집방법입니다. 그러나 이 방법으로 관찰 불가능한 현상을 관찰할 도리가 없으므로 의사소통방법을 이용한 자료수집과 동시에 보완적으로 활용될 때 보다 큰 힘을 발휘할 수 있는 자료수집방법이라고 할 수 있습니다.

한편, 관찰법도 관찰상황이 인위적인가 여부 혹은 도구를 이용하여 관찰하는가 여부 등에 따라 몇 가지 하위 관찰법으로 구분할 수 있습니다.

1) 인적 관찰과 기계적 관찰

관찰법은 관찰시 도구가 필요한가의 여부에 따라, 조사자가 직접 조사대상의 행동을 관찰하는 **인적 관찰**(personal observation)과 관찰시 도구를 이용하는 **기계적 관찰**(mechanical observation)로 구분할 수 있습니다.

〈표 6-9〉에서 볼 수 있듯이, 인적 관찰의 경우 관찰자가 다양한 현상을 융통성 있게 동시에 관찰할 수 있습니다. 게다가 자연적인 환경(natural setting)에서 발생하는 현상에 대한 측정에 유리하지요. 그러나 관찰자가 관찰대상 현상을 융통성 있게 선택할 수 있기 때문에 관찰대상 선택에 있어서 자신이 보고자 하는 것만을 관찰할 가능성(관찰오류: observation bias)이 높고,

표 6-9 인적 관찰과 기계적 관찰의 장단점

	장 점	단 점
인적 관찰	높은 융통성 자연적 환경에서 유리	높은 관찰오류 높은 분석오류
기계적 관찰	낮은 관찰오류 낮은 분석오류	불편(intrusive) 자연적 환경에서 불리

기록한 자료의 분석시에도 유사한 오류(분석오류: analysis bias)가 존재할 가능성이 높습니다. 이에 비해 기계적 관찰은 관찰자의 주관에 따른 관찰오류 혹은 분석오류 등이 상대적으로 낮은 반면, 관찰대상자에게 도구를 사용하기 때문에 관찰대상자가 편하게 느끼지 않을(intrusive) 수도 있고, 시장(market) 등과 같은 자연상황에서는 사용하기 힘들다고 할 수 있습니다. 그러나 기본적으로 관찰의 정확도나 저렴한 비용이 중요한 경우, 혹은 인적 관찰이 어려운 경우에 기계적 관찰이 적절할 것입니다.

우리가 일상적으로 쉽게 경험할 수 있는 바코드는 물론이고, 세계적인 조사회사인 A.C. Nielson에서 개발하여 텔레비전 시청률 측정도구로 사용하고 있는 people meter(즉, 가정 구성원 중에서 누가 실제로 TV를 시청하고 있었는지를 파악하기 위하여 가족 구성원의 개별 고유번호 입력기능이 첨부된 도구)도 기계적 관찰도구의 좋은 예라고 할 수 있습니다. 한편, 최근에는 인터넷 보급의 확대로 cookie나 log file분석을 통하여 인터넷 사용자들의 web site 방문행동을 관찰하고 있기도 합니다.

2) 자연적 관찰과 인위적 관찰

한편, 관찰이 일어나는 상황이 자연적인 상황인지 아니면 연구자들이 만들어 놓은 인위적인 상황인지를 기준으로 관찰을 구분할 수도 있는데, **인위적 관찰**(contrived setting observation)이란 관찰상황을 인위적으로 설정하고 이 상황에서 관찰대상자의 행동을 관찰하는 것이고, **자연적 관찰**(natural setting observation)이란 인위적인 조작을 하지 않은 실제적 상황에서 관찰대상자의 행동을 관찰하는 것입니다. 예를 들면, 할인점 내 구매행동을 조사하기 위해 실제 할인점에서 불특정 소비자를 대상으로 관찰하는 것이 자연적 관찰이라면, 조사를 위해 할인점을 인위적으로 만들어서 선발된 소비자로 하여금 실제 상황처럼 행동하게 하고 이를 관찰한다면 이러한 관찰은 인위적 관찰이 되는 것입니다.

자연적 관찰은 관찰이 가능한 시점을 통제하지 못하지만 조사결과의 외적 타당성이 높다는 장점이 있습니다. 인위적 관찰은 관찰가능한 시점을 통제할 수 있고, 다양한 외생변수 효과를 통제할 수 있으며, 기계적 관찰이 가능하여 관찰이 정확해질 수도 있어 내적 타당성이 높다는 장점이 있지요.

3. 참여관찰

참여관찰(participant observation)은 **현장연구**(field research)라고도 불리는 자료수집방법으로, 기본적인 내용은 제4장 연구설계에서 설명된 바와 같습니다. 참여관찰은 질적인 자료를 수집하는 방법이라는 점에서, 위에서 설명한 인적 관찰이나 기계적 관찰과는 다른 자료수집방법이라고 할 수 있습니다. 참여관찰은 관찰대상 현상을 가장 현실적으로 관찰할 수 있다는 기본적인 장점이 있는 반면, 관찰자가 피관찰자들에 어느 정도 영향을 미친다고 하는 단점도 인정해야 할 것입니다. 한편 질적 현장연구는 민간방법론(ethnomethodology), 현장기반이론(grounded theory), 사례연구(case study) 등으로 다시 구분할 수 있습니다(Babbie, 2001).

제3절 설문지작성법

자료를 실제로 수집하기 위한 방법은 의사소통법과 관찰법으로 구분된다고 함을 제2절에서 설명했습니다. 제3절에서는 사회현상의 조사연구에 가장 널리 사용되고 있는 의사소통법인 설문조사법의 도구로 사용되는 설문지(questionnaire)를 작성하는 방법에 대해 설명합니다.

1. 설문지의 의의

설문지(questionnaire)란 응답자로부터 필요 정보를 획득하기 위한 일련의 정형화된 질문(formalized set of questions)을 의미하며, 사회현상간의 관계를 조사 · 연구하기 위한 계량적 자료(quantitative data)수집에 가장 많이 사용되는 자료수집도구입니다. 설문지의 구체적인 예로는 IQ검사지, 심리검사설문지, 만족도조사설문지, 인구조사설문지 등을 거론할 수 있습니다.

많은 설문조사가 시행되고 있고, 독자들 중 상당수가 설문지에 노출된 경험이 있기 때문에 설문지 작성이 쉬우리라고 생각할 수 있을 것입니다만, 많은 연구들이 설문지 작성의 오류로 인하여 조사목적을 달성하지 못하는 경우가 있습니다. 특히 학위논문을 작성하거나 각종 조직에서의 문제해결을 위해 자료를 수집할 때 어떤 연구자는 설문지부터 성급히 만드는 경향이 있는데, 이렇게 조사연구대상 현상을 정확히 측정하지 못하는 잘못된 설문을 사용하게 되면 잘못된 연구결과를 얻게 되고 따라서 조사연구의 목적을 전혀 달성할 수 없게 됩니다.

이러한 치명적인 오류를 사전에 예방하고 조사연구목적에 보다 적합한 자료를 수집할 수 있는 설문지를 작성하기 위해서는 치밀한 사전준비과정을 거쳐야 합니다. 즉, 조사연구대상 현상을 대변하는 정보의 종류, 측정방법, 통계분석방법 등을 모두 설문지 작성에 반영하기 위해 많은 노력을 해야 하는 것입니다. 따라서 설문지의 완성시점에서는 이미 조사설계 및 가설검증에 맞는 척도 및 통계분석방법이 결정된 상태이어야 합니다.

이처럼 설문지는 1차 자료 형태의 계량적 자료(quantitative data)수집 및 분석의 핵심이 되는 만큼 많은 시간과 노력이 설문지 작성에 투입되어야 하는 것입니다. 어떤 의미에서는 설문지가 완성되었다는 것은 계량적 자료를 이용한 조사연구의 절반 이상이 완료된 상태라고 볼 수도 있는 것입니다.

1) 설문지의 상대적 장점

표준화된 자료수집도구인 설문지를 이용함으로써 수집자료의 비교가능성과 정확도를 높일 수 있다는 점이 설문지를 자료수집도구로 이용하게 되는 가장 중요한 이유라고 할 수 있습니다. 즉 표준화된 설문지는 각기 다른 면접원을 통하여 수집된 자료들간의 비교를 가능하게 하고, 각기 다른 응답자들을 대상으로 자료수집의 정확도와 속도를 높일 수 있으며, 자료수집 후 수집자료에 대한 분석을 용이하게 하는 장점을 가지고 있는 것입니다. 한편, 표준화된 설문지를 이용하면 비교적 객관적이고 솔직한 자료를 입수(응답자가 무기명으로 직접 응답을 기록하거나 면접원이 없는 설문 등의 경우에는 솔직한 응답이 가능)할 수도 있습니다. 또한 응답의 용이성을 높일 수 있도록 응답형태를 사전에 정할 수 있다는 점도 설문지의 상대적인 장점이라고 할 수 있습니다. 한편, 설문지는 사회과학 분야에서 일반적으로 다루고 있는 추상적인 사회현상에 대한 자료를 수집할 수 있는 자료수집도구라는 점에서, 관찰할 수 있는 현상에 대해서만 자료를 수집할 수 있는 관찰법 대비 큰 장점을 보유하고 있는 자료수집방법입니다. 그러나, 설문지의 작성시에는 꼭 지켜야 하는 원리도 적용해야 하지만 연구에 따라 조금씩 변용해야 할 사항도 많기 때문에 설문지 작성은 과학(science)이자 기법(art)의 성격을 띠고 있다는 점도 이해할 필요가 있습니다.

2) 설문지의 구성요소

모든 설문지는 다음과 같은 세 가지 목적을 달성하여야 합니다. 첫째, 조사대상 현상을 구체적인 문항(질문)으로 나타내야 합니다. 이러한 목적이 일견 쉬운 듯 보이지만 실제로 실행하기는 그리 쉽지만은 않습니다. 예를 들어 '경상북도와 전라북도 중 어떤 도가 더 큰가?' 라는 질문이 명확해 보일 수도 있으나, 응답자의 입장에서는 실제 크기기준인지 혹은 인구기준인지가 명확하지 않습니다. 둘째, 응답자로 하여금 모든 문항에 응답하도록 흥미와 동기를 부여하여야 합니다. 셋째, 응답자의 응답오류를 최소화해야 합니다. 응답오류는 부정확한 응답에도 기인하지만 자료의 부적절한 분석에도 기인할 수 있습니다. 요약한다면, 위와 같은 목적을 모두 달성하기는 생각보다 쉽지 않습니다. 따라서 응답오류를 최소화하고 필요한 정보를 모두 획득하기 위해서 설문지는 다음과 같은 요소로 구성되는 것이 일반적입니다.

(1) 응답자에 대한 협조요청

설문지의 제일 앞에는 응답자에 대한 협조요청을 제시하는 것이 일반적입니다. 이러한 요청은 위에서 소개한 설문지의 드 번째 목적과 관련이 있습니다. 구체적으로는 연구자와 조사연구기관의 소개, 조사의 목적에 대한 설명과 응답내용에 대한 비밀보장 등을 포함함으로써 조사의 응답률을 높이고 모든 응답을 얻어내기 위한 내용을 제시하는 것입니다. 경우에 따라서는 협조요청과 관련된 부분은 설문지와는 별도의 편지형태로 작성할 수도 있습니다.

(2) 응답요령

면접원이 직접 도와줄 수 없는 면접법을 이용하는 설문조사의 경우에는 응답자 스스로 설문지를 완성시킬 수 있도록 설문 응답에 필요한 요령이 필요합니다. 즉 응답자가 설문지의 모든 항목에 대한 응답을 어려움 없이 작성하도록 각 문항별 응답방법이나 응답의 순서 등을 제시하고, 응답완료 후 설문지를 어떻게 조사자에게 전달(우편면접의 경우는 반송)하는지에 관련된 상세한 요령부분도 설문지에 필요합니다. 경우에 따라서는 면접원에 대한 설문요령(interviewer instruction)도 설문지에 포함하여 면접원들의 면접시 태도나 행동을 통일하여 면접원에 따른 응답의 변화를 최소화시키는 등의 지시사항도 필요하게 됩니다.

(3) 설문문항

설문문항은 조사연구대상을 대변하는 구체적인 질문들로서 설문지를 구성하는 가장 중요한 부분이라고 할 수 있습니다. 아래에서 설명할 설문지 작성과정은 설문문항의 작성과정을 다루고 있습니다. 위에서 설명한 설문지의 첫째 목적 달성과 큰 관련이 있는 부분입니다.

(4) 응답자 분류용 문항

설문지를 통해 조사하려는 사회현상에 인구통계변수가 포함되지 않더라도 응답자의 특성에 따른 조사결과의 차이점 등을 추가적으로 분석하기 위하여, 응답자의 인구통계변수 등에 대한 문항도 설문지의 마지막 부분에 포함하는 것이 설문지의 일반적인 구성입니다. 물론 조사연구의 특성상(예: 인구조사 설문) 특정한 자격을 가진(예: 특정 주소에 사는 가족 구성원) 응답자의 응답이 필요한 경우에는 이러한 응답자와 관련된 인구통계정보는 설문지의 첫 부분에 포함되어 자료가 수집될 수도 있습니다.

(5) 응답자 식별용 정보

응답자 식별자료(identification data)란 설문조사 후 필요시 확인/추가 조사를 위한 설문지 일련번호, 응답자의 번호, 면접자의 이름과 면접일시 등을 기록하는 설문지의 부분으로 대개의 경우 설문지의 뒷 부분이나 첫 장에 표시하게 됩니다.

2. 설문지 작성과정

〈그림 6-1〉은 설문지를 작성하는 데 있어서 따라야 하는 일반적인 과정을 보여주고 있습니다. 대개 설문지작성과정은 순차적(sequential)이지만 반드시 부드럽게 이 과정이 진행되는 것만은 아닙니다. 특히 예비조사(pre-test) 단계에서 설문지에 오류가 발견되면 다시 앞의 단계(들)로 돌아가서 설문지를 개선하기 위한 노력을 기울여야 합니다. 현실적으로 설문지는 〈그림 6-1〉의 과정을 순행(順行)하기도 하고 역행(逆行)하기도 하는 등, 적지 않은 시행착오를 거쳐서 완성된다고 할 수 있습니다.

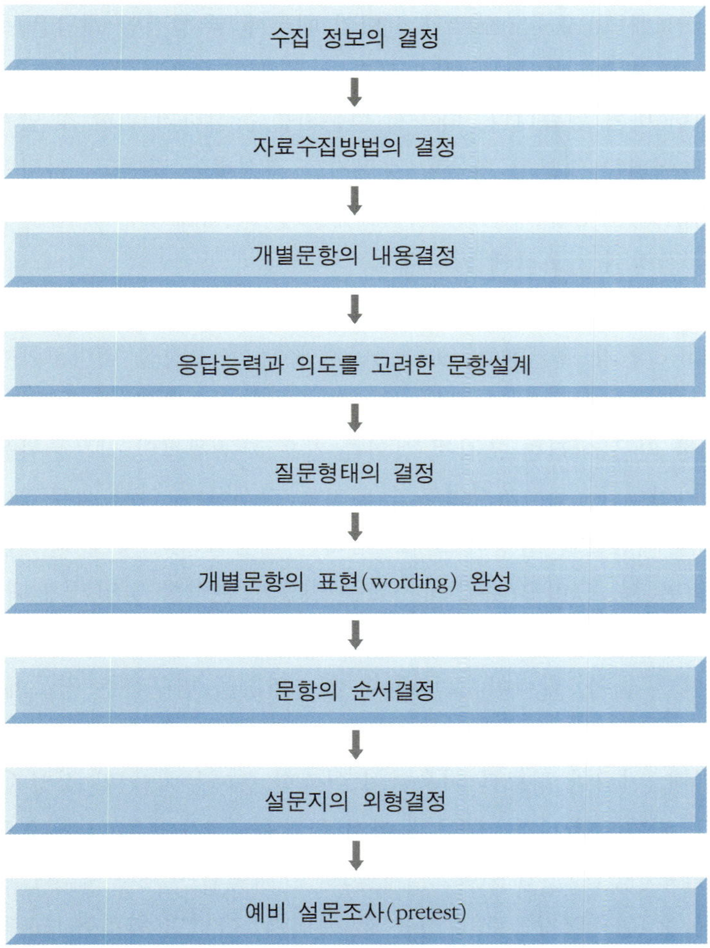

그림 6-1

설문지 작성과정*

1) 수집정보의 결정

설문지 작성의 첫 단계는 설문지를 통해 수집할 정보는 무엇인지 결정하는 것입니다. 연구자는 특정 사회현상들간의 관계에 대한 의문이 생기면(즉 연구문제가 선정되면) 이들간의 관계를 논리적으로 예측한 다음, 이러한 논리적인 관계를 경험적으로 검증하는 과정을 통해 과학적인 지식을 생산한다고 설명한바 있습니다. 한편 사회현상의 경우는 대개 직접 관찰이 가능하지 않은 추상적인 개념(concept)으로 표현되기 때문에, 추상적인 개념을 측정할 수 있는 도구가 필요하고, 이러한 도구로 설문지가 유용하게 사용된다고 함도 이미 설명한 바가 있습니다. 따라서 설문지를 작성하기 위한 첫 단계는 설문지를 통해 어떠한 정보를 획득할 것인지를 결정하는 것이고, 이러한 결정은 어떠한 가설을 검정할 것인지, 즉 어떠한 사회현상(연구문제)을 연구할 것인지에 대한 결정에 기초하게 됩니다.

결국 어떠한 현상(즉, 개념)들간의 관계를 연구하려는지, 연구목적은 탐색적(explorative)인지 결론적(conclusive)인지에 대한 결정을 내리고, 이러한 현상을 개념적으로(conceptual definition) 그리고 조작적으로 잘 정의(operational definition)한 다음 이러한 조작적 정의를 기초로 구체적인 설문문항을 작성하게 되는 것입니다. 즉, 조사연구의 목적을 달성하기 위해 설문조사를 통해 측정하려는 개념들을 결정하고, 또 이러한 개념들은 어떻게 측정할 것인가(즉, 측정의 수준), 그리고 수집된 자료는 어떻게 분석할 것인가에 대한 '구체적인' 결정이 설문지의 작성과정을 시작하기 전에 이미 이루어져야 하는 것입니다. 예를 들어, 학력이 소득에 미치는 영향을 연구하는 경우에, 학력과 소득을 구체적으로 어떻게 정의할 것인지, 학력과 소득을 어떤 수준에서 측정할 것인지, 이러한 정보를 이용하여 어떠한 통계분석을 할 것인지 등도 미리 결정을 하여야 합니다. 예를 들어서 학력을 '교육받은 기관'으로 정의하고, 초등학교, 중학교, 고등학교, 대학교 및 대학원 이상 등의 5단계로 구분하여 명목 혹은 서열척도로 측정을 할 것인지, 아니면 학력을 '교육받은 기간'으로 정의하고 교육연수(예: 대학교 졸업의 경우 16년)를 묻는 방식으로 비율척도로 측정을 할 것인지 등을 결정하여야 합니다. 결론적인 연구(conclusive research)를 수행하기 위해 개념들간의 인과관계(causal relationship) 분석이 필요하다면 이러한 통계분석이 가능하도록 측정수준(measurement level)을 구성해야 하는 것이지요.

2) 자료수집방법의 결정

설문지 작성의 두 번째 단계는 설문지를 이용해서 자료를 수집하되, 어떠한 방법으로 수집할 것인가를 구체적으로 결정하는 것입니다. 즉, 위 절에서 설명한 자료수집방법 중 조사연구목적과 사용가능한 시간 및 비용 등을 고려하여 구체적인 자료수집방법을 결정하는 것입니다. 위에서도 살펴본 바와 같이 설문조사의 구체적인 자료수집방법으로는, 면접설문법, 우편설문법, 전화설문법, 전자설문법이 있고, 각각 특징과 장 · 단점을 가지고 있습니다. 각 방법 중 어떠한 방법을 선택하는가에 따라 설문지를 통해 수집할 수 있는 정보의 양, 설문지의 형태, 질문방식 등이 달라질 수 있기 때문입니다.

예를 들면, 면접설문법을 이용하는 경우 긴 시간이 소요되는 자료수집도 가능하나 일반적으로 1시간 정도를 초과하면 응답자의 응답거부비율이 높아지는 것으로 알려져 있습니다. 그러나, 종합적으로는 비교적 많은 문항을 가진 설문지를 조사할 수 있는 방법이라고 할 수 있습니다. 우편설문법을 이용하는 경우에는, 설문의 소요시간이 대개 30분 이내에 응답할 수 있는 정도면 큰 문제가 없는 것으로 알려져 있습니다. 그러나 우편설문법은 응답률이 낮아 무응답오류에 대한 대책이 필요한 방법이기도 합니다. 2절에서도 설명한 바와 같이, 면접원의 부재상황에서 응답을 해야 하는 경우이므로 적절한 응답요령도 설문지에 제시하여야 합니다. 전화설문법을 이용해서 자료를 수집할 경우에는 설문지 응답요령을 설문지에 인쇄할 필요가 없고 설문지의 외양에 대해 크게 신경 쓸 필요가 없으나, 응답자들이 일반적으로 오랜 시간 동안 전화하는 것을 싫어하므로 설문의 양을 길게 할 수 없게 됩니다. 가능하면 신속히(대개 5분에서 10분 정도 이내에) 설문을 완성하도록 하는 것이 바람직하다고 알려져 있습니다. 따라서 가능한 한 설문문항을 간단한 형태로 준비하고 응답이 쉽게 유도될 수 있도록 하는 것이 중요합니다. 전자설문법을 이용하는 경우는 다른 설문법에 비해 조사시간 및 비용 측면에서 상당한 장점을 가지고 있습니다. 특히 큰 비용이 수반되지 않으면서 multimedia를 이용한 설문지의 작성이 가능하고 자료의 입력과 분석이 거의 실시간에 이루어질 수도 있는 방법이라고 할 수 있습니다. 물론 응답자 표본의 대표성에 문제가 있기도 합니다.

이처럼 구체적인 설문자료수집방법이 설문지의 형태, 문항의 양과 설문지 구성요소에 적지 않은 영향을 미칠 수 있기 때문에, 필요한 정보의 유형이 결정된 다음에는 설문자료를 수집하는 구체적인 방법을 미리 결정하고 이에 따라 설문지를 작성하여야 할 것입니다.

3) 개별문항의 내용결정

첫째와 둘째 단계에서 설문조사를 통해 조사하고자 하는 필요한 정보(즉, 연구대상 개념)가 무엇인지 확정하고 구체적인 설문방법이 결정된 다음에는, 조사연구대상 개념을 대변하는 개별적인 문항들을 결정해야 합니다. 즉, 조사연구목적을 달성하기 위해 필요한 조사연구대상 개념에 관한 모든 정보를 수집하되, 응답과 관련된 각종 오류를 최소화시키기 위해 노력해야 합니다. 구체적으로는 다음의 두 가지 요소를 반드시 고려해야 합니다.

(1) 꼭 필요한 문항인가?

개별문항을 작성할 때 연구자는 "이 문항이 꼭 필요한 것인지 또 이 문항에 대한 응답을 어떻게 사용할 것인지" 스스로에게 물어보아야 합니다. 알면 재미 있겠지만 조사대상 현상과는 관련이 없는 문항은 아닌지도 따져보아야 합니다. 그러나 경우에 따라서는 조사목적의 달성을 위해 통계분석에는 직접 사용되지 않을 문항을 포함하기도 합니다. 예를 들어, 경쟁회사에서는 모르게 3개의 경쟁 상표들(brands)간의 경쟁관계를 조사하는 설문을 실시하는 경우, 동일 상품군(product category)에 속하는 모든(예: 10개) 상표들에 대한 문항을 모두 포함함으로써 경쟁회사에서 의식하지 못하게 할 수도 있습니다. 이러한 경우는 조사목적에는 부합하지만 분석대상에는 포함되지 않는 문항이라고 할 수 있는 것입니다. 또한 문항의 신뢰성이나 타당성을 판단하는 도구로 특정 항목을 반복해서 질문할 수도 있을 것입니다.

(2) 복수의 문항이 필요하지는 않은가?

불필요한 항목을 설문지에 포함하지 말아야 한다고 해서 여러 가지 정보를 하나의 문항을 통해 수집해야 한다는 것은 아닙니다. 이렇게 정보를 수집할 경우 연구의 타당성에 큰 문제가 야기될 수 있습니다. 다음의 예를 생각해 볼까요?

표 6-10
쌍렬식 질문

귀하께서는 현대백화점이 신세계백화점보다 상품구색과 가격면에서 더 낫다고 생각하십니까?

위의 질문에 '예'라고 대답한다면 별문제가 없을 수도 있겠지만, '아니오'라는 대답의 경우에는 이 응답이 상품구색에 관한 것인지, 가격에 관한 것인지 아니면 둘 다에 관한 것인지를 판단할 근거가 없게 됩니다. 이러한 질문은 **쌍렬식 질문**(double-barreled question)이라고 합니다. 두 개 이상의 질문이 하나의 질문으로 통합되었기 때문입니다.

표 6-11
쌍렬식 질문의 복수문항화

귀하께서는 현대백화점이 신세계백화점보다 상품구색면에서 더 낫다고 생각하십니까?
귀하께서는 현대백화점이 신세계백화점보다 가격면에서 더 낫다고 생각하십니까?

이처럼 하나의 질문에 두 개 이상의 개념이 포함된 경우나, 하나의 질문으로는 하나의 개념을 온전히 측정하지 못할 때에는 문항수를 늘려야 합니다. 〈표 6-11〉은 쌍렬식 질문의 문제점을 복수문항을 작성함으로써 해결한 예를 보여주고 있습니다. 한편, 추상적 개념을 측정하는 경우에는 대개 하나의 질문으로는 측정하고자 하는 개념 전체를 포괄하지 못하는 경우가 생기므로 복수의 문항을 이용하여 추상적인 개념을 측정해야 합니다.

4) 응답능력과 응답의도를 고려한 문항설계

현실적으로 모든 응답자가 모든 문항에 별어려움 없이 응답하는 경우는 예외에 속하는 일입니다. 경우에 따라서는 응답자들이 모르는 현상에 대한 질문에도 응답하기도 합니다. 따라서 응답자들이 제대로 응답하지 못할 가능성 혹은 거짓으로 응답할 가능성에 대해서도 미리 대비를 하는 것이 필요합니다.

(1) 응답능력을 고려한 문항작성

① 응답자가 필요한 정보를 가지고 있는가?

먼저 응답자가 설문문항의 응답에 필요한 정보를 가지고 있지 못한 경우가 생각보다 많습니다. 예를 들어서 많은 응답자들이 "귀 댁의 월평균 생활비는 얼마나 됩니까?"와 같은 쉬운 질문에 대해 정확한 응답을 못할 수 있습니다. 이처럼 연구자가 쉽게 수집할 수 있다고 가정하는 정보 중 상당 부분에 대한 응답을 얻기 어려운 경우가 있습니다. 게다가, 경우에 따라서는 자신들도 답을 모르는 질문에 대한 응답을 하는 응답자들도 있습니다. 〈표 6-12〉는 이처럼 모르면서도 응답한 예를 보여주고 있습니다.

표 6-12

부적절한 응답의 예*

미국에서 "귀하는 소비자불평관리청(National Bureau of Consumer Complaints)이 업무를 잘 하고 있다고 생각하십니까?"에 대한 질문에 대해, '찬성', '반대', '모름'의 응답항목을 주고 응답하게 하였는데, 변호사의 51.9%와 일반응답자의 75%가 찬 · 반 여부를 명확히 표시하였습니다. 무엇이 문제일까요? 미국에는 이와 같은 관청이 없답니다!

*Malhotra(2002)에서 원용

즉 응답자가 응답할 수 있는 정보를 갖지 못하는 경우, 응답자는 무응답 혹은 엉뚱한 응답을 할 우려가 있으므로 사전에 응답자의 정보소지 여부를 평가해 보고 문항을 작성해야 합니다.

② 응답자는 알고 있는 정보를 기억하는가?

응답자가 비록 질문에 대한 정보를 갖고 있는 경우라도 항상 이에 대한 응답을 할 수 있는 것은 아닙니다. 정보가 있어도 기억이 잘나지 않는 경우가 첫째 유형입니다. 예를 들어서, "귀하의 지난달 신용카드 총사용액은 정확히 얼마입니까?"라는 질문에 대해서는 비록 지난달의 사용액에 대해 자신이 결제를 했다고 해도 이를 정확히 기억하기는 쉽지 않다고 할 수 있습니다.

③ 응답자가 그 정보를 표현할 수 있는가?

응답자가 질문에 대한 정보를 갖고 있는 경우라도, 응답을 즉시 할 수 없는 경우나 정보를 정확히 표현하기 어려운 경우가 있을 수 있습니다. 예를 들어서 "귀하가 생각하시는 고급백화점의 이상적(ideal)인 분위기란 무엇입니까?"와 같은 질문에 대해 쉽게 설명할 응답자는 거의 없다고 할 수 있습니다. 이러한 문항에 대한 응답은 거부되기가 쉬울 것입니다. 이러한 경우에는 설문문항에서 몇 가지의 예를 주고 그 중에서 고르도록 하는 수도 있을 것입니다.

(2) 응답의도를 고려한 문항작성

① 응답에 필요한 노력의 정도

질문에 대한 응답자의 응답능력에 문제가 없는 경우라도, 응답자의 응답에 큰 노력이 소요되는 경우에는 응답자가 응답을 거부하거나 부정확하게 응답할 수 있습니다. 예를 들어서 아래의 (A)와 같은 질문에 성실히 대답(모든 항목을 기억하더라도)할 응답자는 많지 않을 것입니다. 이럴 경우는 (B)와 같은 질문으로 변형하면 응답시 필요한 노력수준을 낮추어서 응답가능성이 높아질 수 있을 것입니다.

표 6-13 응답자의 노력과 설문문항

(A) 최근 할인점에서 구입한 품목을 모두 적어 주세요.
( )

(B) 다음 중 최근 할인점에서 구입한 품목을 모두 체크 표시해 주세요.
식　　품 ( )
의　　류 ( )
화 장 품 ( )
가전제품 ( )
기　　타 ( )

② 응답자가 느끼는 문항의 적절성 여부

예를 들어 고추장의 소비와 관련된 설문에 응답자의 나이, 소득, 직업과 관련된 문항이 포함될 경우 많은 응답자들이 이러한 질문의 적절성에 대해 "도대체 고추장하고 내 직업하고 무슨 관계가 있다는 것이지?"와 같은 의심을 할 수 있습니다. 이러한 의심을 감소시키기 위해, "연령, 소득, 직업별 장류 식품 소비의 유형을 연구하고자…"와 같은 내용을 문항에 포함할 수 있을 것입니다.

③ 민감한 정보

어떤 문항들은 응답자가 민감하게 생각하는 개인정보(sensitive information)를 묻게 됩니다. 이러한 경우 응답에 문제가 있을 수 있습니다. 예를 들어, 여성응답자에게 몸무게나 연령을 질문하는 경우에 응답을 회피할 가능성이 높아지고, 많은 응답자들이 소득에 대한 질문에는 정확한 응답을 않는 경우가 많이 나타나기도 합니다. 따라서 이러한 정보는 설문의 뒷부분에 배치하고, 비율척도보다는 명목척도의 수준에서 평가함으로써 응답가능성을 높일 수 있습니다.

5) 질문형태의 결정

위에서 필요한 개별문항들의 내용들을 결정한 다음에는, 각 항목별로 질문/응답의 형태를 결정해야 합니다. 질문/응답의 형태는 자유응답형(unstructured)과 선택형(structured) 질문으로 구분이 가능하고, 선택형 질문은 응답범주의 수에 따라 다지선다형(multiple-choice questions)과 양자택일형(dichotomous questions)으로 다시 구분할 수 있습니다. 자유응답형(unstructured) 질문은 응답자가 자유롭게 응답할 수 있도록 응답범주를 별도로 주지 않는 유형의 질문입니다. 따라서 공개적 질문(open-ended question)이라 불리기도 합니다. 질문 및 응답의 형태는 수집되는 자료의 측정수준과 깊은 관련이 있고 따라서 사용가능한 통계분석기법에 큰 영향을 미칠 수 있기 때문에 신중하게 결정해야 합니다.

(1) 자유응답형 질문

바로 위에서 설명한 대로, 자유응답형 질문은 응답의 형태에 전혀 제약을 가하지 않는 질문형태이며 〈표 6-14〉와 같이 작성하는 것이 일반적입니다.

표 6-14 자유응답형 질문

(A) 귀하께서 외제차를 구입한 이유는 무엇입니까?
( )
(B) 귀하의 직업은 무엇입니까?
( )

자유응답형 질문은 다른 형태의 질문에 비해 상대적으로 자유로운 응답이 가능하도록 해 줌으로써, 응답자들에게서 다양한 응답을 얻을 수가 있으며, 경우에 따라서는 연구자가 기대하지 않았던 정보도 발견할 수 있습니다. 따라서 행동의 동기, 신념, 태도 등에 대한 깊은 분석에 좋은 자료를 제공하기도 합니다만, 탐색조사에도 유용하게 이용될 수 있는 질문방법이기도 합니다.

그러나 이러한 자유응답형 질문의 최대 단점으로는, 자료수집이 완료되어 응답을 실제로 검토하고 각 응답유형마다 수를 부여하기 전까지는 어떠한 통계분석도 할 수 없다는 점을 지적할 수 있습니다. 예를 들면, 〈표 6-14〉의 (B)의 경우 응답자의 직업을 자유응답형으로 구하고 있습니다. 이 경우 1,000명을 대상으로 자료를 수집했다고 가정한다면, 1,000명의 응답자의 직업을 검토하고 264종의 다른 직업이 응답되었다면, 이들 직업들에 1에서 264까지의 수를 각각 부여할지 아니면, 전 264종의 직업을 전문직, 사무직 등으로 재구분을 해서 새로운 구분에 따른 수를 부여할지를 결정해야 합니다. 많은 시간과 노력이 소요되는 작업이지요.

(2) 다지선다형 질문

다지선다형 질문은 자유응답형 질문과는 달리 응답자가 응답할 수 있는 응답범주를 몇 가지로 제약하는 방법입니다. 즉 〈표 6-15〉에서 보듯이 연구자는 가능한 응답범주들을 사전에 결정하여 모두 제시하고 이중 하나(또는 해당 항목 모두)를 선택하게 하는 방법입니다.

표 6-15

다지선다형 질문 1

(A) 다음 중 귀하의 최종학력은 무엇인지 체크해주세요.

① 무학	② 초등학교 졸	③ 중졸	④ 고졸
⑤ 대졸	⑥ 대학원 졸		

(B) 휴대전화 서비스 구입시 가장 많이 이용한 정보원은 무엇인지 하나만 체크해주세요.

① TV	② 라디오	③ 신문	④ 인터넷
⑤ 판매원	⑥ 친지/친구	⑦ 옥외광고	⑧ 기타

다지선다형 질문 작성에서 가장 중요한 요소는, 응답범주(response category)는 **모든 응답을 포괄**할 수 있어야 하고, **상호 배타적**이어야 한다는 (mutually exclusive & collectively exhaustive) 조건을 만족시켜야 합니다. 즉, 제시된 응답범주는 응답가능한 모든 경우를 포괄해야 하고(collectively exhaustive), 응답범주간에 중복되는 내용을 가지고 있으면 안 된다(mutually exclusive)는 것입니다. 〈표 6-15〉의 (A)의 경우는 최종학력의 모든 경우를 포괄하고 상호배타적이라고 할 수 있습니다. 정의상 최종학력이 중졸이면서 고졸일 수는 없습니다. 그러나 〈표 6-15〉의 (B)의 경우는 인터넷에서 신문을 볼 수도 있으므로 엄밀한 의미에서는 응답범주들이 상호배타적이지 않다고 할 수 있습니다. 여하간, 응답범주를 포괄적으로 만들기 위해 응답범주에 '기타' 항을 추가(〈표 6-15〉의 B문항 참조)하는 것이 안전합니다. 이렇게 함으로써, 연구자가 기대하지 못했던 모든 응답을 얻을 수 있게 됩니다

다지선다형 질문의 첫째 장점은 응답자가 쉽게 응답할 수 있다는 점입니다. 또한 통계분석시 편리하다는 점을 지적할 수 있습니다. 설문지의 작성과 함께 미리 정해진 응답범주마다 수를 부여하고 수집된 응답자료에 이 수를 적용하면 통계분석자료가 준비되므로 통계분석에 소요되는 시간을 감소시켜 줄 수 있습니다. 한편, 일반적으로 다지선다형 질문을 작성하기 위해서는 많은 시간과 비용이 소요됩니다. 즉 상호배타적이고 모든 가능성을 포함하는 응답범주를 만들어 내기 위해서는 많은 탐색적 조사와 시행착오가 필요합니

다. 우리 나라에서는 매년 대학수능고사를 실시하고 있는데, 국어, 영어, 수학 등의 각 문제가 '수학능력'을 측정하는 설문지를 구성하는 문항이라고 할 수 있습니다. 각 분야 전문가들이 상당기간 합숙을 하면서 각 문항에 제시된 응답범주를 정확히 작성하기 위해서 노력하고 있음을 모두 알고 있을 것입니다.

(3) 양자택일형 질문

양자택일형 질문은 다지선다형 질문의 변형으로 두 개의 응답범주만을 제시하고 이 중 하나를 선택하게 하는 질문방법입니다. 즉 '예-아니오' 또는 '동의한다-동의하지 않는다'와 같은 서로 상반되는 두 가지의 응답범주(response category) 혹은 대체안(alternatives)을 제시하고, 그 중 하나를 선택하게 하는 방법입니다(〈표 6-16〉의 질문 A).

표 6-16

양자택일형 질문

(A) 귀하는 앞으로 6개월 이내에 해외여행을 할 계획입니까?

① 예　　② 아니오

(B) 귀하는 앞으로 6개월 이내에 해외여행을 할 계획입니까?

① 예　　② 아니오　　③ 모르겠음

양자택일형 질문의 장점은 다지선다형 질문보다 응답이 더 쉽고, 응답에 대한 수의 부여와 추후 통계분석이 다지선다형 질문보다 더 용이하다는 점을 지적할 수 있습니다. 그러나, 양자택일형 질문에서는 두 개의 극단적인 응답범주만을 제시하고 이 중 하나만을 선택하게 함으로써, 중간 수준의 응답을 원하는 응답자도 양극단의 의견을 표시해야 하므로 현실을 적절히 반영하지 않는 측정치가 얻어지게 됩니다. 따라서 양극단에 속하지 않는 응답의 가능성 등에 대비해서 물론 〈표 6-16〉의 (B)에서와 같이, '모르겠음'과 같은 응답범주를 추가함으로써 이러한 문제점을 다소 감소시킬 수 있습니다.

표 6-17
다지선다형 질문 2

귀하는 앞으로 6개월 이내에 해외여행을 할 계획입니까?

전혀 아님	다소 아님	보통	다소 긍정	매우 긍정
1	2	3	4	5

한편, 다지선다형 질문을 약간 변형하면 제5장에서 설명했던 구체적인 척도(scale)를 구성할 수 있게 됩니다. 〈표 6-17〉은 양자택일형 질문인 〈표 6-16〉의 질문을 등간척도(interval scale) 수준에서 측정하는 다지선다형 질문으로 변형한 예를 보여주고 있습니다. 제5장에서도 설명한 바와 같이, 많은 정보량을 가진 응답범주(예: 〈표 6-17〉의 5개)를 적은 정보량을 가진 응답범주(예: 〈표 6-16〉 A질문의 2개 응답범주)로 변환할 수는 있어도 (예: 〈표 6-17〉 문항에서 1, 2에 해당하는 응답을 '아니오' 로 4, 5의 응답을 '예' 로 다시 구분할 수 있겠지요) 반대 방향으로의 변환은 가능하지 않습니다. 사회현상의 특성상 양자택일형 질문이 필요한 경우를 제외하고는 다지선다형 질문이 여러 가지 측면에서 더 유리한 선택이라고 할 수 있겠습니다.

6) 개별문항의 표현 완성

설문지 작성의 다음 단계는 개별문항의 구체적인 표현(wording)을 완성하는 것입니다. 즉, 개별항목의 내용과 각 항목별 응답형태를 결정한 후에는 조사연구목적에 적합한 자료를 수집하기 위해서 각 문항의 표현을 좀더 구체화하는 단계를 거쳐야 하는 것입니다. 같은 내용을 보유한 문항도 단어의 선택 여부에 따라 응답가능성 등에서 많은 차이를 가져올 수 있기 때문입니다.

(1) 쉬운 단어의 사용

설문지는 응답자들이 각 문항을 이해하고 이에 대한 응답을 함으로써 자료를 수집하는 도구입니다. 따라서 응답자들이 가진다고 예상하는 최소한의 지적 수준을 감안한 쉬운 단어(simple words)로 문항을 구성하여야 합니다.

연구자들이 설문지 작성과정에서 범하게 되는 실수 중의 하나는 모든 응답자들이 연구자와 유사한 수준의 지식을 갖고 있다고 가정하는 것입니다. 즉 연구자와 그 동료들이 쉽게 이해하는 단어는 (당연히) 모든 응답자들이 이해할 수 있다는 생각을 무의식 중에 갖기 쉽습니다. 따라서 설문지에도 이러한 용어를 그대로 사용하게 되는데, 상당수의 응답자들은 그러한 단어를 이해하지 못할 수가 있습니다. 예를 들어서 〈표 6-18〉의 질문 (A)보다는 질문 (B)에 대한 이해가능성이 높을 것입니다.

표 6-18 쉬운 단어의 사용

(A) 하루의 배변 횟수는?

(B) 하루에 몇 번 화장실에 가시나요?

(2) 명확한 단어의 사용

설문문항을 쉽게 표현했다고 하더라도 하나의 단어가 여러 의미로 해석될 수 있는 경우는 응답자의 혼란을 야기해서 타당성이 낮은 응답을 얻게 될 가능성이 있으므로, 명확한 의미의 단어(unambiguous words)를 사용하되, 이러한 선택이 불가능한 경우에는 사용하는 단어의 구체적인 뜻을 추가적으로 설명할 필요가 있습니다. 예를 들어서 〈표 6-19〉의 질문에 대해 (A)와 같은 응답범주를 제시하는 경우에는, 이러한 응답범주들이 여러 의미로 해석될 수 있게 되어서 응답자도 혼동이 되고 연구자도 혼동될 수 있습니다. 그러나 (B)와 같은 응답범주는 명확한 단어를 사용한 예라고 할 수 있습니다. 그러나 쉬운 단어를 추가적으로 지나치게 상세히 설명하면 응답자가 무시당하는 느낌을 줄 수도 있으므로 과도한 친절도 좋지 않은 결과를 가져올 수 있습니다.

표 6-19 명확한 단어의 사용

귀하는 한 달에 얼마나 자주 영화관에 가십니까?

(A) ① 전혀 안감 ② 가끔 ③ 자주 ④ 거의 매일

(B) ① 0번 ② 1~2번 ③ 3~4번 ④ 4번 이상

(3) 유도성 질문(leading or biasing question) 사용 금지

설문문항을 작성할 때에는 특정한 가정(assumption)을 문항에 포함하여 일정한 방향의 응답을 유도하는 것을 피해야 합니다. 〈표 6-20〉의 (A) 질문은 '우리의 의무가 아니라'는 표현을 추가함으로써 '아니오'라는 응답이 나올 가능성을 높이고 있습니다. 이에 비해, 특정한 가정이 없는 질문 (B)는 응답자들의 의견만을 구할 수 있는 표현이라고 할 수 있습니다.

표 6-20

유도성 질문

(A) 우리의 의무가 아니라도 남한이 북한을 인도적으로 지원하는 데 찬성하십니까?

① 예　　② 아니오　　③ 모르겠음

(B) 남한이 북한을 인도적으로 지원하는 데 찬성하십니까?

① 예　　② 아니오　　③ 모르겠음

(C) 귀하는 파로돈탁스 치약이 잇몸건강에 좋다고 하는 대한치과협회의 의견에 동의하십니까?

(D) 귀하는 파로돈탁스 치약이 잇몸건강에 좋다고 하는 의견에 동의하십니까?

〈표 6-20〉의 (C) 질문은 파로돈탁스 치약이 잇몸건강에 좋다고 대한치과협회에서 인정했다는 정보를 질문 내에 포함함으로써 이 질문에 대한 동의 가능성이 높도록 유도하고 있습니다. 대한치과협회와 같은 전문기관도 좋다고 평가하는 치약을 전문가가 아닌 개인응답자가 나쁘다고 판단하기는 쉽지 않은 것입니다.

(4) 응답이 곤란한 질문은 간접 질문으로 변형

특정 질문에 대한 응답이 사실보다는 사회적인 규범에 의해 큰 영향을 받는 경우에 응답자들은 진실된 응답보다는 사회적으로 바람직한(socially desirable) 응답을 하거나 응답을 거부할 가능성이 높아집니다. 〈표 6-21〉의 질문 (A)의 경우에는 실제로 그러한 경험이 있는 사람도(특히 면접설문을 실시하는 경우) '예'라는 대답 대신에 '아니오'라는 대답을 할 가능성이 매우 높다고 할 수 있습니다. 따라서 이러한 질문에 대한 타당성 있는 응답을 얻기 위해서는, 질문 (A)와 같이 응답자에게 직접 질문하는 형태가 아니라 질문 (B)와 같이 제3자의 입장에서 응답을 할 수 있도록 간접적인 질문을 작성하는 것이 바람직합니다.

표 6-21

응답이 곤란한 질문

(A) 귀하는 과거에 부인을 구타한 경험이 있습니까?
① 예　　② 아니오

(B) 우리나라 남성들은 자기부인을 구타한 경험이 있다고 생각하십니까?
① 예　　② 아니오

7) 문항의 순서결정

이상의 과정을 통해 설문지를 구성하는 모든 질문항목이 결정된 후에도 타당성 있는 응답을 유도하기 위해 질문항목을 제시하는 순서도 조절하여야 합니다. 즉, 정확한 응답을 가능한 한 많은 응답자들로부터 얻을 수 있도록 설문항목의 순서를 결정해야 하는 것입니다

① 설문문항을 통해 수집하는 정보는 기초정보(basic information), 분류정보(classification information), 그리고 식별정보(identification information)로 구분할 수 있습니다. 기초정보란 조사연구 현상과 관련된 정보이고, 분류정보란 응답자들을 분류할 수 있는 인구통계정보이며, 식별정보란 개별응답자의 이름, 연락처 등과 관련된 정보입니다. 기초정보가 연구에서 가장 중요하기 때문에 기초, 분류, 식별정보의 순으로 문항의 순서를 구성하는 것이 일반적입니다(Malhotra, 2002).

② 기초정보와 관련해서는, 가능한 한 쉬운 질문이나 흥미를 유발할 수 있는 질문을 앞에 배치하고 어려운 질문은 뒤로 배치하는 것이 좋습니다. 처음부터 질문이 어렵다고 느끼거나 지루하다고 느끼면 응답이 불성실해지거나 심지어 응답을 거부할 가능성도 높아지기 때문입니다. 또한 질문항목간의 관계를 고려하여야 합니다. 앞에 나오는 질문이 다음에 위치한 질문에 영향을 미칠 가능성이 있기 때문에 이러한 가능성을 고려한 문항배치가 필요합니다. 즉, 조사대상 현상과 관련한 일반적인 질문을 먼저 배치하고 특수한

질문은 나중에 배치하는 것이 좋습니다. 예를 들면, 〈표 6-22〉와 같은 순서로 질문을 배치하면 많은 응답자들이 (B)에 대한 응답시에 백화점의 입지를 중요하다고 응답할 가능성이 커집니다.

표 6-22
질문항목간의 관계 1

(A) 쇼핑할 백화점 선택시 백화점의 입지는 얼마나 중요한가요?
(B) 쇼핑할 백화점 선택시 고려하는 중요 요소는 무엇인가요?

이러한 경우 〈표 6-23〉처럼 질문항목을 배치하는 것이 응답의 타당성을 높이는 데 도움이 될 것입니다.

표 6-23
질문항목간의 관계 2

(B) 쇼핑할 백화점 선택시 고려하는 중요 요소는 무엇인가요?
(A) 쇼핑할 백화점 선택시 백화점의 입지는 얼마나 중요한가요?

③ 분류정보와 관련해서는 응답자들의 인구통계학적 변수(예: 연령, 학력, 직업, 소득 등)는 응답자의 자아 이미지(self image) 등과도 관련되는 개인적인 정보이므로 앞부분에 이러한 문항을 배치할 경우 응답을 피할 가능성이 있으므로 이러한 문항들은 설문지의 제일 뒷부분에 배치하도록 합니다.

8) 설문지의 외형결정

동일한 문항내용과 순서를 가진 설문지라도 설문지의 외형(form & layout)이 어떻게 구성되었는가에 따라 응답에 영향을 미칠 수 있습니다. 일단, 가능하면 설문지 종이나 인쇄의 질을 높임으로써 설문이 중요하다고 하는 인상을 줄 필요가 있습니다. 또한 연구기관의 이름, 연구자, 지도교수 등의 연락처와 연구의 중요성 등을 설문지 혹은 별지에 작성함으로써 응답자들의 협조의사를 극대화하도록 노력하여야 합니다. 또한 설문지의 물리적인 크기나 글자의 크기 등도 응답자들에게 부담을 주지 않는지도 판단할 필요가 있습니다.

최근에는 컴퓨터 소프트웨어가 발달하여 연구자가 스스로 보기 좋은 설문지 외형을 설계하는 데 그리 큰 어려움이나 비용이 수반되지 않게 되었습니다만, 필요시에는 허용된 예산범위 내에서 설문지를 전문적으로 다뤄본 인쇄업자 등에게 의뢰하여 설문지의 외형을 결정할 수도 있을 것입니다.

9) 예비 설문조사

이상의 과정을 거쳐 설문지 초안이 완성되면 일단의 가상적인 응답자들을 대상으로 예비 설문조사(pretest)를 실시하여야 합니다. 위의 모든 과정을 거친 설문지라고 해도, 실제로 응답자들이 연구자의 의도대로 응답할지에 대한 정보는 없는 상태에서 작성되었기 때문에 연구자의 의도와는 다른 응답 혹은 반응이 나올 수 있습니다. 이러한 가능성을 제거하기 위해 예비조사를 실시할 필요가 있는 것입니다. 이때 예비조사의 표본수는 15에서 30개 정도가 적당한 것으로 알려져 있습니다. 가능하다면, 다양한 인구통계적 특징을 가진 응답자를 대상으로 예비조사를 실시하는 것이 바람직합니다. 이와 같은 예비조사를 통하여 발견된 문제점을 수정하고 설문지를 확정하게 됩니다.

이처럼 예비조사 단계도 거쳐 모든 오류의 수정이 이루어지면 본조사(main test)를 위한 최종적인 설문지가 완성됩니다. 최종 설문지가 준비된 다음에는 예상응답률을 고려하여 필요한 양만큼 설문지를 인쇄(혹은 복사)함으로써 설문지의 작성과정이 종료하게 됩니다. 한편, 가능성은 낮지만 예비조사의 결과 전혀 문제점이 발견되지 않는 경우에는 예비조사에서 수집된 자료를 본조사에서 수집된 자료에 통합하여 분석하면 됩니다.

제4절 실사 및 수집 자료의 정리

1. 실 사

설문자료를 대규모로 수집하는 본조사(main test)의 **실사**(field work)과정은 연구자가 직접 진행할 수도 있으나, 조사회사 혹은 조사원을 고용해서 수행할 수도 있습니다. 특히 대규모의 설문조사를 연구자 혼자 수행한다는 것은 현실적으로 쉽지 않은 일이라고 할 수 있습니다. 조사회사나 조사원을 고용하여 실사를 하는 경우에는 이들을 대상으로 조사연구의 내용 및 설문지에 대한 충분한 설명이 필요합니다.

한편 조사연구대상의 일부만을 대상으로 조사하는 표본조사가 일반적인 경우이므로 모집단을 대표하지 못하는 표본을 추출하여 이들을 대상으로 설문조사를 시행하면 **표본오류**(sampling error)가 발생하게 됩니다. 따라서 가능하면 확률표본추출방법으로 표본을 구성할 수 있도록 노력하는 것이 바람직합니다.

또한 표본의 구성원 중 일부만 응답한다든지, 표본을 대상으로 무사히 수집한 자료의 처리시에 실수를 한다든지 해서 발생하는 **비표본오류**(non-sampling error) 또한 조사연구의 신뢰성 및 타당성에 큰 영향을 주므로 이러한 오류의 최소화에도 노력해야 합니다. 즉, 비표본오류는 표본추출과 관련 없는 모든 오류를 의미하는데, 연구자, 응답자, 면접원 모두 비표본오류에 영향을 미칠 수 있습니다. 비표본오류 중 무응답오류(non-response bias)를 감소하기 위한 방안으로는 첫 번째 실시한 설문에 응답을 하지 않은 응답자들을 대상으로 2차 설문(second-wave survey) 혹은 필요시 3차 설문(third-wave survey)을 실시하여 응답률을 높일 수 있습니다. 물론 응답률을 높이기 위해 응답자에게 약간의 보상을 하고 설문조사를 하는 경우도 있는데, 이러한 보상의 수준이 너무 높으면 설문결과의 타당성이 감소될 수 있으므로 주의해야 합니다. 예를 들어, 소비자행동 관련 설문조사 실시를 위해 상당한 수준의 보상을 하고 응답을 받는 경우, 연구대상 소비행동 경험이 없는 응답자도 보상 때문에 설문에 참여할 수 있을 것입니다.

2. 수집자료의 정리

1) 응답내용 검토

회수되는 설문지는 그때마다 응답이 불완전한지, 다른 문제는 없는지 등을 검토해서 설문조사에 반영해야 합니다. 한편 설문지를 통해 수집되는 자료는 현상간의 관계분석이 가능하도록(즉, 통계분석이 가능하도록) 자료를 정리하고 분석에 대비하게 됩니다.

먼저 수집된 설문지들이 응답이 명확한지(예를 들어서 자유응답형 질문에 대한 응답을 알아볼 수 있는지 등을 확인), 일부 문항에 대해서만 응답을 했는지, 모호한지(하나의 응답만을 해야 하는 질문에 대해 2개 이상의 응답을 했는지), 응답들간에 모순은 없는지(예를 들어 소득수준과 직업에 대한 응답으로 판단할 때 고급백화점에서의 쇼핑이 어려운 응답자가 고가의 상품을 자주 구입한다고 응답하는 경우) 등을 검토하고 사용가능한 설문인지 아니면 다른 조치를 취해야 하는지를 결정해야 합니다.

이처럼 불만족스러운 응답을 가진 설문지가 발견되면, 먼저 동일 대상에 대한 설문조사를 다시 수행하거나(응답자를 쉽게 인식할 수 있고, 표본이 작아서 표본손실이 연구에 큰 영향을 주는 경우), 설문결과를 버리거나(표본크기가 크거나, 이러한 설문이 10% 미만이거나, 중요 문항에 대한 응답이 없거나, 만족스러운 설문과 불만족스러운 설문과의 차이가 인구통계변수 등을 기준으로 거의 없거나 하는 경우), 혹은 응답이 안된 문항만을 결측값(missing value)으로 처리하고 통계분석을 진행할 수도 있습니다.

2) 자료의 코딩

자료의 코딩(coding)이란 각 문항의 응답범주에 수를 부여하는 원칙을 정하는 것을 의미합니다. 과거에는 각 문항마다 어떠한 수를 부여할지를 정해 놓은 coding book과 이러한 규칙을 적용해서 설문응답자료를 수로 변환시킨 coding sheet를 별도로 준비한 후 자료를 컴퓨터에 입력하는 punching과정을 거치는 것이 일반적이었습니다. 그러나 최근 PC와 관련 통계소프트웨어의 발전으로 설문지 자체를 coding book으로 이용하고 설문지로부터 직접 컴퓨터에 자료를 입력하는 방법을 사용하고 있습니다. 아래의 〈표 6-24〉는 coding book의 간단한 예를 보여주고 있습니다.

표 6-24 coding book

변수	변수명	설문문항번호	coding 요령
1	응답자번호	-	1 에서 900
2	구매자	1	아 빠 = 1 엄 마 = 2 기 타 = 3
3	구매장소	2	현대백화점 = 1 신세계백화점 = 2 롯데백화점 = 3 기 타 = 4 결측값 = 99
⋮			
81	응답자직업	80	전문직 = 1 사무직 = 2 학 생 = 3 주 부 = 4 기 타 = 5
⋮			

위의 coding book은 백화점에서의 구매행동어 대한 설문조사를 실시한 가상의 예입니다. 위에서도 설명한 바와 같이, 설문지에서 수집하는 정보는 기초정보, 분류정보 및 식별정보가 있습니다. 위의 예에서는 변수 2(즉, 구매자)와 3(즉, 구매장소)은 기초정보에 해당하지요. 연구대상 현상과 관련된 정보이기 때문입니다. 변수 2의 경우 설문지 문항의 응답범주가 아빠, 엄마, 기타의 3개로 주어진 경우이고 각각의 범주에 대해 1, 2, 3이라는 수를 부여한다고 하는 규칙을 보여주고 있습니다.

변수 1은 응답자번호로 식별정보에 해당합니다. 일반적으로 '응답자번호'와 같은 식별정보는 응답자에 질문해서 알아내는 것이 아니고 연구자가 체계적으로 부여하는 것입니다. 따라서 설문문항에는 포함되지 않았으나 위의 예에서는 900명의 응답이 회수되었다고 가정하고 1에서 900까지의 번호를 각 설문에 부여하는 규칙을 보여주고 있습니다.

한편, 변수 81(응답자 직업)의 경우 분류정보에 해당합니다. 설문문항은 5개의 응답범주를 제시했고 각각의 범주에 대해 1, 2, 3, 4, 5의 수를 부여한다는 원칙을 보여주고 있습니다.

제 7 장 자료의 입력

| 도입 사례 |

실제 통계분석의 실행은 컴퓨터 프로그램을 이용해 하는 것이 일반적이라고 할 수 있습니다. 특히 근래 PC(personal computer)의 급격한 발전으로 과거에 대형 컴퓨터(main frame computer)가 해주던 기능을 대부분 PC로 대체할 수 있는 상황이 조성되었습니다. 이에 따라 PC에서 구동되는 통계분석 프로그램이 많이 개발되어 있습니다. 그중에서 일반적으로 널리 그 기능을 인정받고 있는 범용(여러 가지 통계분석기법을 모아 놓은) 컴퓨터 프로그램이 있는 바, 대표적인 범용 프로그램으로는 SPSS, SAS, 그리고 Minitab 등을 거론할 수 있습니다. 아래의 그림은 Minitab의 초기화면입니다.

생각해 볼 문제

❶ MS Word 등과 같은 일반 문서편집용 소프트웨어를 이용해서 자료를 입력해야 하는 경우 주의해야 할 점은 무엇일까요?

❷ 수집 자료의 컴퓨터 입력시 실수를 방지하기 위해서는 어떠한 주의를 기울여야 할까요?

〈본서의 체제〉

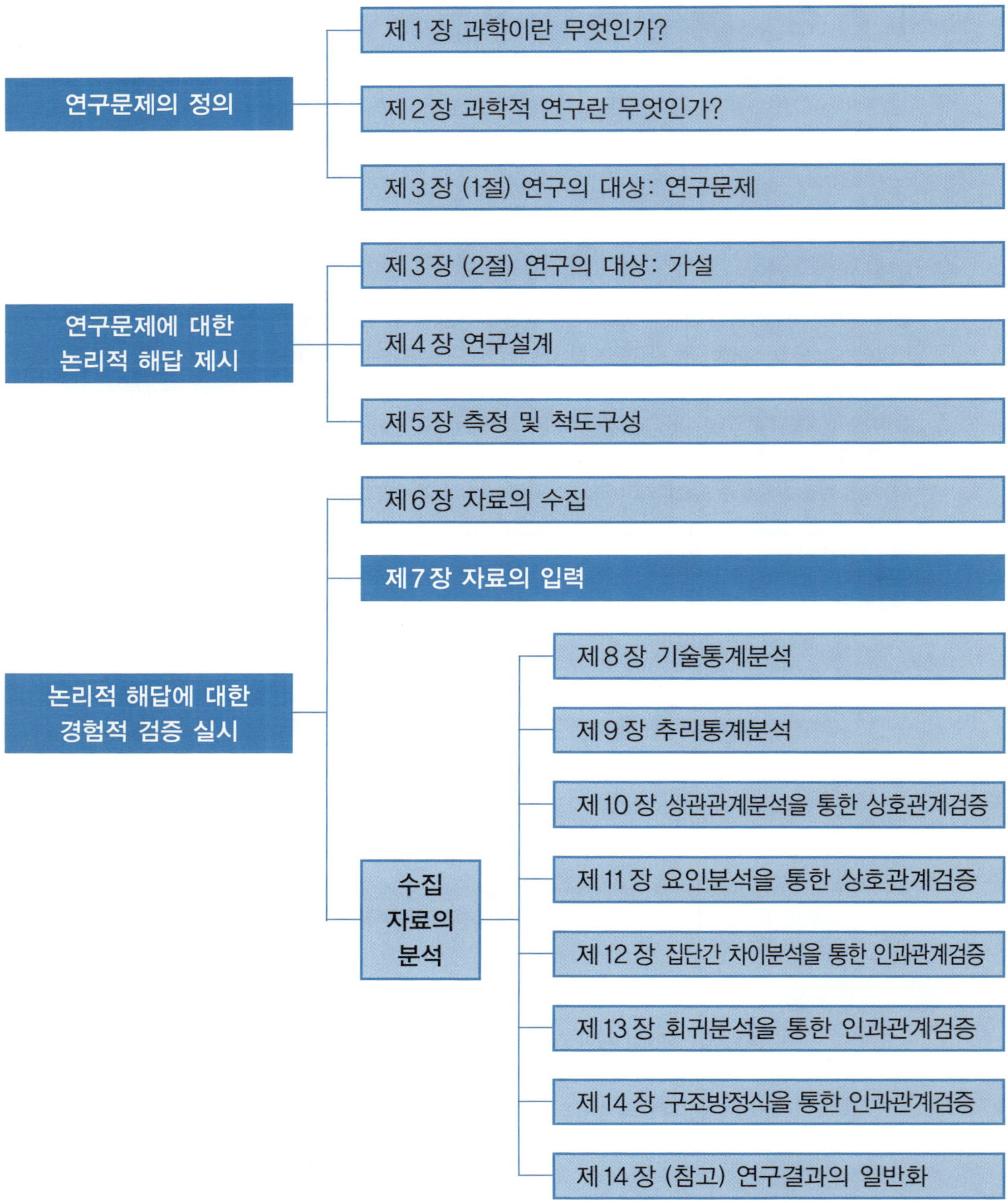
연구문제의 정의
제 1 장 과학이란 무엇인가?
제 2 장 과학적 연구란 무엇인가?
제 3 장 (1절) 연구의 대상: 연구문제
연구문제에 대한 논리적 해답 제시
제 3 장 (2절) 연구의 대상: 가설
제 4 장 연구설계
제 5 장 측정 및 척도구성
논리적 해답에 대한 경험적 검증 실시
제 6 장 자료의 수집
제 7 장 자료의 입력
수집 자료의 분석
제 8 장 기술통계분석
제 9 장 추리통계분석
제 10 장 상관관계분석을 통한 상호관계검증
제 11 장 요인분석을 통한 상호관계검증
제 12 장 집단간 차이분석을 통한 인과관계검증
제 13 장 회귀분석을 통한 인과관계검증
제 14 장 구조방정식을 통한 인과관계검증
제 14 장 (참고) 연구결과의 일반화

수집자료의 입력과 통계분석 제 1 절

1. 자료의 입력과 통계분석

앞에서도 설명한 방법을 통해 사회현상을 측정하는 자료가 수집되면 이 결과를 가지고 현상들의 특성을 요약 · 정리(제8장에서 설명할 기술통계[descriptive statistics]분석에 해당합니다)하고, 이렇게 정리된 자료를 바탕으로 현상간의 관계를 추론(제9장에서 설명할 추리통계[inferential statistics]분석에 해당합니다)하는 작업을 수행하게 됩니다. 그러나 이러한 분석작업을 암산으로 혹은 간단한 전자계산기를 가지고 진행하기에는 너무나 많은 시간과 노력이 소요되게 됩니다. 예를 들어서 1,000명을 대상으로 100개의 변수에 대한 설문조사를 하는 경우를 생각해볼까요? 이러한 경우 필요한 통계분석을 암산이나 계산기 등으로 수행한다는 것은 거의 생각하기 힘든 과정입니다.

물론 요즈음에는 EXCEL 등과 같은 Spreadsheet program도 웬만한 통계분석기능은 수행할 수 있습니다. 그러나 SPSS 등과 같은 전문 통계분석 프로그램이 더욱더 폭 넓고 깊은 분석기능을 가지고 있기(EXCEL file 및 기타 파일 형태로 입력된 데이터를 읽어 들이는 기능도 물론 가지고 있구요) 때문에, SPSS와 같은 범용 프로그램을 사용하는 것이 효과적이고 효율적인 통계분석에 유리하다고 할 수 있습니다. 기본적으로 SPSS, SAS, MINITAB 중 어느 프로그램을 사용하더라도 통계분석결과는 동일합니다만, 분석결과가 제시되는 형태는 경우에 따라 다소 상이할 수 있고, 분석에 필요한 절차도 다소 다를 수 있습니다. 한편, SPSS 등의 통계분석 프로그램이 모든 통계분석기법을 실행해주는 것은 아닙니다. 예를 들어 구조방정식이라고 하는 특수한 통계분석을 실시하려면 SPSS나 SAS 혹은 MINITAB 등의 기본 module을 사용하는 대신, 전용 소프트웨어를 이용하여 분석하게 됩니다.

2. SPSS Statistics 소개

본서에서는 이들 프로그램 중 사용법이 상대적으로 쉽고, 사회과학 분야에서 가장 일반적으로 사용되는 범용 통계분석 프로그램의 하나인 SPSS Statistics를 이용한 통계분석방법을 설명합니다. SPSS는 Statistical Package for the Social Sciences의 약자로 www.spss.com 혹은 www.spss.co.kr에서 관련 정보를 검색해 볼 수 있습니다. SPSS는 1968년에 첫번째 version이 공개되었습니다. 한편 1985년에 Microsoft에서 개발한 Windows운영체제가 PC의 대표적 소프트웨어 운영체제가 되어감에 따라 1992년에 SPSS for Windows의 첫 version이 출시되었고 최근(2017년)에 version 25에 해당하는 SPSS Statistics 25가 발표된 바 있습니다. 본서에서는 2016년 출시된 SPSS Statistics 24를 이용하여 관련 내용을 설명합니다.

제2절 SPSS Statistics를 이용한 자료의 입력

1. SPSS Statistics 시작하기

먼저, SPSS Statistics program은 MS Windows화면상에서 **시작 → 프로그램 → SPSS Statistics**를 차례로 선택하거나 바탕화면에 설치된 **SPSS Statistics** 버튼을 두 번 클릭하여 시작하게 됩니다. 〈그림 7-1〉은 SPSS Statistics 24의 초기화면을 보여주고 있습니다.

그림 7-1

SPSS의 초기화면

2. SPSS Statistics의 기본구조

SPSS Statistics를 이용한 통계분석이 가능하기 위해서는 다음의 요소가 준비되어 있어야 합니다. 첫째, SPSS Statistics가 인식할 수 있는 통계분석 대상 자료가 있어야 하고, 인식한 자료를 통계분석하라는 SPSS명령이 필요합니다. 이처럼 수집되어 SPSS 프로그램에 입력된 자료를 대상으로 통계분석 명령을 내리게 되면, SPSS Statistics는 통계분석을 실행하고 그 결과를 보여주게 됩니다. 결국 SPSS통계분석을 위해서는 SPSS방식으로 입력된 자료파일, SPSS통계분석 명령파일이 필요하고, 그리고 통계분석이 실행된 후에는 분석결과를 보여주는 파일이 생성되므로, SPSS를 통한 통계분석은 통계분석 자료파일, 통계분석 명령파일, 통계분석 결과파일의 세 가지 요소로 구성되어 있다고 이해할 수 있습니다.

1) SPSS 자료파일(SPSS data file)

과거에는 설문조사자료를 일일이 카드에 천공해서 이를 컴퓨터가 읽도록 하고 이렇게 읽어 들인 자료를 분석하는 절차를 거쳐야만 했습니다. 그러나 이제는 수집된 설문조사자료를 직접 컴퓨터에 입력하여 파일화하면 됩니다. 게다가 SPSS, SAS, BMDP 등과 같은 범용 통계분석 프로그램은 다양한 파일 유형을 읽어 들일(import) 수 있는 기능을 가지고 있습니다. 따라서 자료의 입력은 사용하려고 하는 통계분석 프로그램이 읽어 들일 수 있는 파일형태라면 어떠한 것도 가능합니다. SPSS의 경우를 예로 들자면 SPSS data file, word processor로 작성한 파일(ASCII file), Excel 등 기타 다양한 파일형태로 입력 가능합니다. 따라서 SPSS가 읽어 들일 수 있는 여타 프로그램으로 자료파일을 작성해도 되지요. 그러나 새로운 자료를 입력하는 경우에는 SPSS data file형태로 입력하고 SPSS를 이용한 통계분석에 임하는 것이 통계분석 전에 번거로운 자료변환절차 등을 피할 수 있어서 편리하겠지요.

그림 7-2A

기존 SPSS data file 열기

(1) 기존 자료파일 열기

먼저, 기존에 수집되어 SPSS data file에 입력된 자료가 있는 경우에는 〈그림 7-2A〉에서와 같이, 초기화면의 'SPSS 데이터 편집기' 에서 **파일 → 열기 → 데이터**를 차례로 선택하여 클릭합니다.

다음으로 〈그림 7-2B〉와 같이 자료파일이 위치한 장소(directory)를 선택하게 되는데, 이렇게 되면 선택된 directory에 존재하는 SPSS format으로 입력된 자료파일의 리스트가 뜨게 됩니다.

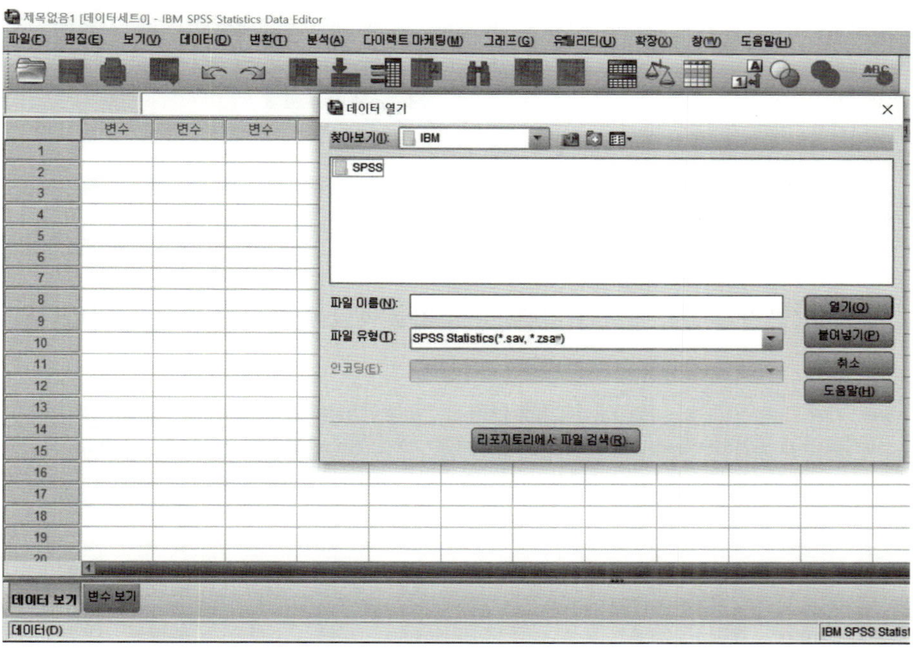

그림 7-2B

기존 SPSS data file 열기

다음에는, 이 자료파일 중 분석하려고 하는 파일이름을 클릭하면 자료파일을 SPSS화면에 가져올 수 있습니다(〈그림 7-2C〉 참조).

그림 7-2C

기존 SPSS data file 열기

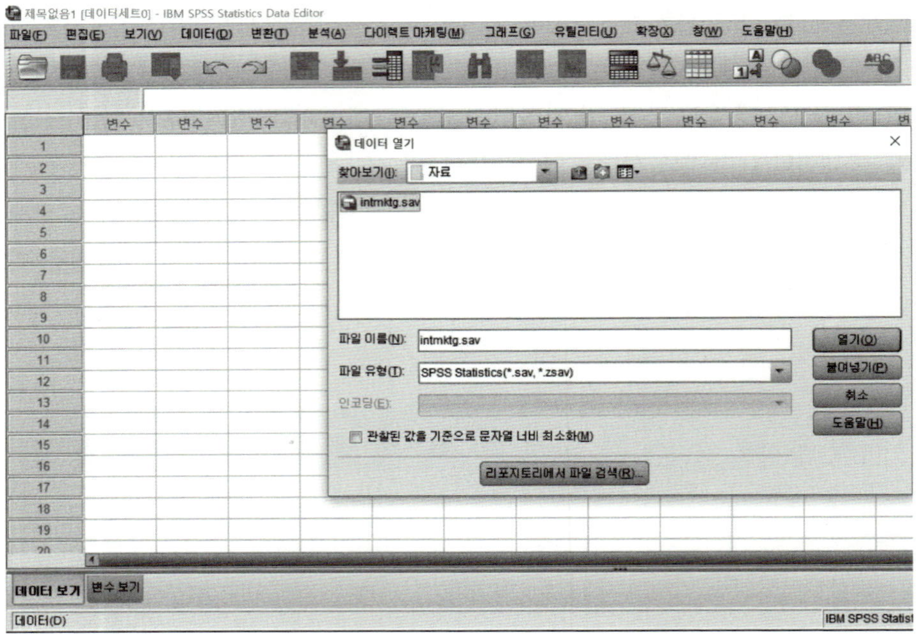

결국 〈그림 7-2D〉에서와 같은 SPSS 자료파일이 열리게 되는 것입니다.

그림 7-2D

기존 SPSS data file 열기

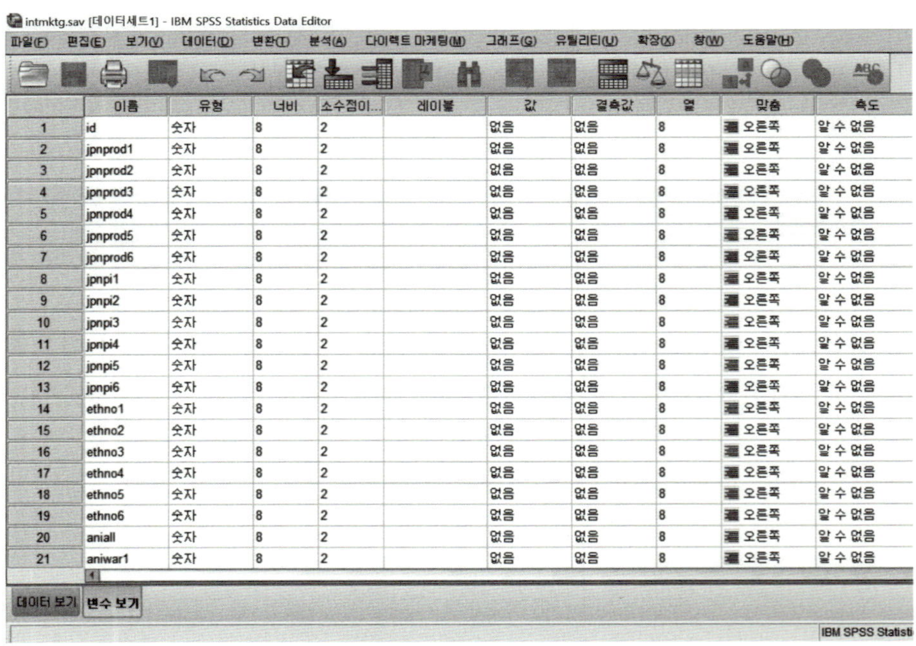

(2) 새로운 자료파일 만들기

한편, 신규로 자료를 SPSS파일에 입력하는 경우에는 다음과 같은 순서로 진행하면 됩니다. 먼저, 'SPSS 데이터 편집기' 창에서 **파일 → 새로만들기**를 선택하면 〈그림 7-3A〉와 같은 창을 얻을 수 있습니다.

〈그림 7-3A〉의 SPSS 데이터 편집기 창의 하단을 보면 **데이터보기**와 **변수보기** 창을 선택할 수 있게 되어 있습니다. 먼저 변수보기 창에서 설문에 포함된 모든 변수의 이름, 유형, 자리수 등을 지정해주게 됩니다.

우선 변수이름을 지정합니다. 이름을 새로 지정하기 전에는 변수이름이 v0001, v0002 등으로 지정되어 있습니다. 이 변수이름을 그대로 사용해도 되지만, 변수를 즉시 구별할 수 있는 영어 혹은 한글로 변수이름을 지정하는 것이 더 편리합니다. 이름의 길이는 영어의 경우 8자까지, 한글의 경우 4자까지 가능합니다.

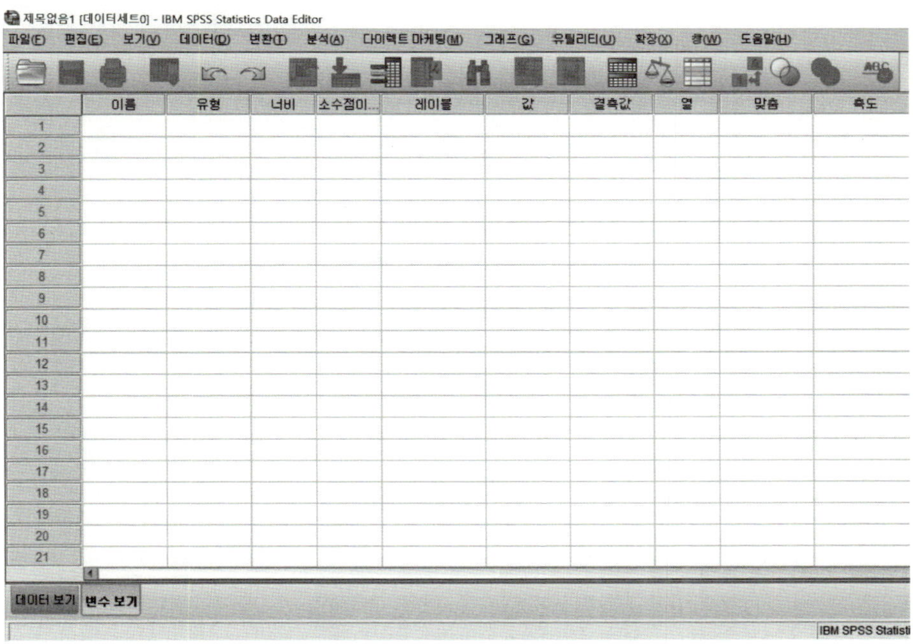

그림 7-3A 새로운 SPSS data file 만들기

그림 7-3B

새로운 SPSS data file 만들기

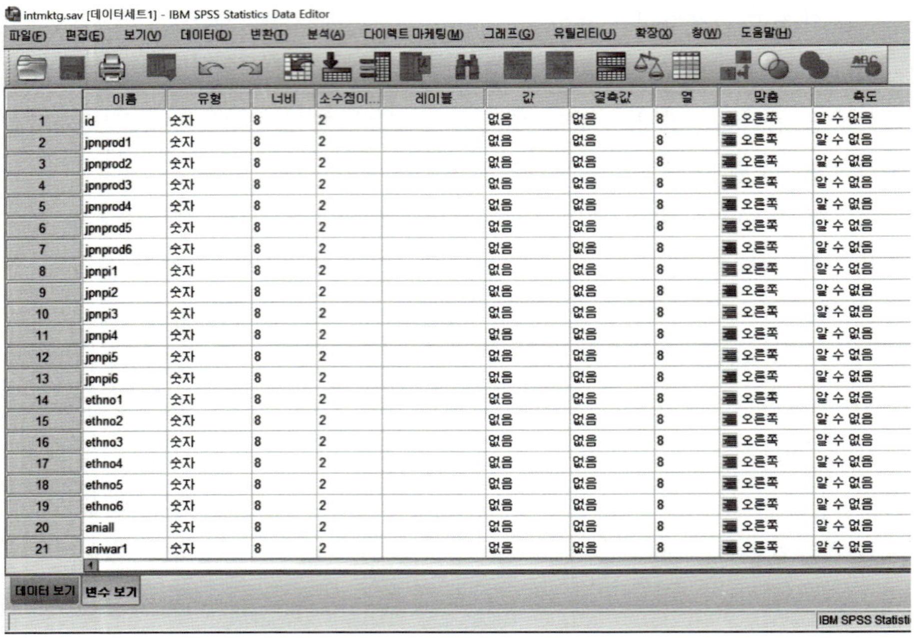

그림 7-3C

새로운 SPSS data file 만들기

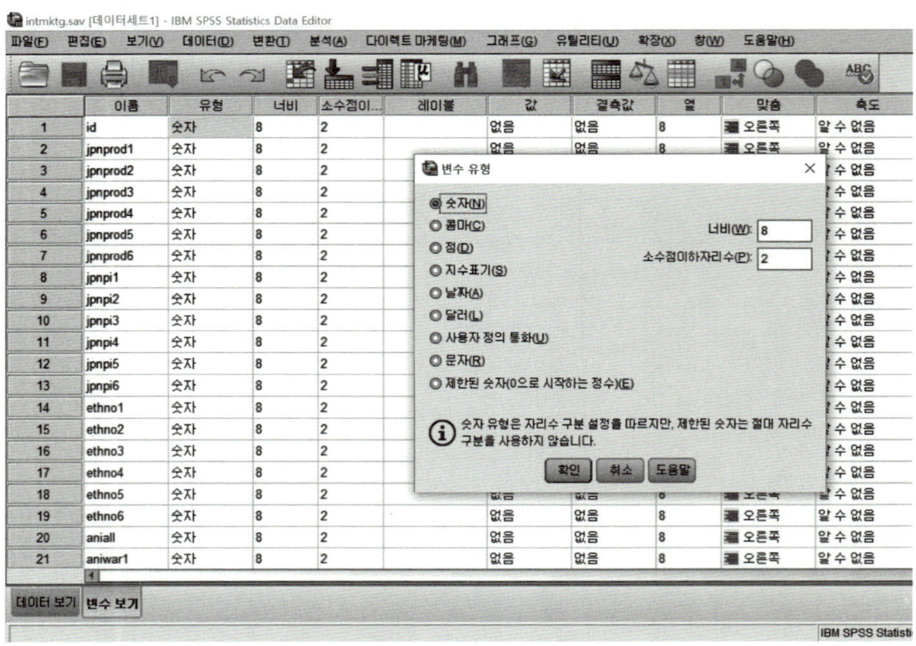

다음, 변수의 유형과 자리수를 결정해줍니다. 변수의 유형은 '숫자'가 일반적이지만 다른 유형의 변수도 직접 입력이 가능합니다.

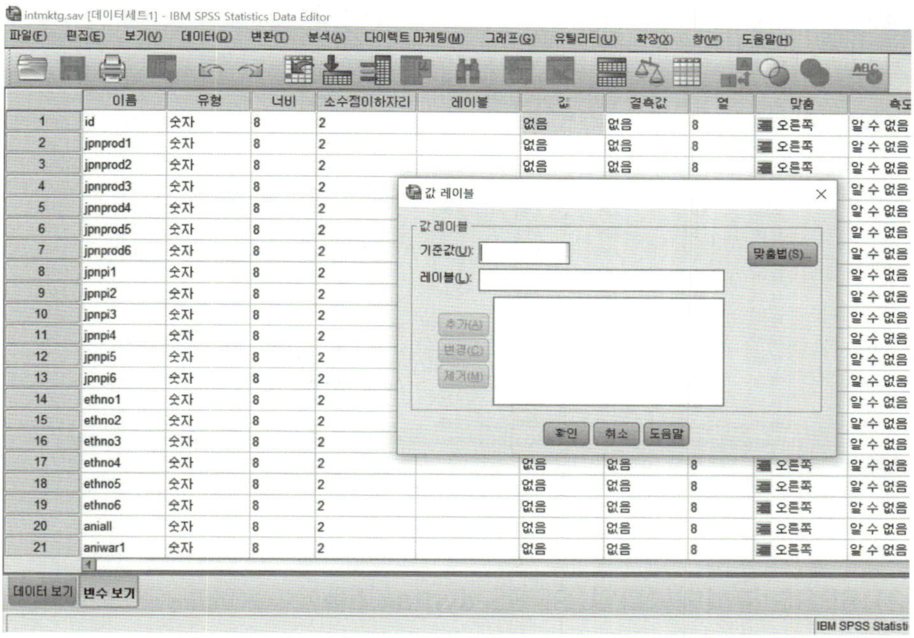

그림 7-3D

새로운 SPSS data file 만들기

다음으로는 변수에 대한 간단한 설명 및 변수가 취하는 값에 대한 설명을 추가합니다. 이때 변수가 취하는 값에 대한 설명은 제6장의 coding요령에서 설명했던 것과 동일한 내용을 입력하면 됩니다.

변수보기 창에서 필요한 정보의 입력이 종료된 후에는, 데이터 보기 창을 클릭하여 각 cell에 자료를 입력하면 됩니다.

그림 7-3E

새로운 SPSS data file 만들기

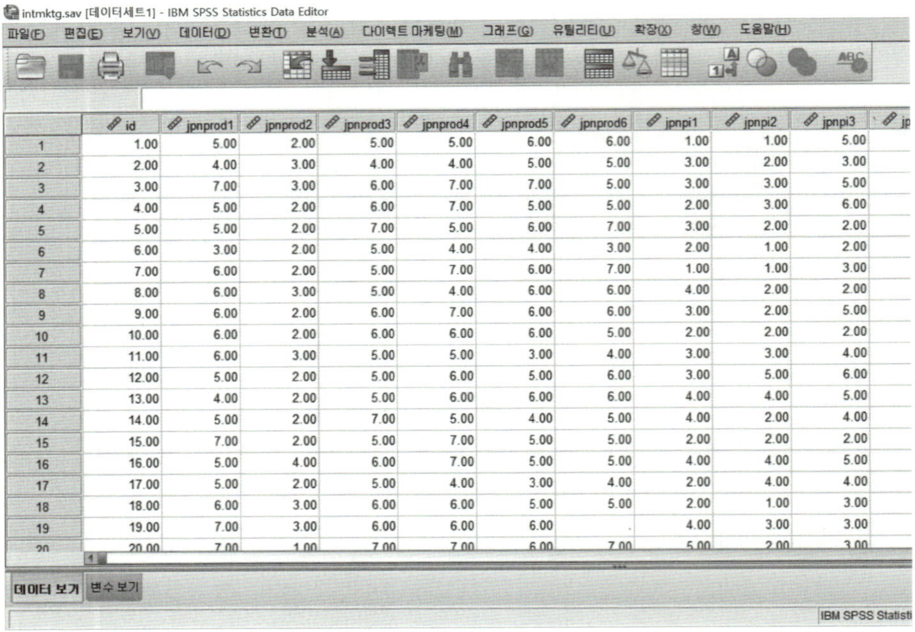

intmktg.sav [데이터세트1] - IBM SPSS Statistics Data Editor

파일(F) 편집(E) 보기(V) 데이터(D) 변환(T) 분석(A) 다이렉트 마케팅(M) 그래프(G) 유틸리티(U) 확장(X) 창(W) 도움말(H)

	id	jpnprod1	jpnprod2	jpnprod3	jpnprod4	jpnprod5	jpnprod6	jpnpi1	jpnpi2	jpnpi3
1	1.00	5.00	2.00	5.00	5.00	6.00	6.00	1.00	1.00	5.00
2	2.00	4.00	3.00	4.00	4.00	5.00	5.00	3.00	2.00	3.00
3	3.00	7.00	3.00	6.00	7.00	7.00	5.00	3.00	3.00	5.00
4	4.00	5.00	2.00	6.00	7.00	5.00	5.00	2.00	3.00	6.00
5	5.00	5.00	2.00	7.00	5.00	6.00	7.00	3.00	2.00	2.00
6	6.00	3.00	2.00	5.00	4.00	4.00	3.00	2.00	1.00	2.00
7	7.00	6.00	2.00	5.00	7.00	6.00	7.00	1.00	1.00	3.00
8	8.00	6.00	3.00	5.00	4.00	6.00	6.00	4.00	2.00	2.00
9	9.00	6.00	2.00	6.00	7.00	6.00	6.00	3.00	2.00	5.00
10	10.00	6.00	2.00	6.00	6.00	6.00	5.00	2.00	2.00	2.00
11	11.00	6.00	3.00	5.00	5.00	3.00	4.00	3.00	3.00	4.00
12	12.00	5.00	2.00	5.00	6.00	5.00	6.00	3.00	5.00	6.00
13	13.00	4.00	2.00	5.00	6.00	6.00	6.00	4.00	4.00	5.00
14	14.00	5.00	2.00	7.00	5.00	4.00	5.00	4.00	2.00	4.00
15	15.00	7.00	2.00	5.00	7.00	5.00	5.00	2.00	2.00	2.00
16	16.00	5.00	4.00	6.00	7.00	5.00	5.00	4.00	4.00	5.00
17	17.00	5.00	2.00	5.00	4.00	3.00	4.00	2.00	4.00	4.00
18	18.00	6.00	3.00	6.00	6.00	5.00	5.00	2.00	1.00	3.00
19	19.00	7.00	3.00	6.00	6.00	6.00	.	4.00	3.00	3.00
20	20.00	7.00	1.00	7.00	7.00	6.00	7.00	5.00	2.00	3.00

데이터 보기 변수 보기

IBM SPSS Statisti

2) SPSS 분석명령파일(SPSS syntax file)

(1) SPSS 분석명령파일 만들기

일단 분석대상 자료가 파일형태로 준비된 다음에는 이 자료를 어찌 분석하라고 하는 명령이 필요하게 되고, 이러한 명령을 담은 파일을 SPSS 분석명령파일(SPSS syntax file)이라고 합니다. 과거 SPSS 프로그램을 DOS 운영체제나 main frame computer에서 사용하던 때에는 통계분석 명령문들을 하나하나 연구자가 작성하여 이를 파일로 만들고(즉 SPSS syntax file을 만들고), 이 명령문파일을 실행해야 했습니다. 새로운 명령문파일을 만들기 위해서는 〈그림 7-4A〉와 같이 main 메뉴에서 **파일 → 새로만들기 → 명령문**을 차례로 선택하면 〈그림 7-4B〉와 같은 편집창이 열립니다. 이곳에서 명령문을 작성하여 실행하면 통계분석 결과파일(SPSS output file)이 생성됩니다.

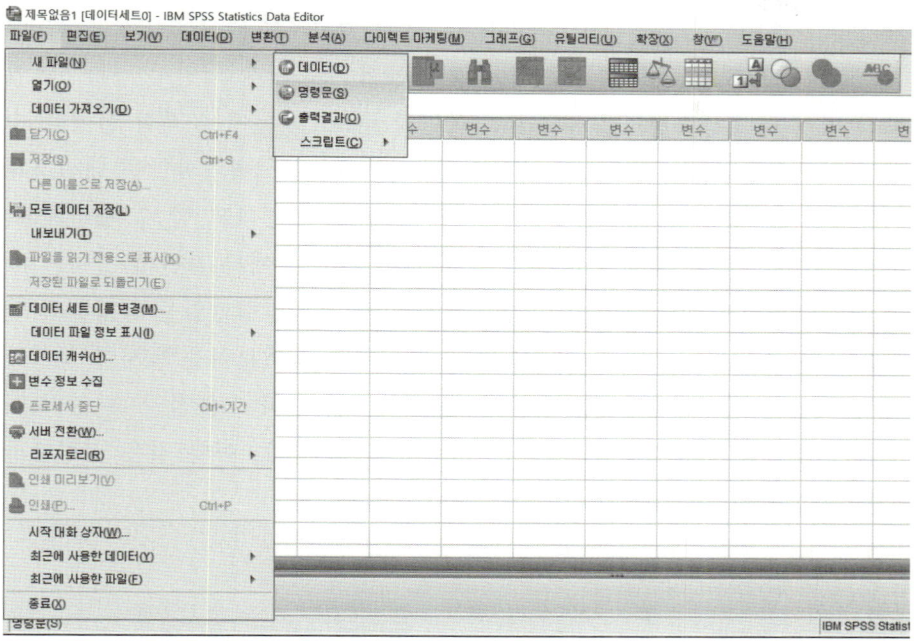

그림 7-4A

SPSS syntax file 만들기

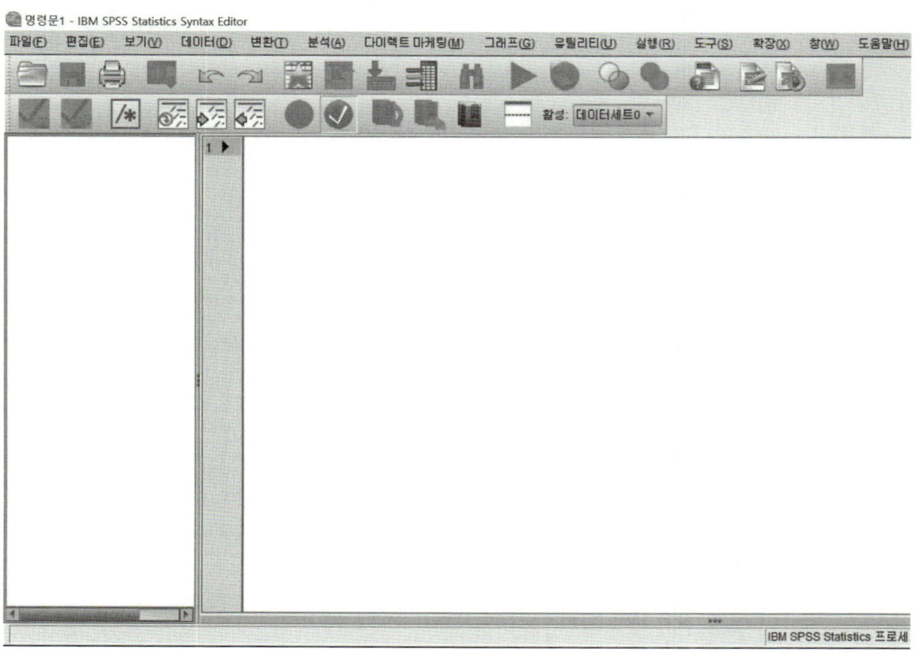

그림 7-4B

SPSS syntax file 만들기

(2) SPSS Statistics main 메뉴를 이용한 분석명령

그러나 SPSS program이 Windows환경에서 구동되게 되면서 명령문파일 작성 없이 통계분석명령을 Windows화면의 main 메뉴에서 직접 실행할 수 있도록 되었습니다. 즉, main 메뉴의 분석메뉴가 분석명령파일을 대신하게 되었고 이에 따라 통계분석의 편의성이 상당히 높아졌다고 할 수 있겠지요. 본서에서는 이러한 내용을 다루고 있습니다. 물론 위에서 간단히 설명한 바와 같이, SPSS Statistics에서 개인 연구자가 SPSS 분석명령파일을 작성해서 실행할 수 있습니다. 실제로 여러 번에 걸쳐 다양한 통계분석을 동시에 실행하기 위해서는 분석명령파일을 만들어 사용하는 것이 더 효율적일 수 있기 때문에 전문적인 연구자들이나 조사전문회사의 경우에는 이와 같은 명령문파일을 작성하여 이용하고 있습니다.

그림 7-5

SPSS Statistics main 메뉴 중 분석 메뉴

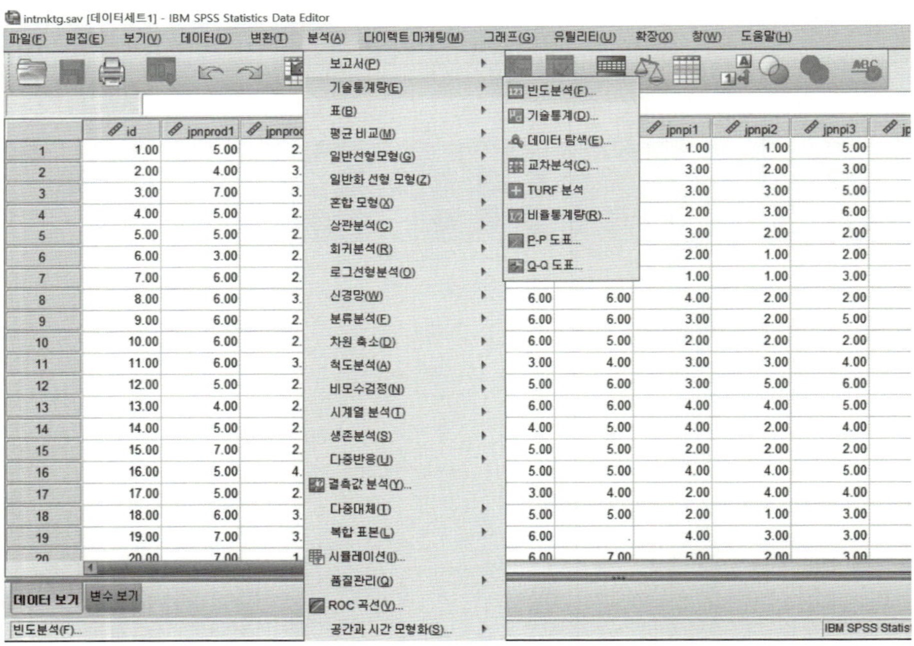

3) SPSS 결과출력파일(SPSS output file)

SPSS 명령문파일 혹은 main 메뉴를 이용해서, SPSS 자료파일을 읽어 들여 통계분석절차를 (성공적으로) 종료한 경우에는 분석결과를 담은 출력물 파일이 생성됩니다. 물론 이 파일을 저장하지 않을 수도 있고, 추후에 다시 참조하기 위하여 저장할 수도 있겠지요. 연구자는 출력결과를 보고 조사하려는 현상간의 관계를 추론하게 되는 것입니다. 〈그림 7-6〉은 통계분석결과(빈도분석)를 보여주는 SPSS output file의 예를 보여주고 있습니다.

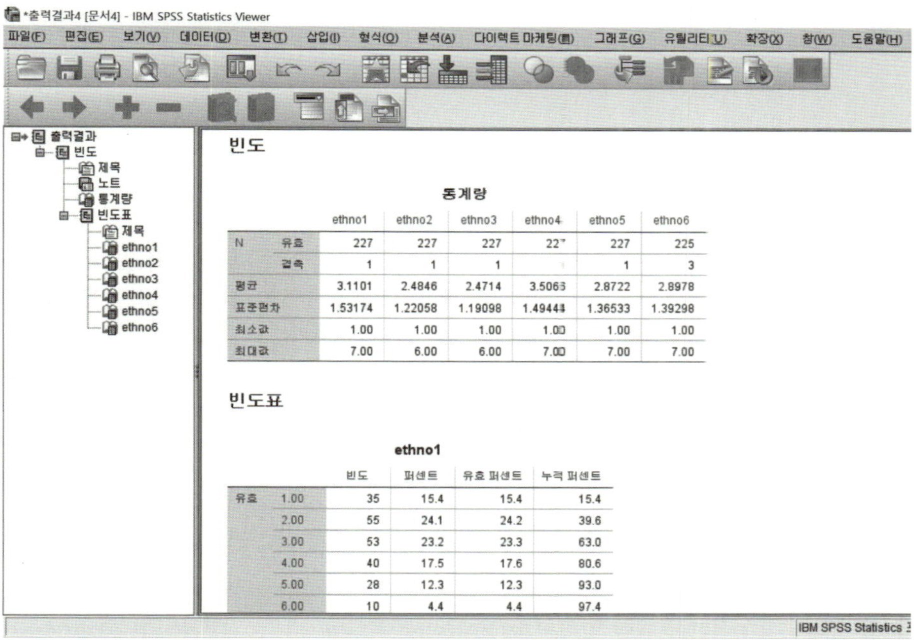

그림 7-6

SPSS output file의 예

제 8 장 기술통계분석

| 도입 사례 |

2015년 우리나라 전체 TOEIC시험(정기시험) 평균점수가 677점으로 10년 전인 2005년 평균점수 593점보다 84점 가량 향상된 것으로 나타났다.
구체적으로 고등학생의 평균점수는 643점, 대학생의 평균은 688, 그리고 대학원생의 평균은 701이었다.
2015년 한 해 동안 TOEIC에 응시한 인원은 약 200여만 명으로 대략 우리나라 전체 인구 100명 중 4명이 TOEIC시험을 본 셈이다.
한편, 2015년도 한국의 국가별 TOEIC 점수 순위는 응시국 중 18위를 차지했다.

생각해 볼 문제

❶ 평균 이외에 사회현상을 요약설명해 주는 수단은 무엇이 있을까요?
❷ 현상들간의 관계를 연구할 때 각 현상의 변화정도를 파악해야 하는 이유는 무엇일까요?

〈본서의 체제〉

- **연구문제의 정의**
  - 제 1 장 과학이란 무엇인가?
  - 제 2 장 과학적 연구란 무엇인가?
  - 제 3 장 (1절) 연구의 대상: 연구문제
- **연구문제에 대한 논리적 해답 제시**
  - 제 3 장 (2절) 연구의 대상: 가설
  - 제 4 장 연구설계
  - 제 5 장 측정 및 척도구성
- **논리적 해답에 대한 경험적 검증 실시**
  - 제 6 장 자료의 수집
  - 제 7 장 자료의 입력
  - **수집 자료의 분석**
    - **제 8 장 기술통계분석**
    - 제 9 장 추리통계분석
    - 제 10 장 상관관계분석을 통한 상호관계검증
    - 제 11 장 요인분석을 통한 상호관계검증
    - 제 12 장 집단간 차이분석을 통한 인과관계검증
    - 제 13 장 회귀분석을 통한 인과관계검증
    - 제 14 장 구조방정식을 통한 인과관계검증
    - 제 14 장 (참고) 연구결과의 일반화

제1부와 2부에서는 관심 있는 사회현상간의 관계를 논리적 그리고 경험적으로 규명하기 위해서는 먼저 사회현상간의 관계에 대한 논리적인 예측을 하고(가설설정), 현상의 속성에 수를 부여하는 원칙을 정하고(측정), 이러한 원칙을 적용한 자료수집도구(예: 설문지)를 만들어서 자료를 수집하는 원리에 대해 살펴보았습니다.

이처럼 추상적인 사회현상이 우리가 경험할 수 있는 구체적인 수로 표현되어 응답자들로부터 자료가 수집된 후에는, 통계학적 지식을 이용하여 숫자들간의 관계를 분석하게 되고 이 결과를 기초로 다시 사회현상들간의 관계를 추론하게 됩니다. 즉, 추상적인 사회현상간(예: 만족도와 재그매의도간)의 관계를 설명하기 위하여 ① 구체적인 수 (만족도 및 재구매의도에 대한 설문조사결과)로 추상적인 현상을 나타내고, ② 숫자들간의 관계를 분석(통계분석: 설문자료의 요약, 상호관계 분석, 인과관계 추론)하여, ③ 이들 숫자가 대변하고 있는 추상적인 현상들간의 관계를 설명하려는 것이 연구의 핵심과정인 것입니다.

사회현상간의 관계분석을 하기 위한 첫 단계는 연구대상 사회현상들이 변동하는 현상인지 여부를 판단하는 것입니다. 사회현상의 변화여부와 변화폭 등을 알게 되면 하나의 현상이 변화할 때 다른 현상도 같은/다른 방향으로 얼만큼 변화하는지를 밝힐 수 있기 때문이지요. 이처럼 사회현상의 변화여부 및 변화폭을 결정하기 위해 사회현상을 대변한다고 볼 수 있는 대푯값을 산출하여 사회현상을 요약해 보고 대푯값을 사회현상 변화여부 및 변화폭 산출에 사용하기도 합니다.

도입사례에서는 우리나라 2015년도의 TOEIC시험 평균점수가 677점이라고 함을 보여주고 있습니다. 2015년 한 해 동안 TOEIC에 응시한 인원은 약 200만 명으로 집계되었으므로 각 응시자마다 TOEIC점수는 천차만별이겠지요. 그러나 전체 응시자의 평균이 677점이라는 것을 알게 되면 TOEIC이라는 측정도구로 측정한 우리나라의 영어실력 수준이 요약되어 설명되는 것입니다.

제 1 절 기술통계분석이란 무엇인가?: 사회현상의 요약설명

위에서 소개한 우리나라의 TOEIC점수를 보면 우리나라의 영어실력(물론 본서에서 TOEIC시험이 완벽한 타당성을 가진 영어실력 측정도구라고 주장하는 것은 아닙니다) 수준을 알 수 있습니다. 모든 응시자의 개별점수와 평균점수 자료를 살펴보면 TOEIC으로 측정한 우리나라 사람의 영어실력을 자세히 설명할 수 있게 됩니다. 특히 평균점수는 TOEIC으로 측정한 우리나라 영어실력을 요약해주고 있는 것이지요. 이처럼 수로 측정된 현상을 요약·설명하는 역할을 하는 통계학의 분야를 **기술통계**(descriptive statistics)라고 합니다. 그런데 현상을 요약해주는 도구는 평균과 같은 것만 있는 것은 아닙니다. 예를 들어, 2015년도와 2016년도의 한국의 TOEIC 평균이 동일하다고 해볼까요? 이때 2015년도의 응시자들의 개별점수는 100점에서 900점까지 분포하고, 2016년도 응시자들의 개별점수는 600점에서 800점 사이라고 하면(아래에서 설명할 분산이라는 도구를 기준으로 2015년도 분산이 2016년도 점수분산보다 큰 경우라고 가정하겠습니다) 2016년 응시생들의 영어실력이 2015년 응시생들의 실력보다 고르다고 함을 알 수 있을 것입니다. 이처럼 현상(영어실력)의 변화 정도를 알면 현상의 특징을 좀더 자세히 설명할 수 있습니다.

한편 현상의 변화폭은 해당 현상의 설명보다 더 중요한 역할도 수행하고 있습니다. 예를 들어보지요. 왜 기업에서 직원들의 TOEIC점수에 신경을 쓸까요? TOEIC점수가 높으면 업무성과가 높아지는 것일까요? 만일 이러한 의문을 가지고 이들간의 관계를 연구하는 경우를 생각해보지요. TOEIC점수가 높은 사람은 업무성과가 높고 TOEIC점수가 낮은 사람은 업무성과가 낮다고 하는 것을 알아내면 되겠지요? 현상의 변화폭이 이러한 역할을 하고 있습니다. 즉, 기술통계는 기본적으로 분석대상 현상을 요약·설명해주는 기능을 수행하지만, 현상들간의 관계를 설명·예측하는 기능(다음 장에서 설명할 추리통계)의 기반이 되어주는 기능도 수행하고 있는 것입니다. 결국 독립변수와 종속변수간의 (인과)관계를 추론할 때의 첫 단계는 독립변수 및 종속변수의 특징이 어떠한지를 먼저 설명(기술)하는 것입니다.

1. 사회현상의 설명

2015년도의 TOEIC점수 중 평균점수보다 낮은/높은 점수를 받은 응시자는 몇 명일까? 혹시 100점/900점대 점수를 가진 응시자는 각각 몇 명일까? 이와 같은 의문에 대한 답을 제시해주기 위해서는 TOEIC 점수대별로 각각 몇 명이 해당하는지가 정리가 되어있어야 할 것입니다. 즉, 각 응시자의 점수를 점수대별로 구분하여 각각의 점수대에는 몇 명이 속하는지를 정리한 자료가 있다면 현상(영어실력)에 대한 자세한 설명이 가능할 것입니다. **빈도분석**(frequency analysis)은 이러한 설명기능을 수행해주고 있습니다. 빈도(頻度)는 도수(度數)라고도 부르는데, 구체적으로 **도수분포표**(frequency table)와 **도수분포곡선**(frequency curve)으로 구분할 수 있습니다. 도수분포표는 빈도를 표로 정리한 것이고, 도수분포곡선은 빈도를 그래프로 정리한 것입니다. 〈표 8-1〉은 100명의 대학생을 대상으로 키를 측정한 자료를 도수분포표로 정리한 것이고, 〈그림 8-1〉은 도수분포곡선으로 정리한 것입니다.

표 8-1

도수분포표

키	빈도/도수
185.1～190	10
180.1～185	20
⋮	⋮
160.1～165	10
계	100명

그림 8-1

도수분포곡선

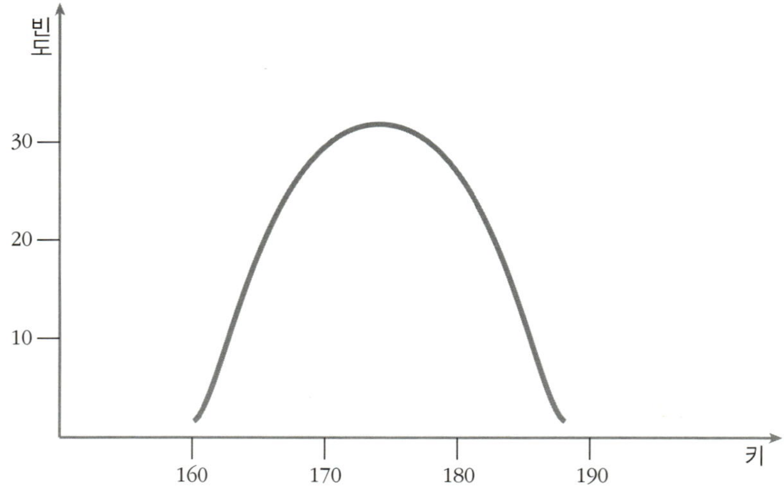

2. 사회현상의 요약

위에서 간단히 설명한 바와 같이, 수집된 자료(즉 현상)의 특징을 요약해주는 도구로는 크게 ① 현상을 대표하는 수는 무엇인지 그리고 ② 이러한 자료는 변화하는 특징이 있는지 그리고 변화한다면 변화정도는 어느 정도인지를 알려주는 도구로 나누어 볼 수 있습니다. 이러한 통계적 요약(descriptive statistical summary)은 편의상 그림(graphical representation)으로 표현할 수도 있고 수(numerical representation)로 표현할 수도 있습니다.

1) 자료(현상)의 요약

먼저 자료를 요약(대표)하는 수는 통계학용어로 **대푯값** 혹은 **중심화 경향**(measures of location 혹은 central tendency)이라고 지칭합니다. 예를 들어서 10명을 대상으로 소비자만족도를 1에서 5까지의 등간척도(1 to 5 interval scale)로 측정했다고 가정할 경우, 소비자만족도의 수준을 요약해주는 도구는 소비자만족도 응답자료의 대푯값, 즉 평균(mean)이라고 할 수 있습니다. 즉,

소비자만족도 평균이 4점이라고 가정할 경우, 응답자들의 만족도 수준은 높은 것 같다고 하는 단순한 해석이 가능하게 됩니다. 소비자단족도 현상의 수준을 요약해서 파악할 수 있는 것이지요. 독자가 좀더 이해하기 쉬운 예로는 학교에서 영어시험을 보았을 경우 반평균이 100점 만점에 82점이라고 하면 그 반의 영어실력수준을 파악할 수 있겠지요.

2) 자료(현상)의 변화정도 파악

또한 자료의 변화여부와 변화정도를 표현하는 도구는 **산포도**(measures of dispersion/spread 혹은 variability)라고 하고, 구체적인 산포도 측정수단으로는 다음 절에서 설명하는 바와 같이 분산, 표준편차 등이 사용되고 있습니다. 위에서 예로 든 소비자만족도 응답값의 경우 평균이 4라고 했는데, 응답값의 변화폭이 0(zero)인 경우와 0이 아닌 경우(일단 아래에서 설명할 용어로 "표준편차"가 1이라고 가정합니다)인 경우를 비교해보겠습니다. 아래의 〈표 8-2〉 column A에서 볼 수 있는 바와 같이, 변화폭이 0인 예에서는 10명의 응답자들이 자신의 소비자만족도는 4라고 답했다는 이야기가 되겠습니다. 이 경우 소비자만족이라고 하는 현상은 모든 응답자에게 동일한, 변화하지 않는 현상이라고 하는 것이지요. 이에 반하여 아래의 〈표 8-1〉 column B에서 볼 수 있는 바와 같이, 변화폭이 0이 아닌 예에서는 10명의 응답자의 평균이 비록 4일지라도 각각의 응답자는 2, 3, 4, 5 중 하나의 응답을 선택하였고 이 응답값의 변화폭이 평균 4를 중심으로 1표준편차(직관적인 이해를 위하여 이곳에서는 표준편차의 의미에 대해 자세히 설명하지 않습니다) 만큼 벌어져 있다고 해석하게 됩니다. 즉, 소비자만족현상은 변하는 현상이고 변화폭이 어느 정도인지도 알게 되는 것이지요.

표 8-2
동일평균 상이 산포도의 예

응답자 번호	응답값의 변화폭이 0인 경우	응답값의 변화폭이 0이 아닌 경우
1	4	4
2	4	5
3	4	3
4	4	5
5	4	4
6	4	5
7	4	4
8	4	3
9	4	5
10	4	2
평균	4	4
변화폭	0	1

제2절 기술통계분석결과는 어떻게 해석하는가?

1. 빈도분석

〈표 8-3〉은 228명의 대학생을 대상으로 설문조사를 실시한 결과 중 응답자의 연령(age)의 빈도를 SPSS Statistics로 분석한 결과를 도수분포표로 정리한 것입니다. 전체 응답자 228명 중 3명은 연령에 관한 문항에 대답을 하지 않았고 이 것이 '시스템 결측값'이라는 행(row)에 제시되어 있습니다. 결국 유효한 응답을 제공한 응답자는 228명 중 225명이라는 이야기지요. 〈표 8-3〉을 보면 20세가 12명, 21세가 46명, …, 32세가 1명 등으로 나타나 있습니다. 〈표 8-3〉을 보면 응답자의 99.1%(누적퍼센트)가 20세에서 29세로 나타나 있고 30대 응답자는 단지 2명만 있는 것을 알 수 있습니다. 부가적으로 이 표를 보고 가능한 추측 중의 하나는, 이 설문에 대한 응답자들이 우리

나라의 전체 인구구성을 대표하지 못한다고 함을 알 수 있습니다. 여하간, 설문조사를 통해 50개의 변수에 대한 자료를 수집했다면 50개의 빈도분석이 가능한 것입니다. 이와 같은 빈도분석은 도수분포표나 도수분포곡선을 통해 해당 현상을 자세하게 설명해 주는 일을 하고 있습니다.

표 8-3

빈도분석 결과

AGE

		빈도	퍼센트	유효퍼센트	누적퍼센트
유효	20.00	12	5.3	5.3	5.3
	21.00	46	20.2	20.4	25.8
	22.00	38	16.7	16.9	42.7
	23.00	33	14.5	14.7	57.3
	24.00	20	8.8	8.9	66.2
	25.00	26	11.4	11.6	77.8
	26.00	26	11.4	11.6	89.3
	27.00	12	5.3	5.3	94.7
	28.00	6	2.6	2.7	97.3
	29.00	4	1.8	1.8	99.1
	30.00	1	.4	.4	99.6
	32.00	1	.4	.4	100.0
	합계	225	98.7	100.0	
결측	시스템 결측값	3	1.3		
합계		228	100.0		

2. 대푯값: 현상의 요약

위에서 간단히 설명한 바와 같이 대푯값은 조사대상 현상의 특징을 수로 요약해 주고 있습니다. 그러나, 수집된 자료를 요약해 주는 대푯값은 자료수집시 사용된 척도의 유형(즉, 사용된 숫자가 보유한 특징에 다라)에 따라 3가지 다른 대푯값으로 구분이 됩니다. 척도의 유형은 4종류이나 대푯값의 유형은 3종이 사용되고 있는 점이 흥미롭습니다.

1) 명목척도와 대푯값

먼저 자료가 명목척도로 측정이 된 경우에는 측정된 숫자가 가진 정보는 응답자들이 어떠한 집단에 속하는지 여부만을 표현해줍니다. 즉, 〈표 8-3A〉에서 볼 수 있듯이, 소비자만족도설문에 응답한 전체 1,000명 중 535명이 여성이고 나머지 465명이 남성인 경우, '응답자의 성별'이라고 하는 현상을 대표하는 대푯값은 **최빈값**(mode)이라고 하고 이 경우의 최빈값은 '여성' 혹은 '535명'이라고 표현합니다. 최빈값이란 최고의 빈도(frequency)를 가지는 값(value) 혹은 집단(category)을 지칭하고 있기 때문입니다(Singleton, Straits and Straits, 1993).

표 8-3A 명목척도의 대푯값 1

응답자 성별	빈 도
남	465
여	535
합 계	1,000
최빈값	여성/535명

한편, 아래의 〈표 8-3B〉는 100명의 응답자로부터 명목척도로 얻은 자료를 정리한 가상의 표입니다. 이 표를 통해 알 수 있는 것은 남, 여 별로 Sonata와 SM5를 동일한 수준(각 성별로 각 차종을 50%)으로 소유하고 있음을 알 수 있습니다. 원칙적으로 남성과 여성응답자가 25명씩 동수로 존재하는 경우에 최빈값은 존재하지 않는 것으로 해석합니다(Cooper and Schindler, 2001).

표 8-3B 명목척도의 대푯값 2

	남	여	소 계
Sonata	25명	25명	50명
SM5	25명	25명	50명
소 계	50명	50명	100명

2) 서열척도와 대푯값

다음, 어떠한 경영현상이 서열척도로 측정된 경우에 측정된 숫자가 가지는 정보는 응답자들의 평가치의 순서에 관한 내용을 지니고 있습니다. 이때 서열로 측정된 현상을 요약해 주는 대푯값은 **중앙값**(median)이라고 합니다. 중앙값은 모든 응답치의 중앙에 해당하는 값(value)입니다. 아래의 예는 3종의 자동차에 대해 9명의 응답자가 각각의 선호도를 서열척도(1등, 2등 3등)로 응답한 가상의 자료입니다. 이때 Sonata의 선호도는 어떻게 요약이 될까요?

표 8-4A

서열척도 수준으로 측정한 원(original)응답자료

응답자번호	Sonata	SM5	Lotze
1	1	2	3
2	2	1	3
3	3	2	1
4	1	2	3
5	2	1	3
6	1	3	2
7	1	2	3
8	2	1	3
9	1	2	3
합계	-	-	-

아래의 〈표 8-4B〉는 〈표 8-4A〉의 순위자료를 재구성한 자료입니다. 이 표는 Sonata 응답자료를 중심으로 Sonata를 1등이라고 평가한 응답자부터 3등이라고 평가한 응답자의 순으로 원 응답자료를 재배치한 자료입니다. 이 경우 Sonata에 대한 순위를 기준으로 재배열된 9명의 응답자 중 가운데인 5번째(응답자번호가 5번과는 관계 없습니다) 응답자가 Sonata에 대해 평가한 순위인 1위가 Sonata의 순위를 대표해 주는 중앙값이 됩니다. 즉, 응답자들은 Sonata를 대표적으로 1위로 평가한다는 것입니다. 이러한 방식으로 원 순위자료를 재배열하면 SM5의 중앙값 2위 그리고 Lotze의 중앙값 3위를 얻을 수 있습니다.

표 8-4B 서열척도 수준으로 측정한 원(original) 응답자료를 재구성한 자료

응답자번호	Sonata	SM5	Lotze
1	1	2	3
4	1	2	3
6	1	3	2
7	1	2	3
9	1*	2*	3*
2	2	1	3
5	2	1	3
8	2	1	3
3	3	2	1
중앙값	1위	2위	3위

3) 등간척도/비율척도와 대푯값

자료가 등간척도 혹은 비율척도로 측정된 경우에 이러한 자료를 요약해주는 대푯값은 **평균**(mean)이라고 지칭합니다. 평균이란 모든 응답자의 응답값을 더하고 이를 모든 응답자의 수로 나누어서 구해집니다.

평균(mean) (식 8-1)
평균($=\overline{X}$)
=(응답값의 합)/(응답자 수)
$=\Sigma X_i/N$

〈표 8-2〉의 예 중 9명의 응답이 각각 4인 경우의 평균산출은 (4+4+⋯+4)/9=(4 * 9)/9=4가 되는 것이지요. 사실 평균이라고 하는 대푯값 개념은 우리에게 상당히 친숙한 개념이라고 할 수 있습니다. 도입사례에서도 간단히 살펴본 바와 같이, 우리가 각종 시험을 치루게 되면 각 과목 평균, 전과목 평균 등을 산출해서 석차를 계산하게 되는데, 이때 사용되는 평균개념이 바로 비율척도로 측정된 자료의 대푯값인 것이지요.

3. 산포도: 현상의 변화정도

숫자로 측정된 사회현상을 요약하는 것은 단순히 그러한 현상의 크기만을 알아보려고 하는 이유에서 만이 아닙니다. 자료 요약기술(descriptive summary)의 좀더 중요한 목적은 과연 조사의 대상이 되는 사회현상이 변하는 현상인지의 여부와, 변화한다면 변화폭은 어느 정도인지를 알아보는 데에 더 큰 의미가 있습니다. 소비자만족도 예를 들어보지요. 소비자만족도의 변화폭이 존재하고(즉, 0이 아니고), 재구매의도의 변화폭도 존재한다면(즉, 0이 아니라면), 소비자만족도의 변화가 재구매의도의 변화를 일으키는지, 변화를 일으킨다면 그 소비자만족도 '변화'에 의한 재구매의도 '변화'의 크기는 얼마인지가 분석가능하게 됩니다. 즉, 소비자만족과 재구매의도간의 관계가 객관적으로 분석되게 되는 것이지요. 결국 변하는 숫자들간의 분석만이 가능하기 때문에 자료의 변화폭이 0(zero)인 경우에는 자료간의 관계를 밝힐 수 있는 방도가 없게 되는 것입니다. 한편 이와 유사한 맥락에서 비록 자료변화폭이 존재하더라도 이러한 변화의 크기가 아주 작을 경우에는 현상들간의 관계분석이 쉽지 않을 가능성도 존재합니다.

변하는 현상인지를 판단하기 위해서는 변화여부를 판단할 수 있는 기준이 필요하게 되는데, 어떠한 기준을 사용하는가에 따라 다양한 산포도 판단도구가 개발되었습니다. 한편, 명목척도(nominal scale) 혹은 서열척도(ordinal scale) 수준으로 측정된 현상의 경우 그 고유의 특성상 수들(numbers)간의 가감승제가 가능하지 않습니다. 따라서 명목척도나 서열척도로 측정된 사회현상의 경우에는 일반적인 의미의 변화폭 계산이 의미가 없게 됩니다. 물론 일부 비모수통계(non-parametric statistics)기법을 적용해서 명목척도나 서열척도 수준으로 측정된 현상들간의 관계가 어느 정도 분석가능합니다만 이는 일반적이기보다는 예외적이라고 할 수 있습니다. 따라서 아래에서는 등간 및 비율척도 수준에서 의미가 있는 산포도 측정도구들을 살펴보도록 합니다.

1) 범 위

범위(range)란 최대응답값과 최소응답값의 차이를 뜻합니다. 위의 〈표 8-2〉의 column B에 제시된 응답값의 경우를 다시 예로 들면, 최대응답값은 5이고 최소응답값은 2이므로 이 경우 범위는 3(=5−2)이 되겠습니다. 간단하지요? 일단 범위가 0이 아니고 그 크기가 상당하다면 동현상은 '변화하는 현상' 이라고 판단할 수 있겠지요. 범위는 계산하기 쉽지만 상대적으로 다른 산포도 도구들보다 제한된 정보만을 제공해 준다고 할 수 있습니다. 그러나 조사표본의 크기가 20보다 작은 소표본의 경우에는 범위(range)라는 산포도 도구를 통계적 유의성검사(statistical significance tests: 아래 장에서 설명)에 사용하기도 한다는 점만을 추가적으로 알아두기로 합니다(Kerlinger, 1986).

2) 편 차

편차(deviation)란 개인의 응답값에서 평균을 차감한 수($=X_i-\overline{X}$)입니다. 아래의 〈표 8-5〉에서 살펴볼 수 있는 바와 같이, 편차는 응답자의 수만큼 존재할 수 있습니다. 아래의 예의 경우에 10개의 편차가 계산됩니다. 편차의 크기는 0에서 −3까지로 나타나 있습니다. 어떠한 편차를 선택하는가에 따라 편차가 없는 것 같기도 하고 있는 것 같기도 합니다. 따라서 대표적인 편차는 어떻게 정해야 하는지의 문제가 발생합니다. 간단한 해법으로 편차들의 평균을 생각해볼 수 있지요. 즉 편차의 합(〈표 8-5〉의 B)을 편차의 수(10)로 나누어 주는 것이지요. 이 경우에 결과는 0이 됩니다. 이처럼 편차개념의 단점은, 개별적으로 편차가 실질적으로 존재하더라도(즉, 변화폭이 0이 아닌 경우라도) 편차의 합은 0이 될 수 있고 '대표적 편차' 도 0이 될 수 있다는 점에 있습니다. 즉, 편차라는 도구는, 실제로 존재하는 변화폭의 크기를 경우에 따라서는 보여주지 못한다는 최대 단점이 있는 것입니다. 따라서 아래에서 설명하는 다른 산포도 판단도구가 개발되었습니다.

표 8-5

편차, 분산, 표준편차

응답자 번호	응답값	편차(=응답값-평균)	편차제곱
1	4	0(= 4-4)	0
2	5	1(= 5-4)	1
3	3	-1(= 3-4)	1
4	5	1(= 5-4)	1
5	4	0(= 4-4)	0
6	5	1(= 5-4)	1
7	4	0(= 4-4)	0
8	4	0(= 4-4)	0
9	5	1(= 5-4)	1
10	1	-3(= 1-4)	9
합	40(= A)	0(= B)	14(= C)
응답자수	10(= D)		
평균	4(= 40/10 = A/D)		
분산	1.4(= 14/10 = C/D)		
표준편차	$\sqrt{1.4}$		

3) 분 산

(1) 분산의 구분

(표본)분산(sample variance)은 편차제곱의 합을 응답자수(정확하게는 "응답자수－1"입니다만, '응답자수 아닌 "응답자수－1"로 나누는 이유는 추후 설명하도록 하겠습니다)로 나누어서 산출합니다.

분산(variance) (식 8-2)

분산(=S^2)

=(편차 제곱의 합)/(응답자의 수－1)

$=\Sigma(X_i-\overline{X})^2/(N-1)$

개별편차가 0이 아닌 경우에도 편차들의 합은 0이 될 수도 있습니다. 그러나 개별편차가 0이 아닌 경우에 편차의 제곱은 0이 될 수 없고, 따라서 이러한 편차가 하나라도 있는 경우는 편차제곱의 합은 0이 될 수 없습니다. 위의 예에서 보면, 편차제곱의 합(C)은 14입니다. 이것을 응답자의 수(=10)로 나누어 주면 1.4가 되지요. 분산은 평균으로부터 개별응답값들이 '평균적으로' 얼마나 벌어져 있는지를 요약해 주는 도구입니다. 편차는 응답자수만큼 존재하지만 분산은 하나만 존재합니다.

분산의 장점은 어떠한 현상의 변화방향과는 상관 없이(즉, 평균보다 낮은 응답이나 높은 응답을 모두 반영) 어떠한 현상의 변화폭이 존재하는 양(의 제곱)에 비례해서 분산의 크기가 결정되므로, 어떠한 현상의 변화폭을 대표적으로 쉽게 파악할 수 있는 도구가 된다는 점입니다. 그러나, 분산의 단점은 분산이 편차의 '제곱'으로 표현되기 때문에 실제로 응답이 측정된 단위보다 매우 큰 숫자로 표현이 된다는 점이고, 따라서 실제 측정단위를 기준으로 어느 정도의 변화폭이 존재하는지에 대한 직관적인 답을 줄 수 없다는 점이 지적됩니다.

분산은 기술통계는 물론 추리통계에서도 중요한 역할을 수행합니다. 따라서 분산의 여러 가지 유형이 개발되어 사용되어 오고 있습니다. 먼저, **모분산**(population variance)과 **표본분산**(sample variance)을 구분할 수 있습니다. 모집단을 대상으로 측정한 응답값의 분산을 모분산이라고 하고 표본을 대상으로 측정한 응답값의 분산을 표본분산이라고 합니다. 앞에서도 수 차례 지적한 것과 같이, 전수조사보다는 표본조사가 일반적인 관계로, 우리가 분산이라고 말하는 대부분의 경우는 사실 표본분산이라고 할 수 있습니다.

그런데 (표본)분산의 실제 계산시에는 표본을 구성하는 응답자의 수(=N)로 나누지 않고 '응답자수−1(=$N-1$)'로 나누게 됩니다. N으로 나눈 결과와 $N-1$로 나눈 결과간의 차이는 무엇일까요? 공식적인 분산의 계산시에 N이 아닌 $N-1$로 분자를 나누는 이유는, 표본분산은 모분산보다 변동폭이 약간 작은 경향이 있기 때문입니다. N으로 나눌 경우보다 $N-1$로 나누어 줌으로써 표본분산이 모분산에 접근하도록 할 수 있기 때문입니다(Malhotra, 2002).

또한, 모분산 혹은 표본분산의 전체를 **총/전체 분산**(total variance)이라고 부릅니다. 그런데 현실세계에서의 측정은 여러 가지 이유로 완벽하지 못합니다. (총)분산은 어떠한 현상을 측정했을 때 이 현상의 변화폭을 나타내는 도구이지만, 이러한 변화폭에는 측정대상 현상의 변화만이 아닌 다른 현상의 변화도 포함될 가능성이 있습니다. 예를 들어서 IQ 테스트를 실행하는 경우를 생각해 볼까요? 10명의 학생이 IQ 테스트를 한 경우 평균이 100(즉 10명의 학생들의 IQ의 평균이 100), 분산이 100이라고 가정하겠습니다. 이때의 분산은 IQ라는 현상의 변화폭을 나타낸다고 일반적으로 말할 수 있겠지요. 즉 100이라는 (총/전체)분산은 10명의 학생 IQ의 변화폭을 나타낸다고 해석하는 것이 일반적입니다. 그러나 10명의 학생 중 일부는 조렬한 운동 후 IQ 테스트를 보고 일부는 잘 쉰 다음 IQ 테스트를 보았다고 가정하면 100이라는 총분산 중 적어도 일부는 일부 학생들의 피곤 때문에 야기되었을 가능성이 있습니다. 한 걸음 더 나아가서 10명의 학생들이 영어실력이 매우 다른데 IQ 테스트가 영어로 되어 있는 경우였다면, 총분산 100에는 진정한 IQ의 차이로 인한 부분보다는 영어실력 차이로 인한 변화폭이 더 클 가능성이 있습니다. 이처럼 총분산에는 측정대상 현상의 변화폭에 기타 통제할 수 있거나, 혹은 미리 생각하지 못한 현상의 변화폭까지 포함되어 있다고 보는 것이 합리적입니다. 이때, 측정대상 현상에 기인하는 변화폭을 **체계적 분산**(systematic variance)이라고 하고, 기타(모르는) 원인에 의한 변화폭을 **비체계적 분산**(unsystematic variance)이라고 지칭합니다.

또한 체계적 분산은 **집단간 분산**(between groups variance) 혹은 **실험분산**(experimental variance)으로 불리기도 하는데, 이는 독립변수를 인위적으로 조절하는 실험설계접근법을 사용해서 현상간의 관계를 연구하는 경우 독립변수(즉 실험변수)에 의해 야기된 종속변수의 (분산의) 변화폭을 실험분산 혹은 집단간 분산이라고 부르는 것과 밀접한 관련이 있습니다. 일반적인 실험설계에서는 연구대상 전체를 실험집단과 통제집간의 두 집단으로 나누고 실험집단에는 독립변수의 영향을 받도록 하고(예: 영어 과외교습을 하고) 통제집단에는 이 영향을 받지 않도록 합니다(예: 영어 과외교습을 하지 않습니다). 따라서 독립변수(영어 과외교습)의 효과가 존재한다면 두 집단간에 종속변수인 영어시험결과에 차이가 나겠지요. 즉, 이 경우 집단이 다르다는 것은 독립변수의 영향을 받았는지 아닌지가 구분이 되는 것이고, 따라서 독립변수에 의한 분산을 집단간 분산으로 부르기도 합니다.

한편 비체계적 분산은 **집단내분산**(within-group variance) 혹은 **오차분산**(error variance)으로도 부릅니다. 위의 실험설계 예에서 집단이 다르기 때문에 발생하는 분산이 집단간 분산임에 비해, 같은 집단 내에서 발생하는 현상의 변화폭을 집단내분산이라고 합니다. 이것은 독립변수(실험변수) 이외의 불확실한 원인에 의해 발생하는 분산이기 때문에 오차분산으로 불리기도 합니다.

분산은 하나의 현상, 즉 변수의 변동폭을 알려주는 도구입니다. 그런데 분산과 밀접한 관련이 있으면서 현상들간의 관계, 즉 변수들간의 관계분석에 중요한 개념이 있습니다. **공분산**(covariance)이 바로 그것입니다. 공분산이란 기본적으로 하나의 변수(예: X)의 편차에 다른 변수(예: Y)의 편차를 곱해서 산출되는 결과입니다. 즉, 하나의 변수가 변함에 따라 다른 변수가 어떤 방향으로 얼마나 변화하는가를 보여주는 도구입니다.

공분산(covariance) (식 8-3)

$$\text{공분산}(=COV_{xy}) = \Sigma(X_i\text{의 편차})(Y_i\text{의 편차})/(\text{표본크기}-1)$$

$$= \Sigma(X_i - \overline{X})(Y_i - \overline{Y})/(N-1)$$

(2) 분산과 공분산의 중요성

분산과 공분산은 자료의 통계분석에 있어서 매우 중요한 개념/도구입니다. 그 이유로는 크게 2가지를 거론할 수 있겠습니다(Kerlinger, 1986). 첫째, 분산과 공분산은 현상(즉, 변수)의 변화폭 혹은 현상(변수)들간의 관계를 요약해줍니다. 사회과학연구의 대부분은 사실 현상들간의 공통변화(covariation) 여부 및 변화의 폭을 분석하는 것입니다. 둘째, 분산과 공분산은 많은 통계분석기법의 척추와 같은 역할을 수행하고 있습니다. 아래의 관련 장에서 설명할 것이지만, 예를 들면 분산분석(analysis of variance)이란 기본적으로 분산의 원인(집단간과 집단내분산으로 구분)을 분석하는 기법이고, 요인분석(factor analysis)이란 사실 변수간의 공분산을 분석하는 것입니다. 그리고 현존하는 통계분석기법 중 가장 진보된 것으로 평가할 수 있는 구조방정식(structural equation modeling)도 사실 공분산의 분석을 통해 현상간의 복잡한 관계를 추론해 내는 것이라고 할 수 있습니다.

4) 표준편차

표준편차(standard deviation)는 분산에 제곱근을 적용하여 얻어지는 수($S=\sqrt{S^2}$)입니다. 위의 〈표 8-5〉에서 볼 수 있는 바와 같이 분산과 표준편차는 같은 뿌리에서 나왔음을 알 수 있습니다.

표준편차의 장점은 분산의 장점을 그대로 보유하되, 현상의 측정단위와 동일한 단위로 표현된(편차의 제곱에 다시 제곱근을 씌워 계산한 것이므로) 변화폭 설명도구라고 하는 점입니다. 이처럼 표준편차의 개념은 분산의 장점을 보유하면서 단점을 제거한 것이기 때문에 단점이 별로 없는 변화폭 측정도구라고 할 수 있습니다. 한편, 표준편차도 기술통계는 물론 추리통계에 많은 역할을 하고 있습니다. 따라서 일반적으로 현상의 변화폭을 나타내는 도구로는 분산 혹은 표준편차가 대표적으로 사용되고 있습니다.

기술통계분석은 어떻게 실행하는가? 제3절

SPSS Statistics를 이용한 기술통계분석은 main 메뉴에서 **분석 → 기술통계량 → 빈도분석** 혹은 **분석 → 기술통계량 → 기술통계**를 선택해서 수행하게 됩니다. 단, 어떠한 통계분석이든 분석대상 자료가 없이는 분석 자체가 진행되지 않습니다. 따라서 분석대상 자료파일을 열어 놓고 각종 분석을 시작해야 합니다. SPSS 메뉴에서 빈도분석메뉴는 사용된 근원척도와 관계없이 사용할 수 있으나 주로 명목·서열변수의 수준으로 측정된 자료를 분석할 때 사용하고, 기술통계메뉴는 등간, 비율척도로 측정된 자료를 잘 요약·정리하는 데 사용하게 됩니다.

한편, SPSS main 메뉴 중 빈도분석메뉴를 사용하건 기술통계메뉴를 사용하건 빈도분석(frequency analysis), 대푯값(measure of central tendency) 및 산포도(measure of dispersion)를 동시에 분석할 수 있게 프로그램이 구성되어 있습니다.

1. 빈도분석메뉴

위에서도 설명한 바와 같이, SPSS Statistics 빈도분석은 설문조사에서 수집한 조사대상 현상의 특징에 대한 중요한 기초정보를 제공합니다.

1) 빈도분석메뉴 시작방법

우선, 분석대상 자료파일을 불러옵니다. 다음에는 〈그림 8-2A〉에서와 같이, SPSS main 메뉴 중 **분석**(A) → **기술통계량**(E) → **빈도분석**(F)을 선택합니다.

그림 8-2A

빈도분석메뉴 시작

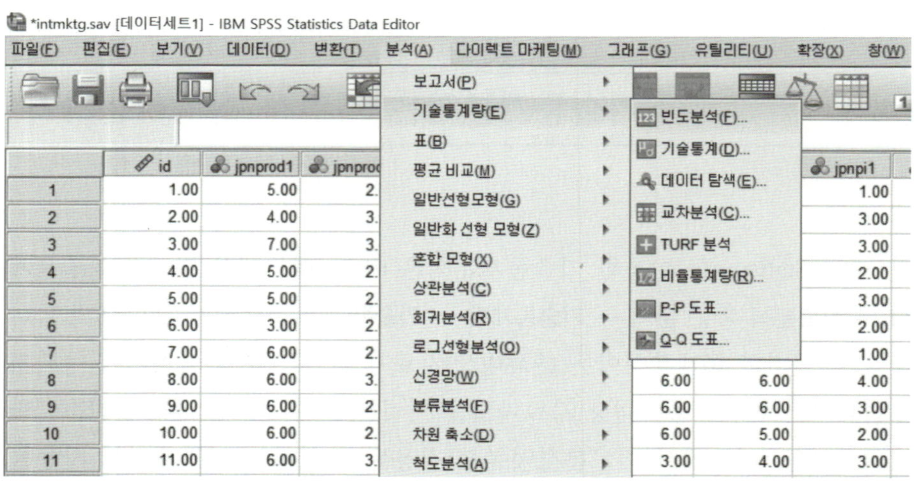

위와 같은 선택을 하게 되면, 〈그림 8-2B〉처럼 빈도분석의 초기화면이 나타나게 됩니다.

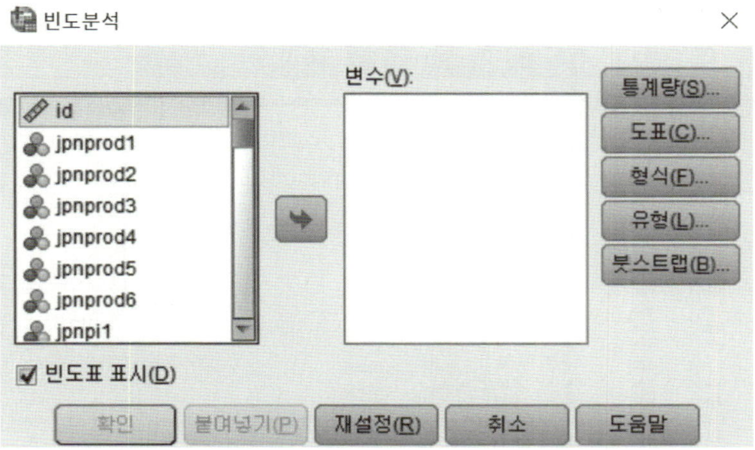

그림 8-2B

빈도분석 초기화면

〈그림 8-2B〉에서 보면 그림 아래쪽 부분에 통계량(S), 도표(C), 형식(F)의 세 개의 분석 키가 있습니다. 이를 차례로 설명하면 〈표 8-6〉과 같습니다.

표 8-6

빈도분석 분석 키 설명

종류	내 용
통계량(S)	대푯값/중심경향(평균, 중위수, 최빈값, 합계), 산포도(표준편차, 최소값, 최대값, 분산, 범위, 평균의 표준오차) 등의 통계량을 지정하여 계산할 수 있습니다.
도 표(C)	막대도표, 원도표, 히스토그램 등 도표의 형식을 지정할 수 있습니다.
형 식(F)	어떤 순서대로 출력할 것인지의 출력순서와 표 출력 범주 등을 설정할 수 있습니다.

먼저 세 개의 분석 키 중 통계량(S)을 선택하여 클릭하면 〈그림 8-2C〉화면을 얻을 수 있습니다. 이 화면에는 기본적으로 백분위수, 대푯값/중심경향, 산포도 및 분포의 계산과 관련된 선택을 할 수 있게 되어 있습니다. 이때, 집중경향 및 산포도와 관련된 내용은 위에서 설명한 바와 동일한데, 연구자가 원하는 대푯값/중심경향과 산포도의 도구를 지정하여 계산해 낼 수 있게 되어 있습니다. 백분위수란 연구자가 지정하는 특정한 누적백분율(%)에 해당하는 응답값을 나타내 줍니다. 한편, 분포란 정상분포의 곡선인지 아닌지 여부를 판단해 주는 도구입니다.

그림 8-2C

빈도분석 키 중 통계량(S) 선택시 화면

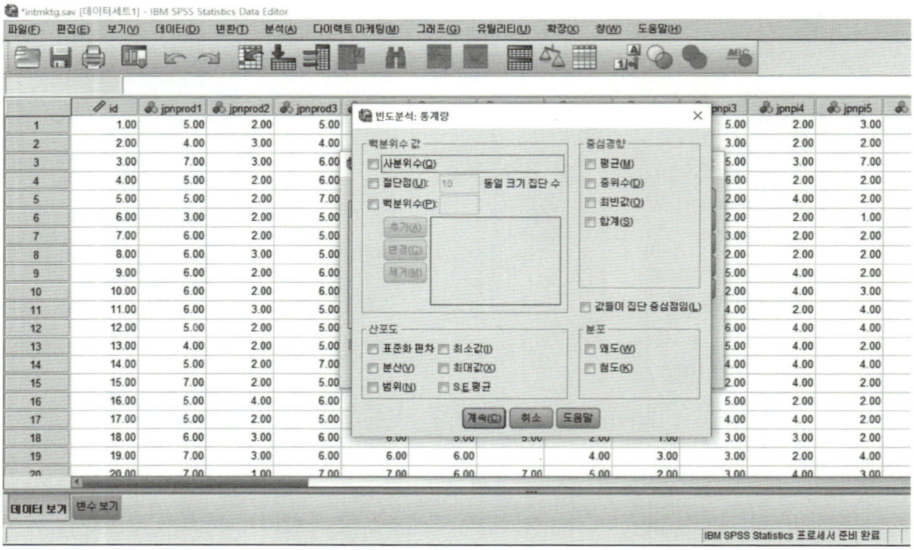

이때 왜도(skewness)란 정상분포곡선이 좌우로 기울어진 정도를 의미하는데, 정상분포(다음 장에서 설명합니다)의 경우 왜도값이 0이며, 분포곡선이 정상분포 대비 좌측으로 기울어지면 (+)값으로, 우측으로 기울어지면 (−)값으로 나타내 줍니다. 첨도(kurtosis)란 정상분포곡선이 뾰족한 편인지 완만한 편인지를 의미하는데, 정상분포의 경우 첨도값도 0이며 뾰족한 편일수록 (+)값으로, 완만한 편일수록 (−)값으로 나타내 줍니다.

둘째, 세 개의 분석 키 중 도표(C)를 선택하여 클릭하면 〈그림 8-2D〉와 같은 화면을 얻게 됩니다. 〈그림 8-2D〉의 pop-up 창에서 볼 수 있는 바와 같이, SPSS 빈도분석에서의 도표는 막대도표, 원 도표, 히스토그램의 3가지 형식으로 이루어져 있습니다.

셋째, 세 개의 분석 키 중 형식(F)을 선택하여 클릭하면 〈그림 8-2E〉와 같은 화면을 얻게 됩니다. 〈그림 8-2E〉의 pop-up 창에서 볼 수 있는 바와 같이 SPSS 빈도분석에서 형식 키는 빈도분석결과를 일정한 순서에 따라 정렬할 수 있게 해줍니다. 또 변수가 여러 개인 경우 변수들을 비교할 것인지, 각 변수별로 출력결과를 나타낼 것인지 설정할 수 있으며 빈도분석표의 출력범주 제한도 설정할 수 있게 되어 있습니다.

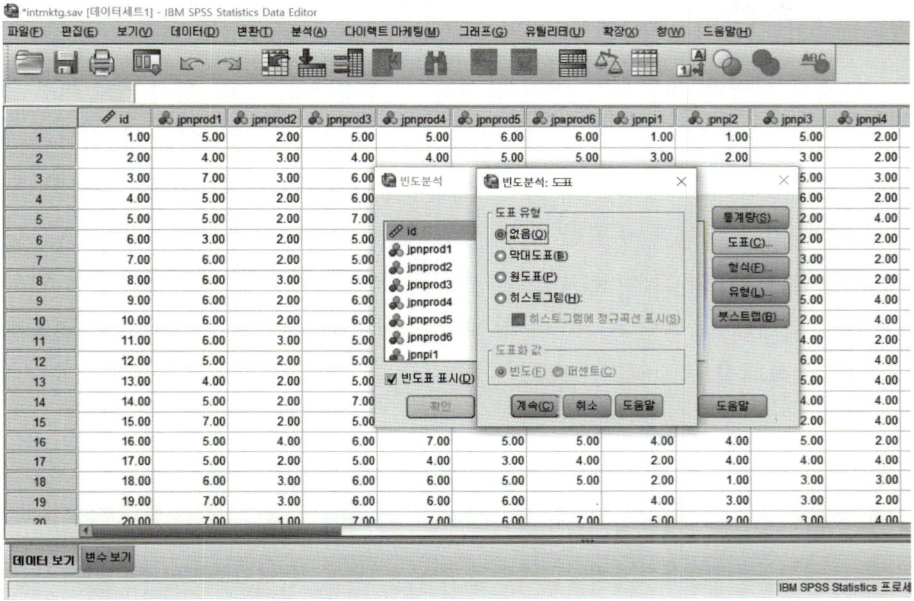

그림 8-2D

빈도분석 키 중 도표(C) 선택시 화면

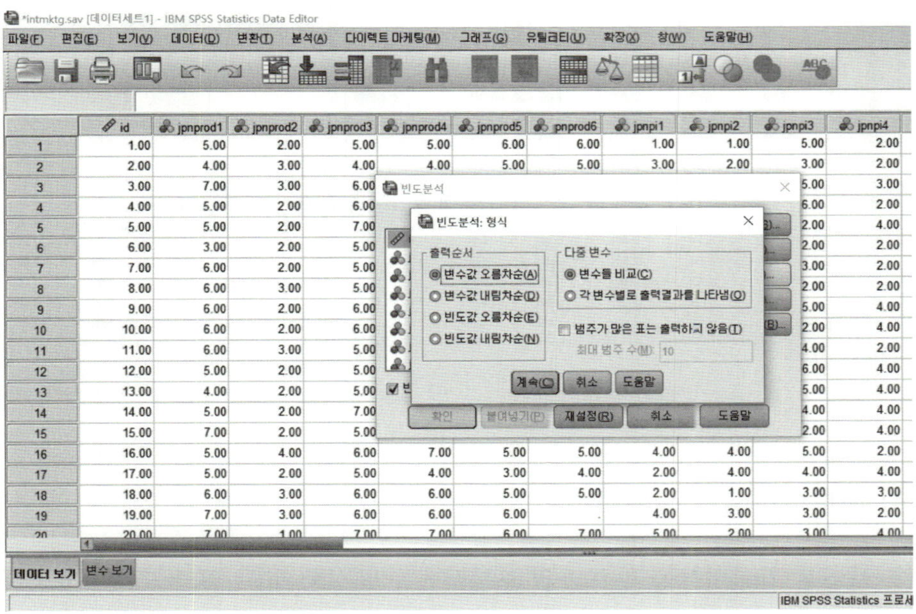

그림 8-2E

빈도분석 키 중 형식(F) 선택시 화면

2) 빈도분석메뉴 실행방법

위에서 설명한 빈도분석 관련 옵션을 설정(통계량, 도표, 형식 키의 세부 옵션 선택)한 다음에는 〈그림 8-2F〉의 창으로 돌아오게 됩니다. 이 빈도분석 대화상자 창에서 분석하기를 원하는 변수를 마우스로 클릭하여 선택한 후 가운데에 있는 화살표 버튼을 누르거나 더블 클릭하면 오른쪽의 변수(V) 칸에 옮겨집니다. 이 칸에 옮겨진 변수는 연구자가 선택한 빈도분석대상 변수가 된 것입니다. 〈그림 8-2F〉의 창에서는 성별(gender), 연령(age), 직업(job)을 빈도분석대상 변수로 선택했습니다.

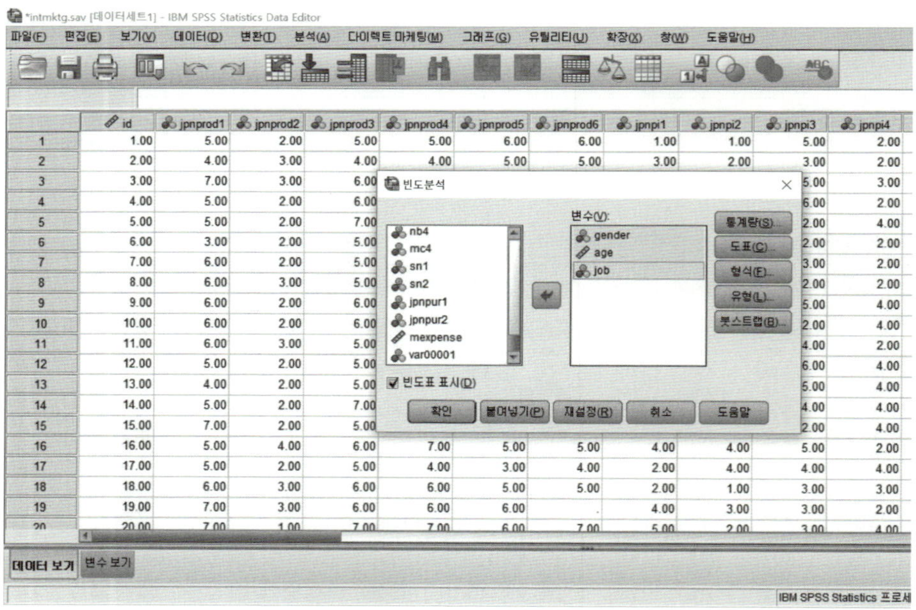

그림 8-2F
빈도분석메뉴 실행방법

3) 빈도분석메뉴 실행결과

이어서 확인버튼을 누르면 빈도분석메뉴가 실행되고 〈표 8-7A〉에서 〈표 8-7D〉와 같은 결과 창이 나타납니다. 필요시 결과 창은 SPSS output 파일로 저장할 수도 있습니다. 빈도분석결과를 보면, 총 228명의 응답자 중 2명, 3

통계량

		GENDER	AGE	JOB
N	유효	226	225	226
	결측	2	3	2

표 8-7A

빈도분석결과

GENDER

		빈도	퍼센트	유효퍼센트	누적퍼센트
유효	1.00	88	38.6	38.9	38.9
	2.00	138	60.5	61.1	100.0
	합계	226	99.1	100.0	
결측	시스템 결측값	2	.9		
합계		228	100.0		

표 8-7B

빈도분석결과-성별

AGE

		빈도	퍼센트	유효퍼센트	누적퍼센트
유효	20.00	12	5.3	5.3	5.3
	21.00	46	20.2	20.4	25.8
	22.00	38	16.7	16.9	42.7
	23.00	33	14.5	14.7	57.3
	24.00	20	8.8	8.9	66.2
	25.00	26	11.4	11.6	77.8
	26.00	26	11.4	11.6	89.3
	27.00	12	5.3	5.3	94.7
	28.00	6	2.6	2.7	97.3
	29.00	4	1.8	1.8	99.1
	30.00	1	.4	.4	99.6
	32.00	1	.4	.4	100.0
	합계	225	98.7	100.0	
결측	시스템 결측값	3	1.3		
합계		228	100.0		

표 8-7C

빈도분석결과-연령

표 8-7D

빈도분석결과-직업

JOB

		빈도	퍼센트	유효퍼센트	누적퍼센트
유효	1.00	165	72.4	73.0	73.0
	2.00	31	13.6	13.7	86.7
	3.00	29	12.7	12.8	99.6
	11.00	1	.4	.4	100.0
	합계	226	99.1	100.0	
결측	시스템 결측값	2	.9		
합계		228	100.0		

명, 2명(결측값)이 각 분석대상 변수에 대한 응답을 하지 않았음을 알 수 있습니다. 각 변수에 대한 빈도는 〈표 8-7B〉에서 〈표 8-7D〉에 이해하기 쉽게 명확하게 제시되어 있습니다.

2. 기술통계메뉴

위에서도 설명한 바와 같이, SPSS Statistics 기술통계도 설문조사에서 수집한 조사대상 현상의 특징에 대한 중요한 기초정보를 제공합니다.

1) 기술통계메뉴 시작방법

우선, 〈그림 8-3A〉처럼 분석대상 자료파일을 불러옵니다.

그 다음에는 빈도분석의 경우와 비슷하게 〈그림 8-3B〉에서와 같이, SPSS main 메뉴 중 **분석**(A) → **기술통계량**(E) → **기술통계**(D)를 선택합니다.

일단 기술통계(D)를 선택하게 되면 〈그림 8-3C〉에서 볼 수 있는 창이 뜨게 되는데, 이 창에는 기술통계메뉴에서 선택할 수 있는 분석옵션을 지정하는 버튼이 있습니다. 이 옵션버튼을 통해 연구자가 원하는 여러 가지 세부적인 분석기능을 설정해 주면 됩니다.

옵션을 선택하기 전에, 일단 기술통계의 대상이 되는 변수를 지정해 줍니다. 즉, 기술통계 창의 왼쪽 칸의 변수들 중 기술분석을 하고 싶은 변수를 선

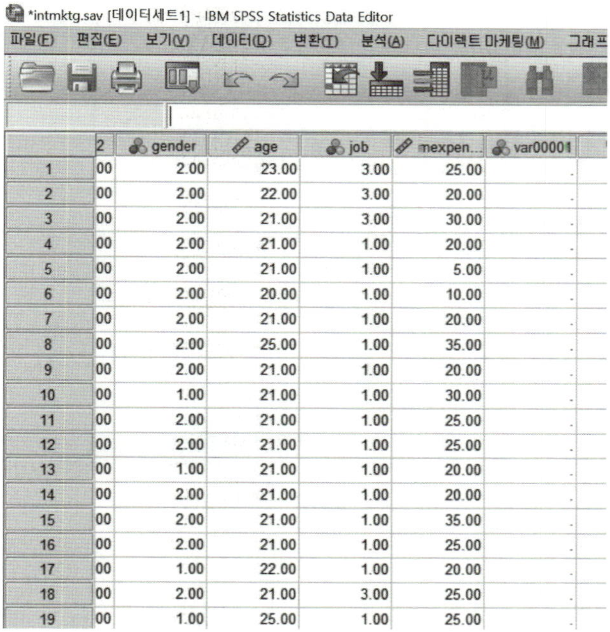

그림 8-3A

기술통계메뉴 실행방법

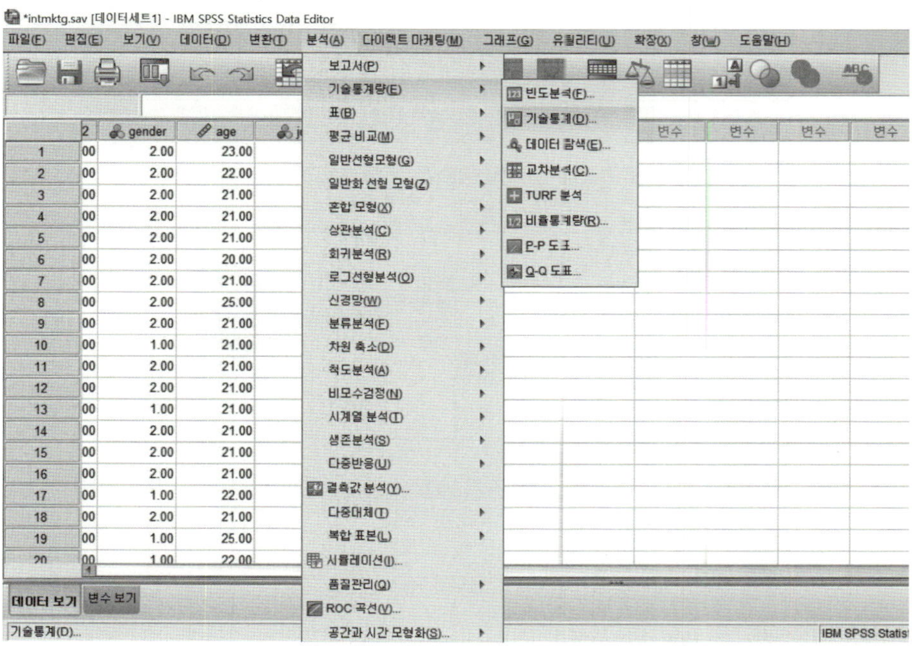

그림 8-3B

기술통계메뉴 실행방법

그림 8-3C

기술통계메뉴 실행방법

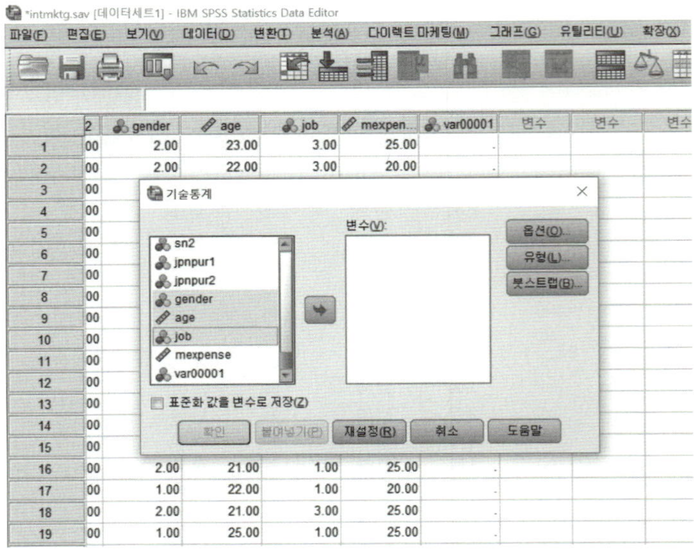

택해서 화살표 버튼을 클릭하면 〈그림 8-3D〉에서와 같이 오른쪽 칸으로 선택된 변수들이 이동하게 됩니다.

그림 8-3D

기술통계메뉴 실행방법

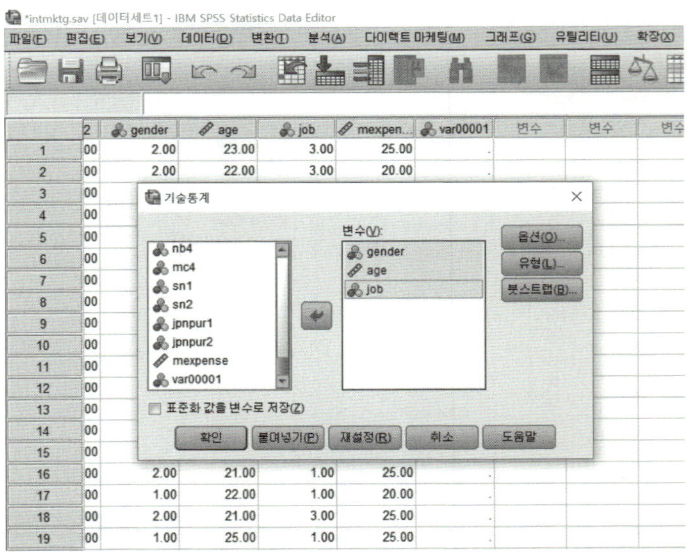

2) 기술통계메뉴 실행방법

옵션버튼을 클릭하면, 〈그림 8-3E〉에서 볼 수 있는 옵션 창이 뜨게 됩니다. 이 곳에서 선택할 수 있는 기술통계분석 내용으로는 평균, 산포도, 분포, 출력순서가 있습니다. 이 중 원하는 분석내용을 체크하고, 계속 버튼을 누르면 기술통계 메뉴가 실행됩니다.

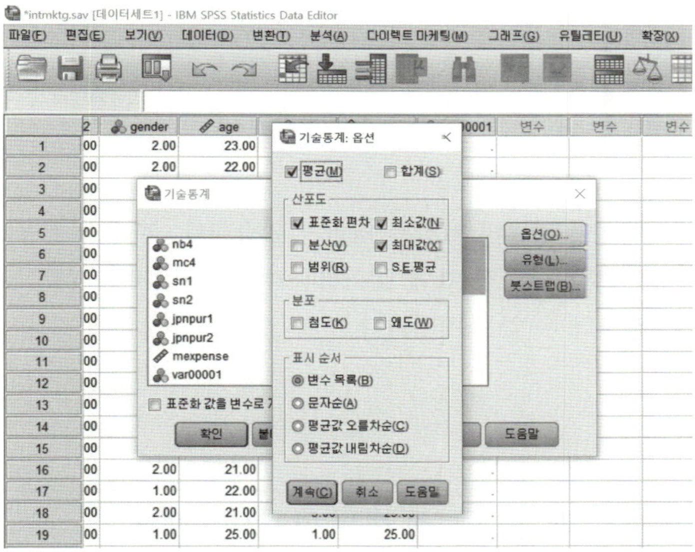

그림 8-3E

기술통계메뉴 실행방법

3) 기술통계메뉴 실행결과

기술통계메뉴가 실행되면 〈그림 8-3F〉와 같은 결과 창을 얻게 됩니다. 이곳에 나타난 기술통계 분석결과를 해석하던 되는 것이지요. 그런데 결과 창에서(또 〈그림 8-3C〉 〈그림 8-3D〉의 변수선택에서) 무엇인가 이상한 점이 발견되었나요?

〈그림 8-3F〉의 결과를 보면, 성별과 직업의 평균이 계산되어 있습니다. 성별과 직업은 명목변수의 수준에서 측정되는 현상입니다. 명목변수로 측정된 결과는 가감승제의 의미가 없다고 하는 점을 기억하겠지요? 명목변수로

그림 8-3F

기술통계메뉴 실행방법

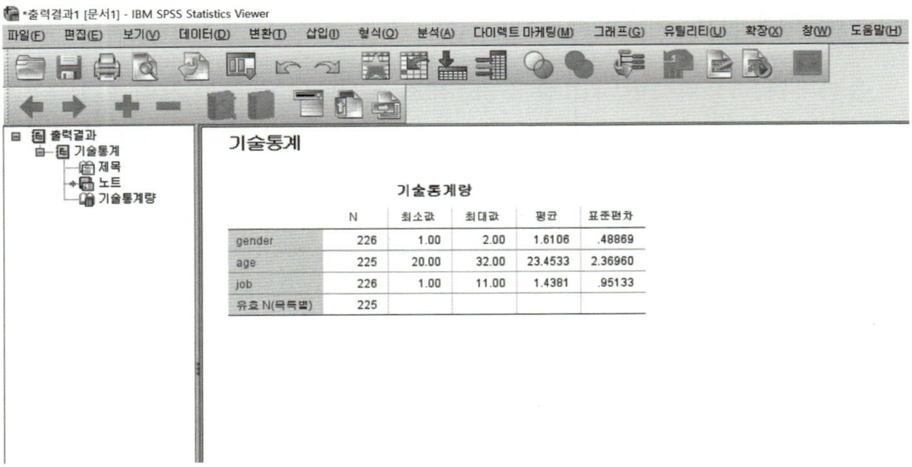

측정된 현상에 대한 평균의 계산은 의미가 없습니다. 따라서 잘못된 분석이라고 할 수 있습니다. 멋진 표에 분석결과가 제시되었다고 해도 그 결과는 아무런 의미를 가질 수 없는 것입니다.

제4절 기술통계분석과 다른 통계분석간의 관계

다양한 통계기법들은 사용되는 기준에 따라 아래와 같은 몇 가지 유형으로 구분할 수 있습니다(〈표 8-8〉 통계분석기법의 종류 참조).

1) 기술통계분석과 추리통계분석

위에서도 설명한 바와 같이, **기술통계분석**(descriptive statistics)이란 변수에 대한 설명의 목적을 가진 통계분석입니다. 이에 비해서 **추리통계분석**(inferential statistics)이란 표본에서의 변수간의 관계가 모집단에서도 성립하는지를 추론(모수추정 및 가설검정)하는 목적을 가진 통계분석이라고 할 수 있습니다. 물론 기술통계가 추리통계의 기초정보를 제공해 준다고 할 수 있습니다.

2) 모수통계분석과 비모수통계분석

모수통계(parametric statistics)란 현상이 등간척도 혹은 비율척도로 측정되어 모집단의 특성(분포, 표본오차 등)에 대한 정보가 충분하기 때문에 표본통계량으로 모수추정(parameter estimation)이 가능한 통계분석기법입니다. 이에 비해서 **비모수통계**(non-parametric statistics)란 현상이 명목척도나 서열척도로 측정되어 모집단의 분포형태나 모수의 특징을 추론해 내기 어려운 경우에 사용하는 분석기법입니다.

3) 단일변량통계분석과 다변량통계분석

분석대상 변수의 수를 기준으로 통계분석기법들을 구분하면, 하나의 변수를 대상으로 통계분석을 실시하는 **단일변량 통계분석**(univariate statistics)과 두 개 이상의 변수들을 대상으로 하는 통계분석인 **다변량 통계분석**(multivariate statistics)으로 나눌 수 있습니다. 단일변량 통계분석은 하나의 변수에 대한

표 8-8 통계분석기법의 종류

	기술통계*	추측통계	
		모수통계	비모수통계
단일변량통계	빈도분석 대푯값** 산포도	단일평균검정	run test binomial test
다변량통계	요인분석 신뢰성분석	t-test 분산분석 상관관계분석 회귀분석	χ^2 test Kendall test

*등간/비율척도로 측정된 경우 대부분 모수통계에 속합니다.

**중위값, 최빈값의 경우 비모수통계에 속합니다.

분석이므로 하나의 변수에 대한 자세한 설명을 목적으로 수행되는 것이 일반적입니다. 따라서 기술통계(descriptive statistics)가 그 중심을 이룹니다. 이에 비해 다변량 통계분석은 두 개 이상의 변수를 분석하므로 변수간의 관계를 추론하는 추측통계(inferential statistics)가 주축을 이룬다고 할 수 있습니다.

제 9 장 추리통계분석

| 도입 사례 |

8장의 도입사례에서는 우리나라 2015년도의 TOEIC시험 평균점수가 677점이라는 자료를 살펴 본 바 있습니다. 즉, 2015년 한 해 동안 우리나라에서 TOEIC에 응시한 인원은 약 200만 명(중복응시는 없다고 가정 하지요)으로 집계되었고, 각 응시자마다 천차만별인 약 200만 명의 TOEIC점수 합계를 전체 응시자로 나눈 수가 677점이라는 것을 알려주는 자료이지요. 그런데 약 200만 명의 평균점수와 약 5,100만 명에 달하는 대한민국 국민 전체(만일 전체 국민이 TOEIC시험을 본다면)의 평균점수와는 차이가 날까요? 차이가 난다면 얼마나 날까요? 또 단순히 대한민국 전체의 TOEIC평균점수를 알기 위해 200여만 명이라는 많은 사람들이 응시를 해야 할까요? 적은 수의 응시자들(예: 1,000명)의 시험결과로 대한민국 전체의 TOEIC평균을 예측할 수는 없을까요?

생각해 볼 문제

❶ 표본을 대상으로 관찰한 자료에서 유도된 기술통계량이 전체 모집단을 대표하기 위한 조건은 무엇일까요?

❷ 추리통계분석과 가설검정은 어떠한 관계가 있을까요?

〈본서의 체제〉

- **연구문제의 정의**
  - 제 1 장 과학이란 무엇인가?
  - 제 2 장 과학적 연구란 무엇인가?
  - 제 3 장 (1절) 연구의 대상: 연구문제
- **연구문제에 대한 논리적 해답 제시**
  - 제 3 장 (2절) 연구의 대상: 가설
  - 제 4 장 연구설계
  - 제 5 장 측정 및 척도구성
- **논리적 해답에 대한 경험적 검증 실시**
  - 제 6 장 자료의 수집
  - 제 7 장 자료의 입력
  - 수집 자료의 분석
    - 제 8 장 기술통계분석
    - **제 9 장 추리통계분석**
    - 제 10 장 상관관계분석을 통한 상호관계검증
    - 제 11 장 요인분석을 통한 상호관계검증
    - 제 12 장 집단간 차이분석을 통한 인과관계검증
    - 제 13 장 회귀분석을 통한 인과관계검증
    - 제 14 장 구조방정식을 통한 인과관계검증
    - 제 14 장 (참고) 연구결과의 일반화

추리통계분석이란 무엇인가? 제 1 절

1. 추리통계분석

앞에서도 여러 차례 설명한 바와 같이, 연구자는 추상적인 현상간의 관계에 대한 가설을 세우고, 추상적인 현상을 구체적으로 관찰(즉, 현상을 측정)한 다음, 경험적으로 관찰된 현상(즉, 수집된 자료)간의 관계가 논리적으로 예측된 현상간의 관계와 부합하는지를 판단하게 됩니다. 즉, 수집된 계량적 자료들간의 관계를 통계학을 이용해서 숫자간의 관계를 분석하게 되는 것이지요. 이처럼 통계학(statistics)은 계량적 자료(quantitative data)를 분석하는 이론 및 방법을 다루고 있습니다. 그런데, 대부분의 연구에 있어서 연구대상 현상 전체를 관찰하는 경우는 드물다고 할 수 있습니다. 조사대상의 일부(표본)를 대상으로 현상(예: 소비자만족)을 관찰(예: 설문조사)하게 되는 것이지요. 이렇게 설문조사를 하게 되면, 그 결과는 숫자로 표현(즉, 계량적 자료)이 되어 있고, 따라서 연구자는 통계학을 이용하여 현상을 대변하는 숫자들간의 관계를 분석하게 됩니다.

그런데 이때 문제는, 표본을 대상으로 측정된 현상을 분석하는 목적이, 표본 내에서만 존재하는 관계가 아니라 전체집단, 즉 모집단에서 존재하는 관계를 알아내는 데 있다는 점입니다. 예를 들어서, 1,000명의 국내 휴대전화서비스 고객을 대상으로 소비자만족과 재구매의도간의 관계(예: 만족도가 증가하면 재구매의도가 증가하는가?)를 조사하는 경우에, 이 조사의 목적은 조사대상 1,000명에게만 적용되는 관계를 파악하는 것이 아닙니다. 오히려 3,000만 명 이상 되는 국내의 전체 휴대전화서비스 고객들간에 적용될 수 있는 관계를 알아보려는 것이 표본조사의 궁극적 목표인 것이지요.

그런데 통계학은 수행하는 역할에 따라 기술통계(記述統計: descriptive

statistics)와 추리통계(推理統計 혹은 推測統計: inferential statistics)로 구분됩니다.

먼저 제8장에서 자세히 설명한 바와 같이, 측정된 현상의 특징을 설명(즉, 기술)하고 요약해 주는 정보를 다루는 통계학의 분야를 기술통계라고 합니다. 즉, 측정한 현상을 요약 · 설명해 주는 평균(mean)과 분산(variance)과 같은 도구를 계산해내는 통계학의 분야를 기술통계라고 하는 것이지요. 이때 오해하지 말아야 할 점은, 이와 같은 기술통계는 전수조사와 표본조사의 경우에 동일하게 적용될 수 있습니다. 즉, 표본조사 결과를 요약 · 설명해 주는 것이나 전수조사의 결과를 요약 · 설명해 주는 것이나 기능면에서는 동일한 것입니다. 따라서 평균(mean)은 표본평균(sample mean)과 모평균(population mean)으로 구분하고, 분산(variance)도 표본분산(sample variance)과 모분산(population variance)으로 구분하게 됩니다. 이때, 표본평균(일반적으로 $\overline{X}$로 표시합니다)과 표본분산(일반적으로 S^2로 표시), 표본표준편차(일반적으로 S로 표시)와 같이 표본을 요약 · 설명해 주는 기술통계도구를 **통계량** 혹은 **표본통계량**(statistic 혹은 sample statistic)이라고 하고, 모평균(일반적으로 μ로 표시)이나 모분산(일반적으로 σ^2로 표시), 모표준편차(일반적으로 σ로 표시)와 같이 모집단을 요약 · 설명해 주는 기술통계도구를 **모수**(母數: parameter 혹은 population parameter)라고 합니다. 다만 대부분의 조사가 표본조사로 이루어지는 현실을 감안한다면, 모집단의 특징을 요약해 주는 모수를 산출해 내는 기술통계의 역할은 실제로는 수행되지 않습니다. 즉, 〈그림 9-1〉의 왼쪽(즉, 모집단의 기술통계분석) 부분은 표본조사에서는 실행되지 않고, 그림의 오른쪽 부분(즉, 표본의 기술통계분석)만 이루어집니다. 즉, 모수를 모집단에서 직접 계산해 내는 일은 없다고 할 수 있고, 모수는 일종의 black box속에 가려져 있는 존재라고 할 수 있습니다. 따라서, 현실적으로 모수는 미지의 수인 것이지요.

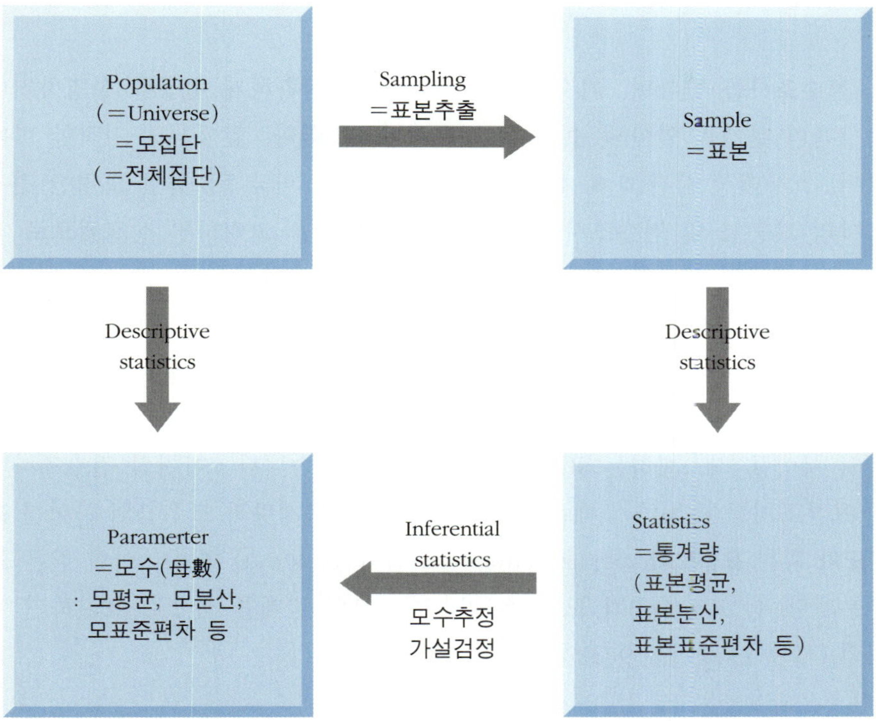

그림 9-1

기술통계와 추리통계

한편 **추리통계**란, 알려진 부분적인 정보를 바탕으로 미지의 전체 정보를 추측하는 기능을 하는 통계학의 분야입니다. 즉, 표본을 대상으로 측정한 현상의 특징을 요약·설명하는 표본통계량을 가지고 (전수조사가 이루어지지 않기 때문에 알려지지 않은) 모집단의 특징을 요약·설명하는 모수(parameter)를 추측하는, 즉 **모수를 추정**(parameter estimation)하는 역할을 하는 통계학의 분야를 지칭하는 것이지요. 따라서 표본조사결과로 모집단에 작용하는 현상간의 관계를 알아보려고 하는 경우에는 추측통계기법은 물론 기술통계분석이 동시에 사용된다고 할 수 있습니다.

2. 통계량과 모수

전수조사를 한다면, 기술통계분석만으로도 정확하게 현상을 설명하거나 현상간의 관계를 알아낼 수 있을 것입니다. 그러나, 앞에서도 지적한 바와 같이, 조사대상 시간(과거, 현재, 미래), 장소(한국, 미국 등) 등을 고려한 전수조사의 가능성 및 전수조사에 수반되는 비용 등을 고려하면 실질적으로 전수조사는 거의 이루어지지 않습니다. 따라서 대부분의 경우 표본조사를 이용해서 모집단에서 작동하는 현상의 특징을 추측해야 하는 것입니다.

결국 바람직한 표본조사라는 것은 표본의 현상을 요약해 주는 표본통계량(sample statistic)과 모집단을 요약·설명해 주는 모수(population parameter) 간의 차이를 최소화하는 표본조사라고 할 수 있습니다. 이처럼 전수조사대신 표본조사를 수행하기 때문에 발생하는, 표본통계량과 모수간의 차이를 **표본오차** 혹은 **표집오차**(sampling error)라고 합니다((식 9-1) 참조). 이와 같은 표본통계량(즉, 표본조사)과 모수(즉, 전수조사)간의 관계를 식으로 표현하면 아래의 (식 9-1) 및 (식 9-2)와 같습니다.

표본오차＝표본통계량－모수 (식 9-1)

모수＝표본통계량－표본오차 (식 9-2)

(식 9-1)의 오른쪽 항에 있는 표본통계량은 표본조사의 결과 연구자가 계산해 낼 수 있는 수입니다. 그런데 전수조사를 하지 않았으므로 모수는 미지의 수이고, 따라서 표본오차도 미지의 수이지요. (식 9-2)는, (식 9-1)을 모수를 중심으로 다시 표현한 것입니다. 표본조사의 목표는 표본을 대상으로 도출한 통계량을 가지고 모집단을 설명하는 모수를 추측하는 것인데, 표본오차를 모르는 한 모수는 알 수 있는 방법이 없겠지요. 그런데 다행히 통계학에서의 분포이론(distribution theory) 등을 통해 표본오차가 어떠한 크기를 가질지를 추측(infer)하는 길이 열려있습니다. 결국 표본통계량(＝표본조사를 통해 계산)과 표본오차(＝분포이론을 통해 추측)를 알게 되면 모수를 알(＝추정

할) 수 있는 셈이 됩니다. 이렇게 해서 추리통계의 목표가 달성되는 것이지요.

표본통계량을 계산해 내는 기술통계에 대해서는 8장에서 설명했습니다. 따라서 모수의 추정을 위해서는 표본오차를 추정하는 방법만 알면 됩니다. 그런데, 표본오차를 추측해 낼 수 있기 위해서는, 분포이론에 대한 기본적인 이해가 필요합니다. 따라서 분포이론에 대한 기초적인 이해를 얻기 위해 우선 분포곡선의 모습에 따른 분포의 유형을 살펴보고, 이어서 도수분포(frequency distribution)와 추리통계분석과 밀접한 관련이 있는 표본분포(sampling distribution)에 대해 설명합니다.

1) 분포의 유형

먼저 분포는 몇 가지 기준에 따라 아래와 같이 다양한 분포유형으로 구분할 수 있습니다.

(1) 대칭분포

대칭분포(symmetrical distribution)는 중간에 해당하는 응답값을 중심으로 중간 위나 중간값의 아래 응답값의 빈도가 동일한 분포를 의미합니다. 〈그림 9-2〉는 이러한 대칭분포의 몇 가지 예를 보여주고 있습니다. 한편, 대칭분포 중 모수추정에 자주 사용되는 종형분포(bell-shaped distribution)의 대표적인 예로는 **정규분포**(normal distribution)나 ***t*분포**(*t*-distribution) 등이 있습니다.

그림 9-2

대칭분포의 예

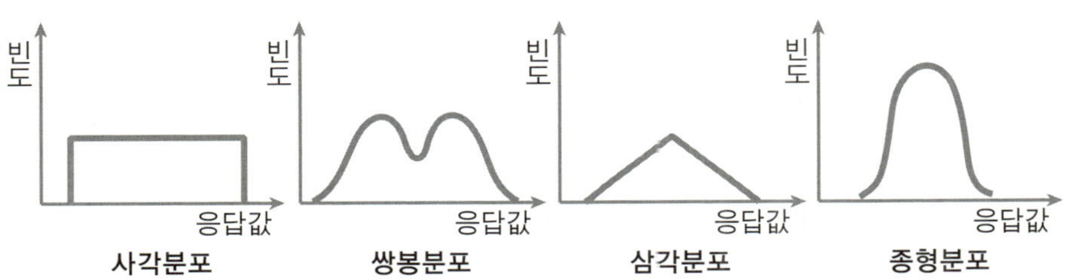

(2) 비대칭분포

비대칭분포(asymmetric distribution)는 중간에 해당하는 응답값을 중심으로 그 위 혹은 아래에 해당하는 응답값의 빈도가 동일하지 않은 분포를 의미합니다. 비대칭분포의 대표적인 예로는 **편중분포** 혹은 **꼬리분포**(skewed distribution)가 있습니다. 특히, 오른쪽 꼬리가 길게 나타나는 형태의 편중분포는 우편중분포(positive skewness: skewed distribution to the right)라고 표현하고 왼쪽 꼬리가 길게 나타나는 형태의 분포는 좌편중분포(negative skewness: skewed distribution to the left)라고 합니다. 비모수통계분석의 일종으로 분류되지만 추리통계에 자주 사용되는 χ^2분포(chi-square distribution)는 우편중분포의 대표적인 예라고 할 수 있습니다. 한편, 편중의 정도는 **편포도**(偏布度) 혹은 **왜도**(skewness)라고도 불리는데, 왜도란 정규분포곡선이 좌우로 기울어진 정도를 의미합니다. (이상적인) 정규분포의 경우 왜도값이 0이라고 할 수 있습니다. 한편, **첨도**(kurtosis)란 정규분포곡선이 뾰족한 편인지 완만한 편인지를 의미하는데, (이상적인) 정규분포의 경우 첨도값도 0이라고 할 수 있습니다.

그림 9-3
비대칭분포의 예

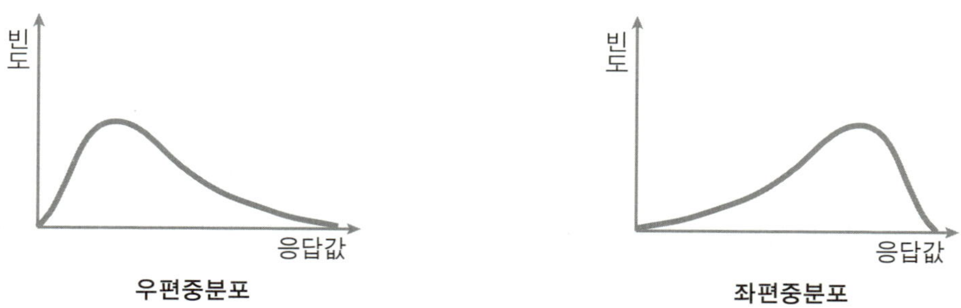

2) 정규분포

(1) 정규분포

대칭분포 중 중간(즉, 평균)에 해당하는 응답값의 빈도가 제일 많고 평균에서 위 혹은 아래로 멀어질수록 응답값의 빈도가 적어지는 형태의 종모양의 분포(bell-shaped distribution) 중, 특정한 응답값(즉, 관찰값)이 나타날 확률이 아래의 (식 9-3)을 따르는 분포를 **정규분포**(normal distribution)라고 합니다. 예를 들면, 우연히 발생하는 현상(예: 16개의 동전을 동시에 던지는 일)을 계속하면서 앞면이 나오는 회수(빈도)를 측정하면, 극단적으로 그 측정치가 크거나(즉, 16번 모두 앞면이 나오는 경우) 작은 경우(1번만 앞면이 나오는 경우)보다는 측정치가 중간 정도의 현상(앞면이 8 혹은 9번 나오는 경우)이 가장 많이 발생하고 극단적인 경우일수록 더 적게 발생한다는 것이지요(〈그림 9-4〉 참조). 정규분포의 가로축은 응답값의 범위를 보여주고 세로축은 각 응답값이 발생한 빈도(f) 혹은 비율(f/N)을 보여주고 있습니다. 통계학의 역사를 잠시 살펴보면, 우연히 발생하는 현상 혹은 사상(event)의 특성을 측정하면 그 결과가 정규분포를 형성함이 18세기 경에 밝혀지게 되었습니다. 특히 1733년에 프랑스의 De Moivre가 정규분포곡선의 공식을 수학적으로 유도하는 데 성공했고, 19세기 중엽 경까지 벨기에의 Quetelet가 정규분포를 여러 사회현상의 설명에 선구적으로 적용한 바 있습니다(Stigler, 1986).

$$Y=\frac{N}{\sigma\sqrt{2\pi}}e^{\frac{-(X_i-\mu)^2}{2\sigma^2}} \quad \text{(식 9-3)}$$

단, Y=관찰값 X_i에 대응하는 분포곡선의 높이(=빈도)

N=전체 사례수(=표본의 크기)

$\mu=\overline{X}$ (=관찰값 X_i의 평균)

σ=표준편차

π=원주율(=3.1416⋯.)

e=자연 대수(natural logarithm)의 기초(=2.7183⋯.)

그런데, 정규분포가 중요한 이유는 많은 정규분포가 고전적인 통계적 추론(classical statistical inference)의 기초를 제공하고 있기 때문입니다. 연속된(continuous) 수로 측정가능한 많은 사회현상은 측정값의 빈도가 정규분포를 따르는 것으로 알려져 있는 데다가, 많은 연속적이지 않은 분포(discrete probability distribution)의 근사값을 구하는 데도 사용될 수 있습니다. 정규분포는 종모양이고 좌우대칭이기 때문에, 정규분포에서는 기술통계분석에서 설명했던 3종류의 대푯값(최빈값, 중앙값 및 평균)이 일치하게(unimodal & symetric) 됩니다. 또한 평균을 중심으로 좌우 1표준편차 내에는 68.26%, 2표준편차 내에는 95.44%, 3표준편차 내에는 99.74% 그리고 4표준편차 내에는 거의 100%의 응답값이 위치하고 있다고 하는 특징을 지니고 있습니다. 물론 사실 정규분포란 이상적인 분포(ideal distribution)라고 할 수 있습니다. 즉, 현실에서의 정규분포란 완벽한 정규분포에 끝없이 접근하는 '유사' 정규분포임을 이해할 필요도 있습니다.

그림 9-4

정규분포의 예

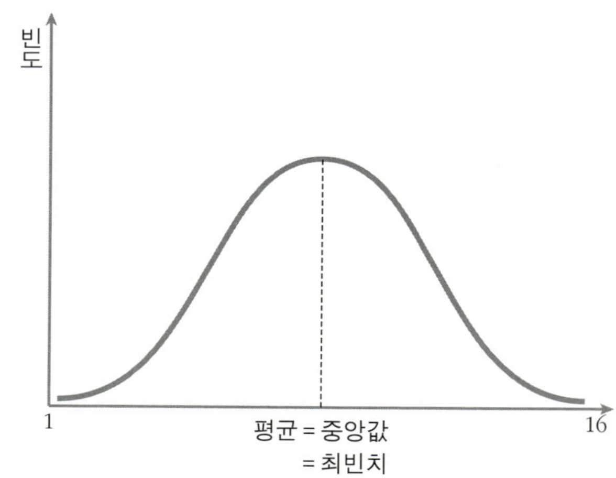

한편, 종모양에 좌우대칭인 정규분포를 따르는 사회현상들도 표본의 평균과 표본의 분산(혹은 표준편차)은 표본에 따라 그 구체적인 크기가 달라질 수 있고, 따라서 정규분포의 구체적인 모습은 각각 다를 수 있습니다. 이렇게 되면 정규분포를 이용한 가설검정(예: 두 개의 다른 표본평균의 비교) 때마다 별도의 판단기준(즉, 임계치[critical value: 아래 가설검정 부분에서 설명합니다])을 계산해야 하는 불편이 초래됩니다. 이러한 불편을 제거하기 위해 통계학자들이 원 응답자료(raw data 혹은 raw score)를 변환(data transformation)하여 표준화된 자료(표준점수=Z score)로 만들고 표준화된 자료의 정규분포곡선을 사용하게 되었습니다. 즉, 평균이 0이고 표준편차가 1이 되도록 정규분포를 표준화하여 사용하게 된 것이지요. 이에 따라 서로 다른 두 종류의 자료(예: kg으로 측정된 3학년 1반의 몸무게와 lb로 측정된 3학년 2반의 몸무게)를 직접 비교할 수 있게 된 것이지요. 아래의 (식 9-4)는 Z값을 구하는 공식이고, 〈그림 9-5〉는 **표준정규분포**(unit normal distribution)를 그림으로 표현한 것입니다. (식 9-3)에서 $N=1$, $\sigma=1$을 대입하면 표준정규분포를 설명하는 식이 됩니다. 그런데 정규분포와 표준정규분포간의 관계를 좀더 쉽게 이해하기 위해서 〈그림 9-5〉에서는 가로축에 표준화된 자료(standardized data)와 원자료(raw data)를 모두 표시했습니다. 그림에서 알 수 있듯이 정규분포에서는 원자료와 표준화자료는 동일한 정보를 가지고 있습니다. 물론 원자료를 이용한 정규분포상의 응답자 수 전체(표본의 크기 N)와 표준정규분포상의 분포곡선 아래의 면적(=1)도 동일한 정보를 가지고 있다고 할 수 있겠지요.

$$Z=(X_i-\overline{X})/S \qquad \text{(식 9-4)}$$

단, X_i =표본에서의 각 응답값

$\overline{X}$ =표본평균

S =표본표준편차

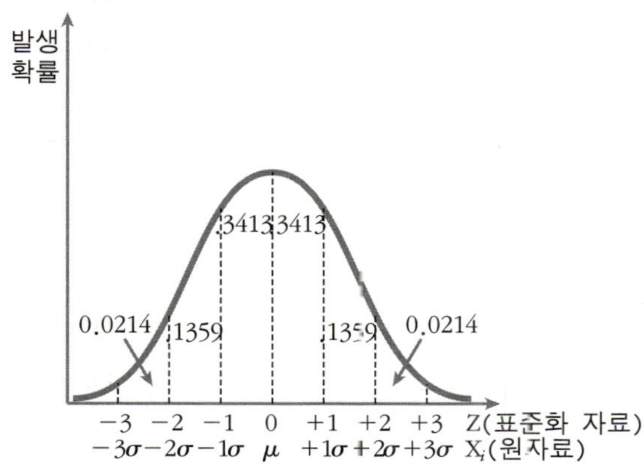

그림 9-5
표준정규분포

(2) 표본분포

이미 8장에서 설명한 바와 같이, 설문조사와 관련하여 설명한다면, 도수 혹은 **빈도분포**(frequency distribution)란 조사대상 변수가 가지는 응답범주(response category)별 응답자수의 분포를 의미합니다. 빈도분포가 조사대상 현상을 이해하는 기초자료가 된다고도 설명한 바 있습니다.

그런데 이때 빈도분포란 하나의 표본(one sample)을 대상으로 해서 도출된 결과를 그림으로 표현한 것이지요. 하나의 표본을 요약 · 설명하는 표본통계량인 표본평균과 표본분산(혹은 표본 표준편차)도 각각 1개씩 계산될 수 있을 것입니다. 그런데 추리통계의 목표는 표본통계량으로 모수를 추정하는 것이라고 설명한 바 있습니다. (식 9-2)를 다시 보면, 모수는 표본통계량과 표본오차를 알면 구할 수 있습니다. 그런데, 표본통계량은 표본조사에서 계산이 되므로 표본오차를 구하는 방법만 알게 되면 모수를 추정할 수 있게 되는 것이지요. 하나의 표본을 기초로 표본통계량이 계산된 경우에는 이 통계량이 모집단을 설명해 주는 모수와 얼마나 유사한지(즉, 표본오차가 얼마나 되는지)를 추정해야 하는데, 이를 위하여 표본평균(즉, 표본통계량)이 모평균(즉, 모수)으로부터 얼마나 멀리 떨어져 있는지를 판단할 기준이 필요하게 됩니다.

그러나 하나의 모집단에서 표본을 추출할 수 있는 경우의 수는 상당히 많다고 할 수 있습니다. 예를 들어서, 25명으로 이루어진 모집단에서 5명으로 이루어진 표본을 추출할 때의 경우의 수만 해도 ${}_{25}C_5$개, 즉 53,130가지의 표본을 구성할 수 있습니다. 게다가 충분히 큰 모집단(예: 우리나라 휴대전화 가입자 3,000만명)에서 적절한 크기의 표본(예: 1,000명)을 추출할 때에는, 실제로 표본을 추출할 수 있는 경우의 수($= {}_{3,000\text{만}}C_{1,000}$)는 거의 무한(infinite)하다고 할 수 있습니다. 즉, 어떠한 표본을 추출하느냐에 따라서 각기 다른 표본평균과 표본분산이 도출된다는 것이지요. 따라서 여러 번 표본을 추출하여 표본조사를 하는 경우에는 추출한 표본의 수만큼 표본평균 자료가 계산되고, **표본평균들의 분포**(sampling distribution of sample means), 즉 **표본분포**를 구할 수 있게 됩니다. 다행히, 모집단으로부터 30회 이상의 표본을 추출하는 경우에, 30개 이상의 표본평균들(sample means)로 이루어진 표본분포는 정규분포

(normal distribution)의 특성을 따른다고 하는 점이 밝혀졌습니다. 〈그림 9-6〉은 빈도분포와 표본평균의 표본분포를 비교해서 보여주고 있습니다. 빈도분포(frequency distribution)의 가로축에는 원자료, 즉 응답자의 응답값(X_i)을, 그리고 세로축에는 이러한 응답값의 빈도(frequency)를 표현하고 있습니다. 한편, 표본분포(sampling distribution)의 가로축에는 표본평균의 값들($\overline{X_1}$, $\overline{X_2}$,⋯, $\overline{X_n}$)을 그리고 세로축에는 특정 표본평균(예: $\overline{X_1}$)이 발생할 확률(probability)을 표현하고 있습니다. 두 분포가 모두 정규분포이고 동일한 특성을 따르지만, 가로축과 세로축의 내용은 다르다고 함을 이해할 필요가 있습니다.

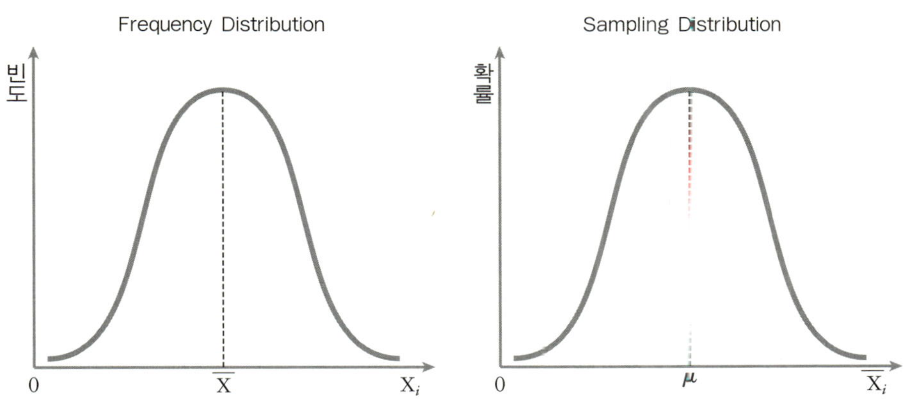

그림 9-6 빈도분포와 표본분포

위에서 설명한 바와 같이, **표본분포**(sampling distribution)란 표본통계량(sample statistic) 값들의 분포입니다. 따라서 표본평균(sample means)의 표본분포, 표본분산(표본표준편차)의 표본분포, 표본비율(proportions)의 표본분포, 혹은 표본평균 차이(예: $\overline{X_1}-\overline{X_2}$)의 표본분포 모두 표본분포에 해당한다고 할 수 있습니다. 그런데, 표본분포는 다음과 같은 특징을 지니고 있는 것으로 밝혀진 바 있습니다. 첫째, 표본분포는 정규분포를 따릅니다. 둘째, 표본평균의 평균(mean of sample means)은 모집단의 평균(population mean)과 동일합니다. 셋째, 표본평균의 표준편차는 모평균의 표준편차를 표본크기의 제곱근으로 나눈 값입니다. 넷째, 표본의 크기가 증가할수록 표본평균의 표본분포(sampling distribution of sample means)의 변화폭(variability), 즉 표준편차(정확하게 말하면 표본평균의 표준편차를 표준오차라고 하는데 이에 대해서는 아래에서 다시 설명합니다)크기가 작아집니다. 즉, 표본의 크기가 커질수록 그 표본평균은 모집단평균과 가까워지는 것이고, 따라서 표본오차(sampling error)는 작아지는 것이지요. 앞에서와 같은 표본분포의 특징은 **중심극한 정리**(central limit theorem)에서 유도된 내용입니다.

다시 말하면 표본의 크기가 큰($N>30$) 경우 이 표본이 추출된 모집단의 분포의 유형과는 무관하게(즉, 모집단이 대칭분포이건 비대칭분포이건) 이러한 표본의 반복추출로 구성되는 표본평균의 표본분포(sampling distribution of sample means)는 정상분포를 따른다고 하는 점입니다. 모집단의 분포유형과는 무관하게 표본평균의 분포의 특징을 알게 된다면, 표본오차(sampling error)를 알 수 있게 되는 것이지요.

결국, 정규분포의 특성을 잘 이해하면 표본분포의 특성도 잘 이해할 수 있다는 이야기가 되고, 이에 기초해서 표본오차의 크기 등을 추정해낼 수 있는 길이 열리게 되었습니다. 즉, 하나의 표본평균이 구해지면 이 표본평균이 모평균으로부터 얼마만큼 떨어져 있는지를 구체적으로 알게 되는 것이지요.

〈그림 9-7〉은 하나의 표본(one sample), 모집단(population), 그리고 표본분포(sampling distribution of sample means)의 관련 통계량을 비교해 주고 있습니다. 오른쪽 그림의 분포가 6,000명으로 구성된 모집단에서 50명의 조사론 수강생을 추출하는 모든 경우(거의 무한에 가까울 정도로 많은 수의 표본 추출이 가능합니다. 따라서 이론적인 확률분포라고 할 수 있습니다)를 고려한 표본평균들의 분포, 즉 표본분포(sampling distribution)를 보여주고 있습니다. 그런데 가로축이 표본평균을 나타내지 않고 통계량(statistic)으로 표현되어 있음을 발견할 것입니다. 이것은 앞에서도 지적한 바와 같이, 표본분포는 표본평균의 분포만을 다루는 개념이 아니라 각종 표본통계량(표본평균, 표본분산 등)의 분포를 다루는 개념이라고 함을 표현하고 있습니다.

그림 9-7

표본의 빈도분포, 모집단의 빈도분포 및 표본분포

〈표본의 빈도분포〉 (예 : 조사론수강생 50명)	〈모집단의 빈도분포〉 (예 : H대학생 6,000명)	〈표본분포〉 (예 : $_{6,000}C_{50}$)

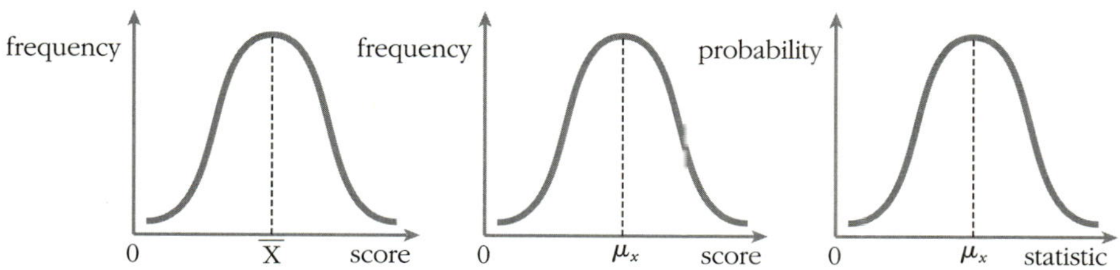

1	평균 : $\overline{X}=\frac{\sum_{i=1}^{n} X_i}{N}$	μ_X	μ_X
2	분산 : $S^2=\frac{\Sigma (X_i-\overline{X})^2}{N-1}$	σ^2	
3	표준편차 : $S=\sqrt{S^2}$	σ	
4	표본오차 : –	–	$\frac{\sigma}{\sqrt{N}}$
5	표본크기 : $N=50$	$N=6,000$	$_{6,000}C_{50}$
6	Standardized variate : $Z_i=\frac{(X_i-\overline{X})}{S_X}$	$Z_i=\frac{X_i-\mu_X}{\sigma_X}$	$Z_i=\frac{(\overline{X}_i-\mu)}{\sigma_{\overline{X}}}$

(3) 표본오차

표본분포를 빈도분포와 동일시한다면, 표본분포에서의 평균 및 표준편차 등을 계산할 수 있습니다. 즉 위에서도 설명한 바와 같이, 표본평균 표본분포의 평균은 모집단의 평균과 동일하고((식 9-5) 참조), 표본평균 표본분포의 표준편차는 모집단의 표준편차를 표본의 크기의 제곱근으로 나눈 값입니다((식 9-6) 참조). 그런데 (식 9-6)을 **표준오차**(standard error of the mean)라고도 부릅니다. 즉, 표본추출이 완벽하지 못하기 때문에 특정 표본평균이 모평균으로부터 떨어진 정도라고 할 수 있는 표본오차(sampling error)는 곧 표준오차인 것입니다. 또 학자에 따라서는 표준오차를 **오차한계**(error margin)라고 부르기도 합니다(Frankfort-Nachmias and David Nachmias, 2000). 표본오차와 다른 통계량들간의 관계는 〈그림 9-7〉에서 다시 확인할 수 있습니다.

표본평균 표본분포의 평균$(=[\overline{X_1}+\overline{X_2}+\cdots+\overline{X_n}]/N)=\mu$ (식 9-5)

표본평균 표본본포의 표준편차 (=표준오차)$=\sigma/\sqrt{N}(=s/\sqrt{N})$ (식 9-6)

그런데, 표준오차를 구하는 위의 (식 9-6)에서 보면, 모집단의 표준편차를 알아야 표준오차, 즉 표본오차가 계산되는 것으로 되어있습니다. 다행히 통계학자들은, 하나의 표본에서 계산된 표본표준편차((식 9-6)의 괄호 안의 식)가 표본오차의 근사치라고 함을 밝혀냈습니다. 결국, 표본평균, 표본표준편차 및 정규분포를 따르는 표본분포의 특징을 알게 되면 표본오차(=표준오차)를 알게 됩니다. 표본평균도 알고, 표본오차도 알게 되므로, 표본평균이 모수와 얼마나 유사한지도 알게 되는 것이지요.

3) *t*분포

위에서는 모수의 추정(즉, 추리통계)을 설명할 때, 조사대상 현상의 표본분포(sampling distribution)가 정규분포를 따르는 경우를 설명했습니다. 사회현상 중에 많은 경우에 있어서 표본분포가 정규분포를 따르는 것 또한 사실이라고 할 수 있습니다. 그런데, 표본통계량(sample statistic)의 표본분포(sampling distribution)가 정규분포를 따르지 않는 경우에는 위에서 설명한 내용은 적용가능성을 상실하게 됩니다. 그러나 다행히 표본분포가 정규분포를 따르지 않을 때에도 추리통계를 수행할 수 있는 길이 열려 있습니다.

먼저, 표본의 사례수(즉, 표본의 크기)가 매우 작은 경우에는 표본분포가 정규분포를 이루지 못한다고 함이 밝혀진 바 있습니다. 그러면, 표본크기가 어느 정도가 되어야 표본분포가 정규분포를 따르게 될까요? 통계학자들이 밝혀낸 바에 의하면 표본의 크기가 30 이하인 경우(120개를 기준으로 하는 견해도 있습니다)에는 표본분포가 정규분포를 따르지 않고 다른 분포를 따른다고 함이 밝혀졌습니다. 따라서 이러한 경우에 정규분포를 사용하여 통계적 추정을 하는 경우에는 부정확한 결론이 유도될 수 있습니다. 이처럼 표본의 크기가 30 이하인 경우에는 **t분포**(t-distribution)를 사용하여야 합니다. t분포는 영국의 Gosset가 1908년에 학생(student)이라는 익명으로 소표본($N<30$)에서의 표본분포는 정규분포를 따르지 않는다는 것을 발표하여 알려지게 되었습니다. 따라서 t분포는 '학생의 t분포(student's t-distribution)' 라고 불리기도 합니다.

그런데 t분포란 표준정규분포처럼 단일분포를 보이는 것이 아니고 표본의 크기에 따라 표본분포(sampling distribution)가 변하는 특징을 가지고 있습니다. 좀더 정확히 설명한다면, **자유도**(degrees of freedom: df)에 따라 표본분포곡선의 모습이 변화한다는 것이지요(〈그림 9-8〉 참조). 자유도란 t분포뿐만 아니라 다른 유형의 통계검정에도 자주 사용되는 중요한 통계개념입니다. 우리가 정규분포를 따르는 표본통계량을 갖는 가설을 검정할 때 사용하는 표준정규분포곡선의 모습은 항상 동일합니다. 그러나 가설을 검정하기 위해 t분포 같은 표본분포를 사용하는 경우에는 표본분포곡선의 모습이 '표본의 크기에서 표본에 부과된 제약조건(restrictions)을 차감한 값' 에 따라 변화하기 때문에, 자유도가 가설검정에 핵심적인 역할을 하게 됩니다. 개념적으로 자유도란 표본분포(sampling distribution)를 구성하기 위해 자유롭게 반복해서 추출할 수 있는 표본(repeated random sample)의 수를 의미합니다.

구체적으로 자유도는 표본크기에서 표본에 부여되는 제한의 수를 차감해서 계산됩니다. 예를 들면, 0에서 10에 이르는 11개의 수 중 2개의 수를 임의로 선택해서 표본을 구성한다면 이 표본의 크기는 2($N=2$)가 됩니다. 이때의 자유도(df)도 2가 되지요. 표본구성에 아무런 제한이 없기 때문입니다. 그러나 2개의 수를 뽑되, 그 합이 10이 되는 수 2개를 고르라고 한다면, 표본의 크기는 2로 동일하지만 합이 10이 되어야 한다는 제한이 1개 생겼으므로 이때의 자유도는 1(표본크기－제약조건의 수$=2-1$)이 되는 것입니다. 일반적으로 t분포의 자유도는 크기가 N인 표본에서 모분산이 추정되어야 한다는 제한을 받기 때문에 각 표본에서는 $N-1$개의 자유도를 가지게 됩니다. 따라서, 예를 들어 두 개의 표본간에 존재하는 평균의 차이를 검정하기 위해 t분포를 사용하는 경우에는 두 표본의 자유도를 합산하게 됩니다. 즉, 이 경우 $(N_1-1)+(N_2-1)=N_1+N_2-2$의 자유도를 가진 t분포를 사용하여 가설을 검정하게 되는 것입니다.

그림 9-8

표본의 크기와 t분포

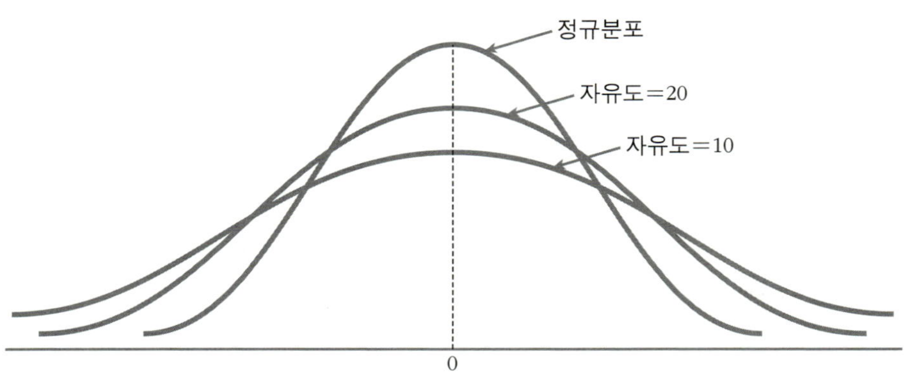

4) F분포

위에서는 정규분포와 t분포에 의한 추리통계에 대해 설명하였습니다. t분포는 두 집단간 평균 차이에 대한 가설검정의 경우에 주로 사용되고 있는데, 비교집단이 2개보다 큰 경우(즉, 3개 이상 집단간의 비교)에는 더 이상 t분포로 검정할 수 없게 됩니다. 이러한 경우에도 집단간의 차이를 설명할 수 있는 표본분포로 ***F*분포**(*F*-distribution)가 개발되어 사용되게 되었습니다. F분포는 아래의 관련 장에서 자세히 설명할 **분산분석**(analysis of variance)에서 대표적으로 사용되고 있는 분포입니다. 분산분석은 1936년에 영국의 Fisher가 개발하였고 1956년에는 미국의 Snedecor가 F분포를 개발하여 Fisher라는 성(姓)의 첫 글자를 따서 F분포(*F*-distribution)라고 이름을 지었습니다. 따라서 종종 분산분석을 F검정이라고 부르기도 합니다. 한편, 분산분석은 독립변수와 종속변수와의 관계를 규명하는 데에도 중요한 역할을 하고 있습니다. 그리고 F분포란 F의 표본분포를 의미하는데, 이때 F란 F값(*F* ratio)을 의미합니다. 그리고 F는 구체적으로 집단간 분산의 추정값을 집단내 분산의 추정값으로 나눈 것입니다. 따라서 F분포는 F값을 나타내는 분자와 분모 각각의 자유도에 의하여 규정되는 분포입니다. F분포의 표본분포(sampling distribution)는 자유도의 값에 따라 다양한 수의 분포가 가능합니다. 〈그림 9-9〉는 분자, 분모의 자유도에 따른 F분포의 곡선 예를 보여주고 있습니다.

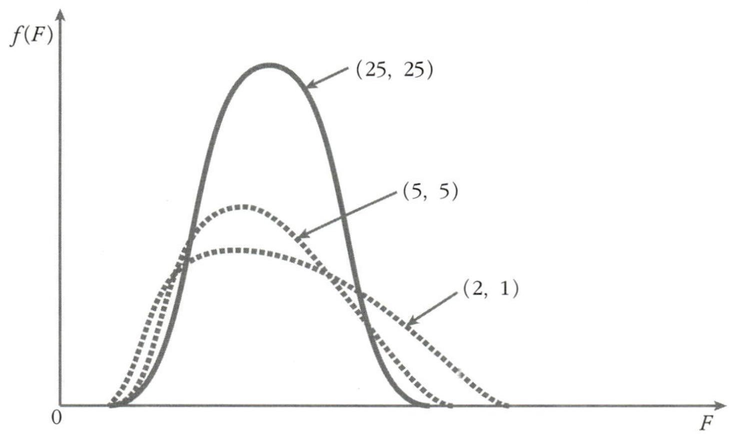

그림 9-9
자유도에 따른 F분포곡선

5) χ^2분포

χ^2분포는 1900년에 Pearson에 의해 개발된 분포인데, χ^2란 그리스어 22번째 문자의 소문자 '카이'를 제곱하였으므로, '카이스퀘어'라고 부릅니다. χ^2분포는 χ^2값이 따르는 표본분포(sampling distribution)로서 t분포와 마찬가지로 자유도에 의하여 구체적 분포가 결정됩니다. 그리고 일반적으로 크기 N인 하나의 표본에서 χ^2자유도는 $N-1$로 결정됩니다. χ^2의 표본분포(sampling distribution)는 자유도의 값에 따라 다양한 수의 분포가 가능한 바, 〈그림 9-10〉은 몇 가지 자유도에 따른 χ^2분포의 예를 코여주고 있습니다.

χ^2계산 (식 9-7)

$$\chi^2 = \sum_i \sum_j \frac{(O_{ij} - E_{ij})^2}{E_{ij}}$$

단, E_{ij}=ij첫번째 칸(cell)의 기대빈도

O_{ij}=ij번째 칸의 실제 빈도

한편 χ^2값은 실제로 관찰된 빈도가 기대한 빈도와 얼마나 가까운가를 검정하는 도구입니다. 구체적으로는 (식 9-7)에 의해 계산되지요. 연구자들은 주로 명목척도로 측정된 두 변수간의 상관관계를 검정하는 데 χ^2분포를 사용하는 χ^2검정(χ^2 test)을 이용하고 있습니다.

그림 9-10

χ^2분포곡선

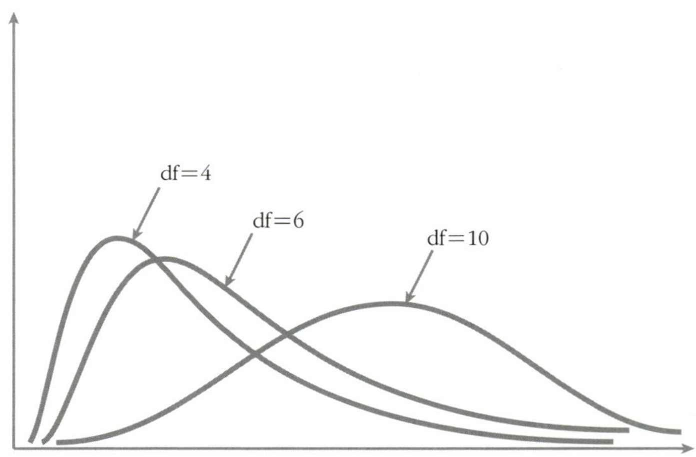

추리통계분석 결과는 어찌 해석할 것인가? 제2절

추리통계분석의 목적은 기술통계분석을 통해서 표본을 요약 · 설명하는 표본통계량(sample statistic)을 가지고 모집단을 요약 · 설명하는 모수(population parameter)를 추정하는 것이라고 이미 설명하였습니다. 즉, 추리통계의 기능은 모수에 대한 통계적 추론(statistical inference)을 정확히 수행하는 것입니다. 그런데, 통계적 추론의 구체적 예는 매우 다양할 수 있습니다. 따라서 표본통계량의 유형에 따라 그 구체적인 표본분포는 상이할 수 있지요. 결국 표본분포와 무관하게 통계적 추론의 정확성을 판단해 줄 공통의 도구가 필요하게 됩니다. 이러한 역할을 해 주는 도구가 1종 오류(Type I error)와 2종 오류(Type II error)라고 하는 개념입니다.

표 9-1
1종오류와 2종오류

		전수조사시 알 수 있는 정보	
		H_0 참	H_0 거짓
표본조사시 연구자의 결론	H_0 수용	1-α (정확한 결론)	β (2종 오류)
	H_0 기각	α (1종 오류)	1-β (power : 정확한 결론)

모집단의 일부분인 표본을 관찰해서 계산된 표본통계량으로 연구자가 모집단에 대한 추론을 할 때마다 잘못된 결론이 내려질 위험(risk)이 존재합니다. 즉, 통계적 추론(가설검정)에서는 표본에서 관찰된 현상이 우연인지 필연인지, 또한 이러한 판단이 참일 확률은 얼마인지가 중요하게 됩니다. 〈표 9-1〉은 연구자의 결론이 야기할 수 있는 두 가지의 위험가능성을 보여주고 있습니다.

먼저 **1종 오류**(Type I error 혹은 alpha error)는 H_0를 잘못 기각할 경우에 발생하는 오류입니다. 예를 들어 보지요. 영어과외를 받은 집단의 영어점수

평균(=$\overline{X_1}$)이 과외를 받지 않은 집단의 영어점수 평균(=$\overline{X_2}$)보다 크다는 가설(=H_1: $\overline{X_1}>\overline{X_2}$)을 검증할 경우, 이 가설을 직접 증명하는 대신 두 평균간에 차이가 없다는 영가설(=H_0: $\overline{X_1}-\overline{X_2}=0$)을 검정하게 됩니다(그 이유는 제3장에서 이미 설명한 바 있습니다). 이때 각 집단을 대변하는 표본에서 영어점수를 측정하고, 이들을 기초로 영가설(=H_0: $\overline{X_1}-\overline{X_2}=0$)이 거짓으로 판단되어 영가설의 기각결정을 연구자가 내렸다고 가정하겠습니다. 즉, 간접적인 방법으로 과외의 효과가 있다고 결론을 내린 것이지요. 그런데 전수조사를 추가적으로 실시하였더니 영가설(=H_0: $\overline{X_1}-\overline{X_2}=0$)이 실제로는 옳다는 결론이 나왔다고 또 가정하겠습니다. 이러한 경우는 표본통계량에 기초해서 H_0를 기각한 것이 잘못된 결정이었던 경우입니다. 그러나 여기에서 주의할 점은, 전수조사를 하지 않는 한(그리고 거의 모든 연구는 표본조사만 수행하고 연구를 종료합니다) 모집단에서 H_0가 참인지 거짓인지를 위의 예처럼 알 수 있는 도리는 없습니다. 다만 표본의 관찰결과로 모집단에 대한 판단을 내릴 때에는 이러한 판단이 잘못될 가능성이 얼마나 되는지를 계산해 내고 가설검정(즉 통계적 추론)의 상대적인 정확성을 판단하게 되는 것입니다. 한편, 1종 오류가 발생할 확률(probability of type I error)을 **통계적 유의도** 혹은 유의 수준(level of significance=100%−신뢰수준[confidence level])이라고 부르고 α로 표시합니다. α란 표본을 기초로 한 통계적 추론의 결과가 우연에 의한 확률일 가능성을 지칭한다고 할 수 있습니다. $\alpha=.05$ 수준이란, 표본에서 얻어진 결과가 우연히 발생할 확률이 5%라는 것으로, 이러한 결과가 표본오차(sampling error) 때문이 아니라 모집단의 특성에 기인하기 때문이라는 뜻입니다. 한편, 모집단에서 H_0가 진실일 때, 표본을 기초로 한 통계적 추론의 결과 H_0를 수용하였다면 정확한 결론(=$1-\alpha$)을 내린 경우가 될 것입니다. 다시 말하면 $\alpha=.05$수준에서는 H_0에 대한 연구자의 의사결정이 맞을 확률은 95%이고 이러한 의사결정이 틀릴 가능성이 5%라고 할 수 있습니다.

한편 표본에서 실제로 관찰된 유의 수준(observed significant level)은 p값(p-value)이라고 부릅니다. 즉, α란 연구자가 사전적으로 (즉, 판단의 기준으로) 허용하는 유의 수준을 의미하고, p값이란 표본에서 사후적으로 (즉, 경험적으로) 관찰된 유의 수준을 의미하는 것입니다.

다음, **2종 오류**(Type II error 혹은 beta error)는 H_0를 잘못 수용하는 경우에 발생하는 오류입니다. 이러한 오류의 가능성을 β라고 합니다. 위에서 사용한 예를 들어 보지요. 표본조사에 기초해서 연구자가 H_0를 기각하지 못했다고(즉, H_0를 간접적으로 수용했다고) 가정하겠습니다. 과외를 받은 집단과 과외를 받지 않은 집단간에 차이가 없다는 결론을 내린 것이지요. 그런데 이번에도 전수조사를 추가적으로 실시하였더니 영가설($=H_0$: $\overline{X_1}-\overline{X_2}=0$)이 옳지 않다는 결론이 나왔다고 또 가정하겠습니다. 이러한 경우는 표본통계량에 기초해서 H_0를 기각하지 못한(즉, 수용한) 것이 잘못된 경우입니다. 한편, 모집단에서 H_0가 거짓일 때, 표본을 기초로 한 통계적 추론의 결과 H_0를 기각하였다면 이 역시 정확한 결론($=1-\beta$)을 내린 경우가 될 것입니다. 논리적으로는 이 경우가 가장 바람직한 경우인데 이를 **통계적 power**(power of a statistical test)라고도 부르고 있습니다. 표본조사도 하고 전수조사도 하는 경우는 현실적으로 없다고 할 수 있으므로, 표본조사만 실시하는 경우 가설검정의 정확한 결론을 위해서는 $(1-\alpha)$와 $(1-\beta)$를 동시에 크게 할 수 있다면 좋을 것입니다. 즉, α와 β값을 동시에 작게 하면 이상적일 것입니다. 그런데 β의 크기는 α의 크기에 관련이 되어 있고, 서로 상반관계(trade off)에 있는 것으로 알려져 있습니다. 구체적으로는 α의 수준과 표본의 크기가 β의 수준을 결정하게 됩니다. 즉, 특정한 α의 수준에서는 표본크기를 증가시키면 β의 수준을 감소시켜서 power의 수준을 증가할 수 있게 됩니다.

$(1-\alpha)$와 $(1-\beta)$ 중 하나만 선택을 한다면, 위에서 언급한 바와 같이 논리적으로는 귀무가설이 모집단에서 거짓일 때 표본통계량을 기반으로 이 가설을 기각하는 것이 좀 더 바람직하므로 $(1-\beta)$를 크게 할 수 있으면 좋을 것이나, $(1-\beta)$를 한정 없이 크게 할 수도 없습니다, β를 작게 한다면 다시 α가 커지기 때문이지요.

즉, 전수조사를 하지 않기에 '모든 결과(즉, H_0가 참인 경우나 H_0가 거짓인 경우)'에 대비해야 하므로 α와 β를 동시에 줄여야 하는 것이 일차적인 목표입니다. 즉, β의 크기만을 줄이는 것[혹은 $(1-\beta)$ 크기만을 키우는 것]은 2차적인 목표인 셈이지요. 따라서 β를 줄이기 위해 α를 크게 하기보다는 일정수준의 α에서 표본의 크기를 키워서 β를 줄이려는 것[즉, 일정한 수준의

그림 9-11

α와 β간의 관계

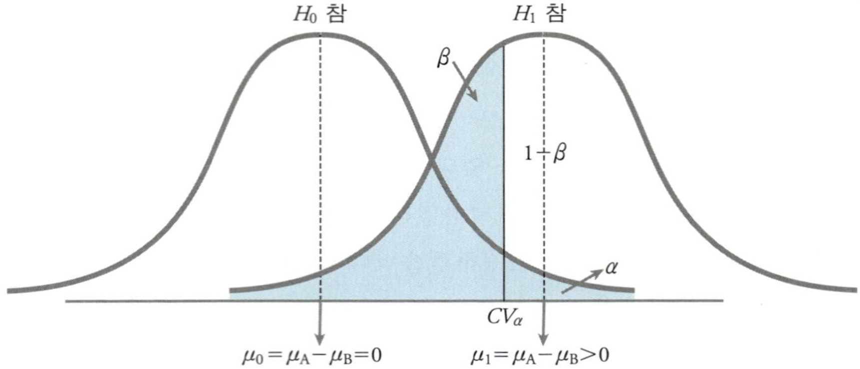

$(1-\alpha)$에서 $(1-\beta)$를 크게 하는 것]이 연구자들이 가설검정시 일반적으로 선호하는 접근방법입니다.

〈그림 9-11〉은 단측검정(아래의 가설검정 절차 부분에서 설명합니다)의 경우 α와 β간의 관계를 보여주고 있습니다. α값(즉, α에 해당하는 면적)이 작아지면(즉 그림에서 임계치[$=CV_\alpha$: 아래 가설검정 절차에서 자세히 설명합니다]가 표본분포곡선의 우측 끝으로 이동할수록) β값(즉, β에 해당하는 면적)이 커짐을 볼 수 있습니다. 그런데 주의해야 할 점은 〈그림 9-11〉이 'H_0가 참인 표본분포곡선과 H_1이 참인 표본분포곡선이 동시에 존재한다고 함을 주장하는 것은 아니라는 점(H_0와 H_1이 동시에 참일 수는 없지요)'입니다. 〈그림 9-11〉은 독자들의 이해를 위해 상호배타적인 두 가지 경우의 표본분포곡선들을 동시에 제시하고 있는 것입니다.

여하간 전수조사를 하지 않는 이유가 전수조사에 수반되는 각종 비용 등을 피하려는 데에 있다고 함을 고려하면 표본조사는 현실적으로 피할 수 없는 선택이고, 표본조사시 표본의 크기를 무한정 늘릴 수도 없을 것입니다. 게다가 전수조사시 H_0가 거짓인 경우(즉, H_1이 참인 경우) H_1의 구체적인 표본분포를 특정(specify)하기 어려운 난점이 있습니다. H_1이 참인 경우는 구체적으로 한 가지 이상의 가능성이 존재하기 때문이지요. 예를 들어 두 집단 A, B간의 평균의 차이에 관한 귀무가설($=H_0$)이 참일 경우의 표본분포의 평균을

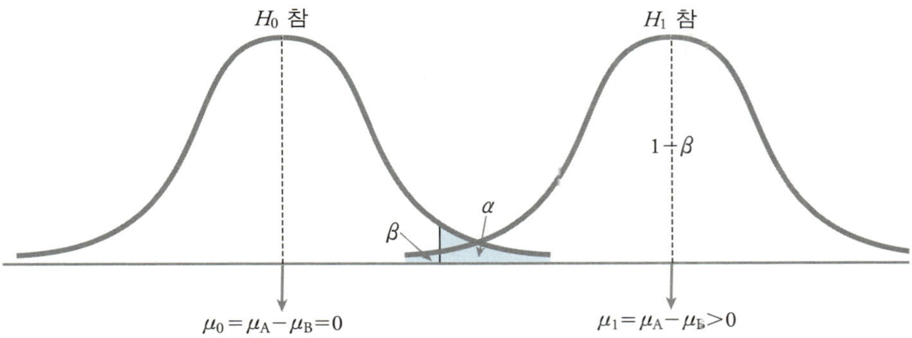

그림 9-12

$(\mu_1 - \mu_0)$와 β 간의 관계

μ_0라고 하고, H_1가 참인 경우($\mu_1 = \mu_A - \mu_B > 0$)의 표본분포의 평균을 μ_1이라고 한다면, $\mu_0 = 0$인 표본분포곡선은 하나로 특정이 가능하나 $\mu_1 > 0$인 표본분포곡선은 여러 가지가 존재할 수 있습니다. 이러한 논리에 입각해서 보면, H_1이 참인 경우의 μ_1값이 크면 클수록, 즉 $(\mu_1 - \mu_0)$값이 커질수록 β는 줄어들게 됩니다(〈그림 9-12〉 참조).

결국, H_1이 참일 경우의 표본분포곡선을 특정하기 어려우므로, H_0이 참일 경우를 가정하여 연구자가 적절하다고 생각하는 1종 오류의 수준(예: $\alpha = .01$ 혹은 .05)을 사전에 정하고, 표본조사에 의거한 가설검정의 결과(즉, p 값)가 미리 정한 1종 오류의 수준을 충족하는지를 비교하여 통계적 추론의 상대적 정확성의 정도를 판단하게 됩니다. 한편, 경영/경제 현상의 연구에 있어서는 관례적으로 1종 오류($= \alpha$)를 0.05 혹은 0.01 수준으로 설정하는데, 관찰된 1종 오류($=p$)가 0.01 이하 수준인 통계적 추정(가설검정)결과는 상대적으로 정확한 결론으로 받아들이고 있습니다.

제3절 추리통계분석은 어떻게 실행하는가?

1. 추리통계와 가설검정

앞에서 표본분포 관련 설명에서 기술한 것처럼, 일반적으로 표본통계량의 분포(distribution of sample statistics)를 표본분포라고 합니다. 따라서 표본평균(sample means: $\overline{X_1}$, $\overline{X_2}$ 등)의 표본분포, 표본분산(혹은 표본표준편차)의 표본분포, 표본비율(proportions)의 표본분포, 혹은 표본평균 차이(예: $\overline{X_1}-\overline{X_2}$)의 표본분포 모두 표본분포의 유형이라고 할 수 있습니다. 따라서 표본분포에 의거한 모수를 추정하는 점에 있어서는 모수추정(parameter estimation)과 가설검정(hypothesis testing)이 근본적으로 다른 점은 없다고 할 수 있습니다.

한편, 가설이란 "두 개 이상의 현상간의 관계에 논리적인 예측"으로 정의하는 것이 일반적이지만, 실제로 구체적인 가설의 내용은 매우 다양합니다. 따라서 가설검정의 구체적인 유형도 매우 다양한 것이지요. 변수(현상)들간의 관계뿐만 아니라, 모집단의 평균(mean), 비율(proportion) 등과 같은 하나의 현상에 대한 가설도 검정할 필요가 발생할 수 있는 것입니다. 따라서 부등호로 표현되는 복합적인 범위에 대한 검정을 수행하는 복합가설(composite hypothesis)은 물론 특정한 값을 검정하는 단순가설(simple hypothesis) 모두 가설검정의 대상이 됩니다(임종원, 박형진, 강명수, 2001).

단지, 다양한 가설검정을 위해서는 모수검정은 물론 모수검정을 응용한 비모수검정도 수행되고 있다는 점만을 추가적으로 알아둘 필요가 있습니다. 즉, 실제로 사용되는 통계적 가설검정방법(tests of significance)은 크게 모수검정과 비모수검정방법으로 구분할 수 있습니다. 위에서 모수추정과 관련해서 이미 설명한 바와 같이, 연구대상 현상을 등간척도 혹은 비율척도의 수준으로 측정한 경우와, 표본이 정규분포를 따르는 모집단에서 추출된 경우에 적용하는 통계적 검정방법을 **모수검정**(parametric test)이라고 합니다. 이에 비해, 등간척도 이상의 척도에 대한 가정이나 혹은 정규분포에 대한 가정을 필요로 하지 않는, 따라서 분포를 확정하기 힘든(distribution-free) 경우에 사용하는 통계적 검정방법을 **비모수검정**(non-parametric test: 엄밀하게는 모수통계적 접근을 이용하는 비모수검정방법이라고 할 수 있습니다)이라고 합니다. 따라서 정규분포나 t분포 등을 이용한 모수검정뿐만 아니라, χ^2분포 등을 이용한 비모수검정도 가설검정에 사용되고 있습니다. 여하간, 추리통계분석은 가설검정과 실질적으로는 동일하다고 결론적으로 이해하면 될 것입니다.

2. 가설검정의 단계

다음은 일반적으로 적용할 수 있는 가설검정의 단계입니다. 물론 과학의 과정에서도 설명한 바와 같이 가설검정의 단계에는 연역적 추론과 귀납적 추론이 상호보완적으로 사용되고 있습니다.

1) 가설설정

〈그림 9-13〉에서 볼 수 있는 바와 같이, 가설검정의 첫 단계는 연구문제의 정의에 따른 가설의 설정(formulation of hypothesis)이라고 할 수 있습니다. 그런데, 제3장의 가설설정과 관련된 부분에서 이미 설명을 한 바와 같이, 계량적 접근을 취하는 조사연구에서는 통계적 검정(statistical test)이 가능한 형태의 가설을 설정하는 것이 중요합니다. 즉, 실질가설(substantive hypothesis)을 설정한 이후에는 즉시 실질가설에 부응하는 통계가설(statistical hypothesis)도 설정하여야 합니다. 그리고 연구가설(H_1 예: X가 클수록 Y가 커진다)이 참임을 직접 검정하기보다는, 귀무가설(null hypothesis: H_0)이 거짓임을 검정하는 것이 논리적으로 더 타당하다고 하는 점을 이해한다면, 귀무가설 형태의 통계가설을 설정하는 것이 가설검정의 첫 단계에서 하는 일이라고 하겠습니

표 9-2 단측검정과 양측검정

	연구가설(H_1)	귀무가설(H_0)
단측검정(a)	구독자소득＞非구독자소득	구독자소득≤非구독자소득
단측검정(b)	구독자소득＜非구독자소득	구독자소득≥非구독자소득
양측검정(c)	구독자소득≠非구독자소득	구독자소득＝非구독자소득

다. 그런데 이와 같은 가설의 통계적 검정은 표본통계량(sample statistic)에 대한 논리적 예측을 다루는 것이 아니고, 표본통계량에 기초한 모수(parameter)에 대한 논리적 예측을 다룬다고 함을 이해할 필요가 있습니다.

한편, H_1이 예측하는 구체적 내용에 따라 H_0에 대한 검정을 단측검정과 양측검정으로 구분할 수 있습니다. 예를 들면, 〈표 9-2〉 (a) 혹은 (b)의 경우에서 볼 수 있듯이, 연구가설(H_1)의 내용이 현상들간의 관계의 방향(＋방향인지 혹은 －방향인지)까지 포함하는 경우에는 **단측검정** 혹은 **一方向 검정**(one-tailed test)이 적절하고, 연구가설(H_1)의 내용이 예측방향을 포함하지 않는 경우에는 **양측검정** 혹은 **兩方向 검정**(two-tailed test)이 적절합니다. 예를 들면, "잡지구독자의 소득이 잡지 非구독자의 소득보다 크다(〈표 9-2〉의 (a) 참조)"는 연구가설(H_1)을 검정하기 위해 실제로는 "잡지구독자의 소득이 잡지 非구독자의 소득과 같거나 더 작다(〈표 9-2〉의 (a) 참조)"는 귀무가설(H_0)을 검정하게 됩니다. 이러한 가설검정은 가설에서 예측하는 현상의 방향까지 제시되어 있기 때문에, 구독자소득이 비구독자소득보다 크건 혹은 작건 상관없이 귀무가설이 기각(즉, 연구가설이 지지)되는 양측검정의 경우보다 더 구체적인 검정이 되는 것이지요. 따라서 일반적으로 단측검정이 양측검정보다 더 강력한(엄격한) 결론을 보여 주게 됩니다.

한편 〈그림 9-14〉는 표본통계량의 분포(즉, 표본분포)가 정규분포를 따를 때, 단측검정과 양측검정의 차이점을 정규분포곡선을 이용하여 설명하고 있습니다. 〈그림 9-14〉의 단측검정의 가상의 예에서는 〈표 9-2〉의 (a)의 경우를 도시하고 있습니다. 이 경우에 영가설이 기각되려면, 표본에서의 '구독자소득평균($\overline{X_1}$)－非구독자소득평균($\overline{X_2}$)' 의 값이 $\mu_1 - \mu_2 = 0$(모집단에서의 소득평균의 차이)에서 최소 ＋1.65표준오차($\alpha = .05$수준에 부합하는 표준오차의 크기)

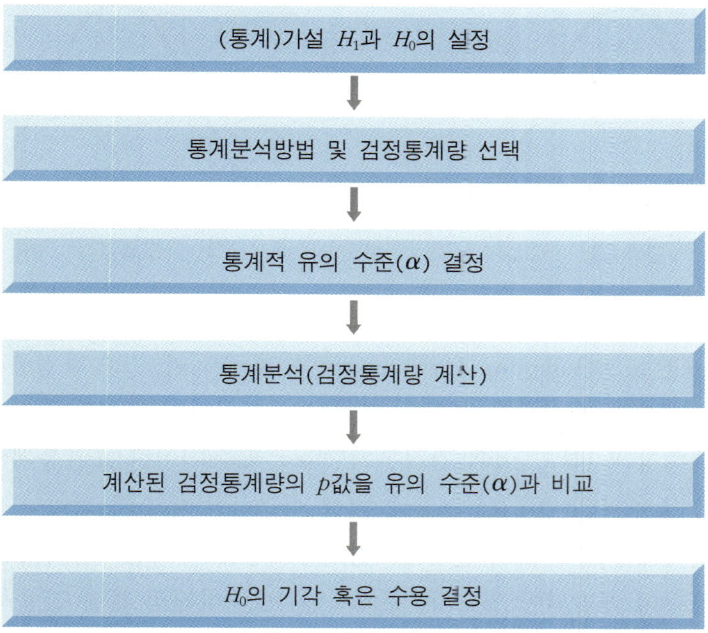

그림 9-13
가설검정의 절차

만큼 떨어져 있어야 함을 보여주고 있습니다. 한편, 양측검정의 경우(〈표 9-2〉의 (c))에는 +1.96표준오차보다(α=.025수준에 부합하는 표준오차의 크기, 즉 임계치의 크기) 크거나 −1.96표준오차보다 작아야 함을 보여주고 있습니다.

실제로 SPSS Statistics를 이용한 가설검정의 경우에는 분석기법에 따라 단측/양측검정을 선택하는 옵션기능이 있는 경우도 있고, 단측/양측검정이 동시해 실행되고 이에 따른 p값이 동시에 제시되는 경우도 있습니다.

2) 통계분석방법 및 검정통계량 선택

통계가설이 준비된 다음에는 이 가설을 검정하기 위해 적절한 통계분석방법을 선택해야 합니다. 대개 특정 가설은 다양한 통계방법으로 검정할 수 있는 것이 일반적입니다. 연구자는, 자신이 연구하는 현상의 측정수준, 즉 근원척도의 유형은 무엇인지, 표본에서 도출된 표본통계량(sample statistic)이

그림 9-14

α=.05 수준에서의 단측검정과 양측검정

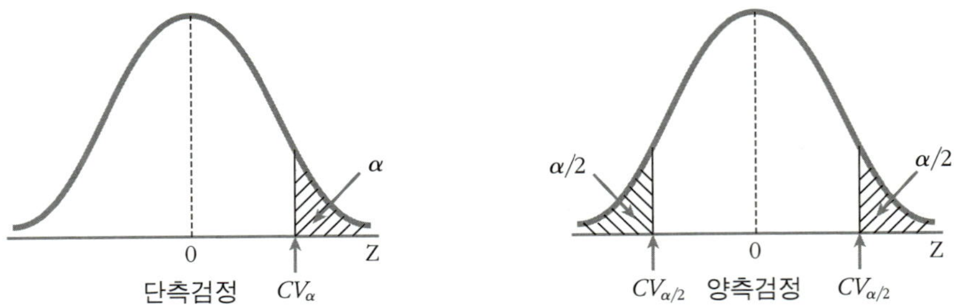

어떠한 표본분포(sampling distribution)를 따르는지, 또 검정통계량(test statistic)이 어떻게 계산되는지 등을 고려하여 가설검정에 적절한 통계분석기법을 선택해야 합니다. 이때 검정통계량(test statistic)이란 표본통계량(sample statistic)이 H_0에서 모수(parameter)에 대해 예측하는 수준에 얼마나 근접했는지를 판단하게 해주는 도구입니다. 검정통계량은 추리통계분석기법에 따라 다양한 유형이 개발되어 있으나, 구체적인 예는 아래의 관련 장에서 설명하도록 합니다.

한편, SPSS Statistics 등을 이용하여 통계분석기법을 실행하는 경우에는 연구자가 선택한 통계기법에 맞는 검정통계량을 SPSS에서 계산해 주기 때문에 연구자는 검정결과를 적절히 해석하기만 하면 됩니다.

3) 통계적 유의 수준 결정

위의 제2절에서 설명한 바와 같이, 가설검정의 마지막 단계에서 H_0을 기각하거나 혹은 수용하는 결정을 내리게 되는데, 이러한 결정이 잘못 내려질 가능성이 상존합니다. 이때 결론을 잘못 내릴 가능성을 어느 정도 수준까지 허용할 것인가를 연구자가 주관적으로 결정을 해야 합니다. 즉, 가설검정의 세 번째 단계에서는 통계적 유의 수준(level of significance: α)을 결정해야 합니다. 위의 제2절에서도 설명한 바와 같이, 사회현상의 연구에 있어서는 관례적으로 1종 오류가 0.01 이하 수준인 통계적 추정결과는 상대적으로 정확한 결론으로 받아들이고 있습니다. 따라서 대부분의 연구자들이 통계적 유의도(α)를 0.01 혹은 이보다 좀더 느슨한 기준인 0.05로 정하는 것을 관행으로 하고 있습니다.

한편, SPSS Statistics를 사용하는 가설검정에 있어서는, 연구자가 자신이 허용하기로 결정한 통계적 유의 수준을 SPSS명령에 반영하는 옵션은 주어지지 않습니다. 다만, 아래의 통계분석단계에서 "영가설(H_0)이 참이라는 전제하에 표본에서 계산된 검정통계량값이 관찰될(표본분포에서 발생할) 확률"이라고 할 수 있는 유의 수준(p값)이 바로 제시됩니다. 연구자는 이 수준이 자기가 미리 설정한 유의도(α)보다 작으면 H_0를 기각하고 H_1을 지지하는 결론을 내리게 되는 것이지요.

4) 통계분석(검정통계량 계산)

네 번째 단계에서는 위 단계에서 연구자가 결정한 α의 수준과 이에 대응하는 β의 수준, 예상응답률, 예산 등의 요소를 고려하여 표본의 크기를 결정하고, 이 표본으로부터 자료를 수집하게 됩니다. 자료수집이 끝나면, 자료를 컴퓨터에 입력하고 자료의 표본통계량의 분포(즉, 표본분포)를 고려하여 가설검정에 필요한 검정통계량(test statistic)을 계산해 내게 됩니다.

한편, 위의 3단계에서도 설명한 바와 같이, SPSS Statistics를 사용하는 통계분석에 있어서는 특정 통계기법의 분석명령을 SPSS가 실행하게 되면 관련된 검정통계량이 동시에 계산되고 특정한 검정통계량에 상응하는 관찰된 유의 수준(단측/양측 검정) 즉, p값도 동시에 제시됩니다.

5) 계산된 검정통계량과 임계치(검정통계량의 p값과 유의수준 α) 비교

네 번째 단계에서 가설검정에 필요한 검정통계량(test statistic)을 계산해 내게 되면, 검정통계량에 적합한 표본분포표(정규분포표, t분포표, χ^2분포표 등)를 참조하여 이미 계산된 검정통계량값을 **임계치**(critical value)와 비교하게 됩니다. 그런데 임계치란 가설기각과 비기각(수용)지역을 구분하는 검정통계량의 값을 의미합니다. 따라서 임계치는 연구자가 결정하는 유의 수준(α=.01

혹은 $\alpha=0.05$)에 의해 결정된다고 할 수 있습니다. 위의 〈그림 9-11〉에서 다시 볼 수 있듯이, 두 집단간의 소득차이에 대한 단측검정을 할 경우(H_0: 구독자소득평균($\overline{X_1}$)－非구독자소득평균($\overline{X_2}$)≤ 0), $\alpha=.05$ 수준에서의 임계치인 1.65보다 검정통계량값이 더 크다면 영가설(H_0)이 기각되는 것입니다.

SPSS를 실행하면 검정통계량값, 임계치, 검정통계량 값에 부응하는 p값이 바로 제시됩니다. 계산된 검정통계량의 값이 그 검정통계량의 임계치보다 크면 H_0를 기각하게 됩니다. 즉, 검정통계량의 수준에 부응하는 p값이 연구자가 미리 생각해둔 유의 수준(예: $\alpha=.05$)보다 더 작으면(예: $p=0.01$) 영가설(H_0)을 기각하는 것이지요.

6) 가설검정 결론

다섯 번째 단계에서도 설명한 바와 같이 가설검정의 마지막 단계에서는 연구자가 미리 결정한 통계적 유의 수준(예: $\alpha=.05$ 혹은 $\alpha<.05$) 혹은 이 수준에 부응하는 임계치를 기준으로 하고, 통계분석을 통해 계산된 검정통계량이나 혹은 검정통계량의 p값(예: $p=.015$)을 확인하여 H_0을 기각("검정통계량의 p값$\leq$유의 수준" 혹은 "검정통계량 값$\geq$임계치")하거나 혹은 수용("검정통계량의 p값$>$유의 수준" 혹은 "검정통계량 값$<$임계치")결정을 하게 됩니다.

한편, 이처럼 통계가설을 기각하게 되거나 수용하게 된 후에는, 통계분석의 입장에서는 물론이고 실질가설의 입장(즉, 언어적인 표현)으로도 가설검정 결과를 설명하는 것이 바람직합니다.

3. 추리통계분석(가설검정)기법의 유형

무수히 많은 가설이 설정되고 이 가설들을 검정할 수 있겠으나 추리통계분석(가설검정)기법은, 현상(변수)들간의 관계만을 검정하는 **상호관계분석**과 현상들간의 원인-결과 관계도 검정하는 **인과관계분석**으로 구분할 수 있습니다. 상호관계분석에서의 H_0의 형태는 "변수들간의 관계가 없다"고 하는 것입니다. 그러나 상호관계검정에서는 변수간의 인과관계에 대한 검정은 이루어지지 않습니다. 한편, 인과관계의 검정에서의 H_0는 "독립변수가 종속변수를 야기하지 않는다"라는 것입니다만, 인과관계검정에서는 통계적 증거 이외에도 이론적 지지(theoretical support) 및 적절한 연구설계(research design) 등이 수반되어야 합니다. 따라서 본서에서 사용하는 인과관계분석이라는 용어의 의미는, "인과관계를 지지할 수 있는 통계적 증거를 제공하는 것"으로만 한정된다고 할 수 있습니다. 이러한 전제하에서 인과관계분석에는 차이검정(test of difference)도 포함될 수 있습니다. 제10장에서 제13장까지는 추리통계분석(가설검정)을 수행하는 대표적인 통계기법들에 대해 설명합니다.

제 4 절 추리통계분석의 기본 가정은 무엇인가?

추리통계분석이 의존하고 있는 기본 가정으로는, 첫째, 모집단의 특성을 대표하는 모수를 추정(parameter estimation)하는 기반이 되는 표본(sample)은 당연히 모집단으로부터 추출되어야 함을 지적할 수 있습니다. 따라서 예를 들어 특정 대학교 동창회 명부를 모집단으로 해서 추출된 표본은 그 대학교 동창회에 대한 추정(가설검정)의 근거를 제공할 수는 있어도, 모든 대졸자들에 대한 통계적 추정의 근거로 사용될 수는 없습니다.

둘째, 추리통계의 정확성을 위해서는 확률표본추출(probability sampling)에 따른 표본추출이 이루어져야 합니다. 비확률표본추출로 뽑힌 표본은 통계적 추정의 대상이 될 수 없습니다.

셋째, 추리통계에서는 표본오차 혹은 표본오류(sampling error)만을 다룹니다. 예를 들면, 수집자료를 연구자가 입력할 때 실수를 했다든지, 응답자가 설문문항을 잘못 이해해서 응답했다든지 하는 등의 이유로 발생하는 非

표본오차(non-sampling error)의 크기는 추리통계에서 추정할 수 있는 대상이 아닌 것이지요. 대개 표본추출을 엄밀하게 잘해서 표본오류의 가능성이 상대적으로 아주 작을 경우에는 오히려 비표본오차가 상대적으로 더 문제가 될(즉, 조사연구의 타당성을 낮출) 가능성에 주의해야 합니다.

방금 지적한 바와 같이, 연구자(예: 자료입력 실수 등), 응답자(예: 낮은 응답률, 부정확한 설문 이해 등) 등에 기인하는 **비표본오차** 혹은 **비표본오류**(non-sampling error) 또한 표본조사를 이용한 추리통계분석의 정확성에 영향을 줍니다. 표본오차(sampling error)가 최소화된다고 연구의 타당성이 당연히 확보되는 것은 아니지요. 아래의 〈그림 9-15〉는 표본조사를 통한 추리통계분석을 진행할 때 발생할 수 있는 각종 오차를 정리해 주고 있습니다.

비표본오차는 다시 관찰오차와 비관찰오차로 구분할 수 있습니다. 먼저, 관찰오차는 현장오차와 자료처리오차로 구분할 수 있습니다.

현장오차란 사회현상의 관찰과정에서의 면접원과 응답자의 상호작용에서 발생하는 오차입니다. 예를 들어, 응답자가 자신이 느끼는 대로가 아니고 면접원이 원한다고 생각하는 대로 응답을 하게 되는 경우에는 조사대상 현상을 제대로 반영하지 못하는 현장오차가 발생하게 됩니다.

자료처리오차는 조사결과를 잘못 기록하거나 기록된 자료를 잘못 처리할 때 발생하는 오차입니다. 이러한 오차는 기계를 이용한 관찰을 통해 상당부분 회피할 수 있습니다. 면접원이 관여하는 자료의 수집 및 처리시에는 많은 주의를 기울여야 합니다.

한편, 비관찰오차는 불포함오차와 무응답오차로 다시 구분할 수 있습니

그림 9-15

표본조사의 오차

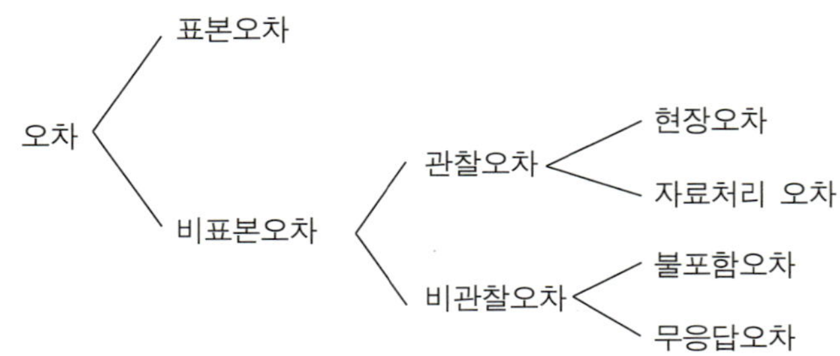

다. 불포함오차는 실제로 발견하기 어렵기 때문에 이 오차를 줄이려면 다른 연구와의 비교 등을 통해 사후 판단이 필요합니다. 불포함오차는 표본프레임이 불완전해서 모집단을 제대로 반영하지 못하는 경우 발생할 수도 있습니다. 예를 들어, 전화번호부를 표본프레임으르 사용했을 경우 전화번호부에 누락된 응답자들은 표본에 추출될 수 없게 됩니다.

무응답오차는 위에서도 여러 번 설명한 바와 같이 응답자가 응답을 거부했을 때 발생하는 오차입니다. 무응답을 줄이기 위해서는 무응답자에 대해서 여러 차례 조사를 실시하거나 약간의 인센티브를 제시할 수 있습니다. 여하간 무응답자가 많은 경우 응답자집단과 무응답집단간의 차이가 있는지 주의해서 분석해야 합니다.

넷째, 셋째 가정과 관련 있는 내용으로, 추리통계의 또 다른 전제는 100%의 응답률입니다. 응답률이 낮을수록 무응답오류의 가능성이 높아지고 통계적 추정의 어려움은 점점 더 커집니다.

위의 설명에서 알 수 있는 바와 같이, 완벽하게 타당성 있는 조사연구를 진행하는 것은 쉽지 않은 일입니다. 다만 연구자들은 완벽을 향해 끊임 없이 전진하고 있다고 할 수 있는 것이지요.

제 10 장 상관관계분석을 통한 상호관계검증

| 도입 사례 |

미국에서 682명의 여성고객을 대상으로 슈퍼마켓에서의 행동을 조사한 자료에 의하면 그들 중 593명이 그들이 정상적으로 구입하는 상품에 대해 쿠폰을 사용했고 그들 중 95%가 최근 한 달 내에 쿠폰을 사용했으며 한 가구당 방문한 슈퍼마켓은 2.9개의 점포에 해당한다는 것이 밝혀졌습니다.
한편, 위에서 수집한 쿠폰사용과 소득간의 관계를 특정한 표르 동시에 정리(통계용어로는 cross-tabulation)하고 이들 현상간의 관계를 분석함으로써 (1) 모든 소득수준의 가구가 쿠폰을 사용하고 있음을 알 수 있었고, (2) 하위 소득수준의 가구는 중간이나 고소득수준의 가구보다 쿠폰을 훨씬 더 많이 사용하는 것을 밝힌바 있습니다. 그리고 이와 같은 소득수준과 쿠폰사용간의 관계는 통계적으로 유의한 것으로 나타났습니다. 슈퍼마켓에서 쿠폰과 관련된 전략을 수립할 경우에 그와 같은 발견은 유용하게 사용될 수 있었습니다.

생각해 볼 문제

❶ 어떤 기준으로 사회현상들간에 상호관계가 존재한다고 말할 수 있을까요?
❷ 현상간에 존재하는 상호관계가 현상간의 인과관계 설명에 어떠한 역할을 할까요?

〈본서의 체제〉

- 연구문제의 정의
  - 제 1 장 과학이란 무엇인가?
  - 제 2 장 과학적 연구란 무엇인가?
  - 제 3 장 (1절) 연구의 대상: 연구문제
- 연구문제에 대한 논리적 해답 제시
  - 제 3 장 (2절) 연구의 대상: 가설
  - 제 4 장 연구설계
  - 제 5 장 측정 및 척도구성
- 논리적 해답에 대한 경험적 검증 실시
  - 제 6 장 자료의 수집
  - 제 7 장 자료의 입력
  - 수집 자료의 분석
    - 제 8 장 기술통계분석
    - 제 9 장 추리통계분석
    - **제 10 장 상관관계분석을 통한 상호관계검증**
    - 제 11 장 요인분석을 통한 상호관계검증
    - 제 12 장 집단간 차이분석을 통한 인과관계검증
    - 제 13 장 회귀분석을 통한 인과관계검증
    - 제 14 장 구조방정식을 통한 인과관계검증
    - 제 14 장 (참고) 연구결과의 일반화

상관관계분석이란 무엇인가? 제 1 절

1. 상관관계분석이란?

제8장에서는 사회현상을 요약 · 설명하는 기술통계분석에 대해 설명하였고, 제9장에서는 표본을 대상으로 한 기술통계분석을 기초로 모집단에서 존재하는 현상들간의 관계를 추론하는 추리통계분석의 원리에 대해 설명한 바 있습니다. 그러나 8장에서 설명한 현상의 요약은 각각의 현상을 독립적으로 설명한 것에 불과했습니다. 예를 들면 3학년 1반의 영어실력 수준(즉, 영어점수의 평균)은 어떻고 영어실력은 고른지(즉, 영어점수의 분산은 어떤지), 그리고 수학실력의 수준과 그 변화 정도(즉, 수학점수의 평균과 분산)는 어떤지에 대해 현상별로 요약 · 설명했다는 뜻입니다. 그런데, 9장에서 설명한 바와 같이, 기술통계분석을 바탕으로 미지의 모집단의 특성을 예측(추리통계분석)할 수 있으려면, 즉 관심 있는 현상들간의 관계를 설경하기 위해서는, 먼저 각 현상들이 각각 변화하는 현상인지 설명하고, 변화하는 현상들이라면 동시에 변화하는 현상들인지를 알아보아야 합니다. 〈도입사례〉의 후반부는 두 개의 현상(소득수준과 쿠폰사용)이 같이 변하는 현상인지를 분석한 결과를 슈퍼마켓의 경영에 활용한 예라고 할 수 있습니다.

그림 10-1

기술통계분석

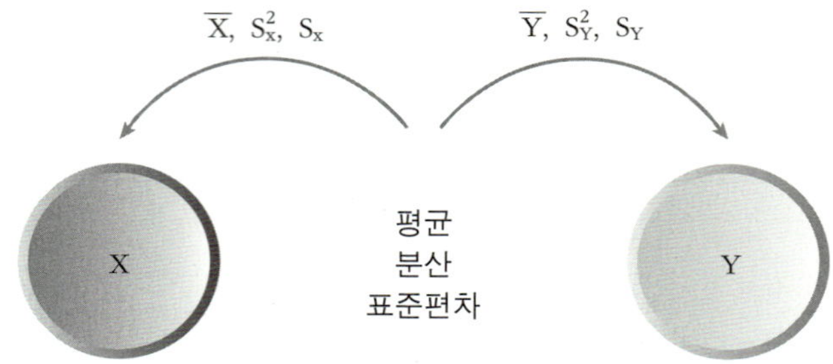

〈그림 10-1〉은 기술통계분석이 하는 역할을 그림으로 표현한 것입니다. 사회현상 X(예: 3학년 1반의 영어점수)와 Y(예: 3학년 1반의 수학점수)를 평균, 분산, 표준편차 등의 표본통계량을 사용하여 요약 · 설명하고 있는 것을 표현하고 있습니다. 기술통계분석에서는 사회현상 X와 Y에 대해 각각 설명하고 있지만 아직 두 현상들간의 관계에 대한 분석은 이루어지지 않고 있습니다.

그러나, 제10장부터는 현상들간의 **관계**(relationship)에 대해 설명합니다. 과학의 목표가 현상들간의 관계를 설명해 주는 것이라고 이미 배운바 있습니다. 따라서 현상들간의 관계분석이야말로 과학적 지식창출의 핵심적인 과정이 되는 것입니다. 물론 현상들간의 관계가 의미를 가지려면 궁극적으로 하나의 현상이 다른 현상을 야기하는지, 즉 현상들간에 인과관계(causal relationship)가 존재하는지를 알아보아야 할 것입니다. 그러나 이러한 인과관계가 밝혀지기 위해서는 우선 두 개의 현상이 변하는 현상인지, 이러한 변화가 서로 관련이 있는지가 먼저 밝혀져야 합니다. 즉, 두 개의 현상이 동시에 변하는 현상인지를 밝히는 것이 본장의 주요 내용이라고 할 수 있습니다. 따라서 10장부터는 표본조사의 결과로 모집단의 특성을 추정하는 추리통계분석기법을 이처럼 상호관계분석과 인과관계분석으로 구분하여 설명하도록 합니다.

〈그림 10-2〉는 상관관계분석과 요인분석이라고 하는 상호관계분석의 두 가지 유형을 보여주고 있습니다. 상관관계분석과 요인분석은 변수(들) 상호

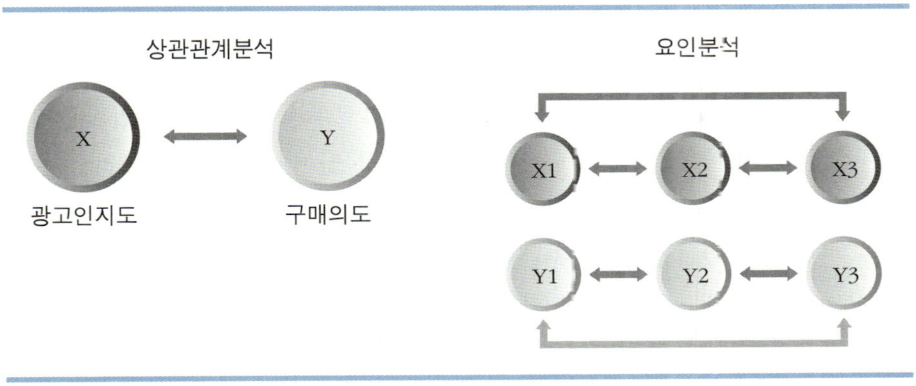

그림 10-2
상호관계분석

간의 관계를 분석한다는 공통점이 있으나, 엄격히 추리통계 원리를 적용할 수 있는가 여부와 분석대상 변수의 수 등에 따라서 서로 다른 특징도 가지고 있기 때문에, 요인분석은 다음 장에서 별도로 다루기로 하고, 제10장에서는 상관관계분석만을 다루기로 합니다.

상관관계분석(analysis of association)은 상호관계분석에 속하는 추리통계기법으로, 조사연구대상 변수들간의 관련성이 있는지를 분석하는 데 사용되는 기법입니다. 즉 하나의 변수가 다른 변수와 동시에 변하는지, 또 변한다면 어떤 방향(같은 방향 혹은 반대 방향)으로 변하는지, 그리고 그 변화 정도는 어떠한지 등을 분석할 때 사용하는 방법입니다.

예를 들면, 한국고등학교 전체 학생들의 영어점수와 수학점수가 같이 변화하는지를 분석하기 위해, 한국고등학교 3학년 1반 50명의 학생들을 대상으로 영어와 수학시험을 보고 다음과 같은 분석을 할 수 있을 것입니다. 즉, 학생들의 영어점수가 높으면, 동시에 수학점수도 높은지/수학점수가 낮으면 영어점수도 낮은지/수학점수가 낮으면 혹시 영어점수는 높은지/영어점수의 변화와 수학점수의 변화간에는 별관계가 없는지 등을 분석하는 것입니다. 그러나 경우에 따라서는 사회현상을 명목척도 혹은 서열척도로 측정해야 하는 경우도 있습니다. 다행히 이러한 경우에도 변수간의 상관관계를 분석할 수 있는 기법들이 개발되어 있습니다.

비록, 상관관계분석에서는 두 현상의 동반변화에 대한 관심만 있는 것이고, 어떠한 현상이 또 다른 현상을 결정하는지 여부(인과관계)는 상관관계분석의 대상은 아닙니다만, 상관관계분석이 인과관계분석의 기초분석으로 사용될 수 있음은 물론이고, 상관관계분석 자료로부터 어느 정도 인과관계에 대한 추론을 할 수 있는 경우도 있습니다. 예를 들어서 〈도입사례〉의 경우처럼, 소득수준과 쿠폰사용량간에 상관관계가 발견되고, 쿠폰사용량이 소득수준을 변화시키기보다는 소득수준이 쿠폰사용량에 영향을 줄 가능성이 압도적으로 클 것임을 논리적으로 예상할 수 있는 경우에는, 상관관계분석만으로도 인과관계에 대한 훌륭한 추론을 얻을 수 있을 것입니다(물론, 이 예의 경우 두 변수간의 관계를 정확히 수량화한 것은 아니므로 효과적인 쿠폰관련 마케팅전략을 수립하려면 추가적인 분석이 필요하겠지요).

또한 상관관계분석이 두 변수간의 인과관계연구를 위한 기초적인 분석으로서 실행될 수도 있을 것입니다. 예를 들면, 광고비(X)와 매출(Y)간의 인과관계를 연구하기 위한 기초분석으로 두 변수의 상관관계분석(X와 Y의 상관관계분석)을 먼저 실시할 수 있을 것입니다.

한편, 상관관계분석은, 여러 변수간의 관계를 연구할 때, 특정 변수들간의 관계분석에 앞서서 측정된 변수들간의 관계를 개괄해서 살펴볼 수 있는 간편한 방법이기도 합니다.

2. 상관관계분석의 원리

사회현상의 측정수준과 무관하게 사회현상간의 상관관계를 분석할 수 있습니다. 그러나 사회현상을 어떠한 수준에서 측정했는가의 여부, 즉 계량적 자료수집시 사용된 근원척도의 유형에 따라 두 현상간의 관계를 분석할 수 있는 구체적인 기법은 달라집니다. 제9장 추리통계분석에서 자세히 설명한 바와 같이, 근원척도가 달라지면 모수의 통계적 추정(statistical inference)에 사용되는 표본분포의 유형이 달라지고 이에 따라 상관관계분석기법도 달라지게 되지요. 아래에서는 각 근원척도별 상관관계분석기법의 원리를 간단히 설명합니다.

1) 등간/비율척도로 측정된 현상들간의 상관관계분석

기술통계분석을 다룬 제8장에서 설명한 4종류의 산포도(dispersion measures) 측정도구를 기억해볼까요? 대표적인 산포도 측정도구인 범위(range), 편차(deviation), 분산(variance), 그리고 표준편차(standard deviation)는 모두 등간 혹은 비율 척도로 측정된 변수(현상)의 변화 정도를 판단하는 기능을 가지고 있다는 것과 산포도 측정도구는 오직 하나의 현상(변수)의 변화폭을 측정해 주는 도구라고 하는 것을 기억할 것입니다.

그렇다면 두 가지 현상(변수)이 동시에 변화하는 정도를 측정해 주는 도구는 무엇이 있었는지도 기억할 수 있을까요? **공분산**(covariance: COV_{xy})이 바로 그것입니다. 즉, 하나의 현상의 변동폭을 알려주는 도구인 분산과 밀접한 관련이 있으면서, 두 현상들간의 관계분석기능을 수행하는 것이 바로 공분산이었지요. 공분산이란 하나의 변수의 편차($=X_i-\overline{X}$)에 다른 변수의 편차($=Y_i-\overline{Y}$)를 곱하고 이를 표본의 크기로 나누어서 산출되는 결과입니다. 즉, 하나의 변수(X_i)가 평균($\overline{X}$)을 기준으로 변함에 따라, 다른 변수(Y_i)가 평균($\overline{Y}$)을 기준으로 어떤 방향으로 얼마나 변화하는가를 보여주는 도구입니다. 그런데 표본크기가 증가할수록 $\Sigma(X_i-\overline{X})(Y_i-\overline{Y})$의 값도 커지므로 이 값을 표본의 크기 N(실제로는 $N-1$)으로 나누어서 표본의 크기에 영향을 받지 않는 두 변수의 동반변화폭을 알려주는 도구가 바로 공분산이었습니다. 8장에서도 간단히 설명한 바와 같이, 분산을 계산할 때, 분자를 N(표본의 크기)이 아닌 $N-1$(자유도)로 나누는 이유는, $N-1$로 나누어야 나중에 모수를 추정한 결과가 불편추정치(unbiased estimator)가 되기 때문입니다. N으로 나누는 것이 개념적으로 그리고 수학적으로 옳지만 추리통계적으로는 옳지 않다고 할 수 있는 것입니다(Kerlinger 1986). 추리통계의 목표가 모수를 정확하게 추정하는 것이기에 이러한 목적을 달성하기 위해서 자유도로 나누는 것이 통계적으로 옳은 것이지요. 여하간 (식 10-1)은 (식 8-3)과 동일한 내용으로 공분산을 계산하는 방법을 보여주고 있지요.

공분산(covariance) (식 10-1)

$$COV_{xy}=\Sigma(X_i\text{의 변화폭})(Y_i\text{의 변화폭})/(\text{표본크기}-1)$$
$$=\Sigma(X_i-\overline{X})(Y_i-\overline{Y})/(N-1)$$

그런데 공분산도 현상을 측정할 때 어떠한 측정단위(예: 섭씨 혹은 화씨로 온도 측정; kg 혹은 lb로 무게 측정; cm 혹은 inch로 키 측정 등)를 사용하는가에 따라 동일한 현상에 대한 공분산이 달라질 수 있습니다. 따라서 공분산을 표준화한 도구가 필요하게 되는 것입니다. 즉, 동일한 측정수준(예: 비율척도)이라도 상이한 측정단위(예: kg혹은 lb로 몸무게 측정)에 따라 변할 수 있는 공분산의 단점을 제거하면서 두 변수간의 동반변화 여부 및 정도를 판단할 수 있는 도구가 필요한 것이지요.

Pearson 상관계수 (식 10-2)

$$r=COV_{xy}/\text{표준화 도구}$$
$$=COV_{xy}/(X\text{의 표준편차})(Y\text{의 표준편차})$$
$$=COV_{xy}/s_x s_y$$

독자들은 제8장 기술통계분석의 내용으로부터 표준편차(standard deviation)가 측정단위와 관계없이 하나의 변수의 변화폭을 표시해 주는 도구라고 하는 점을 확인할 수 있을 것입니다. 그런데 공분산은 두 개의 변수의 변화폭을 측정하는 도구이므로 두 변수의 표준편차들로 공분산을 나누어 주어야 측정단위에도 영향을 받지 않는 표준화된 측정도구가 얻어집니다. 즉, 비로소 두 변수의 동반변화 정도를 알려주는 도구가 얻어지게 되는 것이지요. (식 10-2)는 바로 이와 같은 역할을 해주는 도구를 보여주고 있는데 이것을 Pearson 상관계수라고 부릅니다. 한편 표준화된 도구이기 때문에 상관계수는 $-1 \le r \le 1$의 범위를 갖게 되고, 상관계수의 절대값이 클수록 상관관계가 강하다고 해석하게 됩니다.

이처럼 등간 혹은 비율척도로 측정된 현상들간의 상관관계분석에는 Pearson이 개발한 **Pearson 상관계수**(Pearson's correlation coefficient)가 사용되고 있는데, 일반적으로 **상관계수**라고 할 때에는 Pearson 상관계수를 지칭합니다. 즉, 표본의 크기가 30 이상인 경우에는 등간척도 이상으로 측정된 두 변수가 정규분포를 따르게 되므로 Pearson 상관계수를 구해서 두 변수간의 상관관계를 판단할 수 있게 되는 것이지요.

한편, 특정 측정값과 평균(mean)의 차이인 편차(deviation: $X_i - \overline{X}$)는 다른 용어로 분포의 1차율(first moments of a distribution)이라고도 불립니다. 편차의 제곱은 분포의 2차율 그리고 편차의 세제곱은 분포의 3차율 등으로 불리고 있지요(Nunnally, 1978). 그런데 Pearson 상관관계는 다음의 공식으로도 구할 수 있습니다. 표준점수((식 9-4) 참조)는 평균을 0으로 하는 편차의 특성도 가지고 있으므로, 분포의 1차율이라고 할 수 있습니다. 그런데 (식 10-2)는 (식 10-3)으로 고쳐 쓸 수도 있는데, 이 식에서 Pearson 상관계수는 두 변수의 표준점수를 곱한 값을 표본크기(실제로는 $N-1$)로 나누어 계산하므로 Pearson 상관계수 r은 두 분포의 1차율의 적(積), 즉 곱이라고 할 수 있지요. 따라서 Pearson 상관계수는 **적률상관계수**(product-moment correlation coefficient)라고도 불리고 있습니다.

적률상관계수(=Pearson 상관계수) (식 10-3)

$$r = \Sigma\ (X_i\text{의 표준점수})(Y_i\text{의 표준점수})/(N-1)$$
$$= \Sigma\ Z_x Z_y/(N-1)$$

아래의 〈표 10-1〉은 Pearson 상관관계를 구하는 예를 보여주기 위한 가상의 설문조사 자료를 보여주고 있습니다. 아래의 자료에서 SUV 선호도(변수 Y라고 가정)는 1(매우 싫어함)에서 11(매우 좋아함)의 등간척도로 측정하고, SUV의 보유기간(변수 X로 가정)은 SUV를 보유한 개월 수(비율척도)로 측정했다고 가정합니다.

표 10-1

SUV의 선호도와 보유기간*

응답자 번호	SUV 선호도(Y_i)	SUV 보유기간(X_i)
1	6	10
2	9	12
3	8	12
4	3	4
5	10	12
6	4	6
7	5	8
8	2	2
9	11	18
10	9	9
11	10	17
12	2	2

이러한 계산은 SPSS Statistics와 같은 통계분석 프로그램이 분석명령을 내림과 거의 동시에 분석결과를 계산해줍니다. 따라서 연구자가 직접 계산할 필요는 없습니다만, Pearson 상관계수는 다른 장에서 설명할 회귀분석과도 밀접한 관련이 있기 때문에, 좀더 깊은 이해를 하는 것이 바람직합니다. 이러한 의미에서 위의 자료를 가지고 Pearson 상관계수를 계산해 보겠습니다.

(식 10-2)를 이용할 경우 X, Y의 평균과 공분산, X의 표준편차, 그리고 Y의 표준편차가 각각 필요합니다. 결국 $\Sigma(X_i-\overline{X})(Y_i-\overline{Y})$와 $\Sigma(X_i-\overline{X})^2$ 그리고 $\Sigma(Y_i-\overline{Y})^2$을 계산하면 상관계수를 구할 수 있습니다. 이때, 왜 $(N-1)$을 고려할 필요가 없을까요? 이는 (식 10-2)의 분자도 $(N-1)$로 나누어야 하고, 분모도 결국 $(N-1)$로 나누어야 하기 때문에 두 개의 항이 서로 상쇄되기 때문이겠지요? 여하간 〈표 10-2〉는 〈표 10-1〉의 자료를 이용한 실제 계산결과를 보여주고 있습니다. 이 경우 Pearson 상관계수($=r$)는 0.9361로 계산되었습니다. SUV 선호도(Y)와 SUV 보유기간(X)간에는 매우 높은 상관관계가 존재한다고 해석을 하면 될 것입니다.

표 10-2

Pearson상관계수 계산결과

$\overline{X} = \Sigma X_i/N = (10+12+\cdots+2)/12 = 9.33$

$\overline{Y} = \Sigma Y_i/N = (6+9+\cdots+2)/12 = 6.58$

$\Sigma(X_i-\overline{X})(Y_i-\overline{Y}) = (10-9.33)(6-6.58)+(12-9.33)(9-6.58)+\cdots$
$+(2-9.33)(2-6.58) = 179.6668$

$\Sigma(X_i-\overline{X})^2 = (10-9.33)^2+(12-9.33)^2+\cdots+(2-9.33)^2 = 304.6668$

$\Sigma(Y_i-\overline{Y})^2 = (6-6.58)^2+(9-6.58)^2+\cdots+(2-6.58)^2 = 120.9168$

$r = 179.6668/\sqrt{(304.6668)(120.9168)} = 0.9361$

2) 서열척도로 측정된 현상들간의 상관관계분석

서열척도수준으로 측정된 두 개 이상의 변수(현상)들간의 상관관계를 분석하는 대표적인 통계기법으로는 **Spearman 서열상관계수**(Spearman's rank order correlation coefficient)와 **Kendall의 일치계수**(Kendall's coefficient of concordance)가 사용되고 있습니다. 아래에서는 이 두 가지 상관관계분석기법의 원리를 간단하게 설명합니다.

(1) Spearman 서열상관계수

서열척도로 측정된 결과인 순위를 표시하는 수는 가감승제의 의미가 없는 수입니다. 이러한 경우는 변수의 평균이나 표준편차를 계산할 수 없게 됩니다. 따라서 등간척도나 비율척도로 측정된 두 변수간에 존재하는 상관관계를 분석하는 Pearson 상관관계가 적용될 수 없겠지요. 다행히 이러한 문제점을 해결하고 서열척도로 측정된 변수간의 상관관계를 분석해 주는 도구가 몇 가지 개발되어 사용되고 있습니다.

Spearman 서열상관계수는 서열척도로 측정된 두 개의 변수들간의 상관관계를 구하는 방법입니다. Spearman 서열상관계수를 계산해 내는 기본 논리는 다음과 같습니다.

만일 서열척도로 측정된 두 개의 변수들에 대한 응답자의 응답순위가 완전히 일치될 때에는 한 변수의 순위에서 다른 변수의 순위를 뺀 차이는 0이 될 것이며 두 변수들간의 서열이 다를수록 차이는 점차 커진다고 할 수 있습니다. 〈표 10-3〉의 가상의 예에서 1번 시험자는 영어와 수학석차가 모두 1등입니다. 따라서 두 석차간의 차이는 0(=1−1)이 되지요. 그에 비해 9번 시험자의 경우는 영어가 3등인데 수학이 8등이어서 −5(=3−8)의 차이가 나게 됩니다. 이때 주의할 점이 있습니다. Spearman 서열상관계수를 계산하기 위해 두 변수의 서열의 차를 구하는 것은 서열의 차이 자체를 이용하려는 목적에서 진행되는 것이 아닙니다. 서열척도는 가감승제가 의미가 없기 때문입니다. 따라서 이러한 차이정보 자체는 실질적인 의미가 없습니다. 다만, 이러한 차이정보를 가공해서 서열상관계수를 구하는 것입니다. 즉, 비모수통계량의 추정에 모수통계적인 접근을 이용하는 것입니다. 이러한 원리는 다른 종류의 비모수추정에도 공통적으로 적용됩니다.

표 10-3 영어와 수학의 석차

시험자 번호	영어석차(X_i)	수학석차(Y_i)	$d_i=X_i-Y_i$	d_i^2
1	1	1	0	0
2	4	3	1	1
3	8	4	4	16
4	7	6	1	1
5	10	10	0	0
6	9	9	0	0
7	5	5	0	0
8	2	2	0	0
9	3	8	−5	25
10	6	7	−1	1
n=10	-	-	-	$\Sigma d_i^2=44$

Spearman 서열상관계수는 두 변수간의 서열의 차이를 계산하고 이 차이의 절대량을 보존하기 위해 차이를 제곱해서 서열상관계수를 구하게 됩니다. 구체적으로는 (식 10-4)의 공식을 이용하여 Spearman 서열상관계수(=r_s)를 구합니다. 단, 이 식에서 n은 표본의 크기 그리고 d_i는 서열간의 차이를 의미합니다. 그리고 〈표 10-3〉의 자료로 Spearman 서열상관계수(=r_s)를 구하면 아래의 〈표 10-4〉의 결과를 얻게 됩니다.

Spearman 서열상관계수 (식 10-4)

$$r_s = 1 - 6\Sigma d_i^2 / n(n^2 - 1)$$

$$\begin{aligned} r_s &= 1 - 6\Sigma d_i^2 / n(n^2 - 1) \\ &= 1 - 6 \times 44 / 10(100 - 1) \\ &= 1 - 264/990 \\ &= 0.73 \end{aligned}$$

표 10-4

Spearman 서열상관계수 계산결과

(2) Kendall의 일치계수

앞에서 소개한 Spearman 서열상관계수는 서열척도로 측정된 두 개의 변수들간에 존재하는 상관관계를 분석하는 기능을 수행합니다. 따라서 만일 서열척도로 측정된 3개 이상의 변수들간의 상관관계를 파악하는 데에는 부적합하게 됩니다. 그러나 다행히 이처럼 3개 이상의 서열측정변수들간의 상관관계를 계산하는 방법이 개발되어 있습니다. Kendall의 일치계수 (W, Kendall's coefficient of concordance)는 서열변수로 측정된 3개 이상의 변수들, 즉 k개의 변수들간에 존재하는 상관관계를 파악하는 데 사용됩니다.

시험자 번호	국어석차(X_i)	영어석차(Y_i)	수학석차(Z_i)	$R_i = X_i + Y_i + Z_i$
1	1	1	1	3
2	4	3	3	10
3	8	4	4	16
4	7	6	6	19
5	10	10	10	30
6	9	9	9	27
7	5	5	5	15
8	2	2	2	6
9	3	8	8	19
10	6	7	7	20
n = 10	-	-	-	$\overline{R} = 16.5$

표 10-5

국어, 영어와 수학의 석차

그런데 Kendall의 일치계수를 계산하는 경우에는 Spearman 서열상관계수의 계산원리와 같이 변수간 서열의 차이를 이용하는 것이 아니라, 변수간의 서열의 합을 이용하게 됩니다. 3개 이상 변수들의 서열의 차이를 이용하는 경우 변수들간의 관계를 쉽게 설명할 수 없게 되지요. 따라서 서열의 차이 대신 합을 이용하게 됩니다. 만일 3개 변수의 서열의 합이 완벽히 일치한다면, 그 서열의 합은 3, 6, 9, … 등으로 나타날 것이고, 3개 변수의 서열이 전혀 일치하지 않는다면 그 서열의 합은 거의 동일해질 것입니다. 이러한 원리를 이용하여 Kendall이 개발한 서열상관관계가 Kendall의 일치계수(=W)이고 이 계수는 (식 10-5)와 같이 계산됩니다. 단, 이 식에서 R_i은 서열순위의 합, $\overline{R}$은 서열순위의 합의 평균, k는 변수(혹은 평가자)의 수 그리고 n은 표본의 크기를 의미합니다.

Kendall의 일치계수(=W) (식 10-5)

W=실제로 얻어진 R_i의 변화폭/R_i의 최대의 변화폭

=R_i편차 제곱의 합/k개 변수간 순위가 완전 일치할 때의 R_i의 총합

$$=\Sigma(R_i-\overline{R})^2/\frac{1}{12}k^2(n^3-n)$$

표 10-6

Kendall의 일치계수 계산결과

$$W=\Sigma(R_i-\overline{R})^2/\frac{1}{12}k^2(n^3-n)$$

$$=[(3-16.5)^2+(10-16.5)^2+\cdots+/(20-16.5)^2]\frac{1}{12}3^2(10^3-10)$$

$$=(182.25+42.25+\cdots+12.25)/\frac{1}{12}3^2(10^3-10)$$

$$=654.5/742.5$$

$$=0.88$$

〈표 10-6〉은 〈표 10-5〉를 기초로 계산한 Kendall의 일치계수 계산결과를 보여주고 있습니다. (식 10-5)에서 알 수 있듯이 Kendall의 일치계수는 부(−)의 값을 갖지 않습니다. 이러한 측면에서 볼 때에도 Pearson 상관계수와는 다른 급(class)의 상관관계 판단도구라는 것을 알 수 있습니다.

한편, Kendall은 두 개의 서열변수간의 상관관계를 계산해 내는 방법도

개발하였는데 이를 **Kendall의 서열상관계수** 혹은 Kendall의 τ(=그리스어 19번째 문자 타우의 소문자)라고 부르기도 합니다. Kendall의 일치계수와 구분하여 사용하여야 하겠습니다.

3) 명목척도로 측정된 현상들간의 상관관계분석

경우에 따라서는 사회현상을 명목척도 수준에서 측정해야 합니다. 그런데 명목척도 수준으로 측정된 변수도 가감승제의 의미가 없습니다. 서열척도로 측정된 결과인 순위를 표시하는 수가 가감승제의 의미가 없는 것과 동일한 현상이지요. 따라서 이러한 경우에도 등간척도나 비율척도로 측정된 두 변수간에 존재하는 상관관계를 분석하는 Pearson 상관관계가 적용될 수 없겠지요. 다행히, 서열척도로 측정된 변수간의 분석과 마찬가지로 명목척도로 측정된 변수간의 관계를 분석할 수 있는 방법이 개발되어 있습니다. 〈표 10-7〉과 〈표 10-8〉은 성별과 보유차종에 대해 명목척도로 측정한 자료를 표로 정리한 내용입니다. 이처럼 두 변수를 교차(cross)하여 작성한 표를 **유관표**(類關表: contingency table)라고 부릅니다. 이 표들에서의 표본크기, 즉 조사대상 인원은 총 100명이고 남녀 각각 50명으로 구성되어 있다고 가정하겠습니다.

먼저 〈표 10-7〉을 볼까요? 만일 보유차종과 성별이 전혀 관련이 없다면, 남자가 보유한 차종이나 여자가 보유한 차종의 수가 같다고 예상할 수 있겠지요. 남자라고 Sonata를 더 좋아하지도 않고 여자라고 SM5를 더 좋아하지도 않으니 남자(혹은 여자)가 특정한 차종을 더 많이 소유할 이유가 없는 것이지요. 즉, 성별과 보유차종간의 관계는 '無관련' 혹은 '우연(chance)'에 의해 설명된다고 할 수 있습니다. 이 경우 〈표 10-7〉의 각 칸(cell) (a), (b), (c), (d)가 일어날 확률은 각각 1/4이 될 것이고, 표에서는 이러한 확률을 반영한 각 칸의 빈도를 보여주고 있습니다.

표 10-7

성별과 보유 차종 1

	남	여	소계
Sonata	25(a)	25(c)	50
SM5	25(b)	25(d)	50
소 계	50	50	100

다음 〈표 10-8〉을 살펴볼까요? 이 경우는 남자는 모두 Sonata를 그리고 여자는 모두 SM5를 보유하고 있는 상황을 보여주고 있습니다. 이러한 상황은 우연에 의해 기대되는 빈도와는 전혀 다른 결과를 보여주고 있습니다. 즉 성별이 다르면 보유하는 차종이 완전히 구분되는 경우를 보여주고 있는 것이지요.

표 10-8

성별과 보유 차종 2

	남	여	소계
Sonata	50(e)	0(g)	50
SM5	0(f)	50(h)	50
소 계	50	50	100

〈표 10-7〉과 〈표 10-8〉은 명목척도로 측정된 두 변수간에 관련성이 거의 없는 경우와 관련성이 매우 큰 경우를 의도적으로 예시한 것입니다. 실제 표본조사를 실시한다면 〈표 10-7〉과 〈표 10-8〉의 중간에 해당하는 현상이 관찰되겠지요.

표본에서 관찰된 결과가 우연에 의한 결과와 의미 있게 다른지를 알려주는 도구가 바로 χ^2값입니다. 즉, χ^2란 우연에 의해서 기대되는 빈도와 실제 관찰되는 빈도를 비교한 값이라 할 수 있으며 구체적으로는 아래의 (식 10-6)에 의해 계산됩니다. 이때, O_{ij}는 표본에서 실제 관찰한 빈도이고, E_{ij}란 우연에 의해 기대되는 빈도를 의미합니다.

두 개의 명목변수 χ^2값 (식 10-6)

$$\chi^2 = \Sigma\Sigma(O_{ij} - E_{ij})^2 / E_{ij}$$

표 10-9

χ^2의 계산 예

〈표 10-7〉의 χ^2값(예 a)

$$\chi^2=[(25-25)^2+(25-25)^2+(25-25)^2+(25-25)^2]/25$$
$$=(0+0+0+0)/25$$
$$=0$$

〈표 10-8〉의 χ^2값(예 b)

$$\chi^2=[(50-25)^2+(0-25)^2+(50-25)^2+(0-25)^2]/25$$
$$=(625+625+625+625)/25$$
$$=100$$

위의 〈표 10-9〉에서는 〈표 10-7〉과 〈표 10-8〉의 χ^2를 실제로 계산한 예 (a)와 (b)를 보여주고 있습니다. 일반적으로 χ^2값이 클수록, 표본에서 관찰된 빈도와 우연에 의해 기대되는 빈도와의 차이가 커진다는 점을 알 수 있지요. 그러나 위에서도 지적한 바와 같이 실제 표본조사를 한다면, 우연을 설명하는 (a)와 필연을 설명하는 (b)의 중간에 해당하는 χ^2값이 얻어질 것입니다. 따라서 표본조사를 통해 얻어지는 χ^2값들이 어떠한 의미가 있는지 구체적으로 해석할 필요가 발생합니다. 다행히 이러한 필요와 관련하여 통계학자들은 χ^2값이 χ^2분포(sampling distribution)를 따른다는 것을 밝혀냈습니다.

제9장에서도 설명한 바와 같이 χ^2분포는 자유도(df)에 의해 분포의 구체적인 형태가 변화합니다. 그리고 일반적으로 χ^2의 자유도는 (식 10-7)에 의해 결정되는 것으로 밝혀졌습니다.

χ^2의 자유도 (식 10-7)

$$df=[\text{유관표의 행(row)수}-1]\,[\text{유관표의 열(column)수}-1]$$
$$=(r-1)(c-1)$$

한편, (식 10-7)에 기초해서 자유도 계산의 구체적인 예를 든다면

2×2 표에서는 $df=(2-1)(2-1)=1$

3×3 표에서는 $df=(3-1)(3-1)=4$

4×3 표에서는 $df=(4-1)(3-1)=6$

으로 각각 계산되는 것입니다. 이처럼 명목척도로 측정된 두 명목변수의 실제 관찰빈도와 기대관찰빈도가 계산되고, 이에 따른 χ^2값, 자유도가 결정되면, 가설설정시에 연구자가 주관적으로 정해 두었던 유의도 수준(그러나 관행적으로는 $p=.01$ 혹은 .05)에 비추어 두 변수간에 관계가 있는지 없는지를 판단하게 됩니다(구체적인 판단의 예는 다음 section에서 설명합니다). 그런데 이처럼 명목척도로 측정된 변수간에 관계가 있는지 여부를 χ^2를 이용하여 판단하는 방법을 χ^2**검정**(χ^2 test)이라고 합니다. 그러나 아쉽게도 χ^2검정은 관계의 여부만을 판단해 줄 뿐이고, 위에서 설명한 각종 상관계수와 같이 두 변수간의 관계의 크기를 분석해 주지는 못합니다. 즉, 두 변수의 독립성(independence) 여부만을 판단해 주는 것입니다(Kerlinger, 1986). 한편, χ^2검정은 각 칸(cell)의 빈도가 5개 이하인 경우에는 사용할 수 없는 것으로 알려져 있습니다. 이러한 경우에는 Fisher의 정확확률검정(The Fisher exact probability test)을 사용해야 하는 것으로 연구되었으나, 실제 관찰빈도가 1 이상이고 5 미만의 기대빈도가 전체 칸(cell)의 20%보다 적고 모든 칸이 1 이상의 기대빈도를 가지고 있다면 χ^2검정을 사용해도 무방한 것으로 알려져 있습니다(차배근, 1980).

여하간, 통계학자들은 다행히 이러한 경우에도 사용할 수 있는 상관관계 분석방법을 개발하였습니다. 독자들은 이러한 방법을 적절히 적용하고 해석하는 능력만을 기르면 됩니다. 명목척도로 측정된 두 변수간의 상관관계를 알아보는 수단 중 가장 널리 알려진 것이 **유관계수** 혹은 **분할계수**(contingency coefficient: C)입니다. 그런데 이 계수의 계산도 χ^2값에 의존하고 있고, 구체적으로는 (식 10-8)을 적용하여 유관계수를 구하고 있습니다.

유관계수/분할계수(contingency coefficient[=C]) (식 10-8)

$$C=\sqrt{\frac{\chi^2}{N+\chi^2}}$$

〈표 10-9〉의 (b)의 χ^2값을 이용해서 유관계수를 구한다면 아래 〈표 10-10〉과 같습니다.

$$C = \sqrt{\frac{100}{100+100}}$$
$$= .707$$

표 10-10

유관계수/분할 계수 계산 예

그런데 (식 10-8)을 자세히 살펴보면 정의상(by definition) 유관계수(C)는 Pearson 상관계수처럼 1이 될 수는 없으므로, 두 변수간에 거의 완벽한 상관관계가 있는 경우에도 유관계수의 크기는 실제보다 작게 계산될 수 있을 것입니다. 게다가 이 계수에는 부호도 없으며, 여러 가지 측면에서 해석상의 어려움이 있습니다. 따라서 완벽하지는 않더라도 χ^2검정과 유관계수를 동시에 사용해서 자료를 해석하는 것이 바람직합니다.

상관관계분석 결과는 어떻게 해석할 것인가? 제2절

상관관계분석은 표본을 기초로 한 기술통계분석 결과를 이용하여 모집단에서의 변수들간 관계를 추정하는 추리통계분석기법입니다. 즉, 표본을 대상으로 관찰한 변수들의 측정값으로 표본통계량을 계산하고, 표본통계량과 해당 표본통계량의 표본분포(sampling distribution)에 근거해서 모집단에서도 상관관계가 성립하는지에 대한 가설을 검정하게 되는 것입니다. 따라서 모든 상관관계분석시의 연구가설(H_1)의 일반적인 형태는 〈표 10-11〉과 같습니다. 따라서 이에 대응하는 귀무가설(H_0)도 〈표 10-11〉과 같은 형태를 가질 것입니다.

표 10-11

상관관계분석시의 가설

연구가설(H_1): 두 변수(현상)간에는 상관관계가 존재할 것이다.

귀무가설(H_0): 두 변수(현상)간에는 상관관계가 존재하지 않을 것이다.

1) 등간/비율척도로 측정된 현상들간의 상관관계분석결과의 해석

아래의 〈그림 10-3〉은 SPSS Statistics를 통해서 Pearson 상관계수를 분석한 결과를 보여주고 있습니다. 분석의 대상이 된 변수는 '현재급여'와 '최초급여' 두 개이고, 급여이므로 비율척도의 수준으로 측정된 사회현상입니다. 비율척도로 측정된 두 변수간의 상관관계는 Pearson 상관계수를 계산하여 알아볼 수 있다고 함을 위에서 설명하였습니다. 또한 이 두 변수간의 상관관계분석은 추리통계분석, 즉 가설검정의 기능을 수행하고 있음도 설명했습니다. 따라서 이 경우 연구가설(H_1)은 "현재급여와 최초급여간에는 상관관계가 존재할 것이다"이고, 귀무가설(H_0)은 "현재급여와 최초급여간에는 상관관계가 존재하지 않을 것이다"라고 할 수 있겠습니다. 따라서 통계가설형태로 표현된 연구가설(H_1)과 귀무가설(H_0)은 다음의 〈표 10-12〉와 같습니다. 이때 ρ는 17번째 그리스문자 '로오(rho)'의 소문자이고 모집단에서의 Pearson 상관관계를 의미합니다(위에서 설명한 Pearson 상관계수 r은 표본을 관찰해서 얻은 계수이지요). 즉, H_0: $\rho=0$라는 가정하에서, 표본에서 얻은 r이 모집단의 ρ로부터 얼마나 멀리 떨어져 있는지를 판단하는 것이 상관관계분석시의 가설검정내용인 것입니다. 구체적으로 연구자는, 제9장의 가설검정절차에서 이미 설명한 바와 같이, r을 이용한 검정통계량(test statistic)을 계산해서 가설을 검정하게 됩니다.

표 10-12

Pearson 상관관계분석시 가설

H_1: $\rho \neq 0$

H_0: $\rho = 0$

그런데 Pearson 상관계수의 검정통계량은 (식 10-9)에 따라 계산하게 됩니다. 한편, (식 10-9)의 t검정통계량은 $n-2$의 자유도를 가진 t분포를 따르는 것으로 알려졌습니다. 물론 n은 표본의 크기를, r은 표본에서 계산한 Pearson 상관계수의 크기를 의미합니다. 한편, F분포를 이용해서 Pearson 상관계수를 검정할 수도 있으나, 이곳에서는 자세한 설명을 생략합니다.

Pearson 상관계수의 검정통계량 (식 10-9)

$$t=\frac{r\sqrt{n-2}}{\sqrt{1-r^2}}$$

〈그림 10-3〉은 〈표 10-12〉의 가설 H_0가 모집단에서 성립하는지에 대한 가설검정(Pearson 상관관계분석) 결과를 보여주고 있습니다. 〈그림 10-3〉을 보면, 표본을 구성하는 응답자의 수는 474(즉, $N=474$)명이고, Pearson 상관관계는 0.880이며, 양측검정(two-tailed test)시의 t검정통계량에 대응하는 관찰된 유의도(확률) 즉, p값이 0.000(반올림을 한 수치이므로 실제로는 0.0000~0.0004)으로 나와 있습니다. 동일 변수간의 상관관계는 항상 1이므로 이는 해석을 할 필요가 없습니다. 〈그림 10-3〉에서 보면, 472의 자유도(=474−2)의 t분포를 따르는 t검정통계량에 대응하는 유의도(확률) 수준(양측검정의 경우 부록의 t분포표에서 $p=0.01$수준까지는 직접 확인가능)이 0.000이므로, 연구자가 사전적으로(실제로는 관행적으로) 설정한 유의 수준이 $\alpha=0.01$이라면, H_0: $\rho=0$라는 귀무가설을 안전하게 기각하게 되는 것입니다. 결국 현재급여와 최초급여간에는 상관관계가 존재하고, 그 크기는 0.88이며, 이러한 연구자의 결론이 잘못될 확률은 0.000이므로 1,000분의 1도 되지 않는다는 것을 알 수 있습니다. 결국 두 변수 사이에는 매우 강력한 상관관계가 있다는 결론을 자신 있게 내릴 수 있는 것입니다. 〈그림 10-3〉의 상관계수표 밑에 **표시가 있고 이곳에 "상관계수는 0.01수준(양쪽)에서 유의합니다"라는 표현이 있는데, 이는 SPSS Statistics분석에서 관행적으로 설정한 가설검정시의 유의 수준은 $\alpha=0.01$이고 양측검정을 사용했다고 하는 점을 알려주고 있습니다. t검정통계량의 수준에 대응하는 유의(확률) 수준이 $p=0.000$이므로 〈그림 10-3〉의 분석결과는 $\alpha=0.01$수준에서 매우 유의한 결과임을 표현해 주고 있습니다.

그림 10-3

Pearson 상관계수의 해석

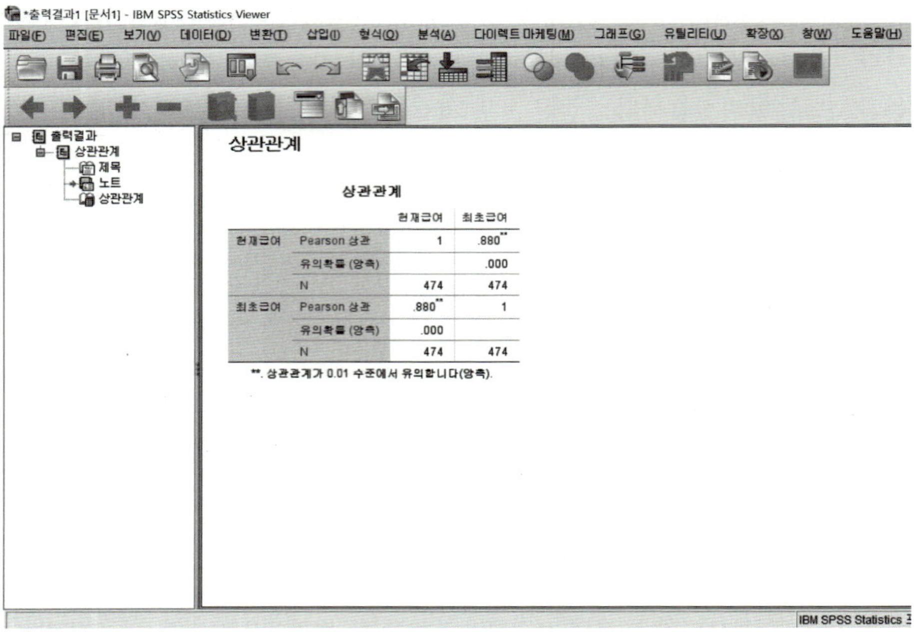

		현재급여	최초급여
현재급여	Pearson 상관	1	.880**
	유의확률 (양측)		.000
	N	474	474
최초급여	Pearson 상관	.880**	1
	유의확률 (양측)	.000	
	N	474	474

2) 서열척도로 측정된 현상들간의 상관관계분석결과의 해석

아래의 〈그림 10-4〉도 SPSS Statistics 프로그램 내에 제시되어 있는 데이터 파일을 이용해서 SPSS Statistics를 통해서 서열상관계수를 분석한 결과를 보여주고 있습니다. 분석의 대상이 된 변수는 '직종구분'과 '피교육연수' 두 개입니다. 직종구분(관리직, 사무직, 일용직)은 서열척도의 특성을 가지고 있으나, 피교육연수는 엄밀하게 이야기 한다면 서열척도가 아니고 비율척도라고 할 수 있으나 이곳에서는 서열상관계수 분석결과의 해석의 예를 보여주기 위해서 서열척도로 가정하겠습니다.

서열척도로 측정된 두 개의 사회현상간의 상관관계는 Spearman의 서열상관계수 혹은 Kendall 서열상관계수(위에서 지적한 대로 Kendall의 일치계수와는 구별됩니다)로 분석할 수 있다고 함을 위에서 설명하였습니다.

또한 이 두 변수간의 상관관계분석도 추리통계분석, 즉 가설검정의 기능을 수행하고 있음도 다시 지적하고자 합니다. 따라서 이 경우 연구가설(H_1)은 "직종구분과 피교육연수간에는 상관관계가 존재할 것이다"이고, 귀무가설(H_0)은 "직종구분과 피교육연수간에는 상관관계가 존재하지 않을 것이다"라고 할 수 있겠습니다.

(1) Spearman 서열상관계수의 해석

Spearman 서열상관분석을 사용하는 경우, 통계가설형태로 표현된 귀무가설(H_0)은 "H_0: $\rho=0$"과 같습니다. 물론 ρ는 17번째 그리스문자 '로오(rho)'의 소문자이지만, 이때에는 모집단에서의 Spearman 서열상관관계를 의미합니다(위에서 설명한 Spearman 서열상관계수 r_s은 표본을 관찰해서 얻은 계수이지요). 즉, H_0: $\rho=0$라는 가정하에서, 표본에서 얻은 r_s이 모집단의 ρ로부터 얼마나 멀리 떨어져 있는지를 판단하는 것이 서열상관관계분석시의 가설검정내용인 것입니다. 구체적으로 연구자는 제9장의 가설검정절차에서 이미 설명한 바와 같이, 표본에서 계산한 r_s을 이용한 검정통계량(test statistic)을 계산해서 가설을 검정하게 됩니다(표본의 크기가 큰 경우[$N\geq10$]). Spearman 서열상관관계 존재에 대한 가설검정을 위한 검정통계량은 (식 10-10)과 같으며 이 검정통계량도 자유도 $n-2$의 t분포를 따르는 것으로 알려져 있습니다.

Spearman 서열상관계수 검정통계량 (식 10-10)

$$t=r_s\sqrt{\frac{N-2}{1-(r_s)^2}}$$

〈그림 10-4〉를 보면, 표본을 구성하는 응답자의 수는 474(즉, $N=474$)명이고, Spearman 서열상관관계($=r_s$)는 0.484이며, 양측검정(two-tailed test)시의 t검정통계량에 대응하는 관찰된 유의도(확률) 즉, p값이 0.000(반올림을 한 수치이므로 실제로는 0.0000~0.0004)으로 나와 있습니다. 이때도 동일 변수간의 상관관계는 항상 1이므로 이는 해석을 할 필요가 없겠지요. 〈그림 10-4〉에서 보면, 472의 자유도($=474-2$)의 t분포를 따르는 t검정통계량에 대응하는 유의(확률) 수준(양측검정의 경우 부록의 t분포표에서 $p=0.01$수준까지는 직접 확인가능)이 0.000이므로, 연구자가 사전적으로(실제로는 관행적으로) 설정한

그림 10-4

서열상관계수의 해석

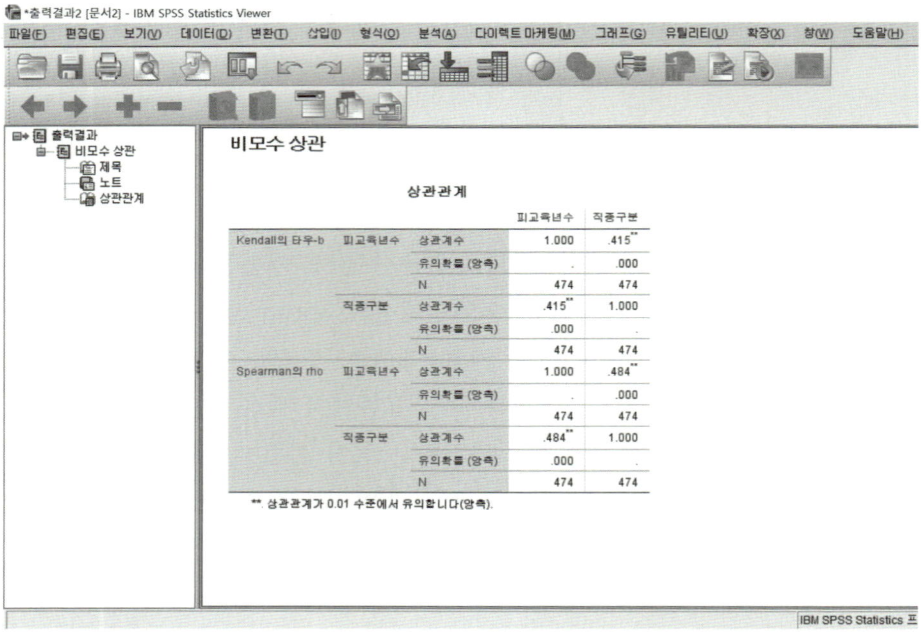

비모수 상관

상관관계

			피교육년수	직종구분
Kendall의 타우-b	피교육년수	상관계수	1.000	.415**
		유의확률 (양측)	.	.000
		N	474	474
	직종구분	상관계수	.415**	1.000
		유의확률 (양측)	.000	.
		N	474	474
Spearman의 rho	피교육년수	상관계수	1.000	.484**
		유의확률 (양측)	.	.000
		N	474	474
	직종구분	상관계수	.484**	1.000
		유의확률 (양측)	.000	.
		N	474	474

**. 상관관계가 0.01 수준에서 유의합니다(양측).

유의 수준이 $\alpha=0.01$이라면, H_0: $\rho=0$라는 귀무가설을 안전하게 기각하게 되는 것입니다. 결국 직종구분과 피교육연수간에는 서열상관관계가 존재하고, 그 크기는 0.484이며, 이러한 연구자의 결론이 잘못될 확률은 0.000이므로 1,000분의 1도 되지 않는다는 것을 알 수 있습니다. 결국 두 변수 사이에는 강력한 서열상관관계가 있다는 결론을 자신 있게 내릴 수 있는 것입니다. 〈그림 10-4〉의 상관계수표 밑에도 **표시가 있고 이곳에 "상관계수는 0.01수준(양쪽)에서 유의합니다"라는 표현이 있는데, 이는 SPSS Statistics분석에서 관행적으로 설정한 가설검정시의 유의 수준은 $\alpha=0.01$이고 양측검정을 사용했다고 하는 점을 알려주고 있습니다. t검정통계량의 수준에 대응하는 유의(확률) 수준이 $p=0.000$이므로 〈그림 10-4〉의 분석결과는 $\alpha=0.01$수준에서 매우 유의한 결과임을 표현해 주고 있습니다.

그런데 표본의 크기가 아주 작은 경우($N<10$)에는 통계학자들이 작성하여 발표해 놓은 'Spearman 서열상관계수표'를 참조하여 가설검정결과를 해석한다는 것만 추가적으로 언급합니다.

(2) Kendall 서열상관계수의 해석

Kendall 서열상관계분석을 사용하는 경우, 통계가설형태로 표현된 귀무가설(H_0)은 "H_0: $\tau=0$"과 같습니다. 물론 τ는 17번째 그리스문자 '타우'의 소문자라고 함을 이미 설명한 바 있지요. 이것은 모집단에서의 Kendall 서열상관관계를 의미하기도 합니다. 즉, H_0: $\tau=0$라는 가정하에서, 표본에서 얻은 Kendall 서열상관계수가 모집단의 τ로부터 얼마나 멀리 떨어져 있는지를 판단하는 것이 Kendall 서열상관관계분석시의 가설검정내용인 것입니다. 구체적으로 연구자는, 제9장의 가설검정절차에서 이미 설명한 바와 같이, 표본에서 계산한 Kendall 서열상관계수를 이용한 검정통계량(test statistic)을 계산해서 가설을 검정하게 됩니다(표본의 크기가 큰 경우[$N\geq10$]). Kendall 서열상관관계 존재에 대한 가설검정을 위한 검정통계량은 (식 10-11)과 같으며, 이 z검정통계량은 평균 $\mu_\tau=0$, 표준편차는 $\sigma_\tau=\sqrt{\frac{2(2N+5)}{9N(N-1)}}$를 가지는 정규분포에 접근하게 되는 것으로 알려졌습니다.

Kendall 서열상관계계수 검정통계량 (식 10-11)

$$z=\frac{\tau-\mu_\tau}{\sigma_\tau}=\frac{\tau}{\sqrt{\frac{2(2N+5)}{9N(N-1)}}}$$

다시 〈그림 10-4〉를 보면, 표본을 구성하는 응답자의 수는 474(즉, $N=474$)명이고, Kendall 서열상관관계(tau)는 0.415이며, 양측검정(two-tailed test)시의 z검정통계량에 대응하는 관찰된 유의도(확률) 즉, p값이 0.000(반올림을 한 수치이므로 실제로는 0.0000~0.0004)으로 나와 있습니다. 이때도 동일 변수간의 상관관계는 항상 1이므로 이는 해석을 할 필요가 없겠지요. z검정통계량은 정규분포를 따르므로 자유도와는 무관하게 통계적 유의도가 계산됩니다. 따라서 정규분포를 따르는 z검정통계량에 대응하는 유의(확률) 수준(양측검정의 경우 부록의 정규분포표에서 $p=0.00$수준까지는 직접 확인가능)이 0.000이므로, 연구자가 사전적으로(실제로는 관행적으로) 설정한 유의 수준이 $\alpha=0.01$이라면, H_0: $\tau=0$라는 귀무가설을 안전하게 기각하게 되는 것입니다. 결국 Kendall 서열상관관계로 판단한 직종구분과 피교육연수간에도 서열상관관계가 존재하고, 그 크기는 0.415이며, 이러한 연구자의 결론이 잘못될 확률은 0.000이므로 1,000분의 1도 되지 않는다는 것을 알 수 있습니다. 결국 두 변수 사이에는 강력한 서열상관관계가 있다는 결론을 자신 있게 내릴 수 있는 것입니다. 그런데 Kendall 서열상관관계의 경우에도 표본의 크기가 아주 작은 경우($N<7$)에는 통계학자들이 작성하여 발표해 놓은 'Kendall 서열상관계수표'를 참조하여 가설검정결과를 해석한다는 것만 추가적으로 언급합니다.

3) 명목척도로 측정된 현상들간의 상관관계분석결과의 해석

아래의 〈그림 10-5〉와 〈표 10-13〉은 SPSS Statistics를 통해서 명목척도로 측정된 현상들간의 상관관계분석를 분석한 결과를 보여주고 있습니다. 먼저, 분석의 대상이 된 변수는 '소수민족여부'와 '직종구분' 두 개입니다. '소수민족여부(백인 혹은 소수민족)' 변수는 명목척도 수준으로 측정되었고, 아직은 미국에서 좀더 의미 있는 사회현상이라고 할 수 있습니다. 그런데 '직종구분'은 위의 서열상관관계 분석에서 서열척도로 해석되어 사용되었던 바로 그 변수입니다. 직종간에 위아래가 없다는 입장에서는 이 변수를 명목변수로 취급할 수도 있을 것입니다. 따라서 이번 분석에서는 '직종구분'은 명목척도라고 가정하겠습니다(실제 연구에서는 이와 같은 모호한 측정은 피해야 함을 강조하고자 합니다).

이러한 가정하에서 명목척도로 측정된 두 변수간의 상관관계는 두 가지 입장에서 분석할 수 있다고 함을 위에서 설명하였습니다. χ^2검정과 유관계수/분할계수(contingency coefficient: C)가 바로 그 것이지요. 또한 이 두 변수간의 상관관계분석도 추리통계분석, 즉 가설검정의 기능을 수행하고 있음도 설명했습니다. 따라서 이 경우 연구가설(H_1)은 "소수민족여부와 직종구분간에는 상관관계가 존재할 것이다"이고, 귀무가설(H_0)은 "소수민족여부와 직종구분간에는 상관관계가 존재하지 않을 것이다"라고 할 수 있겠습니다.

(1) χ^2검정

제1절에서 설명한 바와 같이, 명목척도로 측정된 두 명목변수의 실제 관찰빈도와 기대관찰빈도가 계산되고, 기대빈도를 기준으로 기대빈도와 실제빈도간의 차이를 계산한 χ^2값과 자유도가 결정되면, 가설설정시에 연구자가 주관적으로 정해 두었던 유의도 수준(그러나 관행적으로는 α=.01 혹은 .05)에 비추어 두 변수간에 관계가 있는지 없는지를 판단하게 됩니다. 기대빈도란 우연(chance)에 의해 기대할 수 있는 빈도입니다. 즉, 기대빈도란 "두 변수는 서로 독립적이다(즉, 관계가 없다)"는 귀무가설(H_0)하에서 기대할 수 있는 빈도인데, χ^2값이 클수록 실제관찰 빈도가 기대빈도와 차이가 많이 나게 되고, 따라서 이러한 결과는 우연(chance)에 의한 것이 아닐 가능성, 즉 귀무가설이 거짓일 가능성을 제고시키는 것이지요. 그러나 아쉽게도 χ^2검정은 명목변수간 상관관계의 여부만을 판단해줄 뿐이고, 두 변수간의 상관관계의 크기까지 분석해 주지는 못합니다. 즉, 두 변수의 독립성(independence) 여부만을 판단해 주는 것입니다.

〈그림 10-5〉를 보면 3개의 작은 결과표들이 보이는데, 사실은 그 표들 밑으로 더 많은 결과표가 제시되어 있습니다. 결과화면을 scroll down하면 나머지 결과표들을 볼 수 있겠지요. 그림에서 볼 수 있듯이 우리가 분석하려는 두 변수간의 관계의 경우, 표본을 구성하는 응답자의 수는 474(즉, N=474)명이고, 행(row)의 칸(cell) 수는 2, 그리고 열(column)을 구성하는 칸 수는 3입니다. 따라서 이 경우의 자유도는 (2−1)(3−1)=2에 해당하겠지요. '카이제곱검정' 이라는 제목을 가진 세 번째 결과표를 볼까요? 표의 내용 중 'Pearson 카이제곱 값' 은 26.172로 양측검정(two-tailed test)에서 p=0.000(반올림을 한 수치이므로 실제로는 0.00000~0004)수준에서 유의한 것으로 나타났습니다. 즉, 자유도 2의 χ^2분포를 따르는 χ^2값 26.172에 상응하는 관찰된 유의 수준(양측검정의 경우 부록의 χ^2분포표에서 p=0.005수준까지는 직접 확인가능)이 0.000이므로, 연구자가 사전적으로(실제로는 관행적으로) 설정한 유의 수준이 α=0.01이라면, 두 변수는 서로 독립적이다(즉, 관계가 없다)"는 귀무가설(H_0)을 안전하게 기각하게 되는 것입니다.

그림 10-5

명목변수간의 상관관계의 해석 1

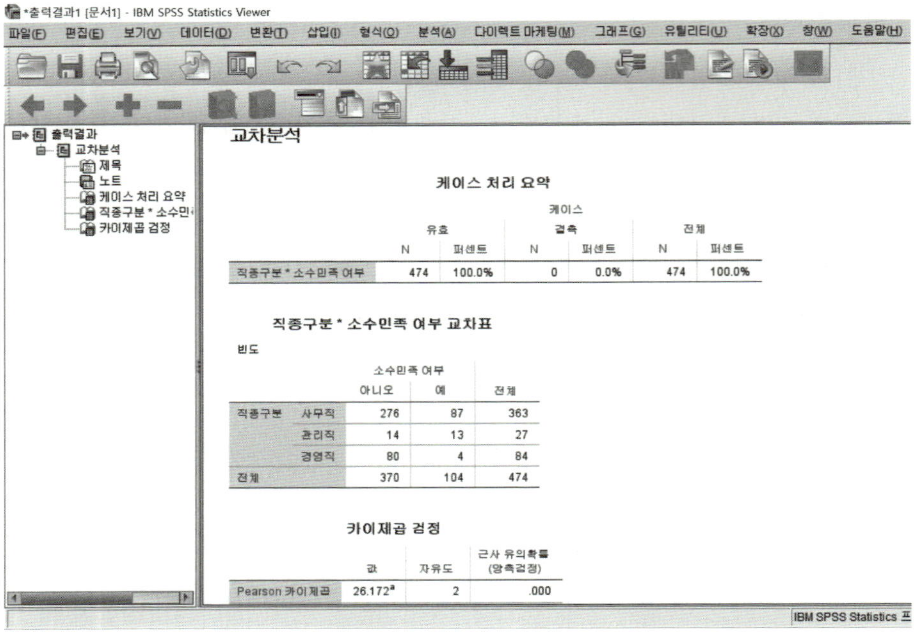

교차분석

케이스 처리 요약

	케이스					
	유효		결측		전체	
	N	퍼센트	N	퍼센트	N	퍼센트
직종구분 * 소수민족 여부	474	100.0%	0	0.0%	474	100.0%

직종구분 * 소수민족 여부 교차표

빈도

		소수민족 여부		
		아니오	예	전체
직종구분	사무직	276	87	363
	관리직	14	13	27
	경영직	80	4	84
전체		370	104	474

카이제곱 검정

	값	자유도	근사 유의확률 (양측검정)
Pearson 카이제곱	26.172[a]	2	.000

결국 귀무가설(H_0)이 안전하게 기각되었으므로, '소수민족여부'와 '직종구분' 간에는 상관관계가 있다고 하는 결론을 내릴 수 있는 것입니다. 앞에서도 설명한 바와 같이, χ^2검정의 경우에는 두 변수간의 관계의 크기를 분석하지는 않습니다만, 유의 수준(즉, 연구자의 결론이 잘못될 확률은 0.000이므로 1,000분의 1도 되지 않습니다)으로 판단할 때, 두 변수간의 관계는 매우 강력한 것으로 평가할 수 있습니다.

(2) 유관계수/분할계수 분석결과

〈표 10-13〉은 〈그림 10-5〉에서는 보이지 않는 결과표 중의 하나로 '대칭적 측도'라는 제목을 가지고 있습니다. 물론 SPSS Statistics 분석명령을 실행하여 〈그림 10-5〉와 같은 결과를 얻었다면 〈표 10-13〉의 결과가 포함되어 있습니다.

그런데, 명목척도로 측정된 두 변수간의 상관관계의 크기까지는 분석하

표 10-13

명목변수간의 상관관계의 해석 2

대칭적 측도

		값	근사 유의확률
명목척도 대 명목척도	파이	.235	.000
	Cramer의 V	.235	.000
	분할계수	.229	.000
유효 케이스 수		474	

지 못하는 χ^2검정의 약점을 극복할 수 있는 상관관계분석방법 중 가장 잘 알려진 것이 제1절에서 설명한 유관계수 혹은 분할계수(contingency coefficient: C)라고 할 수 있습니다.

〈표 10-13〉에서 분할계수의 값을 보면 0.229로 나타나있습니다. 그리고 이 값에 대응하는 관찰된 유의도는 $p=0.000$(반올림을 한 수치이므로 실제로는 $p=0.0000\sim0.0004$)으로 나와 있습니다. 두 변수간의 상관관계는 매우 유의하다는 이야기지요. 그런데 유관계수 혹은 분할계수의 유의 수준은 유관계수 계산에 사용된 χ^2값의 유의도로 판단합니다. 위의 χ^2검정의 유의도 분석결과를 그대로 사용하면 되는 것이지요. 결국, 자유도 2의 χ^2분포를 따르는 χ^2값 26.172에 상응하는 유의 수준(양측검정의 경우 누록의 χ^2분포표에서 $p=0.005$ 수준까지는 직접 확인가능)이 0.000이므로, 연구자가 사전적으로(실제로는 관행적으로) 설정한 유의 수준이 $\alpha=0.01$이라면, 분할계수 0.229가 모집단에서도 성립한다고 결론을 내릴 수 있습니다. 두 변수는 상호관련이 되어 있고, 그 관계의 크기는 0.229라는 것이지요. 제1절에서도 설명한 바와 같이, 명목변수간의 상관관계분석은 χ^2검정 및 분할계수분석 등을 동시에 수행하여 가설검정을 수행하는 것이 바람직합니다(Kerlinger, 1986). 한편, 〈표 10-13〉에는 분할계수와 유사한 기능을 하는 '파이'나 'Cramer의 V'와 같은 도구의 값과 유의도도 나와 있습니다만, 이들에 대한 설명은 생략하도록 합니다.

제 3 절 상관관계분석은 어떻게 실행하는가?

위에서 상관관계분석 결과를 해석하는 방법에 대한 설명을 제시하였습니다. 제3절에서는 SPSS Statistics를 이용해서 상관관계분석을 실행하는 방법에 대해 설명합니다. 역시, 등간/비율척도, 서열척도 그리고 명목척도로 측정된 상관관계분석 실행방법을 차례로 설명합니다.

모든 SPSS Statistics분석을 위해서는 분석대상 자료파일이 열려져 있어야만 합니다. 따라서 이미 입력된 자료를 열거나 새로 자료를 입력하여야 하겠지요. 〈그림 10-6〉은 SPSS Statistics 프로그램 내에 이미 입력되어 있는 자료파일 Employee data.sav를 열어 놓은 상태를 보여주고 있습니다.

1) 등간/비율척도로 측정된 현상들간의 상관관계분석의 실행

등간/비율척도로 측정된 현상들간의 상관관계분석을 실행하기 위해서는 먼저 〈그림 10-6〉처럼 분석대상 자료파일을 열고, 〈그림 10-7〉과 같이 **분석**(A) → **상관분석**(C) → **이변량 상관계수**(B)를 차례로 선택합니다.

〈그림 10-7〉에서와 같은 절차를 밟게 되면, 〈그림 10-8〉에서와 같은 작은 창이 열리게 됩니다. 이 창에서는 상관관계분석대상 변수 두 개를 지정하는 창, 두 개 변수간의 상관계수(즉, 이변량 상관관계)를 분석하는 방법 3개, 그리고 가설의 유의성 검정시 단측검정(즉, 한쪽검정) 혹은 양측검정(즉, 양쪽검정) 여부를 선택할 수 있는 등의 선택을 수행할 수 있게 되어 있습니다.

이변량 상관계수 분석 창에서 먼저, 분석대상 변수 두 개를 선택합니다. 〈그림 10-8〉에서는 분석대상 변수로 '현재급여'와 '최초급여'를 선택한 상황을 보여주고 있습니다.

분석대상 변수 두 개를 선택한 다음에는, Pearson(N)을 클릭(체크)합니

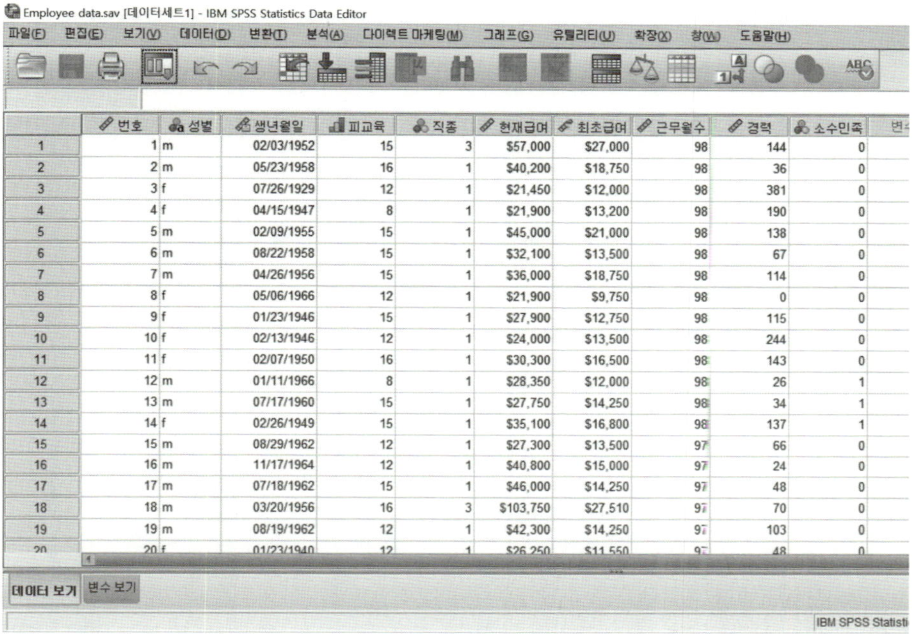

그림 10-6

분석대상 자료 파일 열기

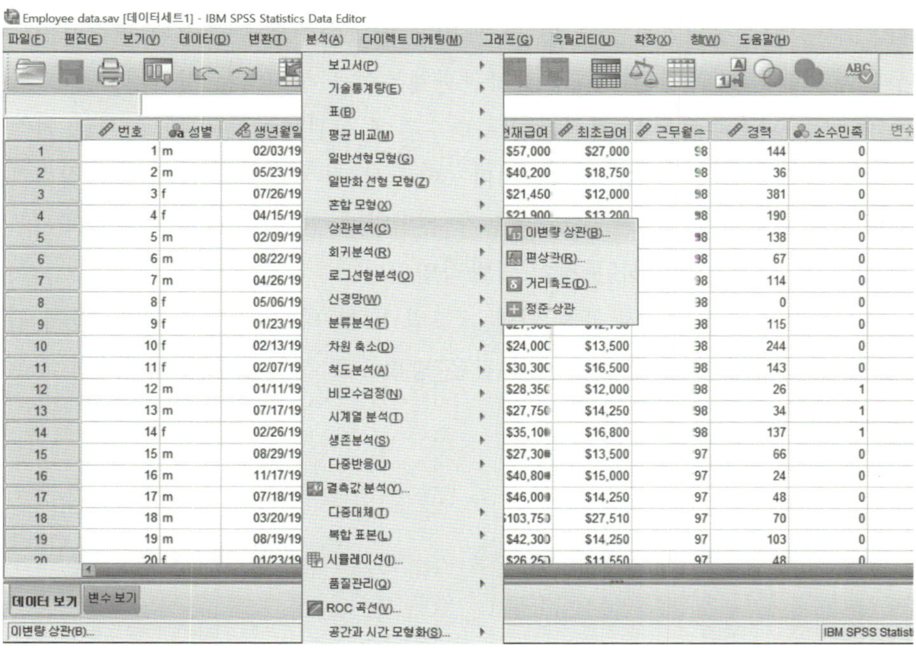

그림 10-7

등간/비율척도로 측정된 현상들간의 상관관계분석의 실행

그림 10-8

이변량 상관계수 분석 창

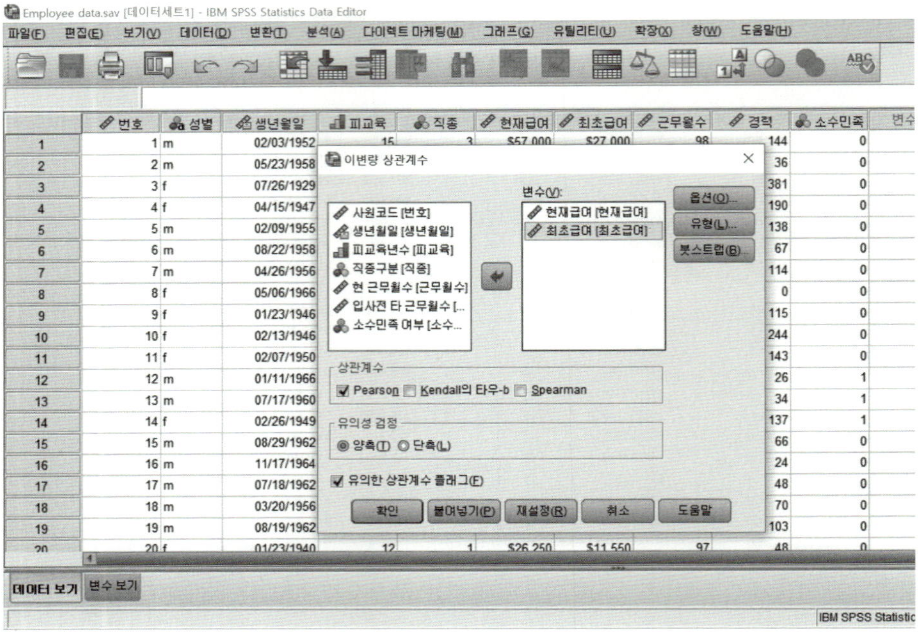

다. 즉, 3개의 상관계수기법 중 등간/비율척도 수준으로 측정된 변수들간의 상관계수를 분석해 주는 Pearson 상관관계분석을 선택하는 것입니다.

또한 상관계수분석시 가설은 "두 변수간에 상관관계가 있다"이므로 가설에는 + 혹은 −의 방향이 없습니다. 따라서 검정통계량의 유의성 검정은 **양쪽**을 선택합니다. 한편, 상관계수가 유의하게 판명되는 경우 별(*)표시를 하라는 옵션도 선택을 하는 것이 일반적입니다.

다음 **확인** 버튼을 클릭하게 되면, 〈그림 10-9〉와 같은 결과 창을 얻게 됩니다. 이제 연구자는 제2절에서와 같은 방법으로 분석결과를 해석하면 되는 것입니다.

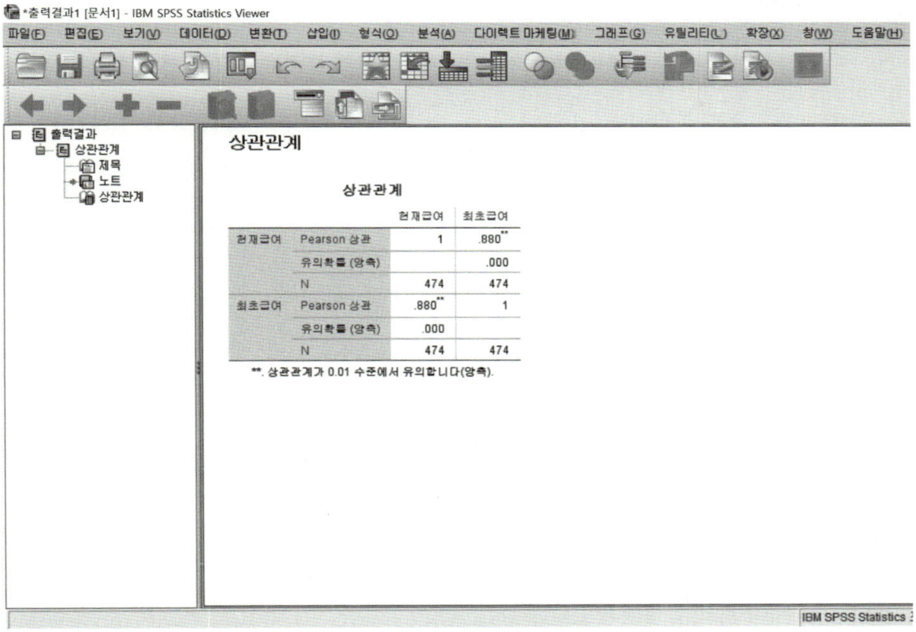

그림 10-9

Pearson 상관관계분석 결과 창

2) 서열척도로 측정된 현상들간의 서열상관관계분석의 실행

서열척도로 측정된 현상들간의 상관관계분석을 실행하기 위해서는 먼저 〈그림 10-6〉처럼 분석대상 자료파일을 열고, 〈그림 10-7〉과 같이 **분석**(A) → **상관분석**(C) → **이변량 상관계수**(B)를 차례로 선택합니다. 등간/비율 척도로 측정된 두 변수간의 상관관계분석 절차와 동일한 절차를 밟는 것입니다.

〈그림 10-10〉에서와 같은 절차를 밟게 되면, 〈그림 10-11〉에서와 같은 작은 창이 열리게 됩니다. 이 창은 Pearson 상관관계를 선택할 때와 동일한 창입니다. 따라서 이 창에서는 상관관계분석대상 변수 두 개를 지정하는 창, 두 개 변수간의 상관계수(즉, 이변량 상관관계)를 분석하는 방법 3개, 그리고 가설의 유의성 검정시 단측검정(즉, 한쪽검정) 혹은 양측검정(즉, 양쪽검정) 여부를 선택할 수 있는 등의 선택을 수행할 수 있게 되어 있습니다.

이와 같은 이변량 상관계수 분석 창에서 먼저, 분석대상 변수 두 개를 선택합니다. 〈그림 10-11〉에서는 분석대상 변수로 '직종구분'과 '피교육연

그림 10-10

서열척도로 측정된 현상들간의 상관관계분석의 실행

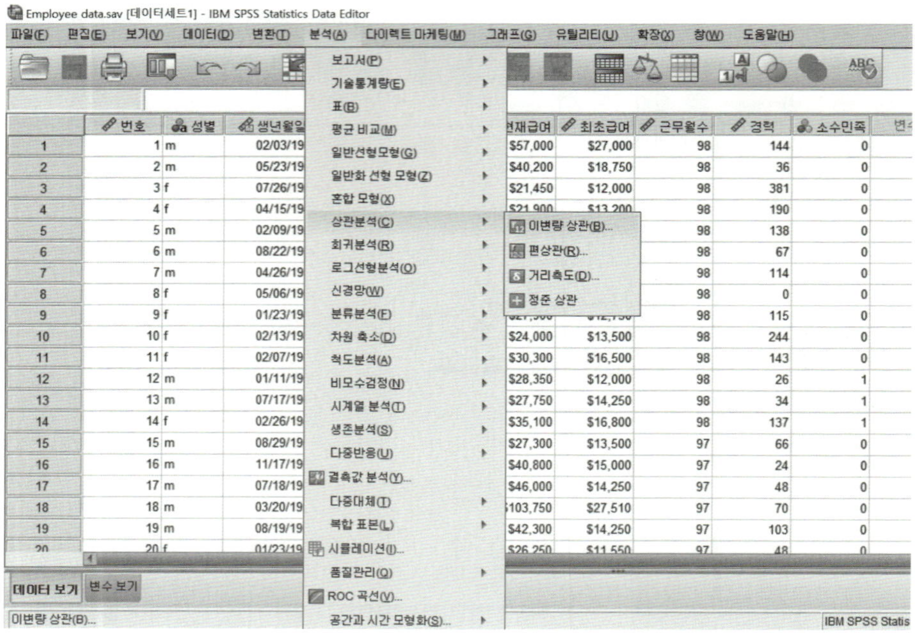

그림 10-11

이변량 상관계수 분석 창

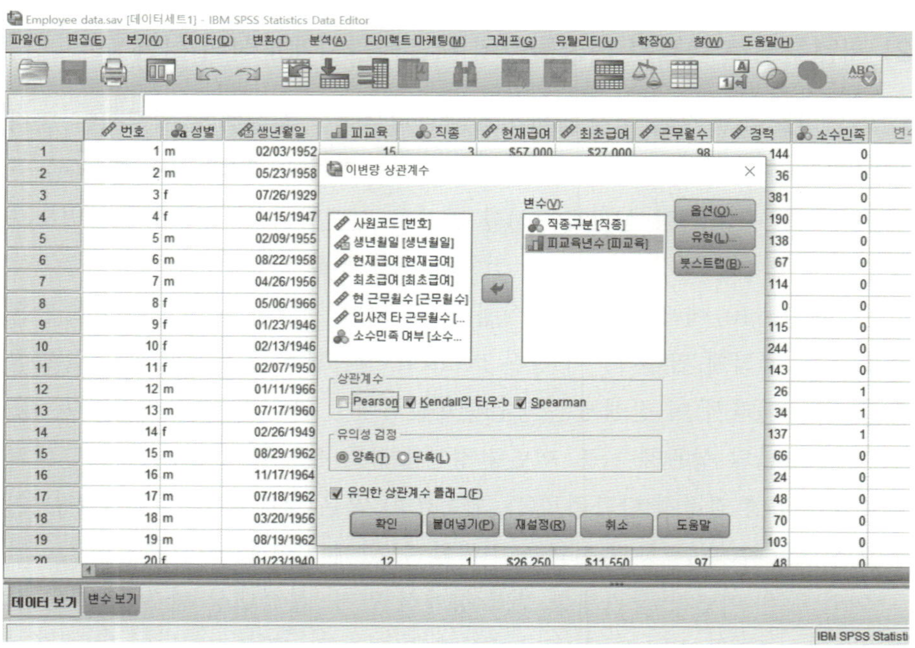

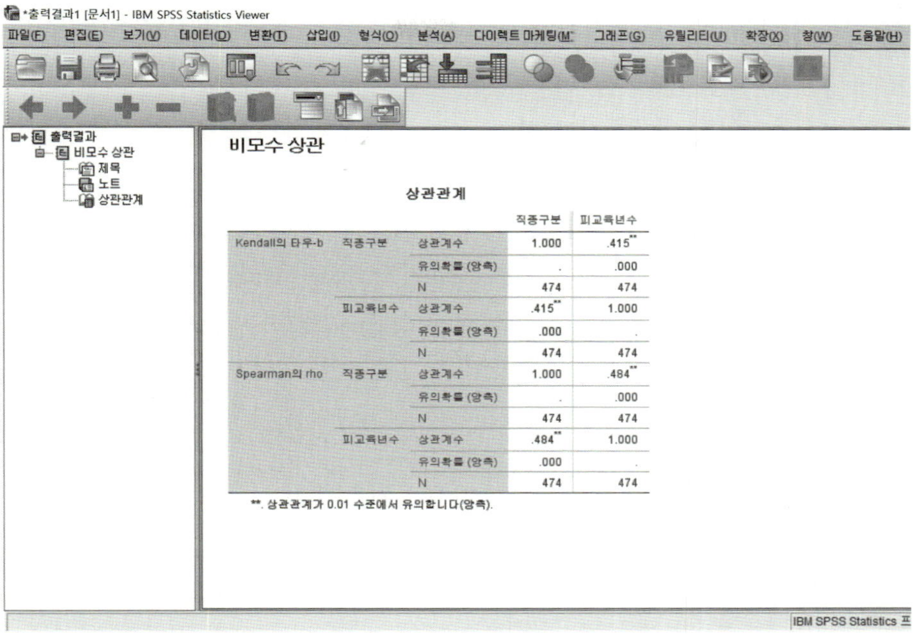

			직종구분	피교육년수
Kendall의 타우-b	직종구분	상관계수	1.000	.415**
		유의확률 (양측)	.	.000
		N	474	474
	피교육년수	상관계수	.415**	1.000
		유의확률 (양측)	.000	.
		N	474	474
Spearman의 rho	직종구분	상관계수	1.000	.484**
		유의확률 (양측)	.	.000
		N	474	474
	피교육년수	상관계수	.484**	1.000
		유의확률 (양측)	.000	.
		N	474	474

**. 상관관계가 0.01 수준에서 유의합니다(양측).

그림 10-12

서열상관계수 분석결과 창

수'를 선택한 상황을 보여주고 있습니다.

분석대상 변수 두 개를 선택한 다음에는, Spearman(S) 혹은 Kendall의 타우-b(K) 혹은 두 개 모두를 클릭합니다. 즉, 3개의 상관계수기법 중 서열척도수준으로 측정된 변수들간의 상관계수를 분석해 주는 Spearman 혹은 Kendall 서열상관계분석을 선택하는 것입니다.

이어서 확인 버튼을 클릭하게 되면, 〈그림 10-12〉와 같은 결과 창을 얻게 됩니다. 이제 연구자는 제2절에서와 같은 방법으로 분석결과를 해석하면 되는 것입니다.

3) 명목척도로 측정된 현상들간의 상관관계분석의 실행

명목척도로 측정된 현상들간의 상관관계분석을 실행하기 위해서는 먼저 〈그림 10-6〉처럼 분석대상 자료파일을 열고, 〈그림 10-13〉에서와 같이 **분석**(A) → **기술통계량**(E) → **교차분석**(C)을 차례로 선택합니다. 등간/비율 척도니

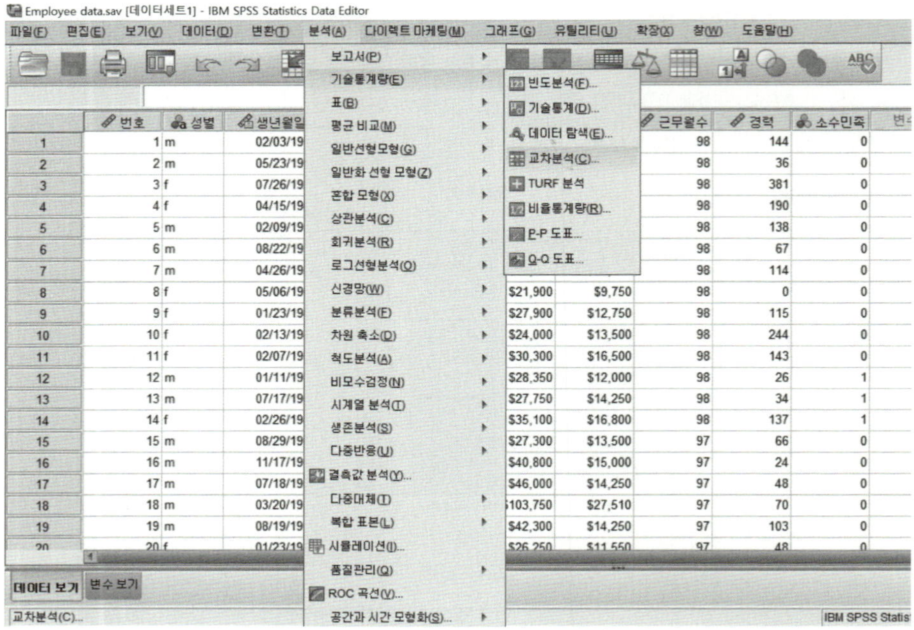

그림 10-13
명목척도로 측정된 현상들간의 상관관계분석의 실행

서열척도로 측정된 두 변수간의 상관관계 분석절차와 다소 상이한 절차를 밟게 되지요.

〈그림 10-13〉에서와 같은 절차를 밟게 되면, 〈그림 10-14〉에서와 같은 교차분석 창이 열리게 됩니다. 이 창은 상관관계 분석대상 변수 두 개를 지정하는 창, 두 개 변수간의 상관관계의 크기를 분석하는 방법을 선택할 수 있는 '통계량' 버튼 등의 선택을 수행할 수 있게 설계되어 있습니다.

이와 같은 교차분석 창에서 먼저, 분석대상 변수 두 개를 선택합니다. 〈그림 10-15〉에서는 분석대상 변수로 '직종구분'과 '소수민족여부'를 선택한 상황을 보여주고 있습니다. 우리의 목표는 두 변수간에 존재하는 상관관계를 파악하는 것이기에, 행과 열에 들어가는 변수를 서로 바꾸어도 무방합니다.

다음에는 교차분석 창의 **통계량** 버튼을 눌러서 명목척도로 측정된 두 변수간의 관계가 존재하는지를 χ^2검정으로 파악하고, 두 변수간의 상관관계의 크기는 분할계수(혹은 파이, Cramer의 V 등)의 분석으로 파악합니다. 즉, 〈그

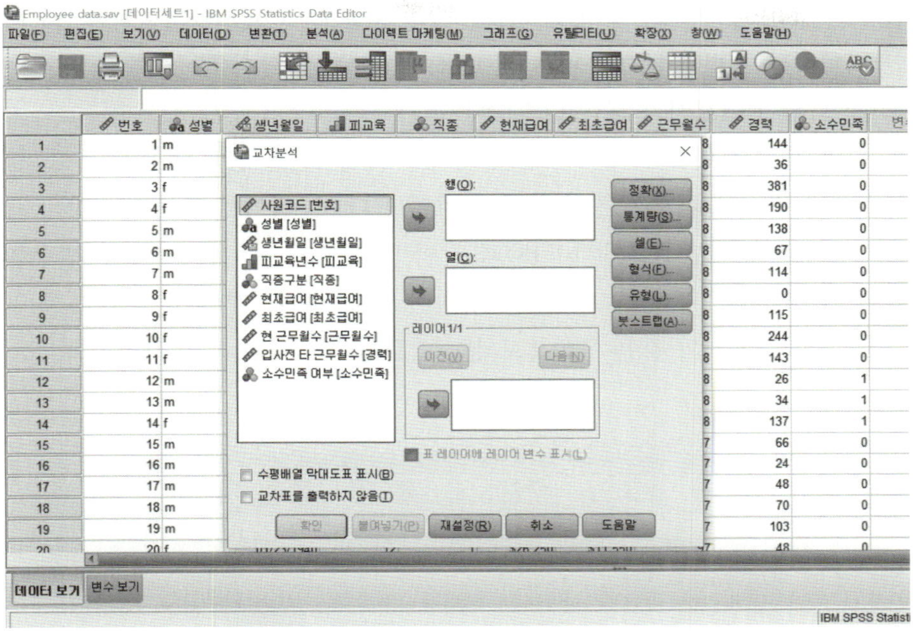

그림 10-14

교차분석 창

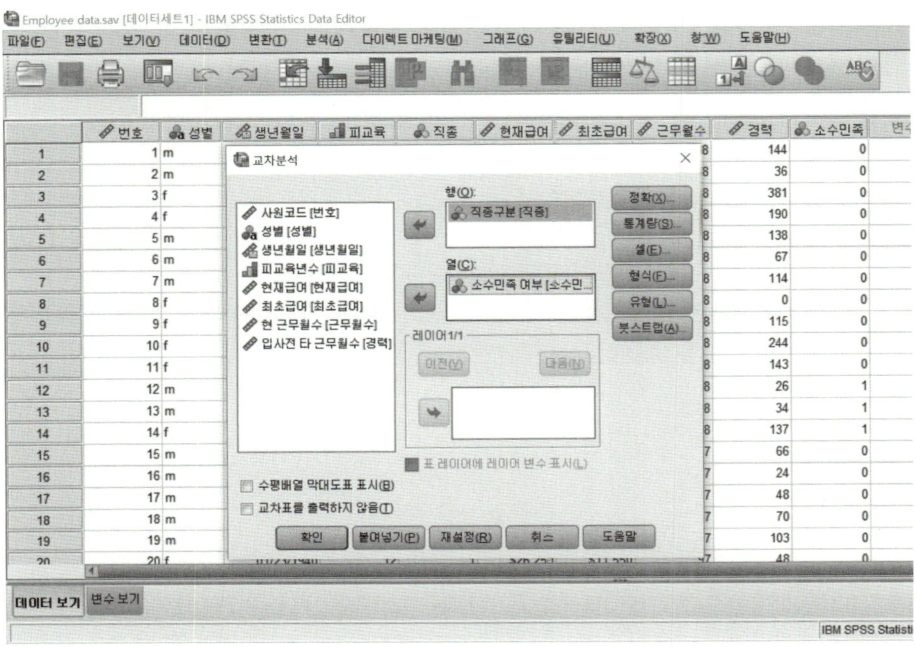

그림 10-15

변수 선택

림 10-16〉의 통계량 창에서 **카이제곱**(H)과 **분할계수**(O)를 클릭합니다. 우리의 예에서는 분할계수(O), 파이 및 Cramer의 V(P), 람다(L), 불확실성 계수(U)에 모두 체크표시가 되어 있습니다.

위와 같은 선택을 하고 교차분석 창에서 **계속**버튼을 클릭하게 되면 〈그림 10-17〉과 같이 교차분석 창이 다시 열리게 됩니다. 이어서 교차분석 창의 **확인**을 클릭하게 되면, 〈그림 10-18〉과 같이 명목변수 수준에서 측정된 변수들 간에 존재하는 상관관계 그리고 이 상관관계의 크기가 계산됩니다. 이제 연구자는 제2절에서와 같은 방법으로 분석결과를 해석하면 되는 것이지요.

그림 10-16

통계량 창에서 χ^2검정 및 분할계수의 선택

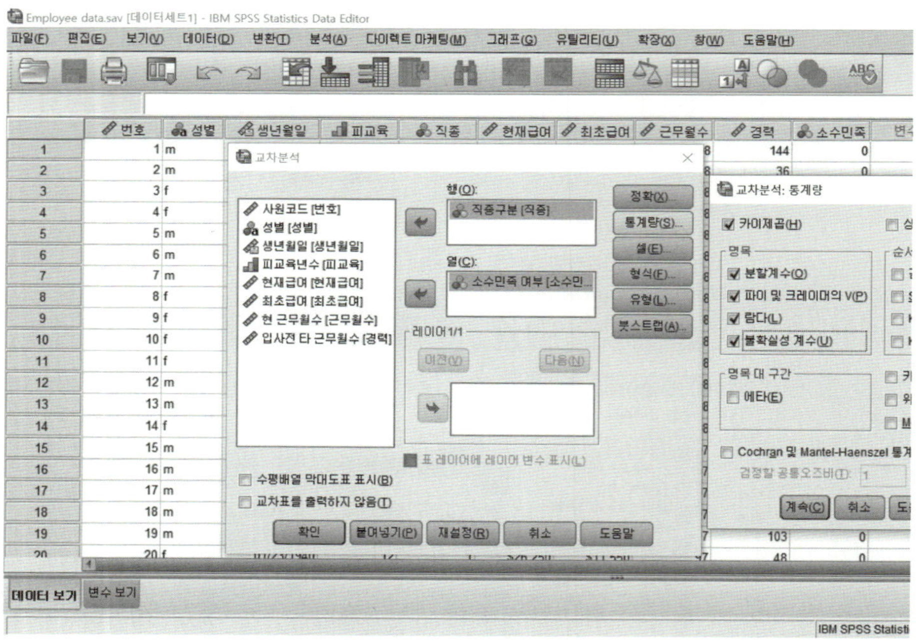

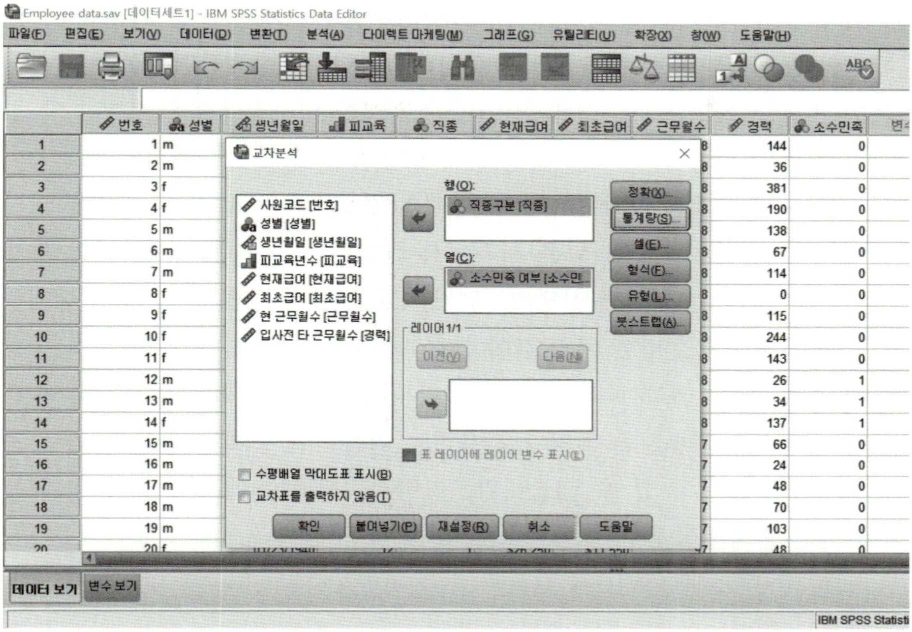

그림 10-17

교차분석 창에서 χ^2검정 및 분할계수계산

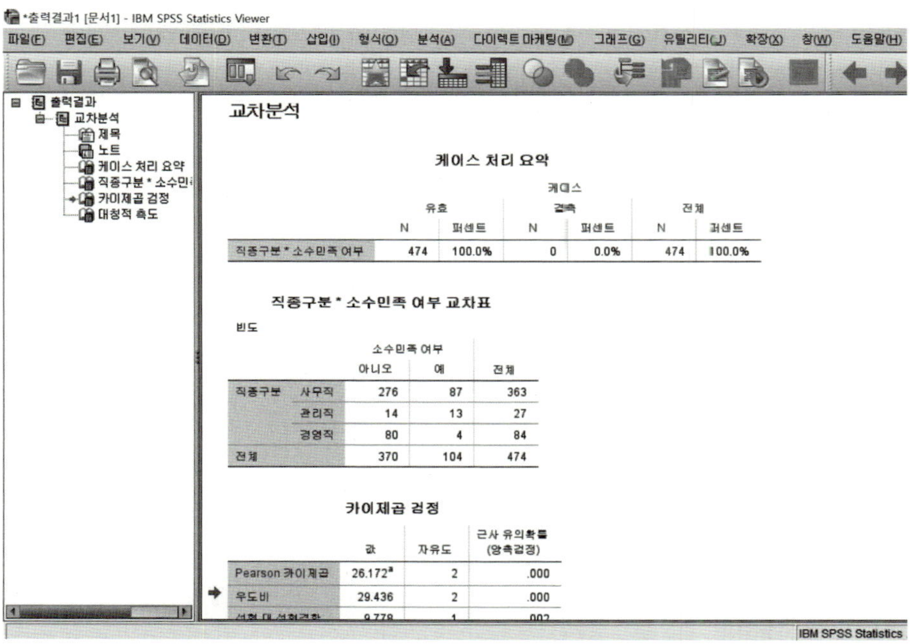

그림 10-18

교차분석결과: 명목변수간의 상관관계 분석결과

위에서 상이한 척도로 측정된 변수들간의 상관관계에 대한 기본원리, 해석방법 및 실행방법을 체계적으로 설명하였습니다. 상관관계분석은 분석대상 두 변수들간의 관계에 대해 적지 않은 정보를 연구자에게 제시해 주게 됩니다. 그러나 일반적으로 상관관계분석의 결과는 주의해서 해석되어야 합니다. 상관관계분석은 인과관계에 대해서는 직접적으로 알려주는 바가 없기 때문입니다. 그러나 좀더 넓은 시각에서 살펴본다면, 상관관계분석이 통계분석에서 차지하는 역할이 상당히 크다는 것을 알 수 있습니다. 앞의 장에서 이미 좀더 자세히 설명한 바와 같이 분산, 공분산, 표준편차와 Pearson 상관관계는 정의상(by definition) 매우 밀접한 관련이 있는 데다가, 분산과 공분산 등의 개념은 연구자들이 자주 사용하는 기본적인 통계분석기법들의 기초를 형성하고 있다고 할 수 있습니다. 따라서 상관관계에 대한 깊은 이해는 다른 관련 통계분석에 대한 이해를 깊이 해 줄 것입니다.

제 11 장 요인분석을 통한 상호관계검증

| 도입 사례 |

많은 학생들이 대학생(혹은 그 이상)이 되어도 자신들의 적성이 무엇인지 잘 모르고 장래에 어떠한 직업을 선택할지에 대해 많은 어려움을 느끼고 있는 것 같습니다.
그런데 개인의 적성을 판단하는 용도로 MBTI와 같은 성격특성 파악도구가 많이 사용되고 있습니다. MBTI는 Jung의 심리유형론을 바탕으로 Briggs와 Myers가 개발한 성격유형분석 도구입니다. MBTI는 '외향형(extraversion) - 내향형(introversion),' '감각형(sensing) - 직관형(intuition),' '사고형(thinking) - 감정형(feeling),' '판단형(judging) - 인지형(perceiving)'의 4개의 차원을 측정하는 다수의 설문문항들로 구성된 설문지라고도 할 수 있지요. 여하간 응답자가 MBTI설문을 작성하게 되면 조사자는 응답자의 응답을 분석하여, 응답자를 16개의 성격유형 중 하나로 분류하게 됩니다. 아마 독자들 중 일부도 이 검사를 받은 경험이 있을 것입니다. 혹시 검사 결과가 자신의 성격을 잘 대변해준다고 신기해하지는 않았나요?

생각해 볼 문제

❶ 응답자가 외향형 성격을 가졌는지를 도대체 설문문항으로 어떻게 파악할 수 있을까요?

❷ '외향형(extraversion) - 내향형(introversion),' '감각형(sensing) - 직관형(intuition),' '사고형(thinking) - 감정형(feeling),' '판단형(judging) - 인지형(perceiving)'을 판단하는 설문문항들은 어떻게 개발했을까요?

〈본서의 체제〉

- 연구문제의 정의
  - 제 1 장 과학이란 무엇인가?
  - 제 2 장 과학적 연구란 무엇인가?
  - 제 3 장 (1절) 연구의 대상: 연구문제
- 연구문제에 대한 논리적 해답 제시
  - 제 3 장 (2절) 연구의 대상: 가설
  - 제 4 장 연구설계
  - 제 5 장 측정 및 척도구성
- 논리적 해답에 대한 경험적 검증 실시
  - 제 6 장 자료의 수집
  - 제 7 장 자료의 입력
  - 수집 자료의 분석
    - 제 8 장 기술통계분석
    - 제 9 장 추리통계분석
    - 제 10 장 상관관계분석을 통한 상호관계검증
    - **제 11 장 요인분석을 통한 상호관계검증**
    - 제 12 장 집단간 차이분석을 통한 인과관계검증
    - 제 13 장 회귀분석을 통한 인과관계검증
    - 제 14 장 구조방정식을 통한 인과관계검증
    - 제 14 장 (참고) 연구결과의 일반화

요인분석이란 무엇인가? 제 1 절

1. 요인분석이란?

제10장부터는 현상들간의 **관계**(relationship)에 대해 설명하고 있습니다. 특히 제10장에서는, 두 현상(변수)간에 존재하는 상호관계를 알아보는 상관관계 분석기법들에 대하여 설명한 바 있습니다. 이제 제11장에서는 변수들간의 상호관계를 알아보는 기법 중 요인분석에 대하여 알아보겠습니다.

요인분석(factor analysis)이란 많은 변수(즉, 측정변수: observed variable)들을 상호관련의 원리를 이용하여, 서로 가까운 것끼리 묶어서 몇 개의 집단(요인: factor)으로 단순화하는 통계기법을 말합니다. 다수의 측정 문항(measures)들을 서로 관계있는 소수의 요소(요인)로 줄여주는 기능을 수행하는 것이지요. 즉, 변수들 사이의 상관관계에 근거하여 이들 변수들에 내재(內在)하는 공통의 관계를 파악함으로써, 변수들을 보다 적은 수의 동질적 요인으로 묶어주는 기법입니다. N개의 변수들로부터 k개의 단순화된, 공통적인 요인을 추출해 내는 기법이지요. 따라서 추출된 요인의 수($=k$)는 변수의 수($=N$)들보다 적게 되겠지만($k<N$), 원래의 변수들이 가지고 있던 정보들을 가능한 한 많이 유지하고 있는 요인들을 추출해 내는 것이 요인분석이 추구하는 이상적 상황이라고 할 수 있습니다.

요인분석은 이처럼 분석대상 변수들을 독립변수 혹은 종속변수로 구분하지 않고, 변수들간에 존재할 수도 있는 상호존속관계(interdependence)를 파악하고 있습니다. 이러한 목적을 달성하기 위하여, 요인분석은 원래 변수들간에 존재하는 일대일 상관관계(pair correlation)들을 검토하여 가장 상관관계가 높은 변수들의 집단을 하나의 요인으로 결정하게 됩니다. 상관관계가 높은 변수들끼리는 같은 요인으로 묶이게 되고, 이렇게 묶인 변수들과 다른 요인으로 묶인 변수들과의 상관관계는 낮은 것이지요.

Kerlinger(1986)에 의하면 요인분석이란 자료분석방법의 여왕(queen)이라고 합니다. 요인분석이 가지고 있는 과학적 분석능력, 우아함 등의 이유로 말이지요. 특히 요인분석은 과학의 특징 중 하나인 과학적 간결성(scientific parsimony)이라고 하는 대의명분을 잘 살려주는 분석기법입니다. 예를 들면, 동일한 사회현상을 측정할 때 수십 개의 설문문항(즉 변수)으로 설명하는 경우보다, 단지 서너 개의 요인으로 설명할 수 있다면 과학적 간결성이 확보되는 것이지요. 이러한 의미에서 요인분석은 과학적 지식을 창출하는 데에 있어서 일종의 절약의 효과를 가져다줍니다. 요인분석은 현상을 측정할 때 중복 측정을 줄이고 단순성을 증가시킬 수 있습니다.

한편 **요인**(factor)이란 추상적인 사회현상을 측정하는 거의 모든 측정도구(measures), 즉 각종 시험(test), 척도(scale), 설문문항(survey item) 등에 내재(underlie)한다고 생각되는 구성개념(construct) 혹은 잠재변수(latent variable)라고 할 수 있습니다. 따라서 요인이란 직접 관찰이 불가능한 가설적 존재(hypothetical entity)라고 할 수 있는 것이지요. 예를 들어 지능에는 언어능력, 수리능력, 기억력 등과 같은 요인들이 내재하는 것으로 알려져 있습니다. 마찬가지로 〈도입사례〉에서 소개한 성격을 판단하는 도구도 요인분석을 통하여 요약되고 단순화된 형태의 설문문항들이 사용되고 있는 것입니다. 그런데 여기서 주의할 점은, 요인분석이 많은 변수를 동시에 분석하는 다변량 통계분석(multi-variate statistical analysis)에 속하는 고급통계기법으로 분류되고, 아래에서 설명할 확인적 요인분석(confirmatory factor analysis)은 추리통계분석의 특성을 가지고 있다고 볼 수 있으며, 요인분석의 과정에서 상관관계 행렬(correlation matrix)을 검토할 때 가설검정이 실행되지만, 요인분석은 일반적으로 추리통계기법이라기보다는 기술통계분석기법으로 구분됩니다. 요인분석 결과 자체가 우연에 의한 결과인지를 판단할 수 있는 통계적 검정이 이루어지지 않기 때문입니다. 경우에 따라서는 이러한 단점을 보완하기 위해, 요인분석대상이 되는 표본을 둘로 나누고 각각에서의 요인분석 결과를 비교함으로써 요인분석 결과의 타당성을 높이려고 노력하기도 합니다. 요인분석을 더 자세히 설명하기 전에, 요인분석이란 다른 통계기법과 명확히 구분되는 하나의(one) 통계기법이라기보다는 다수의 변수를 소수의 요인으로 축소해주는 기능을 수행해주는 수학적 절차(mathematical procedures)의 집합(collection)으로 이해해야 함을 지적하기로 합니다.

2. 요인분석의 유형

요인분석은 분류에 사용하는 기준에 따라 몇 가지로 분류될 수 있습니다. 아래에서는 요인분석의 유형에 대해 간단히 알아보도록 합니다.

1) 분석목적에 따른 분류

먼저 요인분석은 분석의 목적에 따라 탐색적 요인분석과 확인적 요인분석으로 대별할 수 있습니다. **탐색적 요인분석**(exploratory factor analysis)이란 말 그대로 분석대상 변수들 사이에 어떠한 공통요소(요인)들이 있는지를 탐색하기 위한 요인분석을 의미합니다. 따라서 연구자가 자신이 조사하고 있는 사회현상을 측정하는 변수들의 특성을 잘 모를 때 사용하게 됩니다. 탐색적 요인분석 수행시에는, 모든 변수들이 모든 요인과 상관관계가 있고(물론 이때 상관관계가 높은 집단과 낮은 집단을 구분을 하게 되지만), 모든 요인들간에는 상관관계가 존재한다는 등의 가정하에서 요인분석을 진행하게 됩니다.

한편 **확인적 요인분석**(confirmatory factor analysis)은 분석대상 변수와 이 변수들의 공통구조(요인)에 대한 사전적인 이론이나 지식을 가지고 있을 경우에, 연구자가 조사대상 변수들과 요인들간에 존재하는 관계를 사전적으로 가정하고 이러한 가정에 기초한 요인모형이 맞는지를 확인하는 분석유형입니다. 따라서 모든 변수가 모든 요인과 상관관계가 있다는 가정은 더 이상 성립하지 않습니다. 또한 모든 요인들간에도 상관관계가 있다는 가정도 성립하지 않지요.

2) 분석대상에 따른 분류

다음 요인분석은 요인분석대상이 무엇인가에 따라 R-type요인분석과 Q-type요인분석으로 구분합니다. **R-type요인분석**은 변수들간의 상관관계를 이용하여 변수들간에 내재하는 요인을 추출하는 분석입니다. 이에 비해 **Q-type요인분석**은 변수에 대한 관찰이 이루어지는 대상인 표본, 즉 응답자들을 공통의 집단으로 묶어주는 분석을 의미합니다. Q-type요인분석은 응답자들간의 상관관계를 이용하게 되는데, 상관계수를 입력자료로 하는 군집분석(본서에서는 자세히 설명하지 않습니다)과 성격이 비슷하지만 요인분석시 표본을 구성하는 응답자의 수가 변수의 수보다 훨씬 많아 추출되는 요인의 일반화에 문제가 발생하게 되어, 응답자들을 동질적인 집단으로 구분할 때에는 군집분석이 주로 사용되고 있습니다. 따라서 요인분석이라고 함은 대개 R-type요인분석을 의미한다고 이해할 수 있습니다.

3. 요인분석의 기능

다수의 측정 문항(measures), 즉 변수들을 서로 관계있는 소수의 요인으로 줄여주는 기능을 수행하는 요인분석은 구체적으로 다음과 같은 다양한 기능을 수행하고 있습니다.

1) 변수간 상호 의존관계/유형 설명

요인분석은 변수간의 관계에 대한 사전 지식이 없이 다수의 변수를 조사했을 때, 이러한 변수들간의 상호 의존관계를 파악하여 변수들 속에 내재해있는 몇 개의 공통된 요인을 밝혀내는 기능을 합니다. 이러한 기능은 자료의 요약 및 변수의 구조파악에 주로 이용됩니다.

2) 자료의 간결화/축소

요인분석은 기존의 수집자료를 간결하게 하는 가능을 수행합니다. 예를 들면, 마케팅 분야에서는 잠재고객집단이 동질적인 집단인지 여부가 매우 중요한 의미를 가지고 있습니다. 이질적인 집단이고 각 집단이 충분히 크다면 각 집단에 맞는 상품이나 서비스를 개발하여 제공하는 것(즉, 시장세분화)이 기업의 매출제고에 결정적인 도움이 되기 대문입니다. 그런데, 어떠한 변수(각종 인구통계변수, 지리변수, 심리변수, 행동변수 등)를 기준으로 시장을 세분화 할지에 대한 지식이 없는 경우에 많은 변수(예: 200개)를 모두 이용하여 분석한다는 것은 현실적으로 쉽지 않은 일입니다. 이러한 경우에 모든 변수들을 대상으로 요인분석을 실시하고 이 결과 추출된 소수의 요인들을 기준으로 시장세분화를 수행할 수 있습니다. 즉, 요인분석을 통해 기존의 변수들이 가지고 있는 정보를 거의 유지하면서 자료를 간결하게 한 경우라고 할 수 있습니다.

3) 측정도구 개발

요인분석은 측정도구(즉, 척도)의 개발에도 많이 사용되고 있습니다. 특히 직접 관찰이 불가능한 사회현상을 측정하는 측정도구의 경우는 여러 개의 문항으로 구성되는 것이 일반적입니다. 예를 들어 관여도라는 개념을 생각해 보지요. 관여도(involvement)란 "소비자가 느끼는 상품의 중요성(personal importance)"으로 정의할 수 있습니다. 관여도를 측정하는 경우, 관여도라고 하는 현상을 정확히 측정하려면 관여도의 여러 측면을 다루는 많은 검사(질문)항목이 필요할 것입니다. 일단 관여도의 정의 및 관련 이론에 입각해서 관여도를 측정한다고 생각되는 다수의 질문항목을 구성하고 이 문항들에 대한 응답을 얻어 요인분석을 하게 되면 이 질문항목들이 관여도라고 하는 하나의 요인으로 묶이는지 아니면 여러 개의 요인으로 묶이는지를 판단할 수 있게 됩니다. 이러한 과정 등을 거쳐서 사회현상을 측정하는 측정도구를 개발할 수 있습니다. 관여도 측정도구 중 가장 방대한 척도로는 Zaichkowsky

(1985)가 개발한 22문항으로 구성된 관여도 척도를 예시할 수 있습니다.

4) 가설의 검정

요인분석은 가설검정(hypothesis testing)의 기능도 수행하고 있습니다. 예를 들어서 경영학이나 기타 사회과학 여러 분야에서 빈번하게 연구되고 있는 개념인 '태도(attitude)'의 경우, 태도는 인지적 차원(cognitive dimension), 감정적 차원(affective dimension), 행동적 차원(conative dimension)의 3개의 차원으로 구성되었다는 설명과 감정적 차원(affective dimension) 하나로 이루어졌다는 설이 있다면, 요인분석은 태도가 실제로 3개의 차원으로 구성되어 있는지 혹은 하나의 차원으로 구성되어 있는지 검정하는 기능도 수행해 줍니다.

5) 자료의 변형

요인분석은 다른 종류의 통계분석기법의 가정에 적합하도록 자료를 변형(data transformation)시켜 주는 기능을 수행합니다. 예를 들어서, 여러 개의 독립변수가 하나의 종속변수를 얼마나 잘 예측하는지를 분석해 주는 다중회귀분석의 경우(제13장에서 설명) 독립변수들간에는 서로 상관관계가 없어야 한다는 가정이 충족되어야 합니다. 전문적인 용어로 다중공선성(multicollinearity)이 없어야 한다는 가정이지요. 그런데 독립변수들간에 다중공선성이 존재하면 다중회귀분석을 수행할 수 없는 상황에 빠지게 됩니다. 이러한 경우에 대처하기 위하여, 독립변수들을 소수의 요인으로 축소하되 추출된 각각의 요인들이 서로 상관관계가 없게, 즉 요인분석 용어로 독립적(orthogonal)이 되게 할 수 있고, 이렇게 추출된 요인을 독립변수로 사용함으로써 다중공선성의 문제를 피하고 회귀분석을 실행할 수 있게 됩니다.

6) 동질적 집단으로 구분

요인분석은 표본을 구성하는 응답자들을 서로 동질적인 몇 개의 집단으로 구분하는 기능도 수행합니다. 이는 군집분석과 유사한 기능으로서, Q-type요인분석으로 불린다고 이미 설명한 바 있습니다.

4. 요인분석의 원리

1) 요인의 이해

요인분석은 변수들간에 존재하는 상관관계에 기초하여 변수들간에 내재하는 소수의 요소, 즉 요인을 추출해 내는 기법입니다. 따라서 요인분석은 분석대상 변수들간의 상관관계분석 결과(Pearson 상관계수)를 모아 놓은 **상관행렬표**(correlation matrix)를 기초로 요인을 추출해 내게 됩니다. 그런데 상관행렬표에 제시된 상관계수들을 어떻게 이용하는가에 따라 요인을 추출하는 구체적인 방법(예: 주성분분석, alpha요인분석, image분석 등)이 달라지고, 요인분석 결과를 해석할 때 미세한 차이가 발생하게 됩니다. 구체적인 통계분석은 상관행렬표의 **행렬식**(the determinant of correlation matrix) 계산을 기초로 이루어집니다. 그러나 행렬식에 대한 이해는 선형대수학(matrix algebra)의 이해를 필요로 하므로 이곳에서는 설명을 생략합니다.

한편, 기술통계분석에서 분산(variance) 혹은 총분산(total variance$=V_t$)이 하나의 변수의 변화폭을 설명하는 도구라고 이미 설명한 바가 있는데, 분산과 공분산 개념이 변수들간의 공통 관계를 나타내는 요인(factor)을 개념적으로 그리고 수학적으로 이해하는 데에도 훌륭한 역할을 하고 있습니다.

제8장에서 분산은 체계적 분산(systematic variance: V_s)과 비체계적 분산(unsystematic variance: V_{us})으로 구분할 수 있다고 한 바 있습니다. 또 체계적 분산은 집단간 분산(between groups variance: V_b) 혹은 실험분산(experimental variance: V_{exp})으로 불리고, 비체계적 분산은 집단내 분산(within-group variance: V_w) 혹은 오차분산(error variance: V_e)으로도 불린다고도 설명했지요. 이러한 관계를 간단한 수식으로 다시 표현한다면 (식 11-1)과 같습니다.

분산의 구성 1 (식 11-1)

$$V_t = V_s + V_{us}$$
$$= V_b + V_w$$
$$= V_{exp} + V_e$$

결국 (식 11-1)은 총분산이 '실질' 요소와 '오차' 요소로 구성된다고 함을 보여주고 있습니다. 그런데 신뢰성이란 어떠한 변수가 현상을 일관되게 측정하는 정도이므로, 분산의 구성개념을 이용하여 제5장에서 설명한 **신뢰성**(reliability) 개념을 표현한다면 (식 11-2)와 같습니다. 분산 중 실질요소에 기인한 부분이 클수록 신뢰성은 높아지고, 역으로 오차분산이 높을수록 측정도구의 신뢰성은 낮아지는 것입니다.

신뢰성 (식 11-2)

신뢰성＝(총분산－오차분산)/총분산

$$= (V_t - V_e)/V_t$$

그런데 총분산 중 실질요소에 의한 부분은 다시 두 개의 부분으로 구분이 가능합니다. 지능검사를 예로 들어 볼까요? 한국인 대학생들이 영어로 된 IQ test를 받았다고 가정하지요. 이 경우 IQ측정치의 총분산은 IQ를 반영하는 부분, 영어지식을 반영하는 부분, 그리고 각 학생의 측정 당일의 컨디션에 의한 부분 등의 3개로 구분할 수 있습니다. 먼저 IQ를 반영하는 부분은 본래 측정하려고 하는 IQ수준의 변동폭을 나타내 주는 분산의 부분이라고 할 수 있습니다. 좋은 IQ를 가진 사람은 높은 측정치를 보이겠지요. 다음, 대학생들이니 모두 영어를 어느 정도 하겠지만, 영어를 잘하는 학생은 영어실력 때문에 IQ검사문항을 더 잘 이해하고 IQ점수가 더 높게 나올 수 있습니다. 따라서 IQ측정치에는 개인의 영어실력을 반영하는 부분도 존재하겠지요. 마지막으로 개인의 컨디션도 IQ측정치에 반영이 될 수 있습니다. 실제로 IQ가 높은 학생도 몸이 피곤하면 IQ측정치가 낮아질 수 있지요. 심지어 미국인이라도 컨디션이 좋지 않으면 IQ 측정치가 낮아지겠지요.

위와 같은 3종류의 분산요소 중에서 처음 2개 요소의 경우가 실질요소에 의한 분산입니다. IQ test를 받은 모든 사람에게 적용되는 브분이기 때문입니다. 그러나 3번째 부분은 개인적인, 그래서 예측할 수 없는 분산의 부분이라고 할 수 있습니다. 이러한 내용을 간단한 수식으로 표현한다면, (식 11-3)으로 나타낼 수 있습니다. 이때 V_{co}란 IQ와 관련된 고유의 부분을 표현하는 체계적 분산, 즉 공통분산(common factor variance 혹은 common variance)이라고 하고, V_{sp}란 고유분산(specific variance)이라고 하는데 공통요인분산이 아닌 체계적 분산입니다. 앞의 예에서는 영어로 작성된 문항이 IQ측정치에 기여하는 부분을 의미합니다. 물론 오차분산(error variance)은 (식 11-1)에서와 동일하지요. 한편, 실제 요인을 계산함에 있어서는 고유분산과 오차분산을 합해서 특유분산(unique variance)이라고 부르기도 합니다(Nunnally, 1978). (식 11-3)의 두 번째 식은 총분산을 공통분산과 특유분산으로 구분(partition)한 경우를 보여주고 있습니다.

분산의 구성 2 (식 11-3)

$$\begin{aligned} V_t &= \text{공통분산} + \text{고유분산} + \text{오차분산} \\ &= V_{co} + V_{sp} + V_e \\ &= \text{공통분산} + \text{특유분산} \\ &= V_{co} + V_u \end{aligned}$$

(식 11-3)을 이용하여 제5장에서 설명했던 **타당성**(validity) 개념을 표현한다면, (식 11-4)와 같습니다. 지능을 측정하는 측정도구의 타당성이란 오로지 지능을 측정하는 정도를 의미하기 때문입니다.

타당성 (식 11-4)

$$\begin{aligned} \text{타당성} &= \text{공통분산}/\text{총분산} \\ &= V_{co}/V_t \end{aligned}$$

이렇게 신뢰성 개념과 타당성 개념을 다시 언급한 이유는, 타당성을 설명할 때 사용한 분산개념이 요인분석에서 분석의 기초로 이용하게 되는 분산개념과 유사하기 때문입니다. 이제 두 개의 변수 A, B로 동일한 현상(예: 지능)을 측정하는 경우를 생각해 볼까요? 예를 들어 변수 A(예: 언어능력)의 총분산이나 변수 B(예: 수리능력)의 총분산은 (식 11-5)에서와 같이 구성되어 있을 것입니다.

분산의 구성 3 (식 11-5)

A의 총분산: $V_{tA}=V_{co}+V_{spA}+V_{eA}$

B의 총분산: $V_{tB}=V_{co}+V_{spB}+V_{eB}$

(식 11-5)에서 V_{co}란 공통분산 혹은 변수 A와 변수 B가 공통으로 측정하고 있는 분산(즉, 지능)이라고 할 수 있습니다. 즉, 지능이라고 하는 요인(factor)을 나타내는 부분입니다. 그런데, 현상을 측정하는 변수가 증가하면, 변수들 사이에 존재하는 공통분산이 여러 개 존재할 가능성이 높아집니다. 즉 요인(factor)이 여러 개 추출될 가능성이 증가하는 것입니다. 이처럼 요인분석은 변수들의 분산을 기초로 변수들간에 존재하는 공통적인 요인들을 추출해 내는 분석기법입니다. 즉 요인분석의 핵심이란 전체공통요인($=V_{co}$)의 구성요소를 결정하는 것입니다.

이러한 논리를 확장해 본다면 다음과 같은 (식 11-6)을 생각할 수 있을 것입니다. 이 식을 가지고 요인분석의 원리를 설명한다면, 요인분석이란 측정된 변수의 값을 가장 잘 나타낼 수 있는 α_{ij}와 F_j의 값을 구하는 과정이라고 할 수 있습니다. (식 11-6)에서 α_{ij}란 i번째 변수의 측정값에서 j번째 공통요인의 중요성을 나타내는 모수(母數)로서 j번째 공통요인에 대한 i번째 변수측정값의 **적재량**(loading)이라고도 합니다. 그리고 F_j는 i번째 공통요인(common factor)이지요. 결국 요인분석모형이란 (식 11-6)에서와 같은 공통요인들의 선형결합(linear combination)을 찾아내는 것입니다.

변수와 요인간의 관계 (식 11-6)

$X_1=\mu_1+\alpha_{11}F_1+\alpha_{12}F_2+\cdots\cdots+\alpha_{1m}F_m+\varepsilon_1$

$$X_2=\mu_2+\alpha_{21}F_1+\alpha_{22}F_2+\cdots\cdots+\alpha_{2m}F_m+\varepsilon_2$$

$$\vdots \quad \vdots \quad \vdots \quad \vdots \quad \vdots \quad \vdots$$

$$X_p=\mu_p+\alpha_{p1}F_1+\alpha_{p2}F_2+\cdots\cdots+\alpha_{pm}F_m+\varepsilon_p$$

단, $X_i=i$번째 변수 측정값

$\mu_i=i$번째 변수 평균값

$F_j=j$번째 공통요인

$\alpha_{ij}=i$번째 변수의 측정값에서 j번째 공통요인의 중요성을 나타내는 모수

$\varepsilon_i=i$번째 특유분산(오차 또는 고유분산)

2) 요인분석의 절차

요인분석은 〈그림 11-1〉과 같은 과정을 거쳐서 실행하게 됩니다. 물론 이

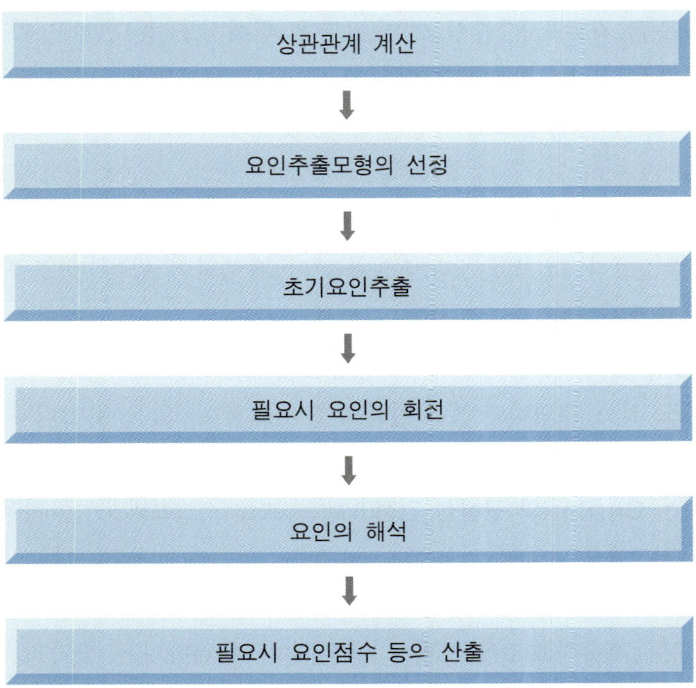

그림 11-1 요인분석의 절차

러한 분석이 실행되기 전에 연구의 목적달성에 요인분석이 필요하다고 하는 의사결정이 내려져야 하고 분석대상 변수들에 대한 이론적 검토도 실시되어야 할 것입니다. 아래에서는 이러한 내용들이 결정된 다음에 요인분석에서 밟아야 하는 절차에 대해 설명합니다. 물론 SPSS Statistics 등과 같은 통계분석 소프트웨어를 이용해서 요인분석을 실행할 경우, 이러한 절차의 대부분은 연구자가 지정한 대로 통계분석 프로그램이 수행해 주게 됩니다.

(1) 상관관계 계산

요인분석은 변수들간의 상관관계를 기초로 실행이 됩니다. 물론 공분산이 상관관계계산의 기초가 되기 때문에 변수들간의 공분산 자료를 가지고 요인분석을 실행할 수도 있습니다. 여하간, 실제로는 SPSS Statistics와 같은 프로그램을 통해 변수들간의 상관관계행렬(correlation matrix)을 작성함으로써 변수들간의 상호 관련성을 파악하고, 요인분석이 가능한 자료인지를 판단한 다음, 상관계수들을 요인분석에 필요한 자료로 사용하게 됩니다. 상관관계행렬의 산출은 자료의 적합성 여부 판단을 위해서도 중요한데, 자료의 적합성은 상관계수의 유의성으로 판단하게 됩니다. 상관관계들이 유의한지는 다음과 같은 몇 가지 방법으로 판단할 수 있습니다.

먼저 SPSS Statistics 등에 의한 분석 결과를 보면, 상관행렬표에 각 **상관계수의 유의도**가 표시됩니다. 가설검정시에 설명한 바와 같이 $\alpha=0.01$ 혹은 $\alpha=0.05$ 수준보다 더 적은 p값(유의확률)이 제시되어 있는 것을 확인한다면 이러한 상관계수들은 요인분석에 적합한 유의도를 가진 상관계수라고 판단할 수 있습니다. 따라서 적절한 수의 상관계수들의 크기가 0이 아니고 이 계수들이 어느 정도 유의하다면 요인분석을 시도할 수 있을 것입니다.

그런데, 이러한 판단이 쉽지 않거나 좀더 엄밀한 상관계수의 유의도 검정을 위해서는 **Bartlett의 구형성 검정**(Bartlett Test of Sphericity)을 사용할 수 있습니다. 사실 요인분석이 가능한지 여부는 "상관행렬표의 모든 상관계수는 동시에 0이다"라고 하는 귀무가설(H_0)을 기각할 수 있는가에 달려 있습니다. 즉, 일부 상관계수라도 0이 아니고 이 계수가 유의하다는 증거가 있어야 요인분석이 의미를 가질 수 있는 것입니다. 만일 상관행렬표의 모든 상관계수가 동시에 0이라면 변수간에 관련이 전혀 없다는 이야기가 되고, 변수간의 공통요인을 찾는 요인분석은 의미를 상실하게 되는 것이지요. Bartlett 검정 결과 p값이 연구자가 미리 정한 수준($\alpha=0.05$나 $\alpha=0.01$)보다 작으면 변수간에 상관관계가 전혀 없다는 귀무가설은 기각되고, 따라서 요인분석을 진행할 수 있게 되는 것입니다. 물론 필요시 이러한 검정을 SPSS Statistics에서 실행하도록 연구자가 선택할 수 있습니다.

한편, Bartlett의 구형성 검정을 통해 변수간에 유의한 상관관계가 존재한다는 결과를 얻었다고 할지라도, 이러한 상관관계가 변수들의 공통요인 때문인지 아니면 고유요인 때문인지에 대한 판단이 중요해 집니다. 만일 상관관계가 대부분 고유요인에 기인한다면 공통요인을 찾을 수 없을 것이고, 따라서 요인분석을 통해 공통요인을 발견하려는 독적이 달성되기 어렵습니다. 이처럼 변수간의 고유요인에 기인한 상관관계의 정도를 측정하는 도구를 **편상관계수**(partial correlation coefficient)라고 합니다. 따라서 요인분석을 위해서는 이 값이 작을수록 좋겠지요. 이러한 편상관계수들은 '역이미지 행렬(anti-image matrix)표'에 정리되어 제시됩니다. 편상관계수들 중 많은 수가 큰 값을 가지는 경우에는 요인분석 결과가 큰 의미가 없을 수도 있습니다.

한편 **KMO측정치**(Kaiser-Meyer-Olkin measure of sampling adequacy)란 상관계수 중 공통요인의 비중이 어느 정도나 되는지를 분석해주는 도구입니다. 따라서 이러한 KMO측정치의 값이 클수록 상관행렬이 요인분석에 적합하다고 판단합니다. 대개 KMO측정치가 0.7 이상이면 요인분석에 적절한 것으로 알려져 있습니다. 또한 KMO측정치는 앞에서와 같이 변수 전체에 대하여 계산되기도 하고 변수 하나하나마다 계산되기도 하는데 이 값은 역이미지행렬의 대각요소(diagonal element) 자리에 제시되고 있습니다.

(2) 요인추출모형의 선정

상관계수를 이용하여 요인분석을 실제로 수행할 때 사용하는 구체적인 방법에는 혼동을 일으킬 정도로 다양한 기법이 개발되어 있습니다. 그러나 이들 기법은 요인모형, 요인추출모형 및 요인회전모형의 3가지 유형으로 구분 가능합니다.

먼저 무엇을 요인으로 볼 것인가, 즉 **요인모형**(factor model)에 따라 성분요인분석(component factor analysis), 공통요인분석(common factor analysis), 이미지분석(image analysis) 등으로 구분됩니다(Nunnally, 1978).

기본적으로 **성분요인**(component factor)이란 '실제요인(real factor)' 입니다. 성분요인은 표본에서 수집된 자료에서 직접 도출할 수 있기 때문입니다. 이에 비해, **공통요인**(common factor)은 '가상의 요인(hypothetical factor)' 입니다. 공통요인은 수집된 자료로부터 추정(estimated)될 수밖에 없기 때문입니다. 성분요인은 개념적으로 간단하고 수학적으로 명백하며(straightforward) 실질적인데 비해, 공통요인모형에서는 수많은 가상의 요인을 만들어 낼 수 있습니다. 그러나 공통요인모형이 개념적으로 매우 세련(elegant)되었다는 점에서 많은 연구자들이 매력을 느끼고 있습니다. 그러나 다행인 점은 두 가지 요인모형이 대개 분석대상 변수를 구성하는 요인의 수나 성격에 대해 거의 유사한 결론을 도출한다는 점입니다. 그런데, 성분요인과 공통요인에 대한 설명을 좀더 어렵게 만드는 것 중의 하나가, 성분요인과 공통요인적인 특징을 모두 가진 요인분석모형이 개발되었다는 점입니다. 이러한 특징을 가진 요인모형이 바로 **이미지분석**(image analysis)입니다.

둘째, **요인추출**(=추정)**모델**(factor extraction method)로는 기본적으로 3가지의 수학적 접근법이 있습니다(Nunnally, 1978). 첫 번째 접근법은 이성적 접근법(rational approach)입니다. 분석대상 자료의 특성과는 무관하게 요인을 추출하기 위한 적재량산출방법(weighting method)인 것입니다. 이러한 접근법의 대표적인 예가 1950년대까지 가장 많이 사용된 요인추출방법인 **도심법**(圖心法: centroid method)입니다. 두 번째 요인추출접근법은 표본에서 수집된 실제 자료를 통계적으로 최적화(statistically optimizing)하려는 접근법입니다. 이러한 접근법의 대표적인 방법이, 최근에도 가장 많이 사용되는 요인추출방법인 주성분분석(principal components analysis: PCA)입니다. 세 번째 요인추출접근법은 표본에서 수집된 자료로부터 모집단에서의 요인을 추정하려고 하는 접근법입니다. 이러한 접근법의 대표적인 예가 **최우도분석**(最尤度분석: maximum likelihood analysis)입니다.

요인추출방법 중 가장 일반적으로 사용되어 요인분석에서 핵심적인 역할을 하고 있는 주성분분석(PCA)은 요인분석과 상당한 유사점도 공유하지만 양자를 구분해서 이해할 필요도 있습니다. 위에서 설명한 바와 같이 요인분석은 공통분산(common variance)을 설명하려는 목적을 가지고 있습니다. 주성분분석도 자료의 축소(data reduction)방법입니다만, 주성분분석은 분석대상 변수의 총분산(total variance) 중 가능한 한 많은 부분을 설명해 주는 성분들(components)을 추출하려는 목적이 있습니다. 이러한 목적은 분석대상 변수들을 선형변화(linear transformation)하여 달성될 수 있습니다. 즉, 총분산을 최대한 설명해 주는 첫 번째 성분(first component)을 구합니다. 다음에는 첫 번째 성분에서 설명하지 못한 잔여분산을 최대로 설명하는 두 번째 성분(second component)을 구합니다. 이러한 절차를 반복하여 성분들을 추출하게 되는데 이때 성분들(components)간에 상관관계가 없다는 조건하에서 성분들을 추출하게 됩니다. 다음 장에서 설명할 회귀분석에 비유한다면, 주성분분석(PCA)에서의 성분들(components)은 변수들의 선형결합으로 설명될 수 있는 종속변수(dependent variables)라고 할 수 있습니다. 이에 비해서 요인분석에서는 변수들이 (가상의) 요인들의 선형결합으로 설명되는 종속변수로 취급되고, 요인들은 독립변수(independent variable)와 같은 취급을 받는 것이지요. 주성분분석은 총분산을 대상으로 성분들을 추출하므로 PCA시의 상관행렬(correlation matrix)은 대각요소(diagonal elements)가 모두 1입니다(표준화된 변수의 총분산은 1이지요). 이에 비해 요인(=공통요인)분석에서 사용되는 상관행렬은 '재연된 상관계수행렬(reproduced correlation matrix)'이라고 하는데, 이 행렬에서의 대각요소는 요인들에 의해 설명되는 분산의 부분을 설명하는 '공통성(communality)'의 추정치로 구성되어 있습니다(Pedhauzur와 Schmelkin, 1991).

셋째, 일단 얻어진 초기요인들의 해석이 쉽지 않을 경우에는 이러한 초기요인들을 회전시키게 되는데, 이때 사용하는 방법들을 **요인회전방법**(factor rotation method)이라고 합니다. 요인회전방법은, 기본적으로 요인들간에 상관관계가 없다고 가정하고 초기요인들을 회전시키는 **직각회전**(orthogonal rotation technique)과 요인들간에 상관관계를 인정하고 초기요인들을 회전시키는 **사각회전**(oblique rotation technique)으로 크게 구분됩니다. 물론 직각회전의 구체적인 방법으로는 VARIMAX, QUARTIMAX, EQUAMAX 등이 있습니다.

연구자는 위에서 설명한 특징들을 고려하여 SPSS Statistics에서 요인추출 모형과 필요시 요인의 회전모형도 지정할 수 있습니다.

(3) 초기요인추출

요인추출방법을 정한 다음에는 추출할 요인의 수(number of factors)를 결정해야 합니다. 이 절차의 세부 내용 또한 SPSS Statistics에서 연구자가 지정할 수 있습니다.

요인의 수를 결정하는 데 사용하는 기준으로는 주로 요인의 '고유값'이 사용됩니다. **고유값**(eigenvalue 혹은 characteristic root)은 (표준화된) 변수 하나에 담겨진 정보의 양(=총분산의 값)을 1이라고 했을 때, 추출된 하나의 요인에 포함된 상대적 정보량(=하나의 요인이 설명해 줄 수 있는 변수들의 분산의 양)으로 해석됩니다. 어떠한 요인의 고유값이 1이라는 것은 이 요인이 변수 1개 정도의 설명력(즉, 분산)을 가지고 있다는 것을 의미합니다. 하나의 요인이 하나의 변수보다 설명력이 적다면, 변수들을 축약하되 설명력을 유지하려는 요인분석의 의미가 퇴색됩니다. 따라서 일반적으로 연구자들은 고유값이 1 이상인 요인들을 추출하도록 기준을 설정합니다. 구체적으로 고유값은 변수들과 하나의 요인간의 요인적재량들(factor loadings: 아래 단계에서 다시 설명)을 제곱해서 이를 합(=Σ요인적재량$_j^2$)한 값입니다. 〈표 11-1〉은 우리나라의 대학생들을 대상으로 '외국에 대한 적대감(animosity toward a foreign country)'이 '해당 국가에서 만든 상품의 구매'에 대해 어떠한 영향을 미치는지를 조사한 자료 중 7개의 변수를 가지고 요인분석을 수행한 예를 보여주고 있습니다. 〈표 11-1〉에서 보면, 요인 1의 고유값이 3.038로 계산되어 있습니다. 이것은 요인 1과 7개의 변수 사이의 요인적재량을 제곱해서 모두 합한 값입니다[$=(.593)^2+(.652)^2+(.653)^2+(.798)^2+(.622)^2+(.642)^2+(.631)^2$].

한편 '변수들의 총분산 중 요인들에 의해 설명된 분산의 비율'도 요인의 수를 결정하는 데 추가적으로 사용되기도 합니다. 이처럼 변수들의 총분산 중 요인들에 의해 설명되는 분산의 비율을 요인추출의 기준으로 고려하는 이유는 변수들의 축약과정에서 정보의 손실이 너무 크다면 요인분석의 의미가 적어지기 때문입니다.

위의 설명과 같이, 요인 수의 결정에는 고유값이나 요인이 설명하는 분산의 정도를 기준으로 함이 일반적입니다. 그러나 동일한 상관행렬표에서 수학적으로 추출할 수 있는 요인의 해(factor soluticn)는 一義的으로 결정되지 않는 것으로 밝혀졌습니다. 이것을 **요인의 비결정성**(factor indeterminacy)이라고 부르는데, 바로 이 점이 요인분석에 대한 가장 강력한 비판이 될 수 있을 것입니다. 따라서 요인분석이 우아하고 강력한 분석 결과를 제공하지만 단점도 있다고 함을 이해하면 족할 것입니다.

여하간 요인추출모형과 추출요인의 수를 결정할 기준을 정한 후에는 요인분석을 실시하게 됩니다. 요인분석을 실시하게 되면 변수와 요인과의 관계가 계산됩니다. **요인적재량**(factor loading)은 각 변수와 추출된 요인간의 상관관계의 크기를 나타내 줍니다. 각 변수들은 요인적재량이 상대적으로 높은 요인에 속하는 것으로 해석합니다. 요인적재량의 크기가 어느 정도가 되어야 유의한 변수로 채택할 수 있는지를 결정하는 데 있어 절대적인 기준은 없습니다만, 일반적으로(관례상) 요인적재량의 크기가 0.4 이상이 되면 유의한 변수로 간주하고 있습니다. 물론 요인적재량은 변수와 요인간의 상관관계이므로 그 유의성을 검정할 수 있습니다. 한편, 일반적으로 표본의 크기, 변수의 수, 요인의 수가 변함에 따라 요인적재량의 고려수준을 낮추거나 혹은 높여서 해석해야 하는 것으로 알려졌습니다.

〈표 11-1〉의 결과를 보면 7개의 변수들과 요인 1과는 높은 상관관계를 보이고 있고, 변수 2개(aniwar2, aniwar3)는 요인 2와도 높은 상관관계를 가진 것으로 나타나 있습니다. 나머지 5개의 변수는 요인 1에 속하는 것으로 보이는데, 변수 2개(aniwar2, aniwar3)는 요인 1은 물론 요인 2에도 속하는 것으로 보여, 요인분석의 결과가 명확하지 않지요? 이러한 문제는 다음에 설명할 요인의 회전을 통해 해결할 수 있습니다.

표 11-1

요인분석 결과 (요인행렬): 요인적재량, 고유값, 공통성, 설명된 분산간의 관계

변 수	요 인		공통성
	요인 1	요인 2	
aniwar2	.593	.665	.794
aniwar3	.652	.607	.793
aniecon1	.653	−.287	.509
aniecon2	.798	−.287	.681
aniecon3	.622	−.287	.482
aniecon4	.642	−.287	.428
aniecon5	.631	−.287	.465
고유값	3.038	1.114	
설명된 분산(%)	43.4(%)	15.9(%)	

한편 '변수들의 총분산 중 요인들에 의해 설명되는 분산의 비율' 도 요인의 수를 결정하는 데 추가적으로 사용되기도 한다고 설명했습니다. 〈표 11-1〉을 보면 요인 1은 7개 변수가 가진 총분산 중 43.4%를 독자적으로 설명해 주고 있고, 요인 2는 15.9%를 독자적으로 설명해 주는 것으로 나타나 있습니다. 즉, 요인 1의 고유값(=3.038)을 7개의 변수가 투입된 경우의 고유값의 합(=7)으로 나눈 값이 43.4%인 것이지요. 이 두 개의 설명력을 합하면 요인 2개의 누적설명력은 59.3%에 달합니다. 결국 요인 2개로 7개 변수가 설명해 주는 내용의 59.3%를 설명해 준다는 것입니다. 이 경우 7개 변수를 모두 분석하지 않고 요인 2개만 분석하더라도 7개 변수의 변화를 대체적으로 이해할 수 있게 되는 것입니다.

한편, 〈표 11-1〉에는 **공통성**(communality)이라는 용어도 소개되어 있는데, 변수의 공통성이란 추출된 요인들(위의 예에서는 2개)이 변수 하나하나를 얼마나 잘 설명하는가를 의미합니다. 구체적으로 한 변수의 공통성은 이 변수와 추출된 요인들간의 요인적재량을 제곱한 것을 모두 합한 값입니다. 예를 들어, 변수 aniwar2의 공통성은 $.794[=(.593)^2+(.665)^2]$임을 〈표 11-1〉에서 확인할 수 있습니다.

(4) 필요시 요인의 회전

요인분석이 실행되면 〈표 11-1〉과 같이 요인행렬이 계산되고 추출된 요인들과 각 변수간의 요인적재량 등도 계산되지요. 그런데, 요인분석의 결과 오직 1개의 요인만이 추출된다면 요인분석에 사용된 모든 변수들은 오로지 하나의 요인만을 공유하고 있다는 의미가 되고, 해석상의 혼란은 별로 없게 됩니다. 그러나 요인분석의 결과 요인이 2개 이상 추출되는 경우에는, 최초로 제시되는 요인행렬만으로는 변수들과 추출된 요인들간의 관계를 명확히 해석하기 힘든 경우가 자주 발생합니다. 〈표 11-1〉의 요인분석 결과(요인행렬)를 다시 살펴보면, 변수 2개(aniwar2, aniwar3)는 요인 1은 물론 요인 2에도 속하는 것으로 보여, 요인분석의 결과를 명확히 해석할 수 없었습니다. 즉, 각 변수들이 추출된 요인들과 동시에 높은 상관관계를 보일 경우 요인분석 결과의 명확한 해석이 어렵습니다. 이러한 경우 가능하면 하나의 변수는 하나의 요인과의 상관관계(=요인적재량)가 높아지도록 초기요인분석 결과를 조정하게 되는데 이를 **요인회전**(factor rotation)이라고 합니다. 위에서도 간단히 설명한 바와 같이, 요인회전방법은, 기본적으로 요인들간에 상관관계가 없다고 가정하고 초기요인들을 회전시키는 **直角회전**(orthogonal rotation technique)과 요인들간에 상관관계를 인정하고 초기요인들을 회전시키는 **斜角회전**(oblique rotation technique)으로 크게 구분됩니다. 사회현상을 설명하는 변수들에 내재하는 요인들이 서로 완벽하게 독립적인 경우를 상상하기 어렵기 때문에 斜角회전방법을 적용하는 것이 현실적일 수 있을 것입니다. 그러나 다음 장에서 설명하는 바와 같이, 독립변수들간에 존재하는 다중공선성을 극복하면서 회귀분석을 추가적으로 실행하기를 원하는 경우에는 直角회전방법을 사용해야만 요인들간의 독립성을 유지하고 회귀분석의 목표를 달성할 수 있을 것입니다.

직각회전의 구체적인 방법으로는 VARIMAX, QUARTIMAX, EQUAMAX 방법 등이 있습니다. 먼저 VARIMAX는 요인행렬에서 요인(column)별 분산을 최대화하는 회전방법입니다. 따라서 요인적재량을 가능한 한 1이나 0과 가깝게 만들어 줍니다. 가장 자주 사용되는 직각회전방법이기도 합니다.

QUARTIMAX방식은 배리맥스방법과는 반대로 각 변수별(row) 분산을 최대화시키는 회전방법으로 하나의 변수가 하나의 요인과의 관계가 높아지도록(즉, 요인적재량이 커지도록) 하는 방법입니다. EQUAMAX는 배리맥스방법과 쿼티맥스방법을 절충한 방법입니다. 한편, 斜角회전의 대표적인 예로는 OBLIMIN방법 등이 있습니다.

〈표 11-1〉의 요인분석 결과를 회전시킨 결과에 대한 설명은 제2절에서 자세히 설명하게 됩니다만, 요인회전을 하게 되면, 위에서 제시된 7개의 변수 중 변수 2개(aniwar2, aniwar3)는 요인 2에 주로 적재(load)하고 나머지 변수 5개(aniecon1에서 aniecon5까지)는 요인 1에 주로 적재하는 것으로 나타납니다. 이처럼 요인회전을 통해 요인분석 결과를 명확히 해석할 수 있게 되는 것이지요.

(5) 요인의 해석

위에서 요인분석의 유형을 설명할 때 탐색적 요인분석과 확인적 요인분석에 대하여 언급한 바 있습니다. 탐색적 요인분석의 경우는 분석대상 변수들이 어떠한 요인을 공유하고 있는지에 대한 정보가 없는 상태에서 요인분석이 진행됩니다. 이제 요인분석 결과 초기요인(initial factor solution)이 추출되고 해석을 명확히 하기 위해 요인의 회전까지도 이루어져서 변수들이 추출된 각 요인에 명확히 적재(load)하는 것으로 판명이 되었다고 하지요. 그렇다면 과연 이 요인들은 무엇을 의미하는 잠재변수일까요? 탐색적 요인분석을 통하여 요인이 추출되면 이 요인은 이름이 없는 상태입니다. 따라서 추출된 요인에 각기 이름과 의미를 부여해야 합니다. 추출된 요인에 대해 의미를 부여하는 요인의 해석은 연구자가 주관적으로 수행하는 부분입니다. 그러나 요인의 해석은 가능한 한 기존 이론, 관련 연구결과 및 상식 등과 부합해야 할 것입니다. 구체적으로 요인의 해석은 요인적재량이 높은 변수들이 무엇을 측정하는지를 명확히 하고 이러한 변수들이 공유하는 특징이 무엇인지 파악하면서 요인에 대한 명칭을 부여하게 됩니다.

(6) 필요시 요인점수 등의 산출

연구자가 요인분석의 결과를 이용해서 다른 통계분석을 추가적으로 시행하기를 원하는 경우에는 요인분석 결과를 저장하여 추가 분석에 투입(input)할 수 있습니다.

요인분석의 결과는 일반적으로 **요인점수**(factor score)의 형태로 저장하여 사용할 수 있습니다. 요인점수란 응답자들의 변수에 대한 응답한 값(각 변수의 측정값)들을 새로운 변수값(=요인값)으로 표현한 것입니다. 구체적으로, 요인점수는 하나의 요인에 속하는 변수값들의 Z값[$=(X_i-\overline{X})/s$]을 구한 후 이를 가공하여 하나의 요인점수로 변환할 수 있습니다. 또, 요인분석 결과 산출되는 요인점수계수(factor score coefficient)를 이용하여 변수들의 선형결합형태로 요인점수를 산출할 수도 있지요. 요인분석 결과를 요인점수로 만들어 이를 새로운 변수로 저장하는 기능도 SPSS for Windows에서 선택할 수 있게 되어 있습니다. 연구자가 이러한 명령을 실행하면, 추출된 각 요인별 요인점수가 응답자별로 계산되어 SPSS 자료파일에 저장되게 됩니다. 이러한 과정을 거쳐 저장된 개인별 요인점수를 추가적인 통계분석에 이용하면 되는 것입니다.

물론 추출된 요인의 변수들에 대한 설명력이 높은 등의 경우에는 요인점수를 별도로 저장하지 않고, 각 요인에 속하는 변수들을 합하여 새로운 변수(=composite variable)를 만들어 이를 추가 분석에 사용할 수도 있습니다(예: $X_{com}=X_1+X_2+X_3$). 이처럼 요인분석과 연계한 추가분석시에 요인점수를 반드시 사용해야 하는 것은 아님도 이해할 필요가 있습니다.

제2절 요인분석 결과는 어떻게 해석할 것인가?

요인분석은 등간척도 및 비율척도로 현상을 측정하는 변수들을 소수의 요인으로 축소하는 데 사용되는 통계분석기법입니다. 다수의 변수를 대상으로 SPSS Statistics 등을 이용하여 분석을 실행하게 되면, 요인분석 결과가 일련의 표로 요약되어 제시되게 됩니다. 요인분석의 목표는 다수의 변수를 대표하는 소수의 요인을 찾되 기존 변수들의 정보량을 가능한 한 유지하는 것입니다. 따라서 요인분석 결과의 해석에는 다음의 몇 가지 내용을 확인하고 해석하게 됩니다.

한편, 일반적으로 요인분석 수행시 표본(응답자)의 크기는 변수 수의 5배 이상이 되어야 추출되는 요인(factor solution)이 안정적이 된다고 알려져 있습니다. 따라서 많은 변수를 투입한 요인분석에는 그 만큼 더 많은 응답자들이 필요하게 되므로 조사비용의 관점에서도 면밀한 계획이 필요할 것입니다.

1. 자료의 적절성

요인분석은 변수들간의 상관관계를 분석자료로 하여 시작합니다. 따라서 변수들간에 상관관계가 존재하고 이 관계가 통계적으로 유의한지를 먼저 판단해야 합니다. 〈표 11-2〉는 SPSS Statistics를 이용한 요인분석 결과 중 자료의 적절성 평가와 관련된 표들을 모은 것입니다. 먼저 '기술통계량' 표에서는 요인분석대상 변수들에 대한 기술통계량(평균, 표준편차)과 표본크기(=223)가 제시되어 있습니다.

표 11-2

요인분석 자료의 적절성

기술통계량

	평균	표준편차	분석수
ANIWAR2	5.5650	1.2678	223
ANIWAR3	5.7892	1.1412	223
ANIECON1	3.7220	1.4058	223
ANIECON2	4.4709	1.5474	223
ANIECON3	4.8744	1.2127	223
ANIECON4	5.4036	1.1734	223
ANIECON5	4.3139	1.2664	223

상관행렬

		ANIWAR2	ANIWAR3	ANIECON1	ANIECON2	ANIECON3	ANIECON4	ANIECON5
상관계수	ANIWAR2	1.000	.593	.230	.305	.207	.237	.234
	ANIWAR3	.593	1.000	.250	.401	.218	.323	.239
	ANIECON1	.230	.250	1.000	.481	.289	.320	.416
	ANIECON2	.305	.401	.481	1.000	.557	.406	.418
	ANIECON3	.207	.218	.289	.557	1.000	.324	.255
	ANIECON4	.237	.323	.320	.406	.324	1.000	.354
	ANIECON5	.234	.239	.416	.418	.255	.354	1.000
유의확률(한쪽)	ANIWAR2		.000	.000	.000	.001	.000	.000
	ANIWAR3	.000		.000	.000	.001	.000	.000
	ANIECON1	.000	.000		.000	.000	.000	.000
	ANIECON2	.000	.000	.000		.000	.000	.000
	ANIECON3	.001	.001	.000	000		.000	.000
	ANIECON4	.000	.000	.000	000	.000		.000
	ANIECON5	.000	.000	.000	.000	.000	.000	

a: 행렬식=.160

KMO와 Bartlett의 검정

표준형성 적절성의 Kaiser-Meyer-Olkin 측도		.739
Bartlett의 구형성 검정	근사 카이제곱	401.259
	자유도	21
	유의 확률	.000

역-이미지 행렬

		ANIWAR2	ANIWAR3	ANIECON1	ANIECON2	ANIECON3	ANIECON4	ANIECON5
역-이미지공분산	ANIWAR2	.633	−.321	−3.325E−02	−5.508E−04	−3.717E−02	−7.369E−04	−4.940E−02
	ANIWAR3	−.321	.580	−9.032E−04	−.113	3.596E−02	−9.811E−02	5.040E−03
	ANIECON1	−3.325−E02	−9.032E−04	.703	−.163	−4.829E−03	−6.691E−02	−.171
	ANIECON2	−5.508E−04	−.113	−.163	.499	−.257	−7.083E−02	−.106
	ANIECON3	−3.717E−02	3.596E−02	−4.829E−03	−.257	.675	−9.066E−02	3.743E−03
	ANIECON4	−7.369E−04	−9.811E−02	−6.691E−02	−7.083E−02	−9.066E−02	.750E−03	−.132
	ANIECON5	−4.940E−02	5.040E−03	−.171	−.106	3.743E−03	−.132	.733
역-이미지 상관계수	ANIWAR2	.692	−.529	−4.982E−02	−9.792E−04	−5.684E−02	−1.069E−03	−7.251E−02
	ANIWAR3	−.529	.692	−1.414E−03	−.209	5.747E−02	−.149	7.731E−03
	ANIECON1	−4.982E−02	−1.414E−03	.831	−.275	−7.011E−03	−9.216E−02	−.238
	ANIECON2	−9.792E−04	−.209	−.275	.760	−.442	−.116	−.176
	ANIECON3	−5.684E−02	5.747E−02	−7.011E−03	−.442	.750	−.127	5.322E−03
	ANIECON4	−1.069E−03	−.149	−9.216E−02	−.116	−.127	.877	−.178
	ANIECON5	−7.251E−02	7.731E−03	−.238	−.176	5.322E−03	−.178	.839

a: 표본화 적합성 측도(MSA)

다음 '상관행렬' 표에서는 투입된 7개 변수들간의 상관관계 및 각 상관계수의 유의도가 제시되어 있습니다. 표를 검토하면 표에 제시된 모든 상관관계가 통상적인 유의 수준인 $\alpha=0.01$나 $\alpha=0.05$보다 상당히 더 유의한 것(모든 상관계수가 $p=0.001$수준에서 유의)으로 나타나 있습니다. 즉 요인분석에 적합한 상관관계자료임을 시사하고 있습니다.

다음 'KMO와 Bartlett검정' 표에서 Bartlett 구형성검정(Bartlett Test of Sphericity)을 시행한 결과를 볼 수 있습니다. 즉, 요인분석이 가능한지 여부는 "상관행렬표의 모든 상관계수는 동시에 0이다"라고 하는 귀무가설(H_0)을 기각할 수 있는가에 달려있는 것이지요. 표에서 보면 Bartlett검정 결과 유의(확률) 수준이 $p=0.000$으로 연구자가 관행적으로 정하는 수준($\alpha=0.05$나 $\alpha=0.01$)보다 작으므로 변수간에 상관관계가 전혀 없다는 귀무가설이 기각되고, 따라서 요인분석을 진행할 수 있는 강한 증거를 더 갖추게 되었습니다.

한편, Bartlett의 구형성 검정을 통해 변수간에 유의한 상관관계가 존재한다는 결과를 얻었다고 할지라도, 이러한 상관관계가 변수들의 공통요인 때문인지 아니면 고유요인 때문인지가 중요해 집니다. 이와 관련하여 변수간의 고유요인에 의한 상관관계를 편상관계수라고 하고 이 값이 0에 가까워야 한다고 설명하였습니다. 이러한 편상관계수들은 '역이미지 행렬(anti-image matrix)표'에 음(−)의 값을 취한 형태로 정리되어 제시됩니다. 편상관계수들 중 많은 수가 큰 값을 가지는 경우에는 요인분석 결과가 큰 의미가 없을 수도 있습니다. 그런데 표를 검토해 보면 많은 편상관계수들이 0에 가까운 상황임을 알게 됩니다. 따라서 이 증거도 요인분석을 지지하는 증거라고 하겠습니다.

한편 **KMO측정치**(Kaiser-Meyer-Olkin measure of sampling adequacy)란 상관계수 중 공통요인의 비중이 어느 정도나 되는지를 분석해 주는 도구입니다. 따라서 이러한 KMO측정치의 값이 클수록 상관행렬이 요인분석에 적합하다고 판단합니다. 대개 KMO측정치가 0.7 이상이면 요인분석에 적절한 것으로 알려져 있습니다. 'KMO와 Bartlett검정' 표를 다시 보면 0.769로 나타나 있습니다. 따라서 요인분석에 적합하다는 증거를 또 하나 확보하게 되었습니다. 한편 KMO측정치는 앞에서와 같이 변수 전체에 대하여 계산되기도 하고 변수 하나하나마다 계산되기도 하는데, 7개의 변수에 대한 KMO측정치가 역이미지행렬의 대각요소(diagonal element) 자리에 제시되고 있음도 확인할 수 있습니다.

2. 요인의 수 및 초기요인추출

위와 같이 다양한 방법으로 자료를 분석한 결과 요인분석대상으로 투입된 7개의 변수들은 요인분석에 적합하다고 하는 결론을 얻게 되었습니다.

〈그림 11-2〉는 초기요인이 추출된 결과를 보여주고 있습니다. 위에서도 설명한 바와 같이, 추출된 요인의 수를 결정하는 데 가장 많이 사용되는 기준은 "고유값(eigen value)≥1" 기준과 분산의 설명력(%)입니다. '설명된 총분산' 표에서 보면 고유값이 1보다 큰 요인(주성분분석으로 추출하였으므로 '성분'으로 표시되어 출력됨)은 요인 1(=3.038)과 요인 2(=1.114)의 2개임을 알 수 있습니다. 한편 설명된 분산(%)도 요인 1의 경우 43.4% 그리고 요인 2의 경

우 15.9%로 요인 2개가 7개 변수 설명력의 59.3%를 설명하는 것으로 나타났습니다. 요인 2개의 설명력이 양호한 것으로 판단할 수 있겠지요.

그림 11-2

초기요인추출 결과

공통성

	초기	추출
ANIWAR2	1.000	.794
ANIWAR3	1.000	.793
ANIECON1	1.000	.509
ANIECON2	1.000	.681
ANIECON3	1.000	.482
ANIECON4	1.000	.428
ANIECON5	1.000	.465

추출 방법: 주성분 분석

설명된 총분산

성분	초기 고유값			추출 제곱합 적재값			회전 제곱합 적재값
	전체	%분산	%누적	전체	%분산	%누적	전체
1	3.038	43.400	43.400	3.038	43.400	43.400	2.798
2	1.114	15.916	59.316	1.114	15.916	59.316	2.034
3	.812	11.607	70.923				
4	.689	9.845	80.768				
5	.574	8.193	88.961				
6	.434	6.195	95.155				
7	.339	4.845	100.000				

추출 방법: 주성분 분석

a: 성분이 상관된 경우 전체 분산을 구할 때 제곱합 적재값이 추가될 수 없습니다.

스크리 도표

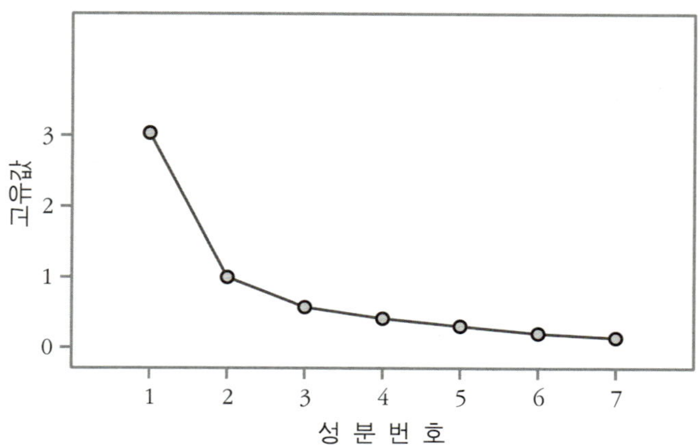

성분행렬

	성분	
	1	2
ANIWAR2	.593	.665
ANIWAR3	.652	.607
ANIECON1	.653	−.287
ANIECON2	.798	−.209
ANIECON3	.622	−.309
ANIECON4	.642	−.127
ANIECON5	.631	−.258

요인추출 방법: 주성분 분석

a: 추출된 2성분

한편 스크리(scree) 도표에서는 고유값이 1보다 큰 요인의 개수를 그림으로 보여주고 있습니다. 종합해서 볼 때 추출되는 요인의 수는 2개로 정할 수 있겠습니다.

또, '공통성(communality)' 표에서는 각 변수의 공통성이 제시되어 있습니다. 변수의 공통성이란 추출된 요인들(위의 예에서는 2개)이 7개 변수 각각을 얼마나 잘 설명하는가를 의미합니다. 요인분석의 목표는 원 자료의 정보손실을 최소화하면서 자료를 축소하는 것이므로, 이는 공통성이 높아야 함을 의미하는 것이지요. 위에서 설명한 바와 같이, 구체적으로 한 변수의 공통성은 이 변수와 추출된 요인들간의 요인적재량의 제곱을 모두 합한 값입니다. '공통성' 표를 다시 보면 추출된 2개의 요인이 7개 변수의 분산을 각각 적게는 42.8%에서 많게는 79.4%까지 설명해 주고 있음을 보여주고 있습니다.

한편, 요인행렬표는 '성분행렬' 표라는 제목하에 주성분분석(PCA) 방법으로 최초의 요인(표에는 '성분'으로 표시)을 추출한 결과(=initial factor solution)가 제시되어 있습니다. 위에서도 설명한 바와 같이, 일반적으로 요인적재량의 크기가 0.4 이상이 되면 유의한 변수로 간주하고 있습니다. '성분행렬' 표를 보면 7개의 변수들과 요인 1과는 높은 상관관계(최소 요인적재량이 0.593)를 보이고 있고, 변수 2개(aniwar2, aniwar3)는 요인 2와도 높은 상관관계(최소 요인적재량이 0.607)를 가진 것으로 나타나 있습니다. 이 표를 보면 5개의 (aniecon1에서 aniecon5) 변수는 요인 1에 속하는 것으로 보이는데, 변수 2개

(aniwar2, aniwar3)는 요인 1은 물론 요인 2에도 속하는 것으로 보여, 요인분석의 결과가 명확하지 않습니다.

3. 요인의 회전

〈그림 11-2〉의 '성분행렬' 표를 다시 살펴보면, 변수 2개(aniwar2, aniwar3)는 요인 1은 물론 요인 2에도 속하는 것으로 보여, 요인분석의 결과를 명확히 해석할 수 없었습니다. 즉, 각 변수들이 추출된 요인들과 동시에 높은 상관관계를 보일 경우 요인분석 결과의 명확한 해석이 어려운 것이지요. 이러한 경우 가능하면 하나의 변수가 하나의 요인과의 상관관계(=요인적재량)만 높아지도록 초기요인분석 결과를 조정하게 되는데 이를 요인회전(factor rotation)이라고 설명했습니다.

사회현상을 설명하는 변수들에 내재하는 요인들이 서로 완벽하게 독립적인 경우를 상상하기 어렵기 때문에 斜角회전방법을 적용하는 것이 현실적일 수 있을 것이라고 위에서 지적한 바 있습니다. 〈그림 11-2〉의 '성분행렬' 표에서 다시 확인할 수 있듯이 2개의 요인은 서로 상관관계가 적어도 부분적으로 존재하는 것으로 판단됩니다. 따라서 斜角회전방법 중 직접 OBLIMIN 방법을 지정하여 요인을 회전하였습니다. 〈표 11-3〉은 이처럼 회전시킨 요인을 보여주고 있습니다.

먼저 각 변수의 공통성은 회전 후에도 동일함을 '재연된 상관계수' 표의 대각요소(diagonal element)에 다시 제시된 공통성 값과 〈그림 11-2〉의 '공통성' 표의 비교에서 확인할 수 있습니다.

요인회전의 결과는 패턴행렬, 구조행렬 그리고 성분상관행렬에 정리되어 제시되고 있습니다. 패턴행렬(pattern matrix)은 다중회귀분석의 회귀계수와 유사한 기능을 하는 적재량을 표시하고 있습니다.

표 11-3

요인회전 결과

재연된 상관계수

		ANIWAR2	ANIWAR3	ANIECON1	ANIECON2	ANIECON3	ANIECON4	ANIECON5
상관계수	ANIWAR2	.794[b]	.790	.196	.335	.163	.297	.203
	ANIWAR3	.790	.793[b]	.252	.394	.218	.342	.255
	ANIECON1	.196	.252	.509[b]	.581	.495	.455	.486
	ANIECON2	.335	.394	.581	.681[b]	.561	.539	.558
	ANIECON3	.163	.218	.495	.561	.482[b]	.438	.472
	ANIECON4	.297	.342	.455	.539	.438	.428[b]	.438
	ANIECON5	.203	.255	.486	.558	.472	.438	.465[b]
잔차[a]	ANIWAR2		−.197	3.366E−02	−3.033E−02	4.406E−02	−5.991E−02	3.115E−02
	ANIWAR3	−.197		−1.914E−03	6.655E−03	2.961E−04	−1.891E−02	−1.596E−02
	ANIECON1	3.366E−02	−1.914E−03		−.100	−.206	−.136	−6.983E−02
	ANIECON2	−3.033E−02	6.655E−03	−.100		−3.663E−03	−.133	−.139
	ANIECON3	4.406E−02	2.961E−04	−.206	−3.663E−03		−.115	−.218
	ANIECON4	−5.991E−02	−1.891E−02	−.136	−.133	−.115		−8.391E−02
	ANIECON5	3.115E−02	−1.596E−02	−6.983E−02	−.139	−.218	−8.391E−02	

추출 방법: 주성분 분석

a: 관측된 상관계수와 재연된 상관계수간의 잔차가 계산되었습니다. 절대값이 .05보다 큰 11(52.0%) 비중복 잔차가 있습니다.

b: 재연된 공통성

패턴행렬

	성 분	
	1	2
ANIWAR2	−3.381E−02	.904
ANIWAR3	5.631E−02	.869
ANIECON1	.728	−4.110E−02
ANIECON2	.784	9.455E−02
ANIECON3	.720	−7.536E−02
ANIECON4	.599	.118
ANIECON5	.689	−1.971E−02

요인추출 방법: 주성분 분석.

회전방법: Kaiser 정규화가 있는 오블리민.

a: 4 반복계산에서 요인회전이 수렴되었습니다.

구조행렬

	성 분	
	1	2
ANIWAR2	.320	.891
ANIWAR3	.396	.889
ANIECON1	.7[illegible]2	.244
ANIECON2	.821	.401
ANIECON3	.691	.207
ANIECON4	.645	.352
ANIECON5	.681	.250

요인추출 방법: 주성분 분석.

회전방법: Kaiser 정규화가 있는 오블리민.

성분 상관행렬

성분	1	2
1	1.000	.391
2	.391	1.000

요인추출 방법: 주성분 분석.

회전방법: Kaiser 정규화가 있는 오블리민.

이에 비해 구조행렬(structure matrix)은 각 변수와 요인간의 상관관계(zero-order correlations)를 표시하고 있습니다. 요인들이 상호 독립적인 경우(uncorrelated factors), 즉 직각회전방법이 사용되는 경우에는 패턴행렬과 구조행렬은 동일합니다. 그러나 우리의 예에서와 같이, 사각회전의 결과 요인들간에 상관관계가 존재하는 경우('성분상관행렬' 표에서 확인 가능)에는 두 개의 행렬은 달라지게 됩니다.

한편, 패턴행렬의 각 계수(적재량)는 해당 요인이 해당 변수에 독립적으로 미치는 영향을 의미합니다. 우리의 예를 검토하면 5개의(aniecon1에서 aniecon5) 변수에는 요인 1이 주로 영향을 미치고, 요인 2는 변수 2개(aniwar2, aniwar3)에 주된 영향을 미치는 것을 알 수 있습니다.

4. 요인의 해석

위에서 초기요인과 회전 후의 요인구조를 검토한 결과, 요인 1은 aniecon1에서 aniecon5까지 5개의 변수와 높게 관계되고(요인적재량이 크고) 나머지 2개 변수와는 낮게 관계되며, 요인 2는 aniwar2와 aniwar3과 높게 적재(load)하고 나머지 5개 변수와 낮게 적재(load)하는 것으로 나타났다면, 요인 1은 aniecon1에서 aniecon5까지 5개의 변수를 요약해서 설명하고, 요인 2는 aniwar2와 aniwar3 2개 변수를 요약 · 설명해 주고 있음을 알 수 있었습니다. 그런데 특히 탐색적 요인분석의 경우는 분석대상 변수들이 어떠한 요인을 공유하고 있는지에 대한 정보가 없는 상태에서 요인분석이 진행됩니다. 따라서 요인분석 결과 초기요인(initial factor solution)이 추출되고 해석을 명확히 하기 위해 요인의 회전까지도 이루어져서 변수들이 추출된 각 요인에 명확히 적재(load)하는 것으로 판명이 되었다고 하더라도 요인을 명확히 해석하기가 쉽지 않습니다. 게다가 이처럼 탐색적 요인분석을 통하여 요인이 추출되면 이 요인은 이름도 없는 상태입니다.

표 11-4

요인의 해석

변 수	설문문항
aniwar2	정신대 등 일제시대에 행해진 각종 만행에 대해 나는 일본을 결코 용서할 수 없다.
aniwar3	일본은 일제시대에 우리나라에 행한 나쁜 행동에 대해 대가를 치루어야 한다.
aniecon1	일본은 믿을만한 무역상대가 아니다.
aniecon2	일본은 한국경제에 대한 지배를 원한다.
aniecon3	일본은 한국을 경제적으로 이용하고 있다.
aniecon4	일본은 한국에 대한 경제적 영향력이 너무 크다.
aniecon5	일본은 한국과의 상거래를 불공정하게 한다.

〈표 11-4〉는 '성분행렬' 표의 요인분석 결과를 해석하고 요인을 명명하기 위해, 7개의 변수가 구체적으로 무엇을 묻고 있는지 파악하려는 의도에서 자료수집에 사용된 설문지로부터 설문문항을 정리해 놓은 표입니다. 사실 이 설문문항들은 이미 개발되어 신뢰성 등을 인정받은 측정도구입니다. 따라서 이러한 문항들에 대해 탐색적 요인분석을 수행할 필요는 없습니다만, 이곳에서는 설명의 편의를 위해 위의 설문문항들이 탐색적 요인분석에 사용된 것으로 가정합니다. 이러한 맥락에서 척도 〈표 11-4〉의 7개 변수를 측정하는 각 설문문항을 검토하면, 요인 1에 속하는 변수 5개는 모두 일본이 한국에 대해 가지는 과도한 경제적 영향력에 대한 반감이라는 공통점이 있음을 알 수 있습니다. 요인 2의 경우는 전쟁/정치적인 이유로 응답자들이 일본을 싫어하는 내용을 묻는다는 공통점이 있지요. 결국 요인 1은 '경제적 적대감' 요인으로, 요인 2는 '정치적/전쟁 적대감' 요인으로 명명할 수 있을 것입니다.

이처럼 요인의 해석은 요인적재량이 높은 변수들을 근거로 이러한 변수가 구체적으로 무엇을 측정하는지를 명확히 하고 변수들이 공유하는 특징이 무엇인지 파악하면서 요인에 대한 해석 및 명칭 부여를 하게 됩니다.

5. 추가분석을 위한 요인점수의 계산

위에서 간단히 언급한 바와 같이, 요인분석의 결과는 일반적으로 요인점수(factor score)의 형태로 저장하여 추가적인 통계분석에서 사용할 수 있습니다. 그러나 이는 요인분석의 핵심적인 내용은 아니기 때문에 본서에서는 이에 대한 내용은 생략하도록 합니다.

제3절 요인분석은 어떻게 실행하는가?

위에서는 변수/자료를 요약하는 통계기법인 요인분석의 결과를 해석하는 방법을 설명하였습니다. 제3절에서는 SPSS Statistics를 이용해서 요인분석을 실행하는 절차 및 방법에 대해 설명합니다.

〈그림 11-3〉은 한국의 대학생들을 대상으로 특정 외국에 대한 적대감이 해당국 상품의 구매에 미치는 영향을 연구(Shin, 2001)할 때 사용한 자료파일 intmktg.sav를 열어 놓은 상태를 보여주고 있습니다.

그림 11-3

분석대상 자료 파일 열기

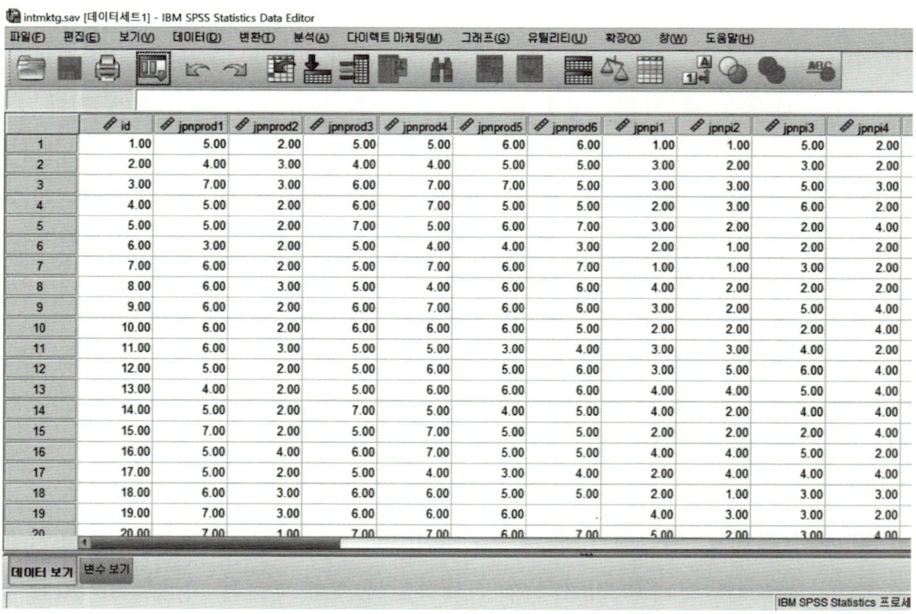

	id	jpnprod1	jpnprod2	jpnprod3	jpnprod4	jpnprod5	jpnprod6	jpnpi1	jpnpi2	jpnpi3	jpnpi4
1	1.00	5.00	2.00	5.00	5.00	6.00	6.00	1.00	1.00	5.00	2.00
2	2.00	4.00	3.00	4.00	4.00	5.00	5.00	3.00	2.00	3.00	2.00
3	3.00	7.00	3.00	6.00	7.00	7.00	5.00	3.00	3.00	5.00	3.00
4	4.00	5.00	2.00	6.00	7.00	5.00	5.00	2.00	3.00	6.00	2.00
5	5.00	5.00	2.00	7.00	5.00	6.00	7.00	3.00	2.00	2.00	4.00
6	6.00	3.00	2.00	5.00	4.00	4.00	3.00	2.00	1.00	2.00	2.00
7	7.00	6.00	2.00	5.00	7.00	6.00	7.00	1.00	1.00	3.00	2.00
8	8.00	6.00	3.00	5.00	4.00	6.00	6.00	4.00	2.00	2.00	2.00
9	9.00	6.00	2.00	6.00	7.00	6.00	6.00	3.00	2.00	5.00	4.00
10	10.00	6.00	2.00	6.00	6.00	6.00	5.00	2.00	2.00	2.00	4.00
11	11.00	6.00	3.00	5.00	5.00	3.00	4.00	3.00	3.00	4.00	2.00
12	12.00	5.00	2.00	5.00	6.00	5.00	6.00	3.00	5.00	6.00	4.00
13	13.00	4.00	2.00	5.00	6.00	6.00	6.00	4.00	4.00	5.00	4.00
14	14.00	5.00	2.00	7.00	5.00	4.00	5.00	4.00	2.00	4.00	4.00
15	15.00	7.00	2.00	5.00	7.00	5.00	5.00	2.00	2.00	2.00	4.00
16	16.00	5.00	4.00	6.00	7.00	5.00	5.00	4.00	4.00	5.00	2.00
17	17.00	5.00	2.00	5.00	4.00	3.00	4.00	2.00	4.00	4.00	4.00
18	18.00	6.00	3.00	6.00	6.00	5.00	5.00	2.00	1.00	3.00	3.00
19	19.00	7.00	3.00	6.00	6.00	6.00	.	4.00	3.00	3.00	2.00
20	20.00	7.00	1.00	7.00	7.00	6.00	7.00	5.00	2.00	3.00	4.00

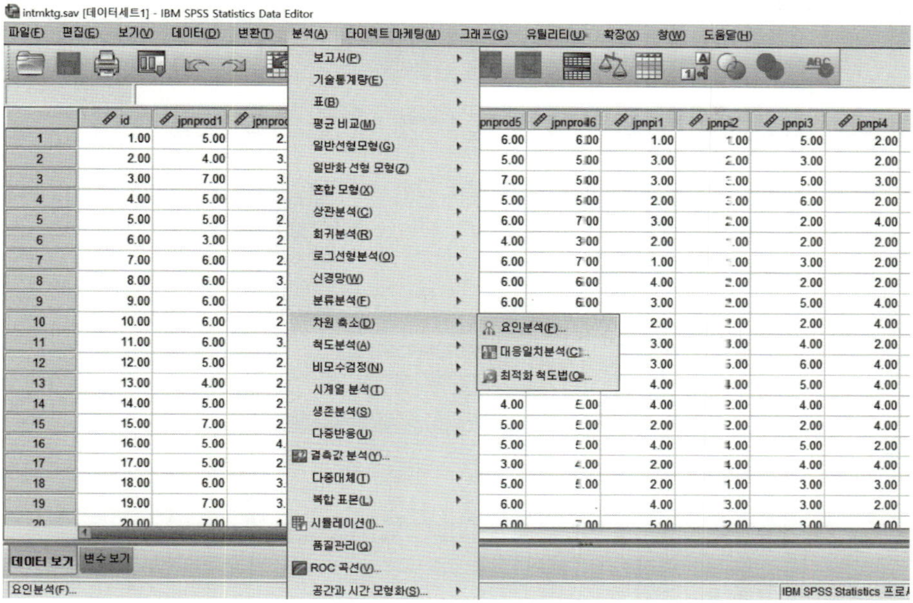

그림 11-4

요인분석의 실행

등간/비율척도 수준으로 측정된 변수들간에 존재하는 공통요인을 추출해 내기 위한 요인분석을 실행하기 위해서는 먼저 〈그림 11-3〉처럼 분석대상 자료파일을 열고, 〈그림 11-4〉와 같이 **분석**(A) → **데이타축소**(D) → **요인분석**(F)을 차례로 선택합니다.

〈그림 11-4〉에서와 같은 절차를 밟게 되면, 〈그림 11-5〉에서와 같은 '요인분석' 창이 열리게 됩니다. 이 창에서는 요인분석의 대상이 되는 변수들을 선택할 수 있는 기본 기능과, 분석대상 변수들에 대한 '기술통계,' '요인추출방법,' '요인회전방법', '요인점수의 계산과 저장방법' 및 '기타 옵션'을 지정할 수 있게 되어 있습니다.

〈그림 11-6〉의 요인분석 창에는 조그만 창이 두 개 있습니다. 이 중 왼쪽 창은 자료파일에 있는 모든 변수가 제시됩니다. 이 변수들 중에서 요인분석 대상 변수를 클릭하고 두 창의 가운데에 있는 화살표 버튼을 누르게 되면 오른쪽의 변수 창으로 분석대상 변수가 이동하게 됩니다. 〈그림 11-6〉의 변수 창에는 aniwar2, aniwar3, aniecon1, aniecon2, aniecon3, aniecon4, aniecon5의 7개 변수가 이동되어 있음을 확인할 수 있습니다.

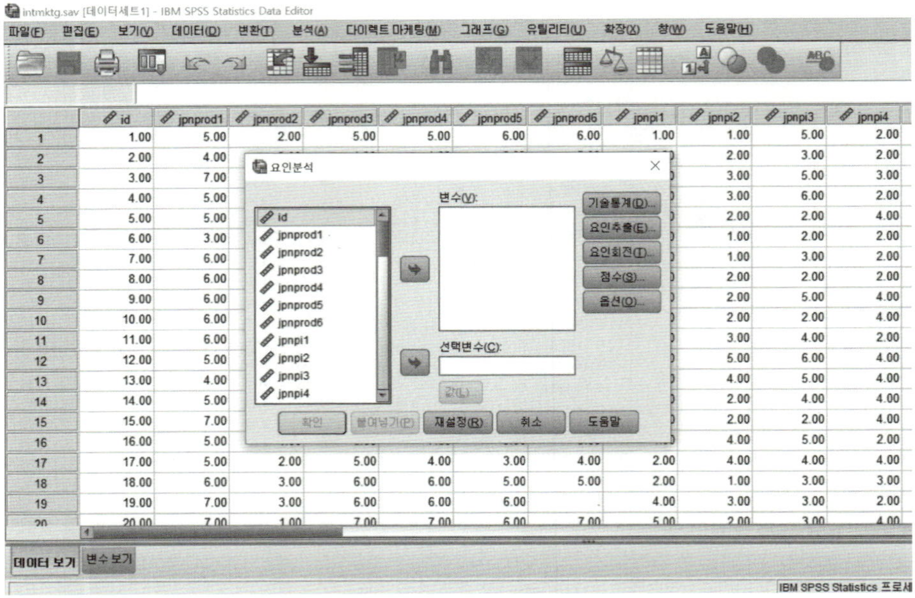

그림 11-5

요인분석 창

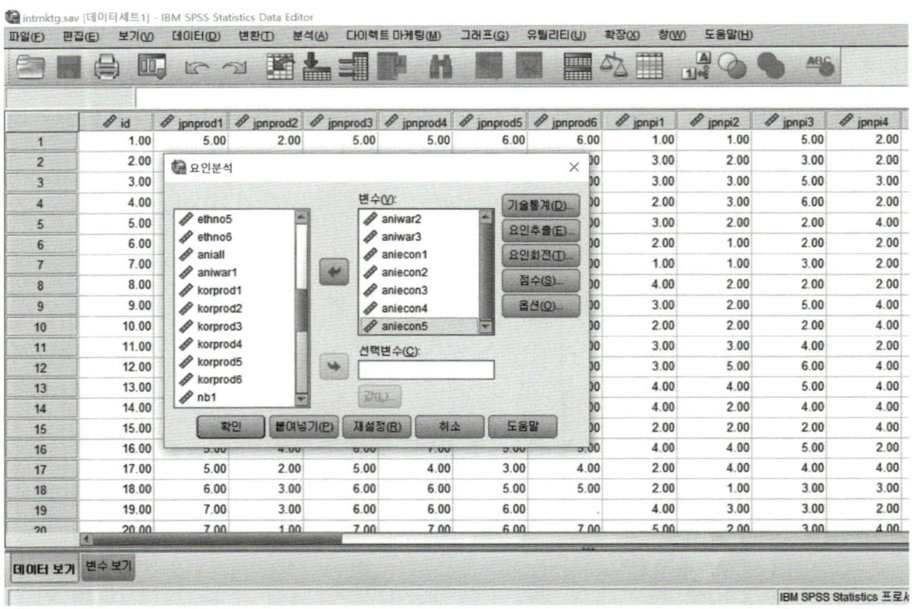

그림 11-6

요인분석 창에서 변수의 지정

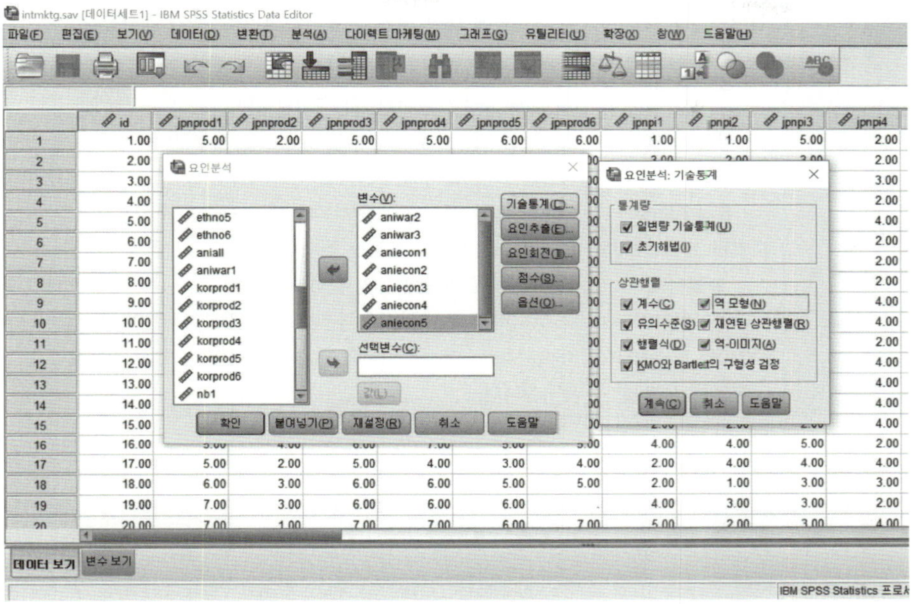

표 11-7

요인분석 창에서 기술통계 내용 지정

〈그림 11-6〉의 요인분석 창에서 변수를 지정한 다음에는 〈그림 11-7〉에서와 같이 **기술통계**(D) 탭을 클릭하고 '통계량'과 '상관행렬'과 관련된 필요 분석내용을 선택합니다. 〈그림 11-7〉에서는 모든 분석내용에 체크가 되어 있습니다만, 기본적으로 필요한 내용은 기술통계부분에서는 일변량기술통계(U)와 초기해법(I)을 지정하고, 상관행렬부분에서는 상관계수(C), 유의수준(S), 역이미지(A), KMO와 Bartlett의 구형성 검정(K)를 선택하면 됩니다. 이러한 선택이 실행된 결과에 대해서는 앞의 해석부분에서 이미 설명한 바 있습니다. 〈표 11-5〉를 참조하기 바랍니다. 〈그림 11-7〉의 기술통계 창에서 연구자가 필요로 하는 분석내용을 지정한 다음에는 **계속** 탭을 클릭합니다.

〈그림 11-7〉의 기술통계 창에서 연구자가 필요로 하는 분석내용을 지정한 다음에 **계속** 탭을 클릭하면 〈그림 11-8〉과 같이 '요인분석' 창으로 복귀하게 됩니다. 이곳에서 **요인추출**(E) 탭을 누르고 세부 분석내용을 지정합니다. 세부 분석내용으로 먼저 요인추출방법(M)은 '주성분분석'이 기본설정으로 선택되어 있습니다. 추가로 SPSS Statistics에서 선택 가능한 요인추출방법으로는 가중되지 않은 최소제곱법, 일반화 최소제곱법, 최(대)우도법, 주축요

표 11-5

통계량 및 상관 행렬 관련 선택사항

구분	선택사항	내용
통계량	일변량 기술통계(U)	각 변수들에 대한 평균, 표준편차 및 사례수가 제시됩니다.
	초기해법(I)	초기 공통성, 고유값, 설명된 분산의 비율 및 초기 요인분석의 해(initial factor solution)가 제시됩니다.
상관행렬	상관계수(C)	분석대상 변수들간의 상관관계 행렬을 제시합니다.
	역 모형(N)	역상관관계행렬과 공분산행렬이 제시됩니다.
	유의수준(S)	상관관계행렬에서의 계수에 대한 유의수준이 제시됩니다.
	재연된 상관행렬(R)	관측된 상관계수와 추정된 잔차의 행렬이 제시됩니다.
	행렬식(D)	상관계수행렬의 행렬식의 값이 제시됩니다.
	역-이미지(A)	역-이미지 공분산행렬과 역-이미지 상관관계행렬이 제시됩니다.
	KMO와 Bartlett의 구형성 검정(K)	Kaise-Meyer-Olkin측정치와 Bartlett의 구형성 검정 결과를 제시합니다.

그림 11-8

요인분석 창에서 요인추출방법 지정

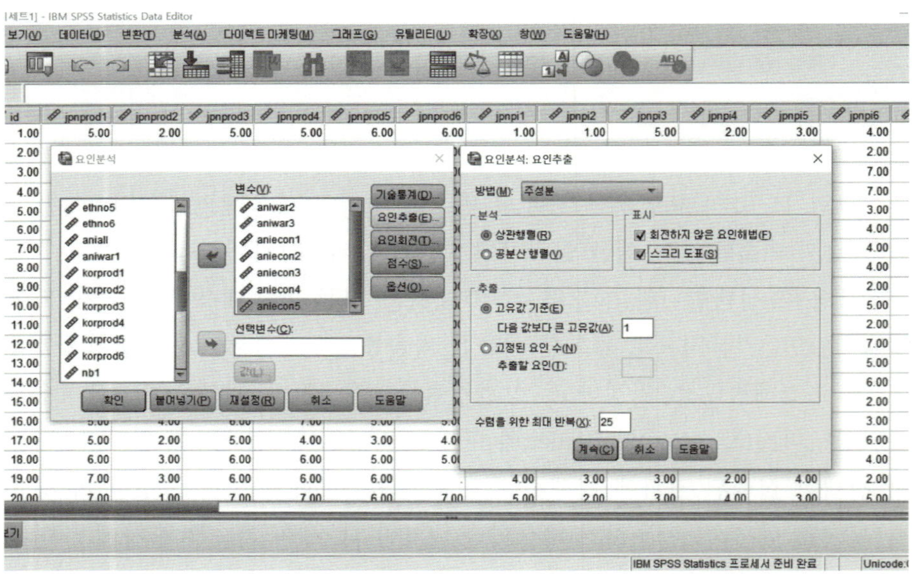

인추출, 알파요인추출, 이미지요인추출법 등이 있으나, 이에 대한 설명은 본서의 범위를 넘어 생략하도록 합니다. 〈그림 11-8〉에서는 요인분석대상 자료의 형식은 '상관행렬(R)'을, 추출기준으로는 '고유값≥1'을, 출력결과는 '회전하지 않은 요인해법(F)'과 '스크리 도표'를 지정했음을 보여주고 있습니다. '회전하지 않은 요인해법(F)'을 선택하게 되면 요인의 패턴행렬, 수정된 공통성(communality), 고유값, 추출된 요인에 의한 설명된 분산비율이 표로 제시됩니다. '스크리 도표'를 선택하면 위에서 설명한 요인(성분)별 고유값의 그래프인 스크리 도표가 출력됩니다. 요인추출 창에서의 선택이 완료되면 **계속** 탭을 클릭합니다. '수렴에 대한 최대반복 계산수(X)'란 요인분석 결과라고 할 수 있는 요인해(要因解: factor solution)를 추정하기 위해 SPSS Statistics의 연산이 반복될 최대 회수를 의미합니다. 최대 25회 반복계산이 기본 설정입니다. 변수와 요인의 수가 많아지는 경우에는 이 한도를 상향 설정할 필요도 있습니다.

〈그림 11-8〉의 요인추출 창에서의 선택이 완료되면 **계속** 탭을 클릭하여 요인분석 창으로 돌아온 후, 필요시 연구자의 결정에 의해 **요인회전**(T) 탭을 누르고 〈그림 11-9〉의 '요인분석: 요인회전' 창이 뜨게 되면, 이 창에서 요인회전방법 등을 지정합니다. 먼저 요인회전방법으로 직각회전이 필요한 경우는 직각회전의 대표적인 방법인 '배리맥스(V)'를, 사각회전이 필요한 경우는 사각회전의 대표적 방법인 '직접 오블리민(O)'을 선택합니다. 물론 연구자는 다른 추출방법을 선택할 수도 있습니다. 여타 추출방법의 간단한 특

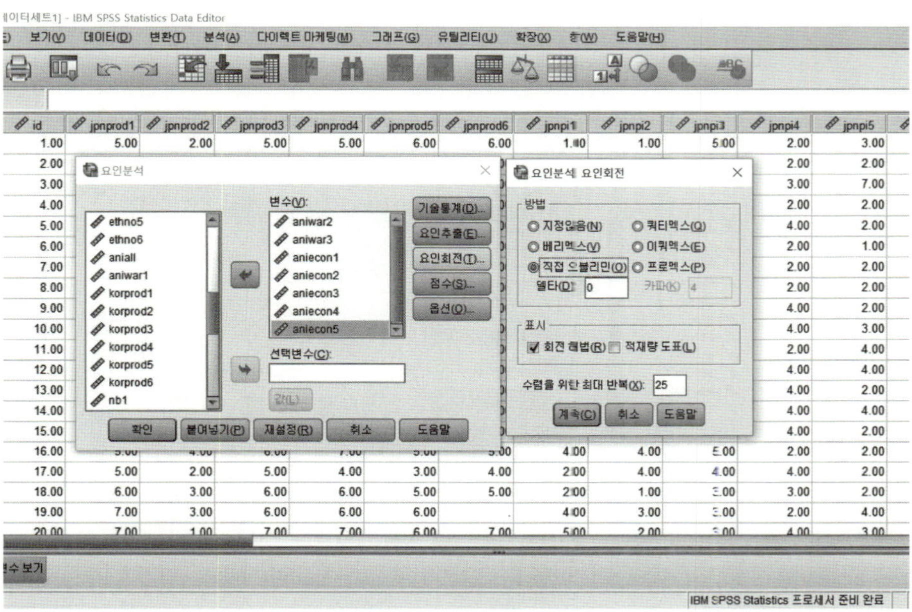

그림 11-9

요인분석 창에서 요인회전 방법 지정

징은 위에서 설명한 바대로 입니다. 〈그림 11-9〉에서는 '직접 오블리민'을 선택한 내용이 나타나 있습니다. 출력관련 선택으로는 '회전해법(R)'을 선택하여 회전된 요인행렬을 출력하도록 지정합니다. 이곳에서는 선택하지 않았지만, '적재값 도표(L)'를 선택하게 되면 추출된 요인 중 요인 2개씩 짝을 만들어 각 요인에 속하는 변수들의 적재치를 2차원으로 보여주는 그래프가 제시됩니다. 여하간 연구자가 원하는 세부 분석내용을 선정한 후 '요인분석: 요인회전' 창에서 **계속** 탭을 클릭하면 다시 요인분석 창으로 되돌아 갑니다.

되돌아 간 요인분석 창에서 **요인점수**(S) 탭을 누르면 〈그림 11-10〉과 같이 '요인분석: 요인점수' 창이 뜨게 됩니다. 이 창에서는 요인점수를 '변수로 저장(S)' 할지 여부, 요인점수를 계산하는 '방법'과 '요인점수 계수행렬 출력(D)'을 설정할 수 있습니다. 구체적으로 SPSS Statistics에서 요인점수를 계산하는 방법으로는 회귀분석(R), Bartlett(B), Anderson-Rubin방법(A)의 3가지가 준비되어 있습니다만, 본서에서는 이에 대한 설명은 생략하도록 합니다. 또 요인점수 계수행렬이란 요인점수를 얻기 위해 각 변수들에 곱해지는 계수의 행렬을 의미합니다. 우리의 예에서는 요인점수를 사용하지 않으므로, 아무

그림 11-10

요인분석 창에서 요인점수 지정

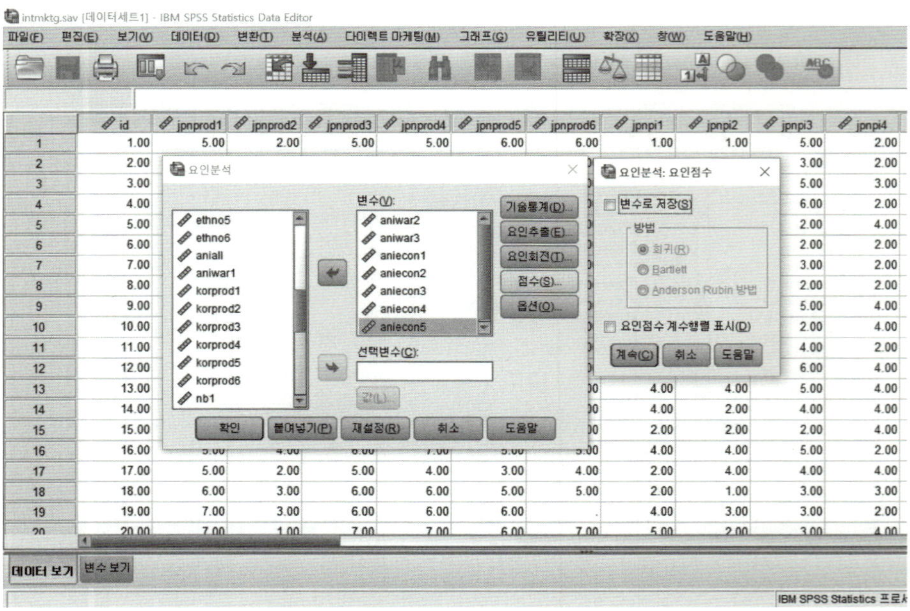

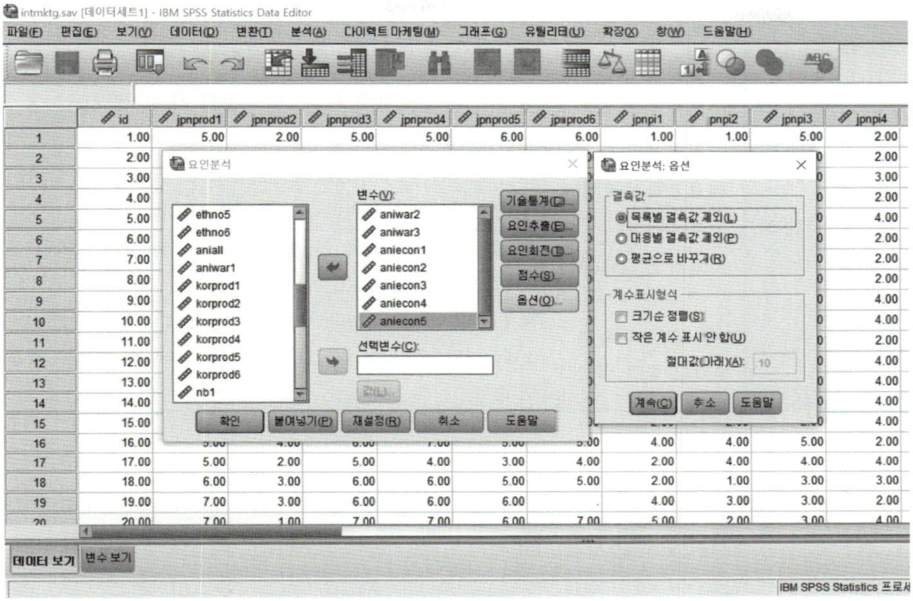

표 11-11

요인분석 창에서 옵션 지정

런 내용도 선택하지 않았음이 〈그림 11-10〉에 나타나 있습니다. 요인점수 창에서는 無선택이 기본설정이기도 합니다. 여하간 필요한 내용을 선택한 후 **계속** 탭을 누르면 다시 요인분석 창으로 되돌아가게 됩니다.

되돌아 간 요인분석 창에서 **옵션**(O) 탭을 클릭하면 〈그림 11-11〉에서와 같이 '요인분석: 옵션' 창이 뜨게 되고 이곳에서 결측값과 계수의 출력형식에 대한 내용을 선택할 수 있습니다. 요인분석 옵션관련 선택내용은 〈표 11-6〉으로 대체합니다만, 〈그림 11-11〉에서는 기본설정으로 '목록별 결측값 제외(L)' 만 체크된 상황을 보여주고 있습니다. 필요한 내용을 선택한 후 다시 **계속** 탭을 누르면 요인분석 창으로 되돌아가게 됩니다.

〈그림 11-12〉에서와 같이, 이제 요인분석 창에서 **확인** 탭을 누르면 이제까지 선택된 내용들을 모두 반영하는 요인분석이 실행됩니다.

표 11-6

요인분석 옵션 관련 선택내용

결측값	**목록별 결측값 제외(L)**	모든 변수에 대해 측정값이 유효한 사례만을 사용하여 요인분석을 실행합니다.
	대응별 결측값 제외(P)	각 변수의 쌍에 대해 측정값이 유효한 사례만을 사용하여 요인분석을 실행합니다.
	평균으로 바꾸기(R)	어떤 변수에 대한 측정값이 무응답으로 처리된 경우 그 변수 평균값으로 대체하여 요인분석을 실행합니다.
계수출력형식	**크기순 정렬(S)**	각 요인별로 변수들을 집단화하고 적재치의 크기에 따라 순차적으로 정렬합니다.
	다음 값보다 작은 절대값 출력 않음(U)	절대값이 지정한 값보다 작은 계수는 출력되지 않게 합니다. 0.1이 기본설정이나, 이 값은 0~1 사이에서 바꿔줄 수 있습니다.

그림 11-12

요인분석 창에서 요인분석 실행

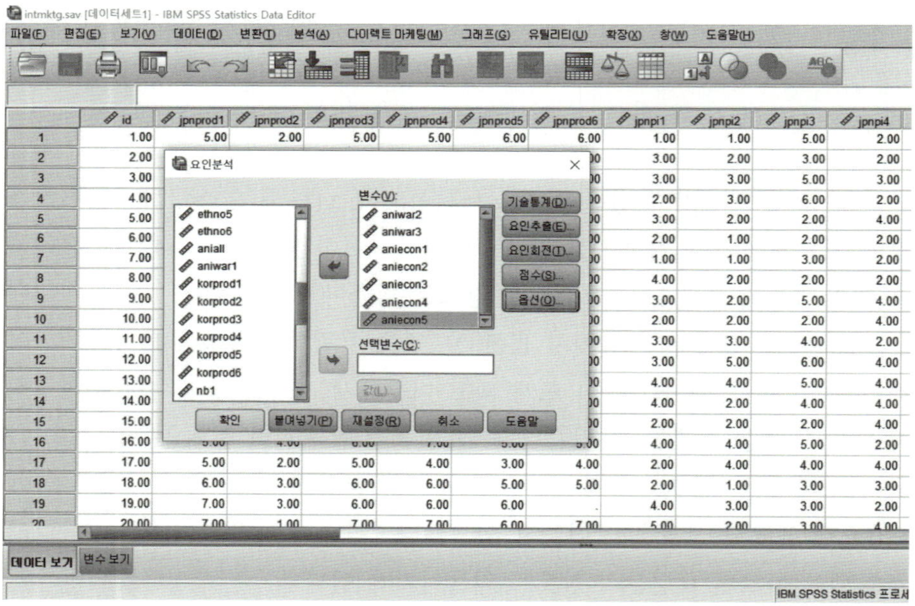

〈그림 11-12〉에서 **확인** 탭을 클릭하면 〈그림 11-13〉과 같은 요인분석 결과 창이 얻어 집니다. 일반적으로 요인분석에서 실행하는 세부적인 분석내용이 많으므로, 이렇게 얻어진 결과 창을 scroll down해서 그 내용을 확인하고, 연구자는 제2절에서와 같은 방법으로 요인분석 결과를 해석하면 되는 것입니다.

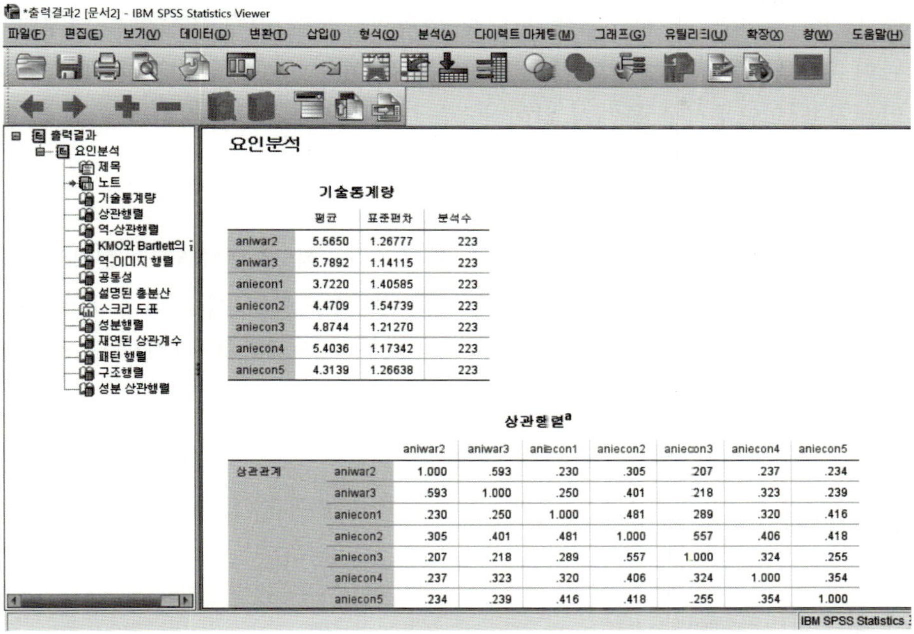

요인분석

기술통계량

	평균	표준편차	분석수
aniwar2	5.5650	1.26777	223
aniwar3	5.7892	1.14115	223
aniecon1	3.7220	1.40585	223
aniecon2	4.4709	1.54739	223
aniecon3	4.8744	1.21270	223
aniecon4	5.4036	1.17342	223
aniecon5	4.3139	1.26638	223

상관행렬[a]

		aniwar2	aniwar3	aniecon1	aniecon2	aniecon3	aniecon4	aniecon5
상관관계	aniwar2	1.000	.593	.230	.305	.207	.237	.234
	aniwar3	.593	1.000	.250	.401	.218	.323	.239
	aniecon1	.230	.250	1.000	.481	.289	.320	.416
	aniecon2	.305	.401	.481	1.000	.557	.406	.418
	aniecon3	.207	.218	.289	.557	1.000	.324	.255
	aniecon4	.237	.323	.320	.406	.324	1.000	.354
	aniecon5	.234	.239	.416	.418	.255	.354	1.000

표 11-13

요인분석 결과

요인분석과 다른 통계분석기법간의 관계 제4절

1. 측정이론과 요인분석

앞에서 설명한 바와 같이, 요인분석에서 추출되는 요인들은 변수들의 공통분산(common variance 혹은 common factor variance)을 의미합니다. 그런데 '신뢰성=(고유분산+공통분산)/총분산' 혹은 '신뢰성=(총분산－오차분산)/총분산'으로 정의할 수 있고, '타당성=공통분산/총분산'으로 정의할 수 있음도 이미 설명한 바 있습니다. 여러 문항(multi-item measures)으로 추상적인 (구성)개념을 측정하는 경우에는 신뢰성 분석을 통해서 이 문항들이 같은 방향, 유사한 크기로 일관성 있게 변화하는지를 먼저 판단하고, 이러한 점이 확인된 다음에는 이 문항들이 추상적인 개념(즉, 잠재 변수)을 대변하고 있는지를 요인분석을 통해서 알아 볼 수 있을 것입니다. 이러한 의미에서 요인분석은 측정 부분에서 설명한 구성타당성(construct validity)개념과 깊은 관계가 있습니다. 한편, SPSS Statistics에서 신뢰성을 분석하기 위해서는 분석대상 자료파일을 열어 놓은 상태에서, **분석**(A) → **척도화분석**(A) → **신뢰도분석**(R)을 차례로 클릭하고, '신뢰도분석' 창에서 신뢰도 분석모형(예: Cronbach의 α 혹은 반분계수[split-half reliability] 등)과 관련 통계량을 선택하여 실행할 수 있습니다.

2. 요인분석과 군집분석

앞에서 요인분석의 유형 중 Q-type요인분석은 변수에 대한 관찰이 이루어지는 대상인 표본 요소, 즉 응답자들을 공통의 집단으로 묶어주는 분석이라고 했고, 요인분석과 성격이 유사하지만 응답자들을 동질적인 집단으로 구분할 때에는 군집분석을 주로 사용한다고 설명했습니다. 군집분석(cluster analysis)도 연구대상들을 동질적인 집단으로 묶어 주는 기능을 하는 통계기법입니다. 군집분석에서는 먼저 집단간 구분에 사용할 변수를 정하고 이 변수에 대한 응답자들의 측정값을 기준으로 연구대상(=응답자)들간의 유사성(similarity)을 계산합니다. 응답자들간의 유사성은 구체적으로 '통계적 거리(statistical distance)'를 이용하여 계산하게 되고 통계적 거리가 가까운 응답자들은 동일 집단으로, 먼 응답자는 다른 집단으로 구분하게 됩니다. 이러한 과정을 거쳐 집단(=군집)의 수를 결정하게 되는 것이지요. 그런데, 실제 연구에 있어서는 요인분석(즉, R-type요인분석)을 실시하여 다수의 변수를 소수의 요인으로 축소한 뒤 요인값 등을 이용하여 집단을 구분하는 군집분석을 실시할 수 있습니다. 예를 들어 시장세분화(market segmentation)에 이러한 방법이 자주 사용되고 있습니다. 요인분석과 군집분석 등을 종합적으로 사용해서 소비자집단을 다수의 소집단으로 구분한 연구의 예로는 Singh et al.(1998)의 논문을 참조하면 좋을 것입니다. 물론 군집분석도 SPSS Statistics에서 실행할 수 있으므로 관심 있는 독자는 군집분석을 설명하는 전문서적(예: 안광호, 임병훈, 2005)을 참조하기 바랍니다.

3. 요인분석과 구조방정식

요인분석의 유형 중 확인적 요인분석(confirmatory factor analysis)도 SPSS Statistics를 이용하여 기초적인 수준으로 실행할 수 있습니다. SPSS Statistics의 요인분석명령에서, 고유값을 사용한 요인추출 기준 대신 추출할 요인의 수를 연구자가 정하고 요인분석을 실시함으로써 연구자가 사전에 상정(想定)한 요인의 구조가 추출되는지를 어느 정도 확인할 수 있는 것입니다. 그러나 확인적 요인분석은 좀더 일반적인 구조방정식(structural equation modeling)접근법의 부분 모형(submodel)이라고 할 수 있습니다. 구조방정식이란 추상적 개념으로 대변(represent)되는 각종 현상들간의 인과관계 추론에 큰 역할을 하는 통계분석기법이자 접근법입니다(Bollen, 1989; Byrne, 1994). 구조방정식에서는 관찰변수(예: 설문문항)와 잠재변수(즉 요인)와의 관계를 분석하는 측정모형(measurement model)과 잠재변수들간의 관계를 분석하는 구조모형(structural model)을 동시에 분석합니다. 즉 구조방정식의 측정모형이 강력한 확인적 요인분석기능을 수행해 주고 있는 것입니다. SPSS Statistics상에서의 구조방정식의 실행은 SPSS Statistics의 기본 module에서 실행하는 것이 아니고, AMOS라고 하는 전문적인 소프트웨어를 SPSS Statistics 기본 module에 추가하여 실행하게 됩니다. 물론 구조방정식만을 전문으로 다루는 독립적인 소프트웨어들도 있습니다. LISREL이나 EQS가 대표적인 예인데, 이러한 소프트웨어에서는 SPSS Statistics에서 저장한 자료파일을 그대로 이용해서 구조방정식분석을 수행할 수 있습니다.

제 12 장 집단간 차이분석을 통한 인과관계검증

| 도입 사례 |

D화재에서는 자사의 마케팅 성과에 영향을 미치는 요인들을 파악하여 마케팅전략의 수립 및 실행에 사용해오고 있습니다. D화재에서는 자사가 판매하는 보험 상품의 기존 소비자들을 대상으로 '계약관리 만족도' 설문조사를 시행하였고 총 9,248건의 응답을 확보하였습니다. 동 설문조사 자료를 바탕으로 "상품 설명 정도에 따라 계약 건당 특약보험료의 차이가 있다"라고 하는 가설을 설정하고 이를 분산분석을 통해 분석한 내용은 아래의 그림과 같습니다.

<상품설명 정도에 따른 건당 평균 특약보험료>

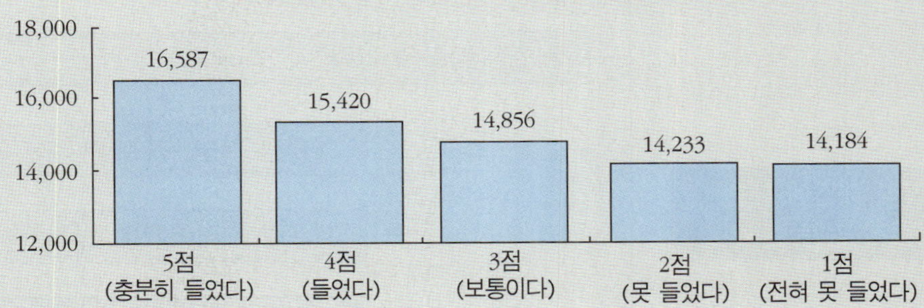

생각해 볼 문제

❶ D화재의 분석에 의하면 분산분석은 $p = 0.017$수준에서 유의하다고 합니다. 즉 5개 집단 간에 특약보험료가 동일하지는 않다는 것이지요. 그렇다면 어떠한 집단 간(예: 1점 집단과 2점 집단 간)에 차이가 있는 것일까요? 또 차이가 있는지 여부는 어떻게 판단할까요?

❷ 상품설명정도가 특약보험료의 차이를 야기한다면, 이러한 정보를 마케팅 성과제고에 어떻게 이용할 수 있을까요?

〈본서의 체제〉

- **연구문제의 정의**
  - 제 1 장 과학이란 무엇인가?
  - 제 2 장 과학적 연구란 무엇인가?
  - 제 3 장 (1절) 연구의 대상: 연구문제
- **연구문제에 대한 논리적 해답 제시**
  - 제 3 장 (2절) 연구의 대상: 가설
  - 제 4 장 연구설계
  - 제 5 장 측정 및 척도구성
- **논리적 해답에 대한 경험적 검증 실시**
  - 제 6 장 자료의 수집
  - 제 7 장 자료의 입력
  - 수집 자료의 분석
    - 제 8 장 기술통계분석
    - 제 9 장 추리통계분석
    - 제 10 장 상관관계분석을 통한 상호관계검증
    - 제 11 장 요인분석을 통한 상호관계검증
    - **제 12 장 집단간 차이분석을 통한 인과관계검증**
    - 제 13 장 회귀분석을 통한 인과관계검증
    - 제 14 장 구조방정식을 통한 인과관계검증
    - 제 14 장 (참고) 연구결과의 일반화

인과관계분석이란 무엇인가? 제1절

1. 인과관계의 정의

제10장 및 11장에서는 기본적으로 두 개의 현상(변수)이 동반해서 변하고 있는지를 확인하는 상관관계분석 및 변수들간의 상호관계를 알아보는 요인분석기법에 대해 설명했습니다. 또 연구설계와 관련하여 과학적 연구란 궁극적으로 인과관계적인 설명을 추구한다고 설명한 것도 기억할 것입니다. 독자들은 아마도 개인의 인생과 전체 사회에서의 우연과 필연에 대해 한번쯤은 생각해본 적이 있나요? 우리의 삶에서 발생하는 현상들은 서로 관계없는 우연한 현상들일까요? 아니면 원인과 결과가 명확한 필연적인 현상들일까요? 혹은 우연적인 요소가 있는 필연일 수도 있는 것일까요? **인과관계** 혹은 **인과성**(causation 혹은 causality)이란 "사물의 생성 · 변화에서 원인과 결과의 관계"로 사전적(辭典的)으로 정의됩니다. 그런데, 인과관계란 과학이나 철학분야에 있어서 많은 논쟁거리를 만들고 있는 주제라고 할 수 있습니다. 사실 인과관계를 확인할 수 있는가의 문제는 논외로 하더라도, 인과관계의 정의(definition)조차 시도하지 않는 것이 좋다는 견해를 가진 학자(예: Blalock, 1964)도 있을 정도로 인과관계는 이해하거나 설명하기 어려운 개념입니다. 그럼에도 불구하고 현상들간에 존재한다고 생각되는 원인과 결과를 설명하려는 시도는 자연과학 및 사회과학의 여러 분야에서 무수히 시도되고 있습니다.

그런데 실제로 사회현상 혹은 자연현상들간에 인과관계가 존재한다고 가정해도, 이러한 인과관계를 명확히 밝힌다는 것은, 적어도 현재와 같은 인간의 지적(知的)수준에서는 불가능에 가까운 일입니다. 따라서 우리가 다룰 인과관계는, 예외가 있을 수 없는 결정론적 관계(deterministic relationship)가 아닌, 적지 않은 예외가 있을 수 있는 확률적 관계(probabilistic/stochastic relationship)로 이해하되, 이러한 관계에 대한 추론(inference)만이 가능하다는 입장에서 인과관계에 대한 분석에 임해야 할 것입니다.

이러한 맥락에서, 본서에서는 인과관계를 "이론이 예측하는 방향과 크기만큼 독립변수의 변화가 종속변수의 변화를 야기하는 현상(Frankfort-Nachmias & Nachmias, 2000)"으로 한정하고 논의를 진행합니다.

2. 인과관계 성립조건

확률론적 인과관계라고 할지라도, 현상들간에 인과관계가 성립함을 추론하기 위해서는 반드시 충족되어야 할 조건이 3개 있습니다.

1) 두 개 현상의 동시변화 조건

먼저 두 개의 현상이 동시에 변화해야 합니다(concomitant variation 혹은 covariation). 두 현상의 변화가 동시에 발생해야 한다는 의미에서 병발(竝發) 조건이라고 불리기도 합니다. 예를 들어 *X*(예: 광고비)가 늘어나는데 *Y*(예: 매출액)가 변하지 않는다면 광고가 매출에 영향을 줄 가능성은 없다고 하겠습니다. 혹은 *X*(예: 광고비)는 불변인데 *Y*(예: 매출액)만이 변화한다면, *X*, *Y* 두 현상간의 인과관계는 추론해낼 방도가 없습니다. 변화하는 현상들간의 관계, 즉 변수(variable)와 변수(variable)의 관계만 인과관계 추론의 대상이 된다는 이야기가 되겠습니다.

그런데, 세상에 변하지 않는 현상이 있을까요? 생물은 생로병사의 과정을 거쳐 변화한다고 쉽게 이해할 수 있는데, 무생물(예: 바위)의 경우는 어떨까요? 현상을 관찰하는 기간을 충분히 길게 잡는다면 바위가 물 혹은 바람에 마모되는 현상도 측정할 수 있겠지요?

같은 맥락에서 아마도 불교의 인생무상(人生無常)이라는 가르침은 인생이 허무하다기보다는 인생에 변치 않는 현상은 없다고 하는 진리를 알려주고 있는 듯합니다. 동양의 고전 중 하나인 주역(周易)이라는 책은 영어로 I Ching으로 번역되기도 하지만 The Book of Changes라고 번역되기도 합니다(예: Wilhelm & Baynes, 1967). 우주의 변화원리에 대한 책이라는 것이지요. 오래 전부터 인류는 변화야말로 현상의 본질이라고 함을 파악한 것으로 보입니다.

한편, 두 개의 현상이 변한다고 함을 객관적으로 판단할 수 있기 위해서도 측정과정이 필요하다고 하는 점을 이제는 쉽게 이해할 것입니다. 인과관계를 객관적으로 추론하기 위해서는 현상에 대한 계량적 자료를 수집하는 것이 유리하겠지요. 물론 계량적 자료만으로는 현상을 깊게 설명하는 데 어려움이 있을 수 있다고 함은 이미 본서의 다른 곳에서 지적한 바와 같습니다. 제10장과 11장에서 설명한 상호관계분석은 두 개(이상)의 현상이 동시에 변하는가만을 분석해 주는 기법이었다고 함도 이해할 수 있겠지요.

2) 원인선행조건

인과관계 추론을 위한 두 번째 조건은 하나의 현상이 다른 현상보다 먼저 발생해야 한다는 조건입니다(time order of the occurrences). 즉, 원인변수(=독립변수)는 결과변수(=종속변수)보다 선행(先行)해야 한다는 조건입니다. 현재 인류가 경험하는 바로는, 시간적 차원에 있어서 원인이 결과보다 후에 발생할 수는 없다는 말이지요. 즉, 매출액이 변동한 후 광고비가 변동하는 것이 아니라, 광고비가 변동한 후 매출액이 변동해야 광고비가 매출을 야기한다고 할 수 있는 것이지요.

그러나 현실적으로는 전년도의 매출이 좋으면 당해 연도의 광고비예산 및 지출이 많아지는 것이 일반적입니다. 현상이 변화한 시점을 어떻게 잡는가에 따라, 이처럼 매출액이 광고비증가의 원인이 되는 것처럼 보입니다. 매출액과 광고비가 동시에 변하고 매출액 변화가 광고비 변화에 선행한다면 매출액이 광고비의 변화를 야기한 것일까요? 이러한 주장에 동의하기 어렵지요? 따라서 인과관계를 추론하기 위한 기준이 또 필요하게 됩니다.

3) 기타원인 부재조건

인과관계 추론의 세 번째 조건은 오로지 원인(예: *X*)만이 결과(예: *Y*)를 변화시켜야 하고, 제3의 변수가 결과에 영향을 줄 가능성은 모두 제거되어야 한다는 조건입니다(nonspuriousness). 소비자행동 이론에 따르면, 광고가 직접 매출을 변화시키는 것은 아닙니다. 논리의 비약이라고 할 수 있는 것이지요. 광고비를 지출해서 특정 매체를 통하여 광고가 실행되면 소비자가 광고와 상품에 대해 알게 되고, 광고/상품을 선호하게 되며, 이 결과 광고된 상품에 대한 구매의도를 형성하게 되고 구매에 이르게 됩니다. 즉, 광고와 매출이라는 현상들 사이에 소비자의 광고인지, 광고선호, 상품인지, 상품선호, 구매의도, 구매와 같은 과정이 작동하고 있습니다. 이러한 상황에서, 단순히 두 현상이 동시에 변하고 시간적으로 선행하기 때문에 매출이 광고를 야기한다고 결론을 지을 수는 없는 것입니다.

또 다른 예를 든다면, 화재 현장의 소방관의 수가 증가할수록 화재로 인한 피해가 커진다는 주장이 자료로 입증될 수도 있습니다. 인과관계 추론의 1, 2조건이 충족될 수 있다는 이야기입니다. 그러나 정말로 소방관들이 많을수록 화재피해가 커지는 것일까요? '화재의 크기' 가 소방관의 수나 화재피해를 잘 설명할 수 있다면, 소방관들이 많을수록 화재피해가 커진다는 발견은 의미 없는 발견(spurious)이 될 것입니다.

특히 이 3번째 조건의 충족 여부는 완벽히 확인하기가 불가능에 가깝습니다. 연구자가 생각지 못한 제3의 변수가 존재할 가능성은 항상 존재하기 때문입니다. 따라서 인과관계에 대한 추론은 정도의 문제(matter of degree)일 것입니다. 비록 인과관계를 정확히 추론하는 것은 연구자의 이상(ideal)일지라도, 제4장에서 설명한 연구설계의 유형 중 실험설계(experimental design)를 이용한 인과관계 추론이 가능합니다. 즉, 인과관계 추론에 가장 적합한 연구설계가 실험(experimentation)인 것이지요. 다음에서는 이 연구설계에 대해 좀 더 자세히 설명합니다.

3. 인과관계분석에 적합한 연구설계

제4장에서 설명한 바와 같이, **실험**(experiment)이란 조사자가 독립변수(즉, 원인으로 생각되는 현상)를 조작(manipulate), 통제(control)하면서 종속변수(즉, 결과로 생각되는 현상)를 관찰하는 조사방법입니다. 따라서 **실험설계**(experimental design)란 조사자가 독립변수를 통제·조작하는 연구설계라고 정의할 수 있습니다.

1) 실험설계의 기본모형

실험설계는 실험대상의 선정, 독립변수(=실험변수)의 조작 및 종속변수(=실험효과)의 측정의 3대 요소로 구성되어 있습니다. 물론 실험대상 집단이 다수이거나 독립변수가 다수인 경우에도 동일한 원리를 적용할 수 있습니다.

실험은 선정된 실험대상들 사이에서 독립변수의 변화만이 종속변수의 변화를 야기하는 지 알 수 있도록 하는 연구방법입니다. (식 12-1)에서 실험대상은 실험집단과 통제집단으로 구분합니다. 먼저, 실험집단(experimental group)이란 연구자가 독립변수를 적용하는 집단이고, 통제집단(control group)은 독립변수를 적용하지 않는 집단을 의미합니다.

실험의 기본모형 (식 12-1)

실험집단: $Y_1 \rightarrow X \rightarrow Y_2$

통제집단: $Y_3 \longrightarrow Y_4$

실험에 있어서 통제집단의 필요성은 의학연구 분야에서 명백히 드러납니다. 예를 들어 신약실험을 실시할 때마다, 신약의 효과가 나타나지 않는 경우는 거의 없다고 합니다. 그러나, 통제집단을 사용하지 않는 실험의 경우에는 이러한 효과가 신약 때문인지 아니면 다른 원인 때문(예: 약을 복용했다는 사실 자체)인지 알 수 없게 됩니다. **위약효과**(placebo effect)는 이러한 경우를 설명해 줍니다. 가짜 약이라도 실험대상자들의 증세를 호전시킬 수 있는 것입니다. 그러나 실험집단에는 진짜 약을 주고, 통제집단에는 가짜 약을 주는 경우에는 약을 복용했다는 사실만으로도 증세가 호전되는 효과는 두 집단에 고루 적용될 것이므로 신약만의 효과를 분석해낼 수 있습니다.

한편, (식 12-1)의 X란 독립변수의 조작, 즉 독립변수를 실험집단에 적용함을 의미합니다. 예를 들어, 새로운 감기약(=X)의 효과를 실험을 통하여 조사하는 경우 신약을 투여하는 것이 독립변수를 적용하는 것이 되겠습니다. Y_1과 Y_3는 실험전의 종속변수의 상태(수준)입니다. 즉 감기약을 투여하기 전의 실험집단과 통제집단의 감기의 정도라고 할 수 있지요. 그리고 Y_2와 Y_4란 감기약(즉, 실험의 독립변수)을 투입한 후에 실험집단과 통제집단의 감기의 정도를 의미합니다. 독립변수를 적용한 효과(신약의 효과)는 과연 어떻게 알 수 있을까요? 혹시 외생변수의 효과는 무엇일까요?

실험설계에 대한 이해를 높이고 위의 질문에 대한 답을 구하기 위해, 먼저 실험설계를 구성하는 3대 요소(실험대상의 선정, 독립변수의 조작 및 종속변수의 측정)와 인과관계 추론의 3대 조건(두 변수의 동시변화조건, 원인선행조건, 기타원인 부재조건)을 비교해서 설명합니다.

2) 실험설계의 기본요소

(1) 독립변수의 조작 및 종속변수의 측정

실험설계가 실행되기 위해서는 연구자가 독립변수를 조작할 수 있어야 합니다. 즉, 연구자 임의로 독립변수의 변화의 강도를 조절할 수 있어야 한다는 것입니다. 예를 들어서 영어과외(=독립변수)가 영어실력(=종속변수) 향상에 도움이 되는지를 실험으로 알아 보려하는 경우, 먼저 실험대상 집단을 두 집단으로 나누어 두 집단의 실험 전 영어실력을 측정합니다. 왜 두 집단으로 나누는지는 아래에서 좀더 자세히 설명합니다. 다음, 한 집단(=실험집단)에는 영어과외를 실시하고 또 다른 집단(=통제집단)에는 영어과외를 실시하지 않습니다. 즉 과외의 실시와 非실시는 독립변수의 변화의 강도를 다르게 한 것입니다. 독립변수를 조작한 것이지요. 마지막 단계는 일정기간이 지난 후 두 집단의 영어실력을 다시 측정하게 됩니다. 이때(즉, 실험 후에) 두 집단간에 영어실력의 차이가 발생했다면, 실험효과(독립변수)가 발생한 것이겠지요.

독립변수의 조작이 가능하다는 것은 독립변수의 수준을 연구자가 통제할 수 있다는 것입니다. 따라서 독립변수의 변화를 연구자의 임의대로 조작할 수 있다는 것이지요. 한편, 종속변수에 대한 측정이 가능하고 이 변수의 변화정도가 확인되는 경우에는 종속변수도 변화하는 것임을 확인하게 됩니다. 즉, 인과관계 추론의 첫 째 조건이 성립하는 것이지요.

한편, 종속변수를 실험 전에 측정하고 실험을 실시한 후에 다시 종속변수를 측정하게 되므로 종속변수상의 변화보다는 독립변수의 변화가 선행하게 됩니다. 따라서 인과관계 추론의 두 번째 조건도 성립함을 의미하는 것이지요.

(2) 외생변수의 통제와 실험대상의 무작위화

앞에서 이미 설명한 바와 같이, 외생변수(extraneous variable)란 독립변수를 제외하고 종속변수에 영향을 미치는 모든 변수를 의미합니다. 위에서 제시한 영어과외의 효과를 다시 생각해 볼까요? 과연 오로지 영어과외 때문에 영어실력이 좋아졌다고 결론을 내릴 수 있을까요? 혹시 영어과외를 받은 집단의 구성원들 모두의 IQ가 과외를 받지 않은 집단구성원의 IQ보다 높은 경우는 어떨까요? 이처럼 독립변수의 효과를 대신할 수도 있는 또 다른 변수가 존재하는 경우에는 외생변수가 존재한다고 합니다. 이런 경우에는 실험의 기본조건이 성립하지 않는 것입니다. 따라서 외생변수의 영향을 미리 예상하고 방비할 수 있도록 실험설계가 계획되어야 합니다. 실험설계에 있어서의 일반적인 외생변수의 예는 Babbie(2001) 혹은 채서일(2003)을 참조하면 좋을 것입니다.

소수 집단을 대상으로 하는 실험에 있어서 실험결과가 다른 경우에도 적용될 수 있도록 하기 위해서는, 즉 실험결과의 타당성이 높아지기 위해서는 실험대상 집단을 무작위(randomization)로 선발해야 합니다. 이것은 모집단에서 실험대상 전체 집단을 무작위로 선정해야 하고, 실험대상 전체 집단을 실험집단과 통제집단으로 구분하는 경우에도 무작위 원칙을 지켜야 한다는 점입니다. 이와 같은 실험대상 집단의 무작위 선발은 연구자가 미리 예상할 수 없는 외생변수의 효과까지 모두 제거해 줄 수 있는 매우 강력한 수단이 되기도 합니다.

방금 설명한 바와 같이 완벽한 무작위화를 통한 실험대상의 선택이 이루어진다면, 외생변수의 존재가능성이 제거됩니다. 따라서 인과관계 추론의 세 번째 조건도 성립하게 되지요. 그러나 완벽한 무작위화는 현실이라기보다는 이상(ideal)입니다. 따라서 인과관계 추론의 3가지 조건이 완벽히 성립되는 연구를 진행하는 것은 실험설계를 이용하는 모든 연구자들의 꿈이라고 할 수 있겠지요. 현실적으로는 실험설계의 기본요소가 확보되는 정도가 다르게 되고 이에 따라 실험설계의 유형 및 관련 특성도 바뀌게 됩니다.

3) 실험설계의 유형

실험설계는 독립변수의 조작가능성, 외생변수의 통제가능성, 연구대상의 무작위화 정도 등에 따라 원시실험설계, 순수실험설계 및 준실험설계로 구분됩니다(〈표 12-1〉 참조). 실험설계의 다양한 유형에 대한 자세한 설명은 Campbell과 Stanley(1963) 혹은 Cook과 Campbell(1979)을 참조하면 좋습니다.

표 12-1 실험설계의 유형

	원시실험설계	순수실험설계	준실험설계
독립변수 조작가능성	일부 가능	가능	일부 가능
외생변수 통제가능성	불가능	가능	일부 가능
실험대상 무작위화	불가능	가능	불가능

원시실험설계(pre-experimental design)의 경우 실험의 일부 형식을 갖추었으되(독립변수의 조작 및 종속변수의 측정), 하나의 집단만을 대상으로 실험이 이루어지거나, 실험대상집단의 무작위화가 없는 상태에서 실험이 이루어지는 특징을 가지고 있습니다. 따라서 각종 외생변수의 위험에 노출되게 됩니다. 즉, 실험설계의 기본요소를 확보하지 못한 상태에서 실험을 실시하게 되고, 따라서 실험의 기능을 다하지 못하게 됩니다.

이에 비해서 **순수실험설계**(true experimental design)는 실험의 기본요소를 모두 갖춘 실험의 유형입니다. 독립변수의 조작, 외생변수의 통제 및 실험대상의 무작위화가 모두 확보된 상황에서의 실험인 것입니다. 예를 들면 (식 12-2)는 (식 12-1)에 실험집단의 무작위 선정(=R)이라는 조건만 추가한 상황입니다. 이러한 실험설계는 사전사후 통제집단 설계(pretest-posttest control group design)라고 불리는데 순수실험설계의 기본적인 유형이라고 할 수 있습니다. 이 경우는 실험집단의 무작위화가 이루어지기 때문에 대부분의 외생변수가 제거되어 실험의 목표를 거의 완벽하게 달성할 수 있습니다. 이때의 독립변수의 효과는 $(Y_2-Y_1)-(Y_4-Y_3)$라고 할 수 있습니다. 그러나 독립변수를 실험집단에 적용하기 전에 종속변수를 사전에 측정(즉, Y_1와 Y_3 측정)하게 됩니다. 이때 이미 피실험자가 종속변수의 측정내용에 대해 잘 알게 되거나 관심이 높아지게 되고, 이러한 예기치 못한 현상들이 종속변수의 실험 후 측정값(즉, Y_2와 Y_4)에 영향을 줄 가능성이 존재하게 됩니다. 이것이 시험효과(testing effect)라고 하는 외생변수입니다. 예를 들면 종속변스의 실험 전 측정에는 종속변수에 주의를 기울이지 않다가 실혐 후에는 과도한 주의를 기울이는 것이 가능합니다. 혹은 영어과외의 효과를 실험하는 경우 종속변수 사전측정(즉: 영어시험)에 노출되어 시험의 유형을 알게 되고 이것이 실험 후 종속변수 측정시에 영어 시험점수를 높일 수도 있을 것입니다. 결국 $(Y_2-Y_1)-(Y_4-Y_3)$에는 독립변수의 효과는 물론 시험효과도 포함되어 있다는 것입니다.

사전사후 통제집단 설계 (식 12-2)

실험집단(R): $Y_1 \rightarrow X \rightarrow Y_2$

통제집단(R): $Y_3 \longrightarrow Y_4$

다행히 솔로몬의 4집단 설계(Solomon 4-group design)라는 순수실험설계방법이 개발되어 있는데 이 방법에서는 4개의 집단을 이용하여 시험효과마저도 제거하고 독립변수의 영향만을 정확하게 분리해 낼 수 있습니다. 따라서 매우 바람직한 실험방법이지만, 실험집단, 실험시간, 비용 등이 많이 필요하기 때문에 현실적으로 그리 많이 사용되지는 않습니다.

한편, **준실험설계**(quasi-experimental design)란 실험이 아닌 실제 상황에서 독립변수를 조작하는 실험설계의 유형으로 현장실험설계(field experimental design)라고도 불립니다. 준실험설계는 순수실험설계보다 현실성(실험실 상황이 아니므로)과 외적 타당성이 높으나, 독립변수의 조작이나 외생변수의 통제가 어려워져서 변수간의 인과관계 추론을 다루는 내적 타당성이 낮은 실험설계라고 할 수 있습니다.

지금까지 위에서 살펴본 바와 같이, 인과관계가 성립함을 추론에 필요한 3개의 조건을 다 만족시키는 연구설계는 순수실험설계라고 할 수 있습니다. 이러한 측면에서 본다면, 사회현상의 연구에 많이 사용되는 설문조사의 경우 인과관계 추론에 매우 불리한 연구설계라고 할 수 있겠지요. 그러나 설문조사로 사회현상들간의 관계를 연구하는 경우에도 조사대상의 무작위화, 원인변수의 선행(예: 광고가 매출에 선행), 변수들의 동시변화 등 조건이 충족되는 경우에는 인과관계의 추론이 어느 정도 가능하다고 할 수 있습니다. 여하간, 인과관계의 추론은 까다로운 기준을 여러 개 충족시켜야 하는 매우 어려운 작업임을 이해할 필요가 있습니다. 추리통계분석은 표본을 대상으로 변수들간의 동반변화와 변화 정도를 분석하고 이것이 모집단에서 성립하는지를 추정하는 기능을 수행합니다. 따라서 인과관계 추론을 위한 조건 중 단지 일부분만을 담당하는 증거를 제시해 주는 역할을 하는 것이지요. 제12장에서 13장까지는 대표적인 인과관계분석기법을 설명할 것이지만, 이러한 통계적 분석결과에만 의존해서 독립변수와 종속변수간의 인과관계를 추론할 수는 없는 것입니다.

집단간 차이분석이란 무엇인가? 제2절

1. 집단간 차이분석이란?

집단간 차이분석이란 특정한 통계기법을 지칭하는 용어라기보다는, 통계분석기법이 달성하려고 하는 목표를 지칭합니다. 사회현상들간의 인과관계를 추론함에 있어서 어떠한 원인이 집단간의 차이를 야기했는지를 알아볼 필요성은 생각보다 많습니다. 특히 위에서 설명한 실험설계의 경우를 예로 든다면, 독립변수(=실험변수)를 실험집단에는 적용하고 통제집단에는 적용하지 않음으로써 종속변수에 미치는 독립변수의 영향이 과연 두 집단간에 다른가를 알아보는 것이 실험의 목적이라고 설명한 바 있습니다. 즉, 신약의 효과, 과외의 효과, 광고의 효과, 기타 등등 독립변수의 효과가 특정 집단(=실험집단)에서만 작용하고 비교집단(=통제집단)에서는 작용하지 않는지를 분석하는 것이 실험설계의 목적이었지요. 따라서 집단간 차이분석을 수행하는 통계기법들은 독립변수(=실험변수)가 종속변수에 미치는 영향을 분석한다는 점에서는 인과관계를 추론하는 데 도움을 주는 통계분석기법이라고 할 수 있습니다. 그러나 집단간 차이분석에서는 독립변수가 종속변수에 어느 정도의 변화를 유도하는지에 대한 답은 주지 못합니다. 오직 독립변수의 효과가 있는지만을 알려줄 뿐이지요.

물론 경우에 따라서는 인과관계 추론이 아니면서도 집단간 차이분석이 필요할 경우도 있습니다. 성별, 연령별, 소득수준별, 지역별 차이와 같은 정보는 개인이나 조직의 의사결정에 아주 유용하게 사용됩니다. 예를 들어서 동일 직종에서 남녀간의 임금차이가 있는지를 알아보려 하는 경우에 "성별(gender)이 다르면 임금수준이 다른지"에 대한 연구가설을 검정할 수도 있을 것입니다. 그런데 이 연구가설이 참으로 판명된다 할 경우에도 성별(gender)

과 임금수준간에 '인과관계'가 성립한다는 결론을 내리기는 힘들 것으로 보입니다. 외생변수가 존재할 가능성을 배제하지 못하기 때문이지요. 예를 들면 성별 자체보다는 '성별에 기인한 편견'이 임금수준의 차이를 결정할 수도 있기 때문입니다.

여하간 독립변수의 종속변수에 대한 영향이 집단간에 다르게 미치는지 여부를 분석해 주는 통계기법으로는 **t-검정**(*t*-tests)과 **분산분석**(analysis of variance: ANOVA)를 거론할 수 있습니다. *t*-검정과 유사한 분석기법으로 정규분포에 기반한 *z*-검정도 있습니다만, *t*-검정은 표본의 크기가 작아서 표본통계량이 정규분포를 따르지 않는 경우에도 사용할 수 있고, 표본의 크기가 증가하면($n>120$) 정규분포와 거의 동일해지는 데다가, *z*-검정에서처럼 모집단의 표준편차를 알지 못해도 사용할 수 있는 등의 장점이 있기 때문에 이곳에서는 *t*-검정과 분산분석만을 설명하기로 합니다.

2. *t*-검정이란 무엇인가?

일반적으로 **t-검정**(*t*-tests)이란 표본의 크기가 작고 표준편차가 알려지지 않은 경우에 *t*분포를 사용해서 수행하는 단일변량 가설검정(univariate hypothesis test)방법이라고 할 수 있습니다. 특히 두 집단간의 차이(평균, 비율 등)를 분석해 주는 *t*-검정의 유형을 **독립표본 t-검정**(independent sample *t*-test)이라고 합니다. 물론 이러한 기본적인 특성과 유사한 다른 종류의 *t*-검정도 가능합니다. 앞에서와 같이 두 개의 집단간의 차이를 분석할 수도 있지만, 하나의 집단에 대해 독립변수를 적용하기 전과 적용한 후의 종속변수의 수준을 측정하고 이들의 차이가 통계적으로 의미가 있을 만큼 큰 것인가를 분석할 수도 있지요(=**동일표본 t-검정**: paired sample *t*-test). 예를 들면 광고를 보여주기 전에 상품의 선호도를 측정하고 광고를 보여주고 난 다음 광고의 선호도를 측정하여 광고 후의 선호도($=\overline{X_1}$)가 광고전의 선호도($=\overline{X_0}$)보다 큰지($=\overline{X_1}-\overline{X_0}>0$)를 알아보려 할 경우에 사용할 수 있습니다. 또한 하나의 표본평균이 예측된 평균과 같은지 여부도 분석할 수 있지요(=**단일표본 t-검정**:

one sample t-test). 예를 들어 신상품 idea에 대한 소비자들의 선호도가 10점 만점에 7점 이상이면 이 idea를 상품화하겠다는 결정을 할 경우, 하나의 표본에서의 선호도가 7점 이상인지를 단일표본 t-검정으로 가설검정을 할 수 있을 것입니다.

위에서 설명한 대로 t-검정은 기본적으로 평균이나 비율이 두 집단간에 다른지를 분석해 주는 기법입니다만, 기본 원리는 동일하므로, 본장에서는 두 개의 독립적인 집단간의 평균의 차이를 검정하는 독립표본 t-검정만을 다루도록 하겠습니다.

독립표본 t-검정은 두 집단의 모집단이 정규분포를 이루그 두 집단의 분산이 동일하다는 가정하에 두 집단간에 평균 혹은 비율 등의 차이가 있는지를 분석해 주는 통계기법입니다. 물론 다행히 분산이 동일하지 않은 경우에 대처하는 수단도 개발되어 있습니다. 한편 집단을 구분하는 변수(독립변수)는 명목척도의 수준에서 측정된 자료이고, 종속변수는 평균, 비율 등의 계산이 가능한 등간척도 이상의 척도로 측정된 자료이어야 t-검정이 의미를 가집니다.

3. 분산분석이란 무엇인가?

분산분석(analysis of variance: ANOVA)이란 명목척도 수준으로 측정된 독립변수가 등간척도나 비율척도 수준으로 측정된 종속변수에 미치는 영향을 분석하는 통계분석기법의 하나입니다. 그러나 실제로는 등간척도 이상의 수준에서 측정된 독립변수와 종속변수가 존재하는 한 분산분석을 수행할 수 있습니다. 본서의 앞부분에서도 언급한 바와 같이, 상위의 척도유형일수록 수(number)가 가진 정보량이 더 풍부하므로, 정보량이 상대적으로 적은 척도로 변환할 수 있습니다. 따라서 등간척도나 비율척도 수준으로 측정된 독립변수의 경우에는 이를 명목척도화 할 수 있는 것 입니다(그러나 역의 관계는 성립하지 않습니다. 즉, 명목척도를 등간척도화 할 수는 없습니다).

분산분석이 우리에게 제공하는 응용가능성이나 시사점이 매우 크기 때문에, 분산분석이 하나의 통계분석기법이기보다는 통계분석에 대한 접근법

(approach) 혹은 사고의 방법(way of thinking)이라고까지 말하는 학자도 있습니다. 예를 들어 다음장에서 설명할 회귀분석에서도 분산분석적인 요소가 중요한 역할을 하고 있는 것입니다. 게다가 위에서 설명한 실험설계 결과를 분석해 주는 데 자주 사용되고 있어 인과관계 추론에 매우 큰 역할을 하고 있는 통계기법입니다.

분산분석의 용도를 집단간의 차이를 분석해 주는 기본적인 역할로 한정해서 볼 때, 위에서 설명한 t-검정과 분산분석의 기능상의 주된 차이점은 다음과 같습니다. t-검정은 두 개의 집단간에 존재하는 종속변수상의 차이를 분석해 주는 기능을 수행함에 비해, 분산분석은 두 개 이상 n개의 집단간에 존재하는 종속변수상의 차이를 분석해 주는 기능을 한다는 면에 있습니다. 집단 1, 2, 3 사이에 존재하는 차이를 분석한다고 가정합시다. 독립표본 t-검정을 실시하려면, 집단 1과 2, 집단 1과 3, 집단 2와 3간의 차이를 차례로 검정해야 합니다. 즉, ${}_3C_2(=3)$개의 집단 비교가 필요한 것이지요. 그러나 (일원)분산분석을 사용하면 단 한 번의 분산분석으로도 집단간에 차이가 존재하는지 알아낼 수 있습니다. 게다가 2개 이상 n개까지의 집단간에 존재하는 차이를 밝혀낼 수 있으므로 분산분석의 힘이 대단하다고 할 수 있습니다.

한편, 제8장 및 11장에서 (총)분산 V_t는 체계적 분산(systematic variance: V_s)과 비체계적 분산(unsystematic variance: V_{us})으로 구분할 수 있다고 한 바 있습니다. 또 체계적 분산은 집단간 분산(between groups variance: V_b) 혹은 실험분산(experimental variance: V_{exp})으로 불리고, 비체계적 분산은 집단내 분산(within-group variance: V_w) 혹은 오차분산(error variance: V_e)으로도 불린다고도 설명했지요. 이러한 관계를 수식으로 다시 표현한다면 (식 12-3)과 같습니다.

분산의 구성 (식 12-3)

$$V_t=\sigma^2=\frac{\Sigma(X_i-\overline{X})^2}{N}$$
$$=V_s+V_{us}$$
$$=V_b+V_w$$
$$=V_{exp}+V_e$$

이 공식에서 보듯이 분산은 표준편차를 제곱한 값입니다. 분산분석에서는 표준편차 대신 분산을 사용하여 각 집단의 산포도를 측정·비교해서 각 집단의 평균의 차이를 검증하게 됩니다. 구체적으로, 분산분석의 기본원리는 종속변수의 변화폭(즉, 분산)이 독립변수에 의해 주로 기인하는지를 밝혀내는 것입니다. 즉, 종속변수의 변화폭이 우연(즉, 설명 불가능한 변동폭)보다 필연(즉, 독립변수)에 의해 야기되고 이러한 변화폭이 충분히 큰지를 분석해주는 것이 분산분석의 원리라고 할 수 있습니다. 신약실험의 경우를 예로 들면, 실험집단에는 독립변수를 적용(신약을 투여)하고 통제집단에는 독립변수를 적용하지 않습니다(가짜 약의 투여). 그리고 종속변수의 값(=질병의 치료정도)이 두 집단간에 다른지를 판단하게 되지요. 독립변수(=실험변수)의 효과가 있는 경우, 집단이 다르다면 두 집단의 종속변수값들간에 차이가 있을 것입니다. 실험집단에는 독립변수의 영향이 존재하므로 실험집단 내에서의 종속변수의 크기, 즉 질병의 치료정도는 통제집단에서의 종속변수 크기, 즉 질병의 치료정도와는 다를 것입니다. 즉, 집단이 다르기 때문에 나타나는(실질적으로는 독립변수가 적용되었기 때문에) 분산이 집단이 동일해도 나타나는(독립변수와 관계없는) 분산보다 얼마나 큰가를 알아보는 것이 분산분석의 요점인 것입니다. 결국 집단간 분산(V_b)이 집단내 분산(V_w)보다 충분히 큰 것인가를 판단하는 것이 분산분석이 하는 일입니다.

한편, 분산분석은 분산분석에 사용하는 변수의 수에 따라서 일원분산분석, 공변량분석, 다원분산분석과 다변량분산분석 등으로 구분합니다. **일원분산분석**(one-way analysis of variance: one-way ANOVA)이란 완전무작위설계(completely randomized design: CRD)라고도 불리는데, 명목척도 수준에서 측정된 하나의 독립변수가 등간/비율척도의 수준으로 측정된 하나의 종속변수에 영향을 주는지를 분석하는 분산분석의 일종입니다. **다원분산분석**(*n*-way analysis of variance 혹은 multi-way analysis of variance: *n*-way ANOVA)은 factorial design으로도 불리는데, 명목척도 수준에서 측정된 n개(≥ 2)의 독립변수가 등간/비율척도의 수준으로 측정된 하나의 종속변수에 미치는 영향을 분석하는 분산분석의 일종입니다. 독립변수가 여러 개인 경우에는 독립변수들간의 상호작용효과(interaction effect)도 분석해 낼 수 있습니다. **다변량분산**

분석(multivariate analysis of variance: **MANOVA**)은 명목척도 수준에서 측정된 2개 이상의 독립변수가 등간/비율척도의 수준으로 측정된 2개 이상의 종속변수에 영향을 주는지를 동시에 분석하는 분산분석의 일종이지요. 마지막으로 **공변량분석**(analysis of covariance: **ANCOVA**)이란 독립변수와 종속변수 외에 제거하지 못한 외생변수(등간/비율척도 수준에서 측정)가 있을 경우에도 독립변수의 효과를 검증해 낼 수 있는 분산분석의 일종입니다. 다변량분산분석(MANOVA)에 공변량분석(ANCOVA)을 결합한 MANCOVA(multivariate analysis of covariance)라는 분산분석의 유형 및 이곳에서 소개하지 않은 LSD(latin square design) 등에 대해서는 설명을 생략합니다.

표 12-2 분산분석의 유형

	독립(실험)변수 수	외생변수 수	종속변수 수
일원분산분석	1	0	1
다원분산분석	2 이상	0	1
다변량분산분석	2 이상	0	2 이상
공변량분석	1	1 이상	1

한편, 분산분석의 오용을 방지하기 위해서 분산분석에 적용되는 기본 가정도 간단히 살펴볼 필요가 있습니다. 먼저 각 집단의 모집단은 정규분포를 따라야 합니다. 다행히, 정규분포를 따르지 않는 경우에도 표본의 크기가 크다면 중심극한정리가 적용되어 분산분석이 가능합니다. 그 다음, 각 집단의 모집단에서의 분산은 동일(homogeneity)해야 합니다. 그러나 각 집단의 표본 크기가 동일하면 이러한 가정이 위배되어도 분산분석을 적용할 수 있습니다. 셋째 각 집단은 각자의 모집단에서 무작위로 추출되고 상호 독립적인 표본이어야 합니다. 수집된 자료가 이러한 조건을 위배하는 경우에는 분산분석의 해석에 큰 오류가 발생하게 됩니다.

집단간 차이분석 결과는 어떻게 해석할 것인가? 제3절

1. 독립표본 t-검정

독립표본 *t*-검정도 표본을 기초로 한 기술통계분석 결과를 이용하여 모집단에서의 관계를 추정하는 추리통계분석기법입니다. 즉, 표본을 대상으로 관찰한 변수들의 측정값으로 표본통계량을 계산하고, 표본통계량과 해당 표본통계량의 표본분포(sampling distribution)에 근거해서 모집단에서도 예측된 관계가 성립하는지에 대한 가설을 검정하게 되는 것입니다. 따라서 독립표본 *t*-검정시의 연구가설(H_1)의 일반적인 형태는 〈표 12-3〉과 같습니다. 따라서 이에 대응하는 귀무가설(H_0)도 〈표 12-3〉과 같은 형태를 가질 것입니다. 한편, 〈표 12-3〉은 가설의 방향이 중요하지 않은 독립표본 *t*-검정을 양측검정(tow-tailed test)하는 예를 보여주고 있습니다. 물론 연구가설 혹은 귀무가설에서 가설의 방향까지 중요할 수도 있고 이럴 때에는 단측검정을 실시하면 됩니다. 〈표 12-4〉는 단측검정(one-tailed test)의 예를 보여주고 있지요.

표 12-3 **독립표본 t-검정시의 실질가설: 양측검정**

연구가설(H_1): 두 집단의 평균(=종속변수)은 동일하지 않을 것이다.
귀무가설(H_0): 두 집단의 평균(=종속변수)은 동일할 것이다.

표 12-4 **독립표본 t-검정시의 실질가설: 단측검정**

연구가설(H_1): 집단 1의 평균이 집단 2의 평균보다 클 것이다.
귀무가설(H_0): 집단 1의 평균이 집단 2의 평균과 같거나 작을 것이다.

아래의 〈표 12-6〉은 SPSS Statistics를 통해서 독립표본 t-검정을 실시한 결과를 보여주고 있습니다. 분석의 대상이 된 변수는 '현재급여'와 '성별' 두 개이고, 현재급여는 비율척도의 수준으로 측정된 사회현상이고, 성별은 집단을 구분하는 명목척도의 수준으로 측정된 사회현상입니다. 성별에 따라 현재급여가 다른지 여부를 연구하고 있다고 한다면, 명목척도로 측정된 독립변수(=성별)가 비율척도로 측정된 종속변수(=현재급여)에 영향을 주는지 알아볼 수 있고, 이러한 분석이 독립표본 t-검정이나 분산분석이 해주는 기능입니다. 따라서 이 경우 연구가설(H_1)은 "성별에 따라 현재급여의 차이가 있을 것이다"이고, 귀무가설 (H_0)은 "성별에 따른 현재급여의 차이는 없을 것이다"라고 할 수 있겠습니다. 따라서 통계가설형태로 표현된 연구가설(H_1)과 귀무가설(H_0)은 다음의 〈표 12-5〉와 같습니다.

표 12-5

독립표본 t-검정 시 통계가설

H_1: $\mu_f \neq \mu_m$

H_0: $\mu_f = \mu_m$

이때 μ_f는 모집단에서의 여성의 현재급여 평균을 의미하고, μ_m는 모집단에서 남성의 현재급여 평균을 의미합니다. 즉, H_0: $\mu_f = \mu_m$라는 가정하에서, 표본에서의 두 집단간 평균의 차이($=\overline{X_f}-\overline{X_m}$)가 모집단의 평균의 차이($=\mu_f-\mu_m$)로부터 얼마나 멀리 떨어져 있는지를 판단하는 것이 독립표본 t-검정이 수행하는 가설검정 내용인 것입니다. 연구자는, 제9장의 가설검정절차에서 이미 설명한 바와 같이, $\overline{X_f}-\overline{X_m}$을 이용한 검정통계량(test statistic)을 계산해서 가설을 검정하게 됩니다.

표 12-6

독립표본 t-검정 결과

집단통계량

	성별	*N*	평균	표준편차	평균의 표준오차
현재급여	남자	258	$41,441.78	$19,499.21	$1,213.968
	여자	216	$26,036.92	$7,558.021	$514.258

독립표본 검정

		Levene의 등분산 검정		평균의 동일성에 대한 t-검정						
		F	유의확률	t	자유도	유의확률 (양쪽)	평균차	차이의 표준오차	차이의 95% 신뢰구간	
									하한	상한
현재급여	등분산이 가정됨	119.669	.000	10.945	472	.000	$15,409.862	$1,407.906	$12,643.322	$18,176.401
	등분산이 가정되지 않음			11.688	344.262	.000	$15,409.862	$1,318.400	$12,816.728	$18,002.996

구체적으로 독립표본 t-검정의 검정통계량은 (식 12-4)에 따라 계산하게 됩니다. 한편, (식 12-4)의 t 검정통계량은 (n_1+n_2-2)의 자유도를 가진 t분포를 따르는 것으로 알려졌습니다. 물론 n_1은 집단 1의 표본크기이고, n_2는 집단 2의 표본크기를 의미합니다. 또 $s_{(\overline{X_1}-\overline{X_2})}$는 표준오차이고, s^2는 두 개의 집단을 합한 전체표본$(=n_1+n_2)$의 분산입니다. 한편, F분포를 이용한 모집단 분산의 비교를 통해서도 두 집단간의 차이를 검정할 수 있으나, 이 검정의 원리는 분산분석에서 설명하도록 합니다.

두 집단이 동일 분산인 경우의 독립표본 t-검정의 검정통계량 (식 12-4)

$$t=\frac{(\overline{X_1}-\overline{X_2})-(\mu_1-\mu_2)}{s_{(\overline{X_1}-\overline{X_2})}}$$

단, 위 식에서 $s_{(\overline{X_1}-\overline{X_2})}=\sqrt{s^2\left(\frac{1}{n_1}+\frac{1}{n_2}\right)}$이고,

$$s^2=\frac{\sum_{i=1}^{n_1}(X_{i1}-\overline{X_1})^2+\sum_{i=1}^{n_2}(X_{i2}-\overline{X_2})^2}{n_1+n_2-2}$$ 입니다.

그런데 (식 12-4)는 두 개의 집단이 동일한 분산을 가진 경우에 사용가능한 검정통계량 계산식입니다. 만일 두 개 집단의 분산이 동일하지 않은 경우에는 '표본평균의 차'와 관련된 정확한 t값이 계산될 수 없게 됩니다. 예를 들면, 선진국의 소비자들은 상표(brands)에 대한 선호가 잘 발달되어 있고, 저개발국의 소비자들은 아직 상표에 대한 선호가 잘 확립되지 않은 경우가 일

반적입니다. 선진국 소비자의 특정 의류상표에 대한 선호도를 측정할 때 그 측정값의 분산은 저개발국 소비자들의 선호도의 분산보다 더 작을 것입니다. 선진국 소비자들은 상표에 대한 선호가 어느 정도는 동질적으로 성립되어 있는데 반해서, 저개발국 소비자들의 경우에는 선호가 발달한 사람과 그렇지 않은 소비자들간의 차이가 크기 때문이지요. 이처럼 두 집단의 분산이 동일하지 않은 경우에는 검정통계량 t의 근사값(approximation to t)을 계산하게 됩니다. 이 경우의 자유도는 정수(integer)가 아닐 가능성이 큽니다. 또 검정통계량의 분모는 (식 12-5)에 따라 계산됩니다. (식 12-4)에서의 검정통계량의 표준편차 계산식과 약간 다르지요.

두 집단의 분산이 다를 경우 독립표본 t-검정 검정통계량의 분모

$$s_{(\bar{X}_1-\bar{X}_2)}=\sqrt{\left(\frac{s_1^{\,2}}{n_1}+\frac{s_2^{\,2}}{n_2}\right)} \qquad \text{(식 12-5)}$$

〈표 12-6〉은 〈표 12-4〉의 가설 H_0가 모집단에서 성립하는지에 대한 가설검정(=독립표본 t-검정) 결과를 보여주고 있습니다. 먼저 〈표 12-6〉의 '집단통계량' 표를 보면, 남자집단(즉, 표본)을 구성하는 응답자의 수는 258(즉, $n_1=258$)명이고, 여자집단을 구성하는 응답자의 수는 216(즉, $n_2=258$)이며, 각 집단의 평균, 표준편차 및 표준오차 값이 제시되어 있습니다.

위에서 t-검정은 두 집단의 모집단이 정규분포를 이루고 두 집단의 분산이 동일하다는 가정하에 두 집단간에 평균 혹은 비율 등의 차이가 있는지를 분석해 주는 통계기법이라고 설명했습니다. 또 분산이 동일하지 않은 경우에 t의 근사값을 구하여 검정을 실시한다고 했습니다. 〈표 12-6〉의 '독립표본 검정' 표를 보면, 두 집단(표본)간의 분산이 동일한 경우(等분산이 가정된 경우)와 동일하지 않은 경우(等분산이 가정되지 않은 경우)의 검정통계량 t값과 검정결과가 제시되어 있습니다. 두 집단의 분산이 동일한지 여부는 'Levene의 등분산 검정'이라는 방법을 이용했음도 표시되어 있지요. 등분산 가정이 성립하는지 검사한 결과를 보면, 등분산의 검정에 사용된 F값 119.669에 대응하는 유의확률이 0.000으로 나타나 있습니다. 연구자가 일반적으로 기준으

로 삼는 유의도 수준이 $\alpha=0.01$ 혹은 $\alpha=0.05$이므로 두 집단은 동일 분산이라는 귀무가설(H_0: $\sigma_1^2=\sigma_2^2$)이 기각되고 두 집단의 분산은 동일하지 않다는 결론을 내릴 수 있지요. 따라서 등분산이 가정된 경우의 t값(=10.945)과 유의도($p=0.000$)를 해석하는 것이 아니라, 등분산이 가정되지 않은 경우의 t검정통계량 값(=11.688)과 해당 유의도($p=0.000$)를 해석하면 됩니다. 이때의 자유도(df)를 보면 344.262로 나와 있고, 이것은 정수(integer)가 아닌 것을 확인할 수 있습니다.

여하간, 〈표 12-6〉의 '독립표본검정' 표에서 등분산이 가정되지 않은 경우의 t검정통계량에 대응하는 유의(확률) 수준이 0.000이므로, 연구자가 사전적으로(실제로는 관행적으로) 설정한 유의 수준이 $\alpha=0.01$이라면, H_0: $\mu_f=\mu_m$라는 귀무가설을 안전하게 기각하게 되는 것입니다. 결국 성별이 다르면 현재급여가 달라진다는 결론을 내릴 수 있고, 이러한 연구자의 결론이 잘못될 확률은 0.000이므로 1,000분의 1도 되지 않는다는 것을 알 수 있습니다. 결국 두 변수 사이에는 강력한 관계가 있다는 결론을 자신 있게 내릴 수 있는 것입니다.

2. 일원분산분석

이곳에서는 위에서 소개되었던 여러 종류의 분산분석기법 중 t-검정과 유사한 기능을 하며 가장 기본적인 분산분석인 일원분산분석(one-way ANOVA) 결과의 해석에 대해 설명합니다. 다른 종류의 분산분석도 기본원리는 동일하므로 일원분산분석을 해석할 수 있는 능력을 키운다면 다른 종류의 분산분석도 어렵지 않게 이해하고 응용할 수 있습니다.

분산분석도 표본을 기초로 한 기술통계분석 결과를 이용하여 모집단에서의 관계를 추정하는 추리통계분석기법입니다. 즉, 표본을 대상으로 관찰한 변수들의 측정값으로 표본통계량을 계산하고, 표본통계량과 해당 표본통계량의 표본분포(sampling distribution)에 근거해서 모집단에서도 관계가 성립하는지에 대한 가설을 검정하게 되는 것입니다. 따라서 c개의 집단을 대상으로 하는 일원분산분석(one-way ANOVA)시의 연구가설(H_1)의 일반적인 형태는 〈표 12-7〉과 같습니다. 따라서 이에 대응하는 귀무가설(H_0)도 〈표 12-7〉과 같은 형태를 가질 것입니다.

표 12-7

일원분산분석 (one-way ANOVA) 시의 실질가설: 양측검정

연구가설(H_1): c개 집단의 평균(=종속변수)이 동일하지는 않을 것이다.
귀무가설(H_0): c개 집단의 평균(=종속변수)은 동일할 것이다.

아래의 〈그림 12-8〉은 SPSS Statistics를 통해서 일원분산분석을 실행한 결과 중 표 3개를 보여주고 있습니다. 그런데 SPSS Statistics에서는 일원분산분석을 일원배치분산분석이라고 표현하고 있습니다. 여하간, 일원분산분석의 대상이 된 사회현상은 '직종구분'과 '현재급여' 두 개이고, 직종구분은 명목척도 수준에서 측정된 현상이고, 현재급여는 비율척도의 수준으로 측정된 현상입니다.

표 12-8

일원배치분산 분석결과

기술통계

현재급여

	N	평균	표준편차	표준오차	평균에 대한 95% 신뢰구간		최소값	최대값
					하한값	평균값		
사무직	363	$27,838.54	$7,567.995	$397.217	$27,057.40	$28,619.68	$15,750	$80,000
관리직	27	$30,938.89	$2,114.616	$406.958	$30,102.37	$31,775.40	$24,300	$35,250
경영직	84	$63,977.80	$18,244.776	$1,990.668	$60,018.44	$67,937.16	$34,410	$135,000
합계	474	$34,419.57	$17,075.661	$784.311	$32,878.40	$35,960.73	$15,750	$135,000

분산의 동질성에 대한 검정

현재급여

Levene 통계량	자유도1	자유도2	유의확률
59.733	2	471	.000

분산분석

현재급여

	제곱합	자유도	평균제곱	F	유의확률
집단-간	89438483925.943	2	44719241962.971	434.481	.000
집단-내	48478011510.397	471	102925714.459		
합계	137916495436.340	473			

사후검정

다중 비교

종속변수: 현재급여

	(I)직종구분	(J)직종구분	평균차(I-J)	표준오차	유의확률	95% 신뢰구간	
						하한값	상한값
Tukey HSD	사무직	관리직	−$3,100.349	$2,023.760	.277	−$7,858.50	$1,657.80
		경영직	−$36,139.258(*)	$1,228.352	.000	−$39,027.29	−$33,251.22
	관리직	사무직	$3,100.349	$2,023.760	.277	−$1,657.80	$7,858.50
		경영직	−$33,038.909(*)	$2,244.409	.000	−$38,315.84	−$27,761.98
	경영직	사무직	$36,139.258(*)	$1,228.352	.000	$33,251.22	$39,027.29
		관리직	$33,038.909(*)	$2,244.409	.000	$27,761.98	$38,315.84
Scheffe	사무직	관리직	−$3,100.349	$2,023.760	.310	−$8,069.80	$1,869.10
		경영직	−$36,139.258(*)	$1,228.352	.000	−$39,155.54	−$33,122.98
	관리직	사무직	$3,100.349	$2,023.760	.310	−$1,869.10	$8,069.80
		경영직	−$33,038.909(*)	$2,244.409	.000	−$38,550.17	−$27,527.65
	경영직	사무직	$36,139.258(*)	$1,228.352	.000	$33,122.98	$39,155.54
		관리직	$33,038.909(*)	$2,244.409	.000	$27,527.65	$38,550.17
Dunnett T3	사무직	관리직	−$3,100.349(*)	$568.679	.000	−$4,482.16	−$1,718.53
		경영직	−$36,139.258(*)	$2,029.912	.000	−$41,074.92	−$31,203.59
	관리직	사무직	$3,100.349(*)	$568.679	.000	$1,718.53	$4,482.16
		경영직	−$33,038.909(*)	$2,031.840	.000	−$37,979.39	−$28,098.43
	경영직	사무직	$36,139.258(*)	$2,029.912	.000	$31,203.59	$41,074.92
		관리직	$33,038.909(*)	$2,031.840	.000	$28,098.43	$37,979.39

*05 수준에서 평균차가 큽니다.

동일 집단군

현재급여

	직종구분	N	유의수준=.05에 대한 부집단	
			1	2
Tukey HSD(a, b)	사무직	363	$27,838.54	
	관리직	27	$30,938.89	
	경영직	84		$63,977.80
	유의확률		.227	1.000
Scheffe(a, b)	사무직	363	$27,838.54	
	관리직	27	$30,938.89	
	경영직	84		$63,977.80
	유의확률		.259	1.000

동일 집단군에 있는 집단에 대한 평균이 표시됩니다.

a: 조화평균 표본 크기=58.031을(를) 사용

b: 집단 크기가 같지 않습니다. 집단크기의 조화평균이 사용됩니다. 제1종 오류 수준은 보장할 수 없습니다.

직종구분이 다르면 현재급여가 다른지 여부를 연구하고 있다고 한다면, 명목척도로 측정된 독립변수(직종구분)가 비율척도로 측정된 종속변수(현재급여)에 영향을 주는지 알아보면 되는데, 독립변수인 직종구분이 2개의 집단이 아니라 3개의 집단(사무직, 관리직, 경영직)으로 나뉘고 있으므로 독립표본 t-검정을 사용하면 분석을 3회 시행해야 하므로 비효율적입니다. 따라서 이러한 경우 일원분산분석을 이용하여 독립변수가 종속변수에 영향을 주는지를 한 번에 검증할 수 있습니다. 따라서 이 경우 연구가설(H_1)은 "직종구분에 따라 현재급여의 차이가 있을 것이다"이고, 귀무가설(H_0)은 "직종구분에 따른 현재급여의 차이는 없을 것이다"라고 할 수 있겠습니다. 이러한 실질가설을 통계가설형태로 표현한 귀무가설(H_0)은 다음의 〈표 12-9〉와 같습니다.

표 12-9 일원분산분석(one-way ANOVA) 시의 통계가설

$$H_0: \mu_c = \mu_a = \mu_m$$

이때 μ_c는 모집단에서의 사무직(clerk)의 현재급여 평균을 의미하고, μ_a는 모집단에서 관리직(administrator)의 현재급여 평균을 의미하며, μ_m는 모집단에서 경영직(management)의 현재급여 평균을 의미합니다. 즉, H_0: $\mu_c=\mu_a=\mu_m$라는 가정하에서, 모집단에서의 집단간 분산과 집단내 분산의 비율(V_b/V_w)이 충분히 큰지를 판단하는 것이 일원분산분석이 수행하는 가설검정 내용인 것입니다. 분산분석에서는 각 집단의 평균들을 직접 비교하지 않는다는 점에 유의할 필요가 있습니다. 구체적으로 연구자는, 제9장의 가설검정절차에서 이미 설명한 바와 같이, 표본에서 얻어진 자료에 기초한 검정통계량(test statistic)을 계산해서 가설을 검정하게 됩니다.

일원분산분석의 검정통계량 (식 12-6)

$F=$모집단의 집단간 분산 추정값/모집단의 집단내 분산 추정값

$$=S_b^2/S_w^2=\frac{SSB/(c-1)}{SSW/(N-c)}=\frac{MSB}{MSW}$$

$$=\frac{\sum_{j=1}^{c} N(\overline{Y}_j-\overline{Y})^2/(c-1)}{\sum_{j}^{c}\sum_{i}^{N}(Y_{ij}-\overline{Y}_j)^2/(N-c)}$$

단, $\overline{Y}_j=$ 집단 j의 종속변수 평균

$\overline{Y}=$ 모든 집단을 더한 전체집단에서의 종속변수 평균

$Y_{ij}=$ j집단에 속하는 i응답자의 종속변수 값

일원분산분석의 검정통계량은 (식 12-6)에 따라 계산하게 됩니다. 물론 c는 독립변수를 구성하는 집단의 수이고, N은 모든 집단의 크기를 합한 전체집단의 크기입니다. S_b^2은 모집단의 집단간 분산에 대한 추정값이고, S_w^2은 모집단의 집단내 분산에 대한 추정값을 의미합니다. 그런데 S_b^2와 S_w^2는 분산과 기능면에서는 유사하나 조금 다른 변화폭(variability) 측정도구인 '자승합(sum of squares)' 개념으로 표현합니다. 즉, S_b^2와 S_w^2를 SSB와 SSW로 표현하게 되는데, 이때 집단간 자승합(between groups sum of squares: SSB)은 각 집단의 종속변수 평균이 전체평균에서 떨어진 정도라고 할 수 있는 집단간 변량(between groups variation)을 의미하고, 집단내 자승합(within group sum of squares: SSW)

은 각 집단에 속하는 각 응답자의 종속변수값이 각 집단의 평균에서 떨어진 정도라고 할 수 있는 집단내 변량(within group variation)을 의미합니다. 그리고, 집단간 변량을 분자의 자유도 $(c-1)$로 나눈 집단간 자승평균(between groups mean squares: MSB)은 집단의 수를 고려했을 때 독립변수가 종속변수에 미치는 영향을 나타내는 '집단간 평균변량'을, 집단내 변량을 분모의 자유도인 $(N-c)$로 나눈 집단내 자승평균(within group mean squares: MSW)은 표본의 크기를 고려했을 때 각 집단 내에서 독립변수와 무관하게 발생하는 변화라고 할 수 있는 '집단내 평균변량'을 의미합니다. 한편, (식 12-6)의 검정통계량 F값(F ratio)은 분자 $(c-1)$, 분모 $(N-c)$의 자유도를 가진 F분포를 따르는 것으로 알려졌습니다.

즉, 분산분석에서는, 모집단의 분산의 구성비(=집단간분산/집단내분산)가 충분히 큰지를 판단하기 위하여 분산개념과 유사하지만 구체적인 내용은 조금 다른 집단간 변량과 집단내 변량을 표본에서 계산한 다음 (식 12-6)에서처럼 F값을 추정하게 되는 것입니다.

〈표 12-8〉은 〈표 12-7〉의 가설 H_0가 모집단에서 성립하는지에 대한 가설검정(일원분산분석) 결과를 보여주고 있습니다. 먼저 〈표 12-8〉의 '기술통계' 표를 보면, 독립변수(직종구분)의 집단별로 종속변수(현재급여)의 평균, 표준편차, 표준오차 등의 기술통계량이 제시되어 있습니다. 집단의 수는 사무직(clerk) 집단, 관리직(administrator) 집단, 경영직(management) 집단의 3개이며, 3개 집단의 표본크기를 합한 전체표본의 크기는 474(즉, $N=474$)임도 알 수 있습니다.

제1절에서 분산분석은 분석대상 집단의 모집단이 정규분포를 이루고 각 집단의 분산이 동일하다는 가정하에 집단간에 평균차이가 있는지를 분석해주는 통계기법이라고 설명했습니다. 〈표 12-8〉의 '분산의 동질성에 대한 검정' 표를 보면, 3집단(표본)간의 분산이 동일한지 여부를 'Levene의 등분산 검정' 이라는 방법을 이용해서 검정한 결과가 제시되어 있습니다. 등분산 가정이 성립하는지 검사한 결과를 보면, 등분산의 검정에 사용된 F값 59.733에 대응하는 유의확률이 0.000으로 나타나 있습니다. 연구자가 일반적으로 기준으로 삼는 유의도 수준이 $\alpha=0.01$ 혹은 $\alpha=0.05$이므로 3집단은 동일 분산

이라는 귀무가설(H_0: $\sigma_1^2 = \sigma_2^2 = \sigma^2$)이 기각되고 3집단의 분산은 동일하지 않다는 결론을 내릴 수 있지요. 따라서 위에서 예로 제시한 일원분산분석의 결과는 사실 자신 있게 받아들이기에는 문제가 있다고 할 수 있습니다. 그러나 이곳에서는 분산분석의 해석을 다루고 있으므로 집단간 등분산 가정이 성립했다고 가정하고 다음의 내용을 설명합니다.

〈표 12-8〉의 '분산분석' 표에서 F검정통계량(434.481)에 대응하는 분자의 자유도는 2(집단의 수−1=3−1), 분모의 자유도는 471(전체표본 크기−집단의 수=474−3) 그리고 유의(확률) 수준이 0.000이므로, 연구자가 사전적으로(실제로는 관행적으로) 설정한 유의 수준이 $\alpha = 0.01$이라면, H_0: $\mu_c = \mu_a = \mu_m$라는 귀무가설을 안전하게 기각하게 되는 것입니다. 결국 직종구분이 다르면 현재급여가 달라진다는 결론을 내릴 수 있고, 이러한 연구자의 결론이 잘못될 확률은 0.000이므로 1,000분의 1도 되지 않는다는 것을 알 수 있습니다. 결국 두 변수 사이에는 강력한 관계가 있다는 결론을 내릴 수 있는 것입니다.

한편 집단간에 차이가 존재한다는 결론이 나왔을 때, 구체적으로 어떤 특정한 집단간에 차이가 존재하는지가 궁금할 수 있습니다. 분산분석은 단지 집단간에 차이가 존재하는지 여부만 판단해 주기 때문입니다. 즉, 분산분석에서는 어느 하나의 집단이라도 다른 집단들과의 차이가 있으면 통계적으로 유의한 분산분석 결과를 보여줍니다. 위에서 사용한 예를 들면, 경영직과 관리직간에 현재급여의 차이가 나는지 혹은 관리직과 사무직간에 차이가 나는지에 대해서는 분산분석이 설명해 주지 않습니다. 이러한 경우에는 **사후검정**(post hoc comparison)을 통해서 구체적으로 차이가 나는 집단들을 특정해서 알아볼 수 있습니다. 〈표 12-8〉의 '다중비교' 표에는 SPSS Statistics에서 다양한 사후검정의 방법(Sheffe, LSD 등)을 연구자가 선택하여 실행한 사후검정 결과가 제시되어 있습니다. 등분산 가정하에서 다중비교를 실행하는 방법(우리의 예에서는 Scheffe와 Tukey의 비교)을 선택할 수도 있고, 등분산을 가정하지 않고도 다중비교를 실행하는 방법(우리의 예에서는 Dunnett T3)을 선택할 수 있습니다. 〈표 12-8〉의 '다중비교' 표에서 Scheffe의 다중비교 결과를 예로 들면, 각 집단간의 평균 차이가 계산되어 있고, 이러한 차이가 유의한지 여부도 제시되어 있습니다. 즉, 경영직과 관리직 혹은 경영직과 사무직간에는 유의한($p=0.000$) 차이가 있는 반면, 관리직과 사무직간에는 유의한 차이가 없는 것($p=0.310$)으로 나타났습니다. 이러한 사후검정 결과를 '동일집단군' 표에서도 추가적으로 확인할 수 있는데, Scheffe가 개발한 방법을 사용한 경우에 사무직과 관리직이 동일집단군으로 분류되고 이들이 경영직과는 다른 집단으로 분류됨을 볼 수 있습니다.

제 4 절 집단간 차이분석은 어떻게 실행하는가?

위에서는 집단간 차이를 분석해 주는 독립표본 t검정과 일원분산분석의 결과를 해석하는 방법을 설명하였습니다. 제3절에서는 SPSS Statistics를 이용해서 이렇게 집단간 차이를 분석하는 절차 및 방법에 대해 설명합니다.

항상 강조하는 바와 같이, 모든 SPSS Statistics분석을 위해서는 분석대상 자료파일이 열려져 있어야만 합니다. 따라서 이미 입력된 자료를 열거나 새로 자료를 입력하여야 하겠지요. 〈그림 12-1〉은 SPSS Statistics 프로그램 내에 이미 입력되어 있는 자료파일 Employee data.sav를 열어 놓은 상태를 보여주고 있습니다.

1. 독립표본 t-검정의 실행

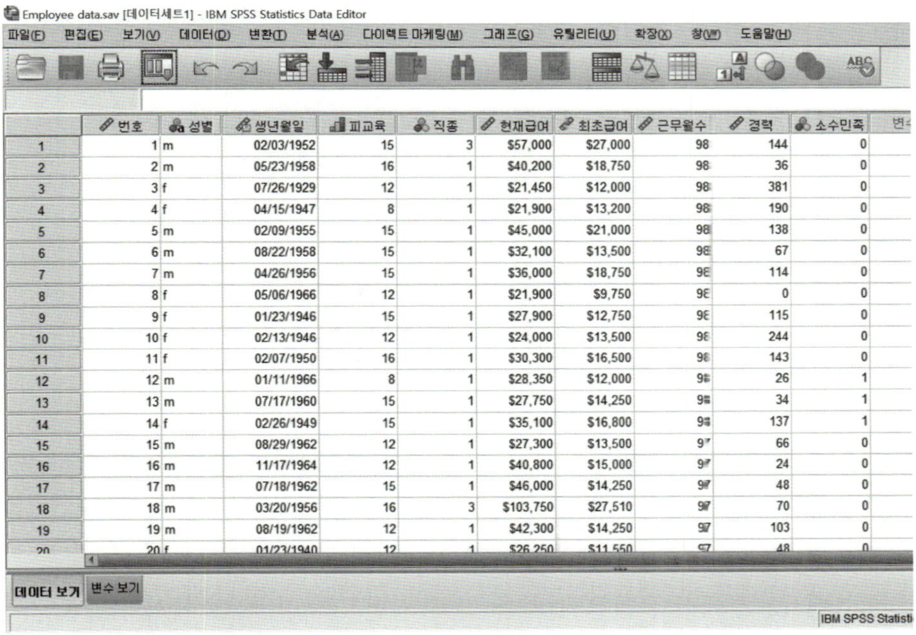

	번호	성별	생년월일	교육	직종	현재급여	최초급여	근무월수	경력	소수민족
1	1	m	02/03/1952	15	3	$57,000	$27,000	98	144	0
2	2	m	05/23/1958	16	1	$40,200	$18,750	98	36	0
3	3	f	07/26/1929	12	1	$21,450	$12,000	98	381	0
4	4	f	04/15/1947	8	1	$21,900	$13,200	98	190	0
5	5	m	02/09/1955	15	1	$45,000	$21,000	98	138	0
6	6	m	08/22/1958	15	1	$32,100	$13,500	98	67	0
7	7	m	04/26/1956	15	1	$36,000	$18,750	98	114	0
8	8	f	05/06/1966	12	1	$21,900	$9,750	98	0	0
9	9	f	01/23/1946	15	1	$27,900	$12,750	98	115	0
10	10	f	02/13/1946	12	1	$24,000	$13,500	98	244	0
11	11	f	02/07/1950	16	1	$30,300	$16,500	98	143	0
12	12	m	01/11/1966	8	1	$28,350	$12,000	98	26	1
13	13	m	07/17/1960	15	1	$27,750	$14,250	98	34	1
14	14	f	02/26/1949	15	1	$35,100	$16,800	98	137	1
15	15	m	08/29/1962	12	1	$27,300	$13,500	97	66	0
16	16	m	11/17/1964	12	1	$40,800	$15,000	97	24	0
17	17	m	07/18/1962	15	1	$46,000	$14,250	97	48	0
18	18	m	03/20/1956	16	3	$103,750	$27,510	97	70	0
19	19	m	08/19/1962	12	1	$42,300	$14,250	97	103	0
20	20	f	01/23/1940	12	1	$26,250	$11,550	97	48	0

그림 12-1

분석대상 자료파일 열기

명목척도 수준으로 측정된 독립변수와 등간/비율척도 수준으로 측정된 종속변수 사이의 인과관계 추론을 독립표본 t검정으로 실행하기 위해서는 먼저 〈그림 12-1〉처럼 분석대상 자료파일을 열고, 〈그림 12-2〉와 같이 **분석**(A) → **평균비교**(M) → **독립표본 T검정**(T)을 차례로 선택합니다. 물론 이 시점에서 분석목적에 따라 다른 옵션을 선택할 수 있습니다. '독립표본 T검정(T)' 을 선택하면 지정하는 변수의 평균 및 관련 기술통계량 및 간단한 일원 분산분석을 할 수 있고, '일표본 T검정(S)' 을 선택하면 하나의 표본평균이 예측된 평균과 같은지 여부도 분석할 수 있지요(단일표본 t-검정). 한편 '대응표본 T검정(P)' 을 선택하면 하나의 집단에 대해 독립변수를 적용하기 전과 적용한 후의 종속변수의 수준을 측정하고 이들간의 차이를 분석할 수 있습니다(동일표본 t-검정). '일원배치분산분석(O)' 은 분산분석의 절차에서 설명해야 겠지요.

그림 12-2

독립표본 *t*-검정의 실행

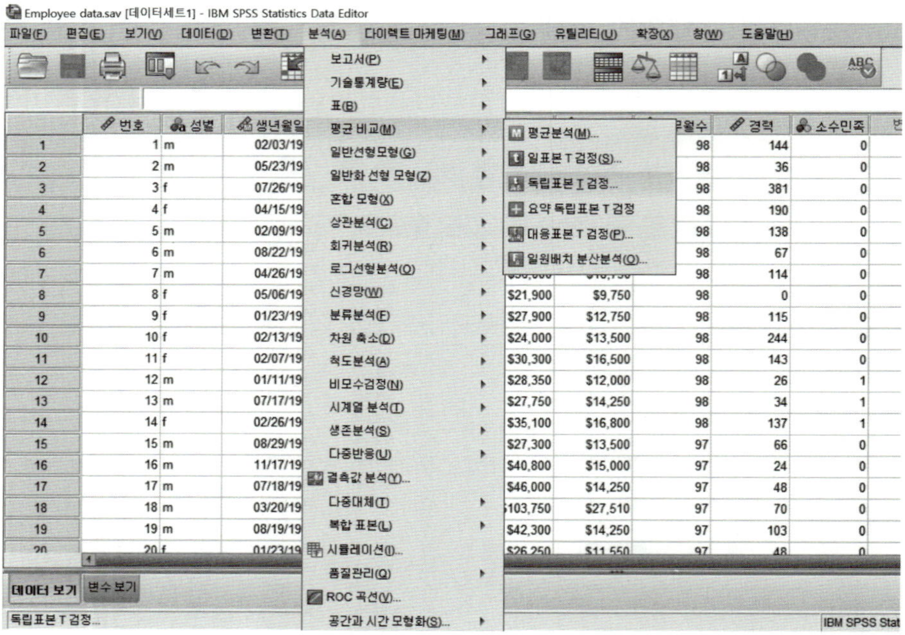

〈그림 12-2〉에서와 같은 절차를 밟게 되면, 〈그림 12-3〉에서와 같은 '독립표본 *t*-검정' 창이 열리게 됩니다. 이 창에서는 독립표본 *t*-검정의 종속변수(검정변수)와 독립변수(집단변수)를 지정하고 몇 가지 옵션을 선택할 수 있게 되어 있습니다.

독립표본 *t*-검정 실행 창에서 먼저, 종속변수와 독립변수를 각각 선택합니다. 〈그림 12-3〉에서는 독립변수로 '성별'을, 종속변수로 '현재급여'를 선택한 상황을 보여주고 있습니다.

독립변수(집단변수)와 종속변수(검정변수)를 선택한 다음에는, 〈그림 12-4〉에서와 같이 **집단정의** 탭을 클릭하고 독립변수를 구성하는 집단을 정의해줍니다. 우리의 예에서는 독립변수인 성별의 경우 남자는 m으로, 여자는 f로 자료파일에 입력되었으므로, 집단 1은 m을, 집단 2는 f를 '집단정의' 창에 입력하여 집단을 정의합니다. 물론 집단 1을 f로, 집단 2를 m으로 지정해도 무방합니다.

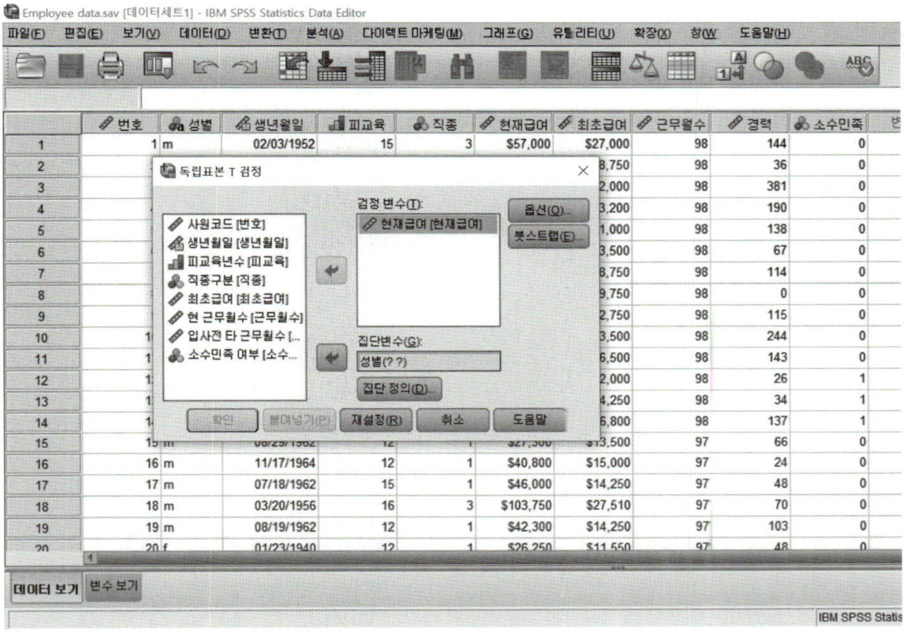

그림 12-3

독립표본 t-검정의 실행 창1

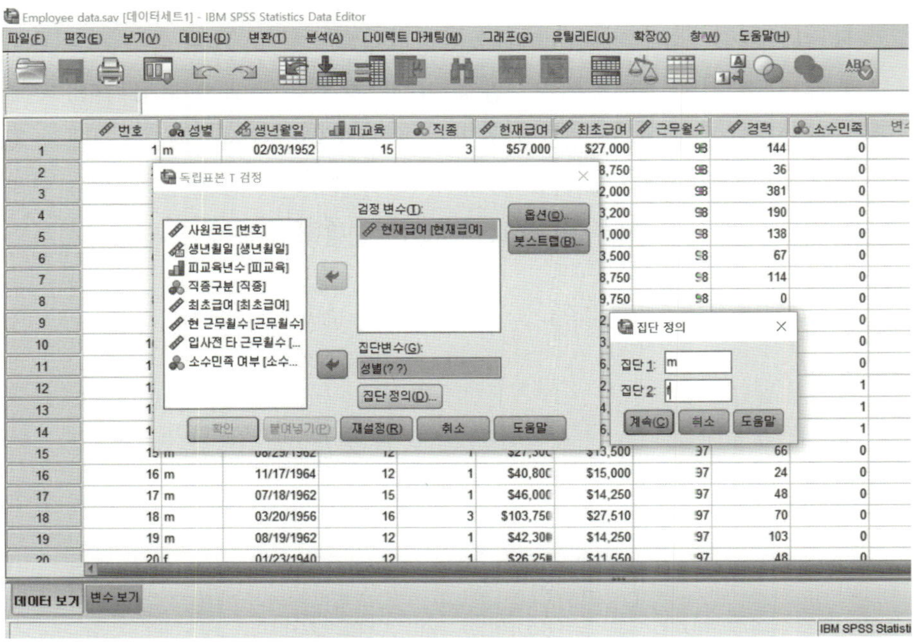

그림 12-4

독립표본 t-검정의 실행에서 집단의 정의

그림 12-5

독립표본 *t*-검정의 실행 창2

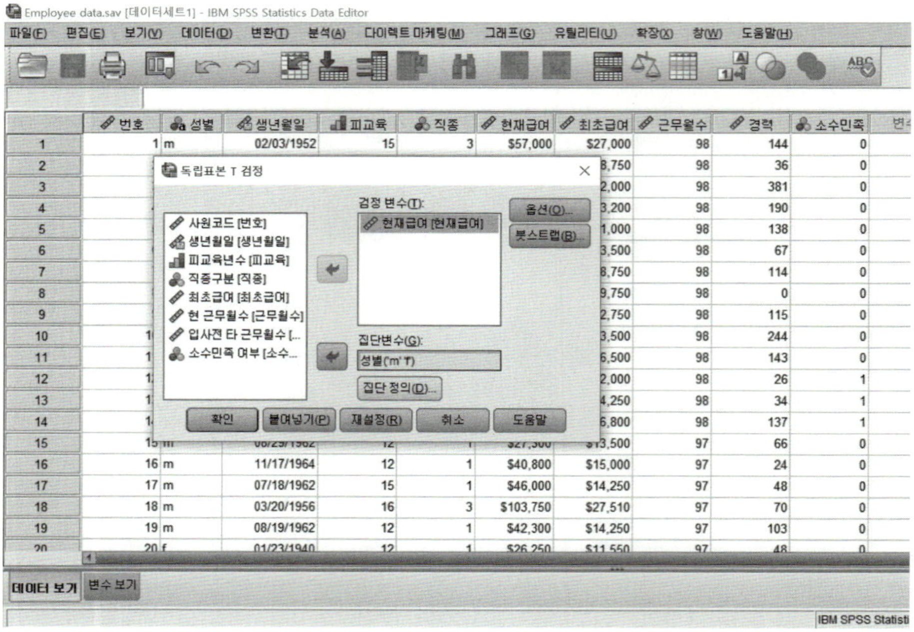

집단을 정의한 후 〈그림 12-4〉의 '집단정의' 창의 **계속** 탭을 클릭하면 〈그림 12-5〉와 같이 '독립표본 *t*-검정 실행' 창으로 복귀하게 됩니다.

〈그림 12-5〉와 같이 ' 독립표본 *t*-검정 실행 ' 창이 다시 열린 상태에서 **확인** 탭을 클릭하게 되면 〈그림 12-6〉과 같은 독립표본 *t*-검정 결과 창이 열리게 됩니다. 이제 연구자는 제2절에서와 같은 방법으로 분석 결과를 해석하면 되는 것입니다.

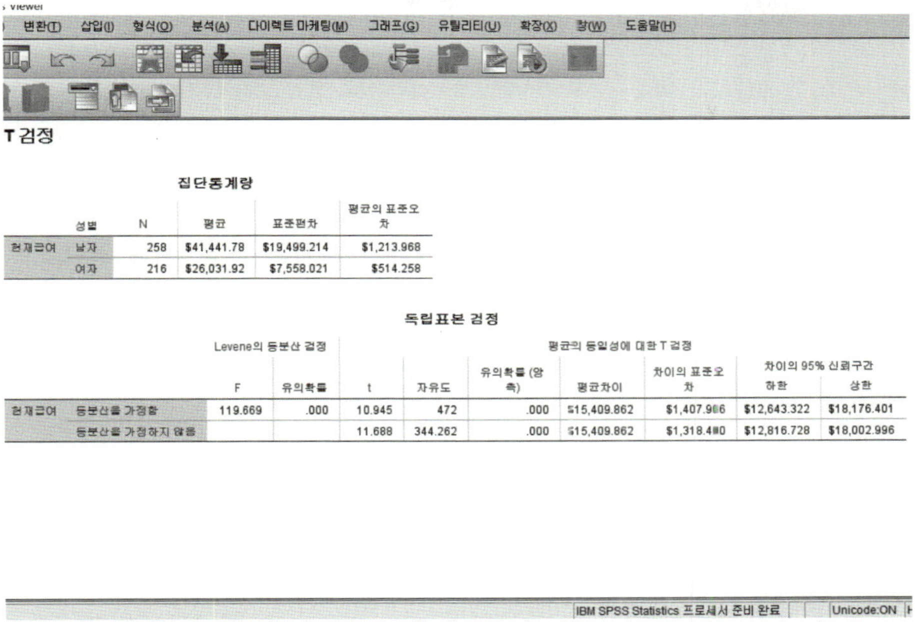

T 검정

집단통계량

	성별	N	평균	표준편차	평균의 표준오차
현재급여	남자	258	$41,441.78	$19,499.214	$1,213.968
	여자	216	$26,031.92	$7,558.021	$514.258

독립표본 검정

		Levene의 등분산 검정		평균의 동일성에 대한 T 검정						
									차이의 95% 신뢰구간	
		F	유의확률	t	자유도	유의확률 (양측)	평균차이	차이의 표준오차	하한	상한
현재급여	등분산을 가정함	119.669	.000	10.945	472	.000	$15,409.862	$1,407.9[illegible]6	$12,643.322	$18,176.401
	등분산을 가정하지 않음			11.688	344.262	.000	$15,409.862	$1,318.4[illegible]0	$12,816.728	$18,002.996

그림 12-6 독립표본 t-검정 결과 창

2. 일원분산분석의 실행

명목척도 수준으로 측정된 독립변수와 등간/비율척도 수준으로 측정된 종속변수 사이의 인과관계 추론을 일원분산분석으로 실행하기 위해서는 먼저 〈그림 12-7〉처럼 분석대상 자료파일을 열고, 〈그림 12-8〉과 같이 **분석**(A) → **평균비교**(M) → **일원배치 분산분석**(O)을 차례로 선택합니다.

〈그림 12-8〉에서와 같은 절차를 밟게 되면, 〈그림 12-9〉에서와 같은 '일원분산분석(일원배치 분산분석)' 창이 열리게 됩니다. 이 창에서는 일원분산분석에서의 종속변수와 독립변수(요인)를 지정하고 대비(C), 사후분석(H) 및 옵션(O)을 선택할 수 있게 되어 있습니다.

〈그림 12-9〉의 '일원분산분석' 창에서 먼저, 종속변수와 독립변수를 각각 선택합니다. 〈그림 12-10〉에서는 독립변수(요인)로 '직종구분'을 종속변수로 '현재급여'를 선택한 상황을 보여주고 있습니다.

그림 12-7

분석대상 자료 파일 열기

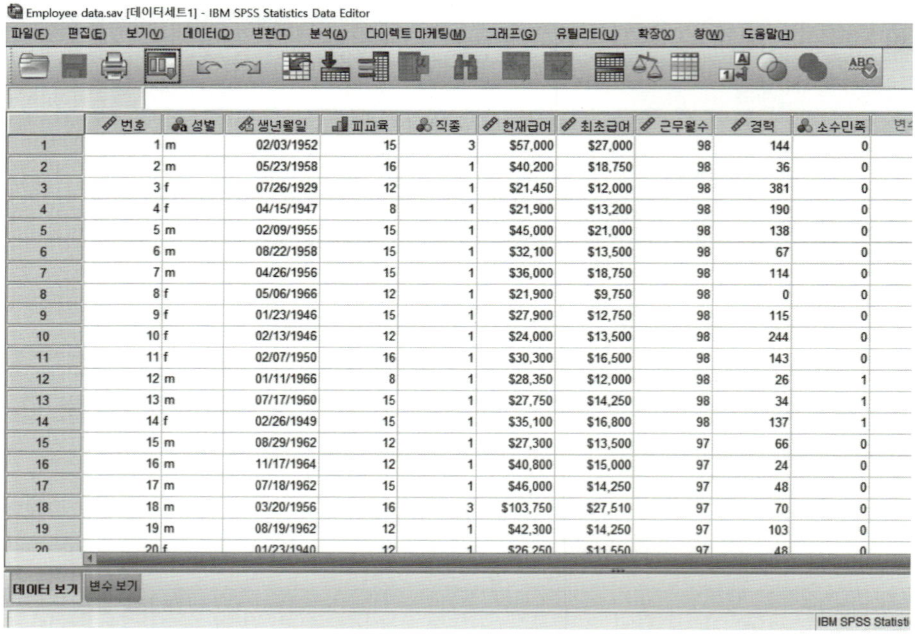

그림 12-8

일원분산분석의 실행

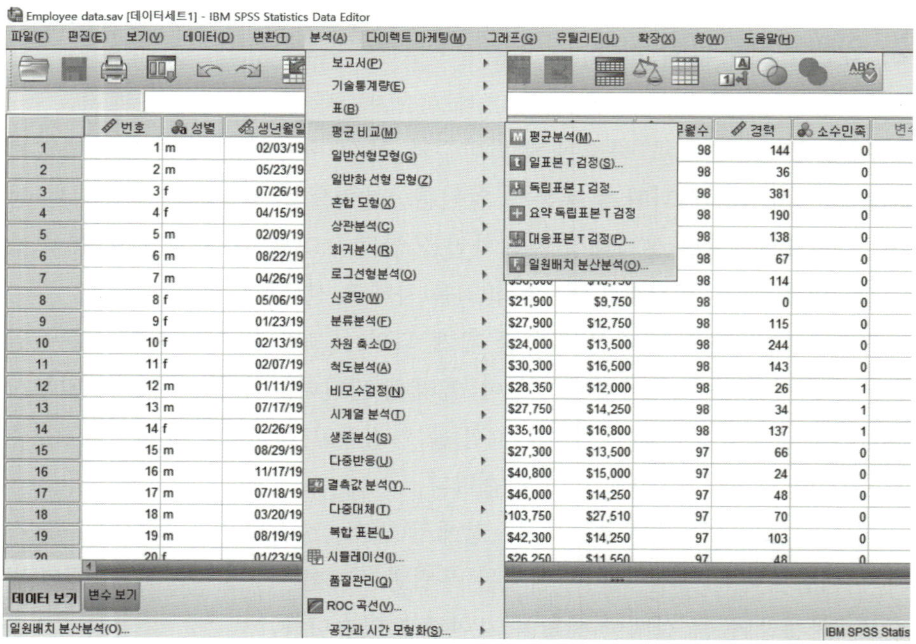

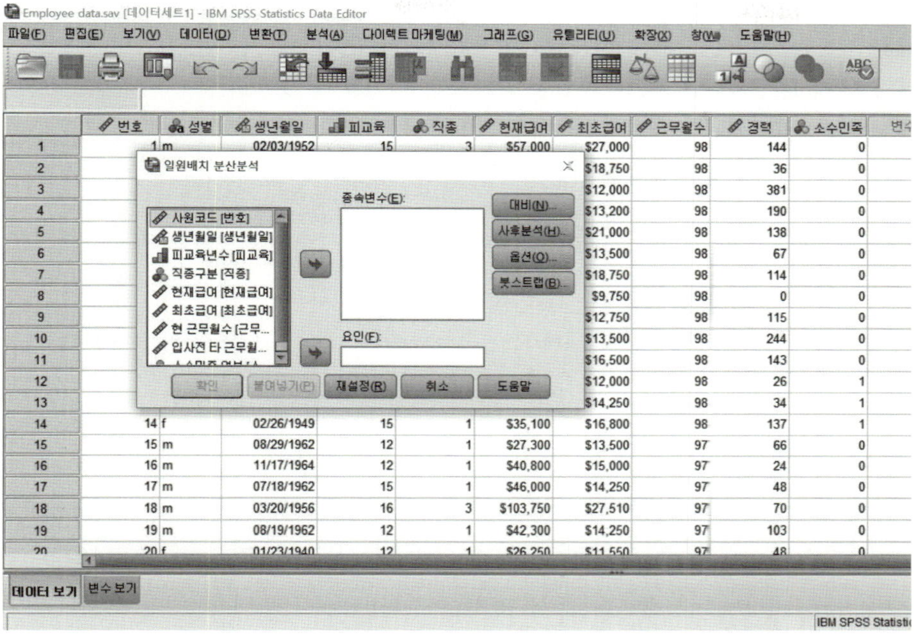

그림 12-9

일원분산분석 창 1

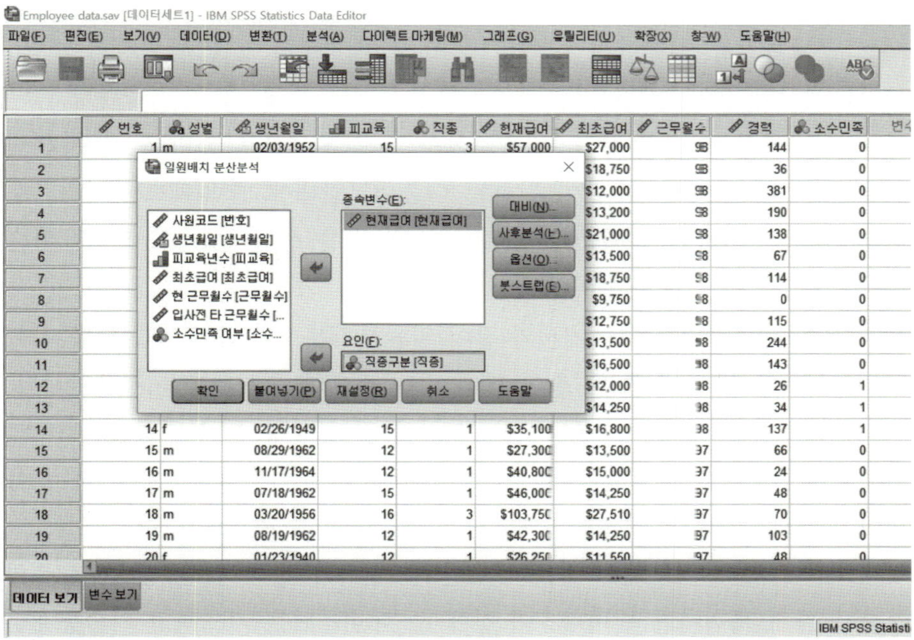

그림 12-10

일원분산분석의 실행

그림 12-11

일원분산분석시 사후분석 창

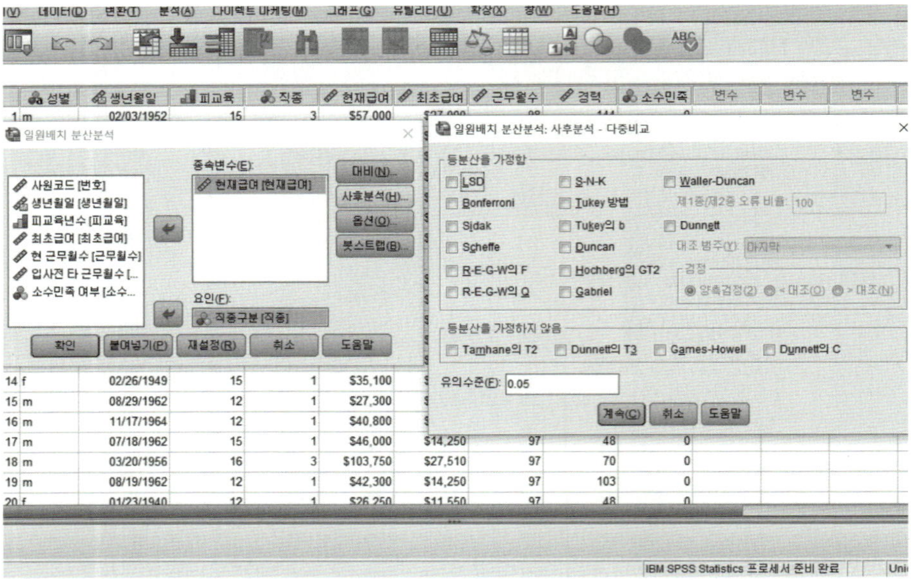

다음, 일원분산분석의 결과가 유의하게 나와서 집단간에 차이가 있다는 결론이 도출될 때 어떠한 특정한 집단간에 이러한 차이가 있는지를 추가적으로 분석하기를 원한다면 〈그림 12-10〉의 **사후분석** 탭을 클릭하여 〈그림 12-11〉에서와 같이 '일원분산분석: 사후분석-다중비교' 창을 띄웁니다.

〈그림 12-11〉에서와 같이 '일원분산분석: 사후분석-다중비교' 창이 열린 상태에서, 〈그림 12-12〉 같이 원하는 다중비교방법에 클릭(체크)합니다. 우리의 예에서는 Scheffe, Tukey 및 Dunnett의 T3을 선택하였음을 알 수 있습니다. 그리고 이 창에서 **계속** 탭을 누릅니다.

다음에는, 〈그림 12-13〉에서와 같이 일원분산분석의 **옵션** 탭을 누릅니다. '일원배치 분산분석: 옵션' 창이 뜨게 되면 필요한 옵션내용을 선택합니다. 〈그림 12-13〉에서는 '기술통계' 및 '분산 동질성 검정'을 선택했습니다. 한편, 응답자가 응답하지 않은 결측값은 제외하고 분산분석을 수행한다는 옵션이 default로 선택되어 있음도 〈그림 12-13〉에서 볼 수 있습니다.

〈그림 12-13〉에서 **계속** 탭을 누르면 〈그림 12-14〉와 같이 일원분산분석 창으로 다시 복귀하게 됩니다. 이 창에서 '대비' 탭은 기초적인 기술통계분

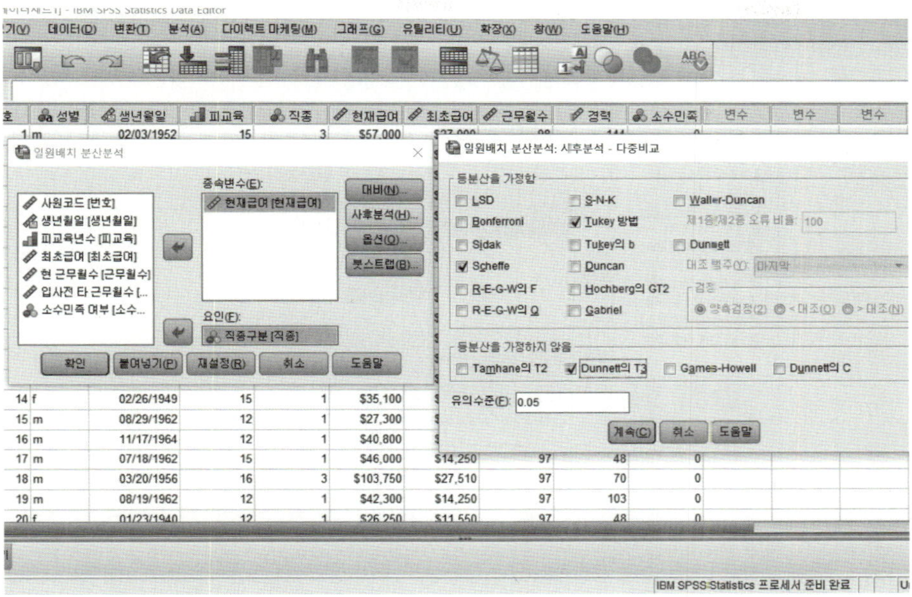

그림 12-12

일원분산분석시 사후분석 창에서 다중비교 방법선정

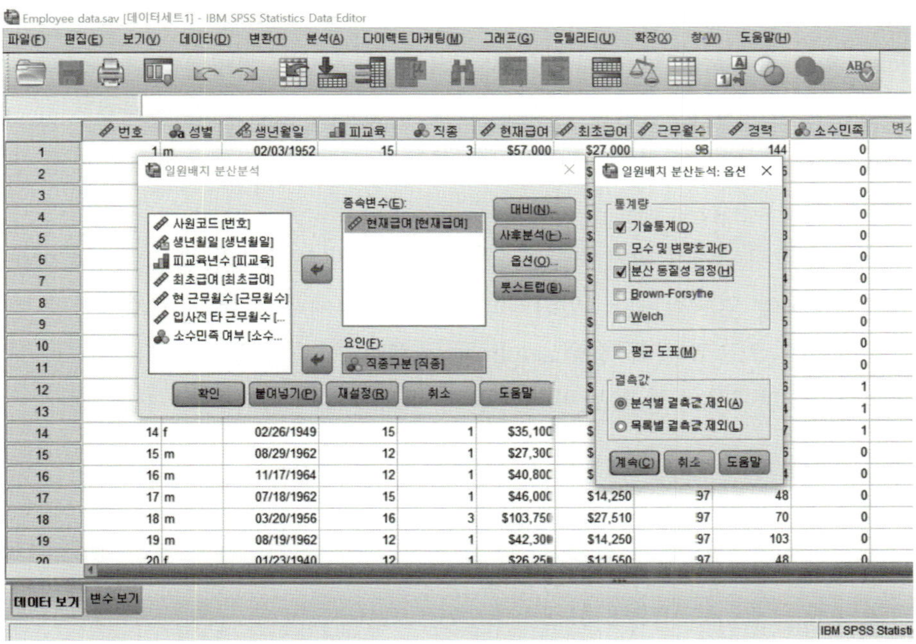

그림 12-13

일원분산분석 창에서 옵션 선택

그림 12-14

일원분산 분석 창 2

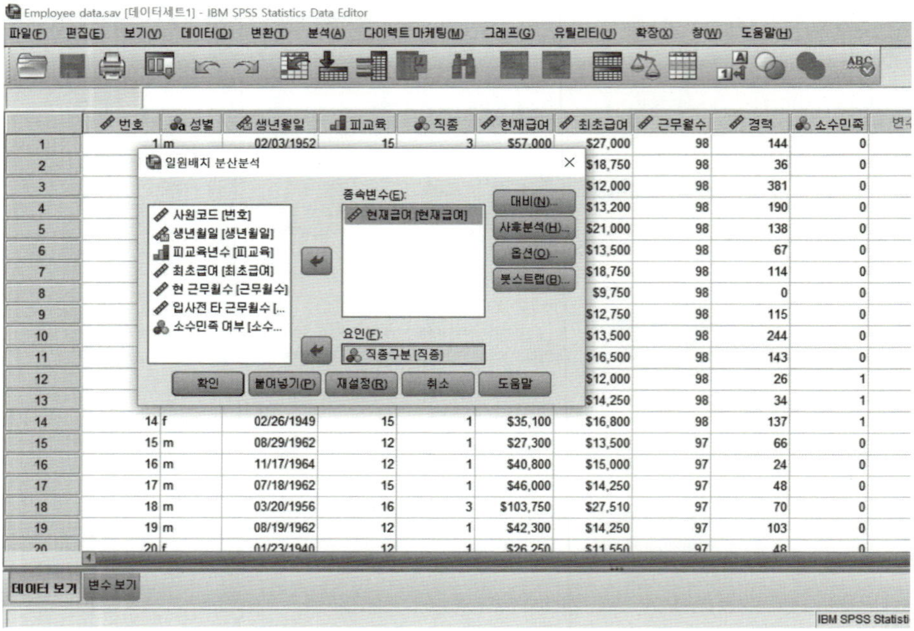

석 등을 기반으로 특정 집단들을 사전적으로(a priori) 지정하여 집단간의 *t*-검정을 실시하거나, 집단간 자승합(between sum of squares)을 추세요소(trend component)로 분리해 주는 기능을 수행하는데, 본서에서는 자세한 설명을 생략합니다.

〈그림 12-14〉에서 **확인** 버튼을 클릭하면 〈그림 12-15〉와 같은 일원분산분석 결과 창이 얻어집니다. 일반적으로 분산분석에서 실행하는 세부적인 분석내용이 많으므로 결과 창을 scroll down해서 그 내용을 모두 확인하고, 연구자는 제2절에서와 같은 방법으로 분석 결과를 해석하면 되는 것입니다.

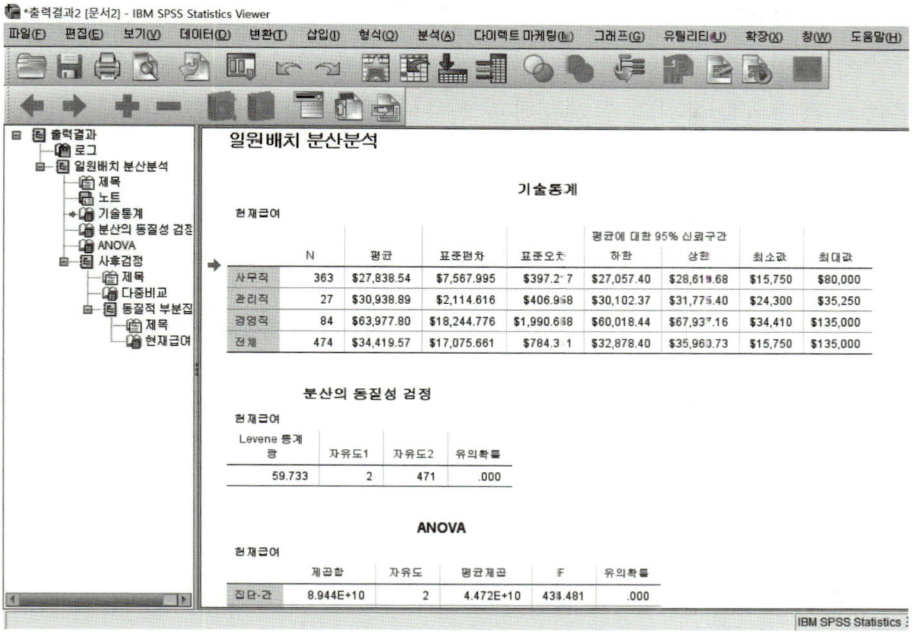

일원배치 분산분석

기술통계

현재급여

	N	평균	표준편차	표준오차	평균에 대한 95% 신뢰구간 하한	평균에 대한 95% 신뢰구간 상한	최소값	최대값
사무직	363	$27,838.54	$7,567.995	$397.2[illegible]7	$27,057.40	$28,61[illegible].68	$15,750	$80,000
관리직	27	$30,938.89	$2,114.616	$406.9[illegible]8	$30,102.37	$31,77[illegible].40	$24,300	$35,250
경영직	84	$63,977.80	$18,244.776	$1,990.6[illegible]8	$60,018.44	$67,93[illegible].16	$34,410	$135,000
전체	474	$34,419.57	$17,075.661	$784.3[illegible]1	$32,878.40	$35,96[illegible].73	$15,750	$135,000

분산의 동질성 검정

현재급여

Levene 통계량	자유도1	자유도2	유의확률
59.733	2	471	.000

ANOVA

현재급여

	제곱합	자유도	평균제곱	F	유의확률
집단-간	8.944E+10	2	4.472E+10	43[illegible].481	.000

그림 12-15

일원분산 분석 창 2

분산분석과 다른 통계분석기법간의 관계 제5절

독립변수와 종속변수가 어떠한 근원척도 수준에서 측정되었는가에 따라 이러한 자료를 분석하는 추리통계분석기법이 달라집니다. 예를 들어서 〈표 12-10〉에서 볼 수 있는 바와 같이 독립변수가 명목변수 수준에서 측정되고 종속변수가 등간/비율 수준에서 측정된 경우에 적합한 추리통계기법은 이번 장에서 설명한 분산분석(ANOVA)이 있고, 독립변수 및 종속변수가 등간/비율 척도로 측정된 현상간의 인과관계를 추론하는 통계분석기법으로는 제13장에서 설명할 회귀분석(regression analysis)이 있습니다. 한편, 등간/비율척도 수준에서 측정된 독립변수와 명목척도 수준에서 측정된 종속변수간의 관계는 판별분석, logistic회귀분석 등으로 추정합니다. 물론 〈표 12-10〉에서 소개한 통계기법 이외에도 다양한 통계기법이 개발되어 있어서 다양한 근원척도수준에서 측정된 현상간의 인과관계분석 추론에 사용되고 있습니다.

표 12-10

근원척도와 통계분석기법

독립변수의 근원척도	종속변수의 근원척도	통계분석기법
명목척도	등간척도/비율척도	분산분석
등간척도/비율척도*	등간척도/비율척도	회귀분석
등간척도/비율척도	명목척도	판별분석, logistic 회귀분석

*명목척도 사용가능

그런데, 다음 장에서 설명하는 바와 같이, 회귀분석에서도 명목척도 수준으로 측정된 독립변수와 등간/비율척도 수준에서 측정된 종속변수간의 관계를 분석(dummy변수를 이용한 회귀분석)할 수 있습니다. 이 경우 일견 분산분석과 회귀분석은 큰 차이가 없는 것으로도 보입니다. 그러나 회귀분석은 독립변수가 종속변수에 얼마나 큰 영향을 미치는가를 구체적으로 분석(즉, 회귀계수의 추정)할 수 있다는 점에서 분산분석과 차별화되기도 합니다. 이처럼 분산분석은 회귀분석 등과 같이 일반선형모형(general linear model)이라고 불리는 통계분석틀의 한 예라는 점에서 기본적인 유사성을 가지고 있다고 하겠습니다.

제 13 장 회귀분석을 통한 인과관계검증

| 도입 사례 |

미국의 저명한 신문사인 New York Times (NYT)지에서는 대표성 있는 2,500가구를 대상으로 '일간신문구독(interest in reading daily newspaper)'을 결정하는 요인이 무엇인지에 대한 연구를 진행한 바 있습니다. 그들의 연구에 따르면 일간신문구독에 관심을 갖게 하는 가장 중요한 요인은 '세상에 대한 통찰력(sensitive insight into the world),'이고, 신문은 지성, 품위 및 신뢰를 반영해야 한다고 함을 밝혀냈습니다. NYT에서는 회귀분석을 통해 통찰력, 지성, 품위 및 신뢰가 일간신문구독에 미치는 영향을 분석해냈고, 분석 결과를 기초로 2,000만불 규모의 이미지 광고를 수행하게 되었습니다. 물론 이미지 광고는 "Expect the World"라는 광고 문안을 중심으로 지성, 품위, 신뢰를 반영하도록 준비되었습니다. 이미지 광고는 성공적이었고 광고를 실행한 첫해에 NYT 발행부수가 대폭적으로 늘어나는 결과를 얻을 수 있었습니다.

생각해 볼 문제

❶ 우리나라에서 일간신문 구독에 영향을 주는 요인들은 무엇일까요?
❷ 일간신문 구독과 영향요인들간의 관계는 어떻게 분석할 수 있을까요?

〈본서의 체제〉

- 연구문제의 정의
  - 제 1 장 과학이란 무엇인가?
  - 제 2 장 과학적 연구란 무엇인가?
  - 제 3 장 (1절) 연구의 대상: 연구문제
- 연구문제에 대한 논리적 해답 제시
  - 제 3 장 (2절) 연구의 대상: 가설
  - 제 4 장 연구설계
  - 제 5 장 측정 및 척도구성
- 논리적 해답에 대한 경험적 검증 실시
  - 제 6 장 자료의 수집
  - 제 7 장 자료의 입력
  - 수집 자료의 분석
    - 제 8 장 기술통계분석
    - 제 9 장 추리통계분석
    - 제 10 장 상관관계분석을 통한 상호관계검증
    - 제 11 장 요인분석을 통한 상호관계검증
    - 제 12 장 집단간 차이분석을 통한 인과관계검증
    - **제 13 장 회귀분석을 통한 인과관계검증**
    - 제 14 장 구조방정식을 통한 인과관계검증
    - 제 14 장 (참고) 연구결과의 일반화

회귀분석이란 무엇인가? 제 1 절

1. 회귀분석이란 무엇인가?

회귀분석(regression analysis)이란 일반적으로 등간척도 이상의 수준으로 측정된 하나 이상의 독립변수와 하나의 종속변수간의 관계를 밝혀주는 대표적인 인과관계분석기법의 하나입니다. 그러나 앞에서도 간단히 설명한 바와 같이, 인과관계 설명을 위해서는 3개의 조건이 성립되어야 합니다. 회귀분석은 3개 조건 중 변수들의 동시 변화 여부와 폭을 분석해 주므로, 회귀분석기법을 사용한 분석 결과만을 가지고 인과관계(causation)를 '증명'할 수는 없습니다. 즉, 회귀분석에서의 독립변수, 종속변수 등의 구분은 독립변수가 종속변수를 야기함(=인과관계)을 의미한다기보다는 독립변수의 변화가 종속변수의 변화를 수학적으로 설명한다고 함을 이해할 필요가 있습니다. 즉, 제12장에서도 설명한 바와 같이, 인과관계란 "이론이 예측하는 방향과 크기만큼 독립변수의 변화가 종속변수의 변화를 야기하는 현상(Frankfort-Nachmias & Nachmias, 2000)"으로 한정하고 아래의 논의를 진행합니다. 이러한 입장에서의 회귀분석이란 하나의 종속변수값을 한 개 이상의 독립변수의 값으로부터 설명하고 예측하는 통계기법이라고 이해할 수 있습니다.

회귀분석이라고 하면 일반적으로 보통최소자승선형회귀(ordinary least squares linear regression)분석을 의미합니다.

먼저 최소자승(least squares)이란 독립변수와 종속변수간의 관계를 설명해주는 식의 오차를 최소화하는 하나의 방법을 의미합니다. 이러한 최소자승법(the method of least squares)은 19세기 수리통계학의 중심 주제였다고 할 수 있습니다. 마치 18세기에 미분(calculus)이 수학에서 차지했던 위치와 유사한 것이지요. 그러나 최소자승법이 제대로 틀을 잡을 때까지는 무려 한 세기의 세월에 걸쳐 여러 학자의 노력이 필요했던 것으로 알려지고 있습니다(Stigler, 1986). 따라서 아래에서 설명할 최소자승법의 원리를 짧은 시간내에 이해할 수 있다면 수재(秀才)라고 불리어도 좋을 것입니다. 한편 최소자승법 자체도 여러 종류(예: weighted least squares[WLS] 등)로 구분됩니다. 따라서 보통(ordinary)이란 용어는 최소자승법 중 기본모형을 의미한다고 이해할 수 있습니다.

선형(linear)이란 표현은 독립변수와 종속변수간의 관계의 크기가 독립변수의 크기에 비례함을 의미하는데, 이 용어에 대한 자세한 설명은 아래의 선형회귀분석과 비선형회귀분석의 구분을 참조하기 바랍니다.

회귀(regression)란 표현은 1885년경에 영국의 우생학자였던 Galton 경에 의해 처음 사용된 것으로 알려져 있습니다. Galton은 부자지간의 키에 대한 연구를 하다가, 키가 상당히 큰 아버지들의 아들들은 자신들의 키보다 아들들의 키가 상대적으로 작게 자라는 경향이 있고, 키가 상당히 작은 아버지들의 자식들은 자신들의 키보다 키가 더 크게 되는 경향이 있는 점을 발견했습니다. Galton은 이러한 현상을 '평균으로의 회귀(regression to the mean)' 라고 불렀고, 회귀(regression)라는 용어는 오늘날까지 그대로 쓰이게 되었습니다. 즉, "원래의 자리로 되돌아간다"는 의미를 가진 회귀라는 용어가 '회귀분석' 이라고 하는 통계분석기법의 핵심을 잘 표현하고 있다고 하겠습니다.

회귀분석은 독립변수와 종속변수간의 관계를 분석해 주는 강력한 도구입니다. 따라서 다음과 같은 용도로 사용할 수 있습니다. 첫째, 회귀분석은 독립변수와 종속변수간에 관계가 존재하는지를 분석해줍니다, 독립변수의 변화가 종속변수의 변화를 설명해 주는가를 분석해 주는 것이지요. 둘째, 회귀분석은 독립변수와 종속변수간의 관계의 크기도 분석해 줍니다. 독립변수의 변화가 종속변수의 변화를 얼마나 설명해 주는지도 분석해 주는 것입니다. 셋째, 특정한 독립변수값(들)에 상응하는 종속변수값을 예측해 줍니다. 넷째, 아래에서 설명할 다중회귀분석의 경우에는 각 독립변수가 종속변수의 변화를 독립적으로 얼마나 설명해 주는지도 분석해 줍니다. 각 독립변수가 종속변수에 미치는 영향을 분리해낼 수 있어서 각 독립변수의 고유한 영향을 알게 해준다는 것입니다. 결국 회귀분석이란 독립변수와 종속변수간의 관계를 설명해 주고 종속변수의 수준을 예측해 주는 통계기법인 것입니다. 독립변수와 종속변수간의 관계가 구체적(수학적)으로 설명되면, 기존의 독립변수 자료를 이용하여 미래의 종속변수의 수준을 예측할 수 있게 됩니다. 과거의 GNP, 고용, 이자율 등의 자료를 이용해서 내년의 GNP수준을 예측하려고 하는 것처럼 말이지요.

회귀분석도 사용하는 기준에 따라 여러 가지 유형으로 구분될 수 있습니다. 먼저 독립변수의 수를 기준으로 단순회귀분석과 다중회귀분석으로 구분할 수 있습니다. 독립변수가 하나인 경우를 **단순회귀분석**(simple regression analysis)이라고 하고, 독립변수가 2개 이상인 회귀분석을 **다중회귀분석**(multiple regression analysis)이라고 지칭합니다.

한편, 독립변수와 종속변수간의 관계의 크기가 독립변수의 크기에 따라 일정하게 변한다고 가정하는지 여부에 따라 선형회귀분석과 비선형회귀분석으로 구분할 수 있습니다. **선형회귀분석**(linear regression analysis)이란 독립변수와 종속변수간의 관계의 크기가 독립변수의 크기에 비례한다고 가정하는 경우를 지칭하고, **비선형회귀분석**(non-linear regression analysis)이란 독립변수와 종속변수간의 관계의 크기가 독립변수의 크기에 비례하지 않고 변화한다고 가정하는 회귀분석방법입니다. 비선형회귀분석모형으로는 二次회귀모형(quadratic model), 三次회귀모형(cubic model), 指數회귀모형(exponential model) 등 다양한 유형이 개발되어 사용되고 있습니다. 비선형회귀분석을 실행하는 경우에 어떠한 비선형모형을 가정하고 분석하는가는 연구자의 관련분야에 대한 지식에 달려 있습니다. 중요한 점은 어떤 한 관계를 가정하고 분석하는 것이 독립변수가 종속변수를 설명하는 크기가 커질 것인가 하는 것입니다.

선형회귀분석: 단순회귀분석 (식 13-1)

(a) $Y = \alpha + \beta X + \varepsilon$

단, X는 독립변수, Y는 종속변수,

ε는 확률적 관계를 나타내기 위한 오차항

α와 β는 미지의 상수인 회귀계수

(b) 매출 = 절편 + 회귀계수 × 광고비
= 80억원 + 15.8 × 광고비

(식 13-1)의 (a)는 선형회귀분석모형 중 단순회귀분석모형의 일반적인 형태를 보여주고 있습니다. 또 (식 13-1)의 (b)는 광고비와 매출액간의 관계를 단순회귀분석한 결과를 보여주는 가상의 예입니다. (b)에서 보면, 광고비가 자신의 15.8배만큼 매출을 증가시키고 있는 것을 알 수 있습니다. 그런데, (식 13-1)과 같은 선형회귀분석에서는 독립변수가 종속변수에 미치는 영향은 독립변수의 수준에 비례해 일정하다고 하는 점을 알 수 있습니다. 즉 광고비 지출이 10억 원일 때나 광고비 지출이 1,000억 원일 때 모두, 광고비가 매출에 미치는 효과는 "15.8 × 광고비 + 80억원"이라고 알려주는 것이지요.

그러나 상품의 광고가 시작되어 이 상품에 대한 인지도가 창출되고, 이 상품에 대한 강력한 선호(preference)가 형성된 후(예: 1,000억 원 광고비 집행 후)에는, 광고 초기(예: 10억 원 광고비 집행 후)처럼 광고비의 증대가 매출의 증대에 동일한 영향을 주지 않을 수 있겠지요. 즉, 광고 초기에 독립변수가 종속변수에 미치는 영향이 광고 후기에 독립변수가 종속변수에 미치는 영향보다 클 수 있는 것이지요. 이러한 경우에 광고비와 매출간의 진정한 관계를 분석하기 위해서는 독립변수(우리의 예에서는 광고비)의 종속변수에 대한 영향이 독립변수의 크기에 비례한다는 가정을 버릴 필요가 있고, 이러한 경우에 독립변수와 종속변수간의 (인과)관계를 분석을 해주는 회귀분석기법이 비선형회귀분석인 것입니다. 아래의 (식 13-2)에서는 독립변수(= X)의 크기가 증가함에 따라 독립변수가 종속변수에 미치는 영향이 급격히 늘어나는 비선형회귀모형의 예를 보여주고 있습니다.

비선형회귀분석: 2차 및 3차 회귀모형의 예 (식 13-2)

(a) $Y = \alpha + \beta X^2 + \varepsilon$

(b) $Y = \alpha + \beta X^3 + \varepsilon$

단, X는 독립변수, Y는 종속변수,

ε는 확률적 관계를 나타내기 위한 오차항

α와 β는 미지의 상수인 회귀계수

아래에서는 상대적으로 이해하기 쉬운 선형회귀분석을 중심으로 회귀분석의 기본원리에 대해 설명합니다.

2. 단순회귀분석의 원리

위에서 간단히 소개한 바와 같이, **단순회귀분석**(simple regression analysis)은 1개의 독립변수로 1개의 종속변수를 설명하는 회귀분석기법입니다. (식 13-1) (b) 및 〈그림 13-1〉 (a)에서와 같이 광고비라는 1개의 독립변수와 매출이라는 종속변수 사이의 관계를 회귀분석하는 경우가 단순회귀분석의 전형적인 예라고 하겠습니다.

단순회귀분석이건 다중회귀분석이건 회귀분석의 기본적인 목표는 독립변수와 종속변수간의 관계를 가장 잘 나타내주는 식(=회귀식: regression equation)을 찾아내는 것입니다. 아래의 〈그림 13-1〉은 이와 같은 단순회귀분석을 그림으로 표현한 것입니다. 〈그림 13-1〉의 (b)는, 광고비 지출 수준(=X)에 상응하는 매출의 수준(=Y)을 나타내는 X와 Y의 실제 측정값 5쌍(X_A, Y_A; X_B, Y_B; X_C, Y_C; X_D, Y_D; X_E, Y_E)이 A, B, C, D, E로 표현되어 있는 산포도(scatter diagram)입니다. 예를 들어 산포도 그림상에 있는 하나의 점 A는 X의 측정값 X_A와 Y의 측정값 Y_A에 해당하는 위치를 동시에 표현한 것이지요. 그러면 이 그림에서 과연 어떠한 식이 5개의 측정값으로 표시된 광고비(=X)와 매출(=Y)간의 관계를 가장 잘 나타내 줄까요? 쉬운 설명을 위해 그림을 이용해서 분석해 보겠습니다. 먼저 산포도 그림에 ㉠, ㉡, ㉢으로 표현된 3개의 가상의 선을 그어 봅시다. 실제로 산포도 그림에는 ㉡선을 대변하는 $\hat{Y}$만 표시되어 있습니다만, 각각의 가상의 선을 $\hat{Y}_ㄱ$, $\hat{Y}_ㄴ$, $\hat{Y}_ㄷ$으로도 표시할 수 있겠지요. 여하간 이 3개의 선 중에 어떤 선이 A, B, C, D, E간의 관계(즉, 독립변수와 종속변수간의 관계)를 가장 잘 나타내 줄까요? 관계를 잘 나타내 준다

는 것은 관계를 정확히 설명한다는 이야기가 되고, 이는 다시 설명의 오차가 가장 적다는 것을 의미하게 됩니다. 결국 그림으로 이해한다면 A, B, C, D, E들간의 관계(즉 독립변수와 종속변수와의 관계)를 가장 잘 설명한다는 것은 A, B, C, D, E로부터의 거리가 가장 가까운 선을 찾는 것과 동일한 이야기가 되는 것입니다. 그리고 이때의 최적의 가상의 선을 **회귀선**(regression line)이라고 합니다.

그림 13-1

단순회귀분석

(a) $Y = \alpha + \beta X + \varepsilon$

예: 매출=80억 원+15.8×광고비

(b)

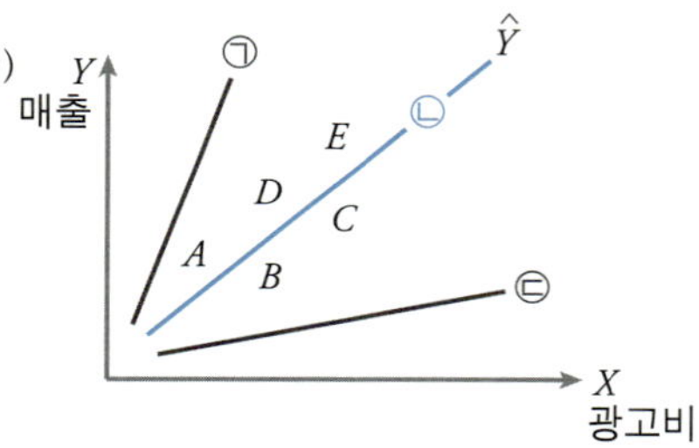

$\min\ [\Sigma(Y_i - \hat{Y})]$ —(가)

$\min\ \Sigma|Y_i - \hat{Y}|$ —(나)

$\min\ \Sigma(Y_i - \hat{Y})^2$ —(다)

산포도 그림에서 보면 3개의 가상의 선 중에는 ㉡선이 A, B, C, D, E로부터의 거리가 가장 가까운 것으로 직관적으로 알 수 있습니다. 그런데 이 선보다 A, B, C, D, E에 더 가까운 선이 혹시 존재하지 않을까요? 또 이러한 가능성을 어떻게 확인할 수 있을까요? 다행히 〈그림 13-1〉 (b)의 산포도 오른쪽에 표시된 3개의 식 (가), (나), (다)는 A, B, C, D, E로부터 가상의 선까지의 거리를 최소화할 수 있는 3개의 방법을 제시해 주고 있습니다. 그런데 3개의 방법 모두 *X*, *Y*간의 관계를 *Y*로만 표현하고 있네요.

먼저 식 (가)를 볼까요? 이 식은 그림상의 점 하나($=Y_i$)로부터 가상의 회귀선($=\hat{Y}$)까지의 수직(垂直) 거리(vertical distance)를 ($Y_i-\hat{Y}$)로 정의하고 모든 점(즉, A, B, C, D, E)으로부터 가상의 회귀선까지의 거리를[$=\Sigma(Y_i-\hat{Y})$] 최소화(minimize)하는 방법입니다. 이때 ($Y_i-\hat{Y}$)는 기술통계에서 설명한 편차(deviation)와 유사한 형태를 보이고 있는데 회귀분석에서는 **잔차**(residual)라고 부릅니다. 따라서 (가)방법은 잔차의 합[$=\Sigma(Y_i-\hat{Y})$]을 최소화($=\min\Sigma(Y_i-\hat{Y})$)하는 방법입니다. 그런데 이 방법은 편차(deviation)의 단점을 그대로 가지고 있습니다. 즉, 양(+)의 잔차와 음(−)의 잔차가 우연히 상쇄되어 실제로는 잔차가 있어도 계산상으로만 잔차가 0가 될 수도 있고, 동일한 잔차의 합을 가진 가상의 선이 여러 개 생성될 수 있다는 등의 한계를 가지고 있습니다. 〈그림 13-2〉의 (A)는 잔차의 합이 동일하나 상이한 회귀선이 가능한 경우를 보여주고 있습니다. 즉, (a)의 경우 잔차의 합은 0[$=2+(-1)+(-1)$]이

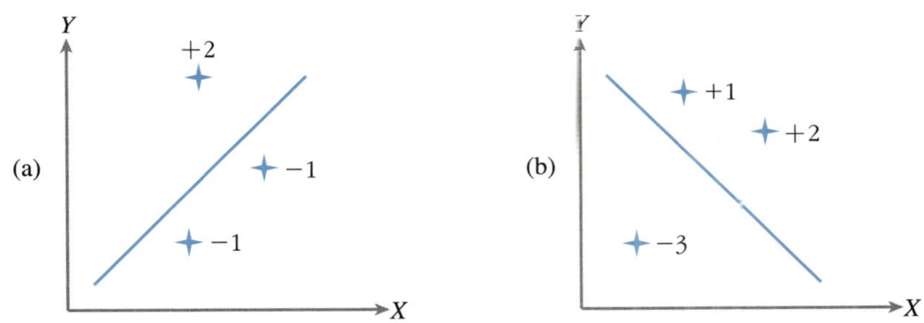

그림 13-2(A) 잔차의 합이 동일한 회귀선의 예

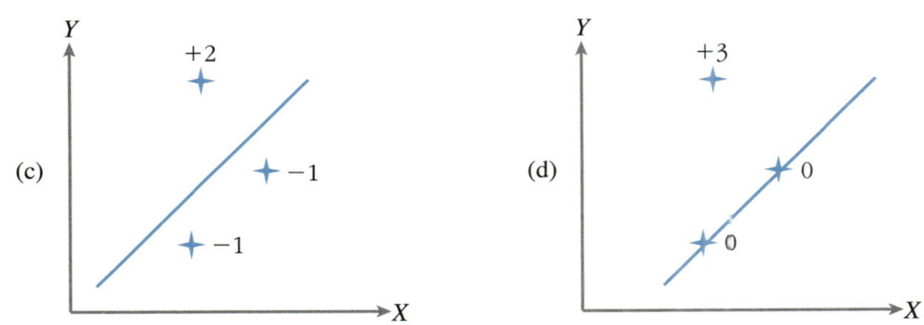

그림 13-2(B) 잔차 절대값의 합과 회귀선

고 (b)의 경우 잔차의 합도 0[=1+2+(−3)]입니다만 두 경우의 가상의 회귀선은 전혀 다른 형태를 보이고 있습니다.

식 (나)는 식 (가)의 단점을 극복하고자 개발된 방법입니다. 이 방법은 잔차의 절대값을 구해 모든 잔차 절대값의 합($=\Sigma|Y_i-\hat{Y}|$)을 최소화($=\min\Sigma|Y_i-\hat{Y}|$)하는 방법이지요. 이 방법을 이용하면, 존재하는 잔차는 모두 그 값의 절대량이 보존되어 합산이 되므로, 양(+)의 잔차와 음(−)의 잔차가 우연히 상쇄되어 실제로는 잔차가 있어도 계산상으로만 잔차가 0이 되는 경우는 없겠지요. 그러나 이 방법 또한 문제점을 가지고 있음을 알 수 있습니다. 〈그림 13-2〉의 (B)는 이러한 문제의 가능성을 보여주고 있습니다. 〈그림 13-2〉 (B)를 보면, 잔차의 절대값의 합을 최소화하는 기준을 적용할 경우 마치 (d)가 (c)보다 더 정확성이 높은 것처럼 보일 수 있기 때문에 이 방법도 문제를 가지고 있다고 하겠습니다.

식 (다)의 경우는 식 (가)와 (나)의 단점을 모두 극복하는 방법입니다. 이 방법에서는 각 잔차의 제곱의 합[$=\Sigma(Y_i-\hat{Y})^2$]을 최소화[$=\min\Sigma(Y_i-\hat{Y})^2$]시키는 것입니다. 이러한 방법이 위에서 간단히 소개했던 **최소자승법**(ordinary least squares: OLS)인데, 기술통계에서 설명한 분산의 개념과 일부 유사하다고 하겠습니다. 〈그림 13-2〉 (B)를 가지고 각 잔차의 제곱의 합을 구해보면, (c)의 경우는 6[$=(-1)^2+(2)^2+(-1)^2$]이고, (d)의 경우는 9[$=(0)^2+(3)^2+(0)^2$]가 되어 (c)가 상대적으로 더 적합한 가상의 회귀선임을 알 수 있습니다. 이처럼 회귀선이란 최소자승법을 이용하여 독립변수와 종속변수간의 관계를 가장 잘 대변하는 최적의 선을 도출한 결과물을 의미합니다.

결국 〈그림 13-1〉(b)의 경우를 예로 들면, 단순회귀분석이란 최소자승법을 이용하여 A, B, C, D, E로부터의 거리가 가장 짧은 회귀선(regression line) 혹은 회귀식(regression equation)을 찾아내는 것을 의미합니다. 이렇게 광고비와 매출간의 관계를 가장 잘 설명하는 회귀선 혹은 회귀식이 구해지면, 결국 광고비가 매출에 미치는 영향의 크기를 알 수 있게 되지요. 이때 독립변수가 종속변수를 설명해 주는 크기에 해당하는 부분은 **회귀계수**(regression coefficient)라고 불립니다. 따라서 우리가 다루는 회귀분석이란, 최소자승법을 이용해서 독립변수와 종속변수간의 관계를 설명하는 회귀식의 회귀계수를 찾아내고 회귀식과 회귀계수가 통계적으로 유의한지를 계산해내는 것이 기본 목표이겠지요. 결국 최소자승법을 이용한 회귀분석은 $\min\Sigma(Y_i-\hat{Y})^2$을 만족시키는 α와 β의 특정한 값(즉, 회귀선의 $\hat{a}$와 $\hat{b}$)을 구하는 것과 동일한 이야기입니다. 이 계수는 구체적으로는 (식 13-3)에서와 같이 계산됩니다.

단순회귀분석의 회귀계수 계산 (식 13-3)

(a) $\min\Sigma(Y_i-\hat{Y})^2=\min\Sigma[Y_i-(\hat{a}+\hat{b}X_i)]^2$

이 식을 $\hat{b}$에 대해 편미분하게 되면

(b) $\hat{b}=X, Y$간의 공분산/X의 분산 $=COV_{XY}/S^2_X$

$=[\Sigma(X_i-\overline{X})(Y_i-\overline{Y})/(N-1)]/[\Sigma(X_i-\overline{X})^2/(N-1)]$

$=\Sigma(X_i-\overline{X})(Y_i-\overline{Y})/\Sigma(X_i-\overline{X})^2$

(c) $\hat{a}=\overline{Y}-\hat{b}\overline{X}$

한편 회귀계수는 표준화된 회귀계수와 비표준화 회귀계수로 구분할 수 있습니다. **비표준화 회귀계수**(unstandardized regression coefficient)란 원래의 변수들의 측정값을 그대로 사용해서 추정한 회귀계수를 의미합니다.

표준화(standardization)란 원래의 변수측정치를 평균이 0이고 분산이 1인 새로운 변수로 변화시키는 과정을 의미합니다. 정규분포에서 Z값 계산과 유사한 개념이지요. 따라서 변수를 표준화하려면, 변수에서 그 변수의 평균을 차감한 값을 그 변수의 표준편차로 나누면 되지요. 자료가 표준화되면 회귀식의 절편은 0이 됩니다. **표준화된 회귀계수**(standardized regression coefficient)는 베타계수(beta coefficient 혹은 beta weight)로도 불리는데 회귀계수의 상대적 중요도를 평가하는 데 유용한 도구입니다. 특히 독립변수가 2개 이상이고 이 변수들이 상이한 척도(예: 상품품질은 1~7점까지의 등간척도, 판매점 수는 1-수백 개까지의 비율척도, 광고비는 1원 이상의 수십억 원까지의 비율척도)로 측정되는 경우에는 이러한 독립변수들간의 상대적 중요성을 판단하기 위해서 필요한 도구인 것입니다.

마지막으로 회귀식이 추정되면 이 회귀식의 설명력과 회귀계수의 크기는 물론, 회귀식의 설명력과 회귀계수의 크기가 통계적으로 의미가 있는지도 판단하게 됩니다. 이곳에서는 회귀식 전체의 설명력에 대한 논의만 진행하고 회귀식의 유의도 및 회귀계수의 유의도 해석은 제2절에서 설명하도록 합니다. 〈그림 13-3〉은 단순회귀분석에서 회귀식(=$\hat{Y}$)이 독립변수와 종속변수 간의 관계를 얼마나 잘 설명해 주는지를 보여주고 있습니다.

그림 13-3

회귀식의 설명력

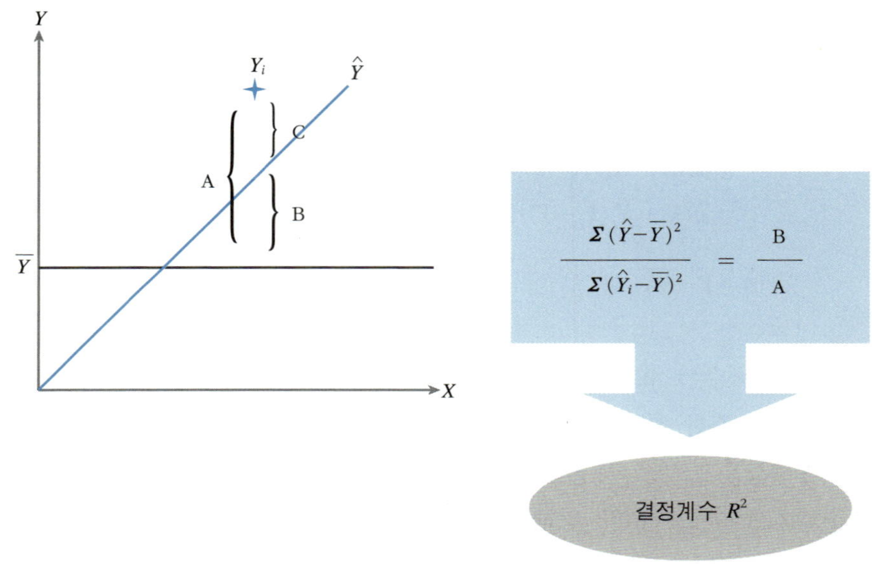

〈그림 13-3〉에서는 독립변수와 종속변수들의 관계를 대변해(represent)주는 모든 측정값 중 하나(=Y_i)와 회귀식(=$\hat{Y}$) 그리고 모든 측정값의 평균(=$\overline{Y}$)이 도시되어 있음을 볼 수 있습니다. 회귀식(=$\hat{Y}$)이 완벽하게 Y_i의 변화폭을 설명한다면 Y_i와 회귀식(=$\hat{Y}$) 사이의 거리는 0이 되겠지요. 이러한 상황에서는 〈그림 13-3〉의 C는 0이 되고 Y_i는 회귀선(=$\hat{Y}$)상에 위치할 것입니다. 같은 논리로 회귀식(=$\hat{Y}$)이 Y_i의 변화폭을 완벽하게 설명하지 못하는 만큼 Y_i는 회귀식(=$\hat{Y}$)으로부터 멀리 떨어져 있을 것입니다(〈그림 13-3〉의 C≠0). 이러한 논의를 일반화한다면, 회귀식의 설명력이란 모든 측정값의 변화폭 중 회귀식에 의해 설명되는 정도라고 할 수 있습니다.

결정계수 계산 (식 13-4)

$\Sigma(Y_i-\overline{Y})^2$: Y_i의 총변동폭, 총제곱합(total sum of squares: SST)

$\Sigma(\hat{Y}-\overline{Y})^2$: 회귀제곱의 합(regression sum of squares: SSR)

$\Sigma(Y_i-\hat{Y})^2$: 잔차(=오차)제곱의 합(error sum of squares: SSE)

$SST=SSR+SSE$

$R^2=SSR/SST$

즉, (식 13-4)에서 볼 수 있듯이, 모든 Y_i의 총변동폭은 총제곱합이라고도 불리는데 회귀식에 의해 설명된 변동폭 부분과 설명되지 않은 변동폭 부분으로 구분가능 합니다[$\Sigma(Y_i-\overline{Y})^2=\Sigma(\hat{Y}-\overline{Y})^2+\Sigma(Y_i-\hat{Y})^2$]. 이때 회귀식에 의해 설명된 변동폭 부분은 회귀제곱의 합 그리고 설명되는 않는 부분은 오차제곱의 합이라고 부릅니다. 따라서 회귀식의 설명력이란 총제곱합 중 회귀제곱합의 비중이라고 할 수 있겠습니다. 결국 회귀식의 설명력은 $SSR/SST=\Sigma(\hat{Y}-\overline{Y})^2/\Sigma(Y_i-\overline{Y})^2$로 정의되고 **결정계수**(coefficient of determination: R^2)라고 지칭합니다. 〈그림 13-3〉에서 결정계수는 B/A가 되겠지요. 이론적으로 R^2값은 0에서 1의 값을 가질 수 있고, R^2값이 1이라고 함은 회귀식의 설명력이 100%라는 이야기가 됩니다. 이렇게 완벽한 설명력을 가진 회귀식은 현실이라기보다는 理想이라고 해야 할 것입니다. 여하간 R^2값이 클수록(1에 가까울수록) 높은 설명력을 가진 회귀식이라고 해석할 수 있겠습니다.

3. 다중회귀분석의 원리

위에서 사용한 광고비와 매출간의 관계를 다시 생각해 볼까요? 사실 기업의 매출을 결정하는 원인은 광고 이외에도 무수히 많을 수 있습니다. 예를 들어, 상품의 품질 또한 매출 결정에 중요한 역할을 하겠고 자사 상품의 판매점 수도 중요한 역할을 할 것입니다. 이처럼 하나 이상의 독립변수들이 결과변수에 어떠한 영향을 미치는가를 분석해 주는 회귀분석기법을 **다중회귀분석**(multiple regression analysis)이라고 부릅니다. 사회현상들간의 관계는 하나의 독립변수로 충분히 설명할 수 없는 경우가 대부분입니다. 따라서 현실적으로는 단순회귀분석보다는 다중회귀분석이 더 많이 사용된다고 할 수 있겠습니다. 다행히 다중회귀분석의 기본적인 원리는 단순회귀분석과 동일합니다. (식 13-5)는 다중회귀분석의 기본모형을 보여주고 있습니다.

다중회귀분석 모형 (식 13-5)

(a) 기본모형: $Y = \alpha + \beta_1 X_1 + \beta_2 X_2 + \cdots + \beta_n X_n + \varepsilon$

단, X_1는 첫 번째 독립변수, X_2는 두 번째 독립변수,…, X_n은 n번째 독립변수

ε는 확률적 관계를 나타내기 위한 오차항

α, β_1, $\beta_2, \cdots$, β_n은 미지의 상수인 회귀계수

(b) 매출=60억원+15.8×광고비+5×상품품질+3×판매점 수

(c) 추정된 회귀식: $\hat{Y} = \hat{a} + \hat{b}_1 X_1 + \hat{b}_2 X_2 + \cdots + \hat{b}_n X_n$

(식 13-5)의 (a)에서 보면, 2개 이상의 독립변수가 종속변수를 설명해 주는 다중회귀분석의 기본모형이 제시되어 있습니다. (식 13-5)의 (b)는 광고비, 상품품질 및 판매점 수가 매출에 미치는 영향을 다중회귀분석한 가상의 예입니다. (b)식을 보면 광고비, 상품품질, 판매점 수와 매출간의 관계가 분석되어 있는 것을 볼 수 있을 것입니다. 광고비 앞의 상수, 즉 회귀계수는 15.8이고 품질의 회귀계수는 5이고, 판매점의 회귀계수는 3이지요. 이는 광고비는 자신의 15.8배 만큼 매출을 증가시키고 품질은 자신의 5배만큼 매출을 증가시키며 판매점 수는 3배만큼 매출을 증가시킨다고 함을 나타내 줍니다. 물론 이때 각 독립변수의 회귀계수는 독립적으로 매출(종속변수)에 영향을 주는 크기를 의미합니다. 다중회귀분석의 목표는 각각의 독립변수가 종속변수에 미치는 영향(즉, 회귀계수)을 계산해내는 것이기 때문입니다.

이처럼 다중회귀분석에서의 회귀계수들은 엄밀한 의미에서 **부분회귀계수**(partial regression coefficients)라고 할 수 있습니다. 예를 들면 (식 13-5)의 (a)에서 X_1가 한 단위(one unit) 변화할 때 종속변수 Y의 변화량에 미치는 영향이라고 할 수 있는 β_1은 다른 독립변수들의 영향력을 통제한 상황에서의 독립

변수 X_1의 독립적 영향력을 의미합니다. 이러한 조건에서는 독립변수들(=X_1, X_2, …, X_n)이 동시에 한 단위(one unit) 변화하면 종속변수는 ($\beta_1+\beta_2+\cdots+\beta_n$)만큼 변화한다고 말할 수 있습니다. 즉 다중회귀분석에 있어서 독립변수들의 종속변수에 대한 독자적 영향력인 (부분)회귀계수는 加法的(additive)인 특징이 있는 것이지요.

(식 13-5)의 (c)는 독립변수가 n개일 때, 최소자승법을 이용해서 추정해낸 회귀식(=$\hat{Y}$)의 일반적인 형태를 보여주고 있습니다. 즉, 모든 측정값(=Y_i)으로부터 회귀식(=$\hat{Y}$)까지의 수직 거리(vertical distance)의 제곱, 즉 잔차제곱을 최소화[=$\min\Sigma(Y_i-\hat{Y})^2$]하는 조건을 만족시키는 회귀계수의 특정한 값(=$\hat{a}$, $\hat{b}_1$, $\hat{b}_2$, …, $\hat{b}_n$)을 추정한 결과를 보여주는 것이지요. 구체적으로는, 편미분을 통해서 모든 잔차제곱을 최소화시키는 방정식들을 구하고, 이 연립방정식(system of simultaneous equations)을 풀어서 회귀계수를 구하게 됩니다. 물론 실제 계산은 SPSS Statistics와 같은 통계 소프트웨어가 실행해 주지요.

다중회귀분석의 경우에도, 표준화회귀계수는 모든 변수(=Y, X_1, X_2, …, X_n)를 평균 0, 분산 1을 가지도록 표준화한 후에 회귀식을 추정함으로써 계산됩니다. 위에서도 언급한 바와 같이, 표준화회귀계수는 회귀계수의 상대적 중요도를 평가하는 데 유용한 도구입니다. 특히 독립변수들이 상이한 척도(예: 상품품질은 1~7점까지의 등간척도, 판매점 수는 1－수백 개까지의 비율척도, 광고비는 1원 이상의 수십억 원까지의 비율척도)를 가진 경우에는 이러한 독립변수들간의 상대적 중요성을 판단하기 위해서 필요한 도구인 것입니다. 비표준화회귀계수의 경우는 각 변수의 측정치를 그대로(=raw score) 사용하여 각 독립변수들의 종속변수에 대한 절대적 영향력을 반영해 주는데 비해서, 표준화회귀계수의 경우는 각 변수의 표준화점수(=standardized score)를 사용하여 각 독립변수들의 종속변수에 대한 상대적 영향력을 표현해 주는 것이지요. 일반적으로 다른 집단간(across different groups)의 회귀계수 크기비교는 비표준화회귀계수를 사용하고 같은 집단 내에서의 변수들의 상대적 중요성은 표준화회귀계수를 사용하게 됩니다. 한편, i번째 독립변수의 표준화회귀계수(=$\hat{\beta}_i$)는 i번째 독립변수의 비표준화회귀계수(=$\hat{b}_i$)에 i번째 독립변수의 표준편차(=S_{X_i})를 곱하고 이를 다시 종속변수의 표준편차(=S_Y)로 나눈 값

$[=\hat{b}_i(S_{X_i}/S_Y)]$입니다. 또 독립변수들간에 상관관계가 전혀 없는 경우에는, i번째 독립변수의 표준화회귀계수는 i번째 독립변수와 종속변수간의 상관계수와 동일하게 됩니다.

독립변수가 2개인 다중회귀분석의 회귀식은 단순회귀분석에서와 같이 회귀선(regression line)으로 표현할 수 없고, 회귀평면(regression plane)으로 표현할 수 있습니다. 그러나 독립변수의 수가 3개 이상 되면 독립변수와 종속변수들간의 관계를 3차원의 그림으로도 표시할 수 없게 됩니다. 따라서 이러한 경우에는 벡터(vector)나 행렬(matrix)의 연산을 다루는 선형대수학(matrix algebra)을 이용해서 회귀식을 추정(즉, 여러 회귀계수를 추정)하게 됩니다. 그러나 다행히 선형대수에 대한 지식이 없이도 다중회귀분석의 중요 개념에 대한 기본적인 이해가 가능합니다.

다중회귀분석을 통해 추정된 회귀식의 설명력도 결정계수라고 부르나 구체적인 표현에 약간의 차이가 있습니다. 즉, 단순회귀분석시의 회귀식의 설명력($=R^2$)은 coefficient of determination라고 하고, 다중회귀분석시의 회귀식의 설명력($=R^2$)은 coefficient of multiple determination라고 구별합니다. 그런데 일반적으로 독립변수의 수가 증가하면 값도 커지는 특성을 가지고 있습니다. 회귀식의 설명력이 높은 것은 좋은 점이지만 추가되는 독립변수의 수에 비해 추가되는 설명력이 아주 작을 수 있겠지요. 따라서 독립변수의 수와 표본의 크기를 고려한 회귀식의 설명력을 고려하게 되었고 이러한 도구를 **수정된 R^2** ($=$adjusted R^2)이라고 부릅니다((식 13-6) 참조).

수정된 R^2 (식 13-6)

$$\text{수정된 } R^2 = 1-(1-R^2)\frac{N-1}{N-k-1}$$

단, n은 표본의 크기,

k는 독립변수의 수

4. 다중회귀분석시 주의점

다중회귀분석시에는 몇 가지 주의해야 할 사항들이 있습니다. 먼저, 위에서도 간단히 언급한 바와 같이 독립변수들간에는 서로 관련이 없어야 한다는 조건입니다. 이처럼 독립변수들간에 존재하는 상관관계를 **다중공선성**(multi-collinearity)이라고 하는데 다중회귀분석시에는 다중공선성이 없어야 한다는 것이지요. 다중회귀분석이란 각각의 독립변수들이 종속변수에 미치는 '독립적인' 영향을 알아보는 것인데, 독립변수들끼리 상호영향을 미치는 경우에는, 예를 들어 i번째 독립변수의 회귀계수($=\beta_i$)는 i번째 독립변수와 다른 독립변수(들)가 동시에 종속변수에 미치는 영향 부분을 반영하지 못하는 값이 되는 것입니다. 따라서 이러한 회귀계수의 표준오차는 커지게 됩니다. 게다가 다중공선성이 존재하는 경우에는 추정된 회귀계수들이 추정에 기초가 되는 표본에 따라 변화하는 경향이 있습니다. 결론적으로 다중공선성이 높은 독립변수들을 사용하여 다중회귀분석을 수행하는 경우에는 전체 회귀식의 결정계수(아래에서 설명)가 커지고 통계적으로 유의하지만 회귀식을 구성하는 개별 회귀계수들은 통계적으로 유의하지 않을 수도 있습니다.

아직 어느 수준의 상관관계가 다중공선성에 해당하는지에 대한 명확한 기준은 개발되어 있지 않은 상황입니다만, 공차한계나 분산팽창지수를 이용해서 다중공선성의 정도를 판단하고 있습니다. **공차한계**(tolerance)란 독립변수들간의 다중상관관계(multiple correlation)를 나타내는 통계량으로 $(1-R_i^2)$으로 계산합니다. 이때 R_i^2은 i번째 독립변수를 종속변수로 할 경우 나머지 독립변수들의 설명력 결정계수입니다. 한편, **분산팽창지수**(variance inflation factor: VIF)는 공차한계의 역수입니다. 일반적으로 공차한계가 0.1보다 크거나 분산팽창지수가 10보다 작으면 다중공선성 문제가 심하지 않은 것으로 판단하고 다중회귀분석 결과를 제한 없이 해석하게 됩니다.

그러나 다중공선성 문제가 심각한 것으로 판단되는 경우에도 몇 가지 대처방안을 생각해 볼 수 있습니다. 먼저 상관관계가 높은 독립변수들을 검토하여 중요하지 않다고 판단되는 변수를 회귀분석에서 제외할 수 있습니다.

그러나 이러한 선택이 잘못되면 중요 변수의 누락이라는 결과를 가져오겠지요. 둘째, 다중공선성이 존재하는 변수들 모두가 중요하다는 판단이 선 경우에는 이들 독립변수들에 대한 요인분석을 실행하여 이들 변수들을 대표하는 요인값 등을 계산하고 이것을 새로운 독립변수로 사용할 수 있을 것입니다. 그러나 다중공선성 문제에 대처할 때 가장 중요한 점은 왜 이러한 현상이 발생하는지 회귀분석모형의 적합성을 관련 이론에 입각해서 분석해야 한다는 점입니다.

회귀분석 결과의 비판적 활용을 위해서는 회귀분석의 대상이 되는 독립변수는 물론이요 분석에서 혹시 생략된 독립변수의 존재가능성도 매우 중요한 요인이 된다고 할 수 있습니다. 예를 들어서 회귀식 전체의 설명력을 보여주는 R^2가 매우 낮은 수준일 때는 혹시 다른 중요한 독립변수가 있음에도 이를 분석대상으로 하지 못한 것은 아닌가 하는 의문을 쉽게 가질 수 있을 것이고, 아래의 선형회귀분석의 가정에서 설명하는 잔차의 산포형태 등을 추가적으로 고려하여 회귀분석에서 누락된 중요한 독립변수의 존재가능성을 판단하고, 좀더 설명력이 높은 회귀모형을 구성하여 분석할 수 있을 것입니다.

위에서 설명한 선형회귀분석은 사회현상들간의 관계연구에 자주 사용되는 통계분석기법입니다만, 종종 선형회귀분석이 기초하고 있는 기본 가정이 성립되는지를 확인하지 않고 회귀분석 결과를 해석하고 이를 그대로 받아들이는 경우가 있습니다. 그러나 기본 가정이 성립되지 않는 경우에는 회귀분석의 수행을 위해 적절한 조치를 취하고 다시 분석을 수행하거나, 재분석이 어려운 경우에는 회귀분석 결과의 해석에 매우 주의하여야 합니다.

먼저 선형회귀분석에서는 종속변수를 독립변수의 선형함수로 나타낼 수 있다고 하는 **선형성**(linearity) 가정이 성립해야 합니다. 이와 같은 선형성 가정성립 여부의 검토는 잔차(=오차)의 산포도 분석을 통해서 이루어질 수 있습니다. 즉, 잔차의 분포가 0을 중심으로 균등하게 흩어져(산포되어) 있어야 합니다. 한편, 이러한 선형성 가정이 심하게 위배되는 경우에는 비선형회귀분석(예: $Y=\alpha+\beta_1X_1+\beta_2X_2^2+\varepsilon$)을 시도하거나, 경우에 따라 비선형관계(예: $Y=\alpha X^{\beta}$)를 선형관계로 변환(예: $\log Y=\log\alpha+\beta\log X$)하여 선형회귀분석을 수행할 수 있습니다.

둘째, 모든 잔차의 분산은 일정하다는 **등분산성**(homoscedasticity)이 성립되어야 합니다. 즉 모든 잔차는 평균이 0이고 동일한 분산(=c^2)을 갖는다는 가정입니다. 이러한 가정의 성립 여부 역시 잔차의 산포도를 검토함으로써 분석될 수 있습니다. 이 가정 역시 잔차의 분포가 평균인 0을 중심으로 균등하게 흩어져(산포되어) 있어야 함을 의미합니다. 이러한 가정이 위배되면 이분산성(heteroscedasticity)이 존재한다고 말합니다. 이러한 경우에는 선형회귀분석에서 일반적으로 사용하는 회귀계수 추정방법인 보통최소자승법(ordinary least squares)대신 일반화최소자승법(generalized least squares)이나 가중최소자승법(weighted least squares)을 이용한 계수추정이 바람직하다고 알려져 있습니다.

셋째, 모든 잔차는 **상호독립적**이어야 한다는 가정입니다. 즉 잔차의 자기상관(autocorrelation)이 없어야 한다는 가정이지요. 자기상관은 측정된 자료가 시계열자료(time series data)이거나 횡단면자료(cross-sectional data)에서 비선형관계가 존재할 때 나타날 수 있습니다. 잔차의 상호독립가정의 성립 여부는 잔차의 산포도 검토뿐만 아니라 SPSS Statistics와 같은 프로그램에서 **Durbin-Watson통계량** 분석을 추가적으로 선택함으로써 판단할 수 있습니다. Durbin-Watson값은 0에서 4의 값을 취하며, 0이나 4에 가까운 값은 잔차의 독립성 가정에 문제가 있는 것으로 판단하고, 그 값이 2에 접근하면 독립성 가정에 큰 문제가 없는 것으로 해석하게 됩니다. 잔차의 상호독립가정이 위배되는 경우에는 자료 내에 존재하는 주기(cycle)나 비선형관계를 반영할 수 있는 시계열분석 혹은 비선형회귀분석기법을 사용하는 것이 바람직합니다.

넷째, 모든 잔차는 평균이 0이고 분산이 c^2인 정규분포를 따른다고 하는 **잔차의 정규성**(normality) 가정도 성립해야 합니다. 잔차의 정규성을 판단하는 방법은 여러 가지가 있으나, SPSS Statistics의 선형회귀분석 창에서는 정규확률도표(normal probability plot)를 선택하고 이를 검토함으로써 잔차의 정규성 성립 여부를 확인할 수 있습니다. 잔차들이 정규분포를 이루는 경우에는 표준화된 잔차들이 직선 대각선(straight diagonal line)을 형성하게 됩니다.

5. 특수회귀분석

1) Dummy변수를 이용한 회귀분석

위에서 설명한 바와 같이, 회귀분석은 등간척도 이상의 수준으로 측정된 독립변수들과 종속변수간의 관계를 분석해 주는 통계적 기법입니다. 그러나 경우에 따라서는 명목변수 수준으로 측정된 독립변수도 회귀분석대상이 될 경우도 있습니다. 예를 들어서 광고비가 매출에 미치는 영향을 회귀분석을 통해 추정하는 경우에는, 모든 변수가 등간척도 이상의 수준에서 측정되었으므로 위에서 설명한 대로의 회귀분석을 실행하고 결과를 이용하면 될 것입니다. 그러나 연구자의 관심이 광고비와 계절이 매출에 미치는 영향을 분석하는 데에 있다고 가정해 볼까요? 우리나라의 경우 계절이란 봄, 여름, 가을, 겨울의 4계절로 구성되어 있습니다. 사실 많은 상품의 매출이 계절의 영향을 받고 있음을 우리는 경험하고 있지요. 이처럼 계절이 매출에 미치는 영향을 분석하기 위해서 (식 13-7)과 같은 일반적인 회귀식을 추정했다고 가정하겠습니다.

Dummy변수의 필요성 (식 13-7)

$$\hat{Y}=\hat{a}+\hat{b}_1X_1+\hat{b}_2X_2+\hat{b}_3X_3$$

단, $\hat{Y}$는 매출, X_1는 광고비, X_2는 대리점 수, X_3는 계절

(식 13-7)에서 계절($=X_3$)이 매출($=\hat{Y}$)에 미치는 영향인 $\hat{b}_3$는 어떻게 해석될 수 있을까요? 만일 $\hat{b}_3$값이 4라면 계절이 매출에 미치는 영향이 4라고 해석하면 될까요? 이러한 해석은 별의미를 지니지 못합니다. 봄, 여름, 가을, 겨울이 매출에 미치는 영향을 알고자 하는 것이 연구자의 의도일 터인데, (식 13-7)과 같은 분석결과는 이러한 연구자의 의도를 전혀 반영하지 못하고 있습니다.

우리가 알고 있는 바와 같이 계절이라는 현상은 명목척도 수준에서 측정되는 현상입니다. 예를 들어 봄=1, 여름=2, 가을=3, 겨울=4의 수를 부여

한다고 할 때, 이러한 수란 특정한 계절(=범주: category)을 구분하는 의미밖에는 없습니다. 이런 수를 가지고 더하기, 빼기, 곱하기, 나누기를 한다는 것은 의미가 없는 것입니다. 따라서 겨울의 매출이 봄 매출의 4배라고 해석할 수 없는 것입니다. 이처럼 독립변수가 명목척도로 측정된 경우에는 명목척도를 구성하는 각 범주의 종속변수에 대한 영향력을 분석할 수 있는 추가적인 준비가 필요합니다. 이와 같은 경우에 사용할 수 있는 특수한 회귀분석방법 중의 하나가 dummy coding(혹은 dummy변수)을 이용한 회귀분석입니다. Dummy Coding 이외에도 effect coding이나 orthogonal coding을 이용해도 전반적인 분석결과는 동일하다는 점(Pedhauzur & Schmelkin, 1991)을 지적하고 dummy변수를 이용한 회귀분석에 대한 설명을 계속합니다.

Dummy coding이란 명목변수를 구성하는 각 범주별로 특정 범주에 속하는 경우에는 1을 부여하고 속하지 않으면 0을 부여하는 coding방법입니다. 이러한 과정을 거쳐 새로 만들어진 변수를 dummy변수라고 부르게 됩니다. 그런데 dummy변수는 몇 개를 만들어 내면 될까요? 일반적으로는 명목변수를 구성하는 범주(category)의 수를 C라고 한다면, $(C-1)$개의 dummy변수만이 필요하게 됩니다.

표 13-1

Dummy변수

Dummy변수 / 명목변수의 범주	X_3	X_4	X_5
봄	0	0	0
여름	1	0	0
가을	0	1	0
겨울	0	0	1

〈표 13-1〉은 명목척도 수준으로 측정된 계절변수의 dummy변수들을 만들어 낸 예를 보여주고 있습니다. 먼저 계절의 수, 즉 계절변수의 범주는 4개이므로 새로 생성된 dummy변수의 수는 3개(=X_3, X_4, X_5)입니다. 따라서 이러한 경우에 추정된 회귀식은 (식 13-8)과 같은 형태를 가지게 됩니다. 봄의 경우는 모든 dummy변수의 값이 0이라는 특징을 가지고 다른 계절들과 구분이 됩니다. 생성되는 dummy변수의 수가 $(C-1)$개라고 하는 의미를 다시 이

해할 수 있을 것입니다. 계절변수를 위처럼 dummy coding할 경우 봄은 계절효과를 판단하는 기준(=control) 계절이라고 해석할 수 있는 것이지요.

Dummy변수를 이용한 회귀식 (식 13-8)

$$\hat{Y}=\hat{a}+\hat{b}_1X_1+\hat{b}_2X_2+\hat{b}_3X_3+\hat{b}_4X_4+\hat{b}_5X_5$$

단, $\hat{Y}$는 매출, X_1는 광고비, X_2는 대리점 수, X_3는 여름, X_4는 가을, X_5는 겨울

위와 같이 계절의 dummy변수를 생성하고 (식 13-8)의 회귀식 결과를 얻었다면, 여름($X_3=1$, $X_4=0$, $X_5=0$)이 매출에 미치는 영향은 $\hat{b}_3$, 가을($X_3=0$, $X_4=1$, $X_5=0$)이 매출에 미치는 영향은 $\hat{b}_4$ 그리고 겨울($X_3=0$, $X_4=0$, $X_5=1$)이 매출에 미치는 영향은 $\hat{b}_5$ 임을 알 수 있습니다.

2) 상호작용효과의 회귀분석

선형회귀분석이 수행하는 가장 기본적인 기능은 각 독립변수가 종속변수에 '독립적'으로 미치는 영향을 회귀계수로 명확하게 분석해 내는 것입니다. 따라서 하나의 독립변수는 종속변수와의 상관관계가 높아야 하지만 다른 독립변수들과의 상관관계는 없어야 한다고 설명했습니다. 독립변수들간의 독립이라고 하는 기본 조건이 위배되는 경우는 다중공선성이 존재한다고 했고 이 경우 회귀계수의 크기, 유의성 및 안정성 등에 문제가 있게 됨도 설명하였습니다. 즉, (식 13-9) (a)의 경우 X_1와 X_2간의 상관관계는 없고(혹은 매우 낮고), 따라서 $\hat{b}_1$와 $\hat{b}_2$는 종속변수에 대한 X_1와 X_2의 독립적인 영향력을 의미한다고 함을 설명한 것이지요. 즉 사회현상 X_1와 X_2가 종속변수에 해당하는 사회현상에 독자적으로 미치는 영향이 계수로 구체화되는 것입니다.

회귀분석에서의 상호작용효과 (식 13-9)

(a) $\hat{Y}=\hat{a}+\hat{b}_1X_1+\hat{b}_2X_2$

(b) $\hat{Y}=\hat{a}+\hat{b}_1X_1+\hat{b}_2X_2+\hat{b}_3X_1X_2$

그런데 사회현상들간의 직접적인(=1차적인) 관계에 대한 연구가 수행되어 (식 13-9) (a)와 같은 결과를 얻은 다음에는, 동일 현상들간의 좀더 자세한 관계에 관심이 생길 수 있을 것입니다. 예를 들어서 (식 13-9) (a)에서 추정된 종속변수(=$\hat{Y}$)를 건강이라고 하고 X_1는 흡연량, X_2는 음주량이라고 가정해 보지요. 이때 $\hat{b}_1$는 흡연이 건강에 미치는 독립적인 영향을 나타내고 $\hat{b}_2$는 음주가 건강에 미치는 독립적인 영향을 나타내게 됩니다. 현실적으로는 흡연과 음주를 같이하는 사람들이 많이 존재합니다. 이러한 경우 흡연과 음주의 독립적인 영향을 분석해 내는 것도 의미가 있지만 흡연과 음주를 동시에 하는 경우의 건강에 미치는 영향력이 더 큰 의미를 지닐 수 있을 것입니다. 그런데 흡연을 하면서 음주를 하는 경우 건강에 미치는 영향의 크기는 얼마나 될까요? (식 13-9) (b)에서 $\hat{b}_3$가 이러한 효과를 나타내 줍니다. 즉, $\hat{b}_3$는 흡연(=X_1)과 음주(=X_2)를 동시에 하는 경우(=X_1X_2)의 영향력을 보여주는 것입니다. 독립변수의 종속변수에 대한 영향력(예: 흡연)이 어떠한 조건(예: 음주와 동시에 흡연)에 의해 더 강해지는 것을 **강화효과**(amplification effect)라고 하고 더 약해지는 것을 **조절효과**(moderation effect)라고 하며 강화효과와 조절효과를 모두 합해서 **상호작용효과**(interaction effect)라고 부릅니다. 이에 비해 독립변수들의 종속변수에 대한 독립적인 효과는 **주효과**(main effect)라고 합니다. 한편 상호작용효과를 강화효과와 조절효과로 구분하지 않고 상호작용효과(interaction effect)와 조절효과(moderating effect)를 동일시하는 학자들도 있으나, 앞에서처럼 구분하여 사용하는 것이 바람직합니다. 사회현상들간의 직접적인 관계, 즉 기본적인 관계가 분석된 다음에는, 이처럼 한 독립변수의 영향력이 강해지기도 하고 약해지기도 하는 조건(condition)을 분석하는 것이 많은 연구자의 희망일 것입니다.

사회현상에 대한 이해의 수준이 높아짐에 따라 주효과는 물론 상호작용효과도 분석해야할 필요성이 높아지는 것이 일반적입니다. 결국 경우에 따라 상호작용을 가진 회귀분석(regression analysis with interactions)을 수행할 필요가 있게 되는 것이지요. 상호작용을 나타내는 변수는 (식 13-9) (b)에서와 같이 주효과에 해당하는 변수(예: X_1)와 조건에 해당하는 변수(예: X_2)를 곱해서(=X_1X_2)만들어 냅니다.

그런데 이렇게 서로 상관관계가 없거나 매우 낮은 독립변수들(예: X_1, X_2)도 이들을 서로 곱해서 상호관계를 대변하는 변수(=X_1X_2)를 만들어 내는 경우에는, 새로 만들어진 변수는 정의상 기존의 변수들과 상관관계가 높아질 수밖에 없습니다. 이러한 경우는 상호관계를 연구해야 한다는 연구자의 실질적인 필요와, 상호관계를 표현하기 위해 새로 만들어진 독립변수(=X_1X_2)와 기존의 독립변수들(X_1, X_2)간에 존재할 수밖에 없는 다중공선성의 문제가 발생하게 됩니다. 다중공선성이 존재하는 상황에서의 회귀식의 추정에는 많은 문제가 있다고 함을 위에서 다시 지적한 바 있습니다. 다행히 이러한 경우에 대처하는 방법이 개발되어 있습니다.

이러한 대처방법 중 하나가 변수의 **편차변환**(centering)입니다. 즉, 등간척도나 비율척도의 수준으로 측정된 연속(continuous) 독립변수의 경우 상호작용을 표시하는 새 변수(예: X_1X_2)를 구성하기 전에 상호작용을 구성하는 원 변수들(=X_1, X_2)에서 각각의 평균을 차감한 편차점수(=$X_1-\overline{X}_1$, $X_2-\overline{X}_2$)를 구성하는 것입니다. 이처럼 변수의 편차변환을 실시하고 회귀분석을 수행한 후의 회귀계수와 변환전의 회귀계수는 동일한데다가, 변환 후의 독립변수들간의 상관관계를 제거해 줍니다(Aiken and West, 1991). 결국 편차변환 전의 회귀분석에 사용되는 독립변수들은 X_1, X_2, X_1X_2이고 이들간에는 상관관계가 존재하는 문제점이 있는데 비해, 편차변환 후의 회귀분석에 사용되는 독립변수들은 $(X_1-\overline{X}_1)$, $(X_2-\overline{X}_2)$, 그리고 $(X_1-\overline{X}_1)(X_2-\overline{X}_2)$로 구성이 되는 셈이고 이들간의 상관관계는 제거되는 것입니다. (식 13-10)은 편차변환 후에 상호작용효과를 포함한 회귀식을 추정한 예를 보여주고 있습니다.

편차변환 후의 상호작용효과 회귀분석 (식 13-10)

$$\hat{Y}=\hat{a}+\hat{b}_1X_1^*+\hat{b}_2X_2^*+\hat{b}_3X_1X_2^*$$

단, $X_1^*=X_1-\overline{X}_1$; $X_2^*=X_2-\overline{X}_2$; $X_1X_2^*=(X_1-\overline{X}_1)(X_2-\overline{X}_2)$

한편, 명목척도의 수준으로 측정된 범주형(categorical) 독립변수의 상호작용효과분석을 위해서는 위에서 설명한 dummy변수를 사용한 다중회귀분석을 실행하면 됩니다. 한편, 이러한 경우에는 독립변수의 주효과 및 독립변수들간의 상호작용효과를 동시에 분석하는 분산분석(ANOVA)의 일종인 Factorial Design을 사용할 수도 있습니다. 물론 독립변수들이 연속(continuous) 변수만으로 구성되어 있는 경우에도 해당변수를 범주형(categorical) 변수로 변환한 다음에 Factorial Design을 실행할 수 있을 것입니다.

회귀분석 결과는 어찌 해석할 것인가? 제2절

회귀분석도 표본을 기초로 한 기술통계분석 결과를 이용하여 모집단에서의 독립변수들과 종속변수간의 관계를 추정하는 추리통계분석기법입니다. 즉, 표본을 대상으로 관찰한 변수들의 측정값으로 표본통계량을 계산하고, 표본통계량과 해당 표본통계량의 표본분포(sampling distribution)에 근거해서 모집단에서도 예측된 관계가 성립하는지에 대한 가설을 검정하게 되는 것입니다. 단순회귀분석과 다중회귀분석의 가설검정 논리가 동일하기 때문에 이곳에서는 다중회귀분석의 경우만을 설명하기로 합니다. 따라서 회귀분석시의 연구가설(H_1)의 일반적인 형태는 〈표 13-2〉와 같습니다. 따라서 이에 대응하는 귀무가설(H_0)도 〈표 13-2〉와 같은 형태를 가질 것입니다. 그런데 〈표 13-2〉의 (a)나 (c)에서 볼 수 있듯이 회귀분석 관련 가설은 전체 회귀식의 설명력을 중심으로 기술할 수도 있고, (b)나 (d)에서와 같이 전체 회귀식을 구성하는 회귀계수의 입장에서 기술할 수도 있습니다.

표 13-2 다중회귀분석시의 실질가설

연구가설(H_1): 회귀식의 결정계수는 0이 아닐 것이다. (a)
회귀식의 회귀계수 중 하나 이상은 0이 아니다. (b)

귀무가설(H_0): 회귀식의 결정계수는 0일 것이다. (c)
회귀식의 모든 회귀계수는 동시에 0이다. (d)

따라서 가설검정의 직접 대상인 통계가설 형태로 표현된 귀무가설(H_0)은 다음의 〈표 13-3〉과 같이 표현할 수 있습니다. R^2_{pop}는 모집단에서의 회귀식의 결정계수를 의미하고, β_1, β_2, β_3, …, β_n는 각각 독립변수 X_1, X_2, X_3, …, X_n의 모집단에서의 회귀계수를 의미합니다.

표 13-3

다중회귀분석의 통계가설

H_0: $R^2_{pop}=0$ (a)

H_0: $\beta_1=\beta_2=\beta_3=\cdots=\beta_n=0$ (b)

즉, 〈표 13-3〉의 (a)를 기준으로 설명한다면, H_0: $R^2_{pop}=0$이라는 가정하에서, 표본에서의 R^2값$(=\Sigma(\hat{Y}-\overline{Y})^2/\Sigma(Y_i-\overline{Y})^2)$이 R^2_{pop}로부터 얼마나 멀리 떨어져 있는지를 판단하는 것이 회귀분석에서 수행하는 가설검정내용인 것입니다. 연구자는, 제9장의 가설검정절차에서 이미 설명한 바와 같이, 표본에서의 R^2 값을 이용한 검정통계량(test statistic)을 계산해서 결정계수 관련 가설을 검정하게 됩니다. 구체적으로 다중회귀분석시 결정계수의 검정통계량은 (식 13-11)에 따라 계산하게 됩니다. 물론 SSR은 회귀제곱의 합(regression sum of squares), SSE는 잔차제곱의 합, n은 표본의 크기, k는 독립변수의 수, 그리고 R^2는 결정계수를 의미합니다. 한편, (식 13-11)의 검정통계량 F값은 분자 k, 분모 $(n-k-1)$의 자유도를 가진 F분포를 따르는 것으로 알려졌습니다.

다중회귀분석시 결정계수의 검정통계량 (식 13-11)

$$F=\text{평균회귀제곱}/\text{평균잔차제곱}$$
$$=\frac{SSR/k}{SSE/(n-k-1)}$$
$$=\frac{R^2/k}{(1-R^2)/(n-k-1)}$$

아래의 〈표 13-4〉는 SPSS Statistics를 통해서 다중회귀분석을 실시한 결과를 보여주고 있습니다. 분석에 사용된 변수는, 한국의 대학생들을 대상으로 특정 외국에 대한 적대감이 해당국 상품의 구매에 미치는 영향을 연구(Shin, 2001)하는 데 사용된 자료 중에서 일부 변수를 선택하였습니다. 엄밀한 통계분석을 위해서는 각 추상적인 사회현상은 다수의 측정문항(=측정변수)으로 측정하고 관련 이론 등에 기반해서 이들 사회현상들간의 관계를 추론해야 합니다만, 이곳에서는 회귀분석에 대한 독자들의 이해를 증진시키기 위해 종속변수는 '일제상품에 대한 구매의도(변수명 jppi3),' 그리고 독립변수로는 '전쟁적대감(변수명 aniwar3),' '일제상품품질(변수명 jppq2)' 및 '자문화중심주의(변수명 ethno1)'의 3개를 선택하였습니다. 여하간 분석의 대상이 된 변수는 모두 등간척도 수준으로 측정된 사회현상이므로 독립변수들과 종속변수간의 관계를 회귀분석할 수 있게 됩니다.

표 13-4

회귀분석 결과

진입/제거된 변수(b)

모형	진입된 변수	제거된 변수	방법
1	aniwar3, jppq2, ethno1(a)	.	입력

a 요청된 모든 변수가 입력되었습니다.
b 종속변수 : jpi3

모형 요약(b)

모형	R	R 제곱	수정된 R 제곱	추정값의 표준오차	Durbin-Watson
1	.383(a)	.147	.135	1.53174	2.024

a 예측값 : (상수), aniwar3, jppq2, ethno1
b 종속변수 : jpi3

분산분석(b)

모형		제곱합	자유도	평균제곱	F	유의확률
1	선형회귀분석	89.010	3	29.670	12.646	.000(a)
	잔차	518.519	221	2.346		
	합계	607.529	224			

a 예측값 : (상수), aniwar3, jppq2, ethno1
b 종속변수 : jpi3

계수(a)

모형		비표준화 계수		표준화계수	t	유의확률	공선성 통계량	
		B	표준오차	베타			공차한계	VIF
1	(상수)	4.157	.850		4.890	.000		
	jppq2	.384	.114	.210	3.361	.001	.993	1.007
	ethno1	−.274	.067	−.255	−4.064	.000	.979	1.021
	aniwar3	−.214	.090	−.148	−2.370	.019	.984	1.016

a 종속변수 : jpi3

먼저 〈표 13-4〉의 '진입/제거된 변수' 표에는 회귀식의 추정에서 실제로 사용된 독립변수 혹은 제외된 변수가 표시되어 있습니다. 그리고 이 표의 오른쪽 끝에 '방법' 이라는 표현과 '입력' 이라는 용어도 볼 수 있습니다. 이것은 회귀식 추정시에 독립변수를 투입하는 방식의 하나를 의미합니다. 즉, 회귀분석 실행시(즉, 회귀식의 추정시) 독립변수들의 실제 투입순서가 회귀계수의 추정에 영향을 줄 수 있기 때문에 연구자가 SPSS Statistics의 회귀분석 명령을 수행할 때 독립변수의 회귀식 내 투입방법을 지정할 수 있게 되어 있는 것입니다.

다중회귀분석을 실행함에 있어서 중요한 독립변수들만을 회귀분석대상으로 선택하여 계수를 추정하는 것이 사회현상들간의 관계를 연구하는 이론적 입장이나 계수추정의 입장에서 모두 중요할 것입니다. 물론 다중회귀분석시에 선정된 모든 독립변수들이 종속변수의 변동을 충분히 설명해 주는 것이 연구자가 추구하는 상황임에는 틀림없습니다. 이러한 판단이 서는 경우에는 모든 독립변수들을 동시에 회귀분석모형에 포함하여 분석할 수 있습니다. 이러한 경우에 사용하는 독립변수 투입방식을 '동시적 변수투입(enter)' 방법이라고 하는데 이 방법을 SPSS Statistics에서는 '입력' 방법으로 표현하고 있고, 이 방법이 SPSS Statistics의 회귀분석절차에서는 기본설정으로 되어 있습니다. 〈표 13-4〉의 예에서는 '입력' 방식을 사용한 회귀식 추정결과를 보여주고 있습니다. 이러한 방법을 통해 회귀분석을 할 경우에는 모든 독립변수에 대한 계수가 추정되나 경우에 따라 유의하지 않은 계수도 얻어질 가능성을 배제하지 못하게 됩니다.

그러나 현실에서는 종속변수에 영향을 주리라고 예상되는 많은 독립변수들 중 어떠한 독립변수가 중요하고 어떠한 독립변수는 중요하지 않은지에 대한 정보가 없을 수 있습니다. 이러한 경우에 종속변수를 설명하는 데 중요한 독립변수 순으로 해당 회귀계수를 추정할 수 있다면 탐색적인 입장에서나 계수추정의 효율성 입장에서 모두 바람직할 것입니다. 이러한 경우에 자주 사용되는 회귀식 내 독립변수 투입방법이 '단계적 회귀분석(stepwise regression)' 방법입니다. 이 방법에서는 종속변수와 가장 상관관계가 높은 독립변수를 하나 택하고 해당 R^2을 구합니다. 다음 나머지 독립변수들 중 R^2을 가장 많이 높일 수 있는 독립변수를 택하고 F검정을 통해 이 변수의 분석모형 내 추가투입이 통계적으로 유의한지를 판단합니다. 새로운 독립변수의 추가투입이 더 이상 통계적으로 유의하지 않을 때까지 이러한 과정을 반복하여 회귀계수를 계산해 냅니다. 이러한 방법을 이용하면 유의하지 않은 회귀계수를 가진 독립변수는 최종 회귀식 내에 포함되지 않게 됩니다. 물론 이러한 독립변수투입순서 결정방법도 SPSS Statistics와 같은 통계 프로그램에서 연구자가 선택할 수 있습니다. 단계적 회귀분석방법 이외에도 제거(remove)법, 전진(forward)법, 후진(backward)법 등이 SPSS Statistics에서 선택가능하나 이들에 대한 설명은 생략합니다.

다음, '모형요약' 표를 보면 회귀분석 결과 추정된 회귀식의 설명력인 R^2값(=.147)과 표본의 크기 및 독립변수의 수도 고려하는 수정된 R^2값(=.135)이 나와 있습니다. 회귀식의 설명력이 절대적으로 높은 상황은 아닙니다만, 독립변수가 3개인 점을 감안하면 그리 낮은 설명력도 아니라고 볼 수도 있습니다. 한편 같은 표의 마지막에 Durbin-Watson통계량값(=2.024)이 나와 있습니다. 2와 유사한 값이므로 독립변수들간에 자기상관이 거의 존재하지 않는다고 판단할 수 있겠습니다. 즉, 회귀분석의 기본가정 중 하나가 충족됨을 확인할 수 있는 것이지요.

다음 '분산분석' 표에서는 표본에서 추정된 전체 회귀식의 설명력 R^2이 통계적으로 유의한지 여부를 판단해 주는 결과를 보여주고 있습니다. 즉, H_0: $R^2_{pop}=0$가 설립하는지 여부를 검정한 결과를 보여주고 있는 것이지요. '분산분석' 표를 보면, 추정된 회귀식의 R^2에 해당하는 F값(=12.646)은 $p=.000$수준에서 유의한 것으로 계산되어 있습니다. 연구자가 일반적으로 (즉, 관행적으로) 기준으로 삼는 유의 수준이 $\alpha=0.01$ 혹은 $\alpha=0.05$이므로 모집단에서의 회귀식의 설명력은 0이라는 귀무가설(H_0: $R^2_{pop}=0$ 혹은 H_0: $\beta_1=\beta_2=\beta_3=\cdots=\beta_n=0$)이 안전하게 기각되고 R^2_{pop}이 0보다 유의미하게 큰 수라는 결론을 내릴 수 있지요. 즉, 〈표 13-2〉의 (b) "회귀식의 회귀계수 중 하나 이상은 0이 아니다"라는 주장이 성립한다고 결론을 내릴 수 있다 하겠습니다.

결국 '전쟁적대감,' '일제상품품질' 및 '자문화중심주의'의 3개 독립변수로 구성된 회귀식이 '일제상품에 대한 구매의도' 라는 종속변수를 유의미하게 설명해 준다고 할 수 있겠고, 이러한 연구자의 판단이 잘못될 확률은 0.000이므로 1,000분의 1도 되지 않는다는 것을 알 수 있습니다.

한편 결정계수에 대한 유의성 검정을 통해 "회귀식의 회귀계수 중 하나 이상은 0이 아니다" 라는 사실을 알게 되었는데, 구체적으로 어떤 독립변수의 회귀계수가 0이 아니고 통계적으로 의미가 있는 값을 가지는지가 궁금할 수 있습니다. 즉, 종속변수의 변화를 의미 있게 설명해 주는 독립변수는 무엇이고 회귀계수의 크기는 어느 정도인지에 대한 분석이 필요하게 되는 것이지요. 〈표 13-4〉에서 '계수' 표를 보면, 비표준화계수, 표준화계수, t값, 유의확률, 공선성통계량에 관련된 정보가 제시되어 있습니다.

먼저 비표준화계수는 원래 측정된 변수의 측정값을 대변하는 독립변수의 종속변수에 대한 영향력을 나타내고 있습니다. '일제상품품질' 의 비표준화계수는 0.384, '자문화중심주의' 의 비표준화계수는 −0.274, 그리고 '전쟁적대감' 의 비표준화계수는 −0.214로 추정되어 있습니다. 응답자들이 일제상품품질에 대해 한 단위(one unit) 더 좋게 평가하면 0.384만큼 일제상품구매의도가 높아지는 것으로 해석할 수 있습니다. 같은 논리로, 응답자들이 자기 문화를 한 단위(one unit) 더 중요하게 여길수록 일제상품구매의도가 0.274만큼 감소하고, 응답자들이 일본에 대한 적대감이 한 단위(one unit) 더 높아질수록 일제상품구매의도가 0.214만큼 감소한다는 것이지요. 그런데, 원 측정치(raw score)가 아닌 표준화점수(standardized score)로 추정한 표준화계수는 '일제상품품질' 의 비표준화계수는 0.210, '자문화중심주의' 의 비표준화계수는 −0.255, 그리고 '전쟁적대감' 의 비표준화계수는 −0.148로 추정되어 있습니다. 독립변수들의 상대적인 중요도를 기준으로 한다면 자문화중심주의의 영향이 제일 큰 것으로 판단할 수 있는 것이지요.

그런데 위에서 비표준화 및 표준화계수를 검토한 결과 계수들이 모두 0이 아닌 것을 확인했습니다. 그러나 이러한 결과는 아직 이러한 계수들이 통계적으로 유의한 수인지에 대한 판단까지 포함된 결과는 아닙니다. 즉, 어떠한 특정한 회귀계수가 통계적으로 유의미하게 0과 다른 수인지를 검정한 다음에야 앞에서 확인한 회귀계수의 의미가 그대로 보존되는 것이지요. 즉, 개별 회귀계수별로 〈표 13-5〉에서와 같은 귀무가설(H_0: $\beta_1=0$)을 검정하고 귀무가설이 기각되면 회귀계수가 유의한 것으로 결론을 내리고 회귀계수의 크기에 따른 해석을 하게 되는 것입니다.

표 13-5

개별 회귀계수의 통계가설

H_1: $\beta_i \neq 0$
H_0: $\beta_i = 0$

연구자는 표본에서 β_i의 검정통계량(test statistic)을 구하여 가설을 검정하게 됩니다. 구체적으로 다중회귀분석시 개별 회귀계수의 검정통계량은 (식 13-12)에 따라 계산하게 됩니다. 이 식에서 β_i는 추정된 회귀계수, $SE_{\hat{\beta}_i}$는 회귀계수 $\hat{\beta}$의 표준오차를 의미합니다. 한편, (식 13-12)의 검정통계량 t값은 $(n-k-1)$의 자유도를 가진 t분포를 따르는 것으로 알려져 있습니다.

개별 회귀계수의 검정통계량 (식 13-12)

$$t = \frac{\hat{\beta}_i}{SE_{\hat{\beta}_i}}$$

〈표 13-4〉의 '분산분석' 표에서 볼 수 있듯이 R^2에 해당하는 F값(=12.646)은 $p=.000$수준에서 유의한 것으로 계산되어 있습니다.

한편 〈표 13-4〉의 '계수' 표를 다시 보면, 추정된 회귀식의 각 비표준화계수 및 표준화계수에 상응하는 검정통계량 t값과 이에 해당하는 유의확률을 보면, '일제상품품질'이 0.001, '자문화중심주의'가 0.000, 그리고 '전쟁적대감'이 0.019로 나타나 있습니다. 연구자가 일반적으로(즉, 관행적으로) 기준으로 삼는 유의 수준이 $\alpha=0.01$ 혹은 $\alpha=0.05$이므로 모집단에서의 회귀계수 β_i의 설명력은 0이라는 귀무가설(H_0: $\beta_i=0$)이 안전하게 기각되고 회귀계수 β_i는 0과 유의미하게 다른 수라고 하는 결론을 받아들일 수 있겠습니다. 그러나 주의할 점은, 연구자가 미리 정한(혹은 관행적으로 사용하는) 유의 수준이 0.01인 경우에는 '전쟁적대감' 변수의 계수가 0과 유의하게 다르다는 결론을 내릴 수 없습니다. 따라서 '전쟁적대감' 계수는 해석시에 사용하지 않거나 매우 제약적으로 해석해야 할 것입니다.

마지막으로 〈표 13-4〉의 '계수' 표의 오른쪽 끝부분을 보면 '공선성통계량' 이라는 제목하에 각 독립변수의 공차한계(tolerance)와 분산팽창지수(VIF)가 표시되어 있습니다. 모든 공차한계가 0.1보다 충분히 크고, 모든 분산팽창지수가 10보다 충분히 작으므로 추정된 회귀식에 사용된 독립변수들간에는 다중공선성이 존재하지 않는다는 결론을 내릴 수 있습니다. 따라서 위와 같은 회귀식의 해석은 적절한 것으로 받아들일 수 있을 것입니다.

회귀분석의 결과의 정확한 해석 및 이에 기초한 의사결정을 위해서는 회귀식 전체의 설명력(혹은 정확도)과 각 회귀계수의 크기는 물론 회귀식 설명력과 회귀계수 크기의 유의도에 대한 검토도 필수적임을 알 수 있습니다.

제3절 회귀분석은 어찌 실행하는가?

위에서는 독립변수와 종속변수간의 관계를 분석해 주는 회귀분석기법의 원리와 해석방법에 대해 설명하였습니다. 제3절에서는 SPSS Statistics를 이용해서 회귀분석을 실행하는 절차 및 방법에 대해 설명합니다.

항상 강조하는 바와 같이, 모든 SPSS Statistics분석을 위해서는 분석대상 자료파일이 열려져 있어야만 합니다. 따라서 이미 입력된 자료를 열거나 새로 자료를 입력하여야 하겠지요. 〈그림 13-4〉는 한국의 대학생들을 대상으로 특정 외국에 대한 적대감이 해당국 상품의 구매에 미치는 영향을 연구(Shin, 2001)할 때 사용한 자료파일 intmktg.sav를 열어 놓은 상태를 보여주고 있습니다.

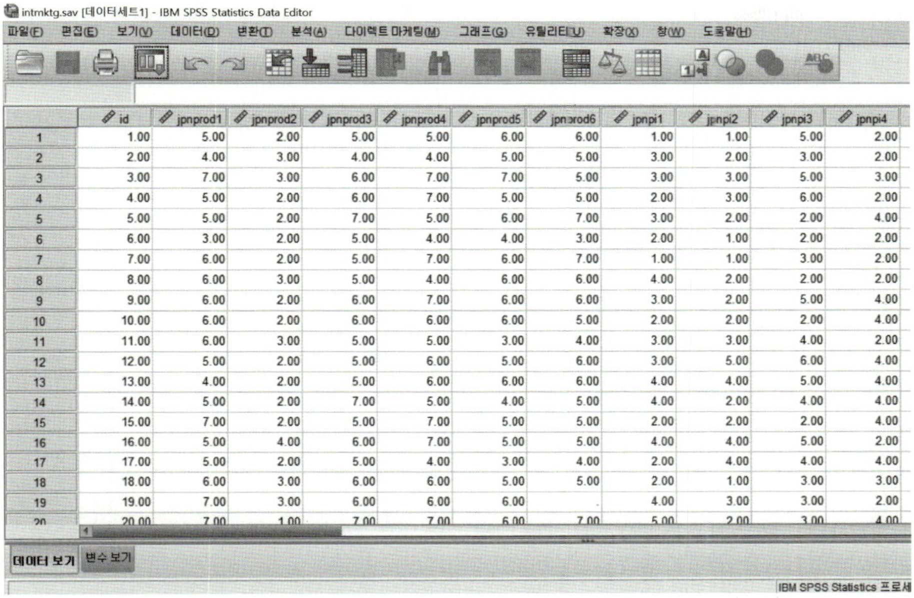

	id	jpnprod1	jpnprod2	jpnprod3	jpnprod4	jpnprod5	jpnprod6	jpnpi1	jpnpi2	jpnpi3	jpnpi4
1	1.00	5.00	2.00	5.00	5.00	6.00	6.00	1.00	1.00	5.00	2.00
2	2.00	4.00	3.00	4.00	4.00	5.00	5.00	3.00	2.00	3.00	2.00
3	3.00	7.00	3.00	6.00	7.00	7.00	5.00	3.00	3.00	5.00	3.00
4	4.00	5.00	2.00	6.00	7.00	5.00	5.00	2.00	3.00	6.00	2.00
5	5.00	5.00	2.00	7.00	5.00	6.00	7.00	3.00	2.00	2.00	4.00
6	6.00	3.00	2.00	5.00	4.00	4.00	3.00	2.00	1.00	2.00	2.00
7	7.00	6.00	2.00	5.00	7.00	6.00	7.00	1.00	1.00	3.00	2.00
8	8.00	6.00	3.00	5.00	4.00	6.00	6.00	4.00	2.00	2.00	2.00
9	9.00	6.00	2.00	6.00	7.00	6.00	6.00	3.00	2.00	5.00	4.00
10	10.00	6.00	2.00	6.00	6.00	6.00	5.00	2.00	2.00	2.00	4.00
11	11.00	6.00	3.00	5.00	5.00	3.00	4.00	3.00	3.00	4.00	2.00
12	12.00	5.00	2.00	5.00	6.00	5.00	6.00	3.00	5.00	6.00	4.00
13	13.00	4.00	2.00	5.00	6.00	6.00	6.00	4.00	4.00	5.00	4.00
14	14.00	5.00	2.00	7.00	5.00	4.00	5.00	4.00	2.00	4.00	4.00
15	15.00	7.00	2.00	5.00	7.00	5.00	5.00	2.00	2.00	2.00	4.00
16	16.00	5.00	4.00	6.00	7.00	5.00	5.00	4.00	4.00	5.00	2.00
17	17.00	5.00	2.00	5.00	4.00	3.00	4.00	2.00	4.00	4.00	4.00
18	18.00	6.00	3.00	6.00	6.00	5.00	5.00	2.00	1.00	3.00	3.00
19	19.00	7.00	3.00	6.00	6.00	6.00	.	4.00	3.00	3.00	2.00
20	20.00	7.00	1.00	7.00	7.00	6.00	7.00	5.00	2.00	3.00	4.00

그림 13-4

회귀분석석 대상 자료파일 열기의 실행

그런데, 설문지로 자료를 수집하는 경우에는 응답자들이 각 설문문항을 잘 읽고 응답하는지를 체크하기 위한 수단으로 일부 설문문항을 일부러 부정적(혹은 긍정적)으로 구성하기도 합니다. 예를 들어서 3개의 문항으로 구매의도를 측정하는 경우에 2개의 문항은 "나는 기회가 되면 일제상품을 구매할 것이다"라는 형식의 긍정적인 질문으로 구성하고, 3번째 문항은 "가능한 한 나는 일제상품의 구매를 피할 것이다"라는 부정적인 형식의 질문을 구성할 수 있습니다. 만일 어떠한 응답자가 긍정적인 형식의 질문에 높은 값으로 응답했다면 부정적인 형식의 질문에 대해서는 낮은 응답값을 보여야 동일한 현상(=구매의도)의 다른 측정변수에 대한 일관성 있는(=신뢰성 있는) 응답이 될 것입니다. 이처럼 동일 현상에 대해 측정문항들에 대한 응답의 예상 방향이 다를 경우에, 각종 통계분석을 수행하기 전에 동일한 방향으로 수정해줄 필요가 있습니다. 이러한 과정을 **역코딩**(reverse coding)이라고 합니다. 물론 설문문항의 질문방향을 모두 동일하게 구성하는 경우에는 이러한 절차가 필요 없게 됩니다. 여하간, 〈그림 13-5〉에서는 역코딩을 통한 새 변수생성의 절차를 수행하기 위한 초기 절차를 보여주고 있습니다. 구체적으로는 〈그림

그림 13-5

역코딩을 통한 새 변수계산

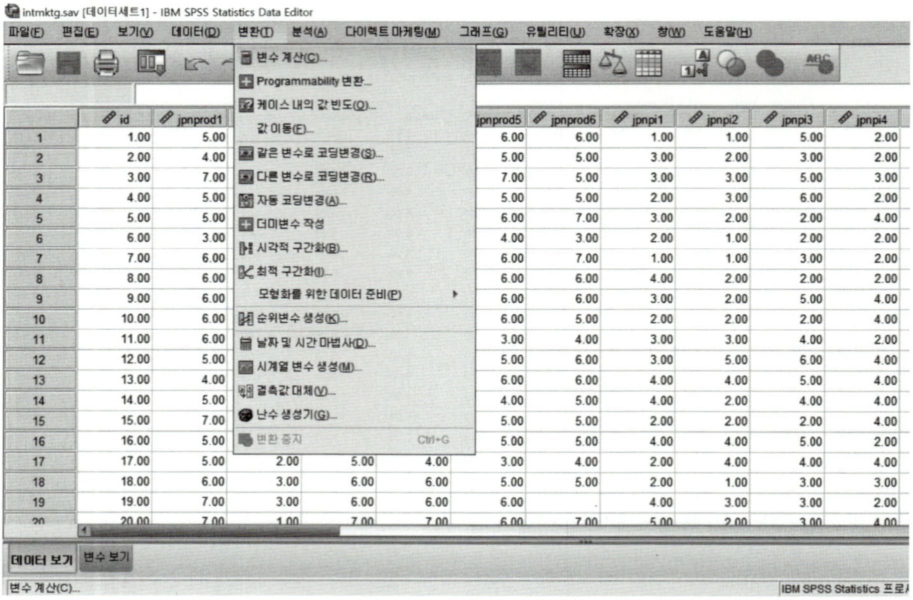

13-5〉에서와 같이 **변환**(C) → **변수계산**(C)을 차례로 선택합니다.

한편, dummy변수를 이용한 회귀분석을 SPSS Statistics에서 실행하기 위해서는 **변환**(C) → **코딩변경**(C) → **새로운변수**로(D)를 차례로 선택하여 기존 변수를 변환시켜 dummy변수를 만들어 낼 수 있습니다.

〈그림 13-5〉에서와 같이 **변환**(C) → **변수계산**(C)을 차례로 선택하게 되면, 〈그림 13-6〉에서와 같은 '변수계산' 창이 뜨게 됩니다. 이 창에서 역코딩으로 생성될 새로운 변수의 이름을 '대상변수(T)' 창에 입력합니다. 아래에서는 jpi3라고 입력되어 있습니다. 오른쪽의 '숫자표현식(E)' 창에는 역코딩 대상변수와 역코딩의 규칙을 입력합니다. 역코딩에서 사용하는 기본적인 규칙은 "새 변수=[(역코딩 대상 변수의 최대 응답범주+1)−역코딩 대상 변수]"를 적용하면 됩니다. 우리의 예를 들면, 부정적 형식으로 질문한 일제상품의 구매의도(=jpnpi3)는 1에서 7점까지의 등간척도 수준으로 측정되었으므로 구매의도의 최대 응답범주는 7입니다. 따라서 새로 생성되는 변수명을 jpi3이라 하면, "jpi3=(7+1)−jpnpi3"의 규칙을 실행하면 jpi3이라는 새로운 변수를 얻을 수 있습니다. 〈그림 13-6〉에서와 같은 준비가 끝나면 **확인** 탭을 눌

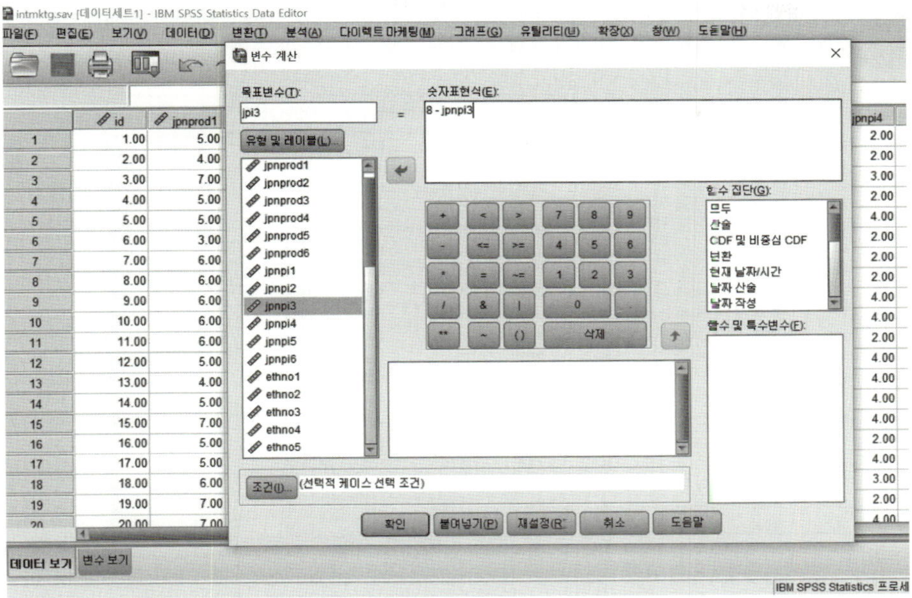

그림 13-6

역코딩을 통한 새 변수의 정의1

러 변수계산을 실행합니다.

〈그림 13-6〉에서와 같은 역코딩 절차를 밟아 새 변수를 정의하고 이를 실행하면, 데이터보기 창의 오른쪽 끝 검게 표시된 부분과 같이 새로운 변수인 jpi3이 생성됩니다. 〈그림 13-7〉에서 보면, 1번 응답자의 새 변수(=jpi3)에 대한 응답값은 3으로 나타나 있습니다. 새로운 변수와 기존 변수간에는 위에서 설명한 관계[jpi3=(7+1)−jpnpi3]가 성립하므로 1번 응답자의 경우 역코딩이 되기 전의 원래 변수(=jpnpi3)의 값은 5이겠지요.

각종 통계분석 전에 역코딩이 추가적으로 필요한 경우는 필요한 만큼, 〈그림 13-6〉 혹은 〈그림 13-8〉에서와 같은 역코딩 절차를 밟아 새 변수를 정의하고 이를 실행합니다. 〈그림 13-8〉에서는 jppq2라는 새 변수를 역코딩을 통해 정의하는 과정을 보여주고 있습니다.

〈그림 13-8〉에서와 같은 역코딩 절차를 거쳐 jppq2라는 새 변수를 정의하고 실행하면, 〈그림 13-9〉의 데이터보기 창의 오른쪽 끝 검게 표시된 부분과 같이 두 번째 새로운 변수인 jppq2가 생성됩니다.

역코딩이 필요한 변수의 경우 위에서와 같은 절차를 거쳐서 새로운 변수

그림 13-7

역코딩을 통한 새 변수의 생성1

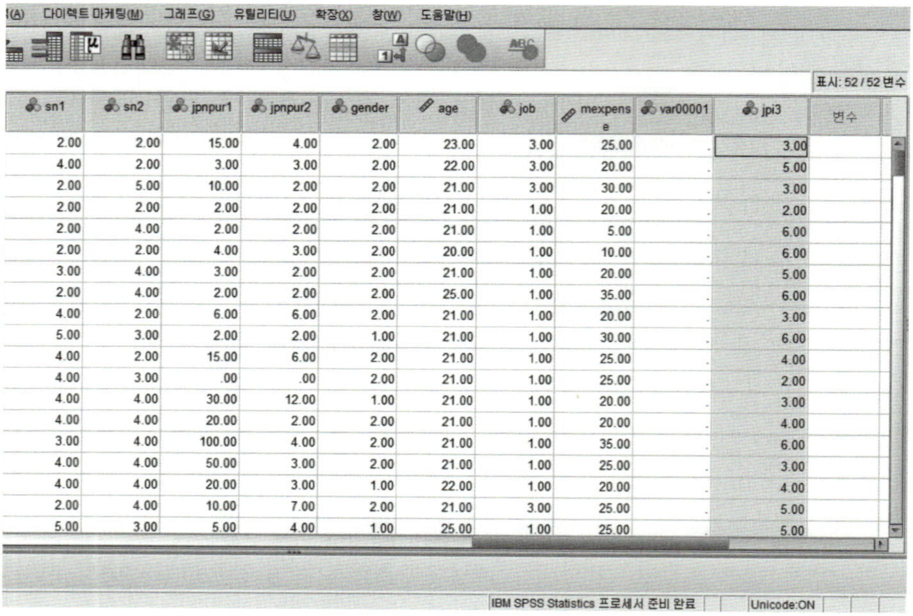

그림 13-8

역코딩을 통한 새 변수의 정의2

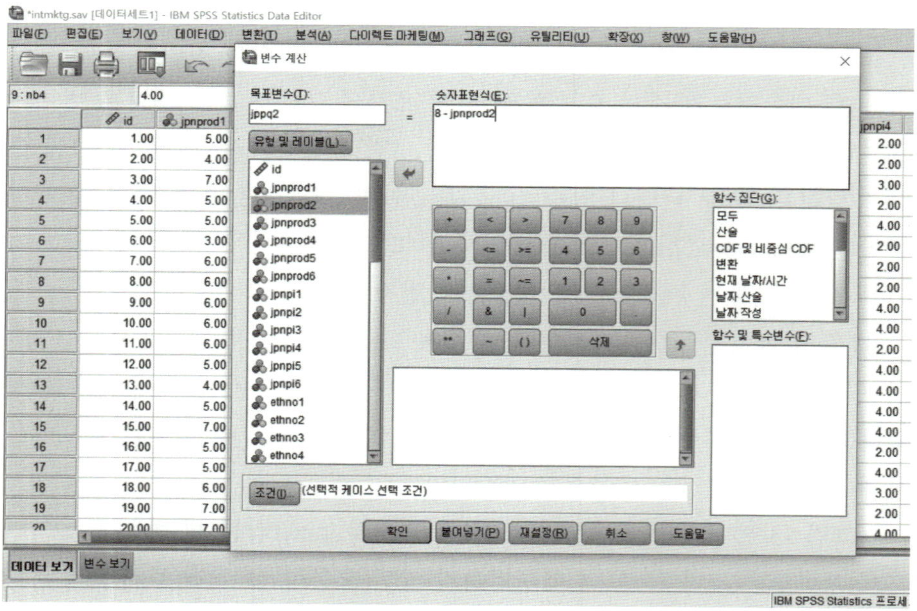

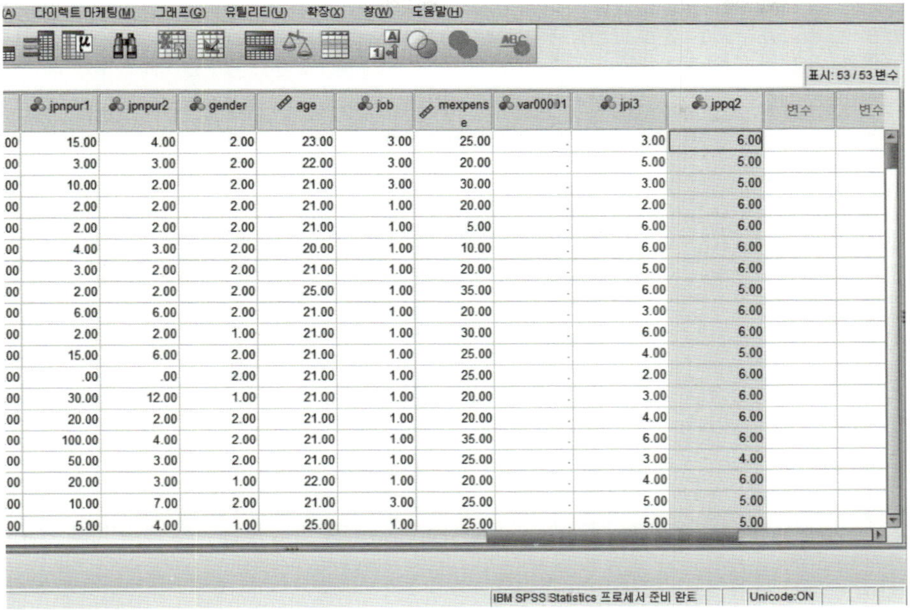

그림 13-9

역코딩을 통한 새 변수의 생성2

들을 생성하고 나면 각종 통계분석기법을 실행할 준비가 됩니다. 앞에서도 설명하였듯이 역코딩은 회귀분석에만 필요한 준비작업이 아닙니다. 통계분석기법과 무관하게, 역코딩이란 설문문항이 상이한 질문형식으로 구성된 경우에 응답자의 응답값이 일관성을 갖추도록 준비하는 의미를 가지고 있습니다. 현실적으로는 이처럼 설문문항의 질문형식을 다양하게 구성하고 응답자의 응답성의 오류를 최소화하려는 연구가 많이 수행되고 있습니다. 이러한 경우에는 특정 통계기법을 실행하기 전에 역코딩을 통해 변수에 대한 응답값의 일관성을 확보하는 것이 필요합니다.

필요시 위와 같은 절차를 거쳐 회귀분석대상 자료가 준비되면, 〈그림 13-10〉과 같이 **분석**(A) → **회귀분석**(R) → **선형**(L)을 차례로 선택합니다.

〈그림 13-10〉과 같이 **분석**(A) → **회귀분석**(R) → **선형**(L)을 차례로 선택하게 되면 〈그림 13-11〉과 같은 '선형회귀분석' 창이 나타납니다. 이 창에서는 우선 왼쪽의 각종 변수명단에서 '종속변수(D)'와 '독립변수(I)'를 지정할 수 있습니다. 〈그림 13-11〉에서는 역코딩 과정을 거쳐 새로 생성된 변수 'jpi3'를 종속변수로 지정하고, 역시 역코딩 과정을 거쳐 새로 생성된 변수

그림 13-10

선형회귀 분석의 실행

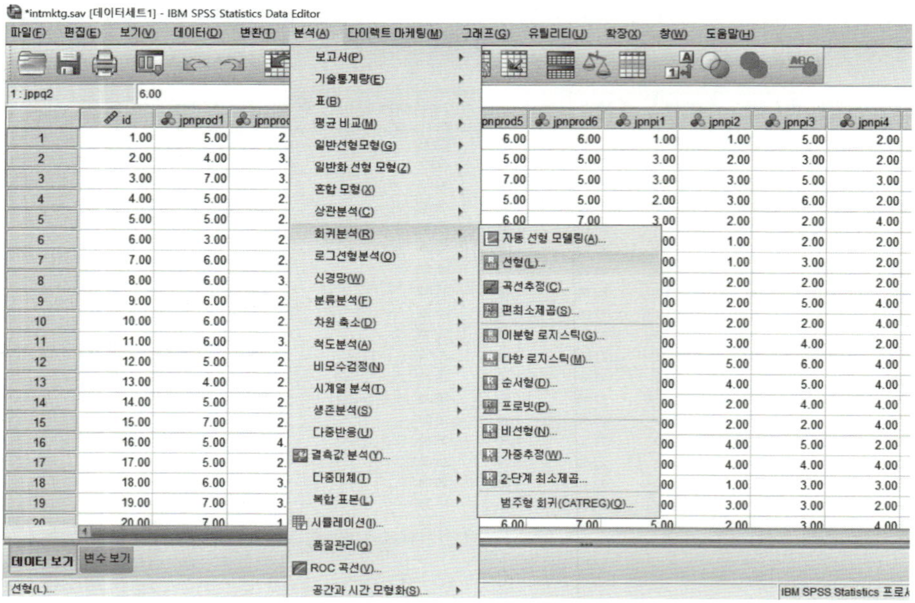

그림 13-11

선형회귀분석 창

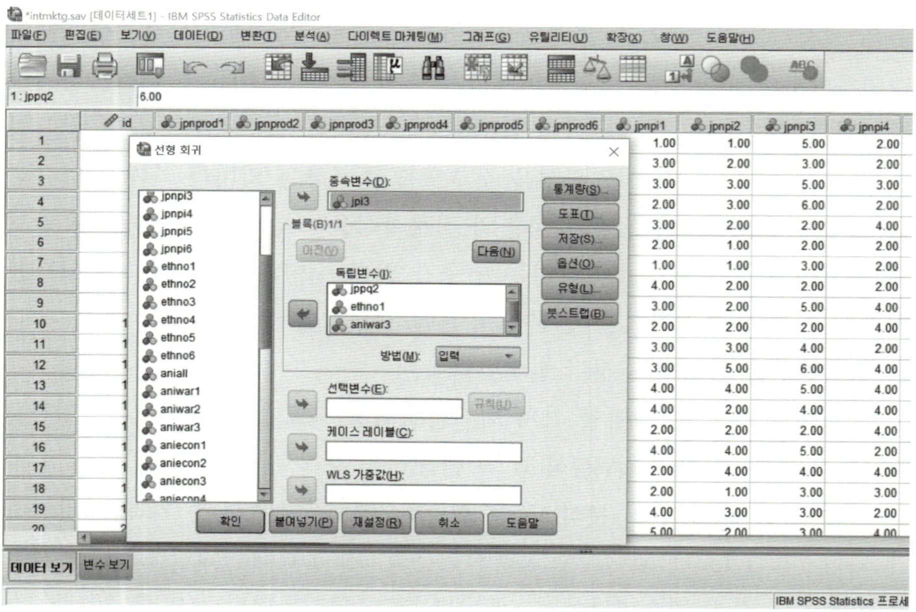

'jppq2' 와 기존의 변수 'ethno1' 및 'aniwar3' 를 독립변수로 지정한 것을 볼 수 있습니다. 다음, 위에서도 설명한 바와 같이 독립변수를 회귀식에 투입하는 구체적인 '방법(M)' 을 선택할 수 있는데, 〈그림 13-11〉에서는 '입력' 이란 방법이 기본으로 지정되어 있는 것을 볼 수 있습니다. '득립변수(I)' 의 지정시에 하나의 독립변수만을 선택하고 회귀분석을 진행한다면 단순회귀분석을 수행하는 것이 될 것이고, 2개 이상의 독립변수를 지정하고 회귀분석을 진행한다면 다중회귀분석을 수행하는 것이 될 것입니다.

한편 '선택변수(E)' 란 표본 중의 일부만을 대상으로 선형회귀분석을 실행하기를 원하는 경우에 그 일부를 선택하는 데 사용할 변수를 지정하는 것입니다. 'WLS 가중값(H)' 을 이용하면 보통최소자승법이 아닌 가중최소자승법을 이용한 회귀식 추정이 가능합니다. 한편 기본적인 내용이 아니므로 케이스설명(C)에 대한 설명은 생략하도록 합니다.

〈그림 13-11〉의 '선형회귀분석' 창에서 '종속변수(D)' 와 '독립변수(I)' 를 지정하고, 독립변수를 회귀식에 투입하는 구체적인 '방법(M)' 을 선택한 다음에는 **통계량** 탭을 눌러 통계량 창을 연 다음 회귀계수, 잔차 및 기타 선택사항을 지정합니다. 〈그림 13-12〉에서는 회귀계수의 '추정값(E)', '모형적합(M)', '공선성진단(L)', 'Durbin-Watson(U)' 이 선택되어 있는 것을 볼 수 있습니다. 구체적인 선택사항은 〈표 13-6〉을 참조하기 바랍니다.

〈그림 13-12〉의 통계량 창에서 **계속** 탭을 누르면 〈그림 13-13〉과 같이 선형회귀분석 창으로 다시 복귀하게 됩니다. 이 창에서 '도표(L)' 탭은 잔차 등의 도표를 생성하는 선택사항이고, '저장(A)' 은 회귀식의 예측값(predicted values), 잔차 등 회귀분석의 결과물을 저장할 수 있는 선택사항이며, '옵션(O)' 은 회귀식 추정시 독립변수의 투입기준 등을 지정할 수 있는 선택사항입니다만, 본서에서는 이들에 대한 자세한 설명은 생략합니다.

〈그림 13-13〉에서 **확인** 버튼을 클릭하면 〈그림 13-14〉와 같은 선형회귀분석 결과 창이 얻어 집니다. 위에서 설명한 과정에서 어떠한 선택사항들을 지정했는가에 따라 선형회귀분석에서 실행하는 세부적인 분석내용이 달라지므로 결과 창을 scroll down해서 그 내용을 확인하고, 연구자는 제2절에서와 같은 방법으로 분석 결과를 해석하면 됩니다.

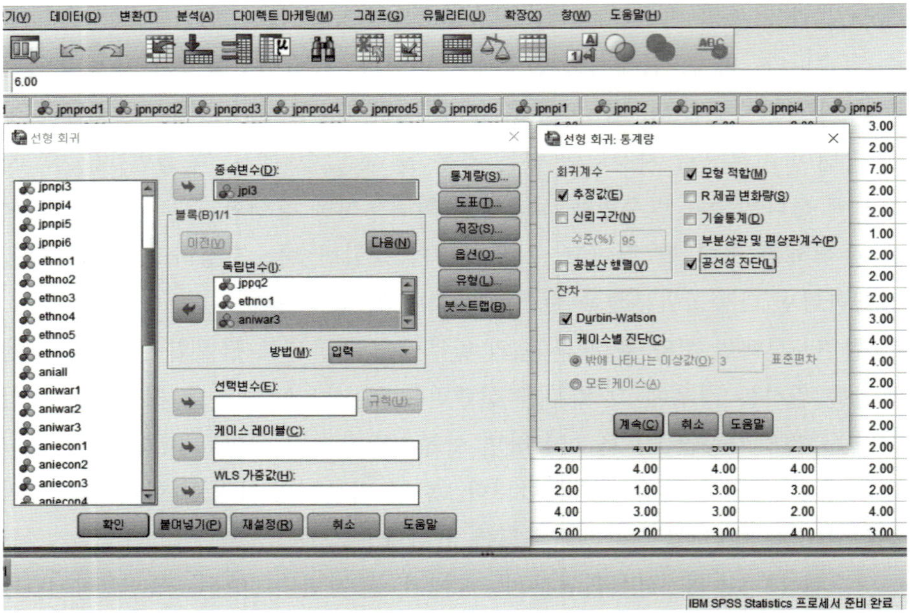

그림 13-12 선형회귀분석시 통계량 창

표 13-6 통계량 창에서의 선택사항

회귀계수	추정값(E)	회귀계수 추정값(회귀계수, 베타, 표주오차, t-value, 유의수준)을 표시해 줍니다.
	신뢰구간(N)	회귀계수에 대한 신뢰구간을 표시해 줍니다.
	공분산행렬(V)	비표준화 회귀계수에 대한 분산-공분산 행렬을 표시해 줍니다. 대각선에는 분산이 표시되고 대각선의 위와 아래에는 공분산이 표시됩니다.
모형적합(M)		R^2, 다중 R, 수정된 R^2, 표준오차 등을 표시해 주고, 분산분석표에서는 자유도, 제곱합, 제곱평균, F값 등을 표시해 줍니다.
R제곱 변화량(S)		독립변수를 추가하거나 삭제하는데 따르는 R^2의 변화정도를 표시해 줍니다.
기술통계(D)		각 변수의 평균, 표준편차, 각 변수들 간의 상관관계를 표시됩니다.
공선성진단(L)		개별 독립변수에 대한 공차한계와 다중공선성 진단을 위한 기타 통계량을 표시해 줍니다.

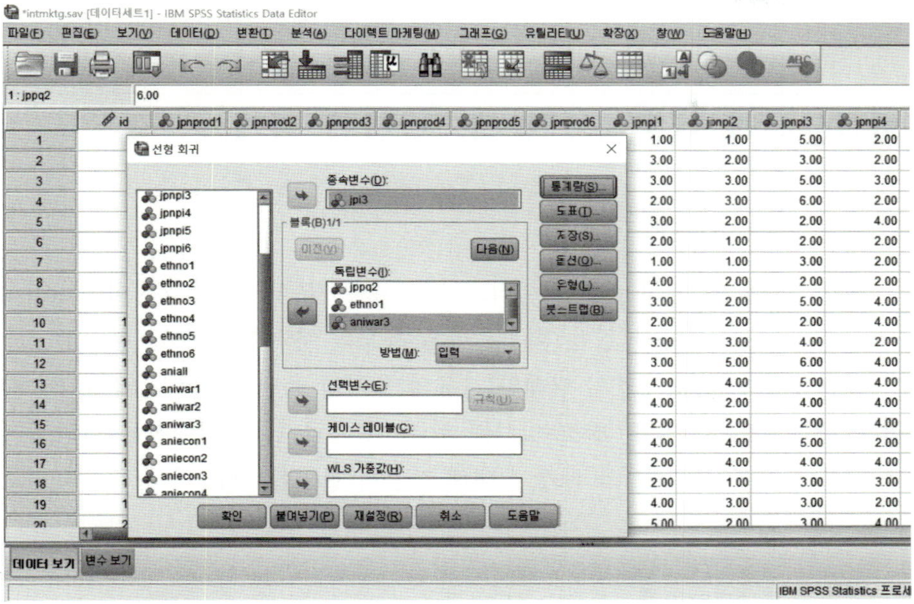

그림 13-13

선형회귀분석의 실행

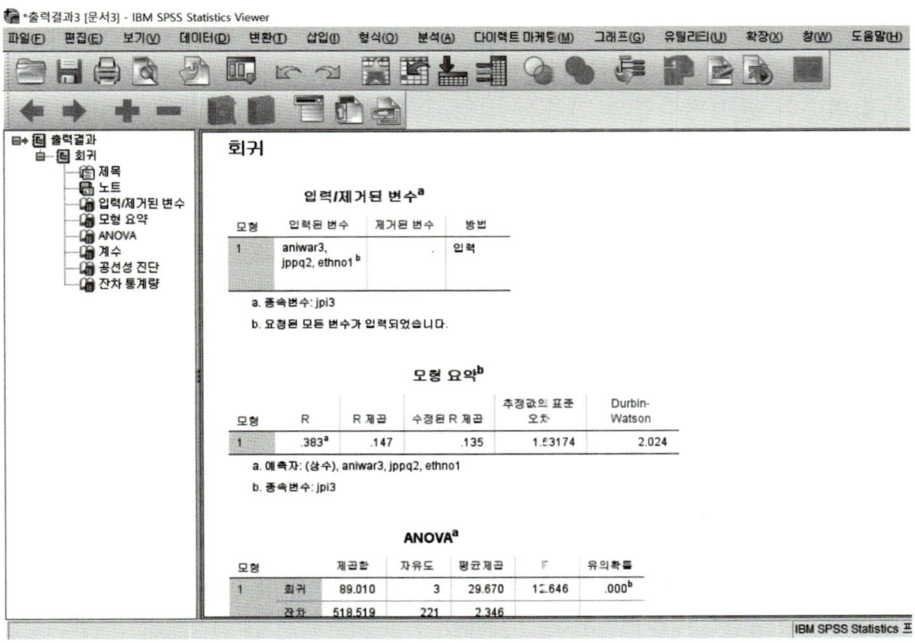

그림 13-14

선형회귀분석 결과 창

제4절 회귀분석과 다른 통계분석기법간의 관계

최근 수십 년 간 logit회귀분석, Poisson회귀분석, 구조방정식(structural equation modeling) 등과 같은 회귀분석의 용도와 유사한 세련된 분석방법들이 출현했으나, 분석개념의 이해와 사용의 용이성 측면 등에서 아직도 (선형) 회귀분석이 많은 사랑을 받고 있다고 할 수 있습니다. 아래에서는 회귀분석과 다른 통계분석기법간의 관계에 대해 간단히 설명합니다.

1. 회귀분석과 상관관계분석

앞에서 설명한 바와 같이, 단순회귀분석에서의 회귀선(regression line)이란 독립변수와 종속변수간의 관계를 설명해 주는 강력한 도구입니다. 제10장에서 이미 살펴본 바와 같이, 두 개 변수간의 관계(인과관계는 아닙니다만)를 설명해 주는 또 다른 도구는 상관계수(correlation coefficient)라고 합니다. 물론 좀더 정확하게는 피어슨 적률상관계수(Pearson's product-moment correlation coefficient)라고 불리지요. 그런데 단순회귀선 과 상관계수는 동일한 현상을 조금 다른 방법으로 설명해 주고 있다고 할 수 있습니다.

일반적으로 상관계수란 단순회귀선을 중심으로 한 측정자료의 산포정도(degree of scatter)를 측정한다고 할 수 있습니다. 이에 비해 회귀계수란 단순회귀선의 기울기(slope)를 측정하지요. 그러나 단순회귀선의 기울기의 크기와 자료의 산포정도간에는 관계가 거의 없습니다. 회귀선의 기울기가 크더라도 산포정도가 작아지는 것은 아닌 것이지요. 그러나 기울기가 0인 경우는 상관계수도 0이 됩니다. 이러한 관계는 (식 13-13)의 수식 (a)와 (b)를 이용해서 보면 좀더 정확히 이해할 수 있는데, 회귀식의 기울기, 즉 회귀계수는

X와 Y 두 변수의 공분산($=COV_{XY}$)을 X의 분산으로 나눈 것이고, X와 Y 두 변수의 상관계수는 X와 Y의 공분산($=COV_{XY}$)을 (X의 표준편차)×(Y의 표준편차)로 나눈 값입니다. 그런데 두 식은 분자($=COV_{XY}$)가 동일하지요. 분자가 0인 경우는 결국 회귀계수나 상관계수모두 0이 되겠지요?

단순회귀분석의 회귀계수와 상관계수 (식 13-13)

회귀계수$=COV_{XY}/S_X^2$ (a)

상관계수$=COV_{XY}/S_XS_Y$ (b)

상관계수와 단순회귀분석간의 관계는 또 다른 시각에서 알아볼 수도 있습니다. 앞에서도 설명한 바와 같이 단순회귀식의 설명력은 R^2로 판단한다고 했습니다. 그런데 상관계수의 제곱 r^2이 바로 단순회귀식의 설명력 R^2과 동일하게 됩니다. 사실 R^2이라는 명칭도 r^2에서 유래했다고 할 수 있는 것이지요.

한편, 회귀계수나 상관계수 모두 분석대상 현상(즉, X와 Y)간의 관계가 선형(linear)이라고 하는 가정을 하고 있습니다. 만일 실제 변수간의 관계가 비선형이라면 회귀계수나 상관계수 모두 상당한 오류의 가능성을 내포하게 됩니다.

한 가지 흥미로운 현상은, 단순회귀분석의 경우, 종속변수와 독립변수를 서로 바꾸면(물론 인과관계가 이처럼 쉽게 바뀔 수는 없지만), 2개의 회귀선이 계산될 것이고 일반적으로 이 두 개의 회귀선은 동일하지 않다는 점입니다. 위의 (식 13-13)에서 회귀계수의 식 (a)를 다시 보면 Y를 종속변수로 하는 회귀계수는 COV_{XY}/S_X^2가 될 것이고, X를 종속변수로 하는 회귀계수는 COV_{XY}/S_Y^2가 되겠지요. 이 경우 X와 Y간의 상관관계가 1 혹은 -1이 되지 않는 한, 두 회귀계수가 같을 수는 없겠지요. 물론 상관계수가 0인 경우는 두 개의 회귀선이 90도 각도로 교차하는 모습을 보일 것입니다. 그런데 이처럼 두 가지 회귀선의 존재가 상호인과관계(reciprocal causal relationship)의 존재를 증명해 준다고 오해하는 분들이 있습니다. 그러나 '비행'과 '처벌'간의 관계를 상상해 볼까요? 비행은 처벌을 증가시키겠고, 처벌은 비행을 감소시키지 않을까요? 즉, 상호인과관계의 경우 관계의 방향이 서로 다를 수도 있습니다. 그러나 위의 회귀계수식에서 보듯이 두 개의 회귀계수는 관계의 방향이 항상 동일합니다. 따라서 두 가지 단순회귀선의 존재가 상호인과관계(reciprocal causal relationship)의 존재를 증명해 주는 것은 아니라고 함을 이해할 수 있을 것입니다(Cooper와 Schindler, 2001).

2. 근원척도와 회귀분석

사회현상이 측정된 근원척도의 유형에 따라 적용가능한 회귀분석의 유형이 달라질 수 있습니다.

1) 등간/비율척도 독립변수와 등간/비율척도 종속변수

근원척도의 종류(type of primary scale)를 기반으로 설명한다면, 회귀분석이란 일반적으로 등간척도나 비율척도로 측정된 독립변수들과 종속변수간의 관계를 추정하는 데 이용되는 가장 대표적인 통계분석방법입니다. 물론 통계분석기법의 발전으로 상이한 근원척도 수준으로 측정된 변수간의 관계를 분석하는 회귀분석기법이 개발되었지만, 일반적인 회귀분석기법은 두 종류의 척도(수)로 측정된 자료만을 대상으로 분석해야 합니다. 따라서 일반적인 회귀분석을 이용해 자료를 분석할 계획이라면 자료수집 전에 등간척도나 비율척도로 관심 있는 사회현상을 측정하도록 해야 합니다. 경우에 따라서는 많은 비용을 들여서 정작 자료가 수집되었는데도 일반적인 회귀분석을 수행하지 못할 수도 있는 것이지요.

2) 명목척도 독립변수와 등간/비율척도 종속변수

위에서 설명한 바와 같이, 회귀분석은 등간척도 이상의 수준으로 측정된 독립변수들과 종속변수간의 관계를 분석해 주는 통계적 기법입니다. 그러나 경우에 따라서는 명목변수 수준으로 측정된 독립변수도 회귀분석대상이 될 경우도 있습니다. 예를 들면, 소비자의 성별, 계절 등의 변수가 특정 상품의 구매에 미치는 영향을 분석하는 경우처럼 독립변수가 명목척도로 측정된 경우에는 명목척도를 구성하는 각 범주의 종속변수에 대한 영향력을 분석할 수 있는 추가적인 준비가 필요합니다. 이와 같은 경우에 사용할 수 있는 특수한 회귀분석방법 중의 하나가 제1절에서 자세히 설명한 dummy coding(혹은 dummy변수)을 이용한 회귀분석입니다.

3) 등간/비율척도 독립변수와 명목척도 종속변수

사회현상에 따라서는 등간/비율척도 수준에서 측정된 독립변수와 명목척도 수준에서 측정된 종속변수간의 관계를 회귀분석할 필요성도 제기됩니다. 이러한 기능을 수행하는 회귀모형이 logit모형이나 probit모형입니다. 특히 logit모형(logit model 혹은 logistic regression)은 probit모형에 비해 상대적으로 계산이 용이한 장점을 가지고 있습니다. logit이라는 용어는 로지스틱회귀분석의 종속변수가 1이 될 확률이 logistic probability unit이라고 표현되는 데서 유래한 용어입니다. 예를 들어서, logit모형을 이용하면 등간/비율 척도 수준에서 측정된 소비자특성 변수들(심리변수, 인구통계변수, 행동변수 등)이 재구매하는 집단과 재구매를 하지 않는 집단을 구분하는지 혹은 구매집단과 비구매집단을 구분하는지 등을 분석할 수 있고, 이러한 분석 결과를 이용해서 특정한 잠재소비자가 어떠한 집단에 속할지를 예측해 주는 기능을 하는 기법이 logit모형입니다. 한편, 종속변수의 범주가 2개인 경우에 적용가능한 logit모형을 이분로짓모형(binary logit model)이라고 하고, 종속변수의 범주가 3개 이상인 경우의 logit모형을 다항로짓모형(multinomial logit model: MLM)이라고 부릅니다.

한편, 명목척도 수준으로 측정된 독립변수와 명목척도 수준으로 측정된 종속변수(=특정 집단에 속할 확률)간의 관계도 분석할 필요가 있을 수 있겠지요. 예를 들어 연령, 소득, 직업 등의 독립변수로 구매집단에 속할 확률을 예측할 필요가 있을 수 있겠습니다. 이러한 경우에는 가중 최소자승 logit모형이 유용하게 사용될 수 있습니다. 그러나 제5장의 측정 관련 설명에서도 언급한 바와 같이, 명목척도란 사회현상에 대한 정보의 종루 및 양이 가장 적은 종류의 근원척도입니다. 따라서 불가피한 경우가 아니라면 독립변수를 명목척도의 수준으로 측정하지 않는 것이 사회현상간의 관계를 정확히 분석하는 데 유리하다고 할 수 있습니다.

3. 회귀분석과 판별분석

판별분석(discriminant analysis)은 위에서도 간단히 설명한 로지스틱 회귀분석과 유사하게 등간척도/비율척도 수준으로 측정된 독립변수와 명목척도 수준으로 측정된 종속변수간의 관계를 분석해 주는 통계기법입니다.

은행에서 대출을 결정할 때, 가장 중요한 정보가 무엇일까요? 어떤 대상(기업 혹은 개인)에 대출을 해주면 대출금과 이자를 최대한 회수할 수 있는가 여부이겠지요. 이상적인(ideal) 세계에서는 대출고객 모두가 대출원금과 이자를 상환하는 것이지만, 현실(real) 세계에서는 대출금을 상환하지 못하는 경우가 발생합니다. 즉, 은행의 입장에서는 대출고객이 대출원리금을 상환하지 못하는 채무불이행위험(default risk)을 최소화하는 일이 대출결정시 가장 중요한 목표일 것입니다. 결국 어떠한 특징을 가진 (잠재적) 대출고객이 대출금을 잘 상환하고, 반대 집단의 특징은 무엇인지를 판단해내는 것은 은행의 대출업무에서 핵심적인 부분인 것입니다. 이처럼, 특정 집단(예: default group 대 non-default group)에 어떠한 특징을 지닌 대상이 속하는지를 분석해 주는 도구가 판별분석(discriminant analysis)입니다. 결국 판별분석이란 연속변수(continuous variable), 즉 등간척도나 비율척도로 측정된 독립변수들이 범주형 변수(categorical variable) 즉 명목척도(nominal scale)로 측정된 종속변수에 미치는 영향을 분석해 주는 도구입니다. 판별분석은 특정 집단에의 소속(group membership)을 결정하는 변수가 무엇인지, 그 영향은 어느 정도인지를 분석하는 기능을 수행하므로, 세분시장 예측, 부도기업 예측 등 다양한 분야에서 사용되고 있습니다.

로지스틱회귀분석과 판별분석의 차이점으로는, 판별분석에는 독립변수들의 정규성(normality)과 각 집단의 분산/공분산의 동일성 등 엄격한 가정이 성립되어야 함에 비해, 로지스틱회귀분석에는 이러한 엄격한 가정이 불필요해서 현실적인 사용가능성이 높다는 점에서 찾을 수 있을 것입니다. 한편, 판별분석에서는 판별점수를 계산하여 소속집단을 예측하는 데 비해, 로지스틱회귀분석에서는 측정값이 특정집단에 속할 확률을 기초로 소속집단을 예측한다는 차이점도 지적할 수 있겠습니다.

제 14 장 구조방정식을 통한 인과관계검증

| 도입 사례 |

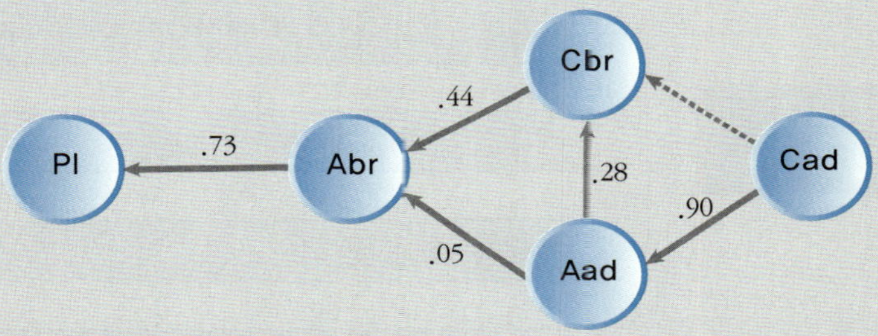

위의 그림은 국내의 대기업 brand들을 대상으로 수행된 광고의 communication효과 관련 연구의 결과입니다. 특정 광고에 대한 인지수준(cognition of advertisement: Cad)이 광고에 대한 태도(attitude toward advertisement: Aad)에 0.90만큼 영향을 주고, 광고태도는 광고되는 상표에 대한 인지수준(cognition of brand: Cbr)에 0.28만큼 영향을 줌과 동시에 해당 상표태도(attitude toward brand: Abr) 점수에 0.05만큼 영향을 주고, 상표인지는 상표태도에 0.44만큼 영향을 주며, 마지막으로 상표태도가 광고대상 상품에 대한 구매의도(purchase intention: PI)에 0.73만큼 영향을 주는 것으로 확인된 바 있습니다. 이 연구를 통해 광고의 의사소통 효과가 생성되는 과정과 각 단계의 효과를 볼 수 있게 되는 것이지요. 즉, 소비자들이 광고 자체에 대해 많이 알게 될수록 해당 광고를 좋아하게 되며, 광고에 대한 호감이 높을수록 광고되는 상표에 대한 지식이 증가하고 해당 상표도 좋아하게 된다는 이야기입니다. 물론 상표를 좋아하게 될수록 이 상표에 대한 구매의도가 높아지는 결과가 유도되는 것이지요. 결국 광고인지, 광고태도 및 상표인지가 종합적으로 작용하여 상표태도와 구매의도를 증가시킨다고 하는 점을 확인할 수 있습니다. 구체적으로는 광고인지가 광고태도, 상표인지 및 상표태도를 통해 구매의도에 0.11만큼의 총효과를 유도한다고 하는 점을 알 수 있습니다.

생각해 볼 문제

❶ 광고효과는 크게 communication효과와 행동(매출)효과로 구분할 수 있습니다. 도입사례의 독립변수 역할을 한 광고인지 혹은 광고태도의 수준은 어떻게 높일 수 있을까요?

❷ 광고인지, 광고태도, 상표인지 이외에 어떠한 요인들이 상표태도에 영향을 줄 수 있을까요?

〈본서의 체제〉

- **연구문제의 정의**
  - 제 1 장 과학이란 무엇인가?
  - 제 2 장 과학적 연구란 무엇인가?
  - 제 3 장 (1절) 연구의 대상: 연구문제
- **연구문제에 대한 논리적 해답 제시**
  - 제 3 장 (2절) 연구의 대상: 가설
  - 제 4 장 연구설계
  - 제 5 장 측정 및 척도구성
- **논리적 해답에 대한 경험적 검증 실시**
  - 제 6 장 자료의 수집
  - 제 7 장 자료의 입력
  - **수집 자료의 분석**
    - 제 8 장 기술통계분석
    - 제 9 장 추리통계분석
    - 제 10 장 상관관계분석을 통한 상호관계검증
    - 제 11 장 요인분석을 통한 상호관계검증
    - 제 12 장 집단간 차이분석을 통한 인과관계검증
    - 제 13 장 회귀분석을 통한 인과관계검증
    - **제 14 장 구조방정식을 통한 인과관계검증**
    - **제 14 장 (참고) 연구결과의 일반화**

구조방정식이란 무엇인가? 제 1 절

1. 구조방정식이란?

도입사례에서 소개한 바와 같이, 광고의 communication효과는 광고에 대한 인지적 반응(=광고인지)와 감정적 반응(=광고태도)으로부터 시작하여, 상표에 대한 인지적 반응(=상표인지) 및 감정적 반응(=상표태도)을 거쳐서 광고 대상 상표에 대한 구매의도에 영향을 미치는 것을 알 수 있습니다. 그런데 이 사례에서의 연구대상 현상인 광고인지, 광고태도, 상표인지, 상표태도 및 구매의도는 직접 관찰이 가능하지 않은 현상이기에 각 현상마다 각 3개에서 10개의 관찰변수를 사용하여 측정한 바 있습니다. 다수의 관찰변수가 직접 관찰이 불가능한 하나의 현상을 측정하는 경우 이 현상은 제3장에서 설명한 바와 같은 '잠재변수'로 이해될 수 있을 것입니다. 따라서 이러한 관찰변수들이 의도한 바대로 관련된 잠재변수를 측정하고 있는지를 확인하고, 잠재변수들간에 인과관계가 존재하는지도 동시에 확인할 수 있다면, 직접적인 관찰이 불가능한 현상들간의 관계에 대해 연구자가 설정한 논리적 가설도 경험적으로 확인하는 결과를 얻을 수 있게 되는 것입니다.

구조방정식(structural equation modeling)이란, 위에서 언급한 바와 같은 관찰변수와 잠재변수간의 관계를 다루는 **측정모형**(measurement model)은 물론 잠재변수와 잠재변수간의 관계를 다루는 **구조모형**(structural model)도 동시에 분석해주는 기법을 통칭합니다. 따라서 구조방정식은 관련 수학모형, (추리)통계모형 및 컴퓨터 알고리즘을 포함하는 광의의 개념이라고 할 수 있지요. 구조방정식은 구조관계를 분석하는 경로분석(path analysis)과, 측정관계를 분석하는 확인적 요인분석(confirmatory factor analysis: CFA)을 동시에 수행하는데, 구체적으로는 측정관계 및 구조관계를 다루는 다수의 연립 회귀방정식의 계수를 추정하게 됩니다. 한편 본서의 11장에서 다룬 바 있는 요인분석(factor analysis)은 영국의 통계학자 Spearman이 1904년에 발표한 논문에서 기원하는 것으로 알려져 있고, 경로분석은 미국의 유전학자 Wright가 1910년대에 개발한 것으로 알려져 있습니다.

일반적으로 경로분석은 변수들간의 의존관계를 설명하는 통계분석기법을 통칭합니다만, 구조방정식 내에서의 경로분석이란 측정모형이 없이 구조모형만 다루는 구조방정식을 지칭한다고 할 수 있습니다. 경로분석과 확인적 요인분석을 포괄하는 구조방정식은 인과관계 추론을 위한 대표적인 분석기법이라고 할 수 있고, 공분산구조분석(covariance structure analysis), 잠재변수모형(latent variable model), 인과관계분석/모형(causal analysis/modeling) 등의 다른 이름으로도 불리고 있으며, 경영학, 심리학, 사회학 등 다양한 학문분야에서 사용되고 있습니다. 요약한다면, 구조방정식이란, 직접 관찰이 불가능한 잠재변수(들)의 측정도구(예: 설문문항)의 타당성 확인과 동시에, 잠재변수간의 관계(들)에 대해 연구자가 논리적으로 수립한 가설(들)을 경험적으로 검정할 수 있는 강력한 분석기법이라고 할 수 있습니다. 따라서 구조방정식은 기본적으로 확인적(confirmatory) 접근법이라고 할 수 있겠습니다. 다만 후술하는 바와 같이, 연구자가 상정한 연구모형의 적합도(model fit)가 낮아 연구모형을 수정하게 되는 경우에는 구조방정식도 탐색적(exploratory) 성격을 갖기도 합니다.

2. 구조방정식의 원리

1) 구조방정식 분석의 원리

위에서 간단히 설명한 바와 같이, 구조방정식은 잠재변수들간의 관계를 다루는 구조모형(structural model)과 관찰변수와 잠재변수간의 관계를 다루는 측정관계(measurement model)를 동시에 분석해 주는데, 구조모형과 측정모형은 각각 다수의 회귀식(regression equations)으로 구성됩니다. 구조방정식 분석의 목표는 연구자가 '사전적으로 상정한 구조모형 및 측정모형(즉, 잠재변수와 측정변수간, 그리고 잠재변수간의 관계에 대한 연구자의 논리적 예측)'에 '수집한 자료가 부합하는 정도'를 분석하는 것(즉, 잠재변수와 측정변수간, 그리고 잠재변수간의 관계에 대한 경험적 확인)이라고 할 수 있습니다. 점 더 구체적으로, 아래의 (식 14-1)과 (식 14-2)로 구조방정식 분석의 목표를 설명할 수 있습니다. (식 14-1)에서 볼 수 있듯이, 구조방정식 분석의 목표는, 표본에서 관찰한 경험적 자료가 연구자가 논리적으로 예측한 변수들간의 관계(즉, 연구자가 상정한 구조방정식 모형)와 유사한지(즉, 오/잔차의 크기가 충분히 작은지)를 밝히는 것입니다. 즉, 구조방정식 분석은 표본에서 관찰된 공분산(행렬)과 연구모형으로 예측한 공분산(행렬)간의 차이를 가능한 한 적게 하고자 하는 분석법이라고 할 수 있지요.

자료=구조방정식모형+오/잔차 (식 14-1)

$$\Sigma = \Sigma(\theta) \qquad \text{(식 14-2)}$$

한편, 좀 더 技術的인 모형인 (식 14-2)로 구조방정식 분석의 목표를 설명할 수도 있습니다. (식 14-2)에서의 Σ는 관찰변수들의 모집단에서의 공분산(좀 더 구체적으로는 관찰변수들의 '母공분산행렬[population covariance matrix]')이고, $\Sigma(\theta)$에서 θ는 연구모형(즉 연구자가 상정한 구조방정식 모형)의 모수(좀 더 구체적으로는 '모수의 벡터'), 그리고 $\Sigma(\theta)$는 θ의 함수로 표현된 공분산(구체적으로는 '공분산행렬')을 지칭합니다. 즉, 관찰변수들의 공분산으로 연구모형에서 상정한 모수를 추정하고 이렇게 추정된 모수가 연구모형에서 예측한 관계를 유의하게(significantly) 재생하고 있는지를 분석하는 것이 구조방정식의 목표라고 할 수 있는 것입니다.

연구모형의 모수 추정 시에 '모형식별(model identification)'기준 충족여부 확인이 중요합니다. 구조모형의 식별(structural model identification)이란 수학적 표현 없이 설명하기 쉽지 않은 복잡한 분야입니다만, **모형식별**이란, 표본에서 추출한 공분산행렬에 연구모형을 적합(fit)시켰을 때 연구모형의 모든 모수(free parameter)의 고유값(unique value) 혹은 고유해(unique solution)가 구해질 수 있는가 여부를 의미합니다. 모형의 식별 기준과 관련하여, 구조모형은 포화식별, 과대식별 혹은 과소식별될 수 있습니다(Byrne 1994).

포화식별모형(just-identified/saturated model)이란, 수집된 자료와 추정되어야 하는 연구모형의 모수간에 1:1 대응이 있는 경우를 지칭합니다. 즉, 수집된 자료의 분산과 공분산의 수가, 추정되는 모수의 수와 동일한 경우입니다. 이 경우 추정 대상 모수에 대한 고유한 해(unique solution)는 얻을 수 있지만, 이 모형의 자유도가 0(zero)이 되기에 이 결과는 기각(rejected)될 수 없고(즉, 모형의 타당성 판단이 어렵고), 따라서 과학적으로 의미가 없다고 할 수 있습니다. **과대식별모형**(over-identified model)이란, 추정되어야 하는 모수의 수가 수집된 자료의 분산과 공분산의 수보다 적은 경우입니다. 이러한 모형의 경우 자유도(degree of freedom)가 양(positive)이 되기에 모형의 기각 여부를 판단할 수 있고, 기각 여부 판단의 오류가능성도 계산할 수 있게 됩니다. 즉, 과대식별모형의 타당성 평가가 가능하므로 이러한 모형이 구조방정식에서 희망하는 유형의 모형이라고 할 수 있지요. 한편, **과소식별모형**(under-identified model)이란, 추정되어야 하는 모수의 수가 수집된 자료의 분산과 공분산의 수보다 많은 경우입니다. 이 경우 모수 추정에 필요한 정보량(즉, data points)이 부족하기에 모수의 해를 특정할 수 없게 됩니다. 즉 무한한 모수의 해(infinite number of solutions)가 가능한 경우가 되겠습니다. 따라서 이러한 모형도 구조방정식 분석대상에서 피해야 할 유형에 속한다고 할 수 있습니다.

2) 구조방정식모형의 구성요소

관찰변수와 잠재변수간의 측정관계(measurement relationship) 및 잠재변수간의 구조관계 (structural relationship)를 동시에 분석해주는 구조방정식모형은 관찰변수, 잠재변수 및 관찰/잠재변수가 측정하지 못하는 부분인 오차/잔차로 구성됩니다.

먼저, **잠재변수**(latent variable)는 구조관계를 대변합니다. 본서의 3장에서도 설명한 바와 같이, 잠재변수란 직접적으로 관찰할 수는 없으나 연구현상을 대변한다고 여겨지는 변수를 지칭합니다. 연구자는 연구현상을 언어적인 개념(concept)으로 파악하고, 측정이 가능하도록 이 개념을 재 정의하여 잠재변수를 상정하고, 아래에서 설명할 관찰변수를 통해 잠재변수를 측정합니다. 한편, 잠재변수는 **외생잠재변수**(exogenous latent variable)와 **내생잠재변수**(endogenous latent variable)로 구분할 수 있습니다. 외생잠재변수란 구조모형 외부 요인에 의해 영향을 받고, 구조모형 내 다른 잠재변수(들)에 영향을 주는 잠재변수를 의미합니다. 내생잠재변수란 구조모형 내의 외생잠재변수로부터 직/간접적으로 영향을 받는 잠재변수를 의미합니다. 따라서 내생잠재변수의 변화는 외생잠재변수 및 타 내생잠재변수에 의해 설명되겠지요. 구조방정식 내의 모든 (관찰/잠재)변수들을 독립변수와 종속변수로 구분하는 학자도 있습니다만(e.g. Bentler & Weeks 1980), 구조방정식에서는 다수의 연속된 구조관계를 동시에 분석하기에, 독립/종속 변수보다는 외생/내생 변수로 잠재변수를 구분하는 것이 유용하다고 할 수 있겠습니다. 여하간 독립, 종속 변수의 구분의 경우와 유사하게, 내생, 외생 변수의 구분도 연구모형에 따라 변화할 수 있음을 기억하면 좋을 것입니다.

구조모형을 구성하는 두 번째 요소는, 잠재변수를 측정하기 위해 사용된 변수인 **관찰변수**(observed variable)입니다. 관찰변수는 관측변수 혹은 측정지표(indicator)라고 부르기도 합니다. 설문조사로 자료를 수집하는 경우에 개별 설문문항(survey item)이 관찰변수에 해당합니다. 구조방정식모형을 구성하는 세 번째 요소는 관찰변수(들)의 오차인 **측정오차**(measurement error)와, 내생잠재변수(들)의 오차인 **잔차**(residual error)입니다. 이때, 측정오차는 관찰변수가 잠재변수를 완전하게 설명하지 못하는 정도라고 할 수 있고, 잔차는 선행잠재변수가 후행잠재변수를 설명하지 못하는 정도(즉, 분산)를 의미합니다.

구조방정식 분석을 위한 연구모형은 언어, 수식 혹은 그림으로 표현할 수 있습니다. 물론 구조방정식 분석(즉, 연구모형 계수의 추정)은 수학적/통계적인 방법으로 진행되며, 전문적인 컴퓨터 프로그램을 사용해 실행합니다. 분석의 결과는 다시 수식이나 그림 혹은 이들을 결합한 형태로 제시할 수도 있습니다. 〈그림 14-1〉은 그림으로 구조방정식 연구모형을 설정하는 경우의 일반적인 예를 보여주고 있습니다.

그림 14-1

구조방정식모형 예시

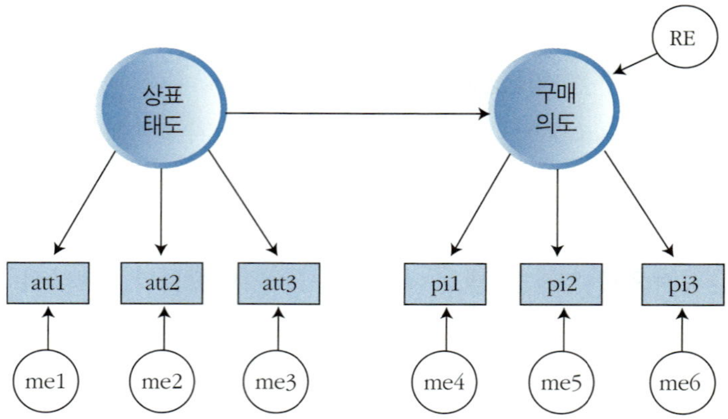

이 그림에서 타원(oval)으로 표시된 '상표태도'와 '구매의도'는 잠재변수를 지칭합니다. 직사각형(rectangle)으로 표시된 att1, att2, att3은 '상표태도'를 측정하는 관찰변수들이고, pi1, pi2, pi3는 '구매의도'를 측정하는 관찰변수를 나타냅니다. 또한 타원으로 표시된 me1, me2, me3, me4, me5, me6은 측정오차를, 그리고 RE는 잔차를 각각 의미합니다. 한편 (측정/구조) 관계의 방향은 화살표(arrow)로 표시합니다. 이때, 화살을 받는 변수가 종속변수 역할을 하는 것이지요. 예를 들어 잠재변수인 '구매의도'는 '상표태도'와 잔차로 설명할 수 있고, 관찰변수 중 att1의 경우는 잠재변수인 '상표태도'와 측정오차(=me1)로 표현할 수 있다는 것이지요. 즉, '구매의도'는 '상표태도'가 독립변수인 회귀식이고, 관찰변수 att1은 잠재변수인 '상표태도'를 독립변수로 하는 회귀식으로 표현될 수 있습니다. 이 그림에서 '상표태도'와 관찰변수 att1, att2, att3간의 관계(즉, 회귀식들), 그리고 '구매의도'와 관찰변수 pi1, pi2, pi3간의 관계가 각각 측정모형을 구성하고, 잠재변수인 '상표태도'와 '구매의도'간의 관계는 구조모형을 구성합니다. 이때 측정모형은 확인적 요인분석의 대상이 되고, 구조모형은 경로분석의 대상이 되는 것입니다. 하나의 연구모형 내에 설정된 잠재개념과 관찰변수들의 관계의 수만큼 측정모형(〈그림 14-1〉의 경우 2개)이 존재하고, 잠재개념간의 관계 수만큼 연구가설(〈그림 14-1의 경우 1개)이 존재하는 것입니다. 구조방정식은 다수의 측정모형과 다수의 구조모형을 동시에 분석해주는 강력한 분석방법인 것이지요.

3) 구조방정식 연구모형의 유형

구조방정식이 측정모형과 구조모형을 동시데 분석해주는 장점을 가지고 있지만, 구조모형과 측정모형을 반드시 동시에 분석해야 하는 것은 아닙니다. 따라서 연구자의 연구목표에 따라, 구조방정식 분석의 대상으로 측정모형, 경로모형, 그리고 완전구조방정식모형(=측정모형+경로모형)을 선택할 수 있습니다.

(1) 확인적 요인분석모형

다수의 관찰변수들이 특정한 잠재변수를 측정하고 있는지에 대한 검증만을 구조방정식으로 수행할 수 있습니다. 예를 들어서, MBTI와 같은 심리검사에서 사용하는 '내/외향성' 개념을 일단의 관찰변수가 적절히 측정하고 있는지, 즉 다수의 관찰변수에 내재된 잠재변수에 대한 정보를 확인하기 위해 확인적 요인분석을 수행하게 됩니다. 물론 연구자가 원한다면 구조방정식을 이용한 탐색적 요인분석(exploratory factor analysis)도 가능합니다만, 대부분의 경우 확인적 요인분석(confirmatory factor analysis: CFA) 목적으로 구조방정식을 이용하고 있습니다. 즉, 관찰변수들과 잠재변수들간의 관계가 불확실할 때 구조방정식을 사용하기보다는, 관찰변수들에 내재된 잠재변수의 구조에 대해 약간의 지식을 가지고 있을 때 관찰변수와 잠재변수간의 관계를 사전에 가정하고, 이러한 관계를 구조방정식을 통해서 검증하는 경우가 일반적입니다. 〈그림 14-1〉을 약간 수정하여 '상표태도'와 '구대의도'를 포함하는 측정모형의 확인적 요인분석을 구조방정식을 이용하여 실행할 수 있습니다. 한편 연구목표에 따라, 아래에서 설명하는 완전구조방정식모형 분석과정의 일부로 확인적 요인분석을 먼저 실행하고 측정도구의 신뢰성과 타당성 증거를 확인한 후에, 측정모형과 구조모형이 포함된 완전구조방정식모형의 분석을 진행하기도 합니다.

(2) 경로분석

잠재변수가 없는 관찰변수들간의 인과관계에 대한 가설(즉 구조관계)만을 분석하기 위해서도 구조방정식을 이용할 수 있습니다. 경로분석은, 관련 지식을 바탕으로 연구자가 설정한 현상(즉, 변수)들간에 존재하는 인과관계 추정모형의 타당도를 밝히는 목적을 수행합니다. 동시에, 도입사례에서 간단히 살펴본 바와 같이, 경로분석을 통해 선행변수가 후행변수에 미치는 직접적인 효과(direct effect)만이 아니라 매개변수를 통한 간접효과(indirect effect)와 이들을 결합한 총효과(total effect)까지 밝힐 수 있습니다.

(3) 완전구조방정식 모형

구조방정식은 위의 두 가지 모형들을 결합한 분석도 수행해줍니다. 즉, 다수의 관찰변수들과 잠재변수간의 관계뿐 아니라(측정모형), 잠재변수와 잠재변수들간의 관계(구조모형)를 동시에 분석해주는 것이지요. 〈그림 14-1〉은 측정관계와 구조관계를 동시에 다루는 경우를 예시하고 있습니다. 타 분석방법 대비 구조방정식의 장점을 모두 보여줄 수 있는 완전구조방정식(The full latent variable model)이 구조방정식을 대표하는 모형이라고 할 수 있겠습니다.

3. 구조방정식 분석의 절차

구조방정식 분석은 다음과 같은 순서로 진행하는 것이 일반적입니다. 즉, 연구모형의 설정(model specification), 연구모형의 모수 추정(estimation of parameters), 연구모형 적합도 평가(assessment of model fit), 필요시 연구모형 수정(model modification), 그리고 분석 결과의 해석(interpretation) 단계로 분석을 진행하는 것이지요.

위와 같은 순서를 거치면서, 구조방정식 분석이 인과관계 추론에 필요한 중요한 증거를 효과적으로 제공해줍니다만, 구조방정식이 과학적 지식 창출을 위한 모든 (통계)분석 작업을 대신하는 것은 아님을 주의할 필요가 있습니다. 예를 들어 잠재변수간의 인과관계추론을 위해 필요한 증거 중, 관찰변수와 잠재변수간의 관계를 다루는 측정모형과 관련해서는 잠재변수의 신뢰성, 구성타당성(즉, 집중타당성 및 판별타당성) 증거가 추가적으로 필요합니다. 예를 들어서, 특정 잠재변수의 신뢰성은 Cronbach's $\alpha > 0.7$ 혹은 Composite Reliability(CR) > 0.7, 집중타당성은 Average Variance Extracted (AVE) > 0.5, 그리고 판별타당성은 '특정 잠재변수 AVE의 제곱근' > '잠재변수간 상관계수들' 조건이 충족되면 다음 단계의 분석으로 진행합니다. 이러한 잠재변수의 신뢰성 혹은 타당성 증거는 SPSS Statistics(Cronbach's alpha 의 경우)에서 분석명령을 수행하거나, AMOS의 분석 결과를 토대로 약간의 계산을 추가해서 얻을 수 있습니다.

1) 연구모형의 설정

구조방정식 분석은 분석대상 연구모형의 설정으로부터 시작합니다. 여타의 통계분석기법들과 유사하게, 구조방정식도 설정된 연구모형(즉, 현상들간의 논리적인 관계를 예측하는 연구가설)이 경험적 관찰(즉, 수집된 자료)과 일치하는가를 분석해주는 도구입니다. 따라서 구조방정식 분석을 위한 연구모형의 설정(즉, 연구 가설의 설정)을 위해서는 연구문제가 먼저 준비가 되어야 하겠지요. 연구가설이란 연구문제에 대한 논리적인(그러나 잠정적인) 대답이고, 이러한 연구가설(들)을 연구모형으로 설정하는 것이기 때문입니다.

본서의 제3장에서 설명한 바와 같이, 연구가설은 먼저 언어적인 개념(concept)들간의 논리적인 관계로 표현되고, 언어적 개념은 측정이 가능한 잠재변수로 다시 정의되며, 이러한 재(再)정의에 기초해서 잠재변수를 측정하는 관찰변수들도 연구자에 의해 개발되게 됩니다. 일반적인 구조방정식 연구모형은 측정모형과 구조모형을 모두 분석대상으로 합니다. 즉, 잠재변수와 관찰변수간의 측정관계는 물론 잠재변수와 잠재변수간의 구조관계(즉, 연구가설)를 분석 대상으로 하는 것이지요. 따라서 구조방정식 연구모형 설정을 위해서는 연구문제, 연구가설, 가설을 구성하는 잠재변수, 잠재변수를 측정하는 관찰변수가 미리 준비되어야 하겠지요. 물론 완전히 새로운 현상과 관련된 가설을 설정하고 검정하는 경우를 제외하면 연구모형을 구성하는 잠재변수를 측정하는 관찰변수들은 이미 기존 연구자들에 의해 개발되어 신뢰성, 타당성 등이 확인된 경우가 대부분입니다. 따라서 이러한 잠재변수와 관찰변수들을 선정하여 사용하게 되면 구조방정식 분석에 큰 도움이 될 수 있습니다. 잠재변수들과 관찰변수들이 준비가 되었으면, 먼저 잠재변수들간의 새로운(이미 알려진 관계는 가설이 될 수 없기 때문이지요) 관계(즉, 구조모델이자 연구가설)를 설정합니다. 이와 동시에 관찰변수들을 관련 잠재변수에 연결시키는 측정모델을 설정하고 이어서 측정오차와 잔차를 설정하면 모형의 설정이 끝나게 됩니다.

다음 단계인 연구모형의 모수추정을 실행하기 위해서는 자료의 수집이 선행되어야 합니다. 연구모형 설정에 포함된 잠재변수를 측정하는 관찰변수들을 설문문항으로 만들어 적절한 크기의 표본을 대상으로 자료를 수집한 후 이 자료를 투입해서 다음의 단계인 모수추정을 진행하게 되지요.

2) 연구모형의 모수추정

수집된 자료를 기술통계 분석한 결과 얻게 되는 관찰변수간 상호관계를 분석한 자료(구체적으로는 표본을 대상으로 수집한 관찰변수들의 공분산행렬)를 가지고, 연구모형에서 상정한 관찰변수와 잠재변수간의 관계, 그리고 잠재변수들간의 관계가 잘 재연(reproduce)되는지를 확인하게 됩니다. 구체적으로는 연구모형에 포함된 측정모형과 구조모형을 대변하는 회귀식들의 모수(즉, 회귀계수와 측정오차/잔차)를 추정(parameter estimation)하는 것이지요. 물론 이러한 모수의 추정은 아래에서 설명하는 바와 같이, AMOS와 같은 구조방정식 분석전문 소프트웨어를 통해 수행하게 됩니다.

최소자승법이 회귀분석 계수추정의 유일한 방법이 아니듯, 구조방정식모형의 모수 추정방법도, 변수들의 분포가 多변수정규분포(multinormal)를 따를 경우 일반적으로 사용되는 最大우도법(maximum likelihood[ML] estimation) 이외에, 모형을 구성하는 변수들의 분포특성에 따라 일반최소자승법([general least squares(GLS) estimation]), 非가중최소자승법[unweighted least squares(ULS) estimation]) 등의 다른 추정방법 사용이 바람직한 경우도 있습니다. AMOS 24를 이용한 분석 시 변수의 정규분포 여부를 확인할 수 있는 메뉴가 있으므로, 추정방법의 선택에 도움이 될 수 있겠습니다. 한편, 모든 모수추정방법이 모든 구조방정식 software package에서 구동되는 것은 아닙니다. 이러한 측면에서 LISREL에서 가장 많은 추정방법을 구동할 수 있는 것으로 알려져 있습니다.

연구모형의 모수 추정 시에 위에서 설명한 모형식별(model identification)기준 충족 여부에도 주의해야 합니다. 구체적으로, 구조방정식 분석 결과, 하나 이상의 회귀계수가 매우 큰 표준오차를 가지거나, 陰오차분산(negative error variance)과 같은 부적절한 해(improper solution)가 추정되거나, 추정된 계수간 매우 높은 상관관계가 산출되는 경우에 모형식별 문제를 검토할 필요가 있습니다. 모형식별에 문제가 있는 것으로 밝혀지면, 먼저 표본공분산행렬의 요소(element) 수에 비해 추정해야 할 계수의 수가 많은지(즉, 과소식별 모형인지)를 확인하고, 연구모형의 가정[연구모형이 일반적인 인과관계를 다루는 재귀모형(recursive model)인지 혹은 상호인과관계를 다루는 非재귀모형(non-recursive model)인지 여부]을 다시 검토하거나, 연구모형 내의 잠재변수의 측정척도(즉, 관찰변수)를 제대로 선정했는지 여부 등을 확인하여 문제의 해결을 시도하게 됩니다.

3) 연구모형의 평가 및 해석

연구모형의 모수 추정이 실행된 후, 이 분석 결과를 바탕으로 연구자가 예상한 측정 및 구조관계가 표본에서 관찰한 자료로 잘 재연이 되는지를 평가하게 됩니다. 먼저, 연구모형의 전체의 적합도(model fit)를 평가하게 되는데, 모형 전체 적합도의 평가를 위해 χ^2를 비롯해 다수의 도구가 개발되어 있습니다. 이에 대해서는 아래 절에서 상세히 설명합니다. 다음으로, 추정된 구조/측정관계 관련 회귀계수나 측정오차/잔차가 연구자가 예상한대로 도출되었는지를 평가합니다. 예를 들어 〈그림 14-1〉에서 소비자의 특정 상표에 대한 '상표태도'점수가 높을수록 동 상표에 대한 '구매의도'가 높아질 것으로 연구자가 예상한(즉, 가설을 설정한) 경우에, 이 구조관계를 대변하는 회귀식의 회귀계수가 양(positive)이고 유의(significant)한지를 확인해야 합니다. 다음에는, 구조모형이나 측정모형에서 수용한계를 벗어난 추정계수(위에서 모형식별과 관련하여 설명했던 부적절한 해의 존재 여부 등)가 도출되었는지도 확인합니다.

마지막으로, 이러한 평가를 바탕으로 분석 결과를 해석하게 됩니다. 즉, 연구자가 가정한 주요 구조관계가 지지되는지[통계적으로 유의한지, 관계의 방향(+, −)은 의도한 대로 나타났는지 등], 특정 잠재변수에 대한 선행잠재변수(들)의 직접효과, 간접효과, 총효과의 크기는 얼마인지 등을 검토하고 의미를 부여하게 됩니다. 결국, 이러한 분석 결과를 기초로 이론적, 실무적 시사점도 도출하게 되지요.

4) 연구모형의 수정

구조방정식 분석이 연구자의 예상대로 진행되는 경우에는 위 단계에서 분석절차가 종료합니다만, 예상과 다른 결과가 도출되는 경우에는 연구모형을 수정하여 분석을 다시 진행할 수도 있습니다. 현실적으로, 연구자가 상정한 (잠재)변수간의 구조관계보다 더 효과적으로 동일 현상간의 관계를 설명할 수 있는 구조모형이 존재할 가능성은 항상 열려 있습니다. 따라서 연구모형 수정 필요성이 제기되는 경우에는, 기존 연구모형을 수정하여 다시 분석하는 과정을 반복하여 모형의 적합도 등을 높이는 방법을 사용할 수도 있고, 연구자가 연구 착수 시에 여러 가지 대안모형(alternative model)을 미리 설정하고 각 모형을 동일한 자료에 적합(fitting)시켜 모형적합도가 높은 모형을 선택하는 접근법을 사용할 수도 있습니다.

4. 구조방정식 분석 시 주의점

1) 측정모형 특정화 오류

구조방정식이 매우 강력한 통계방법(statistical method)임에는 틀림없으나, 구조방정식도 그 기법의 오용 및 오용의 부작용으로부터 자유로운 것은 아닙니다. 구조방정식의 오용은 크게 **구조모형 특정화상의 오류**(structural model misspecification)와 **측정모형 특정화상의 오류**(measurement model misspecification)로 구분 가능합니다. 일반적으로 **모형의 특정화**(model specification)란 모형 내의 (잠재 및 관찰) 변수간의 관계가 이론적으로 想定된 관계에 부합하는가를 지칭합니다(Pedhazur and Schmelkin 1991). 다행히 기존 이론, 논리, 현실에 충실한 가설 설정을 통해 구조관계 모형특정화상의 오류(structural model misspecification)는 최소화될 수 있다고 할 수 있겠습니다. 그러나 관찰변수와 잠재변수와의 관계(즉, 측정관계)상의 오류(measurement model misspecification)에 의한 영향에 대해서는 연구자들이 상대적으로 적은 관심을 기울이고 있다고 판단됩니다.

(1) 측정모형의 구분

〈그림 14-2〉에서 볼 수 있듯이, 구조방정식 측정모형(measurement model)은 반영지표모형(Reflective model)과 조형/형성지표모형(Formative model)의 두 종류로 구분할 수 있습니다.

먼저 **반영지표모형**이란 관찰변수가 잠재변수를 '반영'하는 측정모형입니다. 즉, 이 모형에서는 잠재변수가 관찰변수의 '원인(cause)'이 되지요(Bollen 1989; Nunnally 1978). 이러한 모형의 전형적인 예로서 '태도(attitude)'나 '구매의도(purchase intention)' 등과 같은 잠재변수(즉, 구성개념)를 거론할 수 있습니다. **조형/형성지표모형** 혹은 Causal model(Bollen and Lennox 1991)에서는 측정변수가 잠재변수를 반영하는 것이 아니라, 반대로 잠재변수를 '형성'하는 것으로 가정됩니다. 여러 개의 측정변수가 집단적으로(as a group) 하나의 잠재변수를 형성하는 것이지요. 따라서 측정변수들이 잠재변수의

그림 14-2

반영지표모형과 조형지표모형

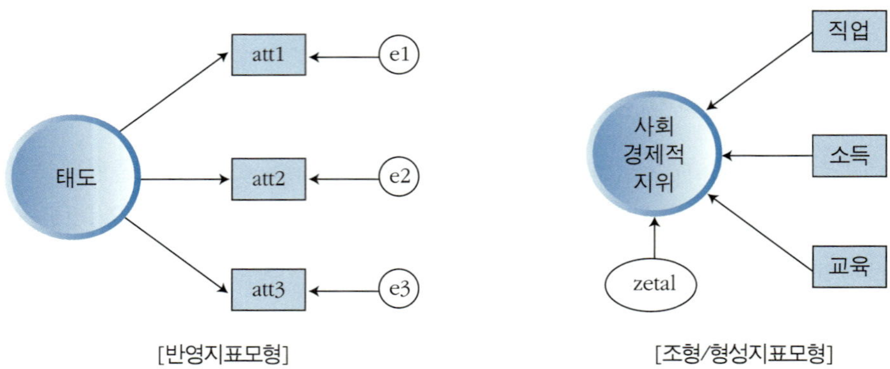

개념적(conceptual), 경험적(empirical) 의미를 형성하게 되는 것입니다. 예로서는 '사회경제적 지위(socio-economic status)'나 Singh(1988)의 '소비자불평행동(consumer complaint behavior: CCM)'과 같은 잠재변수를 거론할 수 있습니다.

(2) 측정모형 특정화 오류(measurement model misspecification)의 영향

측정모형 특정화 오류(measurement model misspecification)의 영향은 다음과 같이 요약할 수 있습니다. 첫째, 반영지표모형과 조형지표모형간에 존재하는 측정관계의 인과관계 및 측정오류상의 차이로 인해 구조관계 및 측정관계의 계수 추정이 부정확하게(bias) 됩니다. 따라서 측정모형을 잘못 특정화한 상태에서 구조방정식의 구조 및 측정계수를 해석할 경우 실제 상황과는 다른 결론에 이르게 된다고 할 수 있겠지요. 둘째, 아래에서 설명할 구조 및 측정모형(structural & measurement model)의 모형적합도(model fit)를 분석해주는 χ^2 test 결과나 여타 적합도 지수(fit index)에 큰 차이가 야기될 수 있습니다. 셋째, 잠재변수를 일으키는(cause) 역할을 하고 상호배타적인 특징을 지닌 관찰변수들을 대상으로 하는 요인분석과 신뢰성 분석은 의미가 없게 되고 이러한 요인분석에 기초한 추가분석의 타당성(validity)에 적지 않은 문제점이 내재될 수 있습니다.

결국 측정모형 특정화 시의 오류가 발생하는 경우에는 구조방정식은 물론 여타 多변량분석 등을 이용한 모수추정(parameter estimation)의 결과(구조계수 및 측정계수) 및 유의도 수준(적합도지수)에 큰 영향을 줄 수 있다고 할 수 있고, 이에 따라 연구하는 현상들간의 관계(구조관계) 및 측정관계에 대한 잘못된 해석이 도출될 가능성이 크게 증가하는 것입니다. 따라서 특히 구조방정식모형의 설정 시 큰 주의를 기울여야 할 것입니다.

구조방정식분석 결과는 어떻게 해석할 것인가? 제2절

위에서 설명한 바와 같이, 구조방정식 분석은 측정변수와 잠재변수간의 관계(즉, 측정관계)에 대한 논리적 예측과 잠재변수간의 관계에 대한 논리적 예측(즉, 구조관계=연구가설)이 경험적 자료에 의해 지지되는지, 지지된다면 어느 정도 지지되는지를 설명해주는 강력한 분석기법입니다.

〈표 14-1〉과 〈표 14-2〉는 구조방정식 분석시의 실질가설과 통계가설을 예시하고 있습니다. 구조방정식 분석 시 확인하고자 하는 연구가설은 '연구자가 상정한' 구조/측정관계가 '표본에서 수집한 자료로 추정한' 구조/측정관계와 일치할 것이라고 하는 것이지요. 구체적으로는, 모형 내에서 구조/

표 14-1 구조방정식 시의 실질가설

H_1: 연구모형 내에서 상정한 구조/측정관계가 성립할 것이다.
연구모형 내 회귀계수 중 하나 이상은 0이 아니다.
H_0: 연구모형 내의 구조/측정관계는 전혀 성립하지 않을 것이다.
연구모형 내 모든 회귀계수는 동시에 0이다.

표 14-2 구조방정식 시의 통계가설

H_1: $\Sigma = \Sigma(\theta)$
H_0: $\Sigma \neq \Sigma(\theta)$
$\beta_1 = \beta_2 = \cdots = \beta_n = 0$

측정관계를 대변하는 회귀식들의 회귀계수가 0이 아니고[즉, 유의(significant) 하고], 계수의 방향(+ 혹은 −)이 연구자가 예측한 대로인지 확인하는 것이 연구자의 목표입니다. 그러나 〈표 14-2〉에서의 Σ나 $\Sigma(\theta)$는 모집단을 전수 조사해야 알 수 있는 母數(population parameter)이기에, Σ 대신 표본에서 수집한 자료에 기반한 S와, $\Sigma(\theta)$ 대신 $\Sigma(\hat{\theta})$를 검토하게 됩니다. 즉, 표본공분산행렬인 S와, 추정된 모수로 구성된 연구모형의 공분산행렬(model implied covariance matrix)인 $\Sigma(\hat{\theta})$를 비교하게 됩니다. 결국 이들의 잔차행렬(residual matrix)인 $S-\Sigma(\hat{\theta})$가 0(zero matrix)에 가까울수록 연구자의 가설이 성립할 가능성이 높아지는 것입니다. 따라서 구조방정식에서의 모수추정(parameter estimation)이란 기본적으로 $S-\Sigma(\hat{\theta})$의 값을 최소화시키는 모수추정치를 찾는 것이라고 할 수 있습니다. 한편, 구조방정식 분석이 의도한 대로 되었는지는 모형 전체에 대한 평가와 개별 모수(계수)에 대한 평가로 구분하여 수행할 수 있습니다.

1. 구조방정식모형 적합도 평가

구조방정식을 이용한 전체 연구모형의 적합도(model fit)를 평가해주는 다양한 **적합도지수**(overall fit index)가 여러 학자에 의해 개발되어 있으며, 각각 장단점을 가지고 있습니다. 따라서 여러 종류의 적합도지수를 동시에 제시하는 것이 연구의 관행이라고 할 수 있습니다. 한편, 이러한 적합도지수는 어떠한 구조방정식모형에서도 사용 가능한데, 절대 적합도지수(absolute fit index), 상대/증분 적합도지수(relative/incremental fit index), 그리고 간명 적합도지수(parsimony fit index) 등으로 구분 가능합니다.

절대적합도지수란, 모형적합도 산출 시 비교의 기준으로 대안모형(alternative model)을 사용하지 않는 적합도지수를 지칭합니다. $S-\Sigma(\hat{\theta})$를 최소화하려는 모수추정 결과로부터 직접 도출되는 것이지요. 즉, 모수추정함수(fitting function)에서 곧바로 도출되는 χ^2가 대표적인 절대적합도지수라고 할 수 있습니다. χ^2값이 통계적으로 유의한 경우, χ^2값이 0이라고 하는 영가설이 기각됩니다. 즉, S와 $\Sigma(\hat{\theta})$가 일치한다는 연구자의 가설이 기각되는 것이지요. 따라서 χ^2값이 유의하지 않아야($p > 0.05$) 해당 연구모형이 적합도가 확보된 것으로 판단하게 됩니다. 이와 같은 명확한 개념적 장점에도 불구하고, χ^2는 몇 가지 단점에서 자유롭지 못합니다. 표본의 크기가 커질수록 χ^2값이 커지고, 이 값이 유의할 가능성이 커집니다. 또 모형 내 변수의 수가 증가할수록 χ^2값이 커지는 경향이 있습니다. 게다가 모형 내 변수의 분포(distribution)도 χ^2값에 영향을 줍니다. 즉, 제9장에서 설명한 변수의 왜도(skewness)와 첨도(kurtosis)가 높을수록 χ^2값이 커지는 것이지요. 따라서 연구자들은 χ^2값을 모형적합도 판정 시 일종의 참고자료로 취급하는 경향을 보인다고 할 수 있습니다.

구조방정식 프로그램 LISREL을 개발한 Jöreskog와 Sörbom은 최대우도법(ML)과 非가중최소자승법[unweighted least squares(ULS)]을 이용한, 그리고 Tanaka와 Huba는 일반최소자승법(GLS)을 이용한 절대적합도지수인 Goodness-of-Fit Index(GFI)와 Adjusted Goodness-of-Fit Index(AGFI)를 개발하였습니다. GFI는 기본적으로 $\Sigma(\hat{\theta})$로 예측할 수 있는 S의 상대적 크기를 계산해줍니다. GFI는 0에서 1까지의 값을 취할 수 있으며 1에 가까울수록 바람직하고 일반적으로 0.9보다 큰 경우 적합도가 높은 것으로 해석합니다. AGFI는 GFI와 유사하나 연구모형의 변수의 수와 자유도(degree of freedom)를 고려한 지수입니다. 이 또한 일반적으로 0.9보다 큰 경우 적합도가 높은 것으로 해석합니다. Jöreskog와 Sörbom는 Root Mean Square Residual(**RMR/RMSR**)이라는 지수도 개발했는데, 이는 기본적으로 잔차행렬에서 도출됩니다. 따라서 일반적으로 RMR$<$0.05인 경우 모형적합도가 높은 것으로 해석합니다. Root Mean Square Error of Approximation(**RMSEA**) 역시 잔차행렬을 기초로 도출되는데 그 크기가 0.05보다 작으면 높은 적합도(close approximate fit)를, 그리고 0.08보다 작으면 적절한(reasonable) 적합도를 의미한다고 해석합니다.

상대적합도지수는 연구모형의 χ^2값을 소위 영/기본/독립모형/(null/baseline/independence model)의 χ^2값과 비교해서 도출합니다. 즉, 상대적합도지수는 연구모형이 기본모형에 비해 얼마나 적합도가 높은가를 평가해 줍니다. 이때 기본모형이란 연구모형 내의 모든 관찰변수간의 상관계수가 0인 모형을 지칭합니다. 이러한 모형은 커다란 χ^2값을 가지게 되지요. Bentler가 개발한 Comparative Fit Index(**CFI**)는 연구모형과 기본모형이 잘못 설정된 정도(degree of model misspecification)를 비교해서 도출된 지수입니다. 구체적으로는 연구모형과 기본모형의 χ^2값에서 자유도를 차감한 수치들을 비교하게 됩니다. Bentler와 Bonnet은 Normed Fit Index(**NFI**)와 Non-normed Fit Index(**NNFI**)를 개발했습니다. NNFI에서는 기본모형 및 연구모형의 χ^2값을 각 모형의 자유도로 나눈 값을 비교하지만, NFI에서는 자유도를 고려하지 않은 χ^2값을 비교하여 지수를 계산한다는 차이점이 있습니다. 한편, NNFI는 Tucker-Lewis Index(**TLI**)라고도 불립니다. Bollen이 개발한 Incremental Fit Index(**IFI**)나 Relative Fit Index(**RFI**)도 유사한 기능을 수행합니다. 전통적으로 이러한 상대적합도지수의 크기가 0.9를 초과하면 적합도가 높은 것으로 해석하였으나, 근래에는 0.95가 새로운 기준(cut-off)이 되고 있는 것으로 보입니다.

간명적합도지수는 기본적으로 상대적합도지수를 약간 조정한 지수인데, 간단한 모형일수록 지수값이 높도록 구성되어 있습니다. 복잡한 모형보다는 간단명료하게 설명하는 모형이 더 바람직한 것은 인정되나, 간명한 모형이 최선이라는 주장을 받아들이기 힘들기에 이 지수는 그리 빈번하게 사용되는 편은 아닙니다. 간명적합도지수로는 GFI에 기반한 **PGFI**, CFI에 기반한 **PCFI**, NFI에 기반한 **PNFI** 등이 사용됩니다 .

모든 구조방정식 software package가 모든 적합도지수를 계산해주는 것은 아니지만, 본서에서 다룰 AMOS는 일반적으로 사용되는 적합도지수들을 계산해줍니다.

2. 개별 구조/측정경로계수 평가

전체 모형적합도가 적절하다고 해서 구조방정식모형의 모든 구조/측정관계의 모수 추정치가 연구자가 예상한 대로 도출되는 것은 아닙니다. 따라서 연구자가 설정한 개별 구조관계가 방향(+, -)이나 효과의 크기(즉, 유의한 결과인지) 면에서 의도한 대로 나타났는지, 측정관계도 연구자가 상정한 요인 구조가 적절히 성립하는지도 하나하나 평가해야 합니다. 특히 위에서 언급한 부적절한 해(improper solution)가 하나 이상 도출되는 경우에는 측정모형, 구조모형의 설정을 다시 확인하고, 필요시 연구모형을 수정해야 할 수도 있습니다.

3. 효과분석

구조관계에서 선행 잠재변수가 후행 잠재변수에 미치는 **총효과**(total effect)는 직접효과(direct effect)와 간접효과(indirect effect)로 분해할 수 있습니다. 이때, **간접효과**란 매개(mediating/intervening) 잠재변인을 통해 후행(종속) 잠재변인에 주는 효과를 말하고, **직접효과**란 매개 잠재변인을 거치지 않고 후행잠재변인에 주는 효과를 지칭합니다. 구조관계가 연구자의 예상대도 도출된 경우 구조관계 효과의 방향과 크기, 유의도 등을 확인함으로써 잠재변수간의 관계를 구체적으로 파악할 수 있습니다. 이처럼 구체적으로 계수를 확인한 후, 이론적 시사점 및 실무적 시사점을 도출하게 됩니다.

구조방정식분석은 어떻게 실행하는가? 제3절

구조방정식 실행을 담당하는 컴퓨터 프로그램에는, 최초의 구조방정식 분석 프로그램이라고 할 수 있는 LISREL을 비롯하여, EQS, AMOS 등의 유료 프로그램과 R Package에 연동되는 Iavaan 등과 같은 무료 프로그램(이러한 software는 인터넷에서 무료로 내려 받아 설치할 수 있습니다)이 있습니다.

LISREL, EQS, AMOS 등의 유료 프로그램은 Windows 환경에서 구동되고, 메뉴의 선택을 통한 명령이 가능하고, 그림으로 연구모형을 간편하게 설정할 수 있는 등 연구자의 사용편의성을 높인 데 비해, 무료 프로그램인 Iavaan의 경우 아직 구조방정식 분석 명령어를 연구자가 개별적으로 입력해야 하는 번거로움이 있습니다. 따라서 본서에서는, Windows 환경에서 SPSS Statistics 분석과 연동되어, 접근성과 편의성이 높아진 AMOS를 이용한 구조방정식 분석의 실행방법을 설명하되, 필자가 수행한 바 있는 기존 연구(신재욱 & 신민철, 2014)의 모형과 자료 중 일부를 이용한 '완전구조방정식' 모형의 분석방법을 예시하도록 합니다. 아울러 AMOS 사용관련 추가 정보는 IBM SPSS Amos 24 User's Manual 등을 참조하면 좋을 것입니다.

1. AMOS 프로그램 열기

Windows 환경에서 구동하는 다른 프로그램들과 같이, AMOS 프로그램도 Windows 초기 화면 하단 좌측에 위치한 **시작** 버튼을 클릭한 후 → SPSS Statistics 24 → **AMOS 24** → **AMOS Graphics**를 차례로 클릭해서 프로그램을 시작하거나, Windows 바탕화면에 만들어 놓은 **바로가기 단축아이콘**을 사용하거나, SPSS Statistics의 **분석**(Analysis) **메뉴**에서도 AMOS 프로그램을 시작할 수 있습니다.

〈그림 14-3〉은 AMOS 24의 초기화면을 보여주고 있습니다. AMOS 24의 초기 화면에서는 화면 좌측 상단의 **메뉴모음**(menu bar: A), 화면 좌측의 **도구모음**(icons: B), 도구모음 우측 상단에 위치한 **분석결과 전환버튼**(C), **상태표시창**(D), **AMOS 파일모음 창**(E), 그리고 화면 우측에 **AMOS 작업 창**(drawing sheet: F)이 제시되어 있는 것을 확인할 수 있습니다. AMOS 작업창에서 좌측의 도구모음에 있는 그림그리기 도구를 이용하여 연구자가 상정한 연구모형 (즉, 구조관계 및 측정관계)을 설정할 수 있습니다.

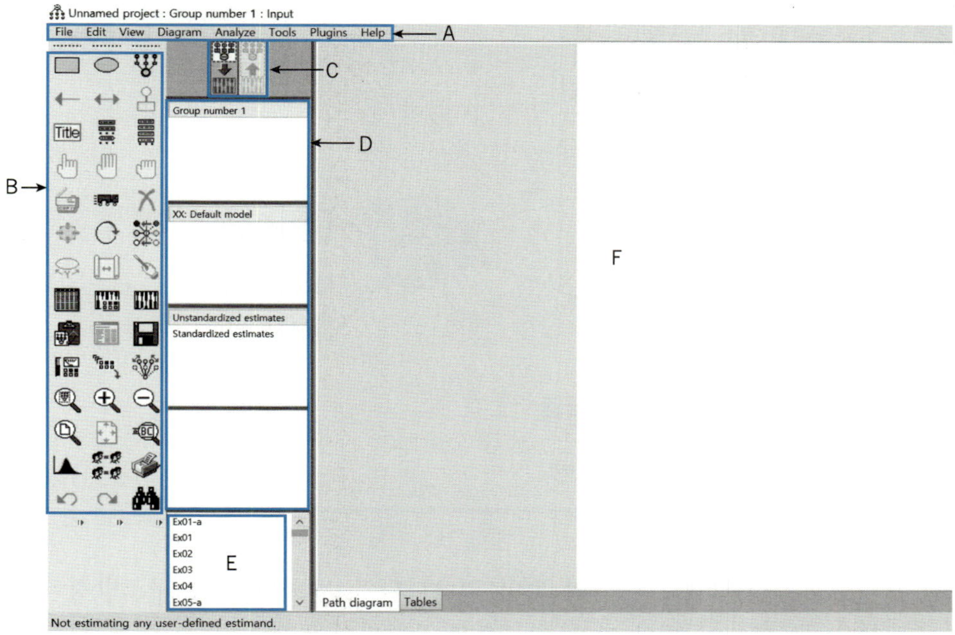

그림 14-3

AMOS 24의 초기 화면

2. 연구모형 설정

신재욱과 신민철(2014)은 '열등감'과 '공격성'이라는 소비자특성과 '블랙컨슈머(영어의 black consumer와는 다른 의미로 '부당한 이익을 취하고자 악성 민원을 제기하는 소비자'를 지칭합니다) 행동'간의 관계를 연구한 바 있습니다. 〈그림 14-4〉는 동 연구모형의 일부를 이용하여 본서의 연구모형을 상정한 예입니다.

다음 그림에서 '열등감'은 '열1'에서 '열4'까지 4개의 관찰변수, '공격성'은 '공1'에서 '공3'까지 3개의 관찰변수, 그리고 블랙컨슈머행동은 '블1'에서 '블4'까지 4개의 관찰변수로 측정한다고 상정하고 AMOS 24의 실행방법을 예시하도록 하겠습니다. 이때 'e1'에서 'e11'은 각 관찰변수의 측정오차를, 'D1', 'D2'는 내생잠재변수 '공격성'과 '블랙컨슈머행동'의 잔차를 지칭합니다. 위 연구모형은 3개의 잠재변수를 측정하는 측정관계와, 3개의 연구가설(열등감 → 공격성; 열등감 → 블랙컨슈머행동; 공격성 → 블랙컨슈머행동)

그림 14-4

연구모형 예시

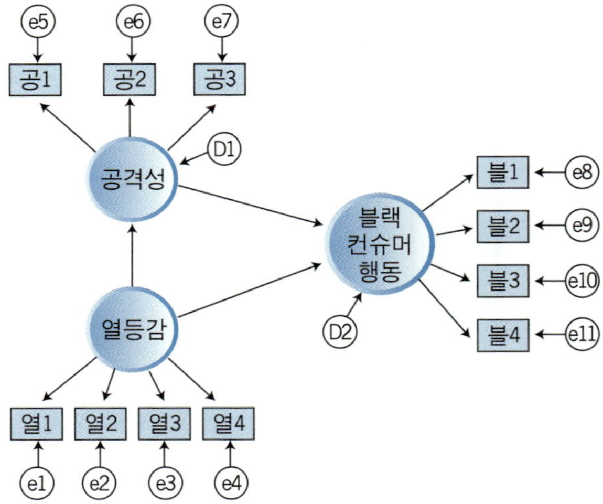

을 보여주는 구조관계로 구성이 되어 있습니다. AMOS와 같은 구조방정식 소프트웨어를 통해서 위와 같은 연구모형이 타당한지 알아볼 수 있게 되는 것입니다.

이제 AMOS 24의 그림그리기 도구들을 이용해서 연구모형을 설정하는 절차를 수행하도록 하겠습니다. 〈그림 14-2〉 AMOS 24의 초기 화면은 portrait 방식으로 되어 있습니다. Landscape 방식이 연구모형을 그리기에 편한 경우에는 〈그림 14-5〉와 같이 menu bar에서 **View → Interface Properties**를 클릭해서 page layout pop-up창이 뜨면, AMOS 작업창의 paper size를 landscape로 바꾸면 됩니다. 물론 이 과정은 생략해도 무방합니다.

그런데 〈그림 14-4〉에서 소개한 연구모형은 완전구조방정식모형입니다. 따라서 첫 번째 구조방정식 분석으로 측정모형(즉, 확인적요인) 분석을 먼저 수행해서 잠재변수의 측정도구의 타당성을 확인하고, 측정관계와 구조관계를 포함한 모형을 대상으로 두 번째 구조방정식 분석을 실시합니다. 물론 연구목적이 확인적 요인분석만 수행하는 경우에는 첫 번째 구조방정식 분석만으로 충분하겠지요.

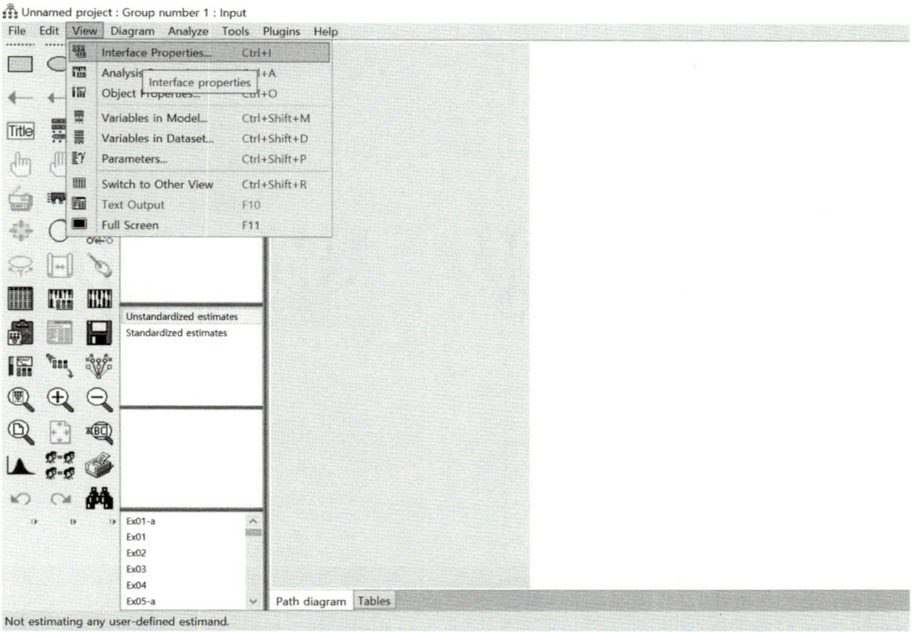

그림 14-5

AMOS 작업창을 landscape 형태로 바꾸기

3. 측정모형 설정

이제 측정모형을 대상으로 첫 번째 확인적 요인분석을 시작합니다. 그림으로 연구모형을 설정하는 방법은 여러 가지가 있습니다. 먼저 AMOS 작업창에서 〈그림 14-4〉 연구모형 내의 3개 잠재변수 중 하나를 대변할 타원을 하나 그립니다. 다음, menu bar에서 **Diagram → Draw Indicator Variable**을 선택합니다. 다음 이 타원의 안쪽을 클릭하면 관찰변수를 대변하는 직사각형 하나와 측정오류를 대변하는 타원형이 생성됩니다. 이 과정을 3회 반복하면 3개의 관찰변수와 하나의 잠재변수가 연결된 측정모형이 하나 생성됩니다. 이때 추후 모수추정 시 모형식별을 가능하게 하기 위한 회귀계수의 제약(constraint=1; 측정단위의 임의성 문제를 극복하는 수단) 작업도 동시에 진행됩니다. 우리의 연구모형에는 3개의 측정도형이 존재하므로, 앞의 과정을 3회 반복하거나, 첫 번째 측정모형의 복제명령을 수행하면 됩니다(복제명령

그림 14-6

측정모형(CFA 모형) 그리기

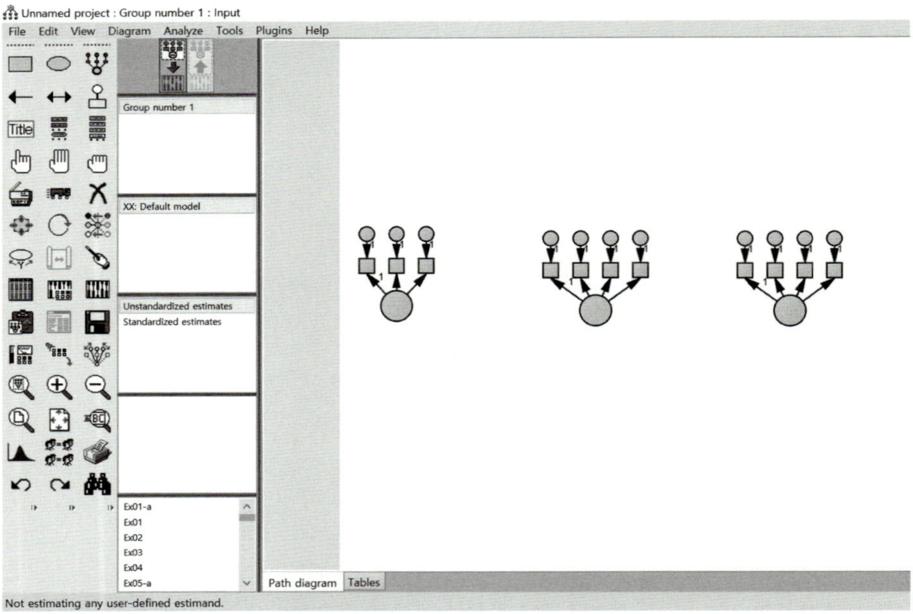

은, menu bar에서 **Edit → Select All**을 선택하면 복제 대상 측정모형이 푸른색으로 변합니다. 다시 menu bar에서 **Edit → Duplicate**를 선택하고, 복제 대상 측정모형을 클릭한 후 drag하여 두/세 번째 측정모형을 생성합니다). 혹은 도구모음을 이용하여 위와 동일한 결과를 얻을 수도 있습니다. 〈그림 14-6〉은 도구모음 첫째 줄 오른쪽 끝의 아이콘(Draw Indicator Variable)을 클릭/복사해서 측정모형을 3개 만든 결과를 보여주고 있습니다.

다음, 〈그림 14-6: 측정모형〉 내 3개의 잠재변수들간에 존재할 수 있는 상관관계의 가능성을 측정모형에 반영해줍니다. 즉, 〈그림 14-7〉과 같이 3개의 잠재변수들간에 상관/공분산 아이콘을 연결해줍니다.

다음, 각 잠재변수, 관찰변수, 측정오차별 변수이름을 지정하기 위해, 각 변수/오차를 대변하는 타원 혹은 직사각형을 우클릭하면 나타나는 pop-up menu에서 Object Properties를 선택하고, Object Properties 대화창에서 Name Tab을 선택한 후 변수名을 지정해 줍니다. 〈그림 14-8〉은 이와 같은

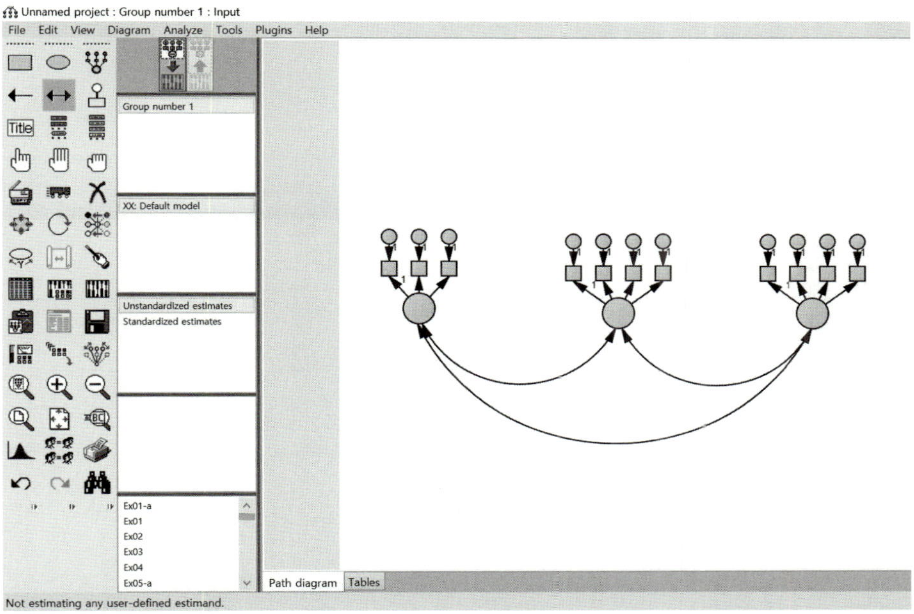

그림 14-7

측정모형(CFA 모형) 잠재변수간 상관/공분산 관계 지정

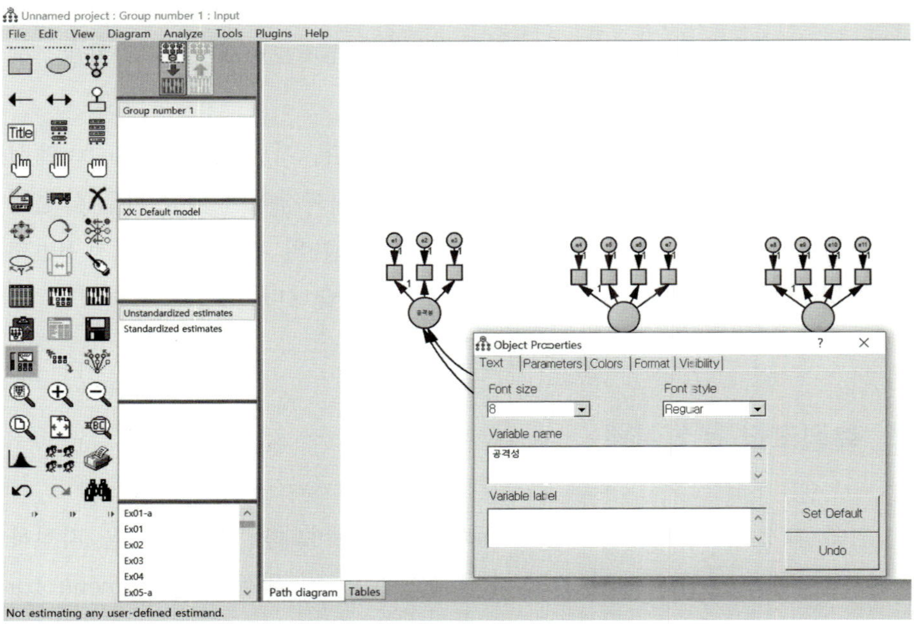

그림 14-8

측정모형(CFA 모형) 변수명 지정

그림 14-9
분석대상 자료 파일 지정

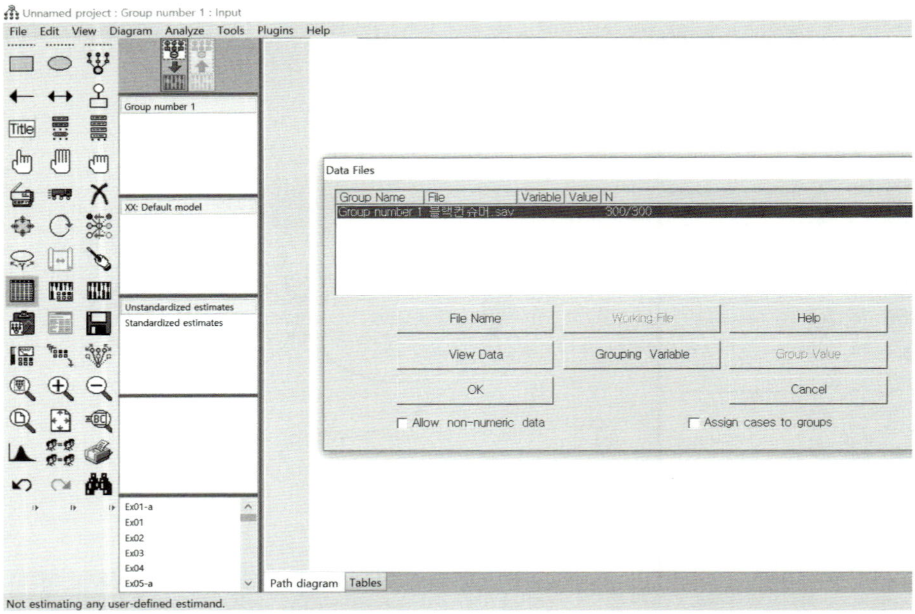

방법으로 변수명을 지정하는 예를 보여줍니다. 혹은, menu bar에서 **View → Variables in Dataset**을 선택하고 변수명을 측정모형의 해당 관찰변수에 drag해도 되지요.

이제 분석 대상 자료파일을 지정할 순서입니다. 이 작업은 menu bar에서 **File → Data File**을 차례로 선택하면 나타나는 대화창에서 해당 파일을 선택하면 됩니다. 물론 〈그림 14-9〉와 같이, 도구모음의 왼쪽 줄 위에서 8번째 아이콘을 클릭한 후 동일한 작업을 수행할 수 있습니다.

4. 측정모형 분석실행

위의 과정을 거쳐 측정모형과 분석자료가 준비되면, 분석옵션을 지정하고 분석명령을 실행하게 됩니다. 우선 〈그림 14-10〉에서와 같이, menu bar

에서 **View → Analysis Properties**를 선택하고, 〈그림 14-11〉에서와 같이 측정모형 분석에 필요한 옵션을 지정합니다. 그다음 〈그림 14-12〉와 같이 도구모음의 우측 열 위에서 8번째 아이콘(Calculate Estimates)을 클릭하면 분석명령이 실행됩니다. 혹은, menu bar에서 **Analyze → Calculate Estimates**를 선택해도 분석명령이 실행됩니다. 분석 실행 직후 Save As 대화창이 뜨게 되는데, 이 대화창에서 파일명을 지정하여 위에서 실행한 측정모형에 대한 확인적요인분석의 결과를 저장하도록 합니다.

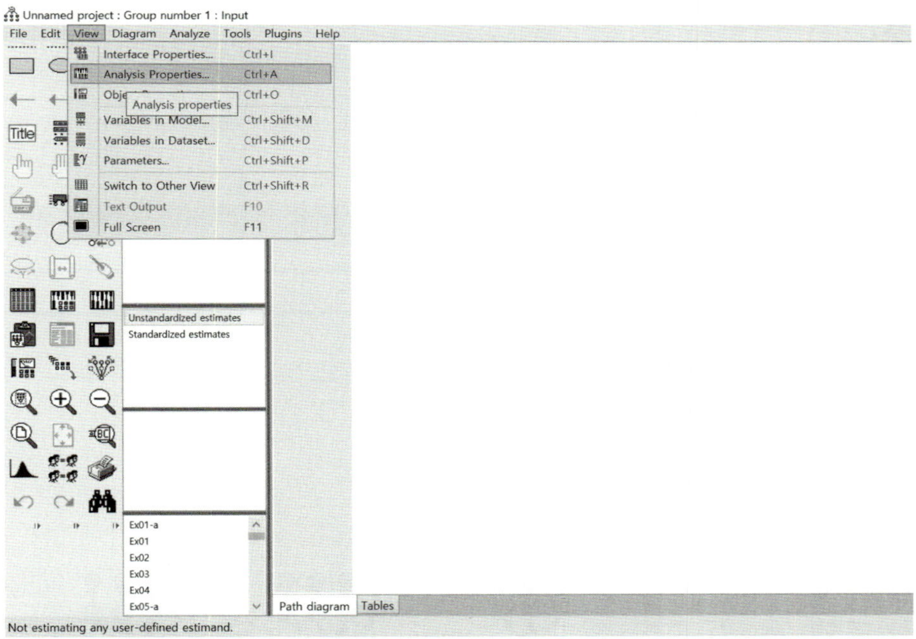

그림 14-10

분석옵션 지정 1

그림 14-11

분석옵션 지정 2

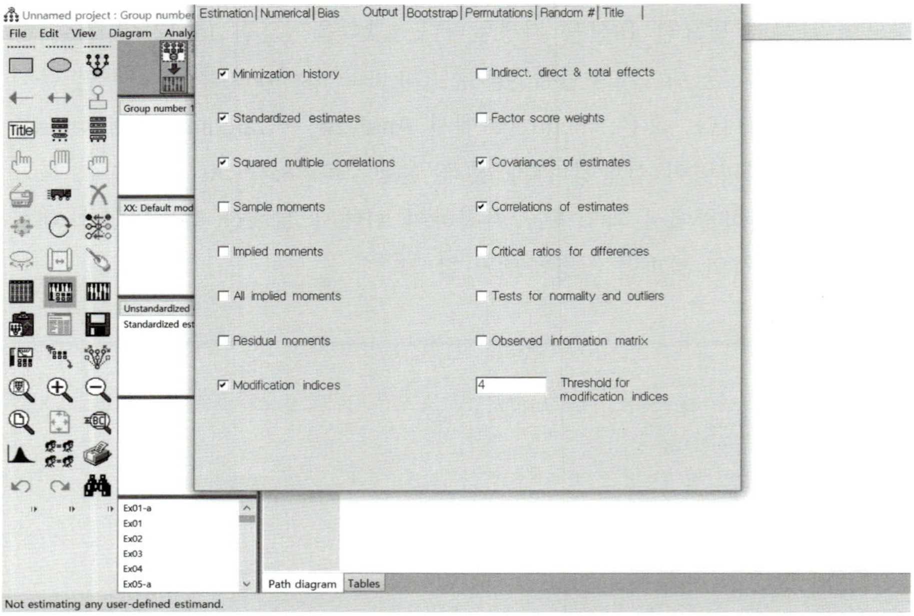

그림 14-12

분석명령 실행

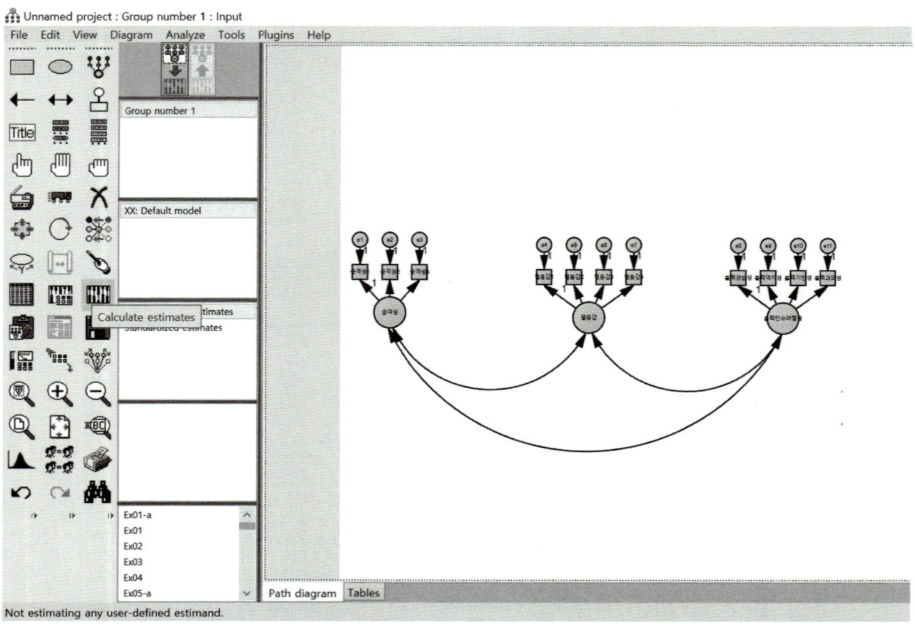

5. 측정모형 분석결과 확인

이제 실행된 분석의 결과를 확인할 순서입니다. 분석의 결과는 text 형태로 확인할 수도 있고, 그림으로도 확인할 수 있습니다. 먼저, text 형태의 출력물 확인을 위해서는 menu bar에서 **View → Text Output**을 선택합니다. 혹은 〈그림 14-13〉과 같이, 도구모음에서 **View Text** icon을 선택합니다. 출력물 window가 나타나면 〈그림 14-14〉와 같이, 좌측의 작은 window에서 연구자가 원하는 출력내용(예: Model Fit)을 선택합니다. 모형적합도 결과물을 확인한 후에는 〈그림 14-15〉, 〈그림 14-16〉과 같이 Estimates를 선택하여, 모수추정치를 확인합니다.

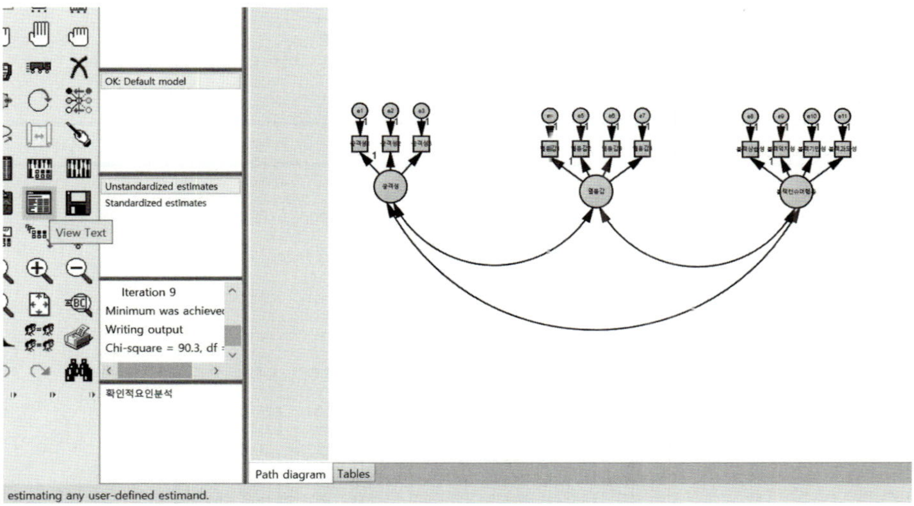

그림 14-13

Text output 화면 1: 출력물유형 선택

그림 14-14

Text output 화면 2: 모형적합도

Amos Output

- 확인적요인분석.amw
  - Analysis Summary
  - Notes for Group
  - Variable Summary
  - Parameter Summary
  - Notes for Model
  - Estimates
  - Modification Indices
  - Minimization History
  - Pairwise Parameter Comparisons
  - Model Fit
  - Execution Time

Group number 1

Default model

Model Fit Summary

CMIN

Model	NPAR	CMIN	DF	P	CMIN/DF
Default model	25	90.275	41	.000	2.202
Saturated model	66	.000	0		
Independence model	11	1513.790	55	.000	27.523

RMR, GFI

Model	RMR	GFI	AGFI	PGFI
Default model	.045	.949	.918	.590
Saturated model	.000	1.000		
Independence model	.311	.401	.281	.334

Baseline Comparisons

Model	NFI Delta1	RFI rho1	IFI Delta2	TLI rho2	CFI
Default model	.940	.920	.967	.955	.966
Saturated model	1.000		1.000		1.000
Independence model	.000	.000	.000	.000	.000

Parsimony-Adjusted Measures

Model	PRATIO	PNFI	PCFI
Default model	.745	.701	.720
Saturated model	.000	.000	.000
Independence model	1.000	.000	.000

NCP

그림 14-15

Text output 화면 3: 모수추정치 1

Amos Output

- 확인적요인분석.amw
  - Analysis Summary
  - Notes for Group
  - Variable Summary
  - Parameter Summary
  - Notes for Model
  - Estimates
  - Minimization History
  - Pairwise Parameter Comparisons
  - Model Fit
  - Execution Time

Group number 1

Default model

Estimates (Group number 1 - Default model)

Scalar Estimates (Group number 1 - Default model)

Maximum Likelihood Estimates

Regression Weights: (Group number 1 - Default model)

			Estimate	S.E.	C.R.	P	Label
공격성1	<---	공격성	1.000				
공격성2	<---	공격성	1.055	.124	8.531	***	par_1
공격성3	<---	공격성	.845	.103	8.211	***	par_2
열등감1	<---	열등감	1.000				
열등감2	<---	열등감	1.119	.099	11.295	***	par_3
열등감3	<---	열등감	1.198	.108	11.098	***	par_4
열등감4	<---	열등감	1.043	.097	10.707	***	par_5
블랙상습성	<---	블랙컨슈머행동	1.000				
블랙억지성	<---	블랙컨슈머행동	1.008	.053	18.883	***	par_6
블랙기만성	<---	블랙컨슈머행동	.988	.058	17.044	***	par_7
블랙과도성	<---	블랙컨슈머행동	.868	.057	15.101	***	par_8

Standardized Regression Weights: (Group number 1 - Default model)

			Estimate
공격성1	<---	공격성	.609
공격성2	<---	공격성	.735
공격성3	<---	공격성	.669
열등감1	<---	열등감	.726
열등감2	<---	열등감	.753
열등감3	<---	열등감	.736
열등감4	<---	열등감	.704
블랙상습성	<---	블랙컨슈머행동	.853
블랙억지성	<---	블랙컨슈머행동	.880

그림 14-16
Text output 화면 3: 모수추정치 2

Amos Output

- 확인적요인분석.amw
  - Analysis Summary
  - Notes for Group
  - Variable Summary
  - Parameter Summary
  - Notes for Model
  - Estimates
  - Modification Indices
  - Minimization History
  - Pairwise Parameter Comparisons
  - Model Fit
  - Execution Time

Group number 1

Default model

Covariances: (Group number 1 - Default model)

	Estimate	S.E.	C.R.	P	Label
열등감 <--> 블랙컨슈머행동	.180	.038	4.802	***	par_9
공격성 <--> 열등감	.193	.037	5.271	***	par_10
공격성 <--> 블랙컨슈머행동	.324	.051	6.395	***	par_11

Correlations: (Group number 1 - Default model)

	Estimate
열등감 <--> 블랙컨슈머행동	.355
공격성 <--> 열등감	.498
공격성 <--> 블랙컨슈머행동	.621

Variances: (Group number 1 - Default model)

	Estimate	S.E.	C.R.	P	Label
공격성	.397	.078	5.061	***	par_12
열등감	.377	.057	6.651	***	par_13
블랙컨슈머행동	.686	.077	8.910	***	par_14
e1	.673	.068	9.970	***	par_15
e2	.375	.049	7.657	***	par_16
e3	.351	.039	9.080	***	par_17
e4	.338	.036	9.303	***	par_18
e5	.360	.041	8.774	***	par_19
e6	.458	.050	9.125	***	par_20
e7	.417	.043	9.653	***	par_21
e8	.257	.029	8.723	***	par_22
e9	.202	.026	7.737	***	par_23
e10	.328	.034	9.586	***	par_24
e11	.390	.037	10.540	***	par_25

한편, 확인적요인분석 결과를 그림으로 확인하고 싶은 경우에는, 도구모음 우측 상단에 위치한 **분석결과 전환버튼**을 클릭해서 〈그림 14-17〉과 같은 비표준화 추정치를 확인하거나, 〈그림 14-18〉과 같이 표준화 추정치를 확인할 수 있습니다.

그림 14-17

Graphics output 화면 1: 비표준화 추정치

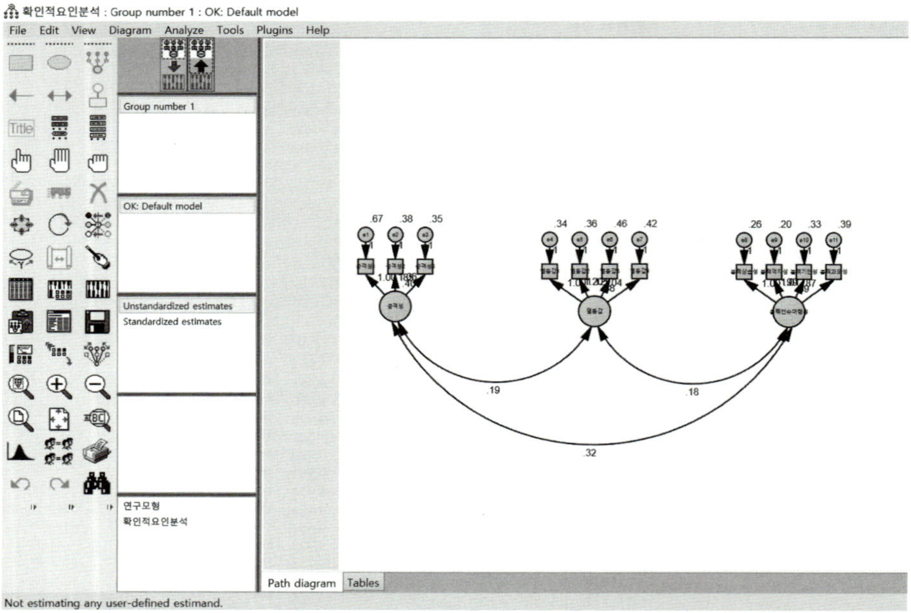

그림 14-18

Graphics output 화면 2: 표준화 추정치

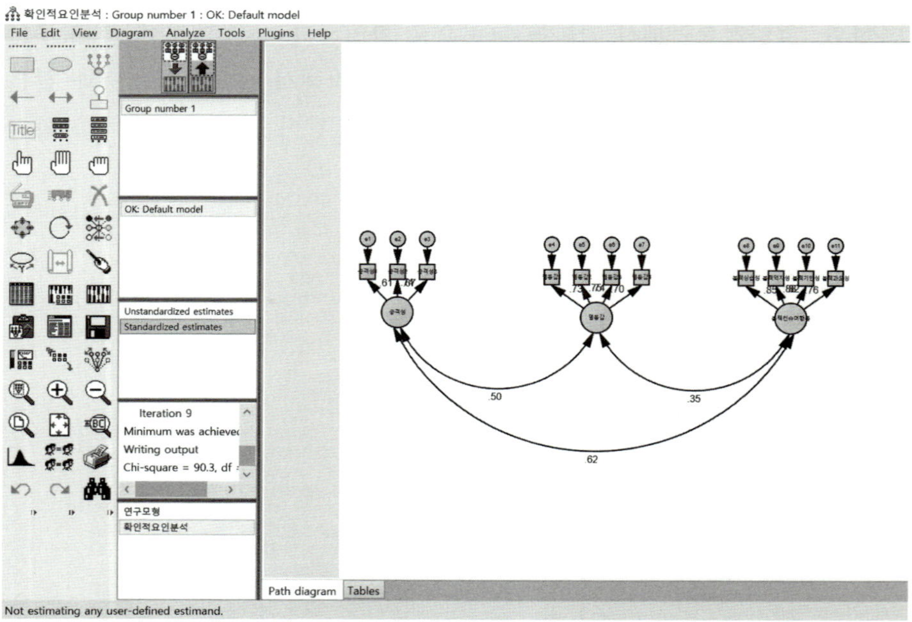

6. 측정모형 적합도 평가

1) 전체모형 평가

〈그림 14-14〉에서 확인할 수 있는 바와 같이, χ^2값은 $p = .000$ 수준에서 유의(AMOS 출력물에서는 CMIN으로 표시)한 것으로 나타났으나, RMR, GFI, AGFI와 같은 절대적합도지수나 NFI, RFI, IFI, TLI, CFI와 같은 상대적합지수가 모두 0.9보다 큰 수를 보이고 있어, 분석대상 측정모형의 전반적 적합도(overall model fit)는 높다고 판단할 수 있습니다.

2) 개별 측정경로 계수 평가

또한, 〈그림 14-15〉나 〈그림 14-16〉 혹은 〈그림 14-17〉이나 〈그림 14-18〉에서 확인할 수 있는 바와 같이, 모든 관찰변수와 해당 잠재변수간의 관계가 유의하고, 측정오차나 잠재변수간의 공분산(상관계수)도 유의한 결과가 도출되었습니다. 따라서 11개의 관찰변수와 3개의 잠재변수간에 존재한다고 상정했던 3개의 요인구조를 명백히 확인할 수 있습니다.

3) 잠재변수 타당성 평가

위에서 설명한 바와 같이, 특정 잠재변수의 신뢰성은 Cronbach's $\alpha > 0.7$ 혹은 Composite Reliability(CR) > 0.7, 집중타당성은 Average Variance Extracted(AVE) > 0.5, 그리고 판별타당성은 '특정 잠재변수 AVE의 제곱근' > '잠재변수간 상관계수들' 조건이 충족될 때 지지됩니다. Cronbach's α의 경우 SPSS Statistics 24에서 분석명령을 수행하면 얻을 수 있습니다. CR이나 AVE의 경우 AMOS의 분석결과(〈그림 14-15〉와 〈그림 14-16〉의 추정치를 사용)에 약간의 계산을 추가해서 얻을 수 있습니다. 이 계산은 연구자가 직접 수행할 수도 있고 Excel과 같은 spreadsheet을 이용해 구할 수도 있습니다. 구체적으로 Cronbach's α는 제5장에서 설명한 바와 같이 계산되고, CR은 (식 14-3)과 같이, 그리고 AVE는 (식 14-4)와 같이 도출됩니다.

표 14-3 AVE와 Inter-construct correlations

	열등감	공격성	블랙컨슈머행동
열등감	**.532**		
공격성	.498	**.452**	
블랙컨슈머행동	.355	.621	**.688**

* AVE = 대각선요소

$$CR = (\sum \lambda_i)^2 / \{(\sum \lambda_i)^2 + (\sum \varepsilon_i)\} \quad (\text{식 } 14\text{-}3)$$

단, λ_i = 관찰변수 i의 표준화 요인적재량,
ε_i = 관찰변수 i의 측정오차

$$AVE = \sum \lambda_i^2 / n \quad (\text{식 } 14\text{-}4)$$

단, λ_i = 관찰변수 i의 표준화 요인적재량,
n = 관찰변수의 수

우리의 예에서 이 공식을 적용하면 열등감의 CR = 0.84, 공격성의 CR = 0.73, 블랙컨슈머행동의 CR = 0.90이므로 3개 잠재변수의 신뢰성이 확인된다고 할 수 있습니다.

한편, 공격성의 AVE가 0.5 기준보다 다소 작으나, 열등감과 블랙컨슈머행동의 집중타당성은 적절한 수준 (AVE > 0.5)인 것으로 판단할 수 있습니다. 또한, 열등감, 공격성 및 블랙컨슈머행동 AVE의 제곱근이 각각 3개 잠재변수간의 상관관계보다 크기에, 열등감이나 공격성 및 블랙컨슈머행동의 판별타당성도 확인이 되었다고 할 수 있습니다.

7. 측정모형 분석결과 해석

측정모형에 대한 확인적요인분석 결과, 개별 잠재변수의 구조가 명확하고, 신뢰성이 있으며, 적절한 수준의 집중타당성과 판별타당성이 존재한다는 점을 확인하여야만, 이러한 잠재변수들간에 존재하는 구조관계분석이 의

미를 갖게 되는 것이지요. 확인적요인분석이 문제없이 진행되는 경우에는 측정모형의 수정(model modification)의 필요성이 없다고 할 수 있습니다. 반대의 경우에는 측정모형의 설정, 관찰변수의 선정 등의 내용을 적절히 수정해서 측정모형을 재분석하는 과정을 거친 후 다음 과정으로 진행해야 합니다.

8. 완전구조방정식모형 설정

위에서 측정모형의 신뢰성, 타당성이 확인이 되었기에, 〈그림 14-4〉에서 상정한 전체 모형, 즉 측정 및 구조관계를 모두 다루는 완전구조방정식 모형의 분석모형을 설정하도록 합니다. 완전구조방정식 모형과 위에서 분석한 확인적요인분석의 유사점은, 두 모형을 구성하는 잠재변수와 관찰변수가 동일하다는 점이고, 차이점은 확인적요인분석에서는 잠재변수간의 상관관계를 상정하였으나, 완전구조방정식모형에서는 잠재변수간의 인과관계를 설정한다는 점입니다.

먼저, 위의 측정모형 설정관련 설명과 〈그림 14-6〉 및 〈그림 14-8〉을 참조해서, 〈그림 14-19〉와 같이 3개 잠재변수와 11개 관찰변수간의 관계를 설정하고 모형 내 모든 변수 및 오차에 이름(즉, 변수名)을 지정해줍니다.

〈그림 14-4〉의 연구모형을 보면, 열등감은 공격성에 직접 영향을 미치고, 동시에 블랙컨슈머행동에도 영향을 직접 미치는 것으로 가설이 설정되었고, 공격성도 블랙컨슈머행동에 직접 영향을 미치는 것으로 상정이 되어 있습니다. 즉, 열등감이 블랙컨슈머행동에 직접 영향을 미침과 동시에, 공격성을 통해서 간접적으로도 블랙컨슈머행동에 영향을 미치는 것으로 가설이 설정이 된 것이지요. 따라서 〈그림 14-20〉과 같이, AMOS 도구모음의 화살표를 이용하여 연구모형의 가설관계를 그림으로 설정해 줍니다.

다음, 외생잠재변수인 열등감을 제외한 공격성과 블랙컨슈머행동의 잔차를 대변할 그림을 그려줍니다. 이러한 목적을 달성하기 위하여 〈그림 14-21〉과 같이, 도구모음의 **오차**(Add a unique variable to an existing variable) 아이콘을 클릭하여 잔차를 생성하고 〈그림 14-22〉와 같이 잔차의 이름도 지정합니다.

그림 14-19

완전구조방정식 모형 설정: 측정 모형

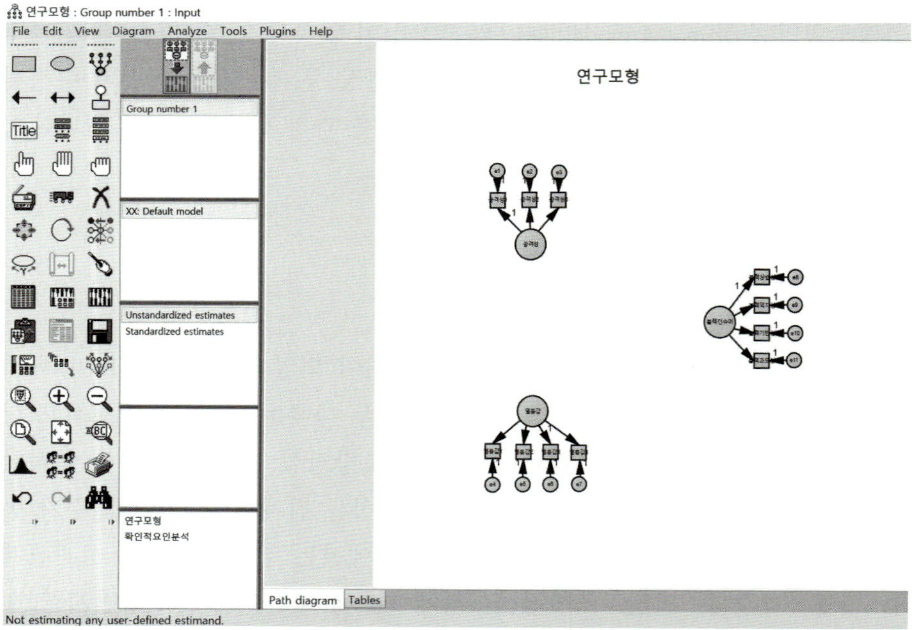

그림 14-20

완전구조방정식 모형 설정: 구조모형 및 측정모형

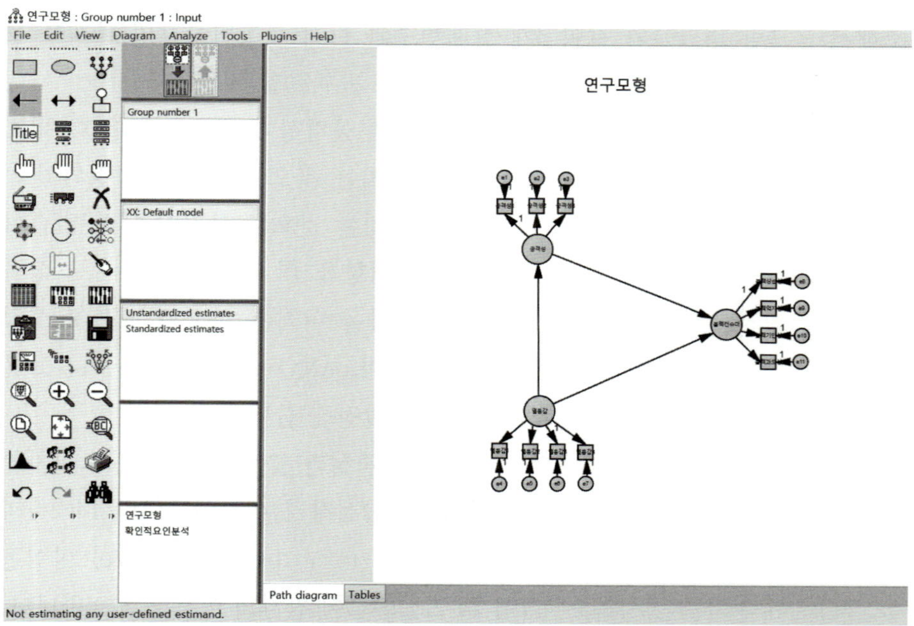

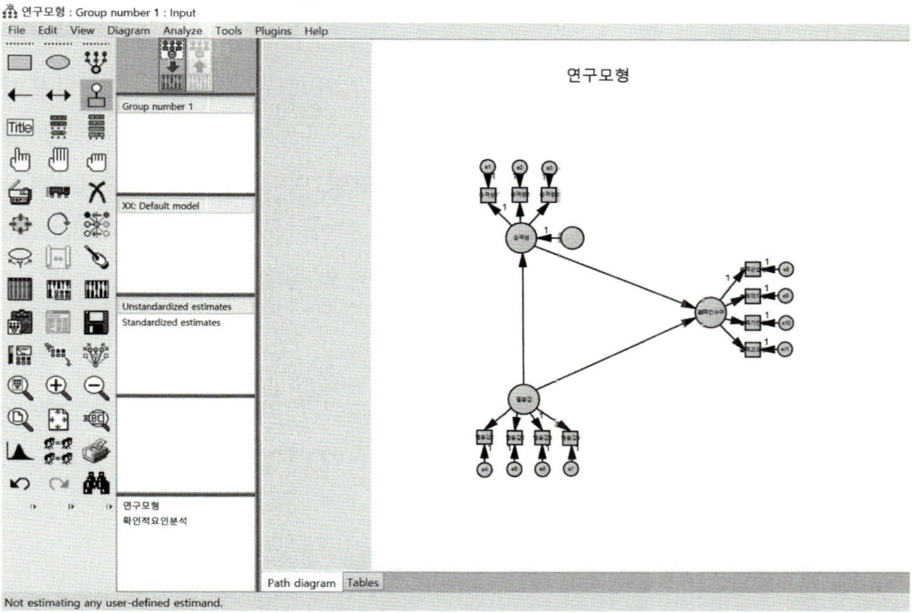

그림 14-21

완전구조방정식 모형 설정: 잔차 설정 1

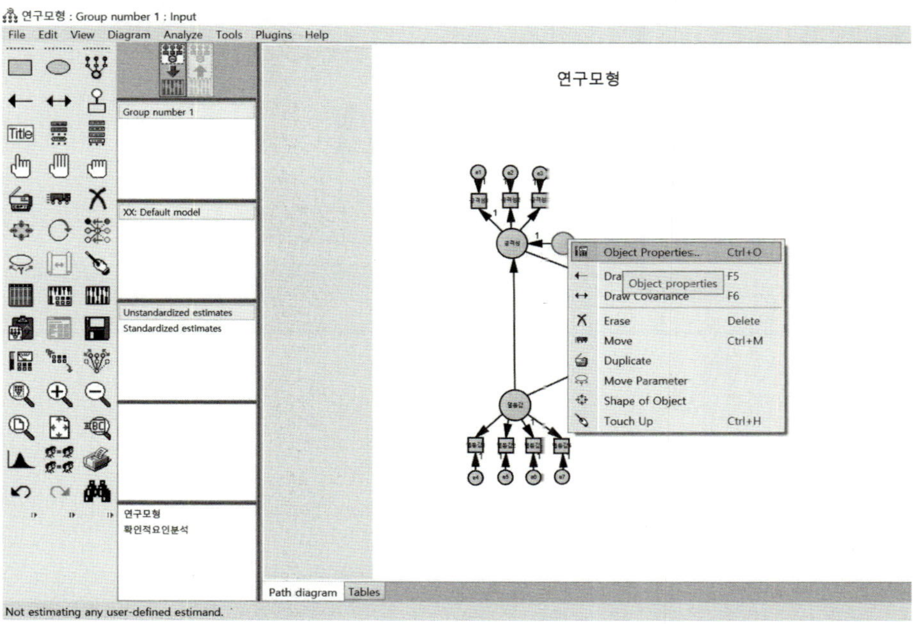

그림 14-22

완전구조방정식 모형 설정: 잔차 설정 2

9. 완전구조방정식모형 분석실행

완전구조방정식모형의 분석에 있어서도, 위의 측정모형 분석 시 사용한 자료파일과 동일한 파일을 사용하므로, 별도로 자료파일을 다시 지정할 필요는 없습니다. 분석대상 완전구조방정식모형이 이제 설정이 되었고, 자료파일도 준비가 되었으므로, 〈그림 14-23〉과 같이, 도구모음에서 **Calculate Estimates** 아이콘을 클릭하여 구조방정식 분석을 실행합니다.

그림 14-23

완전구조방정식 모형 분석실행

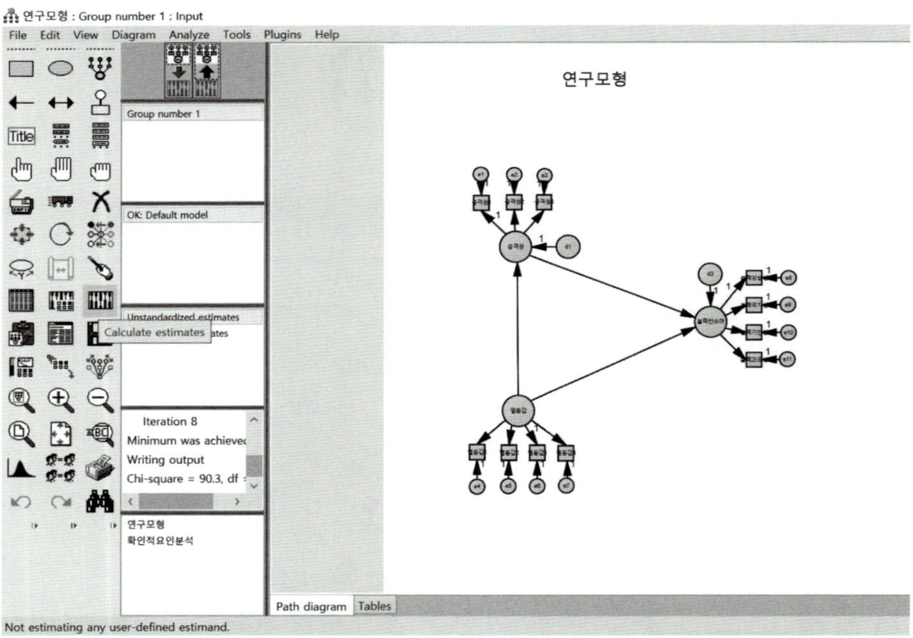

10. 완전구조방정식모형 분석결과 확인

이제 실행된 완전구조방정식모형 분석의 결과를 확인할 순서입니다. 측정모형 분석의 경우와 동일하게 분석의 결과는 text 형태로 확인할 수도 있고, 그림으로도 확인할 수 있습니다. 먼저, text 형태의 출력물 확인을 위해서는 menu bar에서 **View → Text Output**을 선택합니다. 혹은, 도구모음에서 **View Text** icon을 선택합니다. 출력물 window가 나타나면 〈그림 14-24〉와 같이, 좌측의 작은 window에서 연구자가 원하는 출력내용(예: **Model Fit**)을 선택하여 모형적합도 결과물을 확인한 후에는 〈그림 14-25〉와 같이 **Estimates**를 선택하여, 모수추정치를 확인합니다.

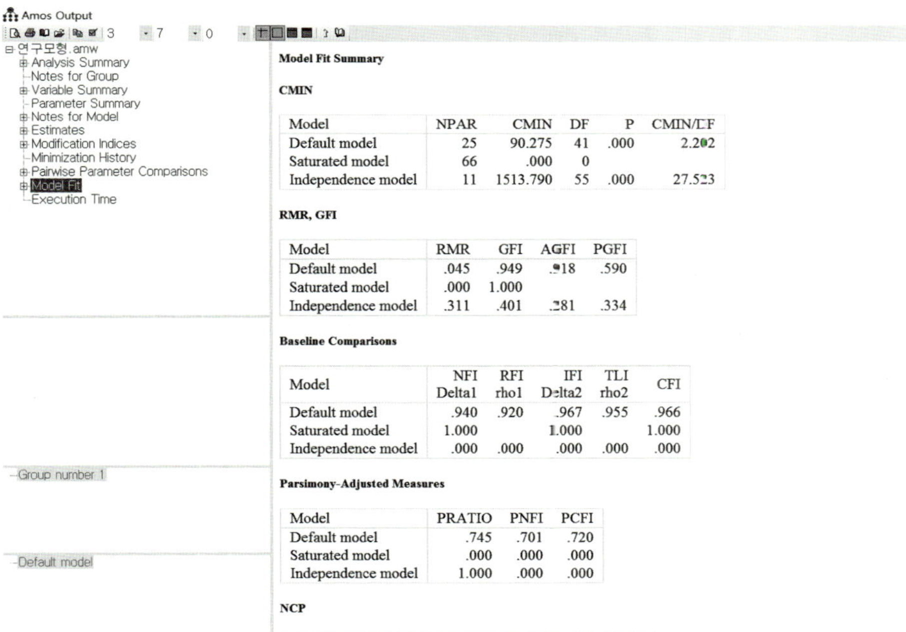

Amos Output

연구모형.amw
- Analysis Summary
- Notes for Group
- Variable Summary
- Parameter Summary
- Notes for Model
- Estimates
- Modification Indices
- Minimization History
- Pairwise Parameter Comparisons
- Model Fit
- Execution Time

Group number 1

Default model

Model Fit Summary

CMIN

Model	NPAR	CMIN	DF	P	CMIN/DF
Default model	25	90.275	41	.000	2.202
Saturated model	66	.000	0		
Independence model	11	1513.790	55	.000	27.523

RMR, GFI

Model	RMR	GFI	AGFI	PGFI
Default model	.045	.949	.918	.590
Saturated model	.000	1.000		
Independence model	.311	.401	.281	.334

Baseline Comparisons

Model	NFI Delta1	RFI rho1	IFI Delta2	TLI rho2	CFI
Default model	.940	.920	.967	.955	.966
Saturated model	1.000		1.000		1.000
Independence model	.000	.000	.000	.000	.000

Parsimony-Adjusted Measures

Model	PRATIO	PNFI	PCFI
Default model	.745	.701	.720
Saturated model	.000	.000	.000
Independence model	1.000	.000	.000

NCP

그림 14-24

Text output 화면 1: 모형적합도

그림 14-25

Text output 화면 2: 모수추정치

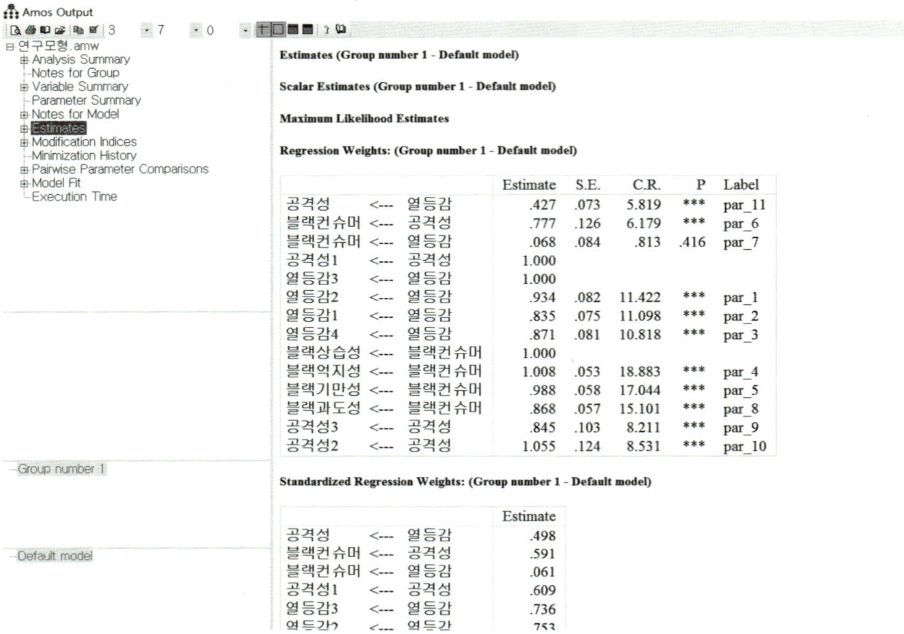

Estimates (Group number 1 - Default model)

Scalar Estimates (Group number 1 - Default model)

Maximum Likelihood Estimates

Regression Weights: (Group number 1 - Default model)

			Estimate	S.E.	C.R.	P	Label
공격성	<---	열등감	.427	.073	5.819	***	par_11
블랙컨슈머	<---	공격성	.777	.126	6.179	***	par_6
블랙컨슈머	<---	열등감	.068	.084	.813	.416	par_7
공격성1	<---	공격성	1.000				
열등감3	<---	열등감	1.000				
열등감2	<---	열등감	.934	.082	11.422	***	par_1
열등감1	<---	열등감	.835	.075	11.098	***	par_2
열등감4	<---	열등감	.871	.081	10.818	***	par_3
블랙상습성	<---	블랙컨슈머	1.000				
블랙억지성	<---	블랙컨슈머	1.008	.053	18.883	***	par_4
블랙기만성	<---	블랙컨슈머	.988	.058	17.044	***	par_5
블랙과도성	<---	블랙컨슈머	.868	.057	15.101	***	par_8
공격성3	<---	공격성	.845	.103	8.211	***	par_9
공격성2	<---	공격성	1.055	.124	8.531	***	par_10

Standardized Regression Weights: (Group number 1 - Default model)

			Estimate
공격성	<---	열등감	.498
블랙컨슈머	<---	공격성	.591
블랙컨슈머	<---	열등감	.061
공격성1	<---	공격성	.609
열등감3	<---	열등감	.736

한편, 완전구조방정식모형 분석결과를 그림으로 확인하고 싶은 경우에는, 도구모음 우측 상단에 위치한 **분석결과 전환버튼**을 클릭해서 〈그림 14-26〉과 같은 비표준화 추정치를 확인하거나, 〈그림 14-27〉과 같이 표준화 추정치를 확인할 수 있습니다.

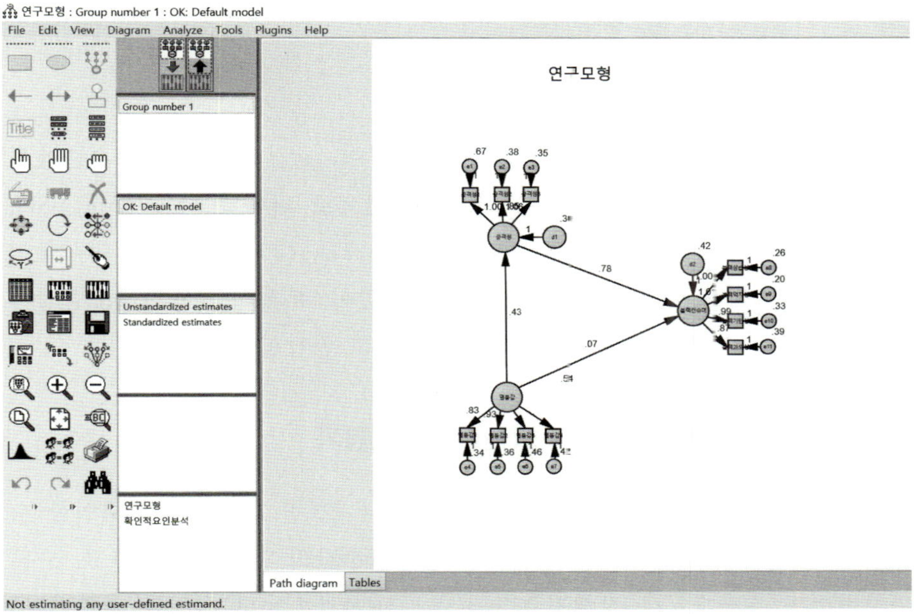

그림 14-26

Graphics output 화면 1: 비표준화 추정치

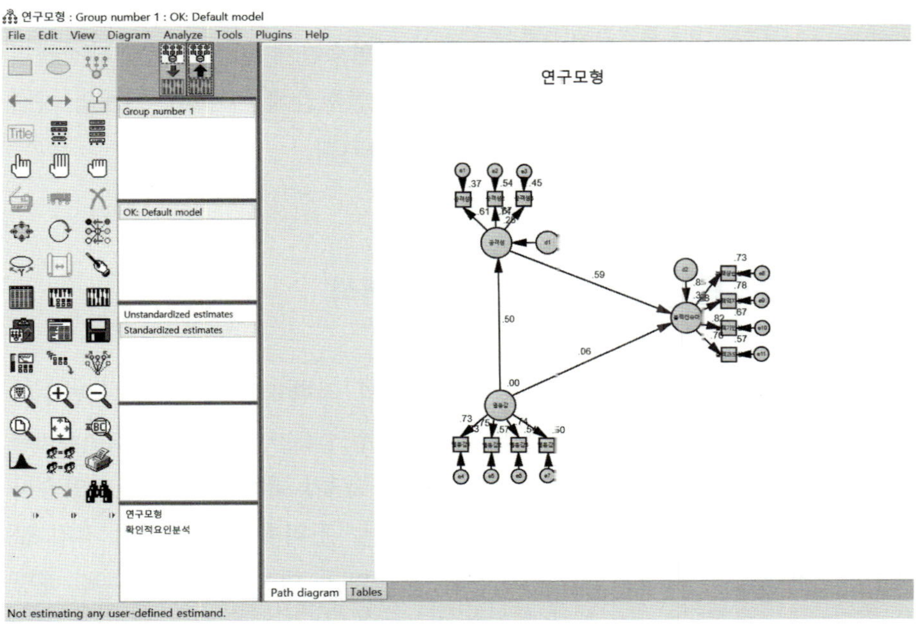

그림 14-27

Graphics output 화면 2: 표준화 추정치

11. 완전구조방정식모형 적합도 평가

1) 전체모형 평가

〈그림 14-24〉에서 확인할 수 있는 바와 같이, χ^2값은 $p = .000$ 수준에서 유의(AMOS 출력물에서는 CMIN으로 표시)한 것으로 나타났으나, RMR, GFI, AGFI와 같은 절대적합도지수나 NFI, RFI. IFI, TLI, CFI 와 같은 상대적합지수가 모두 0.9보다 충분히 큰 수치를 보이고 있어, 분석대상 완전구조방정식모형의 전반적 적합도(overall model fit)는 높다고 판단할 수 있습니다.

2) 개별 구조관계 계수 및 측정관계 계수 평가

또한, 〈그림 14-25〉 혹은 〈그림 14-26〉이나 〈그림 14-27〉에서 확인할 수 있는 바와 같이, 모든 관찰변수와 해당 잠재변수간의 관계가 유의하고, 모든 관찰변수의 측정오차나 잠재변수간의 공분산(상관계수)도 유의한 결과가 도출되었습니다. 다만, 잠재변수간에 존재한다고 상정된 3개의 관계 중 열등감이 블랙컨슈머행동에 미치는 직접효과는 유의하지 않은 것으로 나타났습니다. 따라서 11개의 관찰변수와 3개의 잠재변수간에 존재한다고 상정했던 3개의 요인구조는 명백히 존재하나, 3개 잠재변수간에 존재하는 3개의 가설 중 2개만이 유의하게 지지됨을 확인할 수 있습니다.

12. 완전구조방정식모형 분석결과의 해석

완전구조방정식모형 분석결과 전체 모형의 적합도는 물론, 관찰변수와 잠재변수간의 측정관계 모두, 그리고 잠재변수(열등감, 공격성, 블랙컨슈머행동)간에 존재하리라 예상되었던 구조관계 중 2/3가 유의함이 확인되었습니다. 이러한 분석결과에서 확인할 수 있는 바는, 소비자의 열등감이 직접 블랙컨슈머행동을 유도하는 것이 아니라, 소비자의 열등감이 높을수록 해당 소비자의 공격성이 증가하게 되고 공격성이 증가해서 블랙컨슈머행동이 증가한다는 발견입니다. 열등감이 높다고 자동적으로 블랙컨슈머행동이 나타나는 것이 아니라, 열등감 때문에 공격적 성향이 높아지고 이에 따라 블랙컨슈머행동이 증가한다는 것이지요. 표준화계수는 척도와 무관한(scale invariant) 특성이 있기에, 표준화계수를 이용한 효과분석이 좀 더 투명한 해석을 가능하게 합니다. 구체적으로, 후행 잠재변수에 미치는 열등감의 직접효과는 0(유의하지 않은 계수는 0과 다름없지요)이고, 간접효과는 0.30(=0.50×0.59)으로 확인됩니다. 즉, 열등감이 한 단위 높아질 때 0.30을 곱한 만큼 블랙컨슈머행동이 증가함을 예상할 수 있겠지요. 이러한 가설검정 결과를 바탕으로 이론적, 실무적 시사점들을 도출할 수 있을 것입니다.

구조방정식 분석과 다른 통계분석기법간의 관계 제 4 절

위에서도 살펴본 바와 같이, 구조방정식(structural equation model)은 추상적인 개념(즉, 잠재변수)들간의 관계는 물론 추상적인 개념을 경험의 세계(empirical world)에서 대변하는 관찰변수[혹은 측정변수(observed variable)]와 잠재변수간의 관계를 동시에 분석해주는 강력한 통계분석도구(statistical methodology)입니다.

구조방정식(SEM)은 기존의 多변량분석방법(multivariate procedures)들과 다른 특징을 가지고 있는데, 대표적인 특징들을 살펴보면 다음과 같습니다(Byrne 1994). 첫째, 기존 多변량분석방법과 달리 구조방정식은 확인적(confirmatory) 접근을 사용합니다. 즉, 사전적(事前的, a priori)으로 변수간의 관계를 특정(specify)함으로써 母數推定목적(inferential purposes) 하에서 자료분석을 수행하게 되지요. 둘째, 전통적인 多변량분석방법과는 달리 구조방정식은 측정오류(measurement error)를 명시적으로 추정해 줍니다. 셋째, 기존 多변량분석방법은 측정변수(observed variable) 수준의 분석만이 가능함에 반해, 구조방정식은 측정변수는 물론 잠재변수(latent/unobserved variable)도 모두 고려하는 분석을 수행합니다. 게다가 변수들간의 다중 및 상호종속관계를 동시에 추정할 수 있다는 장점도 보유합니다.

$$\Sigma = \Sigma(\theta) \qquad \text{(식 14-2)}$$

회귀분석(RA), 연립방정식(simultaneous equation system), 확인적요인분석(CFA), 분산분석(ANOVA), 공변량분석(ANCOVA)은 모두 (식 14-2)의 일부분이라고 할 수 있습니다(Bollen 1989). 따라서 구조방정식은 이들 분석방법을 포괄하는 종합적인 분석도구라고 이해할 수 있습니다. 구조방정식의 이러한 강점으로 인해 구조방정식을 이용한 연구모형 타당성 확인의 필요성이 점차 증가하고 있는 것으로 보입니다.

참고

연구결과의 일반화: 메타분석

1. 연구결과의 일반화

앞에서도 여러 번 지적한 바와 같이 과학적 지식이란 논리적 예측이 경험적 관찰에 부합하는 유형의 지식을 의미합니다. 경험적 관찰의 경우 여러 가지 현실적인 이유 때문에 관찰 대상 중 일부로부터 경험적인 자료를 수집(즉, 표본조사를 통해)하고 분석해서 논리적 예측과의 부합여부를 확인하는 것이 일반적이라고 하는 점도 이미 설명한 바 있습니다. 그리고 이와 같이 전수조사가 아닌 표본조사를 통한 연구결과가 전체연구 대상에 일반화되는 과정에 분포이론이 큰 역할을 하고 있다는 점도 이미 지적한 바 있습니다.

아쉽게도 각 학문분야의 학자들은 하나의 독립적인 연구(an independent study)로 특정분야의 중요한 연구문제를 해결하는 것은 현실적으로 매우 어렵다고 하는 점을 잘 알고 있습니다. 즉 중대한 연구문제를 결정적으로 해결했다고 주장하는 개별 연구결과를 발견하는 것은 매우 어렵습니다. 사실 거의 모든 연구가 수행된 연구의 한계를 지적하고 끝을 맺는 것이 일반적입니다. 대부분의 개별적인 연구에 있어서, 중요한 연구문제를 해결하는 것은 차치하고, 사소한 연구문제를 명확히 해결하는 것도 쉽지 않은 것이 사실입니다(Hunter & Schmidt 1990). 표본조사의 경우 앞에서 간단히 설명한 바 있는 표본오류(sampling error) 및 비표본오류(non-sampling error)의 영향을 받는데다가, 표본조사는 물론 심지어 전수조사도 측정관련 오류(measurement errors) 및 기타 방법론적 오류(methodological errcrs)로부터 자유롭지 못하기 때문입니다.

결국 과학적인 지식을 창출하고 이를 유용하게 사용하기 위해서는, 중요한 사회 현상들 간의 미지의 관계를 과학적으로 밝히려는 개별적인 노력을 꾸준히 반복 수행함과 동시에, 이와 같은 개별적인 연구결과가 각종 오류에 의해 얼마나 왜곡되어 있는지를 알아내려는 노력도 필요하게 됩니다. 즉, 과학적 지식 창출의 핵심은 다수의 개별적 연구결과의 오류를 보정한 '지식의 축적(accumulation of knowlecge)'에 있다고 할 수 있는 것이지요. 과학적 지식창출에 대한 이러한 인식은, 지식의 발전은 반증(refutation)을 통해 기존 이론의 오류를 지속적으로 수정해나가는 데에 있다고 한 저명한 과학철학자 Popper(1945)의 주장과 일맥상통하고 있다고 하겠습니다.

지식의 축적을 위해서는 먼저 중요한 사회현상들 간의 관계에 대한 개별적인 연구가 여러 번 반복해서 진행될 필요가 있는데, 이러한 유형의 연구 활동을 **반복연구**(replication research)라고 부르기도 합니다. 이때 최초의 개별적인 연구는 물론이고 추가적으로 수행되는 반복 연구들도 과학적 연구과정을 거쳐야 하는 것은 물론입니다. 이처럼 반복연구란 개별 조사연구 결과의 종합에 필수적인 역할을 하고 있는데, 반복연구들에 의해 특정 연구결과가 지지되는 경우에는 큰 문제가 없을 수 있으나, 지지되지 않는 경우에는 그 연구 결과의 타당성에 의문이 제기 되는 결과를 초래할 수도 있습니다.

좀더 구체적으로 반복연구의 의의에 대해 살펴보면, 동일한 사회 현상간의 관계가 다른 장소(예: 미국, 한국, 독일 등), 대상(예: 성별, 연령별, 직업별 조사 등), 시간(예: 1990년, 2000년, 2010년에 조사 등)의 차원에서도 성립하는지에 대한 추가적, 반복적 연구를 통해서 개별적인 연구결과에 내재할 수 있는 각종 오류를 추정할 수 있게 됩니다. 그러나 반복연구를 통해 특정 사회현상들 간의 관계가 명확하게 확인이 되는 경우가 가장 바람직한 상황이겠지만, 반복연구의 결과들이 서로 정확하게 일치하지 않는 경우도 있을 수 있습니다.

먼저, 현상들 간의 관계의 방향(예: 정의 방향 혹은 음의 방향)이 일치하더라도 관계의 크기가 상이한 연구결과가 발견될 수 있을 것입니다.

예를 들면, 지능지수(IQ)와 성적 간의 관계를 상관관계분석으로 조사한 3개의 연구가 있다고 가정하는 경우, 3개의 상관계수들이 서로 다른 크기(예: 0.3; 0.5, 0.6)를 보여줄 수 있을 것입니다. 이러한 경우 지능지수와 성적간의 진정한 상관관계의 크기가 무엇인지 명확하지 않게 됩니다(예: 0.3~0.6).

한 단계 더 나아가서, 현상들 간의 관계의 방향이 일치하지 않는 경우도 발생할 수 있습니다. 예를 들어서 하나의 연구에서는 음(-)의 상관관계가 도출(예: −0.2)되었고 두 개의 연구에서는 양(+)의 상관관계가 도출(예: 0.3; 0.4)될 수도 있는 것이지요. 이러한 특수한 경우에는 지능지수와 성적 간의 진정한 관계가 더욱 불분명하게 됩니다. 다행히 학자들은 이러한 경우에도 조사연구결과를 종합하는 여러 가지 방법들을 개발해 왔습니다.

연구결과를 종합하는데 일반적으로 사용되는 방법으로는 먼저 '언어적 종합(narrative review)'을 거론할 수 있습니다. 이처럼 기존의 연구결과들을 언어라는 정성적인(qualitative) 방법을 이용해서 종합 정리하는 방법은 새로운 개별적인 연구를 수행할 때 연구의 필요성을 지적하기 위해 자주 사용되는 방법입니다만, 특정 사회현상들 간의 관계가 구체적으로 어떠한 상황인지를 객관적으로 알려주지 못하는 단점이 있습니다.

연구결과를 종합하는데 사용하는 두 번째 방법으로는 연구의 결과들을 계량적으로(quantitatively) 종합하는 방법이 있습니다. 계량적으로 연구된 개별적인 연구결과들을, 평균적 수치로 종합하는 방법입니다. 이러한 방법은 언어적인 종합방법에 비해 객관적인 명확한 종합적 결과를 제시해 줄 수 있기 때문에 연구결과의 축적이라는 과학지식창출의 핵심목표 달성에 결정적인 도움을 줄 수 있습니다. 아래에서는 조사 연구결과들을 계량적으로 종합해주는 대표적인 분석방법인 메타분석(meta analysis)을 간단히 소개합니다.

2. 메타분석

1) 메타분석이란?

메타분석(meta analysis)이란 '독립적인 연구 결과들을 통계적으로 결합(statistical integration of the results of independent studies)' 하는 연구를 지칭합니다. 즉 메타분석은 독립적인 개별 연구결과들을 기술(describe)하고 요약(summarize)하는 대표적인 수치를 제시해서 특정 현상들 간의 관계를 종합적으로 설명해주는 역할을 수행하는 것이지요. 메타분석이라는 용어를 만들어낸 Glass의 정의에 의하면 메타분석이란, 연구자가 새로운 자료를 수집해서 현상 간의 관계를 분석하는 일차분석(primary analysis)이나 기존 수집 자료를 다른 연구자가 재분석하는 이차분석(secondary analysis)에 대비되는 분석 방법으로, '독립적 연구 결과물들의 분석(analysis of the results of several independent studies)' 이라고 할 수 있습니다(Mullen 1989). 즉, 사회과학 분야의 개별 연구의 분석단위(unit of analysis)는 대개 개인이나 조직으로 부터의 응답(responses)인데 비해서, 메타분석의 분석단위(unit of analysis)는 개별 연구의 결과물(results of independent studies)이라고 할 수 있습니다. 메타분석을 통해 개별 연구에서 발생한 표본오류는 물론, 측정관련 오류 및 기타 연구관련 요소들(artifacts)에 기인한 오류 등을 분리해내고, 연구 현상들 간의 진정한 관계를 분석해낼 수 있게 됩니다.

비록 메타분석이 통계적 분석기법에 기초한 자료 분석방법이고, 1930년대에 Fisher(1932)나 Pearson(1933)이 개별연구결과의 통계적 유의성 검정결과를 통합하는 시도를 한 바 있으나, 메타분석이라고 불릴만한 특유의 통계적 절차가 존재하는 것은 아닙니다. 오히려 메타분석에서는 다양한 계량적 연구결과들을 결합하는 다양한 통계기법이 사용되고 있다고 할 수 있습니다. 이러한 의미에서 메타분석이 하나의 특유한 통계적 절차라기보다는, 개별연구결과의 종합이라는 중요한 주제에 대한 '일반적인 개념적 접근법(general conceptual approach)' 을 지칭하는 것으로 이해하는 것이 합리적입니다. 그럼에도 불구하고 메타분석이 아무런 계획이나 절차 없이 진행되는 것은 물론 아닙니다.

예를 들어 메타분석시 따르는 일반적인 절차는 다음과 같습니다(Rosenthal 1991). 첫째, 어떠한 연구결과들을 메타분석의 대상으로 삼을지를 정하는 '연구결과의 정의

(defining research results)' 단계로부터 메타분석이 시작됩니다. 이 단계가 실행된 후에는 첫째단계의 정의에 부합하는 연구결과들을 검색하고 평가하는 단계(retrieving and assessing research results)를 거치게 되지요. 이후 검색된 연구결과들을 비교하고 통합하는 마지막 단계(comparing and combining research results)를 거쳐 메타분석이 완성되게 됩니다.

한편 메타분석의 편의상, 메타분석의 대상이 되는 개별 연구결과를 도출하기 위해 사용된 통계기법을 기준으로 메타분석을 구분할 수도 있습니다. 대표적인 예로는 상관관계의 메타분석, 실험효과의 메타분석 그리고 회귀분석의 메타분석으로 구분할 수 있지요.

마지막으로 Comprehensive Meta-analysis(CMA) MetAnalysis, MetaWin, MIX, RevMan, WEasyMA 등과 같은 메타 분석 전용 컴퓨터 소프트웨어가 개발되어 있고 심리학, 의학, 경영학계를 중심으로 메타분석의 사례가 증가하고 있으나 아직 전반적으로 메타 분석이 보편화된 상황은 아닌 것으로 판단됩니다.

2) 메타분석의 오용

메타분석이 연구결과의 일반화에 기여함으로써 특정현상들 간의 관계를 설명하는 이론의 발전에 큰 도움을 줄 수 있다고 하는 장점이 있으나, 메타분석 또한 단점으로부터 자유롭지 못하다고 할 수 있습니다.

먼저, 메타분석에 대해 자주 지적되는 단점으로는, 메타분석(예: 직무만족과 직무간의 관계연구)의 대상이 되는 독립된 연구(independent studies)들은 동일한 현상에 대한 모든 연구결과물들을 대상으로 진행되는 것이 아니라 오로지 '발표된 연구(published studies)' 결과물만을 대상으로 진행된다고 하는 점입니다. 즉 실제로는 존재하지만 존재하고 있는지 알 수 없는 연구들은 메타분석의 대상에서 제외된다고 하는 것이지요. 메타분석과 관련한 이러한 단점을 sampling bias, availability bias 혹은 publication bias라고 부르기도 합니다.

그러나 이러한 문제점에 대처할 수 있는 방법 또한 연구되어 있는 바, 대표적인 것이 Rosenthal(1979)의 서류함분석(file drawer analysis)입니다. Rosenthal은 **서류**

함문제(file drawer problem)란 미지의 미발표 연구가 존재하고 미발표 연구결과들이 발표된 연구의 결과들을 종합한 메타분석의 결론과 다를 가능성이라고 정의했습니다. 즉 실제 연구결과가 다수 존재하지만 이러한 연구결과들이 연구자의 서류함이나 서랍에 잠자고 있고, 이 연구결과들이 공개된 연구결과를 종합한 메타분석 결과를 뒤집을 수 있다면 서류함문제가 발생한다는 것이지요. Rosenthal은 '메타분석의 결론을 뒤집을 수 있는 미발표 연구결과의 최소 개수(minimum number)'로 서류함문제를 평가하는 방법도 개발해 낸바 있습니다. Cooper(1979)에 의해 '안전개수(fail-safe number)'로 명명된 이 방법은 역으로 특정 메타분석의 능력을 보여주는 도구로도 사용될 수 있습니다. 예를 들면, Rosenthal 과 Rubin (1978)이 대인관계에 있어서 자기실현적 예언의 효과를 다루고 있는 345개의 개별 연구결과를 대상으로 실시한 메타분석에서 계산해 낸 안전개수는 65,000개였습니다. 즉, 자신들의 메타분석의 결과를 의미 없게 만들 수 있는 미발표 연구의 수는 65,000개라는 것이고, 현실적으로 이러한 수의 연구가 연구자의 서류함에서 잠을 자고 있을 가능성은 매우 낮다고 할 수 있지요. 따라서 이들의 메타분석 결과는 상당히 신뢰할 만 하다고 하는 점을 알 수 있습니다.

둘째, 메타분석에 대한 또 다른 비판으로는, 메타분석은 사과와 또 다른 사과(apples)를 비교하는 것이 아니라 사과와 오렌지(apples and oranges)를 비교하고 있다고 하는 지적일 것입니다. 즉, 엄밀한 비교가 쉽지 않은 현상을 비교하고 있다는 것이지요. 동일한 현상을 연구한다고 해도, 각 연구마다 언어, 사회, 문화, 자연 환경(예를 들어서 영어권 국가에서 영어로 된 설문을 사용한 경우와 이를 우리말로 번역한 설문을 사용한 연구를 비교하는 경우), 표본 등등의 차이 때문에 엄밀한 비교가 가능한 연구는 거의 존재하지 않는 다고 하는 점을 지적하고 있습니다.

그러나 역으로 이러한 메타분석의 단점이 메타분석의 장점을 잘 지적해 주고 있다고 해석할 수도 있습니다. 동일한 현상들 간의 관계에 대한 연구들이 어떠한 측면에서 유사하고 어떠한 측면에서 상이한지를 판단하고 메타분석에 임할 수 있다면 특정현상과 관련된 다양한 조절변수들을 분리해 낼 수 있고 따라서 관련분야 이론의 발전에 큰 도움을 줄 수 있을 것입니다.

부 록

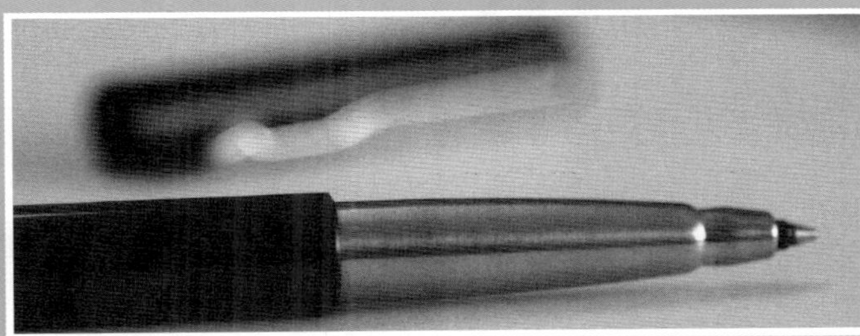

통 계 표

1. 난수표
2. 표준정규분포표
3. t분포표
4. χ^2분포표
5. F분포표

1. 난수표

column / ROW	1	2	3	4	5	6	7	8	9	10	11	12	13	14
1	10480	15011	01536	02011	81647	91646	69179	14194	62590	36207	20969	99570	91291	90700
2	22368	46573	25595	85393	30995	89198	27982	53402	93965	34095	52666	19174	39615	99505
3	24130	48360	22527	97265	76393	64809	15179	24830	49340	32081	30680	19655	63348	58629
4	42167	93093	06243	61680	07856	16376	39440	53537	71341	57004	00849	74917	97758	16379
5	37570	39975	81837	16656	06121	91782	60468	81305	49684	60672	14110	06927	01263	54613
6	77921	06907	11008	42751	27756	53498	18602	70659	90655	15035	21916	81825	44394	42880
7	99562	72905	56420	69994	98872	31016	71194	18738	44013	48840	63213	21069	10634	12952
8	96301	91977	05463	07972	18876	20922	94595	56869	69014	60045	18425	84903	42508	32307
9	89579	14342	63661	10281	17453	18103	57740	84378	25331	12566	58678	44947	05585	56941
10	85475	36857	53342	53988	53060	59533	38867	62300	08158	17983	16439	11458	18593	64952
11	28918	69578	88231	33276	70997	79936	56865	05859	90106	31595	01547	85590	91610	78188
12	63553	40961	48235	03427	49626	69445	18663	72695	52180	20847	12234	90511	33703	90322
13	09429	93969	52636	92737	88974	33488	36320	17617	30015	08272	84115	27156	30613	74952
14	10365	61129	87529	85689	48237	52267	67689	93394	01511	26358	85104	20285	29975	89868
15	07119	97336	71048	08178	77233	13916	47564	81056	97735	85977	29372	74461	28551	90707
16	51085	12765	51821	51259	77452	16308	60756	92144	49442	53900	70960	63990	75601	40719
17	02368	21382	52404	60268	89368	19885	55322	44819	01188	65255	64835	44919	05944	55157
18	01011	54092	33362	94904	31273	04146	18594	29852	71585	85030	51132	01915	92747	64951
19	52162	53916	46369	58586	23216	14513	83149	98736	23495	64350	94738	17752	35156	35749
20	07056	97628	33787	09998	42698	06691	76988	13602	51851	46104	88916	19509	25625	58104
21	48663	91245	85828	14346	09172	30168	90229	04734	59193	22178	30421	61666	99904	32812
22	54164	58492	22421	74103	47070	25306	76468	26384	58151	06646	21521	15227	96909	44592
23	32639	32363	05597	24200	13363	38005	94342	28728	35806	06912	17012	64161	18296	22851
24	29334	27001	87637	87308	58731	00256	45834	15398	46557	41135	10367	07684	36188	18510
25	02488	33062	28834	07351	19731	92420	60952	61280	50001	67658	32587	86679	50720	94953

column / ROW	1	2	3	4	5	6	7	8	9	10	11	12	13	14
26	81525	72295	04839	96423	24878	82651	66566	14778	76797	14780	13300	87074	79666	95725
27	29676	20591	68086	26432	46901	20849	89768	81536	86645	12659	92259	57102	80428	25280
28	00742	57392	39064	66432	84673	40027	32832	61362	98947	96067	64760	64584	96096	98253
29	05366	04213	25669	26422	44407	44048	37937	63904	45766	66134	75470	66520	34693	90449
30	91921	26418	64117	94305	26766	25940	39972	22209	71500	64568	91402	42416	07844	69618
31	00582	04711	87917	77341	42206	35126	74087	99547	81817	42607	43808	76655	62028	76630
32	00725	69884	62797	56170	86324	88072	76222	36086	84637	93161	76038	65855	77919	88006
33	69011	65795	95876	55293	18988	27354	26575	08625	70801	59920	29841	80150	12777	48501
34	25976	57948	29888	88604	67917	48708	18912	82271	65424	69774	33611	54262	85963	03547
35	09763	93473	73577	12908	30883	18317	28290	35797	05998	41688	34952	37888	38917	88050
36	91576	42595	27958	30134	04024	86385	29880	99730	55536	84855	29080	09250	79656	73211
37	17955	56349	90999	49127	20044	59931	06115	20542	18059	02008	73708	83517	36103	42791
38	46503	18584	18845	49618	02304	51038	20655	50727	28168	15475	56942	53389	20562	87338
39	92157	89634	94824	78171	84610	82834	09922	25417	44137	48413	25555	21246	35509	20468
40	14577	62765	35605	81263	39667	47358	56873	56307	61607	49518	89656	20103	77490	18062
41	98427	07523	33362	64270	01638	92477	66969	98420	04480	45585	46565	04102	46880	45709
42	34914	63976	88720	82765	34476	17032	87589	40836	32427	70002	70663	88863	77775	69348
43	70060	28277	39475	46473	23219	53416	94970	25832	69975	94884	19661	72828	00102	66794
44	53976	54914	06990	67245	68350	82948	11398	42878	80287	88267	47363	46634	06541	97809
45	76072	29515	40980	07391	58745	25774	22987	80059	39911	96189	41151	14222	60697	59583
46	90725	52210	83974	29992	65831	38857	55790	83765	55657	14361	31720	57375	56228	41546
47	64364	67412	33339	31926	14883	24413	29744	92351	97473	89286	35931	04110	23726	51900
48	08962	00358	31662	25388	61642	34072	81249	35648	56891	69352	48373	45578	78547	81788
49	95012	68379	93526	70765	10592	04542	76463	54328	002349	17247	28865	14777	62730	92277
50	15664	10493	20492	38301	91132	21999	59516	81652	27195	48223	46751	22923	32261	85653
51	16408	81899	04153	53381	79401	21438	83035	92350	36693	31238	59649	91754	72772	02338
52	18629	81953	05520	91962	04739	13092	97662	24822	94730	06496	35090	04822	86774	98289
53	73115	35101	47498	87637	99016	71060	88824	71013	18735	20286	23153	72924	35165	43040

column / ROW	1	2	3	4	5	6	7	8	9	10	11	12	13	14
54	57491	16703	23167	49323	45021	33132	12544	41035	80780	45393	44812	12515	98931	91202
55	30405	83946	23792	14422	15059	45799	22716	19792	09983	74353	68668	30429	70735	25499
56	16631	35006	85900	98275	32388	52390	16815	69298	82732	38480	73817	32523	41961	44437
57	96773	20206	42559	78985	05300	22164	24369	54224	35083	19687	11052	91491	60383	19746
58	38935	64202	14349	82674	66523	44133	00697	35552	35970	19124	63318	29686	03387	59846
59	31624	76384	17403	53363	44167	64486	64758	75366	76554	31601	12614	33072	60332	92325
60	78919	19474	23632	27889	47914	02584	37680	20801	72152	39339	34806	08930	85001	87820
61	03931	33309	57047	74211	63445	17361	62825	39908	05607	91284	68833	25570	38818	46920
62	74426	33278	43972	10119	89917	15665	52872	73823	73144	88662	88970	74492	51805	99378
63	09066	00903	20795	95452	92648	45454	09552	88815	16553	51125	79375	97596	16296	66092
64	42238	12426	87025	14267	20979	04508	64535	31355	86064	29472	47689	05974	52468	16834
65	16153	08002	26504	41744	81959	65642	74240	56302	00033	67107	77510	70625	28725	34191
66	21457	40742	29820	96783	29400	21840	15035	34537	33310	06116	95240	15957	16572	03004
67	21581	57802	02050	89728	17937	37621	47075	42080	97403	48626	68995	43805	33386	21597
68	55612	78095	83197	33732	05810	24813	86902	60397	16489	03264	88525	42786	05269	92532
69	44657	66999	99324	51281	84463	60563	79312	93454	68876	25471	93911	25650	12682	73572
70	91340	84979	46949	81973	37949	61023	43997	15263	80644	43942	89203	71795	99533	50501
71	91227	21199	31935	27022	84067	05462	35216	14486	29891	68607	41867	14951	91696	85065
72	50001	38140	66321	19924	72163	09538	12151	06878	91903	18749	34405	45087	82790	70925
73	65390	05224	72958	28609	81406	39147	25549	48542	42627	45233	57202	94617	23772	07896
74	27504	96131	83944	41575	10573	08619	64482	73923	36152	05184	94142	25299	84387	34925
75	37169	94851	39117	89632	00959	16487	65536	49071	39782	17095	02330	74301	00275	48280
76	11508	40225	51111	38351	19444	66499	71945	05422	13442	78675	84081	66938	93654	59894
77	37449	30362	06694	45690	04052	53115	62757	95348	78662	11163	81651	50245	34971	52924
78	46515	70331	85922	38329	57015	15765	97161	17869	45349	61796	66345	81073	49106	79860

column / ROW	1	2	3	4	5	6	7	8	9	10	11	12	13	14
79	30986	81223	42416	58353	21532	30502	32305	86482	05174	07901	54339	58861	74818	46942
80	63798	64995	46583	09785	44160	78128	83991	42865	92520	83531	80377	35909	81250	54238
81	82486	84846	99254	67632	43218	50076	21361	64816	51202	88124	41870	52689	51275	83556
82	21885	32906	92431	09060	64297	51674	64126	62570	26123	05155	59194	52799	28225	85762
83	60336	98782	07408	53458	13564	59089	26445	29789	85205	41001	12535	12133	14645	23541
84	43937	46891	24010	25560	86355	33941	25786	54990	71899	15475	95434	98227	21824	19585
85	97656	63175	89303	16275	07100	92063	21942	18611	47348	20203	18534	03862	78095	50136
86	03299	01221	05418	38982	55758	92237	26759	86367	21216	98442	08303	56613	91511	75928
87	79626	06486	03574	17668	07785	76020	79924	25651	83325	88428	85076	72811	22717	50585
88	85636	86335	47539	03129	65651	11977	02510	26113	99447	68645	34327	15152	55230	93448
89	18039	14367	61337	06177	12143	46609	32989	74014	64708	00533	35398	58408	13261	47908
90	08362	15656	60627	36478	68648	16764	53412	09013	07832	41574	17639	82163	60859	75567
91	79556	29068	04142	16268	15387	12856	66227	38358	22478	73373	88732	09443	82558	05250
92	92608	82674	27072	32534	17075	27698	98204	63863	11951	34648	88022	56148	34925	57031
93	23982	25835	40055	67006	12293	02753	14827	23235	35071	99704	37543	11601	35503	85171
94	09915	96306	05908	97901	28395	14186	00821	80703	70426	75647	76310	88717	37890	40129
95	59037	33300	26695	62247	69927	76123	50842	43834	86654	70959	79725	93872	28117	19233
96	42488	78077	69882	61657	34136	79180	97526	43092	04098	73571	80799	76536	71255	64239
97	46764	86273	63003	93017	31204	36692	40202	35275	57306	55543	53202	18098	47625	88684
98	03237	45430	55417	63282	90816	17349	88298	90183	36600	78406	06216	95787	42579	90730
99	86591	81482	52667	61582	14972	90053	89534	76036	49199	43716	76548	04379	46370	28672
100	38534	01715	94964	87288	65680	43772	39560	12918	86537	62738	19636	51132	25739	56947

출처: Abridged from W. H. Beyer, Ed., *CRC Standard Mathematical Tables*, 24th ed, (Cleveland: The Chemical Rubber Company), 1976.

2. 표준정규분포표

오른쪽 표의 값들은 표준정규분포의 확률을 의미하며 다음 그림에서 평균값과 Z값 사이의 면적으로 표시된다.

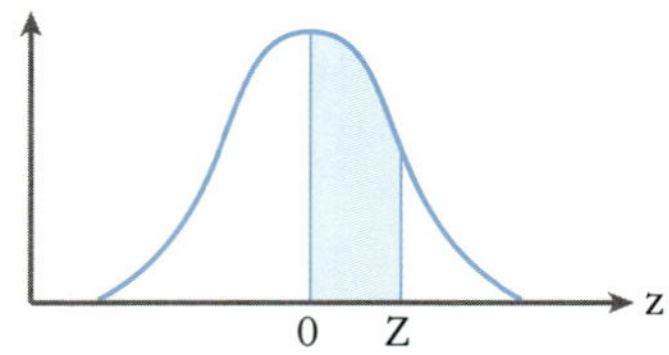

Z	.00	.01	.02	.03	.04	.05	.06	.07	.08	.09
.00	.0000	.0040	.0800	.0120	.0160	.0199	.0239	.0279	.0319	.0359
.10	.0398	.0438	.0478	.0517	.0557	.0596	.0636	.0675	.0714	.0753
.20	.0793	.0832	.0871	.0910	.0948	.0987	.1026	.1064	.1103	.1141
.30	.1179	.1217	.1255	.1293	.1331	.1368	.1406	.1443	.1480	.1517
.40	.1554	.1591	.1628	.1664	.1700	.1736	.1772	.1808	.1844	.1879
.50	.1915	.1950	.1985	.2019	.2054	.2088	.2123	.2157	.2190	.2224
.60	.2257	.2291	.2324	.2357	.2389	.2422	.2454	.2486	.2517	.2549
.70	.2580	.2611	.2642	.2673	.2703	.2734	.2764	.2793	.2823	.2852
.80	.2881	.2910	.2939	.2967	.2995	.3023	.3051	.3078	.3106	.3133
.90	.3159	.3186	.3212	.3238	.3264	.3289	.3315	.3340	.3365	.3389
1.00	.3413	.3438	.3461	.3485	.3508	.3531	.3554	.3577	.3599	.3621
1.10	.3643	.3665	.3686	.3708	.3729	.3749	.3770	.3790	.3810	.3830
1.20	.3849	.3869	.3888	.3907	.3925	.3944	.3962	.3980	.3997	.4015
1.30	.4032	.4049	.4066	.4082	.4099	4115	.4131	.4147	.4162	.4177
1.40	.4192	.4207	.4222	.4236	.4251	.4265	.4279	.4292	.4306	.4319
1.50	.4332	.4345	.4357	.4370	.4382	.4394	.4406	.4418	.4429	.4441
1.60	.4452	.4463	.4474	.4474	.4495	4505	.4515	.4525	.4535	.4545
1.70	.4554	.4564	.4573	.4582	.4591	.4599	.4608	.4616	.4625	.4633
1.80	.4641	.4649	.4656	.4664	.4671	.4678	.4686	.4693	.4699	.4706
1.90	.4713	.4719	.4726	.4732	.4738	.4744	.4750	.4756	.4761	.4767
2.00	.4772	.4778	.4783	.4788	.4793	.4798	.4803	.4808	.4812	.4817
2.10	.4821	.4826	.4830	.4734	.4838	.4842	.4846	.4850	.4854	.4857
2.20	.4861	.4864	.4868	.4871	.4875	.4878	.4881	.4884	.4887	.4890
2.30	.4893	.4896	.4898	.4901	.4904	.4906	.4909	.4911	.4913	.4916
2.40	.4918	.4920	.4922	.4925	.4927	.4929	.4931	.4932	.4934	.4936
2.50	.4938	.4940	.4941	.4943	.4945	.4960	.4948	.4949	.4951	.4952
2.60	.4953	.4955	.4956	.4957	.4959	.4970	.4961	.4962	.4963	.4964
2.70	.4965	.4966	.4967	.4968	.4969	.4978	.4971	.4972	.4973	.4974
2.80	.4974	.4975	.4976	.4977	.4977	.4984	.4979	4979	.4980	.4981
2.90	.4981	.4982	.4982	.4983	.4984	.4989	.4985	.4985	.4986	.4986
3.00	.4987	.4987	.4987	.4988	.4988	.4992	.4989	.4989	.4990	.4990
3.10	.4990	.4991	.4991	.4991	.4992	.4994	.4992	.4992	.4993	.4993
3.20	.4993	.4993	.4994	.4994	.4994	.4996	.4994	.4995	.4995	.4995
3.30	.4995	.4995	.4995	.4996	.4996	.4997	.4996	.4996	.4996	.4997
3.40	.4997	.4997	.4997	.4997	.4997	.4998	.4997	.4997	.4997	.4998
3.50	.4998	.4998	.4998	.4998	.4998	.4998	.4998	.4998	.4998	.4998
3.60	.4998	.4998	.4999	.4999	.4999	.4999	.4999	.4999	.4999	.4999
3.70	.4998	.4999	.4999	.4999	.4999	.4999	.4999	.4999	.4999	.4999
3.80	.4998	.4999	.4999	.4999	.4999	.4999	.4999	.4999	.4999	.4999

예 : $0 \le Z \le 1.96$ 사이의 확률을 알려면 표의 첫번재 열에서 Z=1.90을 찾은 다음 다시 첫번째 행에서 0.06을 찾아 (Z=1.90+0.06=1.96) 두 숫자가 교차하는 지점에 위치한 0.4750을 읽으면 된다.

3. t분포표

예 : $\alpha=0.05$, 자유도=10일 때, $t_\alpha=1.812$

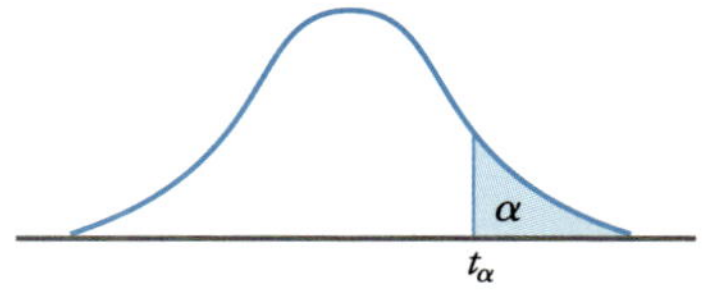

자유도	$t_{.100}$	$t_{.050}$	$t_{.025}$	$t_{.010}$	$t_{.005}$
1	3.078	6.314	12.706	31.821	63.657
2	1.886	2.920	4.303	6.965	9.925
3	1.638	2.353	3.182	4.541	5.841
4	1.533	2.132	2.776	3.747	4.604
5	1.476	2.015	2.571	3.365	4.032
6	1.440	1.943	2.447	3.143	3.707
7	1.415	1.895	2.365	2.998	3.499
8	1.397	1.860	2.306	2.896	3.355
9	1.383	1.833	2.262	2.821	3.250
10	1.372	1.812	2.228	2.764	3.169
11	1.363	1.796	2.201	2.718	3.106
12	1.356	1.782	2.179	2.681	3.055
13	1.350	1.771	2.160	2.650	3.012
14	1.345	1.761	2.145	2.624	2.977
15	1.341	1.753	2.131	2.602	2.947
16	1.337	1.746	2.120	2.583	2.921
17	1.333	1.740	2.110	2.567	2.898
18	1.330	1.734	2.101	2.552	2.878
19	1.328	1.729	2.093	2.539	2.861
20	1.325	1.725	2.086	2.528	2.845
21	1.323	1.721	2.080	2.518	2.831
22	1.321	1.717	2.074	2.508	2.819
23	1.319	1.714	2.069	2.500	2.807
24	1.318	1.711	2.064	2.492	2.797
25	1.316	1.708	2.060	2.485	2.787
26	1.315	1.706	2.056	2.479	2.779
27	1.314	1.703	2.052	2.473	2.771
28	1.313	1.701	2.048	2.467	2.763
29	1.311	1.699	2.045	2.462	2.756
∞	1.282	1.645	1.960	2.327	2.576

출처 : M. Merrington, "Table of Percentage Points of the t-Distribution," *Biometrika*, 32, 1941, 300.

4. χ^2분포표

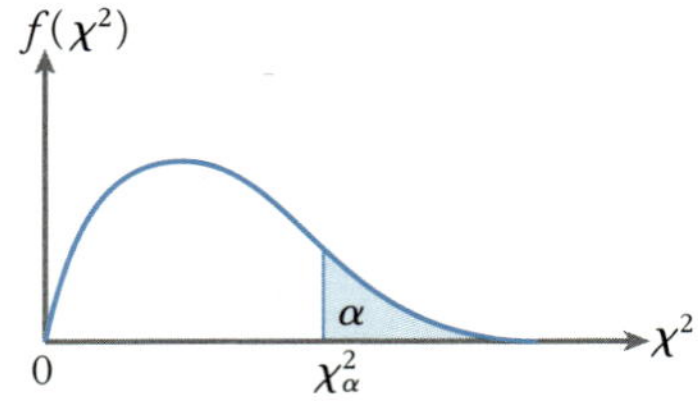

자유도	$\chi^2_{.995}$	$\chi^2_{.990}$	$\chi^2_{.975}$	$\chi^2_{.950}$	$\chi^2_{.900}$
1	0.0000393	0.0001571	0.0009821	0.0039321	0.0157908
2	0.0100251	0.0201007	0.0506356	0.102587	0.210720
3	0.0717212	0.114832	0.215795	0.351846	0.584375
4	0.206990	0.297110	0.484419	0.710721	1.063623
5	0.411740	0.554300	0.831211	1.145476	1.61031
6	0.675727	0.872085	1.237347	1.63539	2.20413
7	0.989265	1.239043	1.68987	2.16735	2.83311
8	1.344419	1.646482	2.17973	2.73264	3.48954
9	1.734926	2.087912	2.70039	3.32511	4.46816
10	2.15586	2.55821	3.24697	3.94030	4.86518
11	2.60321	3.05347	3.81575	4.57481	5.57779
12	3.07382	3.57056	4.40379	5.22306	6.30380
13	3.56503	4.10691	5.00874	5.89186	7.04150
14	4.07468	4.66043	5.62872	6.57063	7.78953
15	4.60094	5.22935	6.26214	7.26094	8.54675
16	5.14224	5.81221	6.90766	7.96164	9.31223
17	5.69724	6.40776	7.56418	8.67176	10.0852
18	6.26481	7.01491	8.23075	9.39046	10.5649
19	6.84398	7.63273	8.90655	10.1170	11.6509
20	7.43386	8.26040	9.59083	10.8508	12.4426
21	8.03366	8.89720	10.28293	11.5913	13.2396
22	8.64272	9.54249	10.9823	12.3380	14.0415
23	9.26042	10.19567	11.6885	13.0905	14.8479
24	9.88623	10.8564	12.4011	13.8484	15.6587
25	10.517	11.5240	13.1198	14.6114	16.4737
26	11.1603	12.1981	13.8439	15.3791	17.2919
27	11.8076	12.8786	14.5733	16.1513	18.1138
28	12.4613	13.5648	15.3079	16.9279	18.9392
29	13.1211	14.2565	16.0471	17.7083	19.7677
30	13.7867	14.9535	16.7908	18.4926	20.5992
40	20.7065	22.1643	24.4331	26.5093	29.0505
50	27.9907	29.7067	32.3574	34.7642	37.6886
60	35.5346	37.4848	40.4817	43.1879	46.4589
70	43.2752	45.4418	48.7576	51.7393	55.3290
80	51.1720	53.5400	57.1532	60.3915	64.2778
90	59.1963	61.7541	65.6466	69.1260	73.2912
100	67.3276	70.0648	74.2219	77.9295	82.3581

출처 : C.M. Thompson, "Table of Percentage Points of the χ^2-Distribution," *Biometrika*, 32, 1941, 188-189.

예 : α=0.05, 자유도=20일 때, x_α^2=31.4014

자유도	$\chi^2_{.100}$	$\chi^2_{.050}$	$\chi^2_{.025}$	$\chi^2_{.010}$	$\chi^2_{.005}$
1	2.70554	3.84146	5.02389	6.63490	7.87944
2	4.60517	5.99147	7.37776	9.21034	10.5966
3	6.25139	7.81473	9.34840	11.3449	12.8381
4	7.77944	9.48773	11.1433	13.2767	14.8602
5	9.23635	11.0705	12.8325	15.0863	16.7496
6	10.6446	12.5916	14.4494	16.8119	18.5476
7	12.0170	14.0671	16.0128	18.4753	20.2777
8	13.3616	15.5073	17.5346	20.0902	21.9550
9	14.6837	16.9190	19.0228	21.6660	23.5893
10	15.9871	18.3070	20.4831	23.2093	25.1882
11	17.2750	19.6751	21.9200	24.7250	26.7569
12	18.5494	21.0261	23.3367	26.2170	28.2995
13	19.8119	22.3621	24.7356	27.6883	29.8197
14	21.0642	23.6848	26.1190	29.1413	31.3193
15	22.3072	24.9958	27.4884	30.5779	32.8013
16	23.5418	26.2962	28.8454	31.9999	34.2372
17	24.7690	27.5971	30.1910	33.4087	35.7185
18	25.9894	28.8693	31.5264	34.8053	37.1564
19	27.2036	30.1435	32.8523	36.1908	38.5822
20	28.4120	31.4104	34.1696	37.5662	39.9968
21	29.6151	32.6705	35.4789	38.3921	41.4010
22	30.9133	33.9244	36.7907	40.2894	42.7956
23	32.0069	35.1725	38.0757	41.2894	44.1813
24	33.1963	36.4151	39.3641	42.9798	45.5585
25	34.3816	37.6525	40.6465	44.3141	46.9278
26	35.5631	38.8852	41.9232	45.6417	48.2898
27	36.7412	40.1133	43.1944	46.9630	49.6449
28	37.9159	41.3372	44.4607	48.2782	50.9933
29	39.0875	42.5569	45.7222	49.5879	52.3356
30	40.2560	43.7729	46.9762	50.8922	53.6720
40	51.8050	55.7585	59.3417	63.6907	66.7659
50	63.1671	67.5048	71.4202	76.1539	79.4900
60	74.3970	79.0819	83.2976	88.3797	91.9517
70	85.5271	90.5312	95.0231	100.425	104.215
80	96.5782	101.879	106.629	112.329	116.321
90	107.565	113.145	118.136	124.116	128.299
100	118.498	124.342	129.561	135.807	140.169

5. F분포표

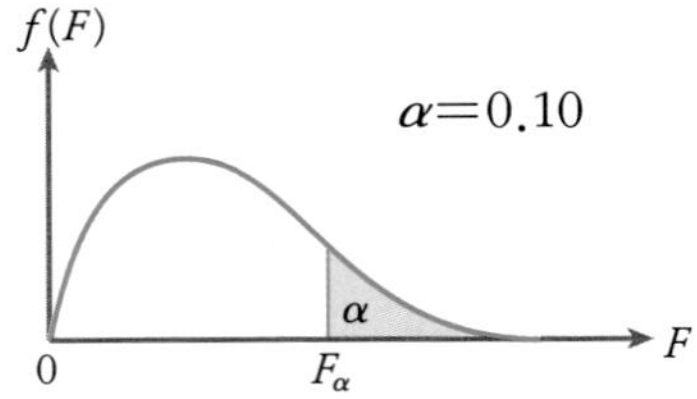

분모자유도 ν_2 \ ν_1	분자자유도								
	1	2	3	4	5	6	7	8	9
1	39.86	49.50	53.59	55.83	57.24	58.20	58.91	59.44	59.86
2	8.53	9.00	9.16	9.24	9.29	9.33	9.35	9.37	9.38
3	5.54	5.46	5.39	5.34	5.31	5.28	5.27	5.25	5.24
4	4.54	4.32	4.19	4.11	4.05	4.01	3.98	3.95	3.94
5	4.06	3.78	3.62	3.52	3.45	3.40	3.37	3.34	3.32
6	3.78	3.46	3.29	3.18	3.11	3.05	3.01	2.98	2.96
7	3.59	3.26	3.07	2.96	2.88	2.83	2.78	2.75	2.72
8	3.46	3.11	2.92	2.81	2.73	2.67	2.62	2.59	2.56
9	3.36	3.01	2.81	2.69	2.61	2.55	2.51	2.47	2.44
10	3.29	2.92	2.73	2.61	2.52	2.46	2.41	2.38	2.35
11	3.23	2.86	2.66	2.54	2.45	2.39	2.34	2.30	2.27
12	3.18	2.81	2.61	2.48	2.39	2.33	2.28	2.24	2.21
13	3.14	2.76	2.56	2.43	2.35	2.28	2.23	2.20	2.16
14	3.10	2.73	2.52	2.39	2.31	2.24	2.19	2.15	2.12
15	3.07	2.70	2.49	2.36	2.27	2.21	2.16	2.12	2.09
16	3.05	2.67	2.46	2.33	2.24	2.18	2.13	2.09	2.06
17	3.03	2.64	2.44	2.31	2.22	2.15	2.10	2.06	2.03
18	3.01	2.62	2.42	2.29	2.20	2.13	2.08	2.04	2.00
19	2.99	2.61	2.40	2.27	2.18	2.11	2.06	2.02	1.98
20	2.97	2.59	2.38	2.25	2.16	2.09	2.04	2.00	1.96
21	2.96	2.57	2.36	2.23	2.14	2.08	2.02	1.98	1.95
22	2.95	2.56	2.35	2.22	2.13	2.06	2.01	1.97	1.93
23	2.94	2.55	2.34	2.21	2.11	2.05	1.99	1.95	1.92
24	2.93	2.54	2.33	2.19	2.10	2.04	1.98	1.94	1.91
25	2.92	2.53	2.32	2.18	2.09	2.02	1.97	1.93	1.98
26	2.91	2.52	2.31	2.17	2.08	2.01	1.96	1.92	1.88
27	2.90	2.51	2.30	2.17	2.07	2.00	1.95	1.91	1.87
28	2.89	2.50	2.29	2.16	2.06	2.00	1.94	1.90	1.87
29	2.89	2.50	2.28	2.15	2.06	1.99	1.93	1.89	1.86
30	2.88	2.49	2.28	2.14	2.05	1.98	1.93	1.88	1.85
40	2.84	2.44	2.23	2.09	2.00	1.93	1.87	1.83	1.79
60	2.79	2.39	2.18	2.04	1.95	1.87	1.82	1.77	1.74
120	2.75	2.35	2.13	1.99	1.90	1.82	1.77	1.72	1.68
∞	2.71	2.30	2.08	1.94	1.85	1.77	1.72	1.67	1.63

출처 : M. Merrington and C.M. Thompson, "Tables of Percentage Points of the Inverted Beta(F)-Distribution," *Biometrika*, 33, 1943, 73-88.

$\alpha=0.10$

ν_1 / ν_2	분자자유도									
	10	12	15	20	24	30	40	60	120	∞
1	60.19	60.71	61.22	61.74	62.00	62.26	62.53	62.79	63.06	63.33
2	9.39	9.41	9.42	9.44	9.45	9.46	9.47	9.47	9.48	9.49
3	5.23	5.22	5.20	5.18	5.18	5.17	5.16	5.15	5.14	5.13
4	3.92	3.90	3.87	3.84	3.83	3.82	3.80	3.79	3.78	3.76
5	3.30	3.27	3.24	3.21	3.19	3.17	3.16	3.14	3.12	3.10
6	2.94	2.90	2.87	2.84	2.82	2.80	2.78	2.76	2.74	2.72
7	2.70	2.67	2.63	2.59	2.58	2.56	2.54	2.51	2.49	2.47
8	2.50	2.50	2.46	2.42	2.40	2.38	2.36	2.34	2.32	2.29
9	2.42	2.38	2.34	2.30	2.28	2.25	2.23	2.21	2.18	2.16
10	2.32	2.28	2.24	2.20	2.18	2.16	2.13	2.11	2.08	2.06
11	2.25	2.21	2.17	2.12	2.10	2.08	2.05	2.03	2.00	1.97
분모자유도 12	2.19	2.15	2.10	2.06	2.04	2.01	1.99	1.96	1.93	1.90
13	2.14	2.10	2.05	2.01	1.98	1.96	1.93	1.90	1.88	1.85
14	2.10	2.05	2.01	1.96	1.94	1.91	1.89	1.86	1.83	1.80
15	2.06	2.02	1.97	1.92	1.90	1.87	1.85	1.82	1.79	1.76
16	2.03	1.99	1.94	1.89	1.87	1.84	1.81	1.78	1.75	1.72
17	2.00	1.96	1.91	1.86	1.84	1.81	1.78	1.75	1.72	1.69
18	1.98	1.93	1.89	1.84	1.81	1.78	1.75	1.72	1.69	1.66
19	1.96	1.91	1.86	1.81	1.79	1.76	1.73	1.70	1.67	1.63
20	1.94	1.89	1.84	1.79	1.77	1.74	1.71	1.68	1.64	1.61
21	1.92	1.87	1.83	1.78	1.75	1.72	1.69	1.66	1.62	1.59
22	1.90	1.86	1.81	1.76	1.73	1.70	1.67	1.64	1.60	1.57
23	1.89	1.84	1.80	1.74	1.72	1.69	1.66	1.62	1.59	1.55
24	1.88	1.83	1.78	1.73	1.70	1.67	1.64	1.61	1.57	1.53
25	1.87	1.82	1.77	1.72	1.69	1.66	1.63	1.59	1.56	1.52
26	1.86	1.81	1.76	1.71	1.68	1.65	1.61	1.58	1.54	1.50
27	1.85	1.80	1.75	1.70	1.67	1.64	1.60	1.57	1.53	1.49
28	1.84	1.79	1.74	1.69	1.66	1.63	1.59	1.56	1.52	1.48
29	1.83	1.78	1.73	1.68	1.65	1.62	1.58	1.55	1.51	1.47
30	1.82	1.77	1.72	1.67	1.64	1.61	1.57	1.54	1.50	1.46
40	1.76	1.71	1.66	1.61	1.57	1.54	1.51	1.47	1.42	1.38
60	1.71	1.66	1.60	1.54	1.51	1.48	1.44	1.40	1.35	1.29
120	1.65	1.60	1.55	1.48	1.45	1.41	1.37	1.32	1.26	1.19
∞	1.60	1.55	1.49	1.42	1.38	1.34	1.30	1.24	1.17	1.00

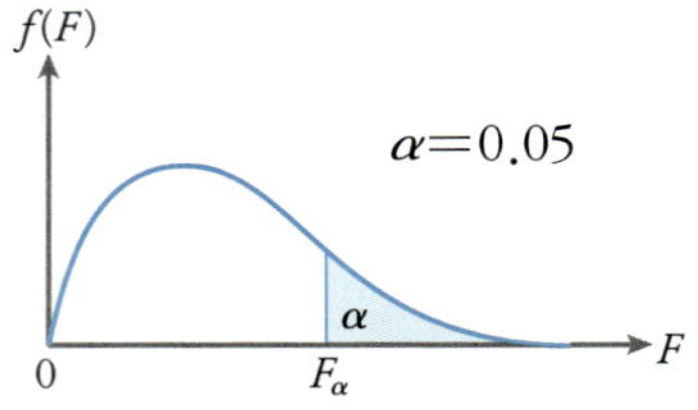

분모자유도 ν_2 \ 분자자유도 ν_1	1	2	3	4	5	6	7	8	9	10
1	161.40	199.50	215.70	224.60	230.20	234.00	236.80	238.90	240.50	241.90
2	18.51	19.00	19.16	19.25	19.30	19.33	19.35	19.37	19.38	19.40
3	10.13	9.55	9.28	9.12	9.01	8.94	8.89	8.85	8.81	8.79
4	7.71	6.94	6.59	6.39	6.26	6.16	6.09	6.04	6.00	5.96
5	6.61	5.79	5.41	5.19	5.05	4.95	4.88	4.82	4.77	4.74
6	5.99	5.14	4.76	4.53	4.39	4.28	4.21	4.15	4.10	4.06
7	5.59	4.74	4.35	4.12	3.97	3.87	3.79	3.73	3.68	3.64
8	5.32	4.46	4.07	3.84	3.69	3.58	3.50	3.44	3.39	3.35
9	5.12	4.26	3.86	3.63	3.48	3.37	3.29	3.23	3.18	3.14
10	4.96	4.10	3.71	3.48	3.33	3.22	3.14	3.07	3.02	2.98
11	4.84	3.98	3.59	3.36	3.20	3.09	3.01	2.95	2.90	2.85
12	4.75	3.89	3.49	3.26	3.11	3.00	2.91	2.85	2.80	2.75
13	4.67	3.81	3.41	3.18	3.03	2.92	2.83	2.77	2.71	2.67
14	4.60	3.74	3.34	3.11	2.96	2.85	2.76	2.70	2.65	2.60
15	4.54	3.68	3.29	3.06	2.90	2.79	2.71	2.64	2.59	2.54
16	4.49	3.63	3.24	3.01	2.85	2.74	2.66	2.59	2.54	2.49
17	4.45	3.59	3.20	2.96	2.81	2.70	2.61	2.55	2.49	2.45
18	4.41	3.55	3.16	2.93	2.77	2.66	2.58	2.51	2.46	2.41
19	4.38	3.52	3.13	2.90	2.74	2.63	2.54	2.48	2.42	2.38
20	4.35	3.49	3.10	2.87	2.71	2.60	2.51	2.45	2.39	2.35
21	4.32	3.47	3.07	2.84	2.68	2.57	2.49	2.42	2.37	2.32
22	4.30	3.44	3.05	2.82	2.66	2.55	2.46	2.40	2.34	2.30
23	4.28	3.42	3.03	2.80	2.64	2.53	2.44	2.37	2.32	2.27
24	4.26	3.40	3.01	2.78	2.62	2.51	2.42	2.36	2.30	2.25
25	4.24	3.39	2.99	2.76	2.60	2.49	2.40	2.34	2.28	2.24
26	4.23	3.37	2.98	2.74	2.59	2.47	2.39	2.32	2.27	2.22
27	4.21	3.35	2.96	2.73	2.57	2.46	2.37	2.31	2.25	2.20
28	4.20	3.34	2.95	2.71	2.56	2.45	2.36	2.29	2.24	2.19
29	4.18	3.33	2.93	2.70	2.55	2.43	2.35	2.28	2.22	2.18
30	4.17	3.32	2.92	2.69	2.53	2.42	2.33	2.27	2.21	2.16
40	4.08	3.23	2.84	2.61	2.45	2.34	2.25	2.18	2.12	2.08
60	4.00	3.15	2.76	2.53	2.37	2.25	2.17	2.10	2.04	1.99
120	3.92	3.07	2.68	2.45	2.29	2.17	2.09	2.02	1.96	1.91
∞	3.84	3.00	2.60	2.37	2.21	2.10	2.01	1.94	1.88	1.83

출처 : M. Merrington and C.M. Thompson, "Tables of Percentage Points of the Inverted Beta(F)-Distribution," *Biometrika*, 33, 1943, 73-88.

예 : $\alpha=0.05$, 분자자유도 $\nu_1=4$, 분모자유도 $\nu_2=7$일 때 $F_{0.05}=4.12$

$\alpha=0.05$

ν_2 \ ν_1	분자자유도								
	12	15	20	24	30	40	60	120	∞
1	243.90	245.90	248.00	249.10	250.10	251.10	252.20	253.30	254.30
2	19.41	19.43	19.45	19.45	19.46	19.47	19.48	19.49	19.50
3	8.74	8.70	8.66	8.64	8.62	8.59	8.57	8.55	8.53
4	5.91	5.86	5.80	5.77	5.75	5.72	5.69	5.66	5.63
5	4.68	4.62	4.56	4.53	4.50	4.46	4.43	4.40	4.36
6	4.00	3.94	3.87	3.84	3.81	3.77	3.74	3.70	3.67
7	3.57	3.51	3.44	3.41	3.38	3.34	3.30	3.27	3.23
8	3.28	3.22	3.15	3.12	3.08	3.04	3.01	2.97	2.93
9	3.07	3.01	2.94	2.90	2.86	2.83	2.79	2.75	2.71
10	2.91	2.85	2.77	2.74	2.70	2.66	2.62	2.58	2.54
11	2.79	2.72	2.65	2.61	2.57	2.53	2.49	2.45	2.40
12	2.69	2.62	2.54	2.51	2.47	2.43	2.38	2.34	2.30
분모자유도 13	2.60	2.53	2.46	2.42	2.38	2.34	2.30	2.25	2.21
14	2.53	2.46	2.39	2.35	2.31	2.27	2.22	2.18	2.13
15	2.48	2.40	2.33	2.29	2.25	2.20	2.16	2.11	2.07
16	2.42	2.35	2.28	2.24	2.19	2.15	2.11	2.06	2.01
17	2.38	2.31	2.23	2.19	2.15	2.10	2.06	2.01	1.96
18	2.34	2.27	2.19	2.15	2.11	2.06	2.02	1.97	1.92
19	2.31	2.23	2.16	2.11	2.07	2.03	1.98	1.93	1.88
20	2.28	2.20	2.12	2.08	2.04	1.99	1.95	1.90	1.84
21	2.25	2.18	2.10	2.05	2.01	1.96	1.92	1.87	1.81
22	2.23	2.15	2.07	2.03	1.98	1.94	1.89	1.84	1.78
23	2.20	2.13	2.05	2.01	1.96	1.91	1.86	1.81	1.76
24	2.18	2.11	2.03	1.98	1.94	1.89	1.84	1.79	1.73
25	2.16	2.09	2.01	1.96	1.92	1.87	1.82	1.77	1.71
26	2.15	2.07	1.99	1.95	1.90	1.85	1.80	1.75	1.69
27	2.13	2.06	1.97	1.93	1.88	1.84	1.79	1.73	1.67
28	2.12	2.04	1.96	1.91	1.87	1.82	1.77	1.71	1.65
29	2.10	2.03	1.94	1.90	1.85	1.81	1.75	1.70	1.64
30	2.09	2.01	1.93	1.89	1.84	1.79	1.74	1.68	1.62
40	2.00	1.92	1.84	1.79	1.74	1.69	1.64	1.58	1.51
60	1.92	1.84	1.75	1.70	1.65	1.59	1.53	1.47	1.39
120	1.83	1.75	1.66	1.61	1.55	1.50	1.43	1.35	1.25
∞	1.75	1.67	1.57	1.52	1.46	1.39	1.32	1.22	1.00

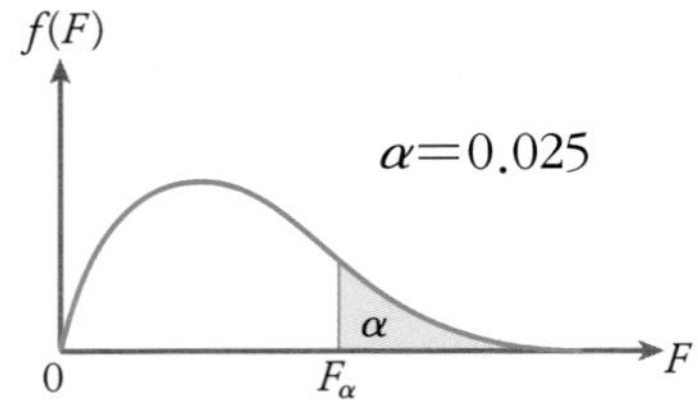

ν_2 \ ν_1	분자자유도									
	1	2	3	4	5	6	7	8	9	10
1	647.8	799.5	864.2	899.6	921.8	937.1	948.2	956.7	963.3	968.6
2	38.51	39.00	39.17	39.25	39.30	39.33	39.36	39.37	39.39	39.40
3	17.44	16.04	15.44	15.10	14.88	14.73	14.62	14.54	14.47	14.42
4	12.22	10.65	9.98	9.60	9.36	9.20	9.07	8.98	8.90	8.84
5	10.01	8.13	7.76	7.39	7.15	6.98	6.85	6.76	6.68	6.62
6	8.81	7.26	6.60	6.23	5.99	5.82	5.70	5.60	5.52	5.46
7	80.7	6.54	5.89	5.52	5.29	5.12	4.99	4.90	4.82	4.76
8	7.57	6.06	5.42	5.05	4.82	4.65	4.53	4.43	4.36	4.30
9	7.21	5.71	5.08	4.72	4.48	4.32	4.20	4.10	4.03	3.96
10	6.84	5.46	4.83	4.47	4.24	4.07	3.95	3.85	3.78	3.72
11	6.72	5.26	4.63	4.28	4.04	3.88	3.76	3.66	3.59	3.53
분모자유도 12	6.55	5.10	4.47	4.12	3.89	3.73	3.61	3.51	3.44	3.37
13	6.41	4.97	4.35	4.00	3.77	3.60	3.48	3.39	3.31	3.25
14	6.30	4.86	4.24	3.89	3.66	3.50	3.38	3.29	3.21	3.15
15	6.20	4.77	4.15	3.80	3.58	3.41	3.29	3.20	3.12	3.06
16	6.12	4.69	4.08	3.73	3.50	3.34	3.22	3.12	3.05	2.99
17	6.04	4.62	4.01	3.66	3.44	3.28	3.16	3.06	2.98	2.92
18	5.98	4.56	3.95	3.61	3.38	3.22	3.10	3.01	2.93	2.87
19	5.92	4.51	3.90	3.56	3.33	3.17	3.05	2.96	2.88	2.82
20	5.87	4.46	3.86	3.51	3.29	3.13	3.01	2.91	2.84	2.77
21	5.83	4.42	3.82	3.48	3.25	3.09	2.97	2.87	2.80	2.73
22	5.79	4.38	3.78	3.44	3.22	3.05	2.93	2.84	2.76	2.70
23	5.75	4.35	3.75	3.41	3.18	3.02	2.90	2.81	2.73	2.67
24	5.72	4.32	3.72	3.38	3.15	2.99	2.87	2.78	2.70	2.64
25	5.69	4.29	3.69	3.35	3.13	2.97	2.85	2.75	2.68	2.61
26	5.66	4.27	3.67	3.33	3.10	2.94	2.82	2.73	2.65	2.59
27	5.63	4.24	3.65	3.31	3.08	2.92	2.80	2.71	2.63	2.57
28	5.61	4.22	3.63	3.29	3.06	2.90	2.78	2.69	2.61	2.55
29	5.59	4.20	3.61	3.27	3.04	2.88	2.76	2.67	2.59	2.53
30	5.57	4.18	3.59	3.25	3.03	2.87	2.75	2.65	2.57	2.51
40	5.42	4.05	3.46	3.13	2.90	2.74	2.62	2.53	2.45	2.39
60	5.29	3.93	3.34	3.01	2.79	2.63	2.51	2.41	2.33	2.27
120	5.15	3.80	3.23	2.89	2.67	2.52	2.39	2.30	2.22	2.16
∞	5.02	3.69	3.12	2.79	2.57	2.41	2.29	2.19	2.11	2.05

출처 : M. Merrington and C.M. Thompson, "Tables of Percentage Points of the Inverted Beta(F)-Distribution," *Biometrika*, 33, 1943, 73-88.

$\alpha=0.025$

ν_2 \ ν_1	분자자유도								
분모자유도	12	15	20	24	30	40	60	120	∞
1	976.7	984.9	993.1	997.2	1001	1006	1010	1014	1018
2	39.41	39.43	39.45	39.46	39.46	39.47	39.48	39.49	39.50
3	14.34	14.25	14.17	14.12	14.08	14.04	13.99	13.95	13.90
4	8.75	8.66	8.56	8.51	8.46	8.41	8.36	8.31	8.26
5	6.52	6.43	6.33	6.28	6.23	6.18	6.12	6.07	6.02
6	5.37	5.27	5.17	5.12	5.07	5.01	4.96	4.90	4.85
7	4.67	4.57	4.47	4.42	4.36	4.31	4.25	4.20	4.14
8	4.20	4.10	4.00	3.95	3.89	3.84	3.78	3.73	3.67
9	3.87	3.77	3.67	3.61	3.56	3.51	3.45	3.39	3.33
10	3.62	3.52	3.42	3.37	3.31	3.26	3.20	3.14	3.08
11	3.43	3.33	3.23	3.17	3.12	3.06	3.00	2.94	2.88
12	3.28	3.18	3.07	3.02	2.96	2.91	2.85	2.79	2.72
13	3.15	3.05	2.95	2.89	2.84	2.78	2.72	2.66	2.60
14	3.05	2.95	2.84	2.79	2.73	2.67	2.61	2.55	2.49
15	2.96	2.86	2.76	2.70	2.64	2.59	2.52	2.46	2.40
16	2.89	2.79	2.68	2.63	2.57	2.51	2.45	2.38	2.32
17	2.82	2.72	2.62	2.56	2.50	2.44	2.38	2.32	2.25
18	2.77	2.67	2.56	2.50	2.44	2.38	2.32	2.26	2.19
19	2.72	2.62	2.51	2.45	2.39	2.33	2.27	2.20	2.13
20	2.68	2.57	2.46	2.41	2.35	2.29	2.22	2.16	2.09
21	2.64	2.53	2.42	2.37	2.31	2.25	2.18	2.11	2.04
22	2.60	2.50	2.39	2.33	2.27	2.21	2.14	2.08	2.00
23	2.57	2.47	2.36	2.30	2.24	2.18	2.11	2.04	1.97
24	2.54	2.44	2.33	2.27	2.21	2.15	2.08	2.01	1.94
25	2.51	2.41	2.30	2.24	2.18	2.12	2.05	1.98	1.91
26	2.49	2.39	2.28	2.22	2.16	2.09	2.03	1.95	1.88
27	2.47	2.36	2.25	2.19	2.13	2.07	2.00	1.93	1.85
28	2.45	2.34	2.23	2.17	2.11	2.05	1.98	1.91	1.83
29	2.43	2.32	2.21	2.15	2.09	2.03	1.96	1.89	1.81
30	2.41	2.31	2.20	2.14	2.07	2.01	1.94	1.87	1.79
40	2.29	2.18	2.07	2.01	1.94	1.88	1.80	1.72	1.64
60	2.17	2.06	1.94	1.88	1.82	1.74	1.67	1.58	1.48
120	2.05	1.94	1.82	1.76	1.69	1.61	1.53	1.43	1.31
∞	1.94	1.83	1.71	1.64	1.57	1.48	1.39	1.27	1.00

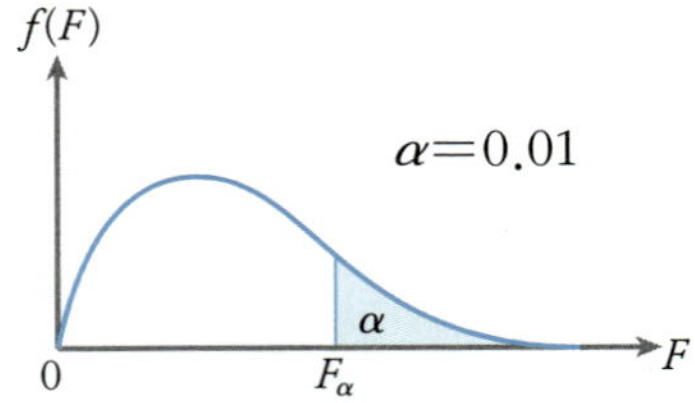

ν_2 (분모자유도) \ ν_1 (분자자유도)	1	2	3	4	5	6	7	8	9	10
1	4052.00	44999.50	5403.00	5625.00	5764.00	5859.00	5928.00	5982.00	6022.00	6056.00
2	98.50	99.00	99.17	99.25	99.30	99.33	99.36	99.37	99.39	99.40
3	34.12	30.82	29.46	28.71	28.24	27.91	27.67	27.49	27.35	27.23
4	21.20	18.00	16.69	15.98	15.52	15.21	14.98	14.80	14.66	14.55
5	16.26	13.27	12.06	11.39	10.97	10.67	10.46	10.29	10.16	10.05
6	13.75	10.92	9.78	9.15	8.75	8.47	8.26	8.10	7.98	7.87
7	12.25	9.55	8.45	7.85	7.46	7.19	6.99	6.84	6.72	6.62
8	11.26	8.65	7.59	7.01	6.63	6.37	6.18	6.03	5.91	5.81
9	10.56	8.02	6.99	6.42	6.06	5.80	5.61	5.47	5.35	5.26
10	10.04	7.56	6.55	5.99	5.64	5.39	5.20	5.06	4.94	4.85
11	9.65	7.21	6.22	5.67	5.32	5.07	4.89	4.74	4.63	4.54
12	9.33	6.93	5.95	5.41	5.06	4.82	4.64	4.50	4.39	4.30
13	9.07	6.70	5.74	5.21	4.86	4.62	4.44	4.30	4.19	4.10
14	8.86	6.51	5.56	5.04	4.69	4.46	4.28	4.14	4.03	3.94
15	8.68	6.36	5.42	4.89	4.56	4.32	4.14	4.00	3.89	3.80
16	8.53	6.23	5.29	4.77	4.44	4.20	4.03	3.89	3.78	3.69
17	8.40	6.11	5.18	4.67	4.34	4.10	3.93	3.79	3.68	3.59
18	8.29	6.01	5.09	4.58	4.25	4.01	3.84	3.71	3.60	3.51
19	8.18	5.93	5.01	4.50	4.17	3.94	3.77	3.63	3.52	3.43
20	8.10	5.85	4.94	4.43	4.10	3.87	3.70	3.56	3.46	3.37
21	8.02	5.78	4.87	4.37	4.04	3.81	3.64	3.51	3.40	3.31
22	7.95	5.72	4.82	4.31	3.99	3.76	3.59	3.45	3.35	3.26
23	7.88	5.66	4.76	4.26	3.94	3.71	3.54	3.41	3.30	3.21
24	7.82	5.61	4.72	4.22	3.90	3.67	3.50	3.36	3.26	3.17
25	7.77	5.57	4.68	4.18	3.85	3.63	3.46	3.32	3.22	3.13
26	7.72	5.53	4.64	4.14	3.82	3.59	3.42	3.29	3.18	3.09
27	7.68	5.49	4.60	4.11	3.78	3.56	3.39	3.26	3.15	3.06
28	7.64	5.45	4.57	4.07	3.75	3.53	3.36	3.23	3.12	3.03
29	7.60	5.42	4.54	4.04	3.73	3.50	3.33	3.20	3.09	3.00
30	7.56	5.39	4.51	4.02	3.70	3.47	3.30	3.17	3.07	2.98
40	7.31	5.18	4.31	3.83	3.51	3.29	3.12	2.99	2.89	2.80
60	7.08	4.98	4.13	3.65	3.34	3.12	2.95	2.82	2.72	2.63
120	6.85	4.79	3.95	3.48	3.17	2.96	2.79	2.66	2.56	2.47
∞	6.63	4.61	3.78	3.32	3.02	2.80	2.64	2.51	2.41	2.32

출처 : M. Merrington and C.M. Thompson, "Tables of Percentage Points of the Inverted Beta(F)-Distribution," *Biometrika*, 33, 1943, 73-88.

$\alpha=0.01$

ν_2 \ ν_1 (분모자유도 \ 분자자유도)	12	15	20	24	30	40	60	120	∞
1	6106.00	6157.00	6209.00	6235.00	6261.00	6287.00	6313.00	6339.00	6366.00
2	99.42	99.43	99.45	99.46	99.47	99.47	99.48	99.49	99.50
3	27.05	26.87	26.69	26.60	26.50	26.41	26.32	26.22	26.13
4	14.37	14.20	14.02	13.93	13.84	13.75	13.65	13.56	13.46
5	9.89	9.72	9.55	9.47	9.38	9.29	9.20	9.11	9.02
6	7.72	7.56	7.40	7.31	7.23	7.14	7.06	6.97	6.88
7	6.47	6.31	6.16	6.07	5.99	5.91	5.82	5.74	5.65
8	5.67	5.52	5.36	5.28	5.20	5.12	5.03	4.95	4.86
9	5.11	4.96	4.81	4.73	4.65	4.57	4.48	4.40	4.31
10	4.71	4.56	4.41	4.33	4.25	4.17	4.08	4.00	3.91
11	4.40	4.25	4.10	4.02	3.94	3.86	3.78	3.69	3.60
12	4.16	4.01	3.86	3.78	3.70	3.62	3.54	3.45	3.36
13	3.96	3.82	3.66	3.59	3.51	3.43	3.34	3.25	3.17
14	3.80	3.66	3.51	3.43	3.35	3.27	3.18	3.09	3.00
15	3.67	3.52	3.37	3.29	3.21	3.13	3.05	2.96	2.87
16	3.55	3.41	3.26	3.18	3.10	3.02	2.93	2.84	2.75
17	3.46	3.31	3.16	3.08	3.00	2.92	2.83	2.75	2.65
18	3.37	3.23	3.08	3.00	2.92	2.84	2.75	2.66	2.57
19	3.30	3.15	3.00	2.92	2.84	2.76	2.67	2.58	2.49
20	3.23	3.09	2.94	2.86	2.78	2.69	2.61	2.52	2.42
21	3.17	3.03	2.88	2.80	2.72	2.64	2.55	2.46	2.36
22	3.12	2.98	2.83	2.75	2.67	2.58	2.50	2.40	2.31
23	3.07	2.93	2.78	2.70	2.62	2.54	2.45	2.35	2.26
24	3.03	2.89	2.74	2.66	2.58	2.49	2.40	2.31	2.21
25	2.99	2.85	2.70	2.62	2.54	2.45	2.36	2.27	2.17
26	2.96	2.81	2.66	2.58	2.50	2.42	2.33	2.23	2.13
27	2.93	2.78	2.63	2.55	2.47	2.38	2.29	2.20	2.10
28	2.90	2.75	2.60	2.52	2.44	2.35	2.26	2.17	2.06
29	2.87	2.73	2.57	2.49	2.41	2.33	2.23	2.14	2.03
30	2.84	2.70	2.55	2.47	2.39	2.30	2.21	2.11	2.01
40	2.66	2.52	2.37	2.29	2.20	2.11	2.02	1.92	1.80
60	2.50	2.35	2.20	2.12	2.03	1.94	1.84	1.73	1.60
120	2.34	2.19	2.03	1.95	1.86	1.76	1.66	1.53	1.38
∞	2.18	2.04	1.88	1.79	1.70	1.59	1.47	1.32	1.00

참·고·문·헌

국내문헌

강병서(1997), 「행렬과 SPSS/PC+ 이용 다변량통계분석」, 2판, 학현사.

강상권(2006), 의료서비스 실패가 회복기대 및 사후행동의도에 미치는 영향에 대한 연구: 고객특성, 귀인, 불평행동의 조절효과를 중심으로, 한성대학교 대학원, 박사학위 논문.

김광웅(1999), 「방법론 강의」, 박영사.

신민철(2007), 「사회연구방법의 기초」, 창민사.

신민철(2010), 「경영경제 통계학의 기초」, 창민사.

신재욱, 신민철(2014) 소비자의 심리특성이 블랙컨슈머행동 및 삶의 만족도에 미치는 영향, 「한국심리학회지: 소비자 · 광고」, 15(3), 409-433.

안광호, 임병훈(2005), 「SPSS를 활용한 사회과학조사방법론」, 학현사.

엘리아데, 미르치아 저, 강응섭 역(2006), 「*신화, 꿈, 신비*」, 숲.

이군희(2002), 「사회과학 연구방법론」, 법문사.

임종원, 박형진, 강명수(2001), 「마케팅조사방법론」, 법문사.

전국역사교사모임(2005), 「살아있는 한국사 교과서 1」, 휴머니스트 출판사.

차배근(1980), 「사회통계방법」, 세영사.

채서일(2003), 「사회과학조사방법론(3판)」, 학현사.

국외문헌

Allison, Paul D. (1999), *Multiple Regression: A Primer*, Thousand Oaks, CA: Pine Forge Press.

Babbie, Earl R. (2001), *The Practice of Social Research*, 9th ed., CA: Wardsworth Publishing Company.

Bagby, J. M. (1957), A Cross-cultural Study of Perceptual Predominance in Binocular Rivalry, *Journal of Abnormal and Social Psychology*, 54: 331-334.

Bentler, P. M. and D. G. Weeks (1980), Linear Structural Equations with Latent Variables, *Psychometrika*, 45, 289-303.

Beyer, W. H. Ed. (1976), *CRC Standard Mathematical Tables*, 24th ed., Cleveland: The Chemical Rubber Company.

Blalock, Hubert M. Jr. (1964), *Causal Inferences in Non-experimental Research*, Chapel Hill: University of North Carolina Press.

Blalock, Hubert M. Jr. (1982), *Conceptualization and Measurement in the Social Sciences*, Beverly Hills, CA: Sage Publications.

Bollen, Kenneth A. (1989), *Structural Equations with Latent Variables*, New York, NY: John Wiley & Sons, Inc.

Buchler, J (1955), *Philosophical Writings of Peirce*, New York: Dover.

Byrne, Barbara M. (1994), *Structural Equation Modeling with EQS and EQS/Windows: Basic Concepts, Applications, and Programming*, Thousand Oaks, CA: Sage Publications.

Campbell, Donald, and Julian Stanley(1963), *Experimental and Quasi-Experimental Designs for Research*, Chicago: Rand McNally.

Carmines, Edward G. and Richard A. Seller (1979), *Reliability and Validity Assessment*, Beverly Hills, CA: Sage Publications.

Churchill, Gilbert A. (1979), A Paradigm for Developing Better Measures of Marketing Constructs, *Journal of Marketing Research*, 16(February), 64-73.

Cook Thomas D., and Donald T. Campbell (1979), *Quasi-Experimentation: Design and Analysis Issues for Field Settings*, Chicago: Rand McNally.

Cook, T. D., and D. T. Campbell (1979), *Quasi-Experimentation: Design and Analysis Issues for Field Settings*, Chicago: Rand McNally.

Cooper, Donald R. and Pamela S. Schindler (2001), *Business Research Methods*, 7th ed., New York, NY: McGraw-Hill/Irwin.

Cooper, H. M. (1979), Statistically Combining Independent Studies: A Meta-analysis of Sex Differences in Conformity Research, *Journal of Personality and Social Psychology*, 37, 131-135.

Cutright, P. (1963), National Political Development, *American Sociological Review*, 28, 229-245.

Dalton, Melville (1959), *Men Who Manage*, New York: John Wiley.

Durkeim, Emile ([1897]1951), *Suicide*, Clencoe, IL: Free Press.

Festinger, L., H. W. Reicker, and S Schachter (1956): *When Prophesy Fails*, Minneapolis: University of Minesota Press.

Fisher, R.A. (1932), *Statistical Methods for Research Workers*, 4th ed, London, Oliver & Boyd.

Frankfort-Nachmias, Chava and David Nachmias (2000): *Research Methods in the Social Sciences*, 6th ed., New York, NY: Worth Publishers.

Hunter, John E., and Frank L. Schmidt (1990): *Methods of Meta-Analysis: Correcting Error and Bias in Research Findings*, Newbury Park, CA: Sage Publications.

Kerlinger, Fred N. (1979), *Behavioral Research: A Conceptual Research*, New York: Holt, Rinehart and Winston.

Kerlinger, Fred N. (1986), *Foundations of Behavioral Research*, 3rd ed., New York, NY: Holt, Rinehart and Winston.

Kraemer, Helena Chmura and Sue Thiemann (1987), *How Many Subjects?: Statistical Power Analysis in Research*, Newbury Park, CA: Sage Publications.

Lee, Oak and Mincheol Shin (2004), Addictive Consumption of Avatars in Cyberspace, *CyberPsychology and Behavior*, 7(4), 417-420.

Malhotra, Naresh K. (2002), *Basic Marketing Research: applications to contemporary issues*, Upper Saddle River, NJ: Prentice Hall.

Marx, Karl ([1880]1956), Revue Socialist, July 5, Reprinted in *Karl Mark: Selected Writings in Sociology and Social Philosophy*, edited by T.B. Bottomore and Maximilien Rubel, New York: MacGraw Hill.

Marx, Karl([1867]1967), *Capital*, New York: International Publishers.

McClelland, D. (1961), *The Achieving Society*, NJ: Van Nostrand.

Merrington, M. (1941), Table of Percentage Points of a the t-Distribution, *Biometrika*, 32, 300.

Merrington, M. and C. M. Thompson (1943), Tables of Percentage Points of the Inverted Beta(F)-Distribution, *Biomerika*, 33, 73-88.

Merton, Robert, K. (1949), *Social Theory and Social Structure*, New York: Free Press.

Mullen, Brian (1989), *Advanced BASIC Meta-Analysis*, Hillsdale, NJ: Lawrence Erlbaum Associates.

Naisbitt, John and Patricia Aburdene (1990), *Megatrends 2000: 10 New Direction for the 1990's*, New York: Morrow.

Nunnally, Jum C. (1978), *Psychometric Theory*, 2nd ed., NY: NY, McGraw Hill.

Pearson, K.(1933), On a Method of Determining Wether a Sample of Given Size Supposed to Have Been Drawn From a Parent Population having a Known Probability Integral Has Probably Been Drawn at Random, *Biometrika*, 25, 379-420.

Pedhauzur, Elazar J. and Liora Redhauzur Schmelkin (1991), *Measurement, Design, and Analysis: An Integrated Approach*, Hillsdale, NJ: Lawrence Erlbaum Associates.

Peter, Paul (1979), Reliability: A Review of Psychometric Basics and Recent Marketing Practices, *Journal of Marketing Research*, 16(February), 6-17.

Peter, Paul (1981), Construct Validity: A Review of Basic Issues and Marketing Practices, *Journal of Marketing Research*, 18(May), 133-145.

Popper, Karl (1963), *Conjectures and Refutations*, London: Routledge.

Popper, Karl (1945), The Open Society and Its Enemies, London: Routledge.

Rosenthal, Robert(1991), *Meta-analytic Procedures for Social Research*, Revised Edition, Newbury Park, CA: Sage Publications.

Rosenthal, Robert (1979), The File Drawer Problem and Tolerance for Null Results, *Psychological Bulletin*, 86, 638-641.

Rosenthal, R. and D. B. Rubin (1978), Interpersonal Expectancy Effects: The

First 345 Studies, *The Behavioral and Brain Sciences*, 3, 410-415.

Shin, Jaewook and Mincheol Shin (2016), To Be Connected or Not To Be Connected?: Mobile Messenger Overload, Fatigue, and Mobile Shunning, *Cyberpsychology, Behavior and Social Networking*, 19(10), 579-586.

Shin, Mincheol (2001), The Animosity Model of Foreign Product Purchase Revisited: Does it Work in Korea?, *Journal of Empirical Generalisations in Marketing Science*, V6.

Shin, Mincheol (1993), The Concept of Validity as a Framework of Marketing Theory Evaluation, *Proceedings of Southern Marketing Association*, pp. 194-197.

Singh, Jagdip (1988), Consumer Complaint Intentions and Behavior: Definitional and Taxonomical Issues, *Journal of Marketing*, 52(January), 93-107.

Singh, Jagdip, Leona Cutler, Mincheol Shin, J.B. Silvers and Duncan Neuhauser (1998), Medical Decision-making and the Patient: Understanding Preference Patterns for Growth Hormone Therapy Using Conjoint Analysis, *Medical Care*, 36, 8, AS31-45.

Singleton, Royce A. Jr, Bruce C. Straits and Margaret Miller Straits (1993), *Approaches to Social Research*, 2nd, ed., Oxford University Press, New York, NY.

Stevens, S.S (1968), "Measurement, Statistics, and the Schemapiric View," Science, 161(30), 849-856.

Stigler, Stephen M. (1986), *The History of Statistics: The Measurement of Uncertainty Before 1900*, Cambridge, MA: Harvard University Press.

Thompson, C. M. (1941), Table of Percentage Points of the χ^2-Distribution, *Biometrika*, 32, 188-189.

Weber, Max ([1925]1946), Science as a Vocation, pp129-156. in *From Max Weber: Essays in Sociology*, edited and translated by Hans Gerth & C. Wright Mills, New York, Oxford University Press.

Wilhelm, Richard, Cary Baynes (1967), *The I Ching or Book of Changes*,

Princeton, NJ: Princeton University Press.

www. perceptionanalyzer. com.

Zaichkowsky, J.L. (1985), Measuring the Involvement Construct, *Journal of Consumer Research*, 12 (December), 341-352.

찾아보기

국문색인

영문색인

◆ 저·자·약·력 ◆

학 력

서울대학교 경제학과 졸업(경제학사)
서울대학교 대학원 경영학과 졸업(경영학 석사)
미국 Case Western Reserve University 대학원 졸업(Ph.D. in Management)

경 력

한국은행 금융기획과, 감독기획과, 금융경제연구원 근무
대우증권 SPAC 사외이사 역임
미국 Case Western Reserve University Marketing Instructor
미국 Society for Marketing Advances Best Paper Award 수상
미국 Case Western Reserve University Visiting Scholar
미국 Northern Kentucky University Visiting Professor
미국 국립보건원(NIH), 한국전력, KT, SK Telecom, LG, 경찰청, 기상청관련 연구/자문
한성대학교 교무처장, 학생처장, 경영대학원장, 국제대학원장 역임
현 한성대학교 경영학부 교수

연 구

- To Be Connected or Not To Be Connected? Mobile Messenger Overload, Fatigue, and Mobile Shunning, *Cyberpsychology, Behavior, and Social Networking*
- Addictive Consumption of Avatars in Cyberspace, *CyberPsychology and Behavior*
- Medical Decision Making and the Patient, *Medical Care* 외 다수
- 사회연구방법의 기초, 창민사.
- 경영경제 통계학의 기초, 창민사.
- 의료서비스 마케팅: 이론과 실제(공저), 아카데미아.

사회연구방법

2018년 2월 19일 초판 1쇄 발행
2018년 2월 26일 초판 1쇄 발행

저 자 신 민 철
발행인 윤 동 구
발행처 **창 민 사**
서울시 마포구 구수동 68-2 대건빌딩 103호
등 록 1999. 10. 28/제10-1846호
전 화 3272-1243~4
팩 스 3272-1245
e-mail cmbooks@hanmail.net

정가 32,000원 ISBN 978-89-90359-05-6 93320